东湖年鉴

DONG HU NIAN JIAN

（2018）

《东湖年鉴》编纂委员会 编

方志出版社
Publishing House of Local Records

图书在版编目（CIP）数据

东湖年鉴．2018 /《东湖年鉴》编纂委员会编．--
北京：方志出版社，2018.12
ISBN 978-7-5144-3559-7

Ⅰ．①东…　Ⅱ．①东…　Ⅲ．①区（城市）- 南昌 - 2018- 年鉴　Ⅳ．① Z525.63

中国版本图书馆 CIP 数据核字（2019）第 013434 号

东湖年鉴（2018）

编　　者：《东湖年鉴》编纂委员会
责任编辑：王　娜
出 版 人：冀祥德
出 版 者：方志出版社
地址　北京市朝阳区潘家园东里 9 号（国家方志馆 4 层）
邮编　100021
网址　http://www.fzph.org
发　　行：方志出版社图书经销中心
电话（010）67110500
经　　销：各地新华书店
印　　刷：南昌康宇彩色印刷有限公司
开　　本：889×1194　　1/16
印　　张：22.5
字　　数：668 千字
版　　次：2018 年 12 月第 1 版　　2018 年 12 月第 1 次印刷
印　　数：001 ～ 500 册

ISBN 978-7-5144-3559-7　　**定价**：230.00 元

南昌市东湖区政区图

南昌市东湖区人民政府　南昌市测绘勘察研究院　二〇一四年十一月制作

《东湖年鉴》编纂委员会

《东湖年鉴（2018）》编辑人员

《东湖年鉴（2018）》主笔名单

（以姓氏笔画为序）

丁　一	丁　好	卜　斌	于　凡	万猛根	习　鹤
王　珍	王炳振	邓　菁	邓建平	叶华康	付　佳
冯　珉	朱苏辉	刘　达	刘　淅	刘　斌	刘文勇
刘石鹏	刘行曦	刘国华	刘智闻	江　莹	江　婵
江泽炉	李怡璇	李洪涛	杨　羽	杨爱武	杨璐璐
吴佩红	吴学锋	汪　莉	张　海	张宏宇	张淑华
陆丽娜	陈书伟	陈国栋	陈曼灵	陈璟云	陈耀武
林如霞	周　凯	周　菁	周　鹭	胡　航	胡海燕
胡皖萍	秦　越	徐艳江	唐文清	唐芸璞	唐澍政
涂　成	陶　辉	黄　悦	黄　耀	黄亚伟	梅春兰
龚　颖	龚欢欢	梁国荣	喻伟文	谢　宁	裘　洁
漆　涵	熊　莹	熊　瑛			

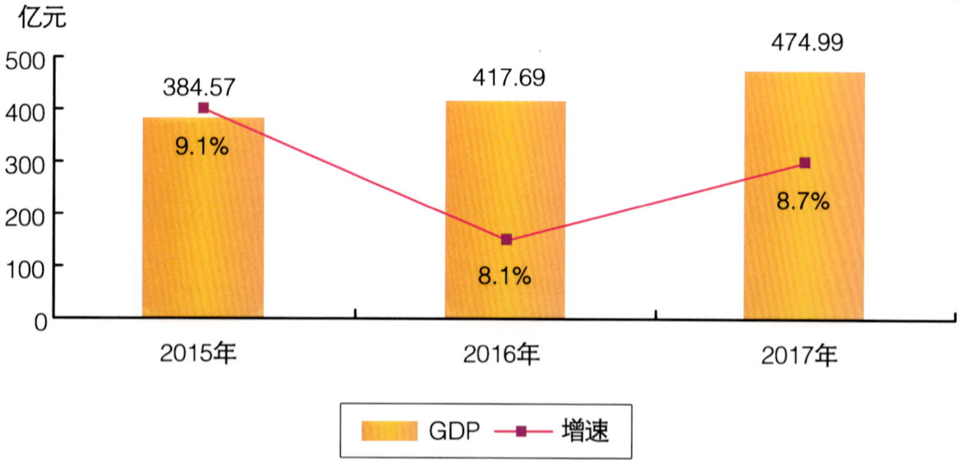

图 1　地区生产总值

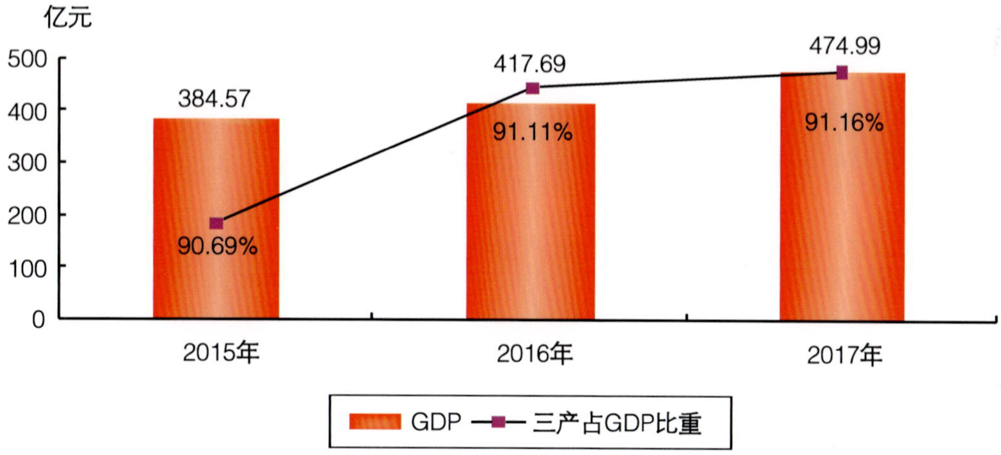

图 2　三次产业占地区生产总值比重

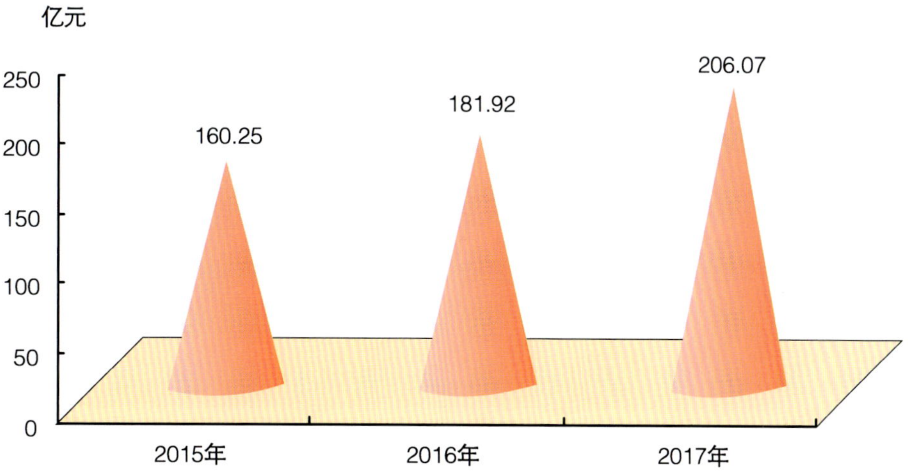

图 3　固定资产投资

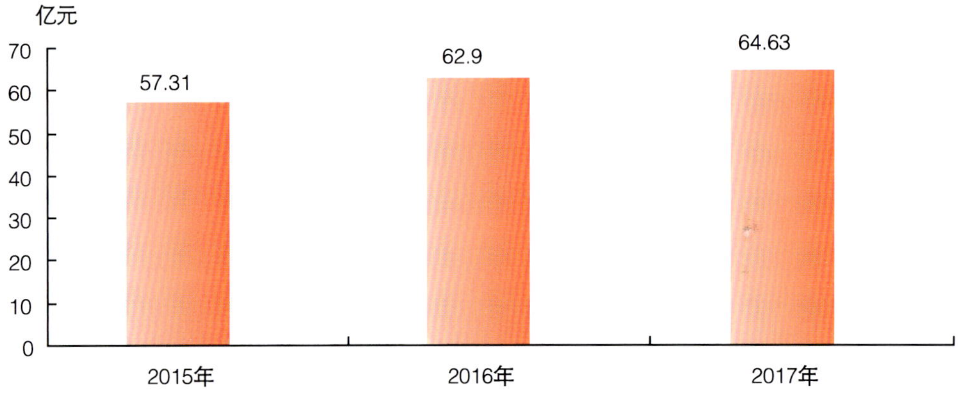

图 4　财政总收入

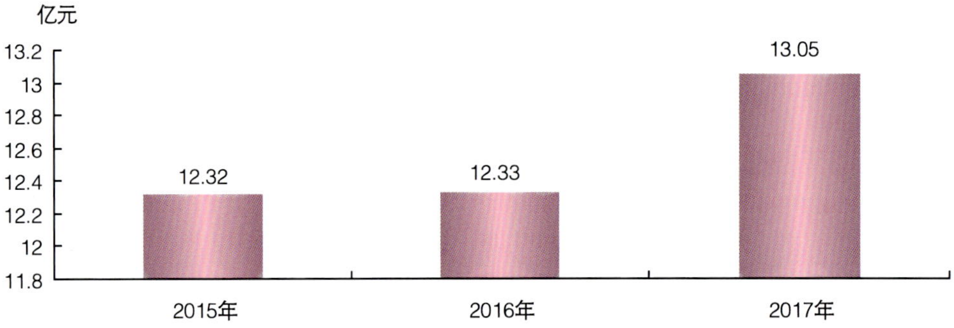

图 5　地方财政收入

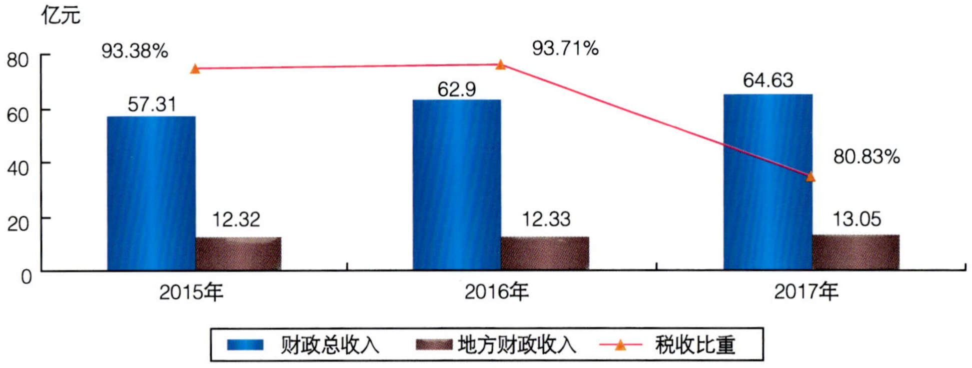

图 6　税收与财政收入比重

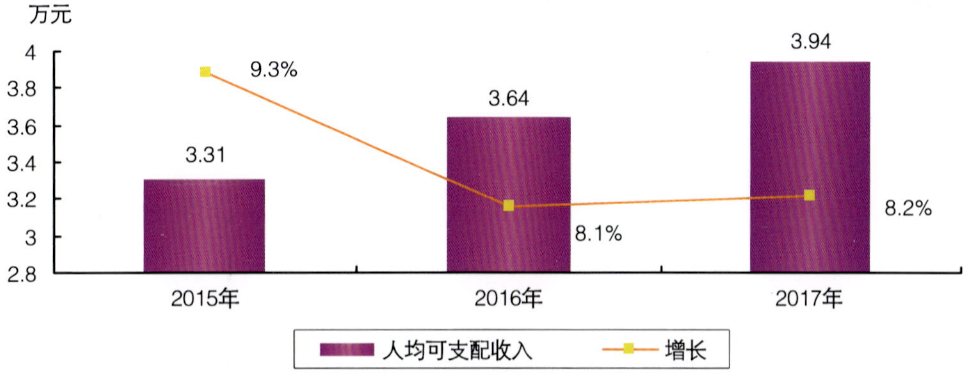

图 7　人均可支配收入及增长

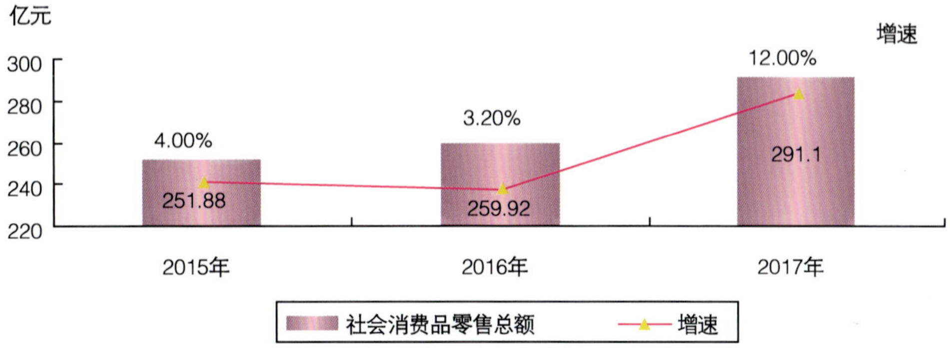

图 8　社会消费品零售总额及增长速度

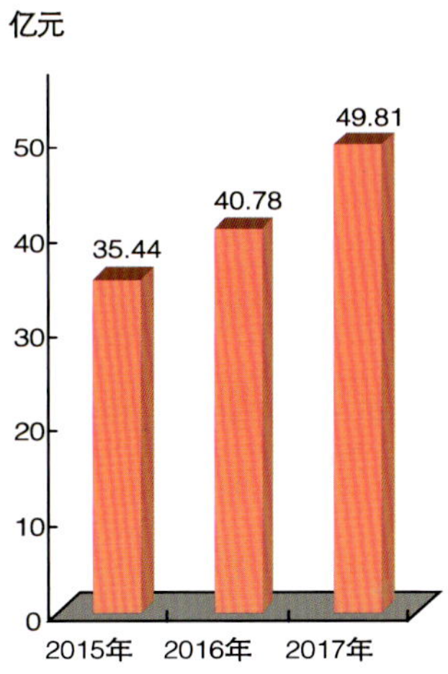

图 9　实际利用内资

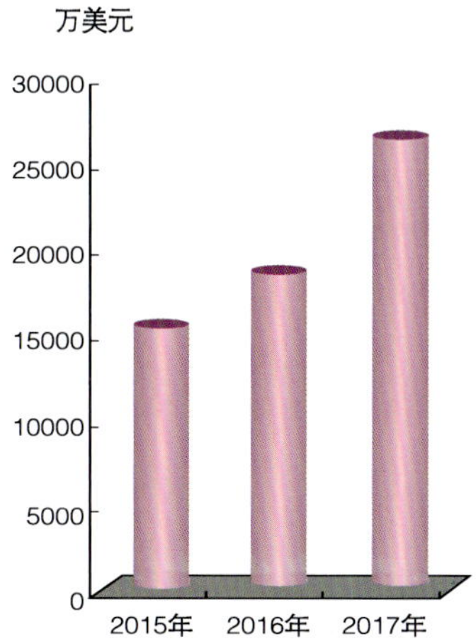

图 10　实际利用外资

2017 年度东湖区获市厅级

获奖单位	奖项名称	颁奖部门
东湖公安分局	全国创建平安医院活动突出表现集体	国家公安部
东湖区人民检察院	第九届全国检察机关“文明接待示范窗口”	最高人民检察院
东湖区	国家级慢性病综合防控示范区	国家卫计委、国家专家组
东湖区人民检察院	全国维护妇女儿童权益先进集体	全国妇联
东湖区工商联	2017 年度全国“五好”县级工商联	全国工商联
彭家桥街道观欣社区	全国防灾减灾示范社区	国家减灾委员会
东湖区法制科普安全宣教中心	全国终身学习品牌项目	全国成人教育协会
东湖区教科体局	第十九届全国青少年五好小公民“老师您好我的好老师”主题教育活动先进单位	教育部关心下一代工作委员会、教育部关工委全国青少年“五好小公民”主题教育活动组委会
百花洲街道刘将军庙社区	最美志愿服务社区	全国宣传推选学雷锋志愿服务“四个 100”先进典型活动组委会
东湖区教科体局	全国中小学德育工作优秀案例	教育部办公厅
南昌市南京路小学	第一批流动人口健康促进示范学校	国家卫生计生委流动人口司
东湖区八一合唱团	“永远的辉煌”第十九届中国老年合唱节 “十佳优秀团队”	“永远的辉煌”第十九届中国老年合唱节组委会（文化部公共文化司）
东湖区梦之声·爱乐合唱团	“峥嵘岁月·耀我中华”庆祝中国人民解放军建军 90 周年文艺汇演最佳演绎奖	中国合唱协会、魅力夕阳红中老年文化活动组委会
东湖区	2017 年度全省计划生育工作先进县（市、区）	江西省人民政府
东湖区人武部	全面建设先进团单位	江西省军区

及以上单位表彰一览

获奖单位	奖项名称	颁奖部门
东湖公安分局缉毒大队	全省十大缉毒精品案件	江西省公安厅
东湖公安分局缉毒大队	基层示范单位	江西省公安厅
东湖公安分局公园派出所	基层示范单位	江西省公安厅
东湖公安分局公园派出所	“六个好”典型派出所（所长配备好）	江西省公安厅
东湖公安分局八一桥派出所	“六个好”典型派出所（晨会开展好）	江西省公安厅
东湖公安分局墩子塘派出所	“六个好”典型派出所（人口管理好）	江西省公安厅
东湖区公安消防大队	先进大队	江西省消防总队
东湖区人民检察院	全省检察机关先进集体	江西省人民检察院
东湖区人民检察院	集体二等功	江西省人民检察院
东湖区公园街道司法所	江西省五好司法所	江西省司法厅
东湖区司法局	全省社区矫正执法规范深化年活动“创新突破奖”	江西省司法厅
东湖区人民政府征兵办公室	江西省征兵工作先进单位	江西省人力资源和社会保障厅 江西省人民政府征兵办公室
东湖区审计局	江西省审计厅 2017 年度优秀审计项目	江西省审计厅
东湖区国家税务局	全省国税系统营改增试点工作记功嘉奖	江西省国家税务局
大院街道体苑社区	全省综合减灾示范社区	江西省减灾委、江西省民政厅
墩子塘街道阳明社区	全省综合减灾示范社区	江西省减灾委、江西省民政厅
墩子塘街道党家巷社区	全省综合减灾示范社区	江西省减灾委、江西省民政厅

2017 年度东湖区获市厅级

获奖单位	奖项名称	颁奖部门
墩子塘街道张家厂社区	全省综合减灾示范社区	江西省减灾委、江西省民政厅
大院街道二七北路社区	省级“绿色社区”	江西省民政厅
东湖区教科体局	“中国体育彩票”杯 2017 年江西省第三届百县青少年“五人制”足球运动会总冠军	江西省体育局、江西省教育厅
东湖区教科体局	“美达杯”2017 年江西省百县青少年田径运动会体育道德风尚奖	江西省体育局、江西省教育厅
东湖区教科体局	江西省第三届百县青少年“三人制”篮球运动会体育道德风尚奖	江西省体育局、江西省教育厅
东湖区教科体局	江西省第三届青少年篮球运动会男子组团体一等奖	江西省体育局、江西省教育厅
东湖区教科体局	江西省第三届青少年篮球运动会女子组团体一等奖	江西省体育局、江西省教育厅
东湖区教科体局	江西省第十一届百县青少年田径运动会团体总分三等奖	江西省体育局、江西省教育厅
东湖区教科体局	“中国体育彩票”杯 2017 年江西省第三届百县青少年“五人制”足球运动会团体一等奖	江西省体育局、江西省教育厅
东湖区教科体局	“中国体育彩票”杯 2017 年江西省第三届百县青少年“五人制”足球运动会体育道德风尚奖	江西省体育局、江西省教育厅
东湖区教科体局	江西省百县农耕健身大赛团体总分一等奖	江西省体育局
东湖区教科体局	2017 年全省中小学红色、绿色和古色文化教育活动先进单位	江西省教育厅

及以上单位表彰一览

获奖单位	奖项名称	颁奖部门
东湖区安全生产监督管理局	江西省安全生产工作先进单位	江西省安监局
东湖区统计局	2017 年度全省统计工作先进集体	江西省统计局
东湖区	全省公共机构节能达标县区	江西省机关事务管理局
东湖区防震减灾局	2017 年度全省防震减灾工作优秀单位	江西省地震局
东湖区老干部局	全省老干部工作先进集体	中共江西省委老干部局
彭家桥街道	全省离退休干部正能量活动示范点	中共江西省委老干部局
东湖区财政局	江西省 2017 年文明单位	江西省文明办
东湖区总工会	江西省总工会新闻工作先进单位	江西省总工会
东湖区城建局	工人先锋号	江西省总工会
共青团东湖区委	2017 年度江西十大县级团委微信公众号	共青团江西省委
东湖区史志办公室	《东湖年鉴（2017）》获全省第三届年鉴质量评比县级综合年鉴组二等年鉴	江西省地方志编纂委员会、江西省地方志学会
东湖公证处	2017 年度全省公证质量先进单位	江西省公证协会
滕王阁街道上凤凰坡社区	江西省老年体育先进集体	江西省老年体育协会
东湖区信访局	南昌市信访积案化解工作先进单位	中共南昌市委、南昌市人民政府
东湖区扬子洲镇人民政府	征兵工作先进基层单位	南昌市人民政府
东湖区豫章街道办事处	征兵工作先进基层单位	南昌市人民政府

◆ 2017 年 1 月 27 日上午，江西省委书记鹿心社（前左二）到东湖区紫金广场观看“美丽南昌·幸福家园”2017 年东湖区迎新春群众游艺表演活动

◆ 2017 年 9 月 21 日，江西省省长刘奇（右四）到东湖区调研免费婚前医学检查工作

◆ 2017 年 12 月 13 日，中国关工委主任顾秀莲（左四）视察东湖区光明社区关心下一代工作，并与孩子们合影留念

◆ 2017 年 11 月 28 日，江西省委常委、省纪委书记孙新阳（左三）到东湖区调研深化国家监察体制改革试点工作进展情况

◆ 2017 年 7 月 1 日，江西省委常委、省委组织部部长赵爱民（右二）到东湖区滨江社区参加志愿服务活动，并向社区干部群众赠送书籍

◆ 2017 年 6 月 28 日，江西省委常委、南昌市委书记殷美根（前左二）到东湖区扬子洲镇前洲村调研基层党建工作

◆ 2017 年 4 月 18 日，江西省委常委、省委统战部部长陈兴超（左三）到东湖区佑民寺调研宗教工作

◆ 2017 年 10 月 19 日，江西省委常委、省委宣传部部长赵力平（前左二）到东湖区榕门路街区调研文化产业项目情况

◆ 2017 年 7 月 6 日，江西省副省长谢茹（前左一）到东湖区紫金广场参加全省食品安全宣传周启动仪式并观看展板

◆ 2017 年 4 月 17 日，南昌市市长郭安（右四）到东湖区调研城区旧城改造项目工作推进情况

◆ 2017 年 5 月 24 日，南昌市人大常委会主任陈德寿到东湖区调研“路长制”工作。图为陈德寿（左五）听取该区介绍城市管理工作情况

◆ 2017 年 10 月 25 日，南昌市政协主席周关（右三）到东湖区洪城社区调研“兴家风、淳民风、正社风”工作开展情况

学习宣传贯彻中共十九大精神

2017 年 10 月 18—24 日，举世瞩目的中国共产党第十九次全国代表大会在北京胜利召开，这是中国各族人民政治生活中的一件大事，围绕着中共十九大的召开，东湖区全区上下始终以饱满的政治热情迎接这次盛会。中共十九大召开之际，全区各级党组织和各界群众，通过各种方式同步收听收看大会盛况，认真学习习近平总书记所作的工作报告；大会闭幕之后，区委及时部署学习宣传中共十九大报告工作，从机关到学校、企业，到街道、社区，全区迅速掀起学习宣传贯彻中共十九大精神的高潮。

◆ 2017 年 10 月 18 日，东湖区组织四套班子领导成员和全区各单位主要负责人集中收听收看中共十九大开幕式实况

◆ 2017 年 10 月 25 日，东湖区彭家桥街道机关干部集中收听收看新一届中共中央政治局常委与中外记者见面会实况

◆ 2017年10月31日上午，东湖区政府党组举行（扩大）会议，专门安排部署区政府学习宣传贯彻中共十九大精神

◆ 2017年10月30日，东湖区宣传系统召开学习宣传贯彻中共十九大精神会议

◆ 2017年11月14日，东湖区组织全区领导干部收听收看省委宣讲团宣讲中共十九大精神报告会实况

◆ 2017年12月5日，东湖区在区文化活动中心演艺大厅举办中共十九大精神宣讲活动

学习宣传贯彻中共十九大精神

◆ 2017 年 10 月 12 日，东湖区举行喜迎中共十九大胜利召开广场舞展示活动

◆ 2017 年 11 月 18 日，东湖区在八一公园举行“党的十九大报告中我最关注的一句话”征集活动启动仪式

◆ 2017 年 12 月 25 日，东湖区彭家桥街道光明社区利用多种形式开展中共十九大精神宣讲活动

◆ 2017 年 1 月 5 日上午，南昌市“三看”活动走进东湖区。图为省、市领导殷美根、郭安、谢一平、陈德寿、周关等深入东湖区实地考察倍康健康管理中心项目

◆ 2017 年 3 月 13 日下午，中科（熹庐）健康养生产业园签约仪式在东湖区综合服务中心举行，标志着全省首个健康养生产业园落户东湖

◆ 2017 年 5 月 12 日，东湖区豫章 1 号二期广告创意产业园项目签约仪式在深圳文博会举行

◆ 2017 年 9 月 26 日，东湖区在区综合服务大楼七层会议室举行招商东湖意库项目（九隆仓意库项目）《战略合作协议》签约仪式

◆ 2017 年，东湖区顺利完成佑民寺周边环境提升改造项目。图为打造完工后的佑民寺休闲文化广场

◆ 2017 年，东湖区完成滕王阁榕门路街景改造项目。图为改造后的榕门路仿古文化一条街实景

◆ 2017 年 3 月 21 日，江西新闻广播《党风政风热线》走进东湖区，现场直播东湖区工作开展情况

◆ 2017 年 4 月 1 日，东湖区四套班子领导到方志敏广场举行“缅怀先烈·秉承遗志”2017 年清明节祭扫活动。图为面对方志敏烈士塑像举行重温入党誓词仪式

◆ 2017 年 5 月 26 日，东湖区在区文化活动中心演艺大厅隆重举行“廉洁文明家风”文艺展演活动

◆ 2017 年 6 月 29 日，东湖区在区文化活动中心演艺大厅举行全区”两学一做“党的知识竞赛活动

◆ 2017 年，东湖区智慧党建云管理中心建成并投入使用

◆ 2017 年 7 月 17 日晚，东湖区四套班子领导在区政府常务会议室集中收听收看大型政论专题片《将改革进行到底》

◆ 2017 年 4 月 7 日下午，由南昌市文联、中共东湖区委、东湖区人民政府主办的“面向东湖 春暖花开”2017 年南昌市谷雨诗会诗歌朗诵暨颁奖典礼在八一公园百花大舞台隆重举行

◆ 2017 年 4 月 8 日，“面向东湖 春暖花开”2017 年南昌市谷雨诗会研讨会在东湖区举行

◆ 2017 年 1 月 20 日，由东湖区政协、区委宣传部主办的“美丽南昌 · 幸福家园 我人生的第一粒扣子”首场故事会在八一公园百花大舞台隆重举行

◆ 2017 年 1 月 11 日，江西省文联、江西省书协组织书法家们到东湖区长巷村开展送春联活动。图为省书协向该村授牌

◆ 2017 年 8 月 1 日，东湖区四套班子领导集中收听收看纪念中国人民解放军建军 90 周年大会实况

◆ 2017 年 4 月 27 日下午，由中国文明网主办，南昌市文明办、中国文明网南昌站承办，东湖区文明办、南昌大学第二附属医院、南昌市卫生学校协办的“微观好人系列活动第一季——品读匠心笔记”活动在东湖区文化活动中心新闻发布厅中心举行

◆ 2017 年 1 月 27 日，“美丽南昌 幸福家园”2017 年东湖区迎新春群众游艺活动在紫金广场隆重举行

◆ 2017 年 5 月 16 日，海峡两岸黄埔同学及亲属后代纪念全民族抗战爆发 80 周年书画展在南昌画院开幕

◆ 2017年7月21日，东湖区与井冈山市在东湖区方志敏广场共同举办“丰碑铸军魂·赣鄱展风采”文艺晚会

◆ 2017年7月29日，由江西省文化厅、省民族宗教事务局、南昌大学联合主办，东湖区、省博物馆、江西四方书画院承办的《云禅画展——星云禅话方云禅画系列丛书发布会暨学术研讨会》在省博物馆自然馆三楼举行

◆ 2017年6月5日，东湖区举行先进青年事迹分享会

◆ 2017 年 1 月 23 日，东湖区委书记刘闯、区长高辉红到福利院同老人们一起欢庆新春佳年来临

◆ 2017 年 1 月 24 日，东湖区四套班子领导在春节来临之际走访慰问驻地部队江西省军区

◆ 2017 年 1 月 24 日，东湖区四套班子领导在春节来临之际走访慰问驻地部队南昌警备区

◆ 2017 年 9 月 16 日，2017“全国科普日”南昌主场活动暨全市“全民科学素质工作”现场会在东湖区紫金广场举行

◆ 2017 年 7 月 11 日，东湖区在区政府常务会议室接受国家慢性病综合防控示范区复评评审

◆ 2017 年 12 月 8 日下午，南昌市公共机构节能工作会议在东湖区文化活动中心新闻发布厅举行

◆ 2017 年 7 月 5 日，中共济南市委统战部部长王拥华一行来东湖区考察农贸市场建设管理工作情况

◆ 2017 年 2 月 24 日，南昌市“美丽南昌·幸福家园”清洁街区、清洁单位、清洁楼栋 2017 年第一季度授牌仪式在东湖区豫章街道举行。豫章街道获得“清洁街区”授牌

◆ 2017 年 3 月 10 日，南昌市“美丽南昌·幸福家园”环境综合整治现场会在东湖区召开。图为东湖区作经验介绍

◆ 2017 年，东湖区继续推进旧城改造工作，辖区环境面貌不断改善。图为贺龙指挥部旧址周边环境提升改造后的实景

◆ 2017 年 7 月 7 日晚，南昌市原建设大厦和政报大楼成功爆破。图为爆破前的建设大厦（左）和政报大楼（右）

◆ 2017 年 7 月 7 日晚，爆破中的原建设大厦和政报大楼

◆ 2017 年 9 月 22 日晚，爆破中的原青山湖宾馆主楼

◆ 2017 年 9 月 22 日，南昌市原青山湖宾馆主楼成功爆破。图为爆破前的宾馆主楼

◆ 2017 年 9 月 15 日晚，南昌市荒废十几年的烂尾楼裕丰大厦成功爆破。图为爆破进行中的情景

◆图为 2017 年 9 月 15 日白天裕丰大厦实景

◆ 2017 年 6 月 30 日，东湖区省府大院地块原监察大楼成功实施爆破。图为大楼爆破进行中

◆图为 2017 年 6 月 30 日，东湖区省府大院地块未爆破前的原监察大楼

◆ 2017 年 1 月 14 日，东湖区在区文化活动中心演艺大厅隆重举行区委十二届二次全体（扩大）会议

◆ 2017 年 1 月 16 日，东湖区在区文化活动中心新闻发布厅举行 2016 年度落实党风廉政建设责任制考核述责述廉大会

◆ 2017 年 1 月 22 日，东湖区在区委常委会议室举行全区党建述职评议大会

◆ 2017年2月15日，政协东湖区九届二次会议开幕式在区文化活动中心演艺大厅隆重举行

◆ 2017年2月16日，东湖区在区文化活动中心演艺大厅隆重举行区十六届人大二次会议

◆ 2017年2月25日，东湖区在区委常委会议室召开全区信访工作会议，部署全国“两会”期间信访稳定工作

◆ 2017 年 3 月 4 日，东湖区在区文化活动中心演艺大厅召开全区产业发展推进大会

◆ 2017 年 3 月 22 日，东湖区在区政府会议召开 2017 年区人大建议政协提案交办会议

◆ 2017 年 3 月 24 日，东湖区在区文化活动中心新闻发布厅举行全区党群工作会议

◆ 2017 年 3 月 28 日，东湖区政法工作会议在区文化活动中心演艺大厅举行

◆ 2017 年 3 月 25 日，东湖区政府第五次廉政工作会议在区政府常务会议室召开

◆ 2017 年 4 月 19 日，东湖区在区委常委会议室召开全区干部作风大转变教育整治领导小组（扩大）会议

◆ 2017 年 5 月 2 日，东湖区隆重召开纪念五四运动 98 周年暨表彰大会

◆ 2017 年 5 月 2 日晚，东湖区召开全区领导干部会议，传达南昌全市安全生产会议精神并部署该区安全生产工作

◆ 2017 年 5 月 8 日，东湖区在区文化活动中心演艺大厅召开消防安全工作部署会议

◆ 2017 年 7 月 7 日，东湖区在区文化活动中心演艺大厅隆重召开全区“两学一做”学习教育常态化制度化工作部署会

◆ 2017 年 8 月 2 日，中共东湖区委十二届三次全体（扩大）会议在区文化活动中心演艺大厅隆重举行

◆ 2017 年 8 月 24 日晚，东湖区在区文化活动中心演艺大厅举行全区巩固提升全国文明城市创建成果调度会

◆ 2017 年 9 月 7 日，东湖区在区文化活动中心演艺大厅隆重举行第 33 个教师节表彰暨庆祝大会

◆ 2017 年 9 月 22 日，东湖区在区文化活动中心演艺大厅召开全区基层党建工作推进会

◆ 2017 年 11 月 1 日，东湖区在区文化活动中心新闻发布厅举行"百花洲里话东湖 佑民寺前说古今"新闻发布会

◆ 2017 年 11 月 25 日上午，东湖区国家监察体制改革试点工作动员部署会议在区委常委会议室召开

◆ 2017 年 12 月 8 日，东湖区举行区委中心组"两学一做"学习教育第三次专题学习活动，听取省委党校副教授作《讲道德 有品行——做品德合格的共产党员》专题报告

◆ 2017年12月22日，东湖区红十字会第六次全区会员代表大会在区文化活动中心新闻发布厅召开

◆ 2017年12月25—26日，中国共产主义青年团东湖区第十次代表大会胜利召开

◆ 2017年12月29—30日，东湖区第十三次妇女代表大会在区文化活动中心演艺大厅胜利召开

东湖区人大常委会

2017年，东湖区人大常委会把习近平总书记系列重要讲话精神和治国理政新理念、新思想、新战略作为思想武器，紧紧围绕全区中心工作和群众普遍关注的热点、难点问题提出建议，坚定自觉地用党的理论创新成果凝聚意志、引领前行，全区人大工作在推进民主法治建设的具体实践中焕发出蓬勃生机与活力，为推进“实力、活力、魅力”东湖贡献新的力量。

◆ 2017年5月12日，东湖区人大举行第十六届人大常委会第四次会议

◆ 2017年7月10日，东湖区人大组织部分人大代表调研该区青少年宫法制宣教基地

◆ 2017年10月25日，东湖区人大机关党支部收听收看十九届中共中央政治局常委同中外记者见面会实况

◆ 2017年11月22日，东湖区人大组织代表调研榕门路文玩产业特色街等重大重点项目

◆ 2017年11月27日，东湖区人大机关组织干部听取消防知识讲座

政协东湖区委员会

◆ 2017 年 4 月 20 日，南昌市政协副主席陈匡辉调研东湖区“三风”活动开展情况

◆ 2017 年 6 月 15 日，东湖区政协教卫文体委委员对全区中小学社团活动情况进行专委会调研

2017 年，在中共东湖区委的正确领导和市政协的关心指导下，东湖区政协坚持以习近平新时代中国特色社会主义思想为引领，认真学习贯彻中共十九大和习近平总书记系列重要讲话精神，牢牢把握团结和民主两大主题，扎实履行政治协商、民主监督、参政议政职能，为东湖阔步复兴征程，再现首善荣光做出积极贡献。

◆ 2017 年 10 月 19 日，东湖区政协主席会议成员听取百花洲历史文化街区一期改造项目进展情况汇报

◆ 2017 年 7 月 12 日，东湖区政协举行九届四次常委会听取区政府上半年经济运行情况工作通报

中共东湖区纪委（监察委）

◆ 2017 年 4 月 14 日，东湖区委常委、区纪委书记刘光荣（左三）到扬子洲镇调研廉洁文明家风建设

◆ 2017 年 9 月 15 日，东湖区纪委机关开展领导干部与普通干部谈心谈话活动

◆ 2017 年 7 月 13 日，东湖区纪委机关全体干部认真听纪委书记刘光荣讲党课

2017 年，东湖区纪检监察机关深入贯彻党中央和中央纪委各项决策部署，坚定落实全面从严治党要求，忠诚履行监督责任，聚焦监督执纪问责，勇于改革创新实践，东湖区党内政治生活不断净化，党员干部作风明显好转，纪律规矩意识显著增强，风清气正政治生态加速形成，党风廉政建设和反腐败斗争压倒性态势形成并巩固发展。

◆ 2017 年 10 月 18 日，东湖区纪委组织本部门机关干部集中收听收看中共十九大开幕式实况

◆ 2017 年 12 月 25 日，东湖区纪委组织召开迎接区检察院转隶干警座谈会

东湖区人民武装部

◆ 2017 年 3 月 3 日，东湖区人武部组织开展反恐维稳应急演练

◆ 2017 年 1 月 10 日，东湖区人武部组织民兵应急分队参加辖区的全民清洁家园大扫除活动

◆ 2017 年 5 月 4 日，东湖区人武部深入高校开展征兵宣传咨询活动

2017 年，东湖区人民武装工作坚持以习近平总书记系列重要讲话为统领，坚决贯彻军委国防动员部、省军区和警备区党委决策部署，深入学习中共十九大精神，努力营造风清气正的政治生态；以“五率”量化考评标准为抓手，进一步打好征兵工作主动仗；聚焦练兵备战，着力推进军事斗争准备向纵深发展；始终保持安全管理高压态势，牢牢守住安全底线；不断强化地方各级领导的党管武装意识，浓厚党管武装氛围。

◆ 2017 年 8 月 28 日，东湖区人武部开展无线电信分队试训活动

◆ 2017 年 6 月 23 日，东湖区人武部组织应征青年参观方志敏事迹纪念馆，接受革命传统教育

中共东湖区委办公室

2017年，东湖区委办公室全面学习贯彻中共十九大精神，坚持以习近平总书记系列重要讲话精神和治国理政新理念新思想新战略统揽经济社会发展全局，认真落实省委、市委、区委决策部署，主动适应从严治党新要求、经济发展新常态，围绕年初确定的工作重点和目标任务，克难奋进，大力弘扬“崇尚荣誉·创先争优”东湖精神，为打造富裕美丽幸福现代化江西“南昌样板”、奋力谱写新时代东湖复兴征程崭新篇章做出新的更大贡献。

◆ 2017年4月1日，东湖区委办公室干部到方志敏广场烈士塑像前敬献花圈，表达对方志敏同志的无限敬仰和怀念之情

◆ 2017年6月30日，东湖区委办公室组织干部到百花洲街道刘将军庙社区了解社情民意，开展“双联双解”活动

◆ 2017年7月17日，东湖区委办公室干部到挂点社区开展环境整治志愿服务活动

◆ 2017年8月15日，东湖区委办公室组织干部观看大型政论专题片《将改革进行到底》

◆ 2017年9月29日，东湖区委办公室党支部开展“讲规矩有纪律——做执行纪律合格的共产党员”专题学习会议

东湖区人民政府办公室

◆ 2017 年 7 月 14 日，东湖区区长高辉红为区政府办公室全体人员讲党课

2017 年，东湖区政府办公室认真学习贯彻中共十九大精神，以习近平新时代中国特色社会主义思想为指针，紧紧围绕区委、区政府中心工作，恪守为领导服务、为部门和基层服务、为群众服务的“三服务”宗旨，充分发挥办公室承上启下、联络内外、协调各方的中枢作用，进一步增强做好协调工作的主动性，充分听取各方意见建议，不断加大综合协调力度，妥善处理各个层面的关系，确保政府日常工作的高效运转，促进区委、区政府决策部署的有效落实。

◆ 2017 年 12 月 26 日，东湖区政府办在干部职工中开展居家养老志愿服务“时间银行”募捐活动

◆ 2017 年 10 月 18 日，东湖区政府办组织干部职工收听收看中共十九大开幕式实况

中共东湖区委组织部

◆ 2017 年 11 月 13 日，东湖区委组织部开展学习中共十九大精神活动

2017 年，中共东湖区委组织部在区委的坚强领导下，在市委组织部的正确指导下，以中共十九大会议精神和习近平新时代中国特色社会主义思想为统领，以推进“两学一做”学习教育常态化制度化建设为契机，强势推进干部队伍选配、基层党建优化、人才队伍建设等工作，全区组织工作科学化水平不断提升，为打造“实力东湖、活力东湖、魅力东湖”提供坚实有力的组织保障。

◆ 2017 年 5 月 16 日，东湖区委组织部召开全区人才活动周工作推进大会

◆ 2017 年，东湖区委组织部开展党员活动日教育活动

◆ 2017 年 12 月 16 日，东湖区大院街道率先在全市建立“大工委”，邀请省级驻区单位中层党员领导干部担任街道兼职副书记

中共东湖区委宣传部

2017年，东湖区宣传思想文化工作以学习、宣传、贯彻中共十九大精神为抓手，严格落实意识形态工作责任制，对内凝聚力量、对外提升形象，主旋律更响亮、正能量更强劲，为打造“实力、活力、魅力”东湖提供强大的思想保证、精神动力、舆论支持和文化条件。

◆ 2017年7月13日，东湖区委常委、区委宣传部部长胡洪水为部机关全体干部讲党课

◆ 2017年12月11日，东湖区委宣传部在上海复旦大学举办全区学习宣传贯彻中共十九大精神宣传思想文化干部培训班

◆ 2017年3月3日，东湖区委宣传部党支部开展“两学一做”学习教育专题活动

◆东湖区委宣传部荣获2017年度“全区先进党组织”荣誉称号

中共东湖区委统战部

◆ 2017 年 3 月 6 日，东湖区侨联组织部分归侨侨眷参观新四军抗战图片展

2017 年，东湖区委统战部在区委的坚强领导和市委统战部的精心指导下，牢牢把握迎接中共十九大胜利召开、学习贯彻中共十九大精神这条主线，紧紧围绕区委工作部署，认真履行统战工作职能，充分发挥统战工作优势，着力在争取人心、凝聚力量、服务发展上下功夫，为打造“实力、活力、魅力”东湖凝心聚力，推动东湖区统战工作有新发展。

◆ 2017 年 6 月 13 日，东湖区组织非公经济人士赴延安开展理想信念教育活动

◆ 2017 年 11 月 6 日，民进东湖总支到东湖区红星小学开展“1% 工程”

◆ 2017 年 11 月 23 日，东湖区委统战部工作人员陪同市委统战部到大院街道二七北路社区开展工作调研

中共东湖区委政法委

◆ 2017 年 1 月 24 日，东湖区委政法委班子成员走访慰问东湖公安分局治安大队干警

◆ 2017 年 4 月 19 日，东湖区委政法委组织召开全区政法工作联席会议

2017 年，中共东湖区委政法委在区委、区政府的正确领导下，以习近平总书记重要讲话精神为引领，切实贯彻落实中央、省、市政法工作会议精神，坚持把中共十九大安保工作作为首要政治任务来抓，全区政法干警和综治维稳干部脚踏实地、主动靠前、尽职尽责，较好地完成各项工作任务，确保全区社会大局稳定，为全区经济社会发展保驾护航。

◆ 2017 年 10 月 31 日，东湖区委政法委组织政法委机关干部学习中共十九大精神

◆ 2017 年 11 月 15 日，东湖区委政法委主持召开全区综治委主任工作会议

编辑说明

一、《东湖年鉴》是中共东湖区委、东湖区人民政府主办的一部集资料、知识、信息为一体的年度资料性文献，如实记载东湖区经济社会发展情况，由东湖区属各单位、驻区有关单位提供资料。

二、《东湖年鉴(2018)》以马克思列宁主义、毛泽东思想、邓小平理论、“三个代表”重要思想、科学发展观、习近平新时代中国特色社会主义思想为指导，坚持辩证唯物主义和历史唯物主义的立场、观点和方法，着重记载2017年东湖区自然、政治、经济、文化和社会等各方面情况。本卷年鉴中的综合性资料、数据截至2017年年底，因统计口径等原因，有关部门所用个别数据与统计部门提供的数据不尽一致。凡涉及东湖区国民经济和社会发展的主要数据，概以东湖区统计局公布的数据为准。

三、本卷年鉴以“部类”为单元，“部类”设28个：特载，大事记，东湖概览，中国共产党南昌市东湖区委员会，南昌市东湖区人民代表大会常务委员会，南昌市东湖区人民政府，政协南昌市东湖区委员会，群众团体，民主党派，法治，军事，重大项目建设，商贸流通和服务业，开放型经济，非公有制经济，金融业，财政·税务，经济管理与监督，城市建设和管理，社会管理和服务，教育，科学技术，体育，文化·旅游，卫生，镇、街道办事处、管理处概况，人物，重要文献。

四、本卷年鉴以类目、分目、条目组成框架结构，以条目为主要载体。部分条目因内容需要对比时，涉及到2017年度之前的情况。所载各部门、各单位文字、彩页、插图等由各有关单位供稿并最后审核确定。

五、本卷年鉴内容层次设置是为了方便分类编辑和读者阅读，并不反映严格的科学分类体系，机关、企事业单位等排序和层次并不表示其地位和规模。

目　录

特　载

大事记

东湖概览

中国共产党南昌市东湖区委员会

南昌市东湖区人民代表大会常务委员会

南昌市东湖区人民政府

政协南昌市东湖区委员会

法　　治

军　事

重大项目建设

商贸流通和服务业

开放型经济

非公有制经济

金融业

财政·税务

经济管理与监督

城市建设和管理

社会管理和服务

教　　育

科学技术

体　育

文化·旅游

卫 生

镇、街道办事处、管理处概况

人　物

重要文献

特　载

阔步复兴征程　再现首善荣光
为打造富裕美丽幸福江西“南昌样板”贡献东湖力量

——在区委十二届二次全体(扩大)会议上的讲话

中共东湖区委书记　刘　闯

(2017 年 1 月 14 日)

同志们：

这次区委全会的主要任务是，深入贯彻落实中央经济工作会议和省第十四次党代会、全省经济工作会议精神，以及市第十一次党代会、市委十一届二次全会精神，落实新理念，适应新常态，拥抱新经济，全面部署今年乃至今后一个时期工作，动员全区上下阔步复兴征程，再现首善荣光，为打造富裕美丽幸福江西“南昌样板”贡献东湖力量，以优异成绩迎接党的十九大胜利召开！等下，辉红同志将具体总结去年工作，部署今年经济工作，请大家认真抓好贯彻落实。

刘闯在中共东湖区委十二届二次全体(扩大)会议上作报告

中央和全省经济工作会议，全面深刻地分析了当前经济形势，明确了今年经济工作总体要求和重点任务，市第十一次党代会勾画了我市未来五年的发展蓝图，吹响了建设工业文明、城市文明、生态文明融合发展的现代化城市的号角。全区各级党组织和广大党员干部群众要按照市区党代会确定的目标要求，深入贯彻落实中央、全省经济工作会议，以及市委十一届二次全会精神，以“崇尚荣誉·创先争优”的精神、“时不我待·只争朝夕”的激情、“相将见一·舍我其谁”的担当，撸起袖子，苦干实干，为东湖在全市新一轮大发展中走在前列、实现复兴贡献更多智慧和力量。

去年以来,在市委、市政府的正确领导下,区委常委会全面贯彻落实中央、省委、市委决策部署,紧紧围绕“打造实力东湖、创造活力东湖、塑造魅力东湖”战略目标,大力弘扬“崇尚荣誉·创先争优”东湖精神,顶住压力,克难奋进,统筹做好稳增长、促改革、拓空间、提品质、惠民生、优党建等各项工作,实现了“十三五”良好开局。特别是,圆满完成区镇两级换届工作,选优配强了各级领导班子。新一届区委在不断加强自身建设的同时,充分发挥“总揽全局、协调各方”领导核心作用,切实加强和改进对人大、政府、政协、纪检、组织、宣传、统战、政法、人武以及人民团体、群众团体等各方面领导,每个领域、每条战线紧紧围绕区委中心工作,各司其职,各尽其责,齐心协作,荣辱与共,安定团结的政治大局持续巩固,为东湖经济社会发展提供了根本保证。

下面,受区委常委会委托,我重点讲三点意见,请予审议。

一、科学研判当前形势,在把握机遇中实现战略主动

“世事如棋局,善弈者谋势。”我们必须准确判断和科学分析当前形势,认清前进路上的风险与挑战,把握自身面临的机遇与优势,在新一轮大发展中顺势而谋、应势而为、乘势而上,以快人一步的战略主动抢占发展先机,继而变优势为胜势,化潜力为实力。综合来看,必须直面“三大挑战”、把握“三大机遇”:

从压力上看,必须直面“三大挑战”:一是宏观环境依然复杂多变。当前,世界经济进入以“弱复苏、慢增长、多风险”为特征的新常态,我国经济则进入“速度变化、结构优化、动力转化”的新常态,内外环境交互影响、上下压力博弈对冲,错综复杂的宏观形势未根本改变。二是转型升级依然步履维艰。受多重因素影响,东湖正处在经济社会发展最困难、局面最复杂、竞争最激烈的时期,区位边缘化、产业空心化、竞争白热化“三化交织”的困顿之局未根本扭转,发展要素流失严重,发展不平衡、不协调、不可持续问题依然突出,转型升级步履维艰。三是少数干部状态依然差强人意。东湖干部总体素质较高,但少数干部在精神状态、眼界思维、工作标准、操作能力等方面还存在诸多短板,注意力不集中、执行力不过硬、创造力不够强等问题依然鲜明存在。这种主观上的消极懈怠直接导致各项工作的推进乏力,不仅与“首善之区”的地位不相称,而且同人民群众的期望不相符,长此以往将贻误东湖事业发展。

从动力上看,必须把握“三大机遇”:一是放眼全国,稳中向好势头正劲。以习近平总书记为核心的党中央不断加强和改善对经济工作的领导,坚持稳中求进工作总基调,深入践行新发展理念,妥善应对风险挑战,推动我国经济社会保持平稳健康发展,经济运行呈现更多新趋势、新亮点,经济发展质量和效益不断提升,为我们加快发展提供了根本前提。二是观照省市,政策效应持续显现。打造核心增长极、旧城复兴、赣江新区规划建设等省、市一揽子重大区域发展战略相继实施,政策叠加效应逐渐显现,特别是新一届市委将全面推进产业大发展、城市大建管、改革大突破、双向大开放、创新大跨越、生态大提升、事业大统筹、民生大改善等新一轮发展热潮,为我们加快发展提供了先决条件。三是审视自身,发展支撑不断集聚。空间不断拓展,2014 年以来共启动 37 个地块征迁,完成征迁总面积约 142 万平方米,目前有 18 个地块 800 余亩可出让土地全面启动开发建设;同时,扬子洲地区整建制划归东湖,辖区面积扩大两倍,给未来发展提供了巨大的、宝贵的、难得的承载空间。建管不断提质,先后实施一批重大市政基础设施建设工程,全面提升城市管理水平,城市功能和城市环境得到显著改善。后劲不断增强,近两年陆续引进一批重大重点投资项目,稳增长具备良好动能。以上种种,将为我们加快发展提供坚实支撑。可以说,未来东湖发展的空间不可估量、后劲不可定量、潜力不可限量。

同志们,沧海横流方显英雄本色,艰难险阻更需勇毅笃行。越是面临困难和挑战,我们越要增强百倍的信心;越是面对压力和风险,我们越要拿出百倍的干劲。全区上下务必保持清醒头脑,在审时度势中进一步增强加快发展的责任感和紧迫感,以领跑上的自信、行动上的自觉、作风上的自强,汇聚起实现复兴的强大合力。

二、昂首迈进复兴征程,在发展升级中再现首善荣光

2017 年,是迎接党的十九大胜利召开的大喜

之年，是贯彻省、市、区党代会决策部署的奋进之年，是落实市委“产业大发展、城市大建管、改革大突破、双向大开放、创新大跨越、生态大提升、事业大统筹、民生大改善”八大要求的开局之年，也是打造实力东湖、创造活力东湖、塑造魅力东湖的提升之年，更是加快转型升级、蓄势复兴崛起的关键之年。基于上述研判，立足现实基础，结合当前实际，经区委常委会研究决定，全区今年及今后一个时期工作的基本思路是：按照市区党代会既定部署，聚焦“两大引爆点”（历史文化名区建设、青山湖西岸开发建设），走好“四条升级路”（产业升级、区域升级、建管升级、民生升级），迈出L型态势，拼争U型反转，到2020年，财政总收入过百亿，体制机制更趋完善，城市品牌基本成型，为千年东湖复兴于英雄之城，奠定坚实基础。

按照以上思路，综合考虑各方面因素，2017年全区经济社会发展目标初步拟定为：地区生产总值增长8%，力争9.5%；500万元以上固定资产投资增长12.5%，力争14%；社会消费品零售总额增长6%，力争9%；财政总收入增长6%，力争10%；地方一般公共预算收入增长6%，力争10%；利用外资实际到位资金增长10%，力争15%；实际利用内资增长10%，力争15%；出口创汇与去年持平，力争增长1%。

根据以上思路和目标，要突出抓好四方面重点工作：

（一）把产业升级作为复兴之源，大力推动产业集聚集约

产业是发展的根基，是兴区的源泉。要始终把强攻产业作为重中之重，以“新技术、新产业、新业态、新模式”为方向，以“集聚集约”为路径，以服务业升级行动为抓手，着力打造一批优势和特色产业集群。

1. 强化规划引领。对东湖这样寸土寸金的老城区而言，做好产业规划意义重大。接下来，要按照“平米税收”理念，科学制定产业发展总体规划和专项规划。一要进一步明确产业定位。立足区位条件、产业基础和资源禀赋，进一步理顺产业转型中的关系脉络，找准定位，明确目标。大力发展健康养生服务业，打造辐射全省的高端健康养生服务产业基地；大力发展文化创意旅游业，打造全省重要都市旅游目的地；大力发展都市工业，在扬子洲地区优先布局都市工业，重点发展高新技术产业和高端现代服务业；大力发展现代商贸业，打造全省消费模式引领中心；大力发展楼宇（总部）经济，打造江西（南昌）总部经济集聚区；大力发展现代金融业，打造区域性资产管理中心、资本运作中心。二要进一步优化产业布局。按照板块功能布局，推动建设若干条重要产业带，发挥产业带资源集聚效应。依托医疗资源分布，在洪都北大道—阳明东路—八一大道—青山南路一线，重点发展健康养生服务业；依托文化资源与文化产业分布，在榕门路—民德路—环湖路—豫章路—三经路—佘山路一线，重点发展文化创意旅游业；依托千年商业沉淀，在中山路、胜利路、象山北路、青山南路一线，重点发展现代商贸业；依托旧改腾出的空间，在下正街、三经路（上、下沙窝）、青山湖西岸沿江一线，重点发展楼宇（总部）经济；依托江西金租、浦发城投、浦发市政等新金融机构入驻，在八一大道、中山路、阳明路一线，重点发展现代金融业（新金融、类金融）。三要进一步丰富产业业态。聚焦健康养生服务业，打造一批精准医疗、移动（智能）医疗、创新医药等新型健康产业，引进一批饮食养生、运动养生、医药养生、环境养生、文化养生、美容养生等养生机构；聚焦现代商贸业，引进一批总部型特别是区域结算总部、电子商务总部商贸企业，建设一批高端百货、主题百货和专题卖场，打造一批特色商业街；聚焦楼宇（总部）经济，引进一批工业设计、创意设计、信息服务等区域性总部；聚焦现代金融业，引进一批创业投资、资产管理、融资服务等新金融机构，培育一批商业保理、融资租赁、消费金融等新金融业态。

2. 强化平台支撑。只有大平台，才能集聚大产业，才能引进大企业。为此，要千方百计搭建产业平台，为招商引资、项目建设集聚更多资源、开辟更多渠道。一要推进空间平台扩容。充分利用国家棚改政策，继续实施旧城改造，不断拓展发展空间；加强资源整合和功能重组，注重内部挖潜，科学合理利用好每一寸土地，对一些落后产业以及闲置土地，该转的转，该退的退，该让的让，将有限的土地供给最优秀的企业、最优质的项目；对于基础设施和功能配套不足问题，进一步加大投入，尽快促成生地变熟地，熟地变宝地。当前，要统筹做好旧改地块规划建设，重点推进青山湖西岸片

区基础设施建设。二要推进开放平台提档。充分利用赣港、赣台经贸合作交流会、北京—江西商会、上海—江西商会、江苏商会、温州商会、深圳文产协会等区外平台；做大做强全省电子商务协会、互联网论坛等自有平台；切实抓住“国家智慧城市试点”、“两创示范”城市建设等机遇，积极探索对外合作的新模式、新体制；在此基础上，围绕主导产业及关联产业，加快建设一批国内有影响、省市有品牌的国际论坛、产业协会、招商协会、特色园区等高端优质平台。三要推进服务平台升级。大力推动政务服务供给侧结构性改革，扎实推进以“放管服”为重点的政府改革，按照“能并则并、能减则减”原则，精简审批事项，优化审批流程，严格实行清单管理，用制度管住“政府的手”；深入推进市场监管体制改革，推动“双随机、一公开”监管全覆盖，不断提升基层规范化水平；积极推进“互联网＋”政务，按照“应上必上，全程在线”要求，抓好公共服务事项清单编制和发布工作。

3. 强化项目带动。抓项目就是抓发展，抓大项目就是抓大发展。要坚定不移实施项目带动战略，集中一切力量大招商、招大商，想尽一切办法让好项目、大项目落地。一要向上看，致力项目策划。当前，国家、省、市战略叠加效应集中释放，要以敏锐的眼光、开放的思维、扎实的举措，牢牢把握国家和省级、市级重大区域发展战略，强化“跑项争资”意识，认真分析国家产业政策和资金投向，将重大项目策划与国家、省、市产业布局、资金投向对接起来，敏锐把握政策实施力度和节奏，力争更多项目进入省市重大项目库。二要向外走，发力项目招商。更加注重招商层次，着力引进一批国字头、领袖型的引爆项目，力争一批“国际级”的大项目、好项目落户，实现产业发展的“乘数增长”；更加注重招商链条，着力引进一批产业带动性强、关联度高、产业链长的项目，形成上中下一体化产业集群，推动产业向高端、前端、深端升级；更加注重招商环境，以“人人都是招商环境”的理念，推动招商流程再造、服务再造，实现“好环境聚好客商”的因果良效。三要向前冲，倾力项目建设。2017 年拟实施产业发展、旧城改造、城市建管、社会民生、基层党建五大类，共 45 个重大重点项目，总投资 315.3 亿元。接下来，要以“项目化、时间表、责任人”的机制，排好时间节点，排出任务目标，排定责任人员，以最快节奏、最高效率、最优质量推进各个项目。这里强调一下，今年“三看”将是一场前所未有的重大考验，年中、年尾两次均不容有失，务必尽早确定必选和备选项目，严格对照“三看”要求、按照责任分工按时保质推进，再创“东湖速度”。

（二）把区域升级作为复兴之柱，全力促进南北互融互进

由于历史原因，长期以来我区以阳明路为界，南、北片区发展不平衡、不协调现象尤为突出，呈现“南部都市、北部郊区”的严重反差。今年及未来很长一段时期，我们要充分发挥后发优势，近期以青山湖西岸整体开发建设、远期以扬子洲开发建设为支点，大力实施“南提北进·文化融城”战略，推动全区同城并进，融合发展。

1. 以都市化为目标，推动“南部”精而优。坚持产业提档、建管提质、内涵提升，推动“南部”精致化、国际化、品牌化发展，将南部打造成动感时尚之都、繁华魅力之城、文旅融合之区。一是着眼产业提档，以省政府 1、2 号地块苏宁广场项目为引领，以八一广场周边环境综合整治为抓手，以“地铁经济”为驱动，加快“八一广场—中山路”百亿商圈立体化、国际化改造，不断提升现代商贸业能级。二是着眼建管提质，以“干净整洁、畅通有序、文明友善、和谐宜居”为目标，以“精致建设、精美呈现、精心管理”为原则，以“环境综合整治三年计划”为抓手，完善城市功能、改善人居环境，不断提升城市管理现代化水平。三是着眼内涵提升，以旧城改造为路径，以滕王阁创建 5A 级景区为契机，以佑民寺文化街区建设为先导，推动滕王阁景区与百花洲景区互联互通，激活历史文脉，加快文旅融合，重建文化地标，打造历史文化名区。

2. 以城市化为目标，推动“北部”快而好。坚持产城递进、基建快进、民生共进，推动“北部”高端化、集聚化、品质化发展，将北部打造成对接沿江的桥头堡、驱动发展的新引擎、生态宜居的后花园。一是着眼产城递进，聚焦青山湖西岸开发建设这一引爆点，加快重大项目引进、有序培植相关产业，优先支持商务楼宇建设，打造一批现代楼宇集群；聚焦扬子洲地区开发建设这一新战场，科学

制定扬子洲土地利用及控制性详细规划，明确产业定位，优先发展都市工业。二是着眼基建快进，以最大魄力“征”出空间，加快城北片区征迁速度，进一步释放存量空间。尽最大能力“补”齐功能，结合被征迁地块周边区域功能布局，将征地拆迁与完善功能一同规划、一同部署、一同推进，有序建设一批学校、医疗机构、农贸市场等公共设施，弥补城市发展历史欠账；同时，加快推进扬子洲地区基础设施建设，尽快启动一批内网外联工程，全面推进水、电、气等基础设施升级改造。用最大精力“改”好品质，结合周边风貌特征，把改造工作与城市绿化、美化、亮化统筹起来，推动市容市貌全面提升。三是着眼民生共进，按照“同城同标”原则，持续加大公共服务和公共资源供给力度，扎实推进基本公共服务均等化和优质公共资源均衡化，提高公共产品和公共服务保障水平，推动公共资源向城北片区倾斜。

3. 以一体化为目标，推动“南北”通而融。坚持空间一体、文化一体、发展一体，推动“南北”互通、互融、互进发展，将东湖打造成区域协调、均衡共享、活力迸发的融合之城。一是着眼空间一体，进一步完善快速交通体系，建设快速路，提升主干道，打通断头路，形成微循环，构建便捷、通畅、高效、安全的立体化交通网络，不断提升南北之间通达性。二是着眼文化一体，对城南片区特有文化符号、文化遗迹等古老建筑，坚持修旧如故，在保留其特色风貌基础上进行提升改造，留住“活着的历史”；同时，以豫章1号文化科技园、791艺术街区、紫金城街区为龙头，加快城北片区文创产业市场化步伐，用文化资源支撑文化产业，用文化产业滋养文化事业，推动南部历史文化与北部现代创意文化共生共荣。三是着眼发展一体，注重规划“一盘棋”、建设“一张图”、政策“一把尺”，统筹推进南北片区经济社会发展，以南城的提升促进北城的建设，以北城的建设支撑南城的发展，构建“南北协同、携手共进”的城市发展格局。

（三）把建管升级作为复兴之要，着力提升城区品质品味

以“美丽南昌·幸福家园”环境综合整治动员大会精神为指引，坚持科学规划、科学设计、科学建设、科学管理“四位一体”，统筹“建、改、拆、治、管、优”六大举措，不断提升城区品质品味，奋力构建特色鲜明城市品牌。

1. 围绕彰显品位，做到精致建设。对城市建设而言，今天的精品就是明天的文物、后天的遗产。当前的城市建设，既要用大思维、大规划、大手笔谋篇布局，又要以观赏性、标志性、人文性精准落子，真正使东湖城市建设“不吃后悔药、不唱空城计、不犯冷热病、不做复印机、不留子孙债”。一要以旧改拓空间，不断增强承载力。抢抓和用好国家政策支持期、金融服务窗口期最后一年的宝贵机遇，全力以赴投身新一轮旧城改造攻坚战。2017年，计划启动青山南路沿线两侧（9个地块、征迁面积约35.92万平方米）、佑民寺文化街区、象山路马家池等17个地块改造，总征迁面积约58.16万平方米、总户数5707户。但这些还远远不够，按照市委要求，四个主城区至少要完成350万平方米，争取400万平方米，平均一下我区至少要完成90万平方米，计划数必须大幅上调。二要以问题为导向，不断提升功能性。顺应城市发展需要，用力抓“大”。高标准实施一批重大市政基础设施工程，加快推进沿江快速路、青山湖西岸22条路网建设，配合推进二七路隧道、地铁4号线建设，争取扬子洲纳入地铁规划，加快推进龙沙路、贤士二路打通工程。顺应百姓生活需求，用心抓“小”。既做美前台，也做靓背面、做精角落。更加关注事关百姓日常生活的小项目，以“小”见“大”体现城市建设“以人为本”的精髓。继续推进街头小游园、停车场、背街小巷亮化、社区便利店和社区“三个中心”等民生工程，让东湖市民从日常生活中感受到变化、分享到实惠。三要以特色树标志，不断展现个性化。缺乏个性的城市没有魅力，更没有生命力、竞争力。为此，城市建设必须围绕自身个性来展开。对东湖而言，就是要通过城市建设，树起一批城市特色标志，让东湖2000多年的文化在今天得以彰显。重点要在打造文化标志、建筑标志、人文标志上下功夫：文化标志方面，依托古、绿、红、宗四色文化遗址，打造一批展现历史风貌、凸显文化底蕴的文化标志，今年要重点推进佑民寺文化街区改造，彻底打开“千年古刹”门庭，再现大德云集历史盛景；建筑标志方面，以三经五纬街区、中山路民国风情街区等为样板，在下正街、青山湖西岸等关键节点打造一批展示城市特色、彰显城市魅力的地标性建筑；

人文标志方面,以提升后的施工围挡、改造后的商铺店招为示范,打造一批体现人文精神、代表东湖个性的人文标志。

2. 围绕凸显品质,做到精细管理。城市管理永远在路上,只有更好,没有最好。近年来,东湖在城市管理方面取得长足进步,但对照先进地区,在精细化、常态化方面依然存在不少差距。为此,要进一步加强城市管理,在管理流程、管理运作、管理力量、管理机制上实现更大突破。一要着力推动管理流程标准化。将市容环境、市容市貌、作业规范等管理标准嵌入智慧城管系统,将标准化执法和标准化管理落实到城市管理各个环节,逐步实现管理对象数字化、管理过程数字化、管理手段数字化、管理评价数字化,不断提升城市管理精细化水平。二要着力推动管理运作市场化。以市场为导向、监管为保障,按照“花钱买服务、不花钱养人”的原则,探索推进建管分离、管养分离,采取政府购买社会服务方式,把市政设施、园林绿化、环境卫生等城市公用事业管理推向市场,实行市场化运作。三要着力推动管理力量多元化。充分发挥全社会的主动性、积极性和创造性,将政府一家“独角戏”变为多方力量“大合唱”,形成政府、市场、社会良性互动,营造共建共管共享良好氛围。四要着力推动管理机制长效化。城市管理的治本之策在机制。要全面落实“两级政府、三级管理、四级网络”的城市管理架构,推动责、权、利相一致,实现常态化管理,促进城市高效有序运行,推动城市管理走向城市治理。

(四)把民生升级作为复兴之基,努力实现民生共建共享

坚持财力优先向民生集中,政策优先向民生倾斜,服务优先向民生覆盖,着力构建人人享有、人人参与、人人尽力的“大民生”工作格局,打造首善民生福地。

1. 广覆盖完善社会保障。民生支出占地方财政收入确保达到65%以上,并逐年递增。着力构建“人员范围广覆盖、保障水平多层次、制度办法可衔接、管理服务现代化”的全民社会保障体系;不断健全社会保险、社会救助、社会福利、社会慈善互为补充的社会保障体系,尽最大可能解决老百姓生活的后顾之忧,为困难群体撑起一片晴天。同时,以政策为基础、以平台为支撑,鼓励大众创业,强化创业帮扶,加强各类创业孵化基地和创新创业示范点建设,充分释放全社会的创业活力,让广大创客圆梦东湖。

2. 全方位发展社会事业。以群众呼声为“着力点”,以细节关怀为“切入点”,从群众关心关注的小事、难事、急事做起,排群众日常忧、解群众身边难。不断深化社会事业服务领域、拓展服务范围、丰富服务内涵,以优质教育、医疗、养老、体育健身等为重点,不断丰富“民生服务圈”品牌内涵。围绕办好人民满意教育,加强师资队伍建设,提升教育教学水平,抓好紫金中学、天骥学校建设以及东湖小学等四所学校基础设施提升改造;加紧推进豫章后街、渊明北路等10个地下(立体)停车场以及赐福路、射步亭等7个小游园建设;加快推进青山湖西岸七里村还建房建设和扬农管理处垦区危旧房改造;全力实施大院等4个街道便民中心建设;加快扬子洲镇中心渠道清淤清杂及水系线路改造和长村村、林场村圩堤改造等水利设施工程建设。

3. 深层次创新社会治理。深化“文明东湖”建设,继续开展“兴家风、淳民风、正社风”主题活动,以良好家风、民风、社风带动全社会公共精神培育。深化“法治东湖”建设,全面推进“七五”普法教育,弘扬法治精神,培育法治文化,树立法治信仰,营造人人学法、懂法、尊法、守法良好氛围。深化“平安东湖”建设,结合“智慧城市”试点,在更高起点上统筹设计社会治安防控体系,围绕整合资源力量,完善标准体系、统一接口和共享模式,推动各类基础设施互联互通,推进各类数据集成运用,形成党委领导、政府主导、社会协同、公众参与、法治保障的社会治理格局。

三、肩负使命携手前行,在创先争优中展现合格本色

做好东湖工作,实现复兴目标,关键在党,关键在干部。要按照全面从严治党要求,不断提升党的建设科学化水平,着力打造一支政治合格、纪律合格、品德合格、作用合格的高素质干部队伍,为东湖经济社会发展提供坚强保证。

1. 坚定不移提升自身建设水平。领导班子是推动事业发展的中坚力量。区委班子战斗力强不强,直接关系东湖事业成与败,直接关系东湖发展快与慢。要继续强化共事氛围、端正干事态度、

优化成事机制，以建设“核心党委、高效政府、合力班子”为目标，全面构建“一个决策中心、四套班子落实”的工作格局。为此，区委常委会将始终做到“三个带头”：一是带头讲政治，始终坚定正确方向。牢固树立政治意识、大局意识、核心意识、看齐意识，严守党的政治纪律和政治规矩，在思想上、政治上、行动上同以习近平总书记为核心的党中央保持高度一致，坚决维护党中央权威和集中统一领导，向党中央看齐，向党的理论和路线方针政策看齐，向党中央决策部署看齐，确保各项工作始终沿着正确方向前进。二是带头讲团结，始终坚持民主集中。团结就是大局，团结就是力量。进一步加强民主政治建设，坚持民主集中制，不断提高区委科学决策能力。充分发挥人大、政府、政协以及人民团体职能作用，统筹安排纪检、组织、宣传、统战、政法、人武以及群众团体等方面工作，让每个领域、每条战线与区委思想上同心、目标上同向、工作上同行，真正做到谋发展一盘棋、抓工作一个调、干事业一条心。三是带头讲担当，始终做到恪尽职守。坚持以身作则、率先垂范。大力弘扬井冈山精神和“八一”精神，当好艰苦奋斗的表率，当好担当实干的表率，当好创先争优的表率，带动全区上下形成心齐气顺、健康向上的干事创业氛围。

2. 坚定不移打造过硬干部队伍。坚持为业谋才，在干事创业中检验干部、考察干部，真正把“信念坚定、为民服务、勤政务实、敢于担当、清正廉洁”的好干部选出来、用起来。一要把用人导向正起来。始终强化“实在实干实绩”用人导向，恪守“五看五评”用人原则。注重在经济战线、基层一线、困难火线培养干部，谁在招商引资中干出实绩，谁在项目建设上立下战功，谁在财政税收上多做贡献，谁在破解难题上取得成果，就提拔重用谁。二要把干部能力提起来。通过加强学习和实践，着力解决干部“能力不足、办法不多”的问题。同时，不断加大培训力度，帮助干部强化专业思维、提升专业素养、掌握专业方法，让干部清楚新形势下“怎么看”“怎么干”。三要把考评结果用起来。合理运用考评结果，严格兑现奖惩措施，坚决克服“重视考核、忽视运用”、考核与使用“两张皮”现象。区委再次重申：将旗帜鲜明地为干事创业者撑腰，为改革创新者鼓劲，为敢于担当者担当。只要你立志为东湖发展做贡献，有新作为、有大建树，区委不但把你放到重要岗位，给你一个舞台，让你大展身手、展现风采，还要为你撑腰鼓劲、保驾护航，让你放胆干、放心干、放手干。对此，区委已经形成共识，在以后的考核办法中将继续体现这样的意图。

3. 坚定不移夯实党的基层基础。基层组织是党的全部工作和战斗力的基础。要以全市党建“三看”活动为契机，进一步加强基层党组织建设。一要以标准化推进基层党建。按照“一年出模式、两年上台阶、三年树品牌”目标要求，在完成48个达标（示范）点基础上，进一步推进基层党组织标准化建设，努力形成一批“全国有声音、全省有影响”的党建工作品牌。二要以规范化抓实教育管理。严格落实基层党建工作责任制，不断创新基层组织设置模式、服务载体和活动方式。着力培养高素质基层党组织带头人，完善村（社区）书记选拔任用、教育培训、激励保障、监督考核等各项机制，加大村（社区）干部培训力度，进一步提升村（社区）干部政治素养和履职能力。三要以精细化完善服务功能。进一步夯实基层硬件基础，提升软件实力，实现基层党组织政治功能和服务功能有机统一。基层党组织要以更精细的服务贴近群众、团结群众、引导群众、赢得群众，不断增强创造力、凝聚力、战斗力，让基层组织真正成为群众的主心骨、领路人。

4. 坚定不移深化党风廉洁建设。“新松恨不高千尺，恶竹应须斩万竿。”必须拿出全面从严治党永远在路上的恒心和韧劲，在坚持中深化、在深化中坚持。要认真落实《关于新形势下党内政治生活的若干准则》和《中国共产党党内监督条例》，继续保持正风肃纪强大气势，不断推动政治生态好转。一要用好明责问责指挥棒。以高度的政治自觉深化落实全面从严治党“两个责任”，确保全面从严治党各项要求落到实处、取得实效。首在明责，以“军令状”明确责任，层层签订责任状。对照市委要求，抓紧制定出台《关于深化落实全面从严治党主体责任的工作意见》，让每个层面、每个级别有责可循。贵在压责，以“任务书”分解责任，将责任压实到每个主体，形成全区上下有责必担、齐抓共管的强大合力。重在问责，以“撒手锏”倒逼责任，建立健全以上率下、履责留痕、廉政约谈、评议评价、问效问责等机制，让失责必问成为常态。坚定不移支持纪委聚焦主业、履行主责，做纪检监察机关的坚实后盾。二要护好党纪党规高压线。坚持挺纪在前，把遵守纪律规矩作为党内监督重点，进一步加强对纪律执行情况的监督检查，对违反“六大纪律”，特别是违反政治纪律、和政治规矩、组织纪律的行为，动辄得咎、违者必究，坚决防止“破窗效应”，真正把纪律立起来、严起来、执行到位。同时，进一步加强干部教育监督管理，特别是在旧城改造、项目建设、民生工程等高风险领域装上“警示器”、建起“防护网”，确保“项目安全、资金安全、干部安全”，坚决防止“项目上马、干部下马”。三要打好标本兼治组合拳。深化理想信念教育，强化“不想腐”的自觉。以“两学一做”学习教育为抓手，进一步加强党员干部思想政治教育，引导党员干部自觉向着理想信念高标准努力，同时以党的纪律为尺子，使党员干部知敬畏、存戒惧、守底线。完善监督管理机制，强化“不能腐”的约束。以权力公开透明运行为中心，进一步健全廉政风险防控机制，锁定权力运行边界，切实加强“一把手”权力监督制约。同时，把握和运用监督执纪“四种形态”，综合运用批评教育、诫勉谈话、组织调整、党纪处分等手段，防止干部“要么是好同志，要么是阶下囚”。保持惩治高压态势，强化“不敢腐”的氛围。坚持有案必查、有腐必反、有贪必肃，不管是领导干部违纪违法案件，还是发生在群众身边的不正之风和腐败问题，发现一起、查处一起，绝不姑息，始终保持惩治腐败高压态势。

同志们，阔步复兴征程，再现首善荣光，是历史的使命，也是发展的要求，更是人民的期待。让我们更加紧密地团结在以习近平总书记为核心的党中央周围，在市委、市政府的坚强领导下，担起更大责任，迈出更大步伐，实现更大突破，为打造富裕美丽幸福江西“南昌样板”贡献东湖力量，以优异成绩迎接党的十九大胜利召开！

（区委办公室）

政府工作报告

——2018年1月3日在东湖区第十六届人民代表大会第三次会议上

东湖区人民政府区长　高辉红

各位代表：

现在，我代表东湖区人民政府，向大会报告工作，请予审议，并请各位政协委员和列席会议的同志提出意见。

一、2017年工作回顾

2017年，是党的十九大胜利召开之年，也是打造“实力、活力、魅力”东湖的提升之年，在市委、市政府和区委的坚强领导下，全区上下认真学习贯彻党的十九大精神，以习近平新时代中国特色社会主义思想为指导，紧紧围绕“创新引领、绿色崛起、担当实干、兴赣富民”工作方针，全力助推打造富裕美丽幸福现代化江西“南昌样板”，立率先之志，兴实干之风，阔步东湖复兴征程，较好地完成了区十六届人大二次会议确定的主要目标任务，经济社会各项事业取得崭新成绩。

一年来，我们坚持稳增长、强产业，发展质效持续提高

一是精准发力稳增长。坚持稳中求进工作总基调，聚焦重点、狠抓落实，推动经济社会发展稳中蓄进，稳中向好。全年预计实现地区生产总值467.55亿元，同比增长8.2%；500万元以上固定资产投资205.6亿元，同比增长13%；社会消费品零售总额230亿元，同比增长12%，增速同比提高8.8个百分点，增速位居全市前列；规上服务业营业收入30.9亿元，同比增长20%；完成财政总收入市口径70.63亿元，同比增长12.3%；地方一般公共预算收入13.05亿元，同口径增长6.5%；城镇居民人均可支配收入达39355元，同

高辉红在东湖区十六届人大二次会议第一次全体会议上作政府工作报告

三是精细服务提质量。全力服务实体经济发展，进一步激发市场主体内生动力，提升新常态下服务企业的水平。全年实现服务业增加值428.99亿元，占GDP比重91.75%，比重同比提升0.64个百分点。新增“六大产业”企业1800余家，同比增长2.4%。新增注册企业1774户、注册（认缴）资本84.88亿元，新增个体工商户3360户，同比增长36.1%，新增从业人员7329人。新增5A级商务楼宇1.8万平方米，新增税收千万元楼宇2栋、总数达14栋，楼宇总建筑面积、商务面积达59.3万和44.6万平方米，入驻目标楼宇企业2094家，产生税收10.63亿元，目标楼宇贡献率同比提高7.68个百分点。

比增长8%；实际利用内资49亿元，同比增长20.16%；实际利用外资2.23亿美元，同比增长20.33%；利用省外项目进资36.08亿元，同比增长20.27%；出口总额3.37亿美元。

二是精心施策强产业。把强攻产业作为根本出路，全力实施《服务业四年发展行动计划》，不断开创产业发展的良好势头。文化创意旅游业方兴未艾，引进投资2亿元的新媒体广告产业园项目，是省内首家“省级新媒体广告创意产业园”；对佑民寺周边街区进行改造，围绕“中式禅儒慢生活”主题，打造洪州禅文化旅游街区；以助推滕王阁创建AAAAA级景区为契机，着力打造榕门路文化产业特色街；豫章1号入选省级服务业集聚区。健康养生服务业纵深发展，成功引进总投资约3亿元的熹庐健康养生产业园项目，为消费者提供高品质专业化深度健康养生服务。现代商贸业势头强劲，成功引进投资85亿元的苏宁广场项目；全市首个地铁上盖综合体轨道八一馆站大型综合体项目总体完工。区域性类金融中心成效初显，投资5亿元的全市首家、也是唯一一家网络小贷公司随行付落户东湖；民生证券南昌分公司正式入驻；江西沃尔得农资连锁顺利挂牌“新三板”。总部经济厚植优势，成功引进苏宁红孩子全国结算中心和国美供应链管理江西总部。南昌亨得利、省产权交易所、省水投等4家企业入选省级龙头企业。

一年来，我们坚持推改革、促开放，发展活力持续彰显

一是以改革深挖潜能。全面落实“深化改革推进年”各项工作，“放管服”改革步伐加快，共调整行政权力事项65项，取消44项；受理并办结行政审批事项6785件，办结率100%；启用投资项目在线审批监管平台，全面实现平台之外无审批；“双随机”试点工作纵深推进，抽查企业196户，对经营异常名录库实施动态管理，逐步实现“事前审批为主”向“事中事后监管”的转变。推行企业及个体工商户简易注销改革工作，为140余家企业和近10000家个体工商户办理了简易注销；设定不动产登记“一站式”服务窗口。圆满完成农村土地承包经营权确权登记颁证工作，并通过市级检查验收；基本完成农村集体资产股份权能改革试点工作。顺利推进居家和社区养老服务改革试点工作；全面完成驻区市属42家国有企业社区移交工作。

二是以开放增添动能。招商模式更加创新，采用VR虚拟现实技术制作了全省首例地块招商VR全景图，客商足不出户就能直观体验招商载体。招商交流更加活跃，积极参加首届世界赣商大会、第16届赣港经贸合作、第15届赣台经贸文化交流、央企入赣投资合作洽谈会等商贸活动。招商成果更加丰硕,全年共落户项目167个,总投资额160.87亿元;其中,5000万元以上项目57个,亿元以上项目23个。同比,亿元以上项目增加4个,增长21%,创历史最好成绩。

三是以双创激活势能。政策扶持落实有力,发放个人创业担保贷款5330万元,直接帮扶创业人员516人,带动就业873人;设立新媒体旅游形象宣传资金100万元。平台建设不断巩固,豫章1号文化科技园成功申报市级小企业创业基地,并被授予“省级广告产业园”称号;江西中文传媒入选全省第七批文化产业示范基地;在江西师大科技园建立生产力促进中心服务站点,搭建“政产学研用”的科技创新平台。南昌科创信息咨询和江西中融文化两家公司被认定为市级中小企业公共服务示范平台。创新主体蓬勃发展,积极开展“江西小创客爱心集市”活动;新增红娱乐等3家“洪城众创”;天轴通讯等10家企业成功申报国家高新技术企业,高新技术企业新认定15家,超历年高新技术企业总和;技术交易合同总额突破2.2亿元,刷新历史纪录。

一年来,我们坚持兴城市、提品质,发展平台持续提升

一是发展空间得到新拓展。全年共启动了环湖路民德路地块、青山南路铁路西货场北地块和硅酸盐厂工矿棚户区改造3个旧改项目,共完成旧改征迁任务8.3万平方米,涉及被征收户1462户。全面完成原省政府大院一、二号地块的征收及土地出让工作;完成赐福路象山北路周边等9个地块征迁,腾出净地89.7亩;环民地块和滕王阁周边地块征收工作全面完成,让千年古刹佑民寺得以拨云见日,滕王阁重新焕发文明之光,东湖千年文脉的“双眸”已经打开。完成沿江北大道快速路和九洲高架二期东湖段、朱德旧居等“一馆五址”征迁任务,拆除房屋30余万平方米,有力保障了全市重大重点项目顺利推进。大力开展“净地行动”,对2016年以前16个地块存在的100多个遗留问题进行清理。紫金城10号地块等历史遗留征迁问题取得重大突破。成功实施裕丰大厦、青山湖宾馆等五连爆,创造了省会中心城区“高难度、高密度、大体量、零影响”建筑爆破拆除的“新经验”。

二是城区设施得到新提升。投入3.58亿元高位推进“美丽南昌·幸福家园”环境综合整治。大力实施“六大环境改造提升”工程,投入3500余万元,结合海绵城市建设,完成福州东路、省图南路等43条道路综合改造,对人行道实施强透水性路面结构层全覆盖;完成广场北路等重点区域积水点整治。投入6000万元,启动紫金广场地下停车场等14个停车场建设,推进停车场智能化、立体化、生态化,新增泊位1860个,全市首个智能立体化停车场铁街停车场和滕王阁旅游区南门生态停车场投入使用。投入9000万元的滕王阁景区周边整治工程和投入6000万元的八一广场及“一馆五址”周边立面改造工程如期完工。启动民德路、象山北路空中管线下地改造,完成赣桥南路、赣桥北路城市出入口综合整治。投入1.5亿元打造江柴、光明等5个精品社区;投入2000万元,实施“两建三改五新六清”工程,完成洪城社区等11个老旧小区的微改造;投入5000万元对436个庭院进行环境整治,占全区庭院数的40%。生态环境持续优化,城区新增绿地面积5000平方米。“河湖长制”深入推进,有力落实“一河一档”“一河一策”,对玉带河北支黑臭水体进行整治;投入2100万元,启动赣江右岸八一桥至二七路排污口截污工程;全面落实《水污染防治计划》和市《水十条》重点工作任务。开展对扬子洲镇11个自然村生态环境连片综合整治;采取新型水雾墙、绿网全覆盖等措施,集中对辖区243个大气污染源进行整治,落实拆迁工地降尘“五到位”。建成全市党政机关首个“绿色出行共享新能源汽车分时租赁项目”;荣获省、市公共机构节能达标先进区。

三是城市管理得到新突破。引领更加有力,在全市率先推行“马路本色”进社区行动,将环卫作业向背街小巷和社区庭院延伸,建立立面、地面、道路、社区“四位一体”全覆盖的新模式;在全市率先试点非机动车规范停放,设置非机动车停放点290余处,泊位5290个,有效缓解了非机动车乱停乱放问题;完成辖区90多条道路1100余个配电箱的“增色添彩”工程,并在全市推广。举措更加有效,投入1200万元购置100余辆作业车,环卫作业进一步由“人工”向“机械”转变;投

入3000万元，通过采取“拆、清、绿、改、装、亮”六个举措，对辖区范围内6.6公里京九铁路沿线环境实施综合整治，解决了一批影响城市形象的老大难问题。开展城市天际线修复工程，全年共拆除城市建成区违章搭建320余处，面积约1.5万平方米；处罚建筑垃圾违法运输197起；拆除、整治违法广告牌2130处。亮点更加突出，投入500万元，对15个交通拥堵点进行专项整治；打通聆江二路、朱湖路等断头路，改善了交通微循环，为破解交通拥堵难题在全市探索了新的经验和模式。全年共受理市区两级数字城管案件25万余件，处理率达100%；在全市公共文明指数两次测评中，均荣获第一名；荣获全市城市管理执法考核第一名，全市城市综合考评2个第一、1个第二，“马路本色”8个第一、3个第二的好成绩，特别是荣获“美丽南昌·幸福家园”年度整治工作第一名。

一年来，我们坚持惠民生、办实事，发展福祉持续增进

一是民生实事有力落实。坚持民生导向，一大批惠民举措落地实施，群众获得感显著增强。全年用于保障和改善民生资金15.1亿元，同比增长21.09%，占地方一般公共财政预算支出的65.68%。年初确定的“十大民生实事”稳步实施，更换LED灯1300余盏；整改疏通各类沟管1100余处；完成扬子洲地区卫生院危旧房改造；完成三经路、子固路2个小游园建设；叠山路农贸市场升级改造整体完工，即将投入使用；在全市农贸市场每月考核排名中，我区取得了7个第一，3个第二的成绩。顺利完成94家大中型餐饮服务单位和学校食堂的“洁厨亮灶”改造工程。

二是社会保障有效落地。劳动保障不断健全，独创“派工”工作模式，有效解决了外来务工人员传统的推荐就业与散工非固定用工的矛盾，全年新增就业9981人。医疗保障不断完善，城镇基本医疗保险参保人数达18.7万人，征缴基金总额达1.35亿元；向7394人次提供医疗救助，救助金额346.5万元；投入408万元免费为986户企业和3.1万从业人员进行预防性体检和监测。生活保障不断提升，参加基本养老保险人数达5.78万人，累计发放养老金5.13亿元；为20名身患重大疾病的学生和474名特困学生发放助学金；发放城乡低保金2870万元；发放高龄老人生活补贴1536万元；发放独生子女父母奖励金、失独家庭补助等资金6400余万元；新建居家养老服务中心37个。住房保障不断改善，保障公共租赁住房4091户，为住房困难群众改善了住房条件；总投资17.8亿元的七里嘉和小区安置房建设稳步推进；总投资3.1亿元的起凤路安置房项目顺利开工；投入5000万元的扬农垦区危房改造二期工程主体竣工；累计为6384户无房户、困难户发放租赁补贴1860万元，“应保尽保”全面落实。

三是社会事业有序落准。教育体育工作亮点纷呈，投入1000余万元实施“校安工程”，对东湖小学等14所学校进行维修改造；启动了育新学校紫金分校建设和天骥小学前期征迁工作；以全市最高分通过义务教育发展基本均衡省级复查。认定10所民办幼儿园为普惠性民办幼儿园，滕王阁保育院顺利通过省级示范幼儿园评估。荣获全省百县运动会足球三连冠、蝉联女子篮球冠军，获全市首届“滕王阁杯”青少年体育联赛篮球、乒乓球、网球三项总冠军。文化事业繁荣发展，完成大院等4个街道综合文化活动中心标准化建设，实现了全区标准化街道综合文化活动中心全覆盖。围绕“纪念八一南昌起义暨建军90周年”、“喜迎十九大、文化惠万家”主题，组织开展了文艺演出、歌咏比赛、图片展等爱国主义教育活动，获“中国少儿戏曲小梅花荟萃”金奖、“军歌唱响英雄城”歌咏大赛一等奖；贵林社挂牌江西省少儿曲艺传承基地；新增豫章绣等3个第五批省级非遗名录；推进八一礼堂老营房飞机库旧址保护性迁建工作。卫生计生协调推进，人口信息网格化管理经验得到行业广泛关注；落实家庭医生签约服务，建立家庭医生服务团队68个，累计签约11.4万人；为辖区居民建立电子健康档案43.5万份；为近10万人办理了居民健康卡信息采集工作；顺利迎接国家慢性病综合防控示范区复审。

一年来，我们坚持重法治、保稳定，发展环境持续优化

一是法治东湖更加深入。法治工作深入推进，坚持区政府常务会学法制度，实现全区行政机关、事业单位、国有企业法律顾问全覆盖，推动重大事项依法科学民主决策；大力实施“七五”普法规划，高标准建设法治科普安全宣教中心、公共法

律服务中心;荣获法治南昌建设优秀县区。加强全面审计,对国有资金、资产和领导干部履行经济责任情况依法进行监督,节约财政资金1500余万元。政务服务网东湖分厅完成向镇(街道、管理处)、社区(村)延伸;公开政务信息2.8万余条。全年共办理人大代表建议148件、政协委员提案132件,办结率、满意率100%。

二是护航发展更加强劲。深入开展“降成本、优环境”活动,全年共发放“财园信贷通”贷款111笔,共计5.39亿元;减免中小微企业税费5942万元;组织开展民营企业建立现代企业制度暨上市培训辅导和“专精特新”企业入库工作;启动新经济企业孵化器培育工作,全年向省市工信部门推荐民营企业21家;通过省工商企业登记网络服务平台,推动商事登记管理信息化、便利化、规范化;及时为65家企业解决实际问题94项,实现“企业走访率、问题对接率、答复满意率”三个100%。

三是社会稳定更加夯实。信访联动机制逐步健全,建立区信访、维稳、公安等部门与镇(街道、管理处)联合会商、共同管控的协作机制,全力做好党的十九大、建军九十周年等重要节点的信访稳定工作;顺利化解省、市交办的信访积案8件。治理模式日益规范,在全省率先实现身份证异地办理业务全覆盖;“626”禁毒工作站全覆盖。开创“一体两翼”社区矫正官试点工作“东湖模式”,在全省起到了引领示范效应。构建了“源头治理、动态管理、应急处理”的应急管理工作格局,成功处置了“7·18”公交车纵火案等突发公共事件。深化平安东湖建设,圆满完成“喜迎十九大”和“第五届南昌国际军乐节”、“2017南昌国际马拉松”等大型活动东湖段安保任务。民调评警取得了全市县局排名及城区分局排名“双第一”的好成绩;社会治安呈现出“两降、三升”的良好态势;全区公众安全感测评指数持续攀升,稳居主城区前列。对辖区527家特种设备使用单位进行全面普查,组织开展了气瓶安全、电梯安全等一系列专项整治行动。全年未发生一起重特大生产安全、消防安全事故。开展国家食品安全示范城市创建,荣获全市食品安全工作考评第一名。

与此同时,支持工会、共青团、妇联、科协、红十字会等群团组织发挥作用。人防、史志、档案、防震减灾、妇女儿童、国防动员、老龄、爱国卫生、防汛抗旱、信息化建设等工作得到进一步发展。机关事务、残疾人保障、民族、宗教、外事、侨务等工作取得新成绩。

各位代表,在外部经济形势纷繁复杂,内部发展“三化交织”的困局下,过去一年取得这样的成绩实属不易。这是市委、市政府和区委正确领导、科学决策的结果,是区人大、区政协和各位代表委员大力支持、有效监督的结果,是全区广大干部群众戮力同心、顽强拼搏的结果,也是社会各界关心关注、协同奋进的结果。在此,我谨代表东湖区人民政府,向全区广大干部群众、人大代表、政协委员、各民主党派、各人民团体、无党派人士、离退休老同志,以及所有关心支持东湖发展的同志们、朋友们表示衷心的感谢,并致以崇高的敬意!

在总结成绩的同时,我们也清醒地看到东湖经济社会发展还存在一些突出的矛盾和问题:改造提升传统产业的任务依然艰巨;新旧动能转换仍需加压发力;城市治理精细化水平还有待提高;老旧小区的居住环境、功能配套还需进一步改造完善;民生保障的精准度、满意度与人民群众日益增长的美好生活需要还存在一些差距,等等。对此,我们必须高度重视,采取切实有效措施加以解决。

二、2018年工作打算

今年是贯彻党的十九大精神的开局之年,是改革开放40周年,也是决胜全面建成小康社会、实施“十三五”规划承上启下的关键一年,做好今年工作意义重大。

今年政府工作的总体要求是:深入学习贯彻党的十九大、中央经济工作会和省委十四届五次全会、市委十一届四次全会、区委十二届四次全会精神,以习近平新时代中国特色社会主义思想为指导,落实高质量发展要求,坚持稳中求进工作总基调,聚焦强产业、兴城市、促改革、优生态、惠民生等中心工作,精准发力、持续加力,在新时代的宏伟征程中担起更大责任、迈出更大步伐、实现更大突破,为东湖新一轮大建设、大发展、大跨越奠定坚实基础、积蓄强劲能量。

今年经济社会发展的主要预期目标是:

地区生产总值增长8%,力争8.5%;

500万元以上固定资产投资增长11%,力争12%；

社会消费品零售总额增长10%，力争12%；

规上服务业营业收入增长16%，力争20%；

财政总收入增长6%，力争7.5%；

地方一般公共预算收入增长4.5%，力争6%；

利用外资实际到位资金增长15%，力争20%；

实际利用内资增长15%，力争20%；

出口总额增长3%，力争4%；

城镇居民人均可支配收入增长6%，力争7%。

做好今年工作要把握好以下原则：

运用新思想引领新时代。坚持以习近平新时代中国特色社会主义思想为指导，坚定政治信仰，牢固树立"四个意识"，坚决捍卫习近平总书记党的领袖和核心地位，始终在思想上政治上行动上与党中央保持高度一致。把习近平新时代中国特色社会主义思想作为做好新时代东湖工作的最高遵循，推动中央和省、市的各项决策部署在东湖落地生根、落地见效。

抓住新矛盾回应新期待。我国社会主要矛盾已经转化为人民日益增长的美好生活需要和不平衡不充分的发展之间的矛盾。我们必须紧扣社会主要矛盾的变化，主动顺应人民群众的新期待，始终把人民利益摆在至高无上的地位，谋民生之福利、解群众之忧虑、促社会之和谐，让改革发展成果更多更公平惠及全区人民。

肩负新使命续写新篇章。实现中华民族伟大复兴的中国梦是新时代中国共产党的历史使命。具体到东湖，就是要认真对标中央和省、市精神，贯彻落实新发展理念，保持战略定力，坚定不移推进东湖复兴，在强产业、兴城市上下功夫，激活改革创新引擎，统筹推进民生、生态、文化和社会事业协同发展，努力开创打造富裕美丽幸福现代化江西"南昌样板"的东湖新篇章。

今年，要重点抓好以下六个方面的工作：

1. 强化产业集聚，实现转型升级新突破

深入实施"一核两重"产业发展战略，坚持把强攻产业作为首要任务，把做强做优现代服务业记在心上、抓在手上、扛在肩上，全力打造现代服务业东湖新高地。

一是提质升级新兴产业。大力发展文化创意旅游业，着力建设江西新媒体广告产业园，打造创意引导、产业带动、广告门户、品牌塑造"四位一体"的文创产业集聚地；依托佑民寺深厚的历史文化内涵，按照"文旅+产业"的可持续发展模式，倾力打造集文化旅游与产业发展于一体的文创产业新基地。大力培育健康养生服务业，推进熹庐健康产业园二期项目，规划打造一批大健康产业园区；主动对接健康产业龙头企业，培育一批以江西中科、美年大健康为引领的新型健康产业集群。

二是提档增效传统产业。错位发展现代金融业，大力培育文化金融、科技金融等类金融机构；利用闲置楼宇、产业园区等资源，打造一批集中度高、集群效应好的"金融楼宇"，力争将央央春天、出版大厦升级为现代类金融大厦，吸引省内外优质新型金融创新企业落户；积极搭建金融创新孵化中心和金融服务中心，引导、支持融资租赁、商业保理、小额贷款、担保典当、股权投资等类金融业健康发展。打造高端现代商贸业，以引进苏宁全球首个第四代广场项目为契机，整合苏宁云店、苏宁影院、超市等自营资源，积极引入国际精品、一线奢侈品牌等业态，打造八一广场商圈最高端的一站式购物体验中心。借力轨道交通，特别是地铁1号线中山路段，打造"地铁+社区"、"地铁+城市综合体"等新型商业模式，点燃消费新引擎，激活、提升中山路、胜利路商业业态。

三是提速做优产业平台。强化平台支撑，持续壮大楼宇总部经济，重点建设以青山湖西岸总部经济基地为支撑的楼宇总部，集聚一批以宝能、网龙网络为代表的总部龙头企业。继续推进樟树林文化生活公园、791艺术街区、豫章1号文化科技园等园区平台转型升级。完善城市建设投资、文化旅游投资等区级投融资平台，拓宽企业重大项目的合作途径。继续抓好中小企业公共服务平台建设，加快产业基金与优质企业的无缝对接。

2. 强化项目支撑，扩大有效投资新需求

大发展关键靠大项目。坚持一切为着项目想，一切围着项目转，一切盯着项目干；加大力度引项目，加快速度建项目，加强调度促项目，持续拉开项目建设的"主战场"。

一是大项目引领。始终把抓项目、扩投资作

为稳增长、促升级的关键,坚定不移实施项目驱动战略。全年计划实施重大重点项目共60个,同比增加9个,涉及产业发展、旧城改造、城市建管、社会民生、基层党建五大类,其中,申报市级重大重点项目27个,同比增加16个,尤其要抓好苏宁、中金、都市方舟等体量大、投入多,具有引领型、引爆型的大项目、好项目。完善项目推进机制,进一步加快在谈项目签约、在建项目竣工、建成项目投产,形成项目建设源源不断压茬推进的生动局面。

二是大力度招商。紧抓招商引资"一号工程",聚焦世界500强、国内200强、行业龙头企业和上市公司,围绕区重点产业发展方向,突出招大引强,力争引进重大产业项目不少于20个,投资总额突破100亿元。强化招大引强,深入实施招商引资"四年倍增行动计划",围绕"6 + X"产业体系,瞄准龙头项目、领袖企业,对接引进一批国字头、引爆型项目,力争落户一批亿元号、旗舰型大项目、大企业,推进网龙VR人才教育中心、富力中心等大项目尽早落户。加大下正街周边、青山湖西岸等20余个旧改地块、600余亩土地的招商推介,强化项目包装策划,筹办旧城改造招商引资专题推介会,增强发展后劲。

三是大投入带动。投入的力度决定发展的速度,只有大投入才有大发展,充分挖掘各种资源和潜力,千方百计增加投入,全年计划实施项目总投资额475.5亿元,同比增加118.8亿元,增长33.7%,其中,产业发展类项目数量29个,总投资395.6亿元,比去年新增项目13个,新增投资115.6亿元,创历史新高。整个项目投资盘子,更加注重产业项目的拉动效益,更加注重城市建管和社会民生项目的基础功能。不断拓宽项目融资渠道,优化企业融资环境,完善项目合作模式和推进机制,鼓励各类金融机构加大对重大重点项目的支持力度。积极引导企业筹措自有资金增加投入,做大做强做优项目,力争全年区级以上重大重点项目企业自筹资金34亿元,同比增长46%。

3. 强化城市建管,塑造美丽东湖新形象

深入实施"美丽南昌·幸福家园"环境综合整治,坚持把城市作为最核心的平台来经营,"拆"出空间、"补"齐功能、"改"好品质、"留"住记忆,提升市容市貌颜值,提升城区品位品质,提升美丽东湖指数,不断增强经济承载力、要素聚集力、对外吸引力,奋力唱响"两年出形象"东湖好声音。

一是优化都市功能格局。结合全市2018—2020年初步规划和城市更新行动,制定我区城市更新三年旧城改造实施计划,重点围绕存在消防隐患的D类危房,民德路、象山路、青山路沿线和大医院、名校周边筹划旧改项目。2018年拟启动10个征收地块,占地面积296亩,征收面积37.8万平方米,征收户数3900余户。配合城市总体规划修编,尽快启动扬子洲地区土地利用及控制性详细规划,明确扬子洲城市定位、功能定位和产业定位,为扬子洲未来科学合理开发做好准备。

二是优化基础设施网络。结合"美丽南昌·幸福家园"环境综合整治工作,以"六改"为抓手,对育新路、杨家厂路、河东会馆路等24条市政道路实施"白改黑"工程,不断提升道路质量;对石场街20—32号庭院等10个老旧社区实施"旧改新"工程。积极配合全市"一道一路"道路立面整治示范样板工程建设;协助做好洪都北大道高架、二七过江隧道、沿江北大道快速路建设项目。重点实施民德路、象山北路和胜利路等主干道建筑立面综合改造和城市家具微更新。补项补缺强功能,把旧改征迁与补齐老城功能短板结合起来,新建南昌二中西侧、东万宜巷、花园角农贸市场等10个停车场,新增泊位2000余个;新建民德路、上营坊、射步亭3个小游园。

三是优化城市管理体系。以整促建、以整促管,打造城市精细化管理东湖模式。在"智慧城管"基础上提质升级,与市"数字城管"平台实现互联互通共享;探索实施"智慧环卫",促进任务、设施、人员即时对接、科学调配。"马路本色"在确保一流的基础上力争新突破;实施建筑工地、征迁工地智能化管理,共享单车微信即时管理模式。环卫设施再提升,加快推进建筑垃圾渣余土消纳场、垃圾站等环卫基础设施建设和垃圾中转站压缩设施的全面更新。探索开展生活垃圾"三分类"工作,在机关、学校、精品社区、农贸市场先行展开垃圾分类,建成第一批生活垃圾分类示范项目,力争全区生活垃圾分类知晓率不低于80%。提升扬子洲地区垃圾治理水平,实现农村生活垃圾处理率100%。

4. 强化改革创新,激活内生发展新动力

改革是决定当代中国命运的关键一招，开放是繁荣发展的必由之路，创新是引领发展的第一动力。始终把改革推动、开放带动、创新驱动作为东湖发展的重要引擎，深入激活“三大动力”。

一是增强改革推动力。进一步精简审批事项，强化事中事后监管，构建“宽进严管”的市场监管体系；减少行政审批前置条件，推动市场主体快速健康发展；完善网上审批系统，全面提高工作效能；探索联合快审、绿色通道等服务方式；在区市场监管局、发改委试点推行“一次不跑”改革。加快出台六大主导产业的扶持政策，抓好“降成本、优环境”各项政策措施的落地，以实实在在的举措帮助企业做大、推动产业做强；建立“企声通道”，完善企业的诉求、办理和反馈机制，及时为企业办实事、解难事。稳步推进事业单位分类改革和公务用车改革；协同推进环保垂直管理改革。

二是增强开放带动力。主动融入“一带一路”、长江经济带、南昌大都市区、赣江新区等重大发展战略，积极参与区域竞合发展，推进更高层次、更宽领域的经贸合作交流。推进与南昌综合保税区外贸综合服务平台的深度合作，加快走出去步伐。积极对接央企入赣和赣商回归等省市商贸交流，做好引资引智引技工作。充分利用赣港会、赣台会、赣商大会等交流平台，加强与重点企业沟通洽谈，增强东湖的辐射力和吸引力，不断扩大东湖对外知名度和美誉度。

三是增强创新驱动力。注重政策引领，以南昌市建设首批全国小微企业创业创新基地示范城市为契机，鼓励和支持辖区企业申请著名商标、高新企业或龙头企业。注重平台建设，充分运用市场化经营模式，加大科技创新服务平台建设，推荐更多区级众创企业申报省级或市级众创空间；鼓励社会资本打造一批知名众创空间，培育发展要素全、开放式的“双创”基地。注重资金扶持，成立“双创”产业引导基金，对优质企业库、各机构推荐企业，给予投入孵化扶持。

5. 强化民生保障，回应人民群众新期盼

持之以恒关注民生，坚持不懈保障民生，扎实有力改善民生，不断增进人民群众福祉，让发展更有温度，幸福更有质感，小康更有内涵，努力在全省率先全面建成小康社会。

一是实在实干办实事。创新“两化两力”办学管理模式，推进义务教育优质均衡发展。强力推进育新学校紫金分校和天骥小学的建设工作；对邮政路、南京路等5所小学实施校园提升工程；探索开展校长职级制改革试点工作；让“学在东湖”品牌始终走在全市前列。以打造体育“两优”品牌为抓手，不断提高人民群众健康指数。推动“两馆”总分馆制建设，逐步建立和完善总馆与分馆之间设施成网、资源共享、上下联动的新模式。围绕“改革开放40周年”，开展“辉煌40年”群众文艺创作等公共文化活动；积极参加“春雨工程”；与南昌大学合作，对全区历史文化遗存开展全面普查。着力践行“健康南昌”战略，进一步推进基本公共卫生服务均等化和“平安医院”创建；提高家庭医生签约服务覆盖率，让更多居民享受到方便快捷医疗服务；打造一站式、智能化免费婚检中心，提高婚检率。推动“厕所革命”，新增4座装配式移动公厕。深入开展“河湖长”制和“蓝天、清流、净土”行动。

二是用心用情强保障。持续加大投入，确保用于保障和改善民生的投入占地方一般公共预算支出66%以上。启动投资10.6亿元的香江家具城和投资1.4亿元的贤湖佳苑安置房项目建设。实施更加积极的就业政策，力争全年新增城镇就业1.02万人，建设新型农村就业服务体系；拓展养老保险业务网上经办范围；进一步做好老年意外伤害险投保登记工作，力争覆盖率达80%。积极探索养老服务标准化建设，按照政府规划引导、政策保障支持、市场有序放开、社会广泛参与思路，鼓励社会资本和专业机构进入养老服务市场，重点推进“时间银行”互助式养老服务改革试点，加快构建居家为基础、社区为依托、机构为补充、信息为手段、医养相结合的多层次养老服务体系。努力构建“以社区为平台、以社会组织为载体、以社会工作专业人才为支撑”的“三社联动”工作格局；不断改善社区办公条件。

三是同向同行护安全。持续深化平安小区创建，加快建设和完善以信息化、高科技为支撑的立体化治安防控体系；加快启动城北消防站以及区办案中心建设；加大安全生产监管力度；在食品药品及医疗器械、特种设备“三大安全”领域开展大宣传、大培训、大执法行动；坚决遏制重特大安全事故发生。对市场监管5个基层分局进行规范化建设。进一步加强基层劳动争议调解组织建设,保障劳资双方合法权益。建立健全辖区少数民族流动人口服务管理体系,让少数民族更好地融入城市生活。

6. 强化自身建设,展现责任政府新作为

站在加速追赶、全面进位的战略高度,扎实推进作风大转变,增强法治意识、守纪自觉和执行力度;卯足撸起袖子、甩开膀子的干劲,卯足善作善成、争创一流的拼劲,卯足长抓不懈、久久为功的韧劲,卯足勇于担当、敢走新路的闯劲。

一是在依法治区中砥砺前行。把政府工作全面纳入法治轨道,坚持法定职责必须为,法无授权不可为;深入落实"七五"普法规划;推行行政执法公示、执法全过程记录、重大执法决定法制审核三项制度试点工作;开展法治东湖培训,推进执法队伍建设,提高执法水平;加强行政复议和应诉工作。全面推进政务公开,完善"东湖发布"等政务信息平台建设,密切12345热线与公众的互动交流,让权力在阳光下运行。认真办理人大代表建议、政协委员提案和人民群众来信来访,认真执行区人大及其常委会的决议、决定,主动接受人大工作监督、法律监督、政协民主监督和社会监督。

二是在担当实干中守正出新。大力倡导主动作为的工作作风,增强积极性、主动性,勇于负责、敢于担当,坚持说实话、谋实事、出实招、求实效;以踏石留印、抓铁有痕的精神提高抓落实的能力;对不作为、慢作为、不落实、假落实行为,严肃追责问责。勇于攻坚克难,以亮剑的精神、实战的状态、决胜的勇气,力争把每一项工作做实,将每一个难题攻克,多做打基础、管长远的事。坚持把人民群众对美好生活的需要放在第一位,善谋安民之道、多办利民之事,以实干实绩赢得人民群众更大的信任和支持。

三是在清正廉洁中行稳致远。把学习宣传贯彻党的十九大精神作为当前和今后一个时期的首要政治任务。继续深入开展"干部作风大转变"教育整治,贯彻落实中央八项规定实施细则精神,继续深化对"四风"问题,尤其是"形式主义""官僚主义"的专项整治。继续推进"两学一做"学习教育常态化、制度化,开展"不忘初心,牢记使命"主题教育。大力践行和弘扬"红船精神"、"井冈山精神"和"八一精神",传承红色基因。充分发挥审计职能,全面启动领导干部自然资源资产离任审计试点工作,继续加大工程建设、房屋征迁、公共资源交易等重要领域和重点岗位的监审力度;严控"三公"经费支出,把更多的财力用于保障和改善民生上。协同推进监察体制改革试点工作,努力营造海晏河清、朗朗乾坤的政治生态。

各位代表,拥抱新时代,踏上新征程,担当新使命,创造新辉煌。让我们更加紧密地团结在以习近平总书记为核心的党中央周围,在市委、市政府和区委的坚强领导下,不忘初心,牢记使命,以永不懈怠的精神状态和一往无前的奋斗姿态奋力谱写新时代东湖发展的崭新篇章,为打造富裕美丽幸福现代化江西"南昌样板"贡献更多东湖力量!

注释:

1. 目标楼宇:指总建筑面积在6000平方米(含)以上且商务建筑面积在3000平方米(含)以上的商务楼宇单位(不包括房地产企业、宾馆餐饮酒店、专业市场等),以及建筑面积在3000平方米(含)以上的纯商务楼宇单位。

2. 世界赣商大会:为汇聚赣商资源、凝聚赣商力量,加强海内外赣商交流与合作,动员全球赣商和赣籍优秀人才积极参与江西建设,江西省委、省政府于2017年11月28日在南昌举办了第一届世界赣商大会。

3. "一馆五址":南昌八一起义纪念馆、八一起义总指挥部旧址、叶挺指挥部旧址、贺龙指挥部旧址、朱德旧居、朱德军官教育团旧址。

4. "两建三改五新六清":"美丽南昌·幸福家园"环境综合整治活动中庭院微改造工程。两建:建设干净整洁庭院,建设文明和谐庭院;三改:改造楼房外墙、改造楼道扶手、改造危房围挡;五新:新硬化庭院路面、新安装健身器材、新补充公共照明、新制作宣传栏、新增加保洁员;六清:清理楼道杂物,清扫环境卫生、清理空中管线、清除垃圾广告、清除废旧报箱、清除安全隐患。

5. "五到位":通过精细化、标准化管理手段,强化过程控制,落实拆除工地降尘"五到位",即"降尘方案到位、降尘报备到位、降尘审核到位、降尘设施到位、监控人员到位"。

6. 豫章绣:豫章绣是一门综合艺术,巧妙地融合了民间刺绣艺术与书画艺术为一体,是从传统的民间日用品走向文化艺术礼品的重大突破，既是工艺品，又是艺术品，超越了工艺技巧的范畴，并到达艺术的境界。利用针和丝线这种独特的媒介，以针代笔，运用丝线再创作，形成可与素描和油画相媲美的艺术品，是工艺劳动的针法艺术，色彩的创新和科学的完美结合，淋淋尽致地表达中国传统书画的艺术意境、人文精神与文化内涵。

7.“一体两翼”：以“队建制”专业队伍体系为主体，以刑罚执行机制和社会帮扶机制为内容的社区矫正官运行制度。

8.“两降、三升”：刑事类警情、黄赌警情数同比分别下降32.5%、21.1%，现案破案率、行政拘留数、抓获网逃数同比分别上升10%、48.8%、109.1%。

9.“三化交织”：“三化交织”是东湖区目前面临的发展困境的形象表述，即“区位边缘化”、“产业空心化”、“竞争白热化”。

10.“一道一路”道路立面整治：为有效推进“美丽南昌·幸福家园”环境综合整治工程，从2017年12月下旬开始至2018年9月，将对全市“一道一路”建筑立面进行综合整治，以崭新的面貌喜迎国庆节。本次综合整治的范围包括：沿线建筑立面、道路、绿化、夜景灯光、城市家具、空间环境、建筑屋顶、立交桥、地下人行通道等。目的是提升城市品位、完善城市功能、塑造城市形象。“一道”：阳明路（北起八一桥头：南面起于沿江路口瑞颐酒店附近，北面起于原裕丰大厦）—八一大道（南至坛子口）；“一路”：北京路（东起上海路口，西至八一广场）—站前路。

11.城市家具微更新：用充满创意的小修小补，对城市信息设施、卫生设施、道路照明、安全设施、娱乐服务设施、交通设施以及艺术景观设施等进行微更新，让老旧空间焕发新生机。

12.“一次不跑”：指企业和群众办理政务服务事项（包括行政权力事项和公共服务事项）时，通过全程网办、上门服务、帮办代办、邮递办理等措施，实现企业和群众办事无须前往政府部门或办事大厅，让办事“零”跑动。

13.“两化两力”：集团化、学区化，引外力、借内力。

14.体育“两优”：群众体育优质品牌、体育强区优势项目。

15.“两馆”：区图书馆和区文化馆。

16.“春雨工程”：是文化部实施的一项重要的惠民工程，它着力于构建公共文化服务体系基本运行保障机制，加强文化内容建设和重大文化活动的开展，加大艺术人才培养和文化队伍建设力度。

17.“时间银行”：又称为“时间储蓄”，指低龄老人（60—69岁）为高龄老人（80岁以上）提供志愿服务，将累计的服务时间储存起来，等到自己年龄增长为高龄时，从银行取出服务时间由低龄老人为自己提供志愿服务。

（区政府办公室）

大　事　记

一月

5日

上午，江西省委常委、副省长、南昌市委书记殷美根，市长郭安，市委副书记谢一平，市人大常委会主任陈德寿，市政协主席周关等市委、市人大、市政府、市政协领导班子成员，市法院院长，检察院检察长，以及其他参加全市"三看"活动的人员到东湖区，先后考察该区的紫金广场、倍康健康管理中心、东湖区总部经济大厦、新湖滨西路等重大重点项目。区领导刘闯、高辉红等区四套班子成员陪同考察。

7日

下午，区领导刘闯专题调研区商务局和区金融办，就2017年全区开放型经济工作重大重点项目建设召开座谈会，区领导万勇主持。区委办、区商务局、区金融办相关负责人参加座谈。

以下人员试用期满，区委决定：余华军任中共东湖区纪律检查委员会第四纪工委副书记；唐立红任中共南昌市育新学校总支部委员会书记；邓吟晓任中共南昌市阳明学校支部委员会书记；肖丽任中共东湖区委办公室副科级督察专员；黄天祥任中共东湖区工商联合会党组书记；吴学锋任中共东湖区纪律检查委员会办公室主任；曾武兵任中共东湖区公园街道工作委员会副书记；余娇任中共南昌市滨江学校支部委员会书记；杨青飚任中共东湖区职工学校支部委员会书记。

以下人员试用期满，区委同意：马正任南昌市育新学校副校长；金莉莎任南昌市育新学校副校长；张海维任南昌市城北学校副校长；赵慧敏任南昌市滨江学校副校长；万雪辉任南昌市滨江学校副校长；李剑任南昌市阳明学校副校长；黄俊辉任南昌市青桥学校校长；张蕾任南昌市光明学校副校长；徐绛任南昌市向荣小学校长；杨峰任东湖区八一桥街道办事处主任；喻菡任东湖区大院街道办事处主任；李良清任东湖区彭家桥街道办事处主任。

以下两人试用期满，区委提名：陈贞珍任东湖区政协提案委员会办公室主任；车丽娟任共青团东湖区委书记。

区委决定：免去程应淦的东湖区总工会主任科员职务，退休；周迅退休。程应淦、周迅二的退休时间从2016年11月起算。

9日

下午，区领导刘闯先后走访南昌市国税局及市国税大企业管理局、市国税征收局、市地税局、市地税直属一局、市地税纳税服务局。区领导夏小兰、万勇参加，区财政局、区协税办相关负责人随同走访。

10日

上午，区领导陈曙、焦玉庄，市机关事务管理局、区机关事务管理局、区执法局以及滕王阁街办、社区干部群众百余人，在滕王阁街办铁街38号、中山路241号和地铁1号线万寿宫D站开展第二次"全民清洁家园"大行动。

12日

上午，区委第十二届十次常委会议在区综合服务中心南楼七层区委第一会议室召开，区领导刘闯主持。会议审议区委办公室提出的《关于召开中共南昌市东湖区委十二届二次全体（扩大）会议的请示》，区委书记刘闯在区委十二届二次全体（扩大）会议上关于区委常委会工作的报告，区委副书记、区长高辉红讲话稿等有关材料；审议区纪委提出的《关于给予彭军留党察看一年处分的请示》。区领导高辉红、陈曙、焦玉庄、唐铭市、刘光荣、夏小兰、陈俊、张恩出席会议，喻国泰、王玮列席。

下午，区领导杨峻到扬子洲电排站、上房村渔船停靠点、莘州电排站（防汛物资储备点）、渔业村渔船停靠点、渔业村险工险段点（急流顶冲、区镇两级防汛物资储备点）、扬农度汛应急项目等处，就打击非法电捕捞工作、河湖长制工作及冬修水利工程进行督导调研并展开座谈。扬子洲镇、扬农管理处、区农水局相关负责人参加。

13 日

下午，区领导高辉红、万明一行到百花洲街道，就“美丽南昌·幸福家园”环境综合整治工作召开专题座谈会，听取有关单位就环境综合整治工作情况的汇报。区政府办、区城建局、区城管局、东湖执法分局、百花洲街道等主要负责人参加。

下午，南昌市妇联“汇聚巾帼力量，共建幸福家园”主题活动在东湖区百花洲街道刘将军庙社区举行。市政协主席周关、副主席陈匡辉，市委副秘书长宋亮生，市妇联主席黄琰、副主席梅丽，区领导刘闯、陈曙、王玮出席活动。

14 日

下午，中共东湖区委十二届二次全体（扩大）会议在区文化活动中心三楼演艺大厅召开。会议书面传达中央经济工作会议、全省经济工作会议和市委十一届二次全体（扩大）会议精神，听取题为《阔步复兴征程再现首善荣光　为打造富裕美丽幸福江西“南昌样板”贡献东湖力量》的报告。区领导刘闯、高辉红出席并讲话，区领导陈曙主持。区领导喻国泰、王玮，区四套班子成员，区委委员、候补委员出席。非区委委员、区委候补委员的县级党员领导干部；区纪委委员、区纪工委书记；各镇、各街道、管理处党政主要负责人；区委各部门、区直各单位、区人大、区政协各委（室、办）党员主要负责人；各垂管单位党员主要负责人列席。区人大、区政府、区政协非党员县级领导干部，区直单位其他非中共党员主要负责人受邀参会。各镇、各街办、管理处、区委各部门、区直各单位副科级以上党员领导干部旁听大会。

16 日

上午，东湖区2016年度落实党风廉政建设责任制考核述责述廉大会在区文化活动中心新闻发布厅召开。会议听取区委落实党风廉政建设主体责任情况的汇报，听取区纪委落实党风廉政建设监督责任情况的汇报，并对落实全面从严治党责任情况进行民主测评。南昌市纪委常委、市考核组组长汪军伟主持会议并讲话。区领导刘闯、高辉红、陈曙、刘光荣、喻国泰，区四套班子其他成员出席会议。

18 日

下午，东湖区在区综合服务中心南楼六层政府常务会议室召开2016年第二轮旧城改造工作调度会。会议听取区旧改办就房屋征迁工作进度情况的汇报。区领导高辉红出席并讲话，胡洪水在会上发言，陈俊主持，万勇、余坚、胡涛湘、胡薇出席。区委办公室、区人大办公室、区政府办公室、区政协办公室、区房管局等相关责任单位负责人参会。

19 日

上午，区委中心组“两学一做”学习教育第四次专题学习会在区综合服务中心南楼七层常委会议室召开。区领导刘闯主持并讲话，高辉红发言，陈曙、王玮，区四套班子其他成员，区法院院长、检察院检察长出席。

上午，东湖区在区综合服务中心南楼七层常委会议室召开环境综合大整治工作调度会，听取各责任单位的有关工作汇报，并安排部署相关工作。区领导刘闯出席并讲话，高辉红主持，陈曙、胡洪水、陈俊、胡志强、陈国梁出席。区委办、区政府办、区委宣传部、区综管办、区城建局、区城管局、区执法局、东湖交警大队及各镇（街道）、管理处主要负责人参会。

上午，中共东湖区委常委会召开2016年度民主生活会，通报2015年度区委常委会民主生活会整改落实情况及2016年度民主生活会前期准备工作。南昌市委常委、南昌警备区司令刘瑄，市委组织部部务委员卢亮昊，市纪委第二纪检监察室副主任冯健，市委组织部举报中心主任熊本伯出席。区领导刘闯主持，区委常委会班子成员，区领导王玮及五名党员群众代表参加会议。

20日

下午,区领导刘闯、夏小兰一行到群众家中、辖区企业开展春节走访慰问活动。

下午,南昌市人大常委会主任陈德寿,市政协主席周关,市委常委、市委秘书长郭毅,市委常委、副市长华清,副市长涂建生、宋铀,市政协副主席黄清玉等市领导和市机关单位干部职工,到东湖区的挂点单位、路段,开展文明劝导和清洁卫生活动。发放倡议书1800余份,规范非机动车摆放152辆,劝导非机动车违反交通行为58起,劝导行人违反交通行为60起,清理乱堆杂物20处。

22日

上午,东湖区在区文化活动中心新闻发布厅举行2017年春节团拜会。区领导刘闯主持,高辉红致新春致辞,陈曙、喻国泰,区四套班子成员,部分离退休老干部,以及社会各界代表参加。

上午,东湖区在区综合服务大楼南楼七层常委会议室召开"美丽南昌·幸福家园"环境综合大整治再动员再部署大会,听取各责任单位和部门的有关工作汇报,安排部署综合大整治相关工作。区领导刘闯出席并讲话,高辉红主持,陈曙、喻国泰及区四套班子成员出席。区委各部门,区直各单位,各镇(街道)、管理处,各垂管单位主要负责人参加。

上午,东湖区在区综合服务中心南楼六层区政府常务会议室召开区政府第7次常务会,审议《关于审议〈东湖区全民健身实施计划(2016—2020年)〉的请示》等议题。区领导高辉红主持,夏小兰、童萍如、陈国梁、万勇、万明、杨峻,区政府党组成员查秋滚、肖迎春、刘文俊出席。区领导陈俊应邀列席。

23日

上午,东湖区召开十六届人大常委会第二次会议,听取区政府民生工作情况汇报,通过《关于接受温显来同志辞去东湖区出席南昌市第十五届人民代表大会代表职务请求的决定(草)》。区领导喻国泰、彭雅琳、余瑾、谢蓉、郑洪健、谭阿莉、万里涛、童萍如、桂兵,区法院院长梁洪,区检察院检察长杜迎春出(列)席。

下午,区领导高辉红、夏小兰、万勇一行到辖区部分群众家中、企业开展春节走访慰问活动。

上午,江西省委副秘书长、省农工部部长毛祖逊一行到东湖区慰问困难群众和企业,并致以新春问候。毛祖逊一行先后走访南昌市第二按摩医院、东湖区居家养老服务中心和扬子洲镇。南昌市副市长樊三宝、区领导陈曙陪同走访。

区领导刘闯、高辉红、杨峻一行到东湖区福利院看望慰问福利院老人,并致以新春问候。

24日

上午,中共东湖区人大党组召开2016年度民主生活会,通报2015年度区人大党组民主生活会整改落实情况,并明确整改措施和努力方向。区领导喻国泰主持,彭雅琳、余瑾、谢蓉、谭阿莉、万里涛出席。区领导郑洪健、部分党员群众代表应邀列席。

上午,东湖区召开离退休老干部形势报告会,通报全区经济社会发展情况和工作安排。区领导刘闯出席并作形势报告,陈曙主持,唐铭市、万里涛、杨峻出席。全区副县级以上离退休干部及区属单位离退休干部党支部书记、区直有关单位负责人参加。

上午,江西省委组织部副巡视员陈峰、副调研员钱洁到东湖区走访慰问老党员和困难党员,并送上慰问金。区领导唐铭市,区委组织部、豫章街道相关负责人参加走访。

上午,区领导刘闯、高辉红、陈曙、夏小兰、张恩、王玮、杨峻一行到江西省军区、南昌警备区开展春节走访慰问活动。区委办、区政府办、区民政局、豫章街办、公园街办等单位主要负责人随同。

下午,东湖区在区综合服务大楼南楼六层常务会议室召开2016年度区政府党组民主生活会,进行对照检查,开展批评与自我批评。区领导高辉红主持,区政府党组成员参会,非党组成员的副区长、区委组织部、区纪委、区政府办班子成员列席。

25日

下午,东湖区在区政府第一会议室召开豫章街办"美丽南昌·幸福家园"环境综合整治调度会,听取豫章街办春节期间环境综合整治布置情况汇报。区领导夏小兰主持,万明出席。区委办、区政府办、区总工会、区人社局、区城建局、区文广局、区房管局、区城管局、区执法局、区环保局、区综管办、豫章街办相关单位负责人参加。

下午,东湖公安分局迎新春团拜会在区文化

活动中心演艺大厅举行。江西省公安厅教育训练处处长董洛民,南昌市公安局党委委员、副局长李国华,区领导高辉红、胡志强、陈国梁出席。

下午,区委第十二届十一次常委会议在区综合服务中心南楼七层区委第一会议室召开,区领导刘闯主持。会议学习传达市纪委十一届二次全会精神及《中共中央办公厅、国务院办公厅关于印发〈信访工作责任制实施办法〉的通知》精神,通报近期全区保密工作检查情况,审议区人大党组提出的《关于召开东湖区第十六届人民代表大会第二次会议的请示》《东湖区第十六届人大常委会工作报告(送审稿)》《东湖区人民政府工作报告(送审稿)》《东湖区人民法院工作报告(送审稿)》《东湖区人民检察院工作报告(送审稿)》、区委组织部提出的《关于成立东湖区第十六届人民代表大会第二次会议临时党委和各代表团成立临时党支部的请示》《关于通过〈南昌市东湖区第十六届人民代表大会法制专门委员会组成人员名单〉的请示》、区政府党组提出的《关于审议〈东湖区全民健身实施计划(2016—2020年)〉的请示》、区政协党组提出的《关于召开政协东湖区第九届委员会第二次会议的请示》及《政协东湖区第九届委员会常委会工作报告(送审稿)》等有关材料。区领导高辉红、陈曙、焦玉庄、胡洪水、唐铭市、刘光荣、夏小兰、陈俊、胡志强、张恩出席会议,喻国泰、王玮、童萍如,以及法院院长梁洪、检察院检察长杜迎春列席。

区领导刘闯、高辉红、胡志强、陈国梁走访慰问东湖消防大队官兵,并致以节日问候。

26日

上午,区政协党组召开2016年度民主生活会,通报2015年度区政协党组民主生活会整改落实情况和区政协党组2016年度民主生活会准备情况,并进行对照检查、开展自我批评。区领导王玮主持,欧阳桃花、余坚、胡薇出席。区领导谢保成、冯于水、谢华、胡涛湘列席,区政协部分机关党员代表参加。

27日

上午,中共江西省委书记鹿心社一行到东湖区紫金广场,看望在广场参加各类游艺活动的居民群众,并与他们一起欢度新春佳节。

28日

上午,区领导刘闯、高辉红、夏小兰、万明一行走访慰问春节期间坚守岗位的一线工作人员,并致以新春问候。

二月

3日

上午,东湖区在区综合服务中心南楼七层常委会议室召开全区干部大会,通报全区环境综合整治督查工作情况,听取区综管办的相关工作汇报,并研究部署相关工作。区领导刘闯出席并讲话,高辉红主持,陈曙、喻国泰、王玮及区四套班子领导,区法院院长、检察院检察长出席。区委各部门,区直各单位,各垂管单位,各镇、街道、管理处主要负责人参加。

4日

上午,东湖区人大召开十六届人大常委会第三次会议。会议听取区第十六届人民代表大会第二次会议准备工作情况报告;审议通过东湖区人大常委会关于召开东湖区第十六届人民代表大会第二次会议的决定(草),东湖区人大常委会工作报告(草),东湖区第十六届人民代表大会第二次会议议程(草),东湖区第十六届人民代表大会第二次会议日程(草),东湖区第十六届人民代表大会第二次会议主席团、秘书长名单(草),东湖区第十六届人民代表大会第二次会议常务主席名单(草),东湖区第十六届人民代表大会第二次会议执行主席分组名单(草),东湖区第十六届人民代表大会第二次会议副秘书长名单(草),东湖区第十六届人民代表大会第二次会议列席人员名单(草),东湖区第十六届人民代表大会第二次会议财经委员会主任委员、委员名单(草),东湖区第十六届人民代表大会第二次会议议案审查委员会主任委员、委员名单(草),东湖区第十六届人民代表大会第二次会议关于区十六届人民代表大会法制专门委员会组成人员人选办法(草),东湖区第十六届人民代表大会法制专门委员会名单(草),关于设立区第十六届人民代表大会代表资格审查委员会的议案,东湖区第十六届人大常委会2017年工作要点与工作安排(草)。区领导喻国泰、彭雅琳、余瑾、谢蓉、郑洪健、谭阿莉、万里涛出席,夏小兰、桂兵以及区人民法院院长、区人民检察院检察长列席。

区领导高辉红、陈曙、陈俊、余瑾、冯于水、万明先后到大院街道、董家窑街道、八一桥街道、贤士湖管理处和滕王阁街道,就“美丽南昌·幸福家园”环境综合大整治工作情况进行突击检查。区政府办、区城管委、区城建局、区综管办、东湖执法分局主要负责人随同。

6日

上午,东湖区在区政府常务会议室召开紫金学校建设推进会,听取各责任单位工作落实情况的汇报,研究工作中遇到的问题及工作安排。区领导高辉红主持,夏小兰、童萍如、万勇、万明出席。区政府办、区教科体局、区房管局、东湖国土分局、东湖规划分局、董家窑街办,贤士湖管理处、江纸集团和九鼎投资等有关单位负责人参加。

7日

下午,江西省委常委、副省长、市委书记殷美根参加南昌市十五届人大二次会议东湖区代表团审议政府工作报告。殷美根听取代表们对政府工作报告的讨论,并提出具体的工作要求。

8日

区领导高辉红做客人民网江西演播室。高辉红在访谈中回顾2016年东湖区经济社会发展情况,重点介绍该区围绕“民生”所做的工作,并表示将进一步把民生工作做得更好。

9日

上午,东湖区在区政府常务会议室召开2017年全区经济工作考核办法调度会,通报区经济办、区发改委、区财政局、区商务局2016年的各项指标任务完成情况,对2017年经济发展工作考核办法做出说明。区领导夏小兰、万勇出席。全区27个经济责任单位主要领导及分管领导和区财政局、区经济办、区国税局、区地税局主要领导参加。

下午,区委第十二届十二次常委会议在区综合服务中心南楼七层区委第一会议室召开,区领导刘闯主持。会议学习传达省委常委、副省长、市委书记殷美根在市十五届人大二次会议东湖区代表团审议政府工作报告时的讲话精神,审议区纪委提出的《关于召开区纪委十二届二次全会的请示》、区政府党组提出的《关于审议〈东湖区2016年财政总预算执行情况和2017年财政总预算(草案)的报告(送审稿)〉的请示》《关于审议〈东湖区2016年国民经济和社会发展计划执行情况和2017年国民经济和社会发展计划(草案)的报告(送审稿)〉的请示》、区委办公室提出的区委常委会上报列入《中共南昌市委常委会2017年工作要点》的有关材料。区领导陈曙、胡洪水、唐铭市、刘光荣、夏小兰、陈俊、胡志强、张恩出席会议,喻国泰、王玮列席。

13日

上午,区领导高辉红、童萍如一行到辖区学校调研春季开学各项工作。高辉红一行先后到育新学校、豫章小学、阳明学校、东湖小学,分别了解校园文化特色、信息化设备使用、学校师生配置比例等情况。区政府办、区教科体局主要负责人参加。

14日

上午,中共东湖区第十二届纪律检查委员会第二次全体会议在区文化活动中心新闻发布厅召开。会议听取区纪律检查委员会常务委员会作工作报告;颁发全面从严治党主体责任书和全面从严治党监督责任书;开展述责述廉、民主测评。区领导刘闯出席并讲话,刘光荣主持会议,高辉红、陈曙、喻国泰、王玮,以及区四套班子成员,区法院院长、检察院检察长出席。区纪委委员,各镇(街道、管理处)党政主要负责人、纪(工)委书记,区委各部门,区直各单位主要负责人参会。

下午,东湖区在区综合服务大楼七层常委会议室召开2017年度市级重大重点项目调度会,针对2017年度全区拟列入市级重大重点项目情况进行调度。区领导高辉红出席并讲话,夏小兰主持会议,万勇出席。

15日

上午,中国人民政治协商会议南昌市东湖区九届委员会第二次会议在区文化活动中心演艺大厅召开。会议应到委员238名,实到217名。会议听取《政协东湖区第九届委员会常务委员会工作报告》,通过九届二次会议议程。区领导刘闯、高辉红、陈曙、喻国泰、王玮、欧阳桃花、谢保成、冯于水、谢华、余坚、胡涛湘、胡薇在主席台前排就座,王玮主持会议。区委、区人大、区政府、区法院、区检察院的领导,部分副县级以上领导,以及九届区政协常委出席。

下午，东湖区第十六届人民代表大会第二次会议预备会议在区文化活动中心演艺大厅举行。会议应到代表237名，实到代表215人。会议推选大会主席团、秘书长，通过大会财政经济委员会名单、大会议案审查委员会名单、大会议程（草案）。区领导刘闯、高辉红、陈曙、王玮、胡洪水、刘光荣、夏小兰、陈俊、张恩、陈国梁出席。区人大常委会主任喻国泰，副主任彭雅琳、余瑾、谢蓉、郑洪健、谭阿莉、万里涛在主席台前排就座。

下午，东湖区第十六届人民代表大会主席团在区综合服务大楼南楼区委常委会议室召开第一次会议，推选主席团常务主席名单，通过主席团执行主席分组名单（草）、会议日程安排（草）、会议副秘书长名单（草）、代表提出议案截止时间的决定（草）、大会表决办法（草）、设立专门委员会的决定（草）、法制专门委员会组成人员人选办法（草）等。

16日

上午，东湖区第十六届人民代表大会第二次会议在区文化活动中心演艺大厅开幕。大会应到代表237人，实到代表221人。区领导喻国泰主持开幕式。大会听取区政府工作报告；提请审议《东湖区2016年国民经济和社会发展计划执行情况及2017年国民经济和社会发展计划草案的报告（书面）》《东湖区2016年财政预算执行情况和2017年财政预算草案的报告（书面）》；举手表决通过《关于设立东湖区第十六届人民代表大会各专门委员会的决定（草）》《东湖区人民代表大会各专门委员会组成人员人选办法（草）》。大会执行主席刘闯、高辉红、陈曙、喻国泰、王玮、彭雅琳、余瑾、谢蓉、郑洪健、谭阿莉、万里涛、唐榕星、黄芝义、谢国泉、许强在主席台前排就座。区领导焦玉庄、胡洪水、刘光荣、夏小兰、陈俊、胡志强、张恩以及区人大、区政府、区政协、区法院、区检察院领导等应邀出席。出席政协东湖区第九届委员会第二次会议的全体委员，区委、区政府有关负责人列席。

区十六届人大二次会议主席团举行第二次、第三次会议。主席团第二次会议讨论并通过区委推荐的区人大各专门委员会组成人员人选名单；主席团第三次会议听取并通过大会秘书处关于各代表团审议政府、计划、财政工作报告情况汇报，大会财政经济委员会关于计划、财政的审查情况报汇报，大会秘书处关于各代表团酝酿区人大各专门委员会组成人员人选情况汇报，确定区人大各专门委员会组成人员正式人选。

17日

上午，政协东湖区第九届委员会第二次会议在区文化活动中心演艺大厅闭幕。会议应到委员238人，实到216人。会议通过《政协东湖区第九届委员会第二次会议提案审查情况报告》《政协东湖区第九届委员会第二次会议决议》。区领导刘闯、高辉红、陈曙、喻国泰和大会执行主席王玮、欧阳桃花、谢保成、冯于水、谢华、余坚、胡涛湘、胡薇在主席台前排就座。区领导焦玉庄、胡洪水、刘光荣、夏小兰、胡志强、陈俊、张恩，区人大、区政府、区法院、区检察院领导，部分副县级以上领导，以及九届区政协常委在主席台就座。会议由王玮主持。

上午，区十六届人大二次会议第二次全体会议召开。会议听取区人大常委会工作报告、区人民法院工作报告、区人民检察院工作报告，举手表决通过区人大各专门委员会组成人员名单。会议执行主席刘闯、高辉红、陈曙、喻国泰、王玮、彭雅琳、余瑾、谢蓉、郑洪健、谭阿莉、万里涛、付振海、陈海龙、涂勇、万华在主席台前排就座。

下午，东湖区第十六届人民代表大会第二次会议圆满完成各项议程，在区文化活动中心演艺大厅闭幕。大会应到代表237人，实到219人。区领导余瑾主持会议。大会通过关于东湖区人民政府工作报告的决议、关于东湖区2016年国民经济和社会发展计划执行情况及2017年国民经济和社会发展计划报告的决议、关于东湖区2016年财政预算执行情况和2017年财政预算报告的决议、关于东湖区人大常委会工作报告的决议、关于东湖区人民法院工作报告的决议、关于东湖区人民检察院工作报告的决议，通过设立区第十六届人民代表大会财政经济专门委员会、法制专门委员会和法制专门委员会组成人员的决定。大会执行主席刘闯、高辉红、陈曙、喻国泰、王玮、彭雅琳、余瑾、谢蓉、郑洪健、谭阿莉、万里涛、张勇、邱波、杨征宇、孙圆圆在主席台前排就座。区领导焦玉庄、胡洪水、刘光荣、夏小兰、陈俊、胡志强、张恩以及区人大、区政府、区政协、区法院、区检察院领导等应邀出席并在主席台就座。

下午,区十六届人大二次会议主席团分别举行第四次、第五次会议。主席团第四次会议听取大会秘书处关于各代表团审议人大、法院、检察院工作报告讨论情况汇报,讨论大会各项报告决议(草案);主席团第五次会议听取大会秘书处关于各代表团审议各项报告决议(草案)情况汇报,决定提请全体会议表决,听取大会议案审查委员会关于议案处理情况的报告。

晚上,东湖区在区综合服务大楼七层区委第一会议室召开紫金城项目专题调度会议,听取各有关单位及九鼎投资公司关于项目涉及地块的房屋征迁、紫金学校建设情况的专门汇报,研究交流工作推进过程中的突出问题。区领导刘闽出席并讲话,高辉红主持,夏小兰、童萍如、万勇、万明出席。区委办、区政府办、区教科体局、区房管局、区商务局、区国土分局、区规划分局、董家窑街办、贤士湖管理处、九鼎投资有关负责人参会。

19日

下午,中央纪委和江西省纪委全会精神宣讲报告会在东湖区文化活动中心演艺大厅举行。由南昌市纪委常委汪军伟、市纪委派驻市公安局纪检组组长李永春、市纪委副县级纪检员王中伟组成的第六宣讲组在会上作宣讲报告。全区副科级以上领导干部参加报告会。区领导刘光荣主持报告会。

20日

下午,司法部社区矫正管理局综合处副处长郭健带领调研组到东湖区观摩考察,就全区社区矫正工作开展情况进行调研。调研组听取区社区矫正工作情况汇报,查阅矫正工作台账,了解社区矫正管理中心"王警官工作室"的运行情况。江西省司法厅巡视员简明龙,南昌市司法局局长涂慧玲,区领导高辉红、陈国梁参加调研。省司法厅社区矫正管理局、市司法局、区司法局相关负责人随同。

21日

下午,东湖区召开2017年慢性病和艾滋病综合防控示范区多部门协调会,听取2016年度东湖区慢性病与艾滋病综合防控示范区工作总结,安排部署2017年相关工作,宣读2016年慢性病综合防控示范单位名单。区领导童萍如出席并讲话,区慢性病和艾滋病综合防控示范区各成员单位分管领导,区卫计委有关领导,区疾控中心主任及相关工作分管领导参会。

区领导高辉红、陈曙、夏小兰、陈俊、余瑾、冯于水、万明一行到辖区各街道(管理处),就"美丽南昌·幸福家园"环境综合大整治工作进行突击检查。区政府办、区委宣传部、区委政法委、区城建局、区城管局、东湖执法分局、区卫计委、区综管办负责人随同。

中共东湖区扬子洲镇第一届代表大会第二次会议召开,全镇90名党代表出席会议。会议审议通过党委工作报告及纪委工作报告。镇党委书记及党委领导班子成员进行述职、述廉,并接受党代表民主评议。

22日

上午,区领导高辉红、夏小兰、万勇、万明一行先后到西万宜巷、东万宜巷、豫章后街等停车场拟建设点位调研全区停车场项目建设工作。

晚上,东湖区部分旧改地块房屋征迁工作推进会在区政府常务会议室召开,听取相关单位的工作汇报。区领导高辉红出席并讲话,夏小兰主持会议,区领导陈俊、童萍如、万勇、万明、杨峻出席。

23日

下午,东湖区在区旧改指挥部召开全区旧改征迁工作调度会,主要研究安置房建设和全区农房征迁等遗留问题,并就下一步工作进行部署。区领导陈俊主持,万勇出席。区旧改指挥部各组、区房管局、区征收办、彭家桥街办、贤士湖管理处负责人及法律顾问参会。

下午,区领导童萍如到全区4家社区卫生服务中心就H7N9防控工作进行现场督导,并召开H7N9流感防控现场调度会。区H7N9联防联控领导小组办公室、区卫计委、区疾控中心和区卫生监督所相关负责人参加。

下午,区领导高辉红、胡洪水、胡薇一行,先后到江西四方书画院、江西中文传媒艺术品有限公司、南昌滕王阁古玩城、江西华轩文化发展有限公司,调研区文化产业项目发展情况。区文广局、滕王阁街办有关负责人参加。

24日

上午,东湖区召开街道环境综合整治工作调

度会，专题调度豫章街道环境综合整治工作开展情况，听取豫章街道关于“美丽南昌·幸福家园”环境综合整治行动开展情况的汇报和开放式老旧庭院标准化改造提升工程的汇报。区领导领导刘闯出席并讲话，夏小兰主持会议，万明出席。区委办、区财政局、区城建局、区城管局、东湖执法分局、区综管办有关负责人参加。

下午，南昌市“美丽南昌·幸福家园”2017 年第一季度清洁街区授牌仪式在东湖区豫章街道举行，市委副秘书长宋亮生，市政府副秘书长魏小俊，区领导刘闯、童萍如、万明出席授牌仪式。这次检查评比，全市共评选出 10 个“清洁街区”，东湖区豫章街办获此殊荣。

25 日

上午，东湖区在区综合服务大楼七层常委会议室召开全区信访工作会议，书面传达全国、全省信访局长和全省、全市信访工作会议精神，通报 2016 年全区信访情况并安排部署下一步信访工作。区领导刘闯出席并讲话，高辉红主持会议，陈曙、王玮，以及区四套班子成员，区法院院长、检察院检察长出席。

下午，区领导刘闯、童萍如一行先后走访南昌市北湖小学、邮政路小学和滕王阁保育院，调研指导教育工作，并在滕王阁保育院展开座谈、听取汇报。区委办、区政府办、区教科体局有关负责人参加。

晚上，东湖区召开政府常务会议暨区安委会全体成员会议，专题研究部署全区安全生产工作。会议通报当天上午发生的海航白金汇酒店火灾事故情况，传达全市安全生产工作专题会议精神。区领导高辉红主持会议并讲话，夏小兰、童萍如、万勇、万明、杨峻出席。区安委会全体成员单位，区政府相关部门及各镇、街道、管理处负责人参会。

27 日

下午，区领导刘闯、高辉红、陈曙、喻国泰、王玮等带队先后检查豫章街道省委北社区环境综合整治、百花洲街道小金台社区破损窗户修复、大院街道二七北路社区开放式庭院楼道环境整治、贤士湖管理处永溪村股家墩自然村管线整治情况。

下午，东湖区在区文化活动中心新闻发布厅召开“美丽南昌·幸福家园”环境综合整治工作调度会，安排部署相关环境整治工作，宣读各街道、贤士湖管理处环境综合整治 2 月份考核结果和 2 月份社区（村、家委会）环境综合整治检查评比得分情况。区领导刘闯出席并讲话，陈曙主持会议，喻国泰、王玮、焦玉庄、胡洪水、唐铭市、刘光荣、夏小兰、陈俊、胡志强、张恩及全区其他副县级以上领导出席。各镇（街道、管理处）主要负责人，区委相关部门、区直相关单位负责人，东湖公安分局、东湖交警大队分管负责人参会。

三月

2 日

下午，区领导刘闯、胡洪水、胡薇一行，拜访江西省工商局党组书记、局长吴治云，江西日报社副总编辑、江西日报传媒集团总经理王少君，三方就豫章壹号二期的推进工作进行深入交谈。

晚，区领导高辉红在区综合服务中心南楼六层区政府常务会议室主持召开区政府第九次常务会，之后召开 2017 年第三次区长办公会。区领导夏小兰、童萍如、陈国梁、万勇、万明，区政府党组成员查秋滚、肖迎春、刘文俊出席，区领导陈俊、余瑾、冯于水列席。会议传达学习南昌市市长郭安在全市落实中央环境保护督察问题整改工作动员部署大会上的讲话精神，审议《2017 年东湖区重大重点项目推进工作方案（送审稿）》等。

3 日

上午，东湖区“两会”期间消防安全重点单位集中约谈会在区文化活动中心演艺大厅召开。区领导陈国梁出席会议并讲话。会议通报红谷滩新区海航白金汇“2.25”火灾事故情况，传达省政府、市委市政府主要领导重要指示精神，就做好全国“两会”期间安保工作做进一步动员部署。区政府办、区消防大队相关负责人及辖区各责任单位有关负责人参加会议。

上午，区领导刘闯、高辉红、陈曙、喻国泰、王玮等区四套班子领导与区属机关干部职工 70 余人到扬农管理处广场参加新春义务植树活动。活动以“美丽南昌·幸福家园”为主题，旨在通过义务植树活动，提高全民城市生态文明建设意识，积极参与打造富裕美丽幸福江西“南昌样板”建设中来。

下午,区领导刘闯、胡志强出席在区文化活动中心演艺大厅召开的东湖公安分局2016年度总结表彰大会。刘闯在会上作重要讲话。

下午,区委第十二届十三次常委会议在区综合服务中心南楼七层区委第一会议室召开,区领导刘闯主持。会议学习传达《中国共产党党委(党组)理论中心组学习规则》文件精神,全省、全市组织部长会议精神和郭安市长在全市落实中央环境保护督察问题整改工作动员部署大会上的讲话精神;审议区纪委提出的《关于召开全区深化落实全面从严治党“两个责任”专修班暨干部作风建设大会的请示》及相关会议材料、区委办公室提出的《关于召开全区产业发展推进大会的请示》《关于审议〈进一步完善区委民声通道工作的细则(送审稿)〉的请示》、区政府党组提出的《关于审议〈东湖区招商引资四年倍增行动计划(送审稿)〉的请示》《关于审议〈东湖区各经济责任单位2017年经济指标任务书(送审稿)〉的请示》《关于审议〈东湖区服务业四年发展行动计划(送审稿)〉的请示》《关于审议〈2017年东湖区重大重点项目推进工作方案(送审稿)〉的请示》《关于审议〈东湖区现代农业四年提质增效行动计划(送审稿)〉的请示》、区妇联提出的《关于召开表彰三八红旗手、红旗集体、平安家庭示范户大会的请示》、区委组织部提出的《关于审议〈东湖区公务员年度考核办法(送审稿)〉的请示》、区委政法委提出的《关于成立东湖区司法责任制改革领导小组的请示》。区领导高辉红、陈曙、焦玉庄、胡洪水、唐铭市、刘光荣、夏小兰、陈俊、胡志强、张恩出席会议,喻国泰、王玮、万勇列席。

4日

上午,东湖区召开全区产业发展推进大会,区领导刘闯出席会议并作重要讲话,高辉红主持会议,陈曙、喻国泰、王玮等区四套班子领导,区法院院长、检察院检察长出席会议。会上,区领导夏小兰对全区产业发展工作进行专题部署,高辉红与各镇(街道、管理处)现场签订推进产业发展责任状,区商务局、区文广局、区卫计委和百花洲街办、大院街办、彭家桥街办作表态发言。各镇(街道、管理处),区委各部门、区直各单位副科级以上领导干部参加会议。

下午,东湖区在区文化活动中心新闻发布厅召开深化落实“两个责任”专修班暨作风建设大会。区领导刘闯作辅导授课和动员讲话,高辉红主持会议,陈曙对全区作风建设工作进行部署,刘光荣从立足主责领会新要求、聚焦主业展现新作为、顺应主流树立新形象三个方面,全面解读落实监督责任的具体工作和要求。喻国泰、王玮等区四套班子成员,区法院院长、检察院检察长出席会议。区委各部门、区直各单位主要负责人,各镇(街道、管理处)党政主要负责人、纪委(纪工委)书记参加会议。

5日

上午,区领导高辉红、万明深入辖区内,以不打招呼、直插现场的方式实地检查安全生产工作。高辉红一行查看扬子洲镇的中石油江西南昌销售分公司海源油库、赣江溶剂厂、中国石化江西南昌分公司滨江加油站、光明社区等地,对发现的问题及时进行指出并要求整改。区政府办、区安监局、区综管办主要负责人参加检查。

6日

上午,区领导高辉红、夏小兰、万勇会见北京银行南昌分行常务副行长王强一行,就该区传统银行金融机构创新金融服务、加强战略合作事宜进行会谈。

上午,区领导高辉红在区综合服务中心南楼六层区政府常务会议室主持召开区政府第十次常务会,会议观看《“媒体啄木鸟”行动光碟》,传达学习全市安全生产工作会议精神。区领导夏小兰、童萍如、陈国梁、万勇、万明,区政府党组成员查秋滚、肖迎春、刘文俊出席会议,区领导陈俊、余瑾、冯于水列席。

7日

下午,东湖区“美丽南昌　美味东湖”第三届机关女干部厨艺大赛在区机关食堂举行,活动由区妇联、区机管局等单位主办,来自全区各单位的女干部带着自己烹饪的美味菜肴参加比赛。区领导刘闯、王玮、唐铭市、余瑾、彭雅琳、谭阿莉、童萍如、欧阳桃花、胡涛湘、胡薇到场助阵。

晚,东湖区召开紫金城项目专题调度会议。区领导刘闯、高辉红、夏小兰,副区长童萍如、万勇、万明出席。会上,九鼎投资公司及区有关单位就紫金城商业改造项目、紫金学校建设及涉及地块旧改征迁进行专题汇报，就项目推进过程中遇到和需要协调的突出问题进行分析交流。区委办、区政府办、区旧改办、区城建局、九鼎投资公司等相关责任单位负责人参加会议。

9日

下午，区领导高辉红、万明陪先后到豫章街道洪城社区省委北院家属区、贤士湖管理处长巷村香樟小区，实地查看社区环境、物业管理办公场所、微型消防站、非机动车停放点等情况。

10日

上午，南昌市“美丽南昌·幸福家园”环境综合整治现场会在东湖区文化活动中心新闻发布厅召开。市政府副秘书长魏小俊、市城管委主任杨保根、区领导刘闯出席会议并讲话，高辉红出席现场观摩活动。会上，区领导万明作东湖区环境综合整治暨“马路本色”进社区（村）经验交流发言，西湖区、红谷滩新区就本区“马路本色”工作进行表态发言，魏小俊充分肯定东湖区在全市“美丽南昌·幸福家园”环境综合整治及“马路本色”行动中取得的成绩，杨保根就环境综合整治行动存在问题进行现场点评，并部署全市下步城市管理工作。会前，与会人员一同观看东湖区豫章街道洪城社区省委北院家属区、贤士湖管理处长巷村香樟小区现场环境综合整治开展情况。全市、各县区有关单位负责人参加会议。

13日

晚，东湖区城北片区控规修订编制工作会议在区委常委会议室召开，区领导刘闯、高辉红、陈俊、童萍如、万勇、万明，南昌市规划局编审处处长钟珲等出席会议。会上，听取市城市规划设计研究总院就城北控规修订编制作的简要汇报，与会人员并分别从分管领域、地区经济社会发展等方面对此次控规修编方案提出意见和建议。市规划局、区委办、区政府办等有关单位负责人参加会议。

14日

区领导高辉红、陈曙、陈俊、冯于水深入辖区内部分社区，开展本月第一次“美丽南昌·幸福家园”环境综合整治工作抽测行动。高辉红一行在滕王阁街道上凤凰坡社区、八一桥街道大士院西社区等地，察看社区楼道卫生、沿街店铺环境卫生情况，要求各相关单位不断增强工作的紧迫感和责任感，确保达到“卫生无死角、楼道无堆积、马路显本色、店招无破损、管线要整齐、外立面要干净”的标准。区政府办、区委宣传部、区委政法委、区城建局、区城管委、区执法局、区综管办、区爱卫办负责人参加检查。

15日

下午，东湖区委中心组理论学习（扩大）会在区文化活动中心演艺大厅召开。区领导刘闯主持会议并讲话，陈曙、喻国泰、王玮等区四套班子成员、区检察院检察长出席，各镇、街道、管理处党政主要负责人，区委各部门、区直各单位主要负责人参加会议。国健普仁健康中国战略智库执委会成员、高级研究员许国贤博士应邀就健康养生服务业发展现状和发展趋势进行辅导讲课。刘闯在讲话中要求与会人员，结合东湖实际进行深入思考，切实把学习成果转化为加快健康养生服务业发展的实际成效。

晚，东湖区2017年城市建口项目工作进展汇报会在区政府常务会议室召开。区领导高辉红主持会议并讲话，陈俊、万勇、万明出席会议。南昌城乡规划设计院和区城建局就2017年公共停车场建设项目进展及2017—2019年三年停车场建设规划调整事宜分别进行汇报，与会人员就项目推进中存在的问题进行深入探讨，研究落实项目推进措施；会议还听取南昌八一起义纪念馆“一馆五址”外部环境优化提升工程、八一广场及周边环境改造提升（东湖段）项目和滕王阁景区周边整治工程等项目的进展汇报。区有关单位相关负责人参加会议。

16日

下午，区委第十二届十四次常委会议在区综合服务中心南楼七层区委第一会议室召开，区领导刘闯主持。会议审议区政协党组提出的《关于审议〈东湖区政协2017年度协商工作计划（送审稿）〉的请示》、区委政法委提出的《关于召开2017年全区政法工作会议的请示》、区编委提出的《关于审议〈中共南昌市东湖区委组织部（中共南昌市东湖区直属机关工作委员会）等8个机构“三定”规定（送审稿）〉的请示》、区委宣传部提出的《中共东湖区委中心组2017年度理论学习计划》、区委办公室提出的《关于审议〈中共东湖区委常委会2017年工作要点（送审稿）〉的请示》

《关于召开全区党群工作会议的请示》及相关会议材料,听取东湖区参与2017年度省党风政风热线"户外直播"节目工作情况汇报。区领导高辉红、陈曙、焦玉庄、胡洪水、唐铭市、刘光荣、夏小兰、陈俊、胡志强、张恩出席会议,喻国泰、王玮列席。

晚,东湖区旧改工作调度会在区综合服务大楼南楼常委会议室召开,区领导刘闯出席并讲话,高辉红主持会议,陈曙、喻国泰、王玮等区四套班子成员,区法院院长、检察院检察长出席会议。会上,区旧改指挥部负责人通报东湖区2016年房屋征迁工作进度情况,各分指挥部指挥长针对征迁工作情况发言,相关单位进行表态性发言。区委各部门、区直各单位、各镇(街道、管理处)主要负责人参加会议。

17日

上午,区领导高辉红、童萍如在区政府常务会议室会见深圳文化创意企业代表团一行,就文化、科技创新发展进行座谈。高辉红代表区委、区政府对企业家的到来表示热烈欢迎,并简要介绍东湖区情和文化创意产业发展现状,真诚希望客人积极介绍国内外文化创意企业来东湖投资,共同做大做强文化产业,实现政府和企业合作共赢。

上午,东湖区经济运行调度会在区政府常务会议室召开,区领导高辉红出席并讲话,夏小兰、万勇出席会议。会议听取区统计局关于全区2017年1—2月经济指标总排名情况通报及一季度经济运行形势分析,区财政局、区商务局、区发改委分别通报相关经济指标运行情况并分析一季度形势,有关经济责任单位作经验交流及表态发言。区发改委、区商务局、扬子洲镇、董家窑街办等27个经济责任单位负责人参加会议。

18日

下午,区领导高辉红在区政府第一会议室主持召开赣江东湖段排污工作推进调度会,万明出席会议。会上,与会各单位汇报2017年3月11日调度会以来工作进展情况、存在问题及下一步安排。区政府办、区监察局、区发改委、区财政局、区农水局、区城建局、区环保局、豫章街办、彭家桥街办等有关责任单位负责人参加会议。

20日

晚,东湖区紫金城旧改地块调度会在区政府第一会议室召开,区旧改办汇报紫金城地块征迁工作进展情况、存在问题及下一步打算,各责任单位分别作补充发言。区领导高辉红出席并讲话,万勇以及区政府办、区房管局、区城建局、董家窑街办、贤士湖管理处等有关责任单位负责人参加会议。

21日

中午,江西新闻广播《党风政风热线》节目在东湖区文化活动中心新闻发布厅进行音视频现场直播。区领导刘闯、刘光荣、童萍如、陈国梁、万勇、万明参加节目直播。刘闯首先介绍东湖区发展优势和特点,并就东湖未来发展进行展望。刘光荣、童萍如、陈国梁、万勇、万明及部分单位负责人就主持人及热线听众提出的涉及全区党风政风建设、经济社会发展以及交通、住房、教育、医疗等方面问题,现场接受市民问政,倾听群众心声,回应百姓关切。

下午,区领导喻国泰在旧城改造第四指挥部主持召开省政府大院一号、二号地块旧改项目工作部署会,万勇、胡薇出席。喻国泰传达省政府相关工作会议精神,要求各单位认真贯彻落实相关会议纪要精神,加快推进项目进度。

22日

晚,区领导高辉红在区政府常务会议室主持召开全区2017年产业类重大重点项目调度会,区领导夏小兰、万勇、万明出席。会上,区发改委首先通报全区2017年重大重点产业类项目整体推进情况,各项目责任单位、所属企业负责人就项目进展情况进行详细汇报,夏小兰就加快项目推进作相关部署。区政府办、区监察局、区发改委、省旅游开发公司、南昌轨道交通集团等有关负责人参加会议。

23日

下午,区领导陈俊在区旧改指挥部召开全区旧改征迁工作调度会,主要调度青山湖西岸二期和2016年第一轮征迁相关遗留问题,研究部署安置房建设工作。区旧改指挥部各组、区民政局、贤士湖管理处、区征收办、第一分指挥部、青山湖西岸二期分指挥部相关人员及法律顾问参加会议。

24日

上午,东湖区在区文化活动中心新闻发布厅召开全区党群工作会议,区领导刘闯出席并讲话,高辉红主持会议，陈曙、焦玉庄、胡洪水、唐铭市、刘光荣、陈俊出席会议。陈曙在会上总结2016年群团工作，部署2017年群团工作；焦玉庄、胡洪水、唐铭市分别就统战、宣传、组织工作进行回顾，并对2017年相关工作进行部署。刘闯对2016年全区党群工作取得的成绩进行肯定，并就做好2017年全区党群工作提出要求，高辉红就贯彻落实会议精神作总结讲话。

25日

上午，东湖区政府第五次廉政工作会议在六楼常务会议室召开，区领导高辉红出席并讲话，夏小兰主持会议，童萍如、陈国梁、万勇、万明、杨峻出席会议。在会上，区纪委副书记、区监察局局长肖迎春通报国务院、省、市第五次廉政工作电视电话会精神。

上午，东湖区政府第十一次常务会议在区综合服务中心南楼六层区政府常务会议室召开，区领导高辉红主持会议，之后召开2017年第四次区长办公会。区领导夏小兰、童萍如、陈国梁、万勇、万明、杨峻，区政府党组成员查秋滚、肖迎春、刘文俊出席会议。区领导陈俊、余瑾、冯于水列席区政府第十一次常务会议。会议观看《“媒体啄木鸟”行动光碟》，审议《关于完善法律援助制度的具体实施意见（送审稿）》等议题。

下午，区委第十二届十五次常委会议在区综合服务中心南楼七层区委第一会议室召开，区领导刘闯主持。会议审议区政府党组提出的《关于提取一定比例征迁工作经费作为区旧改指挥部经费的请示》《关于审议〈完善法律援助制度的具体实施意见（送审稿）〉的请示》《关于授予王国平同志“见义勇为先进分子”和滕王阁水上救援协会“见义勇为先进群体”的请示》《审议〈关于表彰2016年度全区社会治安综合治理目标管理先进单位、先进集体及先进工作者的决定（送审稿）〉的请示》《审议〈关于嘉奖2016年度全区社会治安综合治理目标管理先进单位综治责任人及综治办主任的决定（送审稿）〉的请示》、区委政法委提出的《关于调整东湖区国家安全工作领导小组组成人员的请示》，听取区政府与福建计算网络信息技术有限公司签订战略合作协议的汇报。区领导高辉红、陈曙、焦玉庄、胡洪水、唐铭市、刘光荣、夏小兰、陈俊、胡志强、张恩出席会议，喻国泰、王玮、陈国梁列席。

25—27日

区领导刘闯率领招商小分队赴深圳、广州进行为期3天的小分队招商活动。其间，分别考察深圳文产协会和华嵘集团总部，并赴广州富力集团考察商业综合体项目。

28日

上午，东湖区政法工作会议在区文化活动中心演艺中心召开，区领导刘闯、高辉红、陈曙、夏小兰、胡志强、张恩、陈国梁，以及区法院院长梁洪、区检察院检察长杜迎春出席会议。高辉红主持会议。会上，夏小兰宣读区委、区政府《关于表彰2016年度全区社会治安综合治理目标管理先进单位、先进集体及先进工作者的决定》《关于嘉奖2016年度全区社会治安综合治理目标管理先进单位综治责任人的决定》，表彰2016年度全区综治先进集体和个人，胡志强作2017年全区政法工作报告，刘闯向扬子洲镇及各街道、管理处下达2017年综治责任书并作重要讲话。区综治委委员，扬子洲镇、街道、管理处党委（党工委）书记、专职副书记、综治专职副主任，区综治责任单位党委、党组主要负责人、综治工作分管领导，区委政法委常务副书记、副书记，区委维稳办、区防范办副主任，区网格管理中心主任，区政法各部门副科级以上领导干部，部分村（社区）书记、先进单位代表和先进个人共217人参加会议。

上午，东湖区经济运行调度会在区政府常务会议室召开，区领导高辉红主持。会议贯彻落实全市经济运行分析会议精神，深入分析当前经济形势，研究部署下一步工作。区领导夏小兰对各经济责任单位完成目标任务情况进行分析，并就确保完成一季度经济目标任务作具体安排。区统计局、区商务局、区发改委、董家窑街道等有关责任单位负责人参加会议。

28—30日

区领导高辉红率队开展为期三天的招商活动，先后赴常州拜访江苏永安行低碳科技有限公司，赴上海考察久意信息技术公司，赴昆明参观国家广告创意产业园。区政府办、区商务局、区金融办、区执法分局相关负责人参加。

29日

区领导陈曙、陈俊、余瑾、冯于水深入辖区部分社区，开展该月第二次“美丽南昌·幸福家园”环境综合整治工作抽测行动。区政府办、区委宣传部、区委政法委、区城建局、区城管委、区综管办负责人参加检查。

31日

上午，东湖区开放型经济工作调度会在区综合服务大楼南楼六层区政府常务会议室召开。区领导高辉红主持会议并讲话，万勇出席。会上，区商务局汇报全区开放型经济工作情况及下一步工作打算，各经济责任单位汇报开放型经济工作相关情况。全区26个经济责任单位相关负责人员参加会议。

下午，区领导陈俊在区政府六楼第一会议室主持召开全区旧改征迁工作调度会，万勇出席。会上，陈俊主要调度七里村和公园村农房征迁逾期过渡费支付及部分地块遗留问题，并就下一阶段工作作部署。区旧改指挥部各组、百花洲街道、贤士湖管理处和区征收办等部门相关负责人参加会议。

本月

东湖区与江西中科健康体检有限公司签订《中科（熹庐）健康养生产业园投资协议》。中科（熹庐）健康养生产业园落户东湖区，成为全省首个健康养生产业园。

四月

1日

下午，东湖区在方志敏广场举行以“缅怀先烈·秉承遗志”为主题的清明节祭扫活动。区领导刘闯、高辉红、陈曙、喻国泰、王玮，区四套班子其他成员，区法院院长、检察院检察长，各镇、街道、管理处党政主要负责人，区委各部门、区直各单位主要负责人及社会各界代表200余人参加祭扫活动。高辉红主持活动仪式。

3日

上午，区领导高辉红带队，随机突击督查辖区的城市建管工作。高辉红一行先后察看八一桥下的休闲广场、叠山路集贸市场、八一广场周边外立面改造工程现场、子固路立体停车场、贤士湖公园周边综合提升工程、光明社区提升改造工程等处。区政府办、区城建局、区城管委、区执法局、区综管办主要负责人参加。

7日

上午，东湖区在区文化活动中心新闻发布厅召开“美丽南昌·幸福家园”环境综合整治调度会，区领导刘闯出席并讲话，陈曙主持会议，陈俊、喻国泰、王玮等四套班子成员出席。会议宣读各街道、贤士湖管理处3月份的环境综合整治考核结果和社区环境综合整治检查评比得分情况，向考核前3名的街道颁奖，部署下一步环境综合整治相关工作。各镇（街道、管理处）党政主要负责人，区委相关部门、区直相关单位负责人，东湖交警大队、东湖消防大队、东湖公安分局分管负责人参会。

下午，由南昌市文联、中共东湖区委、东湖区人民政府主办的“面向东湖　春暖花开”2017年南昌市谷雨诗会诗歌朗诵暨颁奖典礼在东湖区八一公园百花大舞台举行。南昌市政府副市长龙国英，市政协副主席李广振，市文联党组书记、主席赵军，区领导刘闯、胡洪水、童萍如、胡薇等出席。各界诗人和诗歌爱好者共200余人参加诗会。

8日

上午，“面向东湖　春暖花开”2017年南昌市谷雨诗会南昌诗派研讨会在东湖区文化活动中心召开。南昌市文联副主席、作协主席邹时光，市文联副主席周文彬，区领导胡洪水、胡薇出席研讨会。南昌市部分诗人、作家、评论家等50余人参会。

上午，东湖区在区政府常务会议室召开铁路沿线环境综合整治工作布置会。会议下发《东湖区铁路沿线环境综合整治实施方案》，扬子洲镇、董家窑街办负责人作表态发言。区领导高辉红出席并讲话，万明主持会议。区政府办、区综管办、扬子洲镇、董家窑街办、区城管局等相关责任单位负责人参会。

10日

东湖区在区综合服务中心南楼六层区政府常务会议室召开区政府第十二次常务会和第五次区长办公会，审议区防汛指挥部办公室草拟的《〈东湖区2017年重要堤防、险工险段及涵闸度汛措施表（送审稿）〉的请示》等议题。区领导高辉红主持，夏小兰、童萍如、陈国梁、万勇、杨峻，区政府党组成员查秋滚、肖迎春、刘文俊出席。区领导陈俊、余瑾、冯于水列席。

11日

下午,区领导高辉红、张恩、杨峻一行到扬子洲地区调研防汛工作,先后巡察扬子洲前洲电排站、扬子洲电排总站、扬子洲镇区镇两级防汛物资储存点、扬子洲莘洲小堤、扬子洲圩堤扬农段等10余个点位,并查看防汛物资准备、险工险段加固及水利工程完成情况,了解汛前各责任单位的准备工作。

下午,区领导胡志强一行到三联村调研指导"美丽南昌·幸福家园"环境综合整治工作。

12日

上午,东湖区在区综合服务大楼区委常委会议室召开2017年关心下一代工作委员会全体成员会议。会议宣读《关于调整区关心下一代工作委员会组成人员的通知》,区关工委第一副主任陈伍都发言。区领导陈曙出席并讲话,区关工委常务副主任殷晓欣主持,区关工委全体成员参会。

区领导刘闯、高辉红、陈曙、陈俊、余瑾、童萍如、冯于水到区属街道(管理处)开展全区环境综合整治大抽查行动,深入10个社区(村),就4月份全区各街道"美丽南昌·幸福家园"环境综合大整治工作情况进行抽查。区委办、区政府办、区委宣传部、区委政法委、区综管办、区城建局、区城管委、东湖执法分局、区爱卫办有关负责人参加检查。

13日

下午,区委第十二届十六次常委会议在区综合服务中心南楼七层区委第一会议室召开,区领导刘闯主持。会议学习传达《关于王国华、胡圣辉等人违反中央八项规定精神问题的通报》,审议区政府党组提出的《关于审议〈东湖区2017年防汛工作方案(送审稿)〉的请示》、区委办公室提出的《关于审议〈东湖区2016年度综合目标管理绩效考核实施意见(送审稿)〉的请示》。区领导高辉红、陈曙、焦玉庄、胡洪水、唐铭市、刘光荣、夏小兰、陈俊、胡志强、张恩出席会议,喻国泰、王玮、杨峻列席。

14日

上午,江西省红十字会党组书记、常务副会长周海涛率省红十字会专职副会长袁才华、戴莹,南昌市副市长龙国英一行到百花洲街道火神庙社区调研红十字居家养老志愿服务工作,听取有关章金媛爱心奉献团帮扶老人的介绍。南昌市红十字会有关负责人参加调研。

下午,区领导张恩到扬农管理处召开座谈会,听取关于管理处基本情况、重点工作及下一步工作计划的汇报,并到德成社区走访慰问困难学生陆文菲。区人武部政工科、扬农管理处主要负责人参加。

区领导刘光荣到扬子洲镇参加"廉洁文明家风·党员干部示范"暨"党建+廉心连心"主题实践活动公开承诺仪式,扬子洲镇党政领导、机关干部、党员代表作"廉洁文明家风·党员干部示范"公开承诺,200余名镇村干部、群众代表参加活动。

17日

上午,区领导高辉红、焦玉庄、唐铭市、夏小兰、胡志强一行,先后到中金国际交易中心、融创地产项目、总部经济大厦和中海地产4个重大重点项目现场,察看工程建设进度,听取项目进展情况汇报。区政府办、区发改委、区环保局、区城建局、区旧改办、区国土分局、区规划分局有关负责人参加。

下午,南昌市委副书记、市长郭安,副市长宋铀一行到东湖区察看九州高架二期延伸工程东湖段项目征迁情况。区领导刘闯、陈曙、万勇陪同。

晚上,东湖区在区综合服务大楼区委常委会议室召开2016年旧改工作调度会,通报2016年房屋征迁工作进度情况,各分指挥部指挥长就拆迁相关情况发言。区领导刘闯出席并讲话,陈曙、喻国泰等四套班子领导成员,区法院院长、检察院检察长出席会议。区委各部门、区直各单位、各镇(街道、管理处)主要负责人参会。

18日

上午,江西省委常委、统战部部长陈兴超,省委统战部常务副部长张勇,南昌市委常委、统战部部长乐文红,南昌市副市长凌卫一行到东湖区佑民寺调研宗教工作。区领导刘闯、焦玉庄陪同调研。

下午,河南省汝州市考察团一行22人到东湖区考察城市建设工作,对该区"三经五纬"和中山路街景改造工程进行实地考察,并听取有关项目情况介绍。区领导陈俊、彭雅琳、郑洪健、万明陪同。

下午,东湖区在区综合服务中心大楼八层会议室召开全区基层党建标准化工作调度会,听取各镇(街道、管理处)贯彻落实基层党建标准化工作情况及下一步工作计划,部署全区2017年基层党建重点工作。区领导唐铭市出席会议并讲话。

19日

上午,区领导刘闯到江西夏氏春秋环境股份有限公司开展工作调研,就夏氏春秋未来发展规划事宜进行座谈。区金融办、区财政局、区商务局有关领导参加。

下午,南昌市市长郭安、副市长宋铀一行到东湖区考察停车场建设情况,现场察看子固路天泉水都地面机械化停车楼运行情况。区领导刘闯、万明陪同。

下午,东湖区干部作风大转变教育整治领导小组(扩大)会议在区委常委会议室召开,区领导陈曙出席并讲话,刘光荣主持。会议传达南昌市作风大转变教育整治工作领导小组会议精神,总结并部署相关工作,通报各单位存在的问题,审议《全区重大决策部署落实难、重大项目推进慢问题专项整治工作方案》《开展违反中央八项规定精神和侵害群众利益问题专项整治工作方案》《全区干部作风"庸懒散虚"问题专项整治工作方案》。区干部作风大转变教育整治领导小组全体成员,各镇(街道、管理处)、相关区直单位主要负责人参会。

20日

上午,区领导高辉红、夏小兰、万勇一行到北京银行南昌分行开展工作调研。区政府办、金融办、经济办主要负责人随同。

上午,南昌市政协副主席陈匡辉一行到东湖区彭家桥街道光明社区、区文化馆、区图书馆调研"三风"活动开展情况,并在区政协常委会会议室召开座谈会,听取全区"三风"活动开展情况汇报。区领导刘闯、王玮、胡洪水、胡薇参加调研。区纪委、区委宣传部、团区委、区妇联、区教科体局、区文广局、百花洲街道有关负责人出席座谈会。

21日

下午,东湖区在区文化活动中心演艺大厅召开区委中心组理论学习(扩大)会,邀请南昌市水务局党组成员、总工程师唐明辅导授课。区领导刘闯主持并讲话,高辉红、陈曙、喻国泰、王玮等区四套班子成员,各镇、街道、管理处党政主要负责人,区委各部门、区直各单位主要负责人参会。

22日

下午,区领导高辉红、万明一行先后到辖区的三经路206号庭院、西万宜巷、上凤凰坡庭院、南福路2—24号庭院、福州路135号庭院、平安小区庭院等处,调研社区微改造工作。区城建局、城管委、综管办等相关职能部门负责人随同。

24日

上午,区领导刘闯、高辉红先后会见江西银行党委副书记、行长吴洪涛一行,听取吴洪涛行长及相关部门负责人对于江西银行发展历程及未来规划的详细介绍。

晚上,东湖区在区综合服务中心大楼六层区政府常务会议室召开全区安全生产工作部署会,就下一阶段消防、安全生产工作以及拆迁工地安全生产工作进行部署。区领导高辉红主持会议并讲话,陈国梁、万勇、杨峻出席。区安委会各成员单位主要负责人、分管负责人,各派出所所长参加会议。

25日

下午,东湖区在区综合服务中心大楼南楼区政府常务会议室召开创建国家食品安全示范城市动员大会暨全区食品药品工作会议,区领导高辉红出席并讲话,夏小兰主持。会议宣读区领导刘闯的重要批示,并就全区创建国家食品安全示范城市工作和2017年全区食品药品工作进行部署;书面传达南昌市创建国家食品安全示范城市动员大会暨2017年全市食品药品工作会议精神,下达各镇(街道、管理处)2017年食品安全目标责任书。区领导余瑾、杨峻、谢保成出席。各镇(街道、管理处)、区创建国家食品安全示范城市工作领导小组成员、区食品安全委员会组成人员等参会。

下午,原江西省人大常委会党组副书记、副主任洪礼和,南昌市委常委、组织部部长江晓斌一行到东湖区调研工作。洪礼和一行实地察看公园街道戴家巷社区服务中心、社区党建活动室,听取社区建设、服务群众和党建情况介绍,听取全区在基层工作中总结出的经验做法以及遇到的实际难题等。区领导刘闯、唐铭市等陪同调研。南昌市委组织部、百花洲街办、公园街办、八一桥街办、戴家巷社区、光明社区、江纸家委会等有关单位负责人参加座谈。

东湖区在区综合服务中心南楼六层区政府常务会议室召开区政府第十三次常务和第六次区长办公会，观看《“媒体啄木鸟”行动》光碟，学习省安委会《关于专题学习贯彻习近平总书记关于安全生产重要批示精神和中发〔2016〕32 号文件的通知》，审议区残联草拟的《关于请求印发〈东湖区残疾预防综合试验区创建试点工作实施方案〉的通知》《关于请求印发〈东湖区残疾预防综合试验区重点干预项目工作实施办法〉的通知》等议题。区领导高辉红主持，夏小兰、童萍如、陈国梁、万勇、杨峻，区政府党组成员查秋滚、肖迎春、刘文俊出席。区领导陈俊、余瑾列席。

26 日

上午，东湖区召开人才工作专项述职会议，传达学习省市人才工作专项述职会议精神以及区领导刘闯关于做好全区人才工作的批示。区领导唐铭市出席并讲话。区委人才工作领导小组成员，区委人才工成员单位的主要领导，各镇、街道、管理处主要领导参会。

上午，区领导高辉红、杨峻一行到辖区部分施工工地现场，突击检查安全生产工作。高辉红一行先后到裕丰大厦、省妇幼保健院、八一广场外立面改造工程施工现场进行检查。区政府办、区城建局、区房管局、区安监局、豫章街道、公园街道、东湖公安分局、东湖消防大队相关负责人参加。

下午，区领导高辉红到区检察院调研督导全面从严治党主体责任落实情况，并召开座谈会。区检察院班子成员参加。

晚上，区委第十二届十七次常委会议在区综合服务中心南楼七层区委第一会议室召开，区领导刘闯主持。会议学习传达《省委进一步落实中央八项规定精神的若干意见》《江西省安委会关于专题学习贯彻习近平总书记关于安全生产重要指示精神和中发〔2016〕32 号文件的通知》精神，听取东湖区投融资平台建设相关工作汇报，审议区政府党组提出的《关于审议〈东湖区 2016 年经济工作考核奖励意见（送审稿）〉的请示》《关于审议〈省政府大院一号、二号地块项目协议书〉的请示》《关于审议〈省政府一号、二号地块配建安置房建设协议书〉的请示》《关于审议〈东湖区残疾预防综合试验区创建试点工作实施方案（送审稿）〉的请示》《关于审议〈东湖区残疾预防综合试验区重点干预项目工作实施办法（送审稿）〉的请示》、团区委提出的《关于表彰东湖区“优秀共青团员”、“优秀共青团干部”、“五四红旗团委（团支部）”和区校共建“优秀志愿者”（送审稿）的请示》、区委组织部提出的《关于审定全区公务员 2016 年度考核优秀等次的请示》，会议还研究其他事项。区领导高辉红、陈曙、焦玉庄、胡洪水、唐铭市、刘光荣、夏小兰、陈俊、胡志强、张恩出席会议，喻国泰、王玮、万勇、杨峻列席。

区委决定：章海涛任中共东湖区委保密机要局副局长，免去其中共东湖区公园街道工作委员会委员职务；樊昆任中共东湖区委办公室副科级督查专员（试用期一年）；胡政保留正科级，免去其中共东湖区委台湾工作办公室主任职务；免去万雯的中共东湖区委组织部部务委员职务；苏昱任东湖区精神文明建设指导委员会办公室主任（试用期一年）；免去杨俊英的东湖区机构编制委员会办公室副主任职务；张秋明任中共东湖区纪律检查委员会第三纪工委书记，免去其中共东湖区纪律检查委员会第二纪检监察室主任、主任科员职务；免去卢安的中共东湖区纪律检查委员会宣传研究室主任职务；免去周兰香的中共东湖区人民检察院党组成员职务；免去张祎星的中共东湖区人民政府办公室党组成员职务；廖军任中共东湖区财政局党组书记，免去其中共东湖区统计局党组书记职务；免去万勇的中共东湖区财政局党组书记职务；程振纺任中共东湖区财政局党组成员，免去其中共东湖区审计局党组成员职务；饶敏任中共东湖区财政局党组成员，免去其中共东湖区董家窑街道工作委员会委员职务；李强任中共东湖区财政局党组成员；免去邓震国的中共东湖区财政局党组成员职务；曾纪勇任中共东湖区城市管理委员会委员会委员，免去其中共东湖区城市管理局委员会委员职务；刘小龙任中共东湖区城市管理委员会委员会委员，免去其中共东湖区城市管理局委员会委员职务；陶湖英保留副科级待遇，免去其中共东湖区城市管理局委员会委员职务;李瑛保留正科级,免去其中共东湖区商务局委员会副书记职务;涂勇任中共东湖区卫生和计划生育委员会委员会书记;免去钟华的中共东湖区卫生和计划生育委员会委员会书记职务;免去王国平的中共东湖区卫生和计划生育委员会委员会委员职务;黄超任中共东湖区市场和质量监督管理局委员会书记;邓雪玲保留正科级,免去其中共东湖区市场和质量监督管理局委员会书记职务;免去王君健的中共东湖区市场和质量监督管理局委员会副书记职务;张志忠任中共东湖区农业水务局党组书记,免去其中共东湖区农村工作办公室党组书记职务;张国保任中共东湖区农业水务局党组成员,免去其中共东湖区农村工作办公室党组成员职务;周诚明任中共东湖区农业水务局党组成员,免去其中共东湖区农村工作办公室党组成员职务;免去梁祖奎的中共东湖区豫章街道工作委员会副书记、纪律检查工作委员会书记职务;饶接华任中共东湖区墩子塘街道工作委员会副书记,免去其中共东湖区委政法委员会副书记、东湖区社会管理综合治理委员会办公室主任职务;免去王丽萍的中共东湖区墩子塘街道工作委员会副书记、中共东湖区墩子塘街道环卫所支部委员会书记职务;周涛任中共东湖区公园街道工作委员会委员;免去曾武兵的中共东湖区公园街道工作委员会副书记、纪律检查工作委员会书记职务;程小浪任中共东湖区大院街道工作委员会副书记,免去其中共东湖区城市管理局委员会委员职务;免去张群的中共东湖区董家窑街道工作委员会副书记、中共东湖区董家窑街道环卫所支部委员会书记职务;免去刘志坚的中共东湖区董家窑街道纪律检查工作委员会书记职务;黄河任中共东湖区董家窑街道工作委员会委员;免去张洪的中共东湖区贤士湖管理处工作委员会副书记、纪律检查工作委员会书记职务;谌洁任中共东湖区扬农管理处工作委员会书记;免去许强的中共东湖区扬农管理处工作委员会书记职务;颜玫保留副科级待遇,免去其中共青桥学校支部委员会副书记职务;夏斐保留副科级待遇,免去其中共出新幼儿园支部委员会书记职务。

接中共南昌市委组织部洪组干函〔2016〕128号、洪组干函〔2017〕15号文件通知,区委决定:许强任中共东湖区豫章街道工作委员会书记;喻菡任中共东湖区大院街道工作委员会书记;免去涂勇的中共东湖区大院街道工作委员会书记职务。

接中共南昌市委组织部洪组干函〔2017〕15号文件通知,区委决定:张庆川任中共东湖区委组织部常务副部长;万雯任中共东湖区委组织部副部长;曾武兵任中共东湖区委组织部副部长。

区委决定:徐建辉(原江西省军区新余军分区政治部组织干部办公室主任)任中共东湖区民政局委员会委员。

接中共南昌市纪委洪纪组〔2017〕8号文件批复,区委决定:免去黄超的中共东湖区纪律检查委员会副书记、常委、委员职务。

区委提名:张祎星任东湖区人大常委会农业和城乡建设环境保护工作委员会主任;唐芸璞任东湖区人大常委会教育科技文化卫生工作委员会主任,免去其东湖区人大常委会办公室副主任职务;徐小玲保留正科级,免去其东湖区人大常委会财经工作委员会主任职务;张群任东湖区大院街道人大工作委员会专职主任;梁祖奎任东湖区滕王阁街道人大工作委员会专职主任;免去邱波的东湖区滕王阁街道人大工作委员会主任职务。请依法办理。

区委同意:邓联实任东湖区应急管理办公室专职副主任(试用期一年);刘志昇任东湖区人民政府办公室副科级督查专员(试用期一年);免去张祎星的东湖区人民政府办公室副主任职务;程振纺任东湖区财政局副局长(正科级),免去其东湖区审计局副局长(正科级)职务;饶敏任东湖区财政局副局长、主任科员,免去其东湖区董家窑街道办事处副主任、主任科员职务;李强任东湖区财政局总会计师,免去其东湖区会计核算中心主任职务;邓震国保留正科级,免去其东湖区财政局副局长职务;曾纪勇任东湖区城市管理委员会副主任(正科级),免去其东湖区城市管理局副局长(正科级)职务;刘小龙任东湖区城市管理委员会副主任,免去其东湖区城市管理局副局长职务;免去程小浪的东湖区城市管理局副局长职务;免去王国平的东湖区卫生和计划生育委员会副主任职务;张志忠任东湖区农业水务局局长,免去其东湖区农村工作办公室主任职务;张国保任东湖区农业水务局副局长,免去其东湖区农村工作办公室副主任职务;周诚明任东湖区农业水务局副局长,免去其东湖区农村工作办公室副主任职务；李娟保留副科级待遇，免去其八一桥街道劳动和社会保障事务所所长职务；免去梁祖奎的豫章街道办事处主任科员职务；周涛任东湖区公园街道办事处副主任（试用期一年）；免去章海涛的东湖区公园街道办事处副主任职务；黄河任东湖区董家窑街道办事处副主任（试用期一年）；免去钟雄的东湖区个私民营经济办公室主任职务；免去史梦祎的东湖区公证处主任职务。请按有关规定办理。

接中共南昌市委组织部洪组干函〔2017〕15号文件通知，经区委研究同意：饶接华任东湖区墩子塘街道办事处主任；免去王丽萍的东湖区墩子塘街道办事处主任职务；程小浪任东湖区大院街道办事处主任；免去喻菡的东湖区大院街道办事处主任职务；刘志坚任东湖区董家窑街道办事处主任；免去张群的东湖区董家窑街道办事处主任职务。

区委提名：廖军任东湖区财政局局长，免去其东湖区统计局局长职务；免去万勇的东湖区财政局局长职务；陈贞珍任东湖区文化广电旅游新闻出版局局长；免去胡薇的东湖区文化广电旅游新闻出版局局长职务；涂勇任东湖区卫生和计划生育委员会主任；免去钟华的东湖区卫生和计划生育委员会主任职务；黄超任东湖区市场和质量监督管理局局长；王君健保留正科级，免去其东湖区市场和质量监督管理局局长职务。请依法办理。

接中共南昌市纪委洪纪组〔2017〕8号文件批复，区委同意：神敏任东湖区监察局副局长（试用期一年）。请按有关规定办理。

区委同意：徐建辉（原江西省军区新余军分区政治部组织干部办公室主任）任东湖区民政局副局长（正科级）；吴棉开（原进贤县人民武装部副部长兼军事科科长）任东湖区安全生产监督管理局副局长。请按有关规定办理。

区委提名：徐名宏任东湖区政协委员联络办公室主任，免去其东湖区政协办公室副主任职务；免去陈贞珍的东湖区政协提案委员会办公室主任职务。请按政协章程办理。

区委提名：晏佩琦任共青团东湖区委员会副书记。请按共青团章程办理。

区委同意：免去周兰香的东湖区人民检察院副检察长职务；免去刘松安的东湖区人民检察院副科级检察员职务。请依法办理。

区委决定：车丽娟任中共东湖区豫章街道工作委员会副书记（挂职锻炼一年）；胡猛任中共东湖区董家窑街道工作委员会副书记（挂职锻炼一年）。

27日

下午，由中国文明网主办，南昌市文明办、中国文明网南昌站承办，东湖区文明办、南昌大学第二附属医院、南昌市卫生学校协办的“微观好人系列活动第一季——品读匠心笔记”活动在东湖区文化活动中心四楼新闻发布厅中心举行。南昌市文明办主任李新建，区领导胡洪水，南昌市第二附属医院党委副书记程学新，南昌市文明办副主任程超参加活动。

27—28日

区领导高辉红、陈曙、陈俊、余瑾、万明一行到辖区开展四月份第二次“美丽南昌·幸福家园”环境综合整治突击检查行动，先后到江西师范大学家委会、八一配件厂家委会、贤士湖管理处七里村进行检查。区政府办、区委宣传部、区委政法委、区城管委、东湖执法分局、区综管办、区爱卫办相关负责人随同。

以下人员试用期满，区委决定：黄承任东湖区社区网格管理中心主任；戴江林任中共南昌市八一公园管理处支部委员会书记；熊志红任中共东湖区市场物业管理站支部委员会书记；龙昆任中共东湖区文化馆支部委员会书记。

以下人员试用期满，区委同意：万诚璐任东湖区信息中心主任；郭正凯任南昌市八一公园管理处处长；郁蕾任东湖区方志敏广场管理处主任；张雪影任南昌市第二中西医结合医院院长；徐昱任东湖区贤士湖管理处副主任；范婧任东湖区贤士湖管理处副主任；赵厚任任东湖区企业资产管理服务中心副主任；胡天诚任东湖区金融办副主任；邓小燕任东湖区防震减灾局局长；熊琴任东湖区防震减灾局副局长。

29日

上午，区领导高辉红、杨峻一行到辖区在建工地、燃气站、人员密集场所进行“五一”安全生产大检查，实地察看消防通道、安全设施配备、安全预案及防范措施落实情况，了解安全生产相关情况。区政府办、区城建局、区房管局、区商务局、区安监局、东湖消防大队、豫章街道、八一桥街道、贤士湖管理处等主要负责人随同。

上午,东湖区在区政府第一会议室召开全区重点工程工作调度会,听取八一广场及周边环境提升改造工程、榕门路(叠山路—民德路)周边建筑立面综合改造工程、贤士湖街区改造工程、光明社区综合改造工程、四经路江柴社区综合改造工程、43条道路白改黑工程的进展情况,听取各项目监理单位对工程施工现场监督情况的汇报。区领导万明主持会议,区城建局、区执法分局、董家窑街办、公园街办、滕王阁街办、大院街办、工程建设设计单位、监理单位及施工单位的相关负责人参加。

区委决定:免去彭玉兰的东湖区卫计委主任科员职务,退休;免去袁一多的东湖区机管局主任科员职务,退休;杨小兰、于莲蓉、江建辉退休。彭玉兰、杨小兰的退休时间从2017年1月起算;袁一多、于莲蓉的退休时间从2017年2月起算;江建辉的退休时间从2017年4月起算。

30日

上午,东湖区在区综合服务中心大楼南楼区委常委会议室召开安全生产工作调度会,听取全区安全生产工作情况汇报,各镇(街道、管理处)、各行业主管部门和区领导分别就安全生产工作进行发言。区领导刘闯出席并讲话,陈曙主持会议,喻国泰、王玮等四套班子领导成员,区法院院长、检察院检察长出席会议。区委各部门、区直各单位、各镇(街道、管理处)主要负责人参会。

下午,东湖区在区文化活动中心演艺大厅召开全区安全生产工作动员大会,书面下发安全生产和消防工作倡议书,通报消防安全形势和消防工作,各镇(街道、管理处)、部分重点行业主管部门向区政府递交安全生产责任状,传达全市安全生产工作调度会和全市建筑行业安全专项整治会议精神,部署安全生产工作。区领导高辉红出席并讲话,陈曙主持会议,胡洪水、刘光荣、夏小兰、陈俊、童萍如、万勇、万明、杨峻出席。区委各部门、区直各单位、各镇(街道、管理处)、各派出所所长、辖区部分消防重点监管单位、社区(村委会)负责人等参会。

本月

在江西省第一季度公众安全感测评中,东湖区公众安全感指数为95.0249%,全省排名第78位,全市排名第3位,主城区排名第1位。

五月

1日

上午,江西省旅发委主任欧阳泉华一行到东湖区滕王阁景区,察看景区公共服务设施建设、业态经营和周边环境整治等,并在滕王阁多功能会见厅召开座谈会,了解创建国家级AAAAA景区进展情况及存在问题。南昌市副市长凌卫,市旅发委主任陈清华,市旅游集团董事长熊伟,区领导高辉红、童萍如、胡薇参加座谈。

2日

上午,东湖区召开纪念五四运动98周年暨表彰大会,宣读中共东湖区委《关于表彰东湖区“优秀共青团员”、“优秀共青团干部”、“五四红旗团委(团支部)”和区校共建“优秀志愿者”的决定》,表彰一批“优秀共青团员”“优秀共青团干部”“五四红旗团委(团支部)”“优秀志愿者”。区领导陈曙、谢蓉、童萍如、胡薇出席,全区各镇(街道、管理处)、系统分管领导及全区各镇(街道、管理处)、系统、村、社区、非公企业、区属高校等各行各业的团干、团员青年代表参会。

下午,区领导杨峻一行到扬子洲镇和玉带河北支实地督导农产品质量安全和河湖长制工作开展情况。区农水局、扬子洲镇、董家窑街办、彭家桥街办、贤士湖管理处负责人参加督导。

晚上,东湖区在区文化活动中心新闻发布厅召开全区领导干部大会,传达南昌市委安全生产会议精神,对下一步安全生产工作进行再部署。区领导刘闯、高辉红、喻国泰、王玮等区四套班子成员,区法院院长、检察院检察长出席会议。区委各部门、区直各单位、各镇(街道、管理处)主要负责人及安全生产工作分管负责人参会。

下午,东湖区召开滕王阁创建AAAAA景区工作调度会,听取创建AAAAA景区的工作进展情况汇报。区领导高辉红主持,童萍如、万勇、万明、胡薇参加。

4日

上午,区领导万明到八一广场周边改造工程

施工现场，了解工程施工单位、监理单位落实文明施工、安全防护工作情况。区城建局相关负责人随同。

下午，区领导高辉红、杨峻一行到残疾人之家看望慰问残疾人，听取工作情况汇报，询问听障朋友制作的手工艺品销售情况，了解对精神患者辅助性就业、消防安全生产等工作情况。

5日

晚上，区委第十二届十八次常委会议在区综合服务中心南楼七层区委第一会议室召开，区领导刘闯主持。会议审议区政府党组提出的《关于审议〈东湖区2017年第一轮房屋征收工作实施方案(送审稿)〉的请示》《关于审议〈东湖区2017年旧城改造工作指挥部工作方案(送审稿)〉的请示》。区领导高辉红、陈曙、焦玉庄、胡洪水、唐铭市、刘光荣、夏小兰、陈俊、胡志强、张恩出席会议，王玮、万勇列席。

7日

上午，东湖区在区政府常务会议室设立分会场，组织收听收看江西省委中心组集体学习，听取国务院扶贫办党组书记、主任刘永富作的专题辅导报告以及省委书记鹿心社的重要讲话。区领导刘闯、高辉红，以及区委、区人大、区政府、区政协班子成员，区法院院长、区检察院检察长出席。区委各部门、区直各单位主要负责人，各镇、街办、管理处的党政主要负责人参加。

上午，东湖区在区委常委会议室召开2017年第一轮旧改工作动员大会，解读《东湖区2017年第一轮房屋征收工作实施方案》。区领导刘闯出席并讲话，高辉红主持。区四套班子部分成员，区法院院长、区检察院检察长出席。区委办、区人大办、区政府办、区政协办等有关责任单位负责人参会。

下午，东湖区2017年第一轮房屋征收工作第二分指挥部召开环湖路民德路地块房屋征收培训暨动员部署会，通报分析全区2017年度第一轮房屋征收及环湖路民德路地块情况。区领导夏小兰、谭阿莉、万里涛出席会议。

7—13日

东湖区在全区范围开展以“减少灾害风险，建设安全城市”为主题的防震减灾宣传周活动。

8日

上午，东湖区在区文化活动中心演艺大厅举办全区迎接全国文明城市、国家卫生城市复检工作业务培训会，区领导万明出席。会议讲解街办、社区、城中村综合环境整治及文明城市测评体系，文明城市和卫生城市复检的区别，以及迎检的工作技巧。全区各镇、街办、管理处分管领导、各社区(村、家委会)以及区爱卫办、区文明办等相关单位干部职工共200余人参加培训。

上午，东湖区夏季消防检查暨“一带一路”国际合作高峰论坛消防安保部署会议在区文化活动中心演艺大厅召开，区领导刘闯出席并讲话，高辉红主持，胡志强、陈国梁出席。会议分析通报火灾形势，安排部署下一步火灾防控工作。区消防委员会成员单位主要负责人，扬子洲镇、各街办、管理处、派出所主要负责人，二级消防安全重点单位法定代表人参会。

9日

上午，东湖区“美丽南昌·幸福家园”环境综合整治调度会在区文化活动中心新闻发布厅召开，区领导高辉红出席并讲话，陈曙主持，余瑾、万明、冯于水出席。会议通报各街道、贤士湖管理处环境综合整治4月份考核结果，以及4月份社区(村、家委会)环境综合整治检查评比得分，布置下一步工作。各镇(街道、管理处)党政主要负责人，区委相关部门、区直相关单位负责人，东湖交警大队、东湖消防大队、东湖公安分局分管负责人参会。

上午，东湖区2017年第一轮房屋征收工作第三分指挥部召开青山湖西岸硅酸盐厂地块房屋征收培训暨动员部署会，区领导焦玉庄、欧阳桃花出席会议。会议通报分析青山湖西岸硅酸盐厂地块情况，区旧改法律顾问及房管部门专业人员就房屋征收方面的业务知识开展培训。

下午，东湖区2017年第一轮房屋征收工作第一分指挥部召开老动物园周边地块及青山南路地块房屋征收工作动员暨调度会。区领导胡志强、彭雅琳、童萍如、杨峻、谢保成、冯于水出席会议。

10日

上午，区领导刘闯、高辉红在综合服务中心南楼区委第一会议室会见京东金融集团公共事务部负责人印海涛一行。区领导夏小兰、陈俊、万勇，区金融办、区商务局、公园街办等有关负责人参加会见。

上午，东湖区防震减灾局会同区教科体局、南昌市第八人民医院、南昌蓝天救援队等多家单位，在南京路小学开展“5.12”防震减灾宣传暨应急疏散演练活动，参与演练学生人数1300余人。南昌市防震减灾局副局长马小娟，区领导杨峻出席活动。

上午，东湖区迎接“全国中小学校责任督学挂牌督导创新县（市、区）”省级评估工作汇报会在区政府常务会议室召开。区领导童萍如、南昌市教育局副调研员唐庆伟、市人民政府教育督导室副主任邹白玉参加。

下午，区领导刘闯、京东金融有关负责人一行前往江西省金融办拜会省金融办主任胡伏云，介绍京东金融集团拟在东湖区设立网络小额贷款有限公司的进展情况。区领导陈俊、万勇随同。

区领导高辉红、陈曙、余瑾、万明、冯于水到部分社区（村），开展“美丽南昌·幸福家园”环境综合整治突击检查。区政府办、区委宣传部、区委政法委、区城建局、区城管委、东湖执法分局、区综管办、区爱卫办相关负责人随同。

10—11日

江西省督学、吉安市教育局原调研员张爱如，省教育督导评估专家、宜春市教育局督导室原主任陈瑞泉，省教育督导评估专家、湖口县政府教育督导室主任周国勇一行到东湖区，对“全国中小学校责任督学挂牌督导创新县（市、区）”工作进行为期两天的督导评估。南昌市教育局党委书记、局长谢为民，区领导刘闯、高辉红与专家组会面。

11日

晚上，东湖区在区政府第一会议室召开“一馆五址”及铁路沿线环境综合整治工作调度会，听取区旧改分指挥部、区综管办及相关责任单位“一馆五址”及铁路沿线环境综合整治工作进展情况汇报，安排部署有关工作。区领导高辉红出席并讲话，童萍如、万勇、万明出席。区政府办、区旧改办、区综管办、区城建局、区城管委、大院街办、滕王阁街办等有关单位负责人参会。

12日

上午，南昌市东湖区十六届人大常委会举行第四次会议，学习《中华人民共和国全国人民代表大会和地方各级人民代表大会代表法》、《中华人民共和国各级人民代表大会常务委员会监督法》，传达江西省十二届人大七次会议、南昌市十五届人大二次会议精神，听取《区人大法制专门委员会关于2016年开展规范性文件备案审查工作情况报告》，听取审议并表决通过《区教科体局关于特殊教育工作情况报告》《区卫计委关于创新流动人口服务管理工作情况报告》，审议并表决通过区人大常委会、区人民政府、区人民法院、区人民检察院提请的人事任免事项。区领导喻国泰主持会议，彭雅琳、余瑾、谢蓉、谭阿莉、万里涛以及委员共23人出席会议。区领导夏小兰、区法院院长、检察院检察长，以及区人大、区政府、街道相关部门负责人列席会议。

上午，东湖区在深圳举行豫章1号二期广告创意产业园项目签约仪式。江西日报社社长、江西日报传媒集团董事长王晖，南昌市委常委、宣传部部长龙和南，江西日报社副总编辑、江西日报传媒集团总经理王少君，区领导刘闯、胡洪水、胡薇，深圳华嵘集团投资有限公司董事长黄振良，南昌广播电视台台长张金洁，南昌日报社总编辑万利平出席仪式。区领导胡洪水主持仪式。

下午，东湖区在区政府常务会议室召开全区文化体育健康产业调查摸底工作布置会，解读调查摸底工作背景、东湖区服务业发展四年行动计划有关情况，开展调查摸底技术指导，安排部署有关具体工作事项。区领导童萍如主持会议。各镇、街道、管理处，区发改委、区统计局、区教科体局、区卫计委、区文广局相关负责人参会。

由区领导刘闯带领的第十三届深圳文博会南昌东湖区考察团一行，先后参观考察华嵘集团、合纵文化集团、前海融信集团和医佳康电子商务有限公司。

14日

上午，东湖区在区政府常务会议室召开全区经济运行及产业发展调度会，通报2017年1—4月相关经济指标完成情况并部署下一步工作，相关单位进行发言。区领导高辉红主持会议并讲话，夏小兰、陈俊、胡涛湘出席。各镇（街道、管理处），各经济责任单位主要负责人参会。

15 日

上午，东湖区在区政府常务会议室召开全区2017年防范和打击非法集资宣传月活动调度会，下发《东湖区2017年防范和打击非法集资宣传月活动方案》，明确各成员单位在活动中的工作职责。区领导万勇主持会议，区打击和处置非法集资工作领导小组成员单位参会。

上午，区领导高辉红到区旧城改造各分指挥部，察看棚户区改造、旧城改造工作，看望一线征迁工作人员。

区领导刘闯一行到残疾人之家看望慰问残疾人，听取残疾人之家工作开展情况汇报，察看各培训功能教室、精神残疾日间照料中心和智力儿童康复中心。

16 日

上午，区领导陈曙、唐铭市到滕王阁街道调研指导基层党组织标准化建设工作，先后到滕王阁街道党群服务中心、章江路社区、滕王阁社区，详细询问工程进展情况。

上午，以“铭记历史　开创未来”为主题的海峡两岸黄埔同学及亲属后代纪念全民族抗日战争爆发80周年书画展在南昌画院开幕。黄埔军校同学会会长林上元一行，江西省人大常委会副主任、民革江西省委会主委马志武，南昌市委统战部副部长刘小坚，区领导刘闯、焦玉庄等出席开幕式。

下午，南昌市政协主席周关到扬子洲镇察看指导“美丽南昌·幸福家园”环境综合整治工作。周关一行先后察看鹏举北路、望江路、南江路等主干道的环境综合整治工作，重点查看扬新路中心沟渠的清草清杂工作。区领导王玮随同。

下午，东湖区在区综合服务中心南楼八层会议室召开2017年人才活动周工作推进会，解读人才活动周工作方案，听取各相关责任部门工作进展情况汇报。区领导唐铭市出席会议。区委人才工作领导小组成员单位的主要负责人、各街办（镇、管理处）分管领导参会。

17 日

上午，区领导刘闯会见大新金融集团董事总经理兼行政总裁黄汉兴一行，听取关于大新银行历年发展情况以及下一步发展规划的介绍。区领导陈俊、万勇，区金融办和区商务局主要负责人参加会见。

晚上，区领导刘闯在扬子洲镇主持召开专题调度会，听取扬子洲镇、村两级环境综合整治、城建控违和综治维稳等方面的工作汇报。区领导王玮、胡志强、杨峻、谢保成出席，区相关部门负责人，扬子洲镇党政领导及部分部门负责人，各村书记、主任参会。

18 日

晚上，区委第十二届十九次常委会议在区综合服务中心南楼七层区委第一会议室召开，区领导刘闯主持。会议审议区委组织部、区发改委提出的《关于审议〈东湖区投融资平台建设工作方案（送审稿）〉的请示》、清华大学国家文化产业研究中心提出的《打造国家战略性新兴产业应用示范区——关于扬子洲开发建设的战略思考》、区委办公室提出的《关于审议〈区委文件审核把关工作办法（送审稿）〉的请示》、区纪委提出的《审议〈关于鼓励干事创业建立容错机制的实施细则（送审稿）〉的请示》。学习传达省委常委、市委书记殷美根在《求是》杂志上的署名文章《着力增强党内政治生活的政治性》和《市委办公厅印发〈关于运用监督执纪“第一种形态”的实施办法〉的通知》（洪办字〔2017〕16 号）文件精神。区领导高辉红、陈曙、焦玉庄、胡洪水、唐铭市、刘光荣、夏小兰、陈俊、胡志强、张恩出席会议，喻国泰、王玮列席。

19 日

上午，南昌市委副书记谢一平，市委常委、副市长华清到东湖区调研残疾人工作。谢一平一行到该区残疾人之家听取残疾人康复、教育就业、文体活动、全国残疾预防等工作情况汇报，并察看面点、电脑、按摩等功能教室。区领导刘闯、陈曙陪同调研。

下午，东湖区在区综合服务中心区政府常务会议室召开创建国家食品安全示范城市再动员再部署大会，传达南昌市创建国家食品安全城市调度会议精神，听取相关工作情况汇报。区领导夏小兰出席并讲话，杨峻主持，童萍如出席。区创建国家食品安全示范城市工作领导小组成员，各镇（街道、管理处）主要和分管负责人参会。

由南昌市教育局主办，东湖区教育科技体育局、江西教育电视台协办，南昌育新学校、向荣小学、南昌市第一中等专业学校承办的“晒晒传家宝·传承好家风”活动暨“廉洁文明家风伴我行”活动现场会在育新学校举行。南昌市政协党组书记、主席周关,市政协党组成员、副主席陈匡辉,区领导刘闯等出席活动,全市各县区有关部门分管领导及科室负责人、有关学校校长及分管副校长参加活动。

22日

上午,南昌市城管委主任杨保根一行到东湖区八一广场提升改造工程和滕王阁立面改造等重点工程现场察看工程进展情况。区领导高辉红、万明,区城建局及相关施工单位负责人随同。

晚上,东湖区在区综合服务大楼区政府常务会议室召开旧城改造指挥长工作调度会,听取有关工作开展情况汇报,安排部署相关工作。区领导高辉红主持会议并讲话,焦玉庄、夏小兰、余瑾、郑洪健、谭阿莉、万里涛、童萍如、万勇、万明、杨峻、冯于水、谢保成、桂兵出席会议。

24日

上午,南昌市人大常委会主任陈德寿率市城管委、市规划局、市交管局等部门负责人,到东湖区察看“路长制”推进情况,并召开调度会现场解决相关问题。区领导刘闯、喻国泰,区城建局、城管委、执法局、房管局、综管办、公园街办、规划分局、交警大队负责人参会。

25日

上午,区领导夏小兰到中金项目点察看项目进展情况并召开专题调度会议。区政府办、区发改委、区规划分局、贤士湖管理处主要负责人参会。

下午,东湖区2017年第一轮房屋征收工作第一分指挥部召开指挥长会议,听取五个征迁组所做的摸底情况汇报,以及办公设备采购、征迁过程维稳工作等方面的情况汇报,明确征迁工作各时间节点。区领导胡志强、彭雅琳、郑洪健、童萍如、万明、杨峻、谢保成、冯于水出席。区委政法委、豫章街办、董家窑街办、区房管局相关人员参会。

晚上,东湖区在区文化活动中心演艺大厅举行2017年“廉洁文明家风”专场文艺演出。南昌市委常委、市纪委书记吴伟柱,江西省纪委宣传部部长施新华,市纪委副书记徐强,区领导刘闯、高辉红、陈曙、喻国泰、王玮及区四套班子部分领导,区法院院长、检察院检察长出席。区委各部门,区直各单位,各镇、街道、管理处党政领导,纪工委书记,社区(村)支部书记,党员代表观看展演。

26日

上午,南昌市委台办主任巫滨一行到东湖调研对台工作,并在区综合服务大楼常委会议室召开座谈会,区领导刘闯出席,陈曙主持会议。区委台办、区财政局、区商务局、区金融办相关单位负责人参会。

下午,东湖区委中心组理论学习(扩大)会在区文化活动中心演艺大厅召开,专题学习安全生产知识。区领导刘闯主持并讲话,喻国泰、王玮等区四套班子部分成员,区法院院长出席。全区副科级以上领导干部300余人参会。

区领导高辉红、陈曙、余瑾、万明、冯于水对辖区内部分社区开展“美丽南昌·幸福家园”环境综合整治工作情况突击检查。区政府办、区委宣传部、区委政法委、区城建局、区城管委、东湖执法分局、区综管办、区爱卫办相关负责人参加。

27日

上午,东湖区在区政府常务会议室召开2017年普通高等学校招生考试考区委员会工作会议,介绍全区2017年普通高考报名、设点和考务工作准备情况,通报辖区内3个考点周边环境问题及保障工作。区领导童萍如出席并讲话,区高招委全体委员和考点所在地的街道副书记参加会议。

29日

上午,东湖区在区文化活动中心演艺大厅召开巩固提升全国文明城市、国家卫生城市创建成果动员大会,传达南昌市相关会议精神。区领导刘闯出席并讲话,高辉红主持,陈曙、喻国泰、王玮等四套班子成员,区法院院长、检察院检察长出席。区委各部门,区直各单位,各镇(街道、管理处),各垂管单位主要负责人以及各社区(村)书记、主任参会。

六月

1日

上午,东湖区在区委宣传部会议室召开2017年“扫黄打非”工作会议,传达学习第三十次全国、省、市"扫黄打非"会议精神，部署全区2017年"扫黄打非"相关工作。区领导胡洪水、童萍如出席。区委政法委、区文广局等区"扫黄打非"领导小组各成员单位相关负责人参会。

下午，区委第十二届二十次常委会议在区综合服务中心南楼七层区委第一会议室召开，区领导刘闯主持。会议学习传达《中共中央关于部分纪检监察干部违纪案件及其教训警示的通报》《鹿心社同志的重要讲话》《关于骆开提、徐爱文等同志违反中央八项规定精神问题的通报》和《关于加强和规范落实中央八项规定精神监督执纪工作的意见（试行）》的文件精神。区领导高辉红、陈曙、焦玉庄、胡洪水、唐铭市、刘光荣、夏小兰、张恩出席会议，喻国泰、王玮列席。

晚上，区领导刘闯、欧阳桃花到董家窑街道朱家湖社区，看望慰问工作中受伤的全国劳模徐根明。区委办、董家窑街道有关负责人参加。

2日

上午，东湖区在区综合服务中心南楼六层区政府常务会议室召开区政府第十五次常务会。会议观看《"媒体啄木鸟"行动》光碟，传达学习江西省人民政府《致各市、县（区）人民政府主要负责同志的一封信》，传达省纪委《关于骆开提、徐爱文等同志违反中央八项规定精神问题的通报》，审议《关于请求印发〈东湖区创建国家食品安全示范城市工作实施方案〉的请示》《关于请求印发〈东湖区食品安全工作评议考核办法〉的请示》等议题。区领导高辉红主持会议，夏小兰、童萍如、陈国梁、万勇、万明，区政府党组成员查秋滚、肖迎春、刘文俊出席。区领导余瑾、冯于水应邀列席。

下午，区领导夏小兰走访中科体检及阿里巴巴南昌产业带，慰问企业中的优秀人才，听取企业经营中遇到的困难和问题。区商务局、卫计委有关负责人参加。

5日

上午，南昌市副市长宋铀到董家窑街道调研"美丽南昌·幸福家园"环境综合整治工作。宋铀一行察看南福路31号庭院与福州路135号庭院，并在董家窑街办会议室召座谈会，听取关于城市管理工作的汇报。区领导高辉红、万明陪同调研。

下午，区领导刘闯会见中建海峡建设发展有限公司常务副总经理林向武一行，就企业意向参与辖区内部分旧改地块项目等投资事宜进行友好沟通。区商务局、董家窑街道负责人参加。

晚上，东湖区城建口部分重点项目调度会在区政府第一会议室召开。会议专题调度2017年公共停车场建设、"一馆五址"及八一广场周边环境综合整治、省人民医院周边排污口截污工程进展情况。区领导高辉红主持并讲话，万勇、万明出席。有关街道、管理处，区直相关单位主要负责人等参加会议。

6日

上午，区领导高辉红、童萍如到区卫计委调研工作，察看区疾病预防控制中心各项工作开展情况，并在区卫计委会议室召开座谈会，听取工作情况汇报。

晚上，东湖区在区政府第一会议室召开旧改指挥部总指挥长调度会，听取有关单位的工作情况汇报，部署安置房建设工作。区领导高辉红主持并讲话，万勇、桂兵出席。区直有关单位和相关街道主要负责人参会。

7日

下午，东湖区在综合服务大楼区政府常务会议室召开老营房飞机库旧址（八一礼堂剧场部分）异地迁移保护方案论证会，听取设计方关于迁建方案的说明和汇报。区领导高辉红、喻国泰、胡洪水、童萍如、万勇、胡薇出席。江西省文物保护中心高级工程师徐少平、九江市文物局研究员吴宜先、江西浩风建筑设计院高级工程师张义峰应邀出席。

下午，区领导万明现场调度榕门路立面改造工程进展，听取工程建设情况汇报。区城建局、区执法局和滕王阁街办等有关单位领导参加。

区领导高辉红、童萍如前往南昌实验中学、南昌十九中、南昌十中、南昌二中4个高考考点进行巡查。区教科体局有关负责人随同。

7—9日

区领导刘闯、陈俊赴香港参加第十六届赣港经贸合作活动。区相关经济责任单位主要负责人随同。

8日

上午，东湖区在区政府常务会议室召开"美丽南昌·幸福家园"环境综合整治暨"保文保卫"

工作部署会,通报全区环境综合整治工作督查情况和各街道(管理处)、社区(村、家委会)环境综合整治5月份考核结果,部署全国文明城市、国家卫生城市复审迎检工作。区领导高辉红出席并讲话,陈曙主持会议,胡洪水、余瑾、童萍如、冯于水出席。

下午,东湖区在区文化活动中心新闻发布厅召开2017年第一轮旧改征收工作业务培训会,邀请南昌市房管局征收处处长刘明和区旧改指挥部法律顾问胡文晶授课。区领导胡洪水主持,彭雅琳、余瑾、谭阿莉、万里涛、欧阳桃花、谢保成、冯于水出席会议。

下午,区领导高辉红、夏小兰、胡志强、童萍如调研中金国际交易中心、中科熹庐健康养生园,了解重大重点项目建设情况。区直有关单位主要负责人随同。

9日

区领导高辉红、童萍如到百花洲街道考察社区环境卫生,就化粪池满溢、餐馆油污乱倾倒、社区地面坑洼等问题听取社区负责人汇报。区政府办、区城建局、区执法局、区卫计委、百花洲街办等有关部门主要负责人随同。

10日

上午,东湖区在区政府常务会议室召开全区经济运行"双过半"调度会,听取各责任单位围绕"双过半"目标完成任务情况的汇报及下一步工作举措,分析研判相关经济工作,部署下一步工作。区领导高辉红主持并讲话,夏小兰、陈俊、万勇出席。各街办(镇、管理处)、区直相关单位及相关经济责任单位负责人参会。

11日

上午,区领导杨峻到扬子洲镇检查指导辖区防洪排涝工作。区农水局、扬子洲镇相关领导随同检查。

11—15日

区领导胡涛湘带领非公有制经济人士共计37人,到延安大学泽东干部学院开展主题为"传承延安精神、坚定理想信念"学习培训。

12日

上午,区领导高辉红先后到扬子洲电排站、扬子洲圩堤管理站等处,实地察看河流水位、防汛排涝设备运转情况和雨量监测情况,并听取有关部门对全区汛情和防汛准备工作的汇报。区政府办、区农水局、扬子洲镇主要负责人参加。

晚上,东湖区残疾人康复暨全国残疾预防试点工作调度会议在区政府常务会议室召开。会议听取关于全国残疾预防阶段性进展情况汇报,解读《全国残疾预防综合试验区基线调查督导和创建试点工作年度督导方案》,书面学习《残疾预防及残疾康复条例》。南昌市残联副理事长林善岳、区领导杨峻出席会议。东湖辖区4所主要医院、区直各相关单位、街道(镇、处)、社区卫生服务中心等35个成员单位有关负责人参会。

13日

下午,东湖区在区委常委会议室召开全面深化改革工作征求意见会,宣读《中共东湖区委全面深化改革领导小组2017年工作要点(征求意见稿)》,听取参会人员依次提出的问题和建议。区领导陈曙出席并讲话,区委办公室主任杨斌主持会议。区委全面深化改革领导小组各专项小组联络员,区人民法院、区人民检察院、区委各部门、区直各单位负责人参会。

14日

下午,南昌市委常委、组织部部长江晓斌到董家窑街道紫金城社区调研党建标准化工作。江晓斌一行实地察看社区党员活动室、老年服务站、文体活动室等处,了解社区党建标准化工作开展情况。区领导刘闯、唐铭市,区委办、区委组织部、董家窑街道负责人陪同调研。

区领导高辉红主持召开全区社区改造工作现场会,专题察看调度全区环境综合整治社区"微改造"开展情况。现场会采取"一听、二看、三评分"的形式,现场观摩各街道(管理处)自行改造并竣工的社区庭院,听取改造情况介绍,察看社区拆违拆临、楼宇楼道美化、绿化小景建设情况,并对各个社区"微改造"效果进行考评打分。区领导陈曙、余瑾、万明、冯于水,区委有关部门、区直相关单位有关负责人参加。

15日

上午,区委第十二届二十一次常委会议在区综合服务中心南楼七层区委第一会议室召开,区领导刘闯主持。会议听取区政府党组提出的《关于审议规范发放2016年经济工作奖励经费的请示》《关于审议〈东湖区2016年旧改征收工作考核及奖惩办法〉的请示》、区委办公室提出的《审议〈关于2016年度全区综合目标管理绩效考核结果的通报(送审稿)〉的请示》,学习传达省、市信访形势分析会议精神,通报全区2017年以来信访工作有关情况。区领导高辉红、陈曙、焦玉庄、胡洪水、唐铭市、刘光荣、夏小兰、张恩出席会议,王玮列席。

16日

下午,东湖区旧改第三分指挥部召开房屋征收工作调度会,通报征收前期准备工作情况,听取各责任单位的上门上户摸底工作情况汇报。区领导焦玉庄主持,余瑾、欧阳桃花出席。区委有关部门、区直相关单位、区城投公司、彭家桥街办主要负责人,分指挥部办公室及业务组相关人员参会。

下午,东湖区在区委常委会议室召开全区禁毒工作会议,总结2016年度全区禁毒工作部署2017年度全区禁毒工作,观看东湖公安分局滕王阁派出所打击毒品违法犯罪视频专题片。区领导刘闯出席并讲话,陈国梁出席会议。区委政法委、区委宣传部、东湖公安分局、各镇(街道、管理处)及区禁毒委各成员单位有关负责人参会。

17日

上午,南昌市副市长宋铀一行到贺龙指挥部周边改造项目现场,察看该项目地块的拆迁进展情况,并听取工作汇报。市政府副秘书长李勇,区领导高辉红、万勇,区城建局、滕王阁街办主要负责人参加。

下午,区领导高辉红察看全区大气污染防治工作,并主持召开调度会,听取加强大气污染防治的意见和建议。区领导万勇、万明随同,区城建局、区城管委、区执法局、区房管局、公园街办、董家窑街办负责人参加。

19日

下午,南昌市文明办主任管琳丽一行到东湖区调研文明创建工作情况。管琳丽一行先后调研滕王阁管理处、市第一医院、市未成年人心理健康辅导中心,听取责任单位文明创建工作汇报,察看复检材料准备、文明设施设置等情况,并与责任单位开展座谈。区领导胡洪水陪同调研。

下午,区领导高辉红、万明到榕门路改造项目现场,察看项目进展情况,并听取建设方相关工作汇报。区政府办、区城建局、滕王阁街道主要负责人随同。

20日

上午,区领导夏小兰实地察看江西出版大厦、八一馆轨道上盖物业等5个全区重大项目的建设工作情况,协调项目存在问题。区直相关单位和相关街道(管理处)主要负责人参加。

21日

下午,东湖区在扬子洲镇召开打击非法捕捞工作调度会,通报扬子洲地区非法捕捞情况,安排部署下一步工作。区领导杨峻主持,区农水局、扬子洲镇、相关村委会负责人参会。

22日

下午,东湖区在区综合服务中心南楼六层区政府常务会议室召开区政府第十六次常务会。会议观看《“媒体啄木鸟”行动》光碟,审议《东湖区2017年降成本优环境专项行动工作方案》等议题。区领导高辉红主持,夏小兰、童萍如、陈国梁、万勇、万明、杨峻,区政府党组成员查秋滚、肖迎春、刘文俊出席,区领导陈俊、冯于水应邀列席。

23日

上午,东湖区在区文化活动中心演艺大厅召开“守护90”消防平安行动动员部署暨消防安全重点单位约谈会,传达全市“守护90”消防平安行动动员部署电视电话会议精神,宣读《全区“守护90”消防平安行动工作方案》。区领导陈国梁出席并讲话,区消防安全委员会成员单位及扬子洲镇、各街道、派出所负责人,区二级消防重点单位主要负责人参会。

下午,区领导高辉红、夏小兰先后到区邮币卡市场(文玩市场)项目、地铁物业项目、1967文创园项目和网龙项目现场,察看项目推进情况。区直相关单位和相关街道(管理处)的有关负责人随同。

24日

上午,区领导高辉红、夏小兰、万明先后到赣桥南路、铁路工区路、扬子洲镇铁路沿线、留盔路等处察看全区铁路沿线环境综合整治工作,并召开调度会,听取铁路沿线环境整治工作汇报,部署相关工作。区直相关单位、镇(街道、管理处)主要负责人随同。

25日

上午,江西省政协副主席姚亚平,南昌市人大常委会主任陈德寿到东湖区重点文物保护点佑民寺、杏花楼、朱德旧居进行调研。区领导刘闯、高辉红、童萍如陪同。

26日

下午,东湖区在区委常委会议室召开全区第二季度经济运行分析调度会,听取2017年上半年全区相关经济运行数据情况汇报及下一步工作举措。区领导高辉红出席并讲话,夏小兰、陈俊出席。全区经济责任单位有关负责人参会。

下午,东湖区召开防汛形势会商会。区领导刘闯出席并讲话,高辉红主持,万明出席。会议传达全市防汛形势会商会精神,通报全区前期防汛准备工作情况、水文气象情况和城区内涝情况,布置相关工作。区委有关部门、区直相关单位及镇(街道、管理处)主要负责人参会。

27日

下午,区领导高辉红、刘光荣、杨峻到扬子洲地区,察看扬子洲电排站、扬子洲圩堤管理站、林场村自然水厂排污口等处的防汛工作。区政府办、区农水局、扬子洲镇主要负责人随同。

晚上,区委第十二届二十二次常委会议在区综合服务中心南楼七层区委第一会议室召开,区领导刘闯主持。会议学习传达中央推进"两学一做"学习教育常态化制度化工作座谈会和省、市委工作部署会议精神及《中共江西省委关于省住建厅党组巡视整改不力不实问题的通报》精神,审议区纪委提出的《关于对王君健同志违纪问题立案审查的请示》《关于对邓雪玲同志违纪问题立案审查的请示》、区政府党组提出的《关于审议〈东湖区全面推行河湖长制工作方案(修订)(送审稿)〉的请示》《关于审议〈东湖区2017年降成本优环境专项行动工作方案(送审稿)〉的请示》《关于审议〈东湖区开放型经济工作考核办法(送审稿)〉的请示》《关于审议〈东湖区2017年经济发展工作考核办法(送审稿)〉的请示》,听取东湖区2017年上半年经济发展工作情况汇报、区委办公室关于2017年南昌市科学发展目标管理考核工作情况汇报。区领导高辉红、陈曙、焦玉庄、胡洪水、唐铭市、刘光荣、夏小兰、陈俊、胡志强、张恩出席会议,喻国泰、王玮、杨峻列席。

28日

上午,区领导夏小兰、万里涛、谢华、胡薇到扬子洲镇督查指导防汛工作。夏小兰一行先后到三联电排站、三联村委会、为民村委会、为民电排站、庙后圩堤防汛物资储备点(卵石)、前洲电排站,检查电排站运转情况及防汛物资储备情况,并组织召开防汛工作座谈会。

下午,江西省委常委、南昌市委书记殷美根到东湖区调研基层党建工作,就进一步做好全市基层党建工作听取意见建议。市领导江晓斌、郭毅,区领导刘闯、唐铭市、胡志强、陈国梁陪同调研。

区领导刘闯、唐铭市到扬子洲镇检查指导防汛工作,实地查看扬子洲北堤自来水厂排水口险工险段、上房村与熊万村圩堤段交界处的险工险段。扬子洲镇主要负责人陪同。

29日

下午,区领导陈俊前往中国江西国际经济技术合作公司进行走访,与公司财务部经理李小平就企业2017年海外业务拓展相关事宜进行座谈交流。南昌市商务局有关处室、区商务局负责人随同。

区领导陈曙、陈俊、余瑾、万明、冯于水到部分社区(村)察看"微改造"工作。区委政法委、区城建局、区城管委、区执法局、区综管办、区爱卫办有关负责人参加。

30日

上午,南昌市纪检监察干部"不忘初心、忠诚履职"党日宣誓活动在东湖区方志敏广场举行。南昌市委常委、市纪委书记吴伟柱出席并讲话。宣誓活动结束后,吴伟柱一行参观方志敏爱国事迹陈列馆,区领导刘闯、高辉红、刘光荣陪同。

上午,南昌市委常委、副市长华清到百花洲街道,察看督导"美丽南昌·幸福家园"环境综合整治工作。华清一行察看刘将军庙社区小游园和百花洲路2号庭院的"微改造"情况,在火神庙社区察看火井巷15号庭院的"微改造"情况,并在百花洲街道召开座谈会。区领导高辉红、童萍如陪同。

下午,区领导高辉红、刘光荣、杨峻到扬子洲地区察看防汛工作,先后察看扬子洲电排站、重点圩堤点位、各防汛值班点值班情况。

下午,区领导刘闯、高辉红分别看望慰问部分退休和困难老党员,送去党的关怀和温暖,送上即将到来的党的生日的节日祝福。

晚上，东湖区对广场北路周边地块省府西二路4号（原监察大楼）一栋建筑物成功实施爆破拆除。江西省公安厅治安警察总队副处长李瑜，区领导刘闯、高辉红、喻国泰、胡洪水、万勇等在视频监控指挥中心指挥爆破。

七月

1日

上午，区领导高辉红到大院街道走访慰问困难老党员饶长新、王振华，为他们送上节日祝福、送去党的关怀和温暖。区人社局、大院街道主要负责人陪同走访。

下午，区领导刘闯、夏小兰、陈俊到文玩城项目、熹庐项目、九仓项目及网龙项目，察看项目推进情况，听取项目方及区相关单位的情况汇报。有关街道（管理处）、区直有关单位主要负责人随同。

江西省委常委、组织部部长赵爱明带领省委组织部机关党员干部50余人到东湖区滨江社区开展“向党的生日献礼”志愿服务活动。区领导刘闯、高辉红、唐铭市，以及豫章街道和滨江社区党员、团员青年志愿者等百余人一同参加活动。

2日

晚上，东湖区召开全区防汛形势会商会，传达江西省防汛紧急动员视频会和南昌市防汛形势会商会议精神，对全区防汛工作进行安排部署。区领导杨峻主持会议，区防汛办相关负责人和区防汛责任单位分管负责人参会。

3日

上午，区领导刘闯在区委第一会议室会见中国外运江西储运公司党委书记王毅、总经理邱育华及九隆仓文创园董事长万伟一行，就九隆仓文创园租赁相关问题、九隆仓文创园改造方案等进行商讨。区领导高辉红、胡洪水、夏小兰、陈俊参加会见。

上午，东湖区在区政府常务会议室召开全区经济运行“双过半”调度会，区领导高辉红主持会议，夏小兰、陈俊出席。区统计局、区发改委、区商务局、区财政局分别围绕“双过半”通报相关工作情况及下一步工作举措，夏小兰、陈俊分别就各自分管领域工作作具体部署。区直相关单位，各镇（街道、管理处）有关负责人参会。

下午，区领导高辉红、万勇、万明到八一广场周边改造、榕门路及滕王阁周边提升改造和子固路提升改造现场，察看项目施工进展情况，并就改造过程中存在的问题进行协调。区政府办、区城建局主要负责人随同。

3—4日

由中国残联康复部、北京大学人口研究所、北京妇幼保健院、中国疾控妇幼中心、中国疾控健康教育中心组成的全国残疾预防督导组，到东湖区开展残疾预防综合试验区基线调查和创建试点工作年度督导。江西省残联副理事长邹晓辉，省卫生计生委妇幼处副处长叶颖，南昌市残联党组书记、理事长余颖，市卫生计生委副主任易海英，市残联副理事长林善岳，区领导杨峻陪同。

4日

上午，南昌市交通局局长陆萍、副局长严晓群，市港航处处长杨庆、副处长曾立群一行到东湖区督导非法占用岸线码头拆除工作。区领导高辉红、万明参加。

晚上，区领导高辉红、万明突击检查城市管理工作。高辉红一行从建德观出发，沿着民德路一路走到二七路，还察看文教路、青山北路和紫云路等处，对环卫保洁、露天烧烤、流动商贩、占道经营等城市管理中存在的问题进行拍照取证，督促经营户立即整改。区政府办、区环保局、区城管委、区市场监管局、区执法局、区综管办主要负责人随同。

5日

上午，南昌市人大财经委主任委员张春辉，委员黄凯涛、熊伟文一行到彭家桥街道调研重大产业项目，察看总部经济大厦、中海地产项目的建设情况。区领导夏小兰、余瑾陪同调研。

下午，团南昌市委书记盛炜带领全市团委系统负责人到贤士湖管理处贤湖村参观督导青年空间建设工作。区领导陈曙陪同。

下午，济南市委统战部部长王拥华一行到东湖区贤士花园农贸市场，考察农贸市场建设管理工作。南昌市商务局局长吕娄，市委统战部副部长麦建宁，区领导高辉红、陈俊陪同。

6日

上午,2017年江西省食品安全宣传周启动仪式暨“双安双创”成果图片展在东湖区紫金广场举行。活动以“尚德守法、共治共享食品安全”为主题,对食品安全示范城市、农产品质量安全县“双安双创”成果进行集中展示。江西省政府副省长、省食安委副主任谢茹,省政府副秘书长陈敏,省食品药品监管局党组书记曹麒、局长上官新晨,省食安办副主任、省食品药品监管局总监梁义敏,南昌市副市长龙国英,区领导高辉红、夏小兰、杨峻等出席活动。

下午,东湖区第二十三次“美丽南昌·幸福家园”环境综合整治调度会在区文化活动中心新闻发布厅召开,区领导高辉红出席会议并讲话,陈曙主持,陈俊、余瑾、万明、冯于水出席会议。会议通报各街道、贤士湖管理处环境综合整治6月份考核结果和6月份社区(村、家委会)环境综合整治检查评比得分情况,布置下一步工作。各镇(街道、管理处)党政主要负责人,区委相关部门、区直相关单位负责人,东湖交警大队、东湖消防大队、东湖公安分局分管负责人参会。

7日

上午,东湖区在区文化活动中心演艺大厅召开全区推进“两学一做”学习教育常态化制度化工作部署会。区领导刘闯就全区推进“两学一做”学习教育常态化制度化工作发表讲话并作“讲政治、有信念,做政治合格的共产党员”的专题党课。区领导高辉红、喻国泰、王玮等区四套班子部分领导,区法院院长、检察院检察长出席会议。

下午,东湖区在区文化活动中心演艺大厅召开全区巩固国家卫生城市工作调度会,区领导刘闯、高辉红出席会议并讲话,陈曙、王玮等四套班子成员,区法院院长出席。会议传达全市巩固国家卫生城市工作调度会精神,部署巩固国家卫生城市相关工作。公园街道、彭家桥街道、董家窑街道、区商务局、区市场监管局分别作表态发言,全区副科级以上领导干部参加会议。

下午,东湖区在区文化活动中心演艺大厅召开东湖区委中心组理论学习(扩大)会,听取以“新形势下县区保密工作”为主题的专题报告。区领导刘闯主持会议,高辉红、王玮等区四套班子成员,区法院院长出席。全区副科级以上领导干部200余人参会。

11日

上午,广东省卫计委疾控处处长余德文率领专家评估组,到东湖区对该区国家慢性病综合防控示范区工作进行复评。专家组一行观看东湖区慢性病综合防控工作专题宣传片,听取关于慢性病综合防控工作汇报,现场向相关单位询问有关问题。江西省卫计委疾控处处长操秋阳主持会议,区领导高辉红、童萍如出席。省、市卫计委,区委有关部门、区直相关单位、各镇(街道、管理处)主要负责人参加复评活动。

12日

下午,区领导高辉红到八一广场改造项目现场察看工程进展情况。区政府办、区城建局、区市政所主要负责人随同。

区领导刘闯率队前往北京考察京东集团总部,就加快推进京东集团旗下京东金融在东湖区设立网络小额贷款公司项目进程进行深度会谈,区金融办主要负责人随同。

13日

区领导高辉红、陈曙、余瑾、万明、冯于水突击检查全区街道、社区“美丽南昌·幸福家园”环境综合整治工作开展情况。

14日

上午,区领导陈曙到百花洲街道,为街道和社区干部讲授题为“一切以实当头,争当群众满意干部”的党课。百花洲街道和社区40余名党员干部参加学习。

下午,东湖区“美丽南昌·幸福家园”环境综合整治暨全区巩固国家卫生城市成果工作调度会在区委常委会议室召开,区领导高辉红、陈曙、万明出席。会议传达南昌市“美丽南昌·幸福家园”环境综合整治指挥部第三十次调度会暨全市巩固国家卫生城市成果调度会会议精神,布置下一步全区巩固国家卫生城市成果工作。区委、区政府有关单位、各镇、街道(管理处)、东湖交警大队、东湖公安分局主要负责人参会。

下午,区领导高辉红在区政府会议室为区政府办机关党支部全体党员讲授题为“始终如一不忘初心”的党课。区领导夏小兰、陈国梁、万勇、万明、杨峻,区政府办机关党支部党员干部参加听讲。

下午，区委第十二届二十三次常委会议在区综合服务中心南楼七层区委第一会议室召开，区领导刘闯主持。会议学习传达中央、省、市纪委关于扶贫领域监督执纪问责工作会议精神和《江西省贯彻〈中国共产党问责条例〉实施办法》文件精神，审议区纪委提出的《关于对曾纪勇同志违纪问题立案审查的请示》《关于对蔡春辉同志违纪问题立案审查的请示》《关于审议〈东湖区领导干部开展家访监督的实施方案（试行）（送审稿）〉的请示》、区委组织部提出的《关于审议〈东湖区推进“两学一做”学习教育常态化制度化实施方案（送审稿）〉的请示》、区委统战部提出的《关于召开东湖区第五次归侨侨眷代表大会的请示》《关于审议〈中共东湖区委2017年度政党协商计划（送审稿）〉的请示》、区委办公室提出的《关于审议〈中共东湖区委全面深化改革领导小组2017年工作要点（送审稿）〉和〈东湖区2017年上半年全面深化改革工作总结（送审稿）〉的请示》《关于调整南昌市东湖区委全面深化改革领导小组部分专项小组联络员的请示》《关于成立东湖区群团组织改革及换届筹备工作领导小组的请示》。区领导高辉红、陈曙、焦玉庄、胡洪水、唐铭市、刘光荣、夏小兰、胡志强、张恩出席会议，喻国泰、王玮列席。

南昌市副市长凌卫到东湖区察看滕王阁景区周边改造工程推进情况。区领导高辉红，市旅游集团、区政府办、区城建局、滕王阁街道负责人陪同。

16日

区领导刘闯、高辉红、陈曙、童萍如到辖区部分街道和点位，察看环境卫生整治情况，督导检查巩固国家卫生城市工作成果。区委有关部门、区直相关单位主要负责人随同。

17日

晚上，区领导刘闯、高辉红、王玮等区四套班子领导和区法院院长、检察院检察长，在区政府常务会议室集中收看中央电视台播出的大型政论专题片《将改革进行到底》首集《时代之问》。区委办、区政府办、区委组织部、区委宣传部、区文广局等机关干部一同观看。

19日

下午，东湖区在区政府常务会议室召开2017年全区第一轮旧改工作调度会，区领导高辉红主持，焦玉庄、夏小兰、胡志强、余瑾、郑洪健、谭阿莉、万里涛、童萍如、万勇、杨峻、欧阳桃花、冯于水、桂兵出席。会议传达7月17日南昌市棚户区改造现场推进会会议精神，通报区旧改各分指挥部旧改工作任务推进情况及下一步工作计划。区旧改指挥部各组组长，各分指挥部办公室主任、业务组长参会。

区领导刘闯、刘光荣到部分领导干部家中，开展家访监督活动，宣传全面从严治党纪律，督促落实“两个责任”上门、“两项情况”报告、“两份承诺”表态要求，督促领导干部家属当好“廉内助”“贤内助”。

20日

上午，区领导高辉红赴财富购物广场、江西鹏润国美电器有限公司、南昌凯美开元名都大酒店进行调研走访，了解企业在经营发展中存在的问题，倾听企业发展规划和建议诉求。区政府办、大院街道、董家窑街道、彭家桥街道、区商务局相关负责人参加走访。

上午，区领导陈曙、余瑾走访全区重点金融企业北京银行南昌分行、江西华章汉辰担保集团股份有限公司，听取企业主要负责人关于企业发展情况的汇报，了解企业发展过程中遇到的困难和问题，并协调提出处理意见。区金融办、区执法分局有关负责人参加。

下午，区领导刘闯、刘光荣、夏小兰、欧阳桃花到辖区部分楼宇总部企业开展走访活动。刘闯一行先后走访南昌市新东方语言学校、江西良品铺子食品有限公司、南昌TCL电器销售有限公司，通过开展座谈、听取汇报的方式了解企业发展情况。区委办、区财政局、董家窑街办、彭家桥街办主要负责人随同。

24日

下午，区领导万勇、谢保成走访建设银行东湖支行，听取企业主要负责人关于企业发展情况的汇报，了解企业发展过程中的困难和问题。区金融办、区财政局、区商务局有关负责人参加走访。

25日

上午，区领导高辉红、夏小兰到招商银行南昌分行开展走访活动。区政府办，区金融办，百花洲街道相关负责人随同。

晚上,区领导高辉红、刘光荣先后到副区长万勇、万明家中开展家访监督活动,万勇、万明及配偶分别签订《领导干部廉洁从政承诺书》和《领导干部家属守廉助廉承诺书》。区政府办、区纪委相关负责人随同。

26日

上午,区领导刘闯到百花洲街道火神庙社区、区消防大队走访慰问烈士家属和消防官兵,为他们送上节日的祝福和慰问。区委办、区民政局、百花洲街道、区消防大队有关负责人参加走访。

上午,区领导刘闯到区国税局调研指导工作。刘闯首先参观办税服务大厅,观看办税自助服务系统,详细了解办税服务、营改增后工作开展情况,了解国地税合作、服务外包人员等情况,并召开座谈会听取区国税局领导班子工作汇报。区委办、区财政局、百花洲街道有关负责人参加调研。

上午,区领导陈俊走访南昌亨得利股份有限公司、江西美特斯邦威服饰有限公司和江西百货大楼股份有限公司三家现代商贸企业。滕王阁街道、公园街道和区商务局相关负责人参加走访。

下午,区领导高辉红、夏小兰走访辖区部分军属、烈属和优抚对象,向他们送去党和政府的关心和祝福。区政府办、区民政局、八一桥街办、墩子塘街办、公园街办相关负责人参加走访。

南昌市卫计委副主任黄立发一行到东湖区督导检查计划生育工作。督导组重点对八一桥街道、大院街道的基层基础建设及示范单位创建、流动人口基本公共卫生计生服务和管理、计划生育家庭扶助、计划生育服务管理改革等方面工作进行督查。

28日

上午,东湖区2017年度征兵工作会在区人武部会议室召开,区领导高辉红出席并讲话,夏小兰主持,张恩、杨峻出席。会议总结2016年度征兵工作情况,部署2017年度征兵工作任务,表彰了先进。各镇(街道、管理处)负责人及武装部部长,红谷滩新区各镇(街道、管理处)武装部部长,高校征兵工作站相关人员参会。

上午,区委第十二届二十四次常委会议在区综合服务中心南楼七层区委第一会议室召开,区领导刘闯主持。会议审议区委组织部提出的有关干部人事议题。区领导高辉红、陈曙、焦玉庄、胡洪水、唐铭市、刘光荣、夏小兰、陈俊、胡志强、张恩出席会议,喻国泰、王玮列席。

晚上,南昌市城北地区城市设计及控规修编工作汇报会在区政府常务会议室召开,区领导高辉红主持,刘闯、童萍如、万勇出席。会议听取南昌市城市规划设计院关于城北地区城市设计及控规修编工作研究成果的汇报。区委有关部门、区直相关单位和相关街道主要负责人参会。

区委决定:蒋金泉任中共东湖区人民法院党组成员,免去其中共东湖区人民法院党组副书记职务;徐斌任中共东湖区人民法院纪检组长(正科级);免去王长虹的中共东湖区人民法院党组成员职务;免去吴卫兵的中共东湖区人民法院党组成员职务;免去许群的中共东湖区人民法院党组成员职务;免去李桂兰的中共东湖区人民检察院党组成员职务;李国平保留副科级待遇,免去其中共东湖区城市管理局委员会委员职务;免去胡静的中共东湖区住房保障和房产管理局委员会委员职务;免去吕建球的中共东湖区住房保障和房产管理局委员会委员职务;免去曾峥的中共东湖区百花洲街道工作委员会委员职务。

区委同意:胡静保留副科级,免去其东湖区住房保障和房产管理局副局长职务。

区委同意:蒋金泉任东湖区人民法院政治处主任(正科级);免去徐斌的东湖区人民法院政治处主任职务;王长虹保留正科级,免去其东湖区人民法院审委会专职委员职务;吴卫兵任东湖区人民法院审委会专职委员;许群任东湖区人民法院扬子洲法庭庭长。

区委同意:李桂兰保留正科级,免去其东湖区人民检察院副检察长职务;张鹏任东湖区人民检察院政治处主任;陈晓蕾任东湖区人民检察院纪检组长。

30日

上午,区委第十二届二十五次常委会议在区综合服务中心南楼七层区委第一会议室召开,区领导刘闯主持。会议学习传达《江西省贯彻〈县以上党和国家机关党员领导干部民主生活会若干规定〉的实施细则》《南昌市推进领导干部能上能下实施细则(试行)》《南昌市关于健全落实社会治安综合治理领导责任制的实施细则》精神,审议区委政法委提出的《关于审议我区司法责任制改革工作情况汇报及需解决的有关问题的请示》，审议区委办公室提出的《关于召开中共南昌市东湖区委十二届三次全体（扩大）会议的请示》、区委书记刘闯在区委十二届三次全体（扩大）会议上关于区委常委会工作的报告以及区委副书记、区长高辉红在会上的讲话稿和《关于审议〈东湖区2017年度科学发展目标管理绩效考核实施意见（送审稿）〉的请示》，听取东湖区严重精神障碍患者管控工作情况汇报、区政府党组提出的《关于审议〈东湖区自然灾害救助应急预案（送审稿）〉的请示》《关于审议〈南昌市第十二医院社会托管实施方案（送审稿）〉的请示》《关于审议〈殷家巷社区地块旧城改造项目引进社会资本框架协议书（送审稿）〉的请示》。区领导高辉红、陈曙、焦玉庄、胡洪水、唐铭市、刘光荣、夏小兰、陈俊、胡志强出席会议，喻国泰、王玮、万勇、杨峻列席。

31日

下午，东湖区在区政府常务会议室召开第三季度安委会成员（扩大）会议暨安全生产大检查动员会议，区领导高辉红出席并讲话，夏小兰主持，童萍如、陈国梁、万勇、杨峻出席。会议传达全国、全省、全市安全生产会议精神，通报上半年全区安全生产工作情况，安排部署全区消防工作及安全生产大检查工作。区委各部门、区直各单位，各镇（街道、管理处）主要负责人参会。

晚上，区领导刘闯、夏小兰、万里涛、万勇到区旧城改造指挥部第二分指挥部，慰问征迁一线工作人员，送去防暑降温物品。区委有关部门、区直相关单位和相关街道主要负责人参会。

区领导高辉红、陈曙、陈俊、余瑾、万明、冯于水到辖区部分社区开展“美丽南昌·幸福家园”环境卫生综合整治工作突击检查，察看墩子塘街道北湖社区和八一桥街道芭茅巷社区。区委有关部门、区直相关单位主要负责人随同。

本月

江西教育电视台“党以重教为先”专栏对东湖区委书记刘闯进行专访。刘闯就东湖区教育事业取得的显著成绩从三方面进行阐述，详细介绍东湖区在推动教育内涵发展上的若干举措。

八月

2日

上午，中共东湖区委十二届三次全体（扩大）会议在区文化活动中心演艺大厅举行，区领导刘闯主持，高辉红、陈曙、喻国泰、王玮、焦玉庄、胡洪水、唐铭市、夏小兰、胡志强、张恩在主席台就座。会议总结2017年上半年经济工作并部署下半年重点工作，传达省委十四届三次全体（扩大）会议精神和市委十一届三次全体（扩大）会议精神。区委委员、区委候补委员出席会议。列席会议的有：不是区委委员、区委候补委员的在职县级党员领导干部；区纪委委员、区纪工委书记；各镇（街道、管理处）党政主要负责人；区委各部门、区直各单位，区人大、区政协各委（室、办）党员主要负责人；各垂管单位党员主要负责人。区人大、区政府、区政协非中共党员县级领导干部，区直单位其他非中共党员主要负责人，全区各镇（街道、管理处）、区委各部门、区直各单位副科级以上中共党员领导干部应邀旁听会议。

下午，区领导高辉红与南昌综合保税区管理委员会主任吴斌，在南昌综保区监管服务大楼会议室签署《东湖区人民政府与南昌综合保税区管理委员会合作备忘录》。双方将进一步加强沟通协作，创新发展模式，共建、共享、共用外贸综合服务平台。

3日

上午，江西省军区副司令员方建华，省军区动员局局长崔晨，南昌市委常委、南昌警备区司令员刘瑄，副司令员余静春到东湖区视察大学生征兵体检工作。区领导高辉红、夏小兰、张恩陪同。

下午，东湖区“美丽南昌·幸福家园”环境综合整治第三十二次调度会在区文化活动中心新闻发布厅召开，区领导高辉红出席并讲话，陈曙主持，胡洪水、陈俊、余瑾、万明、冯于水出席。会议通报南昌市文明办《关于2017年二季度全市文明指数测评的情况报告》；传达江西省委常委、南昌市委书记殷美根，市长郭安的重要批示精神；通报各街道和贤士湖管理处环境综合整治7月份考核结果，以及7月份社区（村、家委会）环境综合整治检查评比得分情况;部署全区全国文明城市复查迎检工作。各镇(街道、管理处)党政主要负责人,区委相关部门、区直相关单位负责人,东湖交警大队、东湖消防大队、东湖公安分局分管负责人参会。

4日

上午,区领导高辉红、胡洪水、夏小兰、陈俊先后到江西文玩城、熹庐健康养生产业园、中金国际交易中心、湖畔九隆仓文化创意园、总部经济大厦和中海地产等全区部分重大产业项目现场,察看工程建设进度,听取项目进展情况汇报。区委有关部门、区直相关单位和相关街道(管理处)主要负责人参加。

7日

上午,东湖区打击非法经营成品油行为专项斗争整治活动指挥部动员部署会在区政府常务会议室召开,区领导高辉红出席并讲话,陈俊、胡志强出席。会议传达南昌市关于落实“黑加油车”问题批示专题工作会议精神,通报全区2017年上半年成品油市场流通监管情况,部署下一步全区打击非法经营成品油行为专项整治工作。区委有关部门、区直相关单位、各镇(街办、管理处)负责人参会。

9日

上午,南昌市委常委、南昌警备区司令员刘瑄一行,走访东湖区彭家桥街道城市管理一线工作人员,并察看文教路481号庭院环境“微”整治情况。区领导张恩,彭家桥街道有关负责人陪同。

上午,南昌市政协主席周关到东湖区扬子洲镇开展“送清凉”走访慰问活动,并调研京九铁路扬子洲段环境整治情况。区领导王玮,扬子洲镇有关负责人陪同。

下午,受江西省委常委、南昌市委书记殷美根的委托,市委副秘书长、市委办公厅主任张湘赣一行到豫章街道,慰问一线环卫工人和城管执法队员,送上防暑降温物品。区领导刘闯,豫章街道主要负责人陪同。

11日

下午,东湖区在区政府常务会议室召开全区2017年上半年经济工作调度会,区领导高辉红主持并讲话,夏小兰、陈俊出席。夏小兰分析全区上半年经济运行特点并部署下半年经济工作,陈俊分析并部署全区开放型经济工作,有关单位通报主要经济运行指标完成情况、存在问题及下一步工作举措。区发改委、区教科体局、区财政局,各镇(街道、管理处)等全区经济责任单位主要领导及分管领导参会。

15日

上午,区领导刘闯、万勇、桂兵调研全区下半年拟出让地块工作推进情况。刘闯一行先后察看下沙窝地块、下正街地块、殷家巷地块,以及青山湖西岸一、二号地块,并在区委第一会议室召开调度会,专题部署各地块出让前期准备工作。区委办、区国土分局、区规划分局、区城投公司和相关街道(管理处)主要负责人参加。

区领导陈曙、万明、冯于水到部分社区开展“美丽南昌·幸福家园”环境综合整治突击检查行动。采取不打招呼、随机抽测、现场打分方式,从各个街道(管理处)抽取一个社区(村)实地察看整治情况。区委有关部门、区直相关单位主要负责人随同。

16日

上午,东湖公安分局巡逻车辆暨治安大队防控启动仪式在区综合服务中心南楼广场举行,区领导刘闯出席并讲话,夏小兰出席,胡志强致辞,陈国梁主持仪式。仪式上,东湖公安分局代表作表态发言,现场发放巡逻车辆钥匙。

下午,区领导刘闯会见来访的华润万家江西公司常务副总经理董自耀一行,双方就华润万家江西公司在东湖区经营发展及需协调问题进行沟通交流。区领导夏小兰,区财政局、区商务局、区执法局、区市场监管局、大院街办有关负责人参加会见。

17日

区委第十二届二十六次常委会议在区综合服务中心南楼七层区委第一会议室召开,区领导刘闯主持。会议学习传达中共中央宣传部、中共中央组织部、中央网信办《关于规范党员干部网络行为的意见》精神,审议区纪委提出的《关于给予蔡春辉、曾纪勇、王君健、邓雪玲、罗明同志党纪处分的请示》、团区委提出的《东湖区共青团改革方案(送审稿)》、区委组织部提出的《关于终止3名中国共产党南昌市东湖区第十二次代表大会代表资格的请示》《关于推荐廖军、张祎星二同志为东湖区第十六届人民代表大会代表候选人的请示》《东湖区选派干部到“四个一线”挂职锻炼工作方案(送审稿)》。区领导高辉红、陈曙、胡洪水、唐铭市、刘光荣、陈俊、胡志强出席会议,喻国泰、王玮列席。

18 日

上午,区领导刘闯、高辉红、陈曙在区委第一会议室专题听取区委党校新校区改造项目情况汇报。区委办、区委党校有关负责人参加。

下午,东湖区在区综合服务中心南楼六层区政府常务会议室召开区政府第 19 次常务会,随后召开 2017 年第 11 次区长办公会。会议观看《“媒体啄木鸟”行动》光碟,审议《2017 年东湖区民生工程安排意见(送审稿)》《东湖区贯彻落实〈江西省法治政府建设实施纲要(2016—2020 年)〉实施方案》等议题。区领导高辉红主持,夏小兰、童萍如、陈国梁、万勇、万明、杨峻,区政府党组成员查秋滚、肖迎春、刘文俊出席;区领导陈俊、冯于水应邀列席。

23 日

上午,区领导胡洪水、胡薇到长巷村调研指导“三风”建设工作。

下午,东湖区在区政府常务会议室召开全区 2017 年秋季学校及周边环境集中整治动员大会,区领导童萍如出席。会议解读《东湖区 2017 年秋季学校及周边环境集中整治活动方案》,对下一步开展整治工作进行安排和部署。东湖区校园及周边治安综合治理专项组各成员单位分管领导,扬子洲镇、各街道(管理处)、区属中小学、幼儿园的分管领导参会。

晚上,东湖区在区政府第一会议室召开会议,专题调度 2017 年公共停车场建设和铁路沿线环境综合整治工作,区领导高辉红主持,万明出席。会议听取 2017 年公共停车场建设进展情况、铁路沿线整治工作进展情况的汇报。区直相关单位、相关镇(街道、管理处)、东湖规划分局、区城投公司主要负责人参会。

24 日

晚上,东湖区在区文化活动中心演艺大厅召开全区巩固提升全国文明城市创建成果调度会,区领导刘闯出席并讲话,高辉红主持,陈曙、胡洪水、刘光荣、余瑾、万明、冯于水出席。会议传达南昌市巩固提升全国文明城市创建成果调度会精神,部署全区全国文明城市巩固提升工作。各镇(街办、管理处)党政主要负责人、分管负责人和城管办主任,区委各部门、区直各单位主要负责人和分管负责人,各垂管单位主要负责人,各社区(村)书记、主任参会。

25 日

江西省残联党组书记、理事长何剑锋到江西省妇幼保健院,调研全国残疾预防高危孕产妇产前诊断定点机构创建工作。南昌市残联党组书记、理事长余颖,区领导陈曙陪同调研。

28 日

上午,南昌市发改委重点项目办督查组到东湖区督查重大重点项目建设推进情况,先后调研中金国际交易中心、总部经济大厦、中海商业地产、百花洲历史文化街区一期、青山湖宾馆改造、省政府地块改造(苏宁广场)6 个项目现场。区领导夏小兰,区直相关单位、相关街道(管理处)主要负责人随同。

下午,区领导刘闯会见红星美凯龙家居集团股份有限公司发展部总经理吴为等一行,就企业意向参与辖区内部分旧改地块项目等投资事宜进行友好沟通。区商务局、大院街道相关负责人参加。

以下人员试用期满,区委同意:王尔雄任豫章街道办事处副主任;谢雪珍任滕王阁街道办事处副主任;徐锐锋任东湖区企业资产管理服务中心副主任。请按有关规定办理。

区委决定:免去熊香仁的东湖区教科体局副主任科员职务,退休;免去程莹的东湖区政协办公室副主任科员职务,退休;免去刘香英的东湖区人民法院主任科员职务,退休;免去周秋元的东湖区人民法院主任科员职务,退休;免去刘芳桂的东湖区人民法院正科级审判员职务,退休。熊香仁的退休时间从 2017 年 6 月起算;程莹、刘香英、周秋元、刘芳桂的退休时间从 2017 年 8 月起算。

30 日

区领导高辉红、陈曙、余瑾、万明、冯于水开展八月第二次“美丽南昌·幸福家园”环境综合整治突击检查。区委有关部门、区直相关单位主要负责人随同。

31 日

区领导陈曙到扬子洲镇指导巩固提升全国文明城市创建成果工作。陈曙一行先后到英雄大桥下、三联集镇、万家嘉苑小区及镇便民惠民服务大厅进行查看。区综管办、区文明办、扬子洲镇相关领导参加。

九月

1 日

上午,区委第十二届二十七次常委会议在区综合服务中心南楼七层区委第一会议室召开,区领导刘闯主持。会议学习传达鹿心社调研南昌时的重要讲话精神,听取区城投公司关于东湖区综合服务中心及文化活动中心建设情况的汇报,审议区政府党组提出的《2017 年东湖区民生工程安排意见(送审稿)》《东湖区贯彻落实〈江西省法治政府建设实施纲要(2016—2020 年)〉实施意见(送审稿)》《东湖区居家和社区养老服务改革试点工作实施方案(送审稿)》,通报市考核办《关于2017 年度上半年南昌市科学发展目标管理考核工作情况的通报》并研究本区有关工作。区领导高辉红、陈曙、焦玉庄、胡洪水、唐铭市、刘光荣、夏小兰、陈俊、胡志强出席会议,喻国泰、王玮、童萍如列席。

4 日

下午,区领导刘闯、高辉红、刘光荣、万明先后到赣桥南路、留盔路等处,察看铁路沿线环境综合整治工作,并召开调度会。区委有关部门、区直相关单位和相关镇(街道、管理处)主要负责人参加。

6 日

上午,东湖区"美丽南昌·幸福家园"环境综合整治调度会在区文化服务中心新闻发布厅举行。区领导高辉红出席并讲话,陈曙主持,胡洪水、陈俊、余瑾、万明出席。会议通报各街道、贤士湖管理处环境综合整治 8 月份考核结果和 8 月份社区(村、家委会)环境综合整治检查评比得分情况,部署全区全国文明城市复检工作。区委相关部门,区直相关单位负责人,各镇(街道、管理处)党政主要负责人,东湖交警大队、东湖消防大队、东湖公安分局分管负责人参会。

上午,区领导高辉红、童萍如、杨峻到辖区的江西广电紫金城幼儿园、豫章小学二部、东湖区维佳贝诺幼儿园、天奥大地幼儿园等地突击检查食品安全情况。区市场监管局、区教科体局有关负责人参加。

江西省委常委、南昌市委书记殷美根到东湖区豫章小学二部,走访慰问辛勤工作在教学一线的教师,代表市委、市政府向全市广大教师和教育工作者致以节日问候和良好祝愿。市领导龙和南、郭毅、龙国英,市教育局局长谢为民,区领导高辉红、童萍如参加。

7 日

上午,江西省民政厅党组成员、副厅长龚建辉,南昌市民政局局长邹晓东一行,到东湖区调研居家养老工作。龚建辉一行到二七北路社区居家养老服务中心、公园路居家养老服务中心和文教北路居家养老服务中心,察看老年人活动室、休息室、医疗室等设施,详细了解居家养老服务基础设施建设、社区老年人日间照料中心、医养结合服务措施等工作开展情况。区领导高辉红、杨峻陪同,区民政局、大院街道、彭家桥街道主要负责人参加。

下午,东湖区第 33 个教师节表彰暨庆祝大会在区文化活动中心演艺大厅召开。区领导刘闯出席并讲话,高辉红致辞,陈曙主持,王玮、余瑾、童萍如出席。会议宣读《关于表彰 2016——2017 年度东湖区优秀教育工作者、优秀教师、优秀班主任、优秀青年园丁和师德标兵的决定》,并为获得表彰的先进代表颁奖。区教科体局班子成员、各学校党政主要负责人及教师代表共420 余人参会。

9 日

上午,区委第十二届二十八次常委会议在区综合服务中心南楼七层区委第一会议室召开,区领导刘闯主持。会议学习传达全市基层党建工作推进会议精神、《被巡视党组织配合中央巡视工作规定》和《关于市县党委建立巡察制度的意见》精神,审议区委组织部提出的《关于成立南昌市东湖区安监局党组的请示》、区纪委提出的《关于审议〈中国共产党东湖区第十二届委员会巡察工作五年规划〉的请示》,听取区检察院关于开展公益诉讼工作情况的汇报、区政府教育工作情况的专题汇报,研究有关干部人事议题。区领导高辉红、陈曙、焦玉庄、胡洪水、唐铭市、刘光荣、夏小兰、陈俊、胡志强、张恩、雷强出席会议，喻国泰、王玮、童萍如以及检察院检察长杜迎春列席。

区委决定：单博文任中共东湖区委办公室副主任；邱波任中共东湖区委宣传部常务副部长；免去冯玉成的中共东湖区委宣传部常务副部长职务；王丽萍任中共东湖区委政法委员会副书记、东湖区国家安全工作领导小组办公室主任（兼）；陶新政任东湖区社会管理综合治理委员会办公室主任（兼）；免去罗长水的东湖区国家安全工作领导小组办公室主任职务；免去付青波的中共东湖区委、东湖区人民政府信访局正科级督查专员、副局长职务；张强任中共东湖区人民检察院党组成员；免去唐静的中共东湖区财政局党组成员职务；谢彤任中共东湖区审计局党组成员；免去徐振华的中共东湖区市场和质量监督管理局委员会委员职务；免去李小平的中共东湖区市场和质量监督管理局委员会委员职务；徐文平任中共东湖区安全生产监督管理局党组书记，免去其中共东湖区扬子洲镇委员会副书记职务；宋德豪任中共东湖区公园街道工作委员会副书记、纪律检查工作委员会书记，免去其中共东湖区市场和质量监督管理局委员会委员职务；吴大鹏任中共东湖区大院街道工作委员会委员；胡艺任中共东湖区董家窑街道工作委员会副书记、纪律检查工作委员会书记；曹冬羊任中共东湖区贤士湖管理处工作委员会副书记、纪律检查工作委员会书记；杨勇任东湖区事业单位登记管理局局长；张丽任中共东湖青少年宫支部委员会书记（试用期一年）；王晓燕保留副科级待遇，免去其中共东湖青少年宫支部委员会书记职务；敖斌任中共右营街小学支部委员会书记；徐绛任中共向荣小学支部委员会书记（兼）；邹娟任中共东湖区教研中心支部委员会书记；陶晓静保留副科级待遇，免去其中共东湖区教研中心支部委员会书记职务；肖莹任中共东湖幼儿园支部委员会书记，免去其中共滕王阁保育院支部委员会书记（副科级）职务；邓珏任中共出新幼儿园支部委员会书记。

接中共南昌市委组织部洪组干函〔2017〕67号文件通知，区委决定：冯玉成任中共东湖区滕王阁街道工作委员会书记；免去邱波的中共东湖区滕王阁街道工作委员会书记职务；免去宋晓的中共东湖区八一桥街道工作委员会书记职务；免去吴蕾的中共东湖区委组织部副部长职务。

区委提名：胡雪洪任东湖区人民代表大会财经专门委员会主任委员；万雯任东湖区人民代表大会常务委员会选举任免联络工作委员会主任（兼）；免去吴蕾的东湖区人民代表大会常务委员会选举任免联络工作委员会主任（兼）职务；付青波任东湖区八一桥街道人大工作委员会专职主任；谢国泉保留正科级，免去其东湖区八一桥街道人大工作委员会主任职务。

区委同意：谢彤任东湖区审计局副局长（试用期一年），免去其东湖区审计局副主任科员职务；免去唐静的东湖区财政局副局长职务；胡杰任东湖区城市管理行政执法大队副大队长（试用期一年）；熊斌任东湖区城市管理行政执法大队副大队长（试用期一年）；徐振华保留正科级，免去其东湖区市场和质量监督管理局副局长职务；李小平保留副科级，免去其东湖区市场和质量监督管理局副局长职务；免去宋德豪的东湖区市场和质量监督管理局副局长职务；免去单博文的东湖区豫章街道办事处综治办专职副主任职务；徐颖慧任东湖区百花洲街道办事处综治办专职副主任（试用期一年）；吴大鹏任东湖区大院街道办事处副主任（试用期一年）；免去蔡舸的东湖区大院街道办事处副主任职务；俞昊任东湖区董家窑街道办事处副主任；免去胡艺的东湖区董家窑街道办事处副主任职务；傅君任东湖区彭家桥街道办事处综治办专职副主任（试用期一年）；免去曹冬羊的东湖区贤士湖管理处副主任职务；熊伟任东湖区档案局局长，免去其东湖区发展和改革委员会副主任职务；林波保留正科级，免去其东湖区档案局局长职务；免去邹娟的城北学校副校长职务；免去敖斌的豫章小学副校长（副科级）职务；汪智星任东湖区教研中心主任（试用期一年）；肖贤保留副科级待遇，免去其东湖区教研中心主任职务；程晔任出新幼儿园园长（试用期一年）；免去邓珏的出新幼儿园园长职务；免去杨勇的东湖区职工学校副校长职务；刘茵保留副科级待遇，免去其八一公园管理处副处长职务。请按有关规定办理。

区委提名：蔡舸任东湖区安全生产监督管理局局长；免去胡雪洪的东湖区安全生产监督管理局局长职务。请依法办理。

区委提名:吴蕾任东湖区政协研究室主任;刘婷任东湖区政协提案委员会办公室主任,免去其东湖区政协专门委员会办公室副主任职务。请按政协章程办理。

区委同意:免去俞昊的东湖区董家窑街道人民武装部部长职务。请按有关规定办理。

区委同意:张强任东湖区人民检察院反贪局局长(试用期一年),免去其东湖区人民检察院副主任科员职务。请依法办理。

区委决定:闵耀任中共东湖区人民政府办公室党组成员(挂职锻炼一年);罗琴任中共东湖区八一桥街道工作委员会副书记(挂职锻炼一年)。

区委同意:闵耀任东湖区人民政府办公室副主任、东湖区人民政府法制办公室专职副主任(挂职锻炼一年)。请按有关规定办理。

12日

上午,东湖区在区政府常务会议室召开全区铁路沿线环境综合整治工作调度会。区领导高辉红出席并讲话,刘光荣、万明出席。会议传达南昌市铁路沿线环境综合整治工作推进会精神,通报全区铁路沿线整治工作进展情况,研究部署下一步工作。区直相关单位、各沿线镇(街道、管理处)主要负责人参会。

上午,南昌市副市长龙国英一行,到东湖区青桥学校察看校园食品安全落实情况。市政府副秘书长黄琰,市食品药品监督管理局、市教育局负责人,区领导雷强以及区相关部门主要负责人陪同。

13日

上午,区领导高辉红会见随行付支付有限公司副总裁薛光宇、葛晓霞一行,就进一步为辖区企业提供多方位金融服务事宜进行洽谈。区金融办主要负责人参加会见。

下午,东湖区在区政府常务会议室召开全区开放型经济工作调度会,区领导陈俊主持。会议通报全区1—7月开放型经济指标完成情况和1—8月重大重点项目推进情况,听取内、外资完成情况及在跟在谈项目推进情况汇报。各经济责任单位相关负责人参会。

下午,东湖区在区委常委会议室召开全区1—8月综合目标考核工作调度会,区领导陈曙出席并讲话,夏小兰出席。会议通报全区上半年科学发展目标管理考核工作实际完成情况,传达第27次区委常委会关于考核工作会议精神。区委各部门、区直各单位主要负责人参会。

14日

区领导陈曙、陈俊、万明到辖区部分社区(村),就“美丽南昌·幸福家园”环境综合大整治工作情况进行突击检查。区委有关部门、区直相关单位主要负责人随同。

15日

23时56分,曾是南昌市第一高楼的裕丰大厦(高108米,总重2.1万吨)成功实施爆破。

接中共南昌市委洪干字〔2017〕44号文件通知,市委决定:雷强任中共南昌市东湖区委委员、常委。挂职锻炼时间至2018年8月。

接中共南昌市委洪干字〔2017〕45号文件通知,市委提名:雷强任南昌市东湖区人民政府副区长。挂职锻炼时间至2018年8月。请按有关法律规定办理。

18日

上午,东湖区在区综合服务中心南楼六层区政府常务会议室召开区政府第21次常务会和2017年第12次区长办公会,区领导高辉红主持。会议观看《“媒体啄木鸟”行动》光碟,审议《东湖区产业发展调度机制》《东湖区产业发展决策机制》《东湖区2017年河湖长制工作要点》等议题。区领导夏小兰、雷强、童萍如、陈国梁、万勇、万明、杨峻,区政府党组成员查秋滚、肖迎春、刘文俊出席;区领导陈俊、冯于水应邀列席。

下午,东湖区在区政府常务会议室召开2017年全区第三季度经济运行调度会,分析和部署全区三季度经济运行特点和下一步工作方向。区领导高辉红主持并讲话,夏小兰、陈俊、万勇出席。区发改委、区教科体局、区财政局,各镇(街道、管理处)等全区经济责任单位主要领导及分管领导参会。

19日

上午,区领导高辉红会见广发银行南昌分行党委书记、行长王保洲一行,就进一步对接辖区基础设施建设、民生工程建设以及企业和个人的金融需求等事宜进行洽谈。区领导夏小兰、万勇,区财政局、区金融办主要负责人参加会见。

下午,南昌市人大财经委副主任委员周茂林一行,到东湖区考察全面落实《关于大力促进实体经济发展的若干措施》情况，听取相关工作的专题汇报。区领导夏小兰，市、区领导挂点帮扶的21家企业、区直相关单位主要负责人参加座谈会。

中国残联党组成员、副主席吕世明及全国省级专门协会负责人共120余人到东湖区调研指导，观摩东湖区助残社会组织、专门协会工作开展情况。江西省残联党组成员、副理事长邹晓辉、田颖汉，省残联副巡视员李志刚，南昌市委常委、副市长华清以及市政府副秘书长黄琰，市残联党组书记、理事长余颖，区领导高辉红、陈曙、杨峻陪同调研。

20日

上午，东湖区在区政府第一会议室召开青山湖西岸路网建设情况调度会，专题研究青山湖西岸道路建设工作。区领导高辉红主持，夏小兰、万勇出席。区直相关单位和相关街道（管理处）主要负责人参会。

21日

上午，区领导陈俊、万勇会见北京瑞金麟网络技术服务有限公司对外事务部高级总监孙伟一行，就瑞金麟集团拟作为主发起人，联合北京融数金服信息服务有限公司在东湖设立网络小额贷款有限公司事宜进行洽谈。区商务局、区金融办主要负责人参会。

下午，区委第十二届二十九次常委会议在区综合服务中心南楼七层区委第一会议室召开，区领导刘闯主持。会议学习传达省委常委、市委书记殷美根对裕丰大厦主楼爆破拆除有关情况报告的批示精神，审议区委组织部提出的《关于推荐胡雪洪同志为东湖区第十六届人民代表大会代表候选人的请示》《关于增补吴蕾等同志为东湖区政协第九届委员会委员的请示》《关于审议〈全面落实全市基层党建工作推进会精神实施方案（送审稿）〉的请示》、区政府党组提出的《关于审议〈东湖区产业发展决策机制（送审稿）〉的请示》《关于审议〈东湖区产业发展调度机制（送审稿）〉的请示》《关于审议〈南昌市东湖区VR产业发展投资运营合作协议（送审稿）〉的请示》，研究有关干部人事议题。区领导高辉红、陈曙、焦玉庄、胡洪水、唐铭市、刘光荣、夏小兰、陈俊、胡志强、雷强出席会议，喻国泰、王玮列席。

晚上，区领导刘闯、夏小兰、陈俊到区统计局调研工作。区委办、区发改委、区财政局、区商务局、区金融办、区统计局主要负责人参加调研座谈会。

江西省省长刘奇到东湖区婚检所调研指导工作。刘奇先后察看婚检所大厅，婚检咨询室、体检室和化验室等处，详细了解婚检工作开展情况。省卫生计生委主任丁晓群陪同调研。

22日

上午，东湖区在区文化活动中心演艺大厅召开全区基层党建工作推进大会，区领导刘闯出席并讲话，陈曙、唐铭市、刘光荣出席。会议书面传达全市基层党建工作推进会议精神，解读《关于全面落实全市基层党建工作推进会精神的实施方案》。区委党建工作领导小组成员，区直各系统党委书记、党务干部，区直机关党组织书记，各镇（街道、管理处）党委（党工委）书记、副书记、党建科科长，各村（社区）党组织书记，区属科级企事业单位党组织负责人，“两新”组织党组织书记代表等参会。

25日

下午，区领导高辉红会见江西省股权交易中心总经理李劲一行，听取关于省股权交易中心业务的详细介绍，了解省股交中心部分基金业务的开展模式，双方就今后推动政企发展平台的搭建及推动辖区内中小微企业对接资本市场等事宜进行初步洽谈。区财政局、区金融办主要负责人参加会见。

南昌市委常委、常务副市长肖玉文率市直有关部门负责人到东湖区调研棚户区改造工作。肖玉文一行先后察看环湖路民德路周边、青山南路地块铁路西货场以北等棚改项目，听取有关工作情况汇报。区领导刘闯、夏小兰、胡志强、万勇陪同调研。市财政局、市旧改办、市规划局、国开行分管领导及区委办、区政府办、区财政局、区房管局、贤士湖管理处、东湖国土分局、东湖规划分局、区城投公司参加座谈会。

26日

上午，东湖区在区政府常务会议室召开迎接义务教育均衡发展省级复查汇报会。江西省教育工委委员、省教育厅总督学曹伴好，省督学、江西师范大学原党委副书记聂剑，南昌市副市长龙国英出席。市教育局主要负责人,区领导高辉红、童萍如,区政府教育督导委员会成员单位主要领导,区教科体局班子成员,各校(园)正职校长,区督学等参会。

上午,招商局蛇口工业控股股份有限公司、中外运长航实业发展有限公司、南昌市东湖区三方在东湖区综合服务中心大楼七层会议室签订招商东湖意库项目《战略合作协议》。南昌市委常委、宣传部部长龙和南,招商局集团副总经理王宏,物流航运事业部常务副部长秦伟,战略发展部副部长万臻,区域发展部副部长邱文鹤,江西省贸促会副会长赵向阳,区领导刘闯、高辉红、胡洪水、夏小兰、陈俊、童萍如等出席签约仪式。

下午,东湖区在区文化活动中心举行"喜迎十九大·忠诚保平安"主题活动誓师动员大会,区领导高辉红出席并讲话,陈国梁主持。会议通报近期火灾形势;部署十九大消防安保重点工作;收看安全教育宣传片。区消防安全委员会成员单位、各镇(街道、管理处)、全区二级消防重点单位负责人参会。

27日

上午,东湖区在区政府常务会议室召开"喜迎十九大·共创示范城"食品安全工作部署会,区领导夏小兰出席并讲话,杨峻主持。会议听取相关单位就做好食品安全工作的发言,安排部署全区食品安全工作。区创建国家食品安全示范城市工作领导小组成员单位主要负责人,各镇(街办、管理处)主要和分管负责人,区市场监管局各基层分局主要负责人参会。

下午,东湖区在区委常委会议室召开全区义务发展基本均衡省级复查反馈会,区领导童萍如主持。江西省复查组聂剑一行在会上作反馈发言,区领导高辉红在会上作表态发言。南昌市教育局有关负责人,区教科体局班子成员,区政府教育督导委员会成员单位主要领导,区督学以及东湖区属各中小学校校长参会。

下午,南昌市政协副主席黄清玉一行到东湖区前洲村、南福路、八一公园、刘将军庙社区等地,督导该区基层单位推进"三风"工作开展情况,并在刘将军庙社区召开座谈会,听取工作汇报。区领导王玮、胡洪水、胡薇陪同,区政协、区委宣传部、区文明办、扬子洲镇、百花洲街道、董家窑街道等有关负责人参加座谈。

28日

下午,东湖区在区文化活动中心演艺大厅召开区委中心组理论学习(扩大)会,区领导刘闯主持并讲话,高辉红等区四套班子成员、区法院院长出席。会议观看江西省政协副主席姚亚平在南昌市委中心组理论学习(扩大)会上所作的"建设'美丽南昌·幸福家园'是打造美丽中国江西样板的精彩篇章"专题报告视频。全区副科级以上领导干部260余人参会。

下午,南昌市人大常委会副主任陈以获以及部分市人大代表30余人,到东湖区调研重大重点产业项目。区领导刘闯、高辉红、喻国泰、焦玉庄、夏小兰、胡志强、余瑾等陪同调研。

29日

区领导高辉红、陈曙、胡洪水、余瑾、童萍如、冯于水到部分社区(村),开展"美丽南昌·幸福家园"环境卫生综合整治突击检查。区委有关部门,区直相关单位主要负责人随同。

南昌市政协主席周关到东湖区扬子洲镇,督导"美丽南昌·幸福家园"环境综合整治工作。周关一行到扬新路与鹏举路交叉口察看新增交通信号灯情况,在赣江大桥沿线察看铁路沿线菜地、住户钢棚整改等情况。区领导刘闯、王玮陪同。

30日

下午,东湖区委办公室党支部召开"讲规矩、有纪律——做执行纪律合格的共产党员"专题教育学习会。会议传达《全市、区基层党建工作推进会议精神》《关于扎实做好全市当前工作以优异成绩喜迎党的十九大胜利召开的通知》《东湖区党员干部带头移风易俗落实"两报告两告知两承诺"实施方案》《关于党员干部带头移风易俗简办婚丧喜庆事宜的实施意见》《南昌市合格党员标准20条》等文件精神;签订"争做合格党员"承诺书;观看党建宣传片《旗帜的力量》。区领导刘闯、陈曙、陈俊以普通党员身份出席并分别发言。

十月

1日

上午,区领导高辉红、刘光荣、万明到辖区部分街道、社区和东湖消防大队，看望慰问在假期坚守工作一线的干部职工、环卫工人和消防战士，向他们致以节日的问候。区委办、区综管办主要负责人随同。

10日

上午，东湖区在区文化活动中心新闻发布厅召开“美丽南昌·幸福家园”环境综合整治调度会，区领导陈曙主持并讲话，余瑾、万明、冯于水出席。会议通报9月份督查情况并部署下一步工作，通报各街道、贤士湖管理处环境综合整治9月份考核结果和9月份社区(村、家委会)环境综合整治检查评比得分情况。各镇(街道、管理处)主要负责人，区委相关部门、区直相关单位负责人，东湖交警大队、东湖消防大队、东湖公安分局分管负责人参会。

11日

上午，东湖区在区政府常务会议室召开全区安全生产工作会，区领导高辉红主持并讲话，雷强出席。会议传达南昌市十九大期间安全生产工作会议精神，通报全区安全生产形势，听取相关责任单位表态发言，布置十九大期间全区安全生产工作。区委有关部门、区直相关单位，各镇(街道、管理处)主要负责人参会。

12日

上午，江西省委副秘书长、省委省政府接待办主任梅毅，省接待办党组成员蓝丽红、王健清一行到光明社区指导工作。梅毅一行参加光明社区开展“喜迎十九大，党员进社区”专题党员日活动，感受习总书记风采和关怀。区领导刘光荣陪同。

13日

上午，区领导刘闯、高辉红会见来访的安徽省老乡鸡集团董事长束从轩一行，双方就企业意向、在南昌投资项目等相关事宜进行深入交流，并考察辖区内相关物业。南昌市投资促进局副局长李凌鹏、区领导陈俊，区商务局主要负责人参加。

上午，区领导雷强到区卫计委调研工作，听取卫计委工作情况汇报，并提出相关工作意见。

区领导高辉红、陈曙、万明、冯于水到各街道(管理处)，开展“美丽南昌·幸福家园”环境综合整治突击检查。区政府办、区委政法委、区城管局、区综管办、东湖执法分局、区爱卫办主要负责人参加。

18日

上午，区领导刘闯、高辉红、陈曙、王玮等区四套班子领导和区法院院长等在区政府常务会议室，集中收听收看中国共产党第十九次全国代表大会开幕盛况和习近平总书记作工作报告。全区各镇(街道、管理处)及各单位也以各种形式组织干部群众收听收看十九大开幕式。

19日

下午，区委第十二届三十次常委会议在区综合服务中心南楼七层区委第一会议室召开，区领导刘闯主持。会议审议区政府党组提出的《关于支持长巷、七里、贤湖村集体经济发展的请示》《关于审议〈南昌市东湖区人民政府与招商局蛇口工业区控股股份有限公司、中外运长航实业发展有限公司战略合作框架协议(送审稿)〉的请示》、区委办公室提出的《关于审议〈南昌市东湖区喜迎党的十九大、学习宣传贯彻党的十九大精神初步安排(送审稿)〉的请示》，学习传达《关于我省7起违反中央八项规定精神问题的通报》、全省城市基层党建暨抓党建促脱贫攻坚工作会议精神、全市宗教工作会议精神。区领导高辉红、陈曙、焦玉庄、胡洪水、唐铭市、刘光荣、夏小兰、陈俊、胡志强、雷强出席会议，王玮列席。

江西省委常委、省委宣传部部长赵力平一行到东湖区滕王阁仿古一条街，专题调研南昌文化产业发展情况。

南昌市关工委第一副主任田新芳到东湖区调研关心下一代工作。田新芳一行先后走访豫章街道洪城社区、滕王阁街道“6·26”工作站、贤士湖管理处贤湖村、董家窑街道紫金城社区，重点了解“双百工程”活动、青少年阵地建设、“三级联创”等工作情况。

20日

江西省统计局党组成员、总统计师曾永生等一行，到东湖区调研指导第四次全国经济普查专项试点工作。区领导夏小兰陪同。

21日

上午，东湖区委中心组“讲规矩、有纪律——做执行纪律合格的共产党员”专题教育学习会在区委常委会议室举行，会议观看大型电视专题片《巡视利剑》第三集《震慑常在》。区领导刘闯主持并讲话，高辉红、陈曙、王玮等四套班子领导，区法院院长、检察院检察长参加。

23 日

上午,区领导刘闯会见广发银行南昌分行党委书记、行长王保洲一行,就进一步对接全区基础设施建设、民生工程建设以及企业和个人的金融需求等事宜进行洽谈。区领导夏小兰、万勇,区财政局、区金融办主要负责人参加会见。

上午,区领导高辉红、夏小兰到区市场监管局基层分局调研工作,先后到滕王阁分局、公园分局、大院分局、贤士湖分局察看基层分局办公用房情况,了解各分局人员配备、任务分工和工作开展情况。

下午,东湖区在区委常委会议室召开旧城改造工作专题调度会,听取相关工作情况汇报。区领导刘闯出席并讲话,高辉红主持,焦玉庄、胡洪水、夏小兰、陈俊、万勇、桂兵出席。区委有关部门、区直相关单位和相关街道(管理处)主要负责人参加。

晚上,东湖区在区政府第一会议室召开打击非法电捕工作部署会,区领导高辉红主持,杨峻以及南昌市渔业渔政局局长喻宗彪出席。会议通报全市渔政工作情况及存在问题,听取相关工作情况汇报,布置整治非法电捕相关工作。区政府办、扬子洲镇、区农水局、扬子洲派出所、扬子洲镇渔业村相关负责人参会。

24 日

上午,区领导高辉红、童萍如、万勇到天骥小学规划建设用地现场察看地块现状,并召开项目座谈会,专题调研天骥小学项目规划建设情况。全区相关责任单位主要负责人参加。

晚上,区领导刘闯会见苏宁置业集团副总裁陈艳一行,双方就扬子洲镇、青山湖西岸 1—5 地块概念性设计方案及南昌苏宁广场项目推进情况进行会谈。区领导陈,区商务局主要负责人参加会见。

25 日

上午,南昌市政协主席周关、副主席陈匡辉到东湖区豫章街道洪城社区、董家窑街道南福路社区和八一公园百花大舞台,调研“兴家风、淳民风、正社风”主题活动开展情况。区领导刘闯、王玮、胡洪水、胡薇陪同。

上午,区领导高辉红、陈曙、万明到辖区部分街道调研城市建管工作并召开座谈会。区直相关单位和相关街道主要负责人参加。

上午,区领导刘闯、高辉红、陈曙、喻国泰、王玮等区四套班子成员,在区政府常务会议室,收听收看十九届中央政治局常委中外记者见面会。全区各镇(街道、管理处)及各单位也纷纷组织干部群众收听收看见面会实况。

上午,东湖区在区文化活动中心新闻发布厅举行全区第四次全国经济普查专项试点动员暨业务培训会议,江西省统计局普查中心主任黄正坤、省统计局普查中心调研员宋世平,区领导夏小兰出席。会议邀请南昌市统计局普查中心副主任刘涛讲解《单位清查表》《法人单位本部及分支机构情况表》《“四下”企业法人单位资产负债情况》的指标含义、填报要求和注意事项,部署第四次全国经济普查专项试点工作。

26 日

上午,区领导高辉红、万勇到全区 2018 年拟旧改地块现场踏勘,察看棚户区居民房屋现状,了解各旧改地块拟实施计划和安排。区直相关单位和相关街道(管理处)主要负责人随同。

上午,区领导刘闯会见星巴克中华中西区总经理龚明一行,就企业意向落户东湖区餐饮连锁项目进行会谈。区商务局主要负责人参加。

下午,东湖区在区综合服务大楼区政府常务会议室设立分会场,组织收听收看江西省领导干部会议和南昌市领导干部会议实况。区领导刘闯、高辉红、陈曙、喻国泰、王玮等四套班子领导,法院院长、检察院检察长出席。区委各部门、区直各单位,各镇(街道、管理处)党政主要负责人参会。

27 日

下午,东湖区在百花洲街道火神庙社区举行第十二届敬老节。南昌市委常委、副市长华清,江西省编办副巡视员胡庆华,市政府副秘书长黄琰,区领导王玮、杨峻出席活动。

下午,东湖区在区文化活动中心演艺大厅召开全区领导干部大会,传达学习中共十九大精神,部署开展全区学习贯彻中共十九大报告工作。区领导刘闯、高辉红出席并讲话,陈曙主持会议,喻国泰等四套班子领导,区法院院长、检察院检察长出席。

30日

上午，东湖区宣传系统学习宣传贯彻中共十九大精神会议在区委宣传部会议室召开，专题传达省、市、区三级领导干部大会精神和要求。区领导胡洪水出席并讲话，区委宣传部全体干部，各镇（街道、管理处）分管宣传工作的负责人参会。

上午，东湖区委组织部召开学习会，专题学习贯彻中共十九大精神，并围绕“贯彻落实十九大精神，做好新形势下组织工作”畅谈学习体会。区领导唐铭市主持会议并讲话。

下午，东湖区政协召开中共十九大精神专题学习会，传达学习十九大精神及全省、全市、全区领导干部会议精神。区领导王玮，欧阳桃花、谢保成、冯于水、余坚、谢华及全体机关干部参会。

下午，区领导杨峻到扬子洲镇组织召开工作部署会，围绕严厉打击非法电捕鱼、整治私宰牛羊问题、水利工程维养以及林场村自来水厂出水口险情处置等相关工作展开。区农水局、扬子洲镇有关负责人参会。

区领导高辉红、陈曙、陈俊、余瑾、万明到辖区各街道（管理处），开展“美丽南昌·幸福家园”环境卫生综合整治突击检查工作。区委有关部门、区直相关单位主要负责人随同。

31日

上午，东湖区召开区政府党组（扩大）会议，贯彻落实省市区领导干部会议精神，部署区政府学习宣传贯彻十九大精神相关工作。区领导高辉红主持，夏小兰、雷强、童萍如、陈国梁、万勇，万明、杨峻出席并发言。区政府党组成员，扬子洲镇镇长，各街办（管理处）主任，区政府各部门、区直各单位主要负责人参会。

上午，东湖区委政法委在政法委会议室召开学习贯彻中共十九大精神工作会，学习传达中共十九大精神、省市领导干部电视电话会议精神及全区领导干部大会精神。区领导胡志强出席并讲话。

上午，东湖区人大常委会召开党组（扩大）会议，传达学习中共十九大精神。区领导喻国泰主持并讲话。

下午，南昌市委常委、政法委书记刘家富到东湖区调研“两所一庭一中心”建设情况。刘家富一行先后到豫章街道信访接待中心、区法律服务中心、公园司法所、董家窑派出所、七里街派出所、扬子洲法庭、东湖区检察院等处，察看各个点位提升改造和建设情况，并听取工作汇报。区领导高辉红、胡志强、陈国梁，区法院院长、区检察院检察长参加调研。

下午，区领导万明到扬子洲镇督查铁路沿线环境综合整治工作情况。区综管办、区城建局、区城管委、区执法局、扬子洲镇等单位主要负责人参加。

十一月

1日

上午，“百花洲里话东湖，佑民寺前说古今”东湖历史文化文学作品全国征稿活动新闻发布会在东湖区文化活动中心新闻发布厅举行，区领导刘闯出席并致辞，高辉红主持，童萍如作征稿活动介绍。江西省人民对外友好协会副会长、江西书法家协会副主席熊峰，中国作家协会全委会委员、江西省作家协会驻会副主席曾清生，江西师范大学历史文化与旅游学院院长万振凡应邀出席。30余家中央驻赣媒体和省市新闻单位参加发布会。

2日

上午，区领导陈俊会见阳光控股有限公司副总裁兼金融事业部总经理吕娜一行，就促进全区项目合作事宜进行洽谈。区商务局、区金融办主要负责人参加会见。

上午，东湖区在区委常委会议室召开全区开放型经济工作调度会，区领导陈俊主持。会议通报全区1—9月开放型经济工作完成情况，听取各经济责任单位项目推进情况汇报。各经济责任单位相关负责人参会。

上午，东湖区在区文化活动中心新闻发布厅召开“美丽南昌·幸福家园”环境综合整治调度会，区领导高辉红出席并讲话，陈曙主持，陈俊、余瑾、万明、冯于水出席。会议宣布各街道（管理处）环境综合整治10月份考核结果和10月份社区（村、家委会）环境综合整治检查评比得分情况，对考核前三名的街道进行颁奖，通报10月份督查情况，部署下一步工作。各镇（街道、管理处）党政主要负责人，区委相关部门、区直相关单位负责人,东湖交警大队、东湖消防大队、东湖公安分局分管负责人参会。

下午,区委第十二届三十一次常委会议在区综合服务中心南楼七层区委第一会议室召开,区领导刘闯主持。会议学习传达全省县乡人大工作和建设经验交流会议精神,审议区政府党组提出的《关于审议〈南昌东湖城市建设投资发展有限公司完善方案(送审稿)〉、〈南昌东湖文化旅游投资发展有限公司组建方案(送审稿)〉及相关配套文件的请示》、区委办公室提出的《关于审议〈东湖区全面深化改革工作分类考核评价办法(修订)(送审稿)〉和〈深入学习贯彻习近平总书记重要讲话精神进一步推进全区改革落地见效的实施意见(送审稿)〉的请示》。区领导高辉红、陈曙、焦玉庄、唐铭市、刘光荣、夏小兰、陈俊、胡志强、张恩出席会议,喻国泰、王玮列席。

3日

下午,东湖区第三季度科学发展目标管理考核工作调度会在区委常委会议室召开,区领导陈曙出席并讲话,夏小兰出席。会议调度和部署前三季度及下一阶段考核工作。各镇(街道、管理处)、区委各部门、区直各单位、各垂管单位主要负责人参会。

4日

上午,区领导高辉红、万明到下沙窝、三经路、爱国东路、豫章后街、渊明北路等辖区公共停车场建设点位,察看项目建设情况,了解各公共停车场规划设计、建设规模,协调解决相关问题。区直相关单位、相关街道(管理处)、市政公用驻车投资管理有限公司主要负责人随同。

5日

上午,东湖区在区政府常务会议室设立分会场,组织收听收看江西省委举办的中央宣讲团中共十九大精神宣讲报告会实况。区领导刘闯、高辉红、陈曙、喻国泰、王玮等四套班子领导成员,区法院院长、检察院检察长,区委各部门、区直各单位,各镇(街道、管理处)党政主要负责人参加。

6日

上午,区领导刘闯、万勇到全区2018年拟旧改地块现场,察看和了解各相关地块现状及拟旧改计划。区委办、区旧改办、东湖国土分局、董家窑街办、彭家桥街办、贤士湖管理处等有关单位负责人随同。

下午,区领导陈曙、陈国梁陪同共青团南昌市委书记盛炜到南昌市育新学校、东湖公安分局了解基层团务工作开展情况。区直相关单位主要领导参加。

下午,区领导高辉红会见国美电器江西分公司总经理牛振寰一行,就企业意向投资落户东湖区进行会谈。区商务局主要负责人参加。

下午,区领导陈俊陪同南昌市投促局调研员肖小美一行到东湖区调研重大招商项目进展情况。

国家统计局核算司巡视员刘丽萍一行到东湖区开展"四经普"专项试点调研。江西省统计局副巡视员张家玉等省、市统计部门相关负责人,区领导高辉红、夏小兰陪同。

7日

上午,国家统计局核算司巡视员刘丽萍带领的调研组一行到东湖辖区的华远和平里酒店有限公司、南昌市映盈贸易有限公司、江西省江西宾馆有限公司等企业调研。区领导夏小兰,区统计局、八一桥街道、公园街道主要负责人陪同。

上午,区领导焦玉庄到大院街道调研统战工作,听取街道基本情况和统战工作情况汇报。

下午,东湖区在区委常委会议室召开全区旧改专题调度会议,区领导刘闯出席并讲话,陈曙主持,焦玉庄、夏小兰、胡志强、余瑾、郑洪健、万勇、欧阳桃花、谢保成、冯于水、胡涛湘、桂兵出席。会议通报全区旧改地块进展情况,部署旧改征迁有关工作。

晚上,东湖区在区委常委会议室召开全区2018年建口项目专题调度会,区领导刘闯出席并讲话。会议听取有关2018年拟推进建口项目计划情况汇报,区直各有关单位、各街道(管理处)就拟建项目提出意见和建议。全区有关责任单位主要负责人参会。

东湖区召开全区统战系统学习贯彻中共十九大精神会议,区领导焦玉庄主持。全区各民主党派、工商联、知联会负责人及民族宗教界、侨界、新的社会阶层代表人士参会。

9日

上午,东湖区在区政府常务会议室召开全区财税工作调度会,区领导夏小兰主持。会议通报全区1—10月财税工作完成情况，总结全年财税工作形势，分解年底财税任务。各经济责任单位相关负责人参会。

10日

上午，东湖区召开重大重点项目调度会，协调解决相关问题。区领导刘闯出席并讲话，高辉红主持，夏小兰、陈俊、胡志强、雷强、童萍如出席。区委有关部门、区直相关单位和相关街道（管理处）主要负责人参会。

晚上，东湖区广场北路周边地块启动第三次房屋爆破拆除工作，对原腾飞大厦和江西省政府汽车修理厂两栋建筑物成功实施爆破拆除。区领导刘闯、高辉红、喻国泰、胡洪水、余瑾、谢蓉、万勇、谢华在现场指挥爆破。

11日

上午，东湖区2017南昌国际马拉松比赛组委会工作会议在区委常委会议室召开，会议安排和部署12日的马拉松赛事（东湖段）。区领导高辉红出席并讲话，陈曙主持，胡洪水、夏小兰、胡志强、童萍如、陈国梁、万明、杨峻出席。区委办公室、区政府办公室、区委宣传部、区人大办公室、区政协办公室以及各有关街道、区直单位主要负责人参会。

14日

上午，东湖区在区政府常务会议室设立分会场，组织收听收看江西省委宣讲团中共十九大精神宣讲报告会实况。区领导高辉红、陈曙、喻国泰、王玮等四套班子成员，区法院院长、检察院检察长，各镇（街道、管理处）党政负责人，区委各部门、区直各单位、各垂管单位主要负责人参加。

下午，东湖区召开全民参保登记入户调查工作动员大会暨业务培训会，区领导夏小兰出席。区直相关单位和各镇（街办、管理处）及其所辖村（社区）主要负责人参会。

15日

区领导陈曙、余瑾、万明、冯于水到辖区部分社区（村），开展“美丽南昌·幸福家园”环境卫生综合整治突击检查工作。区政府办、区委宣传部、区城建局、区城管委、区执法局、区综管办负责人随同。

18日

上午，东湖区在区文化活动中心演艺大厅召开区委中心组理论学习（扩大）会，邀请智能云科信息科技有限公司董事、副总经理张振清和赛伯乐投资集团高级合伙人孙琼授课，专题讲述物联网和大数据时代的生产生活。区领导刘闯、高辉红、陈曙、喻国泰、王玮等四套班子领导成员，区法院院长、检察院检察长出席，全区300余名副科级以上领导干部参会。

下午，区领导高辉红、万明到爱国东路、豫章后街、渊明北路和民德路等辖区公共停车场项目工地，了解项目施工进展，协调解决相关问题。区直相关单位、南昌市政公用驻车投资管理有限公司和相关街办的主要负责人随同。

20日

上午，东湖区在区政府常务会议室设立分会场，组织集中收听收看全省市厅级主要领导干部学习贯彻中共十九大精神专题研讨班电视电话会实况。区领导刘闯、高辉红、陈曙、喻国泰、王玮，区法院院长、检察院检察长参加。

下午，区领导高辉红会见阳光控股教育集团总经理徐扬华一行，就企业意向投资落户东湖区进行会谈。区领导陈俊，区商务局主要负责人参加会见。

下午，东湖区在区委常委会议室召开全区旧改工作调度会，区领导高辉红主持并讲话，陈曙、焦玉庄、胡洪水、唐铭市、夏小兰、余瑾、谢蓉、郑洪健、万明、欧阳桃花、谢保成、冯于水、胡涛湘、桂兵出席。会议通报2014—2016年旧改工作遗留问题及2017年第一轮征迁工作进展情况。

23日

上午，南昌市委宣讲团中共十九大精神宣讲报告会在东湖区文化活动中心演艺大厅举行，市委宣讲团成员、市委宣传部副部长万晓东作《深入学习宣传贯彻党的十九大精神　奋力谱写新时代中国特色社会主义南昌篇章》的宣讲报告。区领导刘闯主持并讲话，陈曙、喻国泰、王玮等四套班子领导，区法院院长出席。区委各部门，区直各单位，各镇（街道、管理处）党政主要负责人及全区副科级以上领导干部共300余人参会。

25日

上午，东湖区在区委常委会议室召开全区国家监察体制改革试点工作动员部署会议，传达全国、省、市监察体制改革试点工作动员部署会议精神,听取推动全区监察体制改革试点工作实施情况汇报。区领导刘闯、唐铭市、刘光荣、胡志强、谭阿莉,区检察院检察长出席。区深化监察体制改革试点工作小组全体成员,区深化监察体制改革试点工作小组办公室全体成员,区纪委全体成员及区委相关部门、区直相关单位负责人参会。

上午,区领导高辉红到辖区部分在建公共停车场项目现场,察看施工进展情况。区政府办、区城建局、南昌市政公用驻车投资管理有限公司、相关街道(管理处)主要负责人参加。

上午,区委第十二届三十二次常委会议在区综合服务中心南楼七层区委第一会议室召开,区领导刘闯主持。会议学习传达《江西省安全生产条例》、市委宣传部《关于开展建立健全意识形态责任制考核机制调研督察工作的通知》和全国、全省、全市国家监察体制改革试点工作动员部署会议精神,审议区纪委提出的《关于成立区深化监察体制改革试点工作小组的请示》《关于成立区深化监察体制改革试点工作小组办公室的请示》、区委宣传部提出的《关于审议〈东湖区开展“党的十九大精神”宣讲活动方案(送审稿)〉的请示》。区领导高辉红、陈曙、焦玉庄、胡洪水、唐铭市、刘光荣、夏小兰、陈俊、胡志强、张恩、雷强出席会议,喻国泰、王玮以及检察院检察长杜迎春列席。

27日

下午,东湖区在区委常委会议室召开旧改工作调度会,区领导刘闯出席并讲话,陈曙主持,焦玉庄、唐铭市、张恩、彭雅琳、余瑾、郑洪健、万勇、欧阳桃花、谢保成、冯于水、余坚、胡涛湘、胡薇、桂兵出席。会议通报2014—2016年遗留问题及2017年第一轮征迁工作进展。区委相关部门、区直相关单位、相关街道(管理处)负责人参会。

28日

江西省委常委、省纪委书记孙新阳到东湖区宣讲中共十九大精神,并就深化国家监察体制改革试点工作进行调研。江西省委常委、南昌市委书记殷美根,市委常委、市纪委书记吴伟柱,市委常委、市委秘书长郭毅,市人民检察院检察长刘炽参加调研。区领导刘闯、喻国泰、刘光荣,区检察院检察长陪同调研。

区领导高辉红、陈曙、陈俊、余瑾、冯于水到辖区内部分社区(村),突击检查“美丽南昌·幸福家园”环境综合整治工作开展情况。区委有关部门、区直相关单位主要负责人随同。

29日

下午,区委第十二届33次常委会议在区综合服务中心南楼七层区委第一会议室召开,区领导刘闯主持。会议学习传达省委常委、省纪委书记孙新阳和省委常委、市委书记殷美根调研东湖区监察体制改革工作的讲话精神,审议区委组织部提出的《关于审议〈各镇、街道(管理处)党(工)委拟任宣传委员人选名单〉的请示》、区政府党组提出的《关于审议〈东湖区土壤污染防治行动计划(2017—2030年)(送审稿)〉的请示》、区委办公室提出的《审议〈中共南昌市东湖区委关于认真学习宣传贯彻党的十九大精神的实施意见(送审稿)〉的请示》。区领导高辉红、陈曙、焦玉庄、唐铭市、刘光荣、夏小兰、陈俊、胡志强、张恩、雷强出席会议,喻国泰、王玮、万明列席。

区委决定:刘玲任中共扬子洲镇委员会宣传委员;聂华任中共八一桥街道工作委员会宣传委员;王尔雄任中共豫章街道工作委员会宣传委员;熊志玉任中共墩子塘街道工作委员会宣传委员;罗年明任中共百花洲街道工作委员会宣传委员;周涛任中共公园街道工作委员会宣传委员;吴大鹏任中共大院街道工作委员会宣传委员;俞昊任中共董家窑街道工作委员会宣传委员;彭梵任中共彭家桥街道工作委员会宣传委员;沈卓任中共滕王阁街道工作委员会宣传委员;王岚任中共贤士湖管理处工作委员会宣传委员;熊豫闻任中共扬农管理处工作委员会宣传委员。

30日

下午,区领导高辉红、陈曙实地调研全区部分交通堵点,了解道路通行状况,调度下一步工作。区直相关单位、相关街道(管理处)、东湖交警大队、区城投公司主要负责人随同。

本月

东湖区选送的4件文化旅游商品在2017年中国(江西)红色旅游博览会上喜获2枚银牌、2枚铜牌。其中,赣绣《毛泽东去安源》和“正能量”系列布艺产品获得2017年江西红色旅游商品银奖;赣绣围巾《薪火传递》和井冈红米获得2017年江西红色旅游商品铜奖。

东湖区豫章绣、东湖胎发毛笔制作技艺、南昌瓦罐煨汤制作技艺3个项目登上江西省第五批省级非物质文化遗产代表性项目名录。

十二月

1日

上午，东湖区召开紫金学校及天骥小学筹建工作调度会，专题调度两所学校的建设事宜。区领导高辉红主持，童萍如、万勇出席。区直相关单位、相关街道和九鼎集团有关负责人参会。

2日

区领导刘闯、陈俊考察云南省城市建设投资集团有限公司及该公司旗下滇池国际会展中心、太阳山国际生态文化产业项目、云南·古滇王国文化产业项目。区国土资源局、区城乡规划局、扬子洲镇、区商务局等单位主要负责人随同。

4日

上午，区领导高辉红、陈俊到龙沙路察看原董家窑临时农贸市场的拆除、清理工作，并到新搬迁至铁线湖路附近的农贸市场调研。区政府办、区商务局主要负责人随同。

下午，区委第十二届三十四次常委会议在区综合服务中心南楼七层区委第一会议室召开，区领导刘闯主持。会议审议区纪委提出的《关于审议〈东湖区深化国家监察体制改革试点工作实施方案〉的请示》、区人大常委会党组提出的《关于召开南昌市东湖区第十六届人民代表大会第三次会议的请示》、区编委提出的《关于东湖区委巡察机构设置和编制配备的请示》《关于调整区农业水务局"三定"的请示》《关于明确全区组织员工作机构职能、职数设置的请示》《关于审议〈2016年市编办对东湖区控编减编工作专项督查反馈意见整改建议(送审稿)〉的请示》、团区委提出的《关于召开共青团东湖区第十次代表大会的请示》、区委办公室提出的《关于审议〈南昌市东湖区群团改革总体方案(送审稿)〉及三个配套方案(送审稿)的请示》，听取区编委关于理顺部分单位人编分离情况的汇报和区编委关于撤销东湖区公共资源交易中心的汇报。区领导高辉红、陈曙、焦玉庄、唐铭市、刘光荣、夏小兰、陈俊、胡志强、张恩、雷强出席会议，喻国泰、王玮列席。

晚上，东湖区在区委常委会议室召开全区旧改工作调度会。会议听取各分指挥长负责工作的发言，通报2014—2016年遗留问题及2017年第一轮征迁工作进展情况。区领导刘闯出席并讲话，高辉红主持，陈曙、焦玉庄、胡洪水、唐铭市、夏小兰、郑洪健、万勇、万明、谢保成、冯于水、余坚、胡涛湘、胡薇、桂兵出席。

5日

上午，东湖区在区文化活动中心演艺大厅举行中共十九大精神宣讲报告会，邀请江西省委党校党史党建教研部教授刘金东主讲，区领导胡洪水主持报告会。全区各镇(街道、管理处)，区委各部门、区直各单位机关干部代表共300余人聆听报告。

下午，东湖区在区文化活动中心演艺大厅召开"今冬明春"火灾防控工作动员部署会，区领导高辉红出席并讲话，陈国梁主持。会议分析通报火灾防控工作形势，部署全区"今冬明春"火灾防控工作，相关单位作表态发言。区消委会、公安、消防、各镇(街道、管理处)等部门的相关负责人，全区二级消防安全重点单位的主要负责人参会。

7日

晚上，区委中心组在区委常委会议室举行学习中共十九大精神交流研讨会。会议学习传达江西省委常委、南昌市委书记殷美根在全市县处级主要领导干部学习贯彻中共十九大精神专题研讨班上作的动员讲话和辅导报告精神，研究下一步学习贯彻践行十九大报告精神相关工作。区领导刘闯出席并讲话，高辉红主持，王玮等四套班子领导成员、区检察院检察长出席会议。

8日

下午，东湖区在区政协常委会议室召开"美丽南昌·幸福家园"环境综合整治工作调度会暨转段动员大会，区领导刘闯出席并讲话，高辉红主持，陈俊、余瑾、万明、冯于水出席。会议宣布各街道、贤士湖管理处环境综合整治11月份考核结果和11月份社区(村、家委会)环境综合整治检查评比得分情况。区委有关部门、区直相关单位，各镇(街道、管理处)党政主要负责人和分管负责人，东湖公安分局、东湖交警大队、东湖消防大队分管负责人等参会。

下午，东湖区在区文化活动中心演艺大厅召

开区委中心组理论学习（扩大）会，开展区委中心组“两学一做”学习教育第三次专题学习活动。会议听取江西省委党校副教授王志强作的《讲道德 有品行——做品德合格的共产党员》专题报告。区领导刘闯主持并讲话，王玮等部分区四套班子领导成员、区法院院长出席。全区副科级以上领导干部（不含二级单位）参会。

下午，南昌市公共机构节能工作会议在东湖区文化活动中心新闻发布厅召开，听取市公共节能办公室2017年工作报告。市公共机构节能工作领导小组有关领导、市机管局有关领导，区领导高辉红、童萍如出席。各县区（开发区、新区）机关事务管理局局长（机关后勤服务中心主任）、公共机构节能分管领导及节能科室负责人参会。

11日

下午，江西省关工委副主任王飚、南昌市关工委第一副主任田新芳一行到东湖区光明社区调研关心下一代工作。区领导贾彧超陪同调研。

15日

上午，区委第十二届三十五次常委会议在区综合服务中心南楼七层区委第一会议室召开，区领导刘闯主持。会议学习传达《中共中央办公厅印发习近平总书记关于进一步纠正“四风”加强作风建设重要批示的通知》《市委办公厅、市政府办公厅印发〈关于构建新型政商关系的实施意见〉的通知》精神和中央纪委副书记肖培在江西调研座谈会上的讲话精神，审议区委组织部提出的《关于审议〈东湖区第十六届人民代表大会财政经济专门委员会组成人员候选人拟推荐名单〉的请示》《关于推荐胡雪洪等同志为东湖区第十六届人民代表大会常务委员会委员候选人的请示》《关于推荐胡静同志为政协东湖区第九届委员会委员候选人的请示》、区政协党组提出的《关于召开政协东湖区第九届委员会第三次会议的请示》《政协东湖区第九届委员会常委会工作报告（送审稿）》、区政府党组提出的《关于审议〈东湖区党政领导干部履行教育职责任务分解工作方案（送审稿）〉的请示》《关于审议〈东湖区与南昌综保区共建共享南昌综保区外贸综合服务平台有关合作事项〉的请示》《审议〈东湖区关于推进南昌市全国少数民族流动人口服务管理示范城市建设实施方案（送审稿）〉的请示》、区总工会提出的《关于召开东湖区工会第三次代表大会的请示》、区妇联提出的《关于召开东湖区妇联第十三次代表大会的请示》、区科协提出的《关于召开东湖区科学技术协会第五次代表大会的请示》、区残联提出的《关于召开东湖区残疾人联合会第四次代表大会的请示》、区红十字会提出的《关于召开东湖区红十字会第六会员代表大会的请示》，听取区政协党组工作汇报以及区政府党组关于实施体彩大厦“三看”项目应急工程的情况汇报、关于拨付集体土地出让溢价资金用于项目配套工程建设的情况汇报、关于对“东湖区党群服务中心”业务用房立项的情况汇报和关于东湖区人民政府网站管理工作的情况汇报。区领导焦玉庄、唐铭市、刘光荣、夏小兰、陈俊、胡志强、张恩、雷强出席会议，喻国泰、王玮、童萍如、杨峻、欧阳桃花列席。

区领导余瑾、万明、冯于水到辖区部分社区（村），检查“美丽南昌·幸福家园”环境综合整治工作。区委政法委、区城建局、区城管委、区执法局、区综管办、区爱卫办主要负责人参加。

区委决定：免去熊雯的东湖区纪委第三纪工委主任科员职务，退休；徐露涛退休；周敏退休；免去罗建国的东湖区政协提案委员会办公室主任科员职务，退休；免去齐进斌的东湖区法院副科级审判员职务，提前退休。熊雯、徐露涛的退休时间从2017年9月起算；周敏的退休时间从2017年10月起算；罗建国、齐进斌的退休时间从2017年12月起算。

16日

下午，区领导刘闯、焦玉庄到区旧城改造第三分指挥部，看望慰问奋战在征迁一线的干部。区委办、区委统战部、区环保局、彭家桥街道主要负责人随同。

18日

下午，区委第十二届三十六次常委会议在区综合服务中心南楼七层区委第一会议室召开，区领导刘闯主持。会议审议区委组织部提出的有关干部人事议题。区领导贾彧超、焦玉庄、胡洪水、唐铭市、刘光荣、夏小兰、陈俊、胡志强、雷强出席会议，喻国泰、王玮列席。

21日

晚上，东湖区在区委常委会议室召开2018年市、区级重大重点项目申报调度会，听取2018年市、区两级重大重点项目的申报情况汇报。区领导刘闯出席并讲话，高辉红主持，贾彧超、夏小兰、陈俊、童萍如、万勇、万明出席。区委有关部门、区直相关单位主要负责人参会。

22日

上午，东湖区召开区红十字会第六次全区会员代表大会，依法选举产生区红十字会第六届理事会、常务理事会和名誉会长、会长、副会长、监事会等人选，表决通过《南昌市东湖区红十字会第五届理事会工作报告》《南昌市东湖区红十字事业2017—2021年发展规划纲要》。南昌市红十字会党组书记、专职副会长曹小明，区领导刘闯、贾彧超、彭雅琳、童萍如、谢保成出席。

上午，东湖区在区委常委会议室召开全区安全生产工作会议暨区安委会第四季度例会，专题研究部署全区安全生产工作。区领导刘闯出席并讲话，高辉红主持，雷强出席。区安委会各成员单位主要负责人参会。

24日

晚上，南昌市市长郭安带领有关部门负责人，到东湖区志道堂、清钟堂、五月花酒吧、MUSE酒吧、CD1925酒吧、百货大楼等人员密集场所，检查消防安全工作。南昌市副市长、市公安局局长万秀奇，区领导高辉红、雷强、杨峻陪同。

27日

上午，东湖区召开区政府全体会议，审议将提请区十六届人大三次会议审议的《政府工作报告》《关于东湖区2017年国民经济和社会发展计划执行情况和2018年国民经济和社会发展计划草案的报告》《关于东湖区2017年财政总预算执行情况和2018年财政总预算草案的报告》。区领导高辉红主持会议，夏小兰、陈俊、雷强、童萍如、陈国梁、万勇、杨峻出席。各镇（街道、管理处）、区政府各部门、区直各单位主要负责人参会。

下午，东湖区在区文化活动中心新闻发布厅召开区残疾人联合会第四次代表大会，依法选举东湖区残疾人联合会第四届主席团委员和出席南昌市残联第五次代表大会东湖区代表，选举产生主席团主席、副主席、执行理事会理事长、执行理事会理事，以及各类专门协会主席、副主席、委员，表决通过《东湖区残疾人联合会第四次代表大会关于大会工作报告的决议》。南昌市残联党组成员、副理事长邓林和，区领导贾彧超出席并讲话，谢蓉、杨峻、谢保成出席。有125名代表参加会议。

下午，区委第十二届三十七次常委会议在区综合服务中心南楼七层区委第一会议室召开，区领导刘闯主持。会议学习传达省、市村（社区）“两委”换届选举工作会议精神和《中共南昌市委办公厅关于印发〈贯彻落实中国共产党党委（党组）理论学习中心组学习规则实施办法〉的通知》精神，听取区政府党组关于东湖区2016年度绩效管理奖励发放意见的情况汇报和东湖区促进外经贸出口企业发展实施办法的情况汇报，审议区委组织部提出的《关于审议〈东湖区妇联第十三届执行委员会主席、副主席、兼职副主席候选人〉的请示》《关于审议〈东湖区残联第四届主席团主席、副主席、执行理事会理事长候选人〉的请示》《关于成立东湖区第十六届人民代表大会第三次会议临时党委和各代表团成立临时党支部的请示》《审议〈关于认真做好全区村（社区）党组织和第十届村（居）民委员会选举工作的实施方案（送审稿）〉的请示》、区人大党组提出的《审议〈关于进一步发挥区人大代表作用增强代表履职实效的若干意见（送审稿）〉的请示》《关于审议南昌市东湖区第十六届人民代表大会第三次会议有关会议材料的请示》、区政府党组提出的《关于审议〈东湖区2018年重大重点项目计划安排和责任分工（送审稿）〉的请示》、区委办公室提出的《关于调整区委书记、副书记和常委分工的请示》《关于召开中共南昌市东湖区委十二届四次全体（扩大）会议的请示》，以及区委书记刘闯在区委十二届四次全体（扩大）会议上关于区委常委会工作的报告和区委副书记、区长高辉红的讲话稿。区领导高辉红、贾彧超、焦玉庄、胡洪水、唐铭市、刘光荣、夏小兰、陈俊、胡志强、张恩出席会议，喻国泰、王玮以及检察院检察长杜迎春列席。

区委决定：免去刘芳林的中共东湖区社会保险事业管理局支部委员会书记（试用期一年）职务，不予正式任用。

28日

上午，南昌市委常委、组织部部长江晓斌带领各县区组织部门相关负责人，到董家窑街道紫金城社区、大院街道院一社区调研东湖区城市基层党建工作。区领导刘闯、唐铭市陪同调研。

下午，区领导万勇会见随行付支付有限公司

副总裁葛晓霞一行,双方就促进南昌随行付网络小额贷款有限公司在东湖区的发展及项目合作事宜进行洽谈。区金融办主要负责人参加会见。

28—29日

区领导高辉红、贾彧超、余瑾、万明、冯于水检查东湖区各街道社区"美丽南昌·幸福家园"环境综合整治情况。

29日

上午,东湖区召开区妇联第十三次代表大会,听取区妇联第十二届执委会的《改革扬帆 凝心聚力 履职尽责 创新实干 为建设"实力活力魅力"东湖贡献巾帼力量》工作报告,通过《东湖区第十三次妇女代表大会关于第十二届执委会工作报告的决议》。南昌市妇联副主席黄朝华,区领导贾彧超、谢蓉、童萍如、胡薇,区检察院检察长等出席开幕式。有165人出席会议。

下午,东湖区在区文化活动中心新闻发布厅举行区妇联第十三届执行委员会第一次全体会议,选举产生11名东湖区妇联第十三届委员会常务委员。

下午,东湖区召开第十六届人大常委会第九次会议,听取区人民政府民生工程情况报告,听取并审议区环保局关于推进生态文明建设工作情况报告,审议通过东湖区人民代表大会第三次会议相关材料,学习传达《全国人民代表大会常务委员会关于在全国各地推开国家监察体制改革试点工作的决定》,还进行人事任免。区领导喻国泰、彭雅琳、余瑾、郑洪健、谭阿莉、万里涛出席,夏小兰、区人民法院院长梁洪、区人民检察院检察长杜迎春、区人大副县级干部桂兵列席会议,区人大、区政府、街道人大委主任、区政府相关部门负责人和部分区人大代表参会。

下午,东湖区在区委组织部会议室召开村(社区)"两委"换届选举工作会议。区领导贾彧超出席并讲话,唐铭市主持,谢蓉、杨峻出席。区村(社区)"两委"换届选举工作领导小组全体成员及各镇(街道、管理处)党(工)委书记、专职副书记、分管副镇长(副主任)、党建办主任、民政科科长参会。

30日

上午,中共南昌市东湖区委十二届四次全体(扩大)会议在区文化活动中心演艺大厅召开,区领导刘闯主持会议,高辉红、贾彧超、喻国泰、王玮、焦玉庄、胡洪水、唐铭市、夏小兰、陈俊、胡志强、张恩、雷强在主席台就座。会议听取区委常委会工作报告,传达中央经济工作会议、省委十四届五次全会和市委十一届四次全会精神,总结2017年、部署2018年经济工作。区委委员、区委候补委员出席会议。列席会议的有:不是区委委员、区委候补委员的在职县级党员领导干部,区纪委委员、区纪工委书记,各镇、街道、管理处党政主要负责人,区委各部门、区直各单位,区人大、区政协各委(室、办)党员主要负责人,各垂管单位党员主要负责人等。区人大、区政府、区政协非中共党员县级领导干部,区直单位其他非中共党员主要负责人,全区各镇(街道、管理处),区委各部门,区直各单位副科级以上中共党员领导干部应邀旁听大会。

本月

东湖区豫章1号文化科技园获评2017年"南昌市中小微企业公共服务示范平台""南昌市小企业创业基地"。

接中共南昌市委洪干字〔2017〕64号文件通知,市委决定:贾彧超任中共南昌市东湖区委委员、常委、副书记(正县级);免去陈曙的中共南昌市东湖区委副书记、常委、委员职务。

接中共南昌市委洪干字〔2017〕68号文件通知,市委提名:刘光荣任南昌市东湖区监察委员会主任。

接中共南昌市纪委洪纪组〔2017〕31号、中共南昌市委组织部洪组干〔2017〕66号文件通知,区委提名:谌卫东任东湖区监察委员会副主任;肖迎春任东湖区监察委员会副主任;梁霁野任东湖区监察委员会委员;李娜任东湖区监察委员会委员;傅子松任东湖区监察委员会委员;金栋任东湖区监察委员会委员;张强任东湖区监察委员会委员。

区委决定:免去万国和的东湖区人民检察院主任科员职务;免去陈卫英的东湖区人民检察院主任科员职务;免去龚端阳的东湖区人民检察院副主任科员职务;免去周运魁的东湖区人民检察院副主任科员职务;免去晏葵的东湖区人民检察院副主任科员职务;免去梅国梁的东湖区人民检察院副主任科员职务;免去李军的东湖区人民检察院副主任科员职务。

(区史志办公室)

东湖概览

综述

东湖区地处南昌市东北部，区域面积56.95平方千米，辖1个镇、9个街道办事处和2个管理处。截至2017年底，全区总人口50.85万人，其中城镇常住人口50.63万人。户籍人口城镇化率为94.04%。人口出生率为11.27‰，人口自然增长率为5.84‰。辖区拥有园林绿地面积479.93公顷，绿化覆盖面积472.06公顷，城区绿化覆盖率29.67%，人均公共绿地面积7.18平方米。

2017年，东湖区全年地区生产总值474.99亿元，增长8.7%。其中：第一产业增加值0.64亿元，下降5.9%；第二产业增加值41.33亿元，增长4.5%；第三产业增加值433.01亿元，增长9.2%。财政总收入64.63亿元，增长19.6%；税收占财政总收入的16.32%。地方一般公共预算收入13.05亿元，增长5.9%；地方财政一般预算支出23.65亿元，增长18.2%。固定资产投资206.07亿元，增长13.3%。社会消费品零售总额291.1亿元，增长12%。实际利用外资2.64亿美元，增长42.4%；实际利用内资49.81亿元，增长22.1%。区内外贸企业进出口总额3.92亿美元。农业总产值1.15亿元，下降3.98%。万元GDP能耗为0.2369吨标准煤。城镇居民人均可支配收入39438元，增长8.2%。

2017年，全区各项社会事业稳步发展。启动环湖路民德路地块、青山南路铁路西货场北地块和硅酸盐厂工矿棚户区改造3个旧改项目，完成旧改征迁任务8.3万平方米；完成原省政府大院一、二号地块的征收及土地出让工作。完成沿江北大道快速路和九洲高架二期东湖段、朱德旧居等"一馆五址"征迁任务，拆除房屋30余万平方米。成功实施裕丰大厦、青山湖宾馆等五连爆，创造省会中心城区"高难度、高密度、大体量、零影响"建筑爆破拆除的"新经验"。滕王阁景区周边整治工程和八一广场及"一馆五址"周边立面改造工程如期完工。在全市率先试点开展机动车规范停放。建成全市党政机关首个"绿色出行共享新能源汽车分时租赁项目"。受理市区两级数字城管案件25万余件，处理率100%。获得2017年度全市"美丽南昌·幸福家园"环境综合整治工作第一名。荣获省、市公共机构节能达标先进区。滕王阁保育院通过省级示范幼儿园评估。获全省百县运动会足球三连冠、蝉联女子篮球冠军，获全市首届"滕王阁杯"青少年体育联赛篮球、乒乓球、网球三项总冠军。获"中国少儿戏曲小梅花荟萃"金奖、"军歌唱响英雄城"歌咏大赛一等奖。

2017年，东湖区信访联动机制进一步健全，建立区信访、维稳、公安等部门与镇（街道、管理处）联合会商、共同管控的协作机制，在全省率先实现身份证异地办理业务全覆盖，"6·26"禁毒工作站全覆盖。开创"一体两翼"社区矫正官试点工作"东湖模式"。构建"源头治理、动态管理、应急处理"的应急管理工作格局。民调评警取得全市县局排名及城区分局排名"双第一"好成绩。全区公众安全感测评指数持续攀升，稳居主城区前列。全年未发生一起重特大生产安全、消防安全事故。开展国家食品安全示范城市创建，荣获全市食品安全工作考评第一名。

2017年，全区用于保障和改善民生资金15.1亿元，同比增长21.09%，占地方一般公共财政预算支出65.68%。全年新增就业9981人。城镇基本医疗保险参保人数18.7万人,征缴基金总额1.35亿元。向7394人次提供医疗救助,救助金额346.5万元。参加基本养老保险人数5.78万人,累计发放养老金5.13亿元。发放城乡低保金2870万元,发放高龄老人生活补贴1536万元,发放独生子女父母奖励金、失独家庭补助等资金6400余万元。新建居家养老服务中心37个。为4091户住房困难群众提供保障公共租赁住房;为6384户无房户、困难户发放租赁补贴1860万元。

2017年,东湖区全面贯彻落实中央、省委、市委决策部署,以习近平新时代中国特色社会主义思想为指导,推动政治建设向纵深发展。坚决落实管党治党政治责任,把学习宣传贯彻中共十九大精神作为首要政治任务,扎实推进“两学一做”学习教育常态化制度化,全区各级党组织围绕“四讲四有”4个专题深入开展学习。全区基层党支部讲党课1109场次,开展“党员活动日”7250余次。加强干部队伍建设,提交区委常委会任免干部4批次,调整干部120人次。打响基层组织建设“品牌”,构建“两环三带一中枢”立体化党建体系。深入推进基层党组织标准化建设,建成或在建村(社区)党群服务中心91个,投入使用57个。基层党建标准化专题电教片获全市一等奖,在全省村(社区)党群服务中心率先引入党建视觉识别系统。扎实推进监察体制改革试点工作,准确运用监督执纪“四种形态”,保持惩治腐败高压态势。全年立案42件,给予党纪政纪处分50人,同比增长227%,其中科级干部22人;谈话函询119件次,在全市9个县区排名第二。法治东湖更加深入,实现全区行政机关、事业单位、国有企业法律顾问全覆盖,荣获法治南昌建设优秀县区称号。全面落实“深化改革推进年”各项工作,调整行政权力事项65项,取消44项。受理并办结行政审批事项6785件,办结率100%%。

(区史志办公室)

自然环境

【地理位置】 地处南昌市东北部,位于北纬28°40′15″—28°47 50″、东经115°50′39″—115°58′50″之间。东面由南往北沿洪都北大道、青山湖西岸、富大有堤、赣江南支为界与青山湖区相连,沿赣江中支为界和南昌县相邻;南面与西湖区相接,以北京西路、八一广场南端、八一大道、中山路、中山桥、中山西路为界;西濒赣江与新建区、青山湖区接壤,以赣江主航道中线为界;北与新建区、南昌县为邻。

【地形地貌】 地势西南高东北低,境内最高点位于民德路西海拔27.2米,最低点位于赣江中线海拔16.4米。

【河流湖泊】 北傍赣江,西连抚河,东临青山湖,内含东湖、南湖、北湖、贤士湖,区域内水系分布合理,环境宜人。

【气候】 属盆地气候,其特点是四季分明。年平均气温17.5℃,1月平均气温5.0℃,极端最低气温-9.3℃(1972年2月9日);7月平均气温29.6℃,极端最高气温40.6℃(1961年7月23日)。平均气温年较差24.6℃,年平均日照时数1903.9小时,年总辐射4819千卡/平方厘米。

【自然灾害】 主要有水灾、风灾等,多发生在5月至10月。

(区史志办公室)

历史沿革

东湖区是古老南昌城一个重要组成部分。北魏年间,郦道元著《水经注》中,即有东太湖的记载,唐宋以后至今,均称东湖。清代南昌旧城的五门——章江门、德胜门、永和门、广润门和顺化门的一部分地区,以及3条大街(中大街、西大街、东大街)均在辖区内。1926年南昌正式改市后,开始改为区、保建置。1949年解放初期为第一区、第二区,同年10月撤区。1951年8月恢复第一区、第二区。1955年4月分别称名东湖区、胜利区。1980年6月两区合并统称东湖区。1997年11月,根据南昌新城发展规划,将豫章街道办事处昌北街的5个居委会划归昌北开发区管辖。2004年9月7日,国务院批准(国函〔2004〕70号)《南昌市人民政府关于市辖区老城区行政区划调整的决定》,东湖区青山路街道办事处划归青山湖区,青山湖区的长巷、公园、七里、贤湖、永和、永溪6个行政村纳入东湖区管辖，并成立贤士湖管理处。2014年9月16日，南昌市政府印发《南昌市人民政府关于将扬子洲镇从青山湖区划归东湖区管辖的通知》(洪府字〔2014〕34号)，10月9日上午，又专门开会明确扬农管理处也一并从青山湖区划归东湖区管辖；10月24日，扬子洲镇和扬农管理处分别举行划归东湖区管辖揭牌仪式，标志着东湖区正式对扬子洲镇和扬农管理处行使管辖权。之后，东湖区行政区划保持至今。

东湖区的区位优势独特鲜明。中华人民共和国成立以后，东湖区一直是省会中心城区，是南昌市的一个重要行政区。南昌市第一条马路，是区内的民德路；全省第一条商业步行街，是区内的胜利路步行街。辖区内驻有省级领导机构及中央、省部属单位，江西歌舞剧院等省级艺术团体和江西艺术剧院、江西体育馆等众多重要文体场所，江西省人民医院等全省三甲以上知名医院，中国人民银行以及四大国有银行的省级分行，江西师范大学、南昌大学医学院等高等院校均坐落其中。东湖区北依赣江水道，城区干道纵横交错，基础设施完善，社会资源丰富，人流、物流、信息流、资金流枢纽地位突出。

东湖区的人文环境源远流长。域内"滕阁秋风""苏圃春蔬""东湖夜月""章江晓渡""龙沙夕照"等南昌著名的"豫章十景"，江南名楼滕王阁、千年古刹佑民寺、唐朝水观音亭、宋朝百花洲等名胜古迹，朱德旧居、朱德军官教育团、贺龙指挥部、叶挺十一军指挥部旧址等一批人文历史景观蕴含着深厚的文化底蕴，尽显南昌市"山水都市、现代新城、历史文化名城"三城底蕴，红色、绿色、古色、宗色"四色"旅游方兴未艾。

东湖区自古风景秀丽、人文荟萃、繁华万千，一直是智者纵横、商贾云集、百业兴旺之地。跨入21世纪，东湖区被确定为全省"县域经济发展综合改革试验区"的唯一城区，该区深入贯彻落实科学发展观，围绕打造实力东湖、创造活力东湖、塑造魅力东湖目标，驶上了发展的快车道。先后获"全国推进义务教育均衡发展先进地区""全国科技进步先进区""全国民政工作先进区""全国文化先进县(区)""全国和谐社区建设示范城区""全国计生优质服务先进区""全国群众体育先进区"等近几百项国家级、省级荣誉。东湖区已成为南昌市人气最旺、商业最繁华的城区之一。

眺"落霞与孤鹜齐飞，秋水共长天一色"美景，观"一江两岸"新貌，东湖区厚重的历史文化积淀与现代商业繁荣交相辉映，积淀了2000多年的古老文明，成就了现代都市的繁华美景，令人流连忘返。

(区史志办公室)

风景名胜

【概况】 东湖区有许多名胜古迹和闻名遐迩的人文景观。南昌著名的"豫章十景"胜迹在辖区就有"滕阁秋风""苏圃春蔬""东湖晓月""章江晓月""龙沙夕照"。全区拥有文化遗址2处，文物保护单位共9家，其中，国家级文物保护单位4家，省级文物保护单位3家，市级文物保护单位2家。辖区水网密布，园林坐落，古老名胜交融于奇妙自然风光之中，江南文化古城的独特风貌构成了城区特有的旅游资源。

【杏花楼(曾名水观音亭)】 市级文物保护单位，坐落在市区中心的南湖湖心岛，即今"水观音亭"。湖心观音亭建自唐代。据传明正德年间(1506—1521年)曾为宁王朱宸濠之妻娄妃的梳妆台，明万历年间(1573—1620年)，一度为相国张位(字明成)别墅，称"杏花楼"。汤显祖、刘应秋、吴应宾等人在此曾多有吟咏。清时，因祀娄妃，募捐修建，始名为"因是庵"，清乾隆五十三年(1788年)重修时改称"观音"。有巷通广济桥，巷口额称"湖心观音阁"，俗称"水观音亭"。1919年民间募捐重修。1983年年底重加修缮。现南昌画院设在此。

【佑民寺】 省级重点文物保护单位，坐落于南昌市八一公园北面，东湖东岸。始建于南朝梁天监年间(502—519年)，初名上蓝寺，又因寺傍一井时闹蛟患，后建一大佛镇之，故北朝东魏太清初年(547年)改称大佛寺。唐开元年间，改称开元寺。该寺先后修复、重建7次，1929年定名佑民寺。寺内后殿有巨型铜佛，高1.6丈，重1.8万公斤。前殿有千佛缸，缸外装饰90余个佛像，另有南唐所铸铜钟1只。佑民寺殿宇雄伟，是江西省著名的古代寺院,在东南亚佛教界有一定影响。

【滕王阁】 位于南昌市西北部沿江路赣江东岸,始建于唐永徽四年(653年),为唐高祖李渊之子李元婴任洪州都督时所创建,阁以其封号命名。唐上元二年(675年),洪州都督阎公重修此阁,王勃写成《秋日登洪府滕王阁饯别序》,此阁因“落霞与孤鹜齐飞,秋水共长天一色”而流芳后世。先后重建达29次之多,今主阁落成于1989年10月8日,是1985年按照梁思成绘制的《重建滕王阁计划草图》重建的。滕王阁共九层,濒邻赣江,面对西山,距唐代阁址百余米,主体建筑为宋式仿木结构;与湖北黄鹤楼、湖南岳阳楼并称为“江南三大名楼”,是南昌市的标志性建筑之一。2001年1月核准为首批国家AAAA级旅游景区。

【佑民寺钟楼】 位于南昌市佑民寺右侧。为一栋4层四角形花岗石建筑,建于1929年。上悬铜钟,为南唐大将林仁肇于北宋乾德五年(967年)铸。重5032公斤,高2.3米,围长4.9米。林仁肇为南唐南都留守、南昌尹,后被后主毒死。是南昌三宝(普贤铁像、佑民寺铜钟、宋代铜钟)中仅存的一宝。

【钟鼓楼】 位于南昌市东湖西岸、状元桥南。楼原名岑楼,创建年代失考。南唐时节度使林仁肇施铜铸巨钟悬楼上。明洪武年间(1368—1398年)楼倾斜,遂移钟普贤寺。明万历十六年(1588年),知府范涞复修,明末毁于兵火。清初江西巡抚蔡士英复建。楼高33.3米、广16.7米,飞檐高栋,可以俯瞰东湖。楼悬大钟,大20围,重600钧。“钟鼓楼中,终夜钟声撞不断”。因“钟、中、终、撞”四字同音,颇不易对,故人称为绝对云。

【状元桥】 位于南昌市东湖和南湖的交界处,是两湖的分界桥。建于明万历四十七年(1619年),过去是石拱小桥,南昌人称之为“广济桥”。清朝乾隆年间,江西大庾人戴衢亨才华出众,80天当中从乡试到殿试连中三元,皇帝召见,钦点头名状元。后南昌知县钱志遥主持修建并将“广济桥”改为“状元桥”。1935年改为混凝土平桥,1996年南昌市政府整治四湖时再次修缮。

【洗马池】 位于南昌市胜利路中段。汉高祖五年(前202年),灌婴进驻南昌,常饮马、洗马于此,故名。原为赣江岸沙洲,中有一池,面积约333平方米,深3.3米,四周生有绿草。次年,置豫章郡,灌婴筑城于今市区东南皇城寺,立木栏以护东、西、南三面。池的北面,为范仲华所居,作轩于池上,名“临清栾”。

【贡院(贡院井)】 位于南昌市八一公园内。八一公园原系宋明两朝贡院。清康熙二十年(1681年)巡抚宋世鼎又将设在进贤门内的清代贡院迁于东湖故址(今八一公园内)。南昌贡院共有49口贡井,以供考生、考官饮水之用。其中最大的那口叫贡院井,井口比人头还小,据说是为了防止有人名落孙山而跳井自杀。

【东湖书院】 位于南昌市百花洲街办刘将军庙社区,南宋嘉定四年(1211年)隆兴府通判丰有俊倡建于李寅涵虚阁故址。其地风景极佳。继任知府袁燮又“縻钱二百万,米百余石,以竟其役。”规制益广,合三十有四间。并奏闻朝廷,赐额“东湖书院”,又发文征求江南西路11郡图书充实其中,日用经费赖东湖部分收入与公田之租。四方学者众。嘉定中陆持之曾任山长。南宋嘉定十六年(1223年)计使滕强恕兼府事。移东百余米长。宋代黄翰、李燔、饶鲁曾讲学其中,江万里,程文海在此游学。

【宁王府】 位于南昌市子固路。为明宁献王朱权改封南昌后所营建。朱权系朱元璋第十六子(《明史》说是第十七子),原封大宁。朱棣(成祖)约其起兵,夺取建文帝位后,遂被改封南昌,建宁王府。府第规模宏伟,雕梁画栋,十分华美。因年代久远,风雨侵蚀,都已倒毁,仅头门尚存。头门两壁还嵌有明娄妃所写的“屏翰”二大字,高2.7米,宽2米,用青石刻成。为历代宁王居住之所。明正德年间(1506—1521年)宁王朱宸濠起兵谋夺武宗帝位,失败后宁王府废。清代改为藩署。新中国成立前后,南昌市政府、江西省文艺南昌市民俗博物馆学院(后改为文艺学校)均曾设于此。

【娄妃墓】 位于南昌市沿江路华光庙8号门前。娄妃系明太祖朱元璋十六子(一说十七子)朱权之孙宁王宸濠妻。明正德十四年(1519年)宁王朱宸濠欲反,娄妃曾泣谏不听,后以诗讽之。宁王反叛被巡抚南赣都御史王守仁(王阳明)平定被擒，于槛车中泣曰：“昔纣用妇人言亡天下，我以不用妇人言亡其身，今悔恨何及！”后娄妃亦投江自尽，王守仁收其尸葬之。清乾隆初期，江西布政使彭家屏修其墓时碑题“前明宁王庶子宸濠娄妃墓在此”。清乾隆四十一年（1776 年）署布政使吴翥堂重修。后人钦娄妃之贤烈，墓经多次修缮。娄妃手书“屏翰”二字石刻，今仍保存完好。“屏翰”喻国家之重臣。中华人民共和国成立后，墓经多次维修，为南昌有名古迹。

【八一公园】 位于南昌市区的东湖之中，北临民德路，南临中山路，东滨苏圃路，由东湖、百花洲及东湖东岸陆地组成。面积约 26.27 公顷，其中陆地面积 6.4 公顷、水面面积 19.8 公顷。唐元和三年（808 年），观察使韦丹为除水患，首倡治湖、浚淤植柳，后遂有“万柳堤”及“黄金堤”。杜牧曾赞其为“十顷平湖柳堤合”，自此以后东湖即为著名风景湖，清代为贡院，1932 年辟为湖滨公园，1946 年 4 月 3 日改称为中正（介石）公园。1950 年 7 月定名为八一公园，公园可分为湖区和陆区两部分。园内有“水木清华馆”“苏圃”“九曲桥”“柳堤”等著名景点和建筑。“豫章十景”中的“东湖月夜”和“苏圃春蔬”就在园中。

【百花洲】 位于南昌市东湖湖心，状元桥和三道桥之间。原有三洲，其中两洲现在八一公园内，一洲为省图书馆、少年宫所在地。原为水泽之乡，被东湖（旧名东太湖）萦回环抱。其北一洲叠石成峰，土阜孤耸，亭峙其巅，故称“冠鳌亭”。东一洲深入湖心，为宋隐士苏云卿灌园处，名为苏翁圃。南宋绍兴年间（1131—1162 年），豫章节度使张澄在此建“讲武堂”以习水军。清乾隆十一年（1746 年），江西布政使彭家屏书“百花洲”碑。唐代诗人张九龄、杜牧，宋代词家辛弃疾均留有描绘百花洲旖旎风光的辞章。“豫章十景”中的“东湖夜月”“苏圃春蔬”二景均在此间。

【叶挺指挥部旧址】 全国重点文物保护单位，坐落在南昌市苏圃路南昌二中校园内，原为心远中学的教学楼。为砖瓦结构工字形二层楼房，面积 907.20 平方米。1927 年，国民革命军第 11 军 24 师司令部、办公室、会议室、电话总机房及警卫部队驻地。1927 年 7 月 30 日下午 2 时，叶挺在此召开了第 11 军第 24 师营以上及师直机关军官会议，传达中国共产党关于武装起义的决定，部署战斗任务。南昌起义后，叶挺任国民革命军 11 军军长，此楼即为 11 军指挥部。解放后经人民政府修缮，基本保持了原貌，并于 1977 年 8 月正式对外开放。

【朱德军官教育团旧址】 全国重点文物保护单位，坐落在南昌市八一大道 58 号。清末是训练清军的场所，后改为江西陆军“讲武堂”。占地几公顷，前后三进共四五十间房，另有礼堂及操场。1927 年春，朱德在这里创办军官教育团并亲任团长，培养了一批革命武装干部，其中一部分人参加了南昌起义，这里成为南昌革命活动的一个基地和堡垒。抗日战争时期大部分建筑被毁，未毁建筑已按原貌进行了恢复。

【贺龙指挥部旧址】 全国重点文物保护单位，全国爱国主义教育基地，坐落在南昌市子固路 95 号。原为中华圣公会宏道堂，是一座中西合璧的古建筑，1927 年 7 月下旬，贺龙率领国民革命军第 21 军参加南昌起义，军指挥部设在宏道堂，在此举行过多次策划起义行动的重要会议，1927 年 8 月 1 日凌晨，贺龙、刘伯承、周逸群在此指挥了武装起义。大楼前三层窗口仍留有当年敌方炮弹弹痕。旧址小楼有贺龙等起义领导人当年的卧室，军官会议室的复原陈列，大楼大厅设有《贺龙元帅生平展》。

【花园角二号】 位于南昌市八一公园至朱德军官教育团旧址之间。是八一南昌起义时周恩来、朱德的旧居。为砖木结构两层楼房，有前后两进，面积 436.92 平方米。1927 年春，朱德在南昌创办军官教育团，为便于开展革命活动，租下这所住宅。6 月间，时任江西省政府主席朱培德以“礼送”共产党人出境为名，迫使朱德离开江西。7 月，为准备起义，朱德从武汉返南昌，仍居此。7 月下旬，周恩来从武汉秘密到南昌，首先会见朱德。第一天就住在此住宅的厅堂里。旧居的一层北侧是朱德的卧室，南、北前房及正房是警卫员的住房。二层北侧是郭沫若的住房，他曾在此写下“请看今日之蒋介石”。

【蒋介石南昌行营】 位于南昌市中心的东湖百花洲上。1928 年 10 月，国民政府江西省图书馆依东湖而建，但在其落成仅两个月的时间，蒋介石刚刚结束与阎锡山、冯玉祥、李宗仁等军阀的中原大战，便亲临南昌市策划指挥“围剿”工农红军。因此，省图书馆成了“海陆空军总司令南昌行营”，是江南五省所谓的“剿匪”总部，被时人称为第二首都。蒋介石把二层西面作为办公室。前楼地面二层，下为地下室。地下室为水牢，曾关押过百余名红军指战员和苏区干部，方志敏、陈赓等曾被蒋介石押解至此亲自劝降。因此，“南昌行营”的存在可以见证中国共产党反抗国民党反革命“围剿”的历史。

【南昌市民俗博物馆】 位于南昌市子固路95号。创建于1988年，为中国目前唯一的一座省会民俗博物馆。博物馆展览主要有4个部分：南昌婚俗、儿童服饰、吉祥图案、中国岁月风俗画。所收藏及展示以江西剪纸，民间绣品，南昌地区民间习俗最具特色。先后举办了江西儿童绣品展、江西傩文化展、南昌婚俗展等一系列专题展览。

【八一广场与八一起义纪念塔】 八一广场地处南昌市八一大道核心地段，占地7.8万平方米，原称人民广场，是南昌的窗口，也是南昌市民活动的中心，每年在此会举办各种各样的政务和商务活动。广场以“八一”历史文化为主题，分两轴三区：两轴为南北向广场主轴线、东西向广场景观副轴线，三区为南部纪念区、中部中央文化区、北部休闲区。八一起义纪念塔耸立在广场南段，为英雄城的城徽；1977年8月1日为纪念八一南昌起义50周年破土兴建，1979年1月8日落成。塔呈长方体，总高45.5米；塔身正北面是叶剑英元帅题写的“八一南昌起义纪念塔”九个铜胎鎏金大字，下嵌“八一南昌起义简介”花岗石碑；塔身基座有27个台阶，意指一九二七年。

【江西革命烈士纪念堂】 位于南昌市八一大道北段，建于1953年。纪念堂前的广场中心有一座红军战士塑像。堂前厅有毛泽东手迹“死难烈士万岁”！正厅祭坛上立有纪念碑，由朱德题字：“革命烈士永垂不朽!”陈列柜中，珍藏25万余名革命烈士名册。两边厅陈列第二次国内革命战争时期的10个战斗史迹。二、三楼陈列300多位烈士生平斗争事迹、遗著和遗物等。

【方志敏广场（方志敏爱国事迹陈列馆）】 南昌市爱国主义教育基地，位于南昌市下沙窝滨江边，该地带也是方志敏烈士的就义之地。2007年9月中旬动工，2008年8月6日竣工并向市民开放。广场占地约1万平方米，分为“红色畅想”革命足迹区、“铁骨忠魂”塑像纪念区、“薪火传承”文化景观区等三大功能区。广场中央有方志敏雕像，左右两边矗立了四块纪念墙，上面刻写着毛泽东、邓小平、江泽民、胡锦涛对方志敏的怀念之情和赞美之词。广场建设的宗旨是打造爱国主义教育基地、党风廉政教育基地和新的红色旅游基地。

【江西省博物馆】 坐落在南昌市赣江、抚河环抱的新洲上，东临抚河，南接中山桥，西面赣江，北依滕王阁。占地4万平方米，建筑面积3.5万平方米，展厅面积1.3万平方米，1999年10月1日落成并正式对外开放，该馆将历史、自然、革命三个博物馆合在一起，形成大型综合性博物馆，馆舍主体建筑造型取材明代景德镇御窑出土白瓷三管器，历史馆、革命馆、自然馆三馆合一，将古代陶瓷艺术与现代建筑风格巧妙地融于一体。馆内中心广场矗立大型青铜雕塑《时空》，由3根仿商代青铜器上的扉棱提梁、仿国宝级文物商代立鹿四足青铜甗和伏鸟双尾虎及火炬4个部分组成，寓意灿烂文明，源远流长；物华天宝，人杰地灵；星星之火，可以燎原。

【江西省科技馆】 全国科普教育基地，坐落于赣江之滨，与滕王阁相毗邻，占地面积4.6万平方米，建筑面积1.6万平方米，总投资1.45亿元。2000年4月动工兴建，2002年9月22日开馆。由天工厅、智慧厅、开物厅三个展厅和序厅、航空航天、交通能源、生命奥秘、儿童天地等14个展区，以及4D影院、穹幕影院和院士厅、儿童科学乐园、青云厅、国际会议厅、世纪广场等配套设施组成。它以展览教育、实验教育、培训教育为基本功能，是中国中部6省中建设规模最大、展示内容最全、科技含量最高的科技馆。

【八一大桥】 位于南昌市区北部，新桥于1997年9月29日通车。是江西省第一座斜拉桥，为双独塔双索面斜拉桥，总造价4.4亿元。主桥长1040米，主跨4×160米，塔高103米。全桥共有斜拉索144根，主桥桥面宽28米，双向车道，可通行55吨重型车辆，设计日流量2.32万车次。大桥外形雄伟壮观，不锈钢栏杆上嵌有汉白玉十二生肖图案。在两座桥塔上，镶嵌着江泽民题写的桥名。在南北桥头地面，广植奇花嘉木，并仿建成有江西省盛名风著的浔阳楼、郁孤台、牡丹亭、龙珠阁。南岸桥头石雕黑白双猫，敏捷灵动；北岸桥头铜铸双狮，威风凛凛。

【青山湖风景区】 位于南昌城区东北，北依赣江。古时因湖四周山丘环抱，山色青青而得名。湖面南北长近5公里，东西宽1.5公里，水域面积300公顷，陆地面积近65公顷，承担着南昌城区52平方公里雨水污水调蓄。2001年10月，南昌市委、市政府决定把青山湖整治工程列为建设花园城市的标志性工程。工程计划总投资2.8亿元。相继建成相思林公园、湖滨公园、燕鸣岛公园。整治后的青山湖显现出欧式风格，是公共休闲的大型城市公园。

【相思林公园】 位于南昌市青山湖的西岸，呈“飞”字状，是青山湖风景区的一个组成部分。湖滨地块长约540米，最宽处约80米，最窄处约15米。隔湖滨路还有一处矩形地块，长约50米，宽约38米，两块地合称相思林公园，总面积2.4公顷。相思林公园分为4个主题，从左到右依次分别为“人生有约”“心心相印”“天地之合”“比翼齐飞”，表示对情侣们的美好祝愿和深切祝福。灯光雕塑“城市之韵”是相思林公园标志性的灯光小品。

（区史志办公室）

行政区划

【概况】 2017年，东湖区辖扬子洲镇和八一桥、豫章、墩子塘、百花洲、公园、大院、董家窑、彭家桥、滕王阁9个街道办事处以及贤士湖、扬农2个管理处。全区设94个社区居民委员会、11个单位社区、21个村民委员会。

【扬子洲镇】 辖1个社区居民委员会：青扬社区；15个村民委员会：三联村、联民村、为民村、庙后村、前洲村、新村村、滕洲村、熊万村、上房村、莘洲村、长村村、渔业村、南洲村、林场村、臣港村。

【八一桥街办】 辖7个社区居民委员会：大士院南区社区、大士院西区社区、大士院北区社区、叠山路西社区、豫章后街社区、芭茅巷社区、裘家厂社区。

【豫章街办】 辖11个社区居民委员会：四经路社区、洪城社区、滨江社区、下沙窝社区、经纬路社区、东濠街社区、上沙窝社区、下正街社区、江药社区、新星社区、聆江社区；辖1个单位社区：爱国社区。

【墩子塘街办】 辖8个社区居民委员会：党家巷社区、张家厂社区、墩子塘社区、马家池社区、右营街社区、下水巷社区、北湖社区、阳明社区；辖2个单位社区：省儿童医院社区、江中社区。

【百花洲街办】 辖11个社区居民委员会：刘将军庙社区、状元桥社区、火神庙社区、南湖路社区、杨家厂社区、桂旺巷社区、邮政路社区、包家巷社区、小金台社区、渊明北路社区、白马庙社区；辖1个单位社区：市一医院社区。

【公园街办】 辖6个社区居民委员会：上营坊社区、环湖路社区、戴家巷社区、经堂巷社区、民德路社区、永宁社区；辖2个单位社区：省妇保社区、江西宾馆社区。

【大院街办】 辖7个社区居民委员会：省府院内一社区、省府院内二社区、公园社区、体苑社区、二七北路社区、广场北路社区、林苑社区；辖1个单位社区：八配社区。

【董家窑街办】 辖19个社区居民委员会：贤士一路社区、贤士二路社区、贤士花园一社区、贤士花园二社区、南京西路南社区、南京西路北社区、殷家巷社区、南永和路社区、青桥社区、青山南路社区、金家山社区、豆芽巷社区、五纬路社区、朱家湖社区、新华社区、青阳社区、锦苑春天社区、紫金城社区、杏苑社区；辖3个单位社区：佘山路社区、江纸社区、江医社区。

【彭家桥街办】 辖13个社区居民委员会：北京西路社区、文教路社区、福州路北社区、文教路北社区、江中花园社区、李家庄社区、光明社区、七里街社区、青山北路社区、建新社区、湖滨南路社区、新祺周社区、观欣社区；辖1个单位社区：江西师大社区。

【滕王阁街办】 辖9个社区居民委员会：子固路

社区、榕门路社区、滕王阁社区、铁街社区、上凤凰坡社区、民巷社区、李家巷社区、章江路社区、射步亭社区。

【贤士湖管理处】 辖6个村民委员会:长巷村、公园村、七里村、贤湖村、永和村、永溪村。

【扬农管理处】 辖2个社区居民委员会:德成社区、绿苑社区。

(邓建平)

城区环境

【概况】 2017年,东湖区空气质量优良天数为244天,优良率达到73.3%,保持在优良水平。东湖区的地表水主要监测东湖、北湖、南湖水质,达到国家Ⅳ类标准;主要地表水水体达到功能要求。通过强化环境监督管理,城区环境质量状况一直保持优良。

【饮用水】 2017年,东湖区饮用水源地水质达标率100%。

【环境质量主要指标】 2017年,二氧化硫年日平均值15微克/立方米;二氧化氮年日平均40微克/立方米;PM10年日平均值103微克/立方米;PM2.5年日平均值58微克/立方米。

【声环境】 2017年,东湖区域环境噪声平均值53.12分贝,城区交通干线噪声平均值69.7分贝。

(谢　宁)

民族·宗教

【概况】 2017年,东湖区牢牢把握"共同团结奋斗,共同繁荣发展"的民族工作主题和宗教工作方针政策,不断加强和改进民族宗教事务管理,实现辖区内民族宗教领域和谐稳定。

【少数民族与宗教活动场所】 2017年,全区共有23个少数民族,685户1486人,其中常住人口602户1346人,暂住(流动)少数民族83户144人。流动人口主要从事清真餐饮、民族风味食品和特色商品经营,以回族、维吾尔族、藏族居多。截至年底,全区有佛教、道教、基督教三大宗教,经批准登记的宗教活动场所有12个,其中区属管理的场所9个,分别是:佛教1个(扬子洲淡斋寺)、道教2个(三郭庙、郭公庙)、基督教6个(青山堂、灵恩、化纤厂、新货村、光明、扬子洲仰恩堂);市属管理的场所3个,分别是佛教1个(佑民寺)、基督教2个(清钟堂、志道堂2个教堂)。全区宗教教职人员92人,信教群众5682人,其中:佛教信徒812人、道教信徒106人、基督教登记堂点受洗信徒4682人,慕道友82人。

(丁　一)

人口发展状况

【概况】 2017年,东湖区围绕优化计生服务的理念,坚持计划生育基本国策,坚持执行现行生育政策,全面两孩政策有序实施,加大政策宣传力度,认真查处党员干部违法生育行为,依法打击"两非",控制出生性别比。优化流动人口、特扶家庭服务,做好免费孕前优生和免费婚检工作。截至年底,全区总人口552290人,已婚育龄妇女9.7万人,出生率11.19‰,自增率5.84‰,出生政策符合率99%,出生婴儿性别比104.61。全面落实城镇居民独生子女父母奖励费、失独家庭一次性补助、计划生育家庭奖励扶助、独生子女伤残、死亡家庭特别扶助、计生家庭新农保配套优惠补助、阳光助学、中考加分、爱心保险等各项奖励优惠政策。荣获全省计划生育先进县(区)二等奖和南昌市计划生育服务示范区,南京路小学健康促进示范学校获得全国流动人口健康促进示范学校等荣誉。积极组织开展计划生育各项技术服务,累计完成免费孕前优生健康检查2400人。建立流动人口信息平台监管制度,做好流动人口服务均等化工作,全区全年总流动人口34082人,建立31363份流动人口健康档案(其中电子档案7834份、纸制23529份),占流动人口总数的92.02%。

(万猛根)

表 1　**2017 年东湖区人口及其变动情况**

单位	年末总户数（户）	年末总人口（人）									本年度人口变动（人）									
		合计	城镇人口	乡村人口	性别		年龄				出生			死亡			迁入		迁出	
					男	女	0～17岁	18～34岁	34～59岁	60岁及以上	合计	男	女	合计	男	女	省内迁入	省外迁入	迁往省内	迁往省外
八一桥	10232	30427	30427	—	15411	15016	3669	6265	13525	6968	310	158	152	684	397	287	127	39	172	129
墩子塘	12076	36872	36872	—	18050	18822	5660	7280	15247	8685	364	191	173	666	374	292	115	60	149	188
百花洲	16427	52297	52297	—	25774	26523	7702	11343	20873	12379	505	268	237	1033	563	470	283	98	306	492
大院	11944	53075	53075	—	27574	25501	7152	14988	14376	16559	601	334	267	763	420	343	973	308	708	1061
董家窑	30438	91006	91006	—	45362	45644	16353	18763	36395	19495	1374	757	617	1470	897	573	764	234	483	561
公园	11055	34983	34983	—	16802	18181	5764	6502	14360	8357	444	245	199	607	331	276	142	95	86	187
豫章	16899	51818	51818	—	25426	26392	8357	9808	20835	12818	699	388	311	877	508	369	262	158	200	323
彭家桥	9124	26517	26517	—	13340	13177	4200	5357	10773	6187	404	222	182	419	238	181	213	110	298	269
扬子洲	10035	33278	4501	28777	16668	16610	8497	9574	10672	4535	640	343	297	374	206	168	227	49	115	22
滕王阁	11156	33739	33739	—	16731	17008	5066	6837	13099	8737	381	204	177	667	351	316	182	51	148	190
七里街	6157	16747	16747	—	8386	8361	2643	3412	6898	3794	195	106	89	303	196	107	100	45	47	97
东湖区	145543	460759	431982	28777	229524	231235	75063	100129	177053	108514	5917	3216	2701	7863	4481	3382	3388	1247	2712	3519

（陈国栋）

经济运行概述

【概况】　2017 年，东湖区全区经济保持稳中有进的态势。全年地区生产总值 474.99 亿元，按可比价计算，同比增长 8.7%。其中第一产业增加值 0.64 亿元，同比下降 5.9%；第二产业增加值 41.33 亿元，同比增长 4.5%；第三产业增加值 433.01 亿元，同比增长 9.2%。第一产业增加值占地区生产总值的比重为 0.14%，第二产业增加值比重为 8.70%，第三产业增加值比重为 91.16%。全年人均地区生产总值 9.17 万元。在全年地区生产总值中，非公有制经济增加值 202.55 亿元，按可比价计算，同比增长 9.1%，占地区生产总值的比重为 42.6%。

【固定资产投资不断扩大】　2017 年，全区固定资产投资 206.07 亿元，同比增长 13.3%，其中房地产投资 15.56 亿元，同比增长 109.2%。全年城镇投资施工项目 530 个，其中新开工项目 485 个；计划投资 5000 万元以上项目 31 个，其中新开工项目 25 个。在固定资产投资中，第一产业投资 0.45 亿元，占固定资产投资的比重为 0.22%；第二产业投资 24.38 亿元，占固定资产投资的比重为 11.83%；第三产业投资 181.24 亿元，占固定资产投资的比重为 87.95%。

【消费品市场平稳运行】　2017 年，全区社会消费品零售总额 291.1 亿元，同比增长 12%，其中限额以上零售额 117.23 亿元，同比增长 14.1%。按行业统计，批发业实现零售额 33.76 亿元，同比增长 9.6%；零售业实现零售额 222.71 亿元，同比增长 12.8%；住宿业实现零售额 4.23 亿元，同比增长 4.6%；餐饮业实现零售额 30.44 亿元，同比增长 9.6%。截至年底，区内亿元市场有 4 个，实现成交额 54.7 亿元，较上年同期增长 1.77%。

【财政收支运行良好】　2017 年，全区财政总收入 64.63 亿元，同比增长 19.6%，其中地方一般公共预算收入 13.05 亿元，同比增长 5.9%。税收收入 10.55 亿元，同比增长 4.1%；非税收入 2.50 亿元，同比增长 14.0%。全年地方一般公共预算支出23.65亿元，同比增长18.2%。其中公共安全支出2.76亿元，同比增长2.2%；教育支出3.58亿元，增长5.8%；城乡社区事务支出3.77亿元，同比增长10.4%；医疗卫生与计划生育支出2.82亿元，同比增长49.1%。

【促进建筑业稳健发展】 2017年，东湖区资质以上建筑业企业74家，其中有工作量企业70家。建筑业总产值150.5亿元，同比增长14.3%，其中建筑工程产值127.48亿元，安装工程产值18.15亿元。建筑业从业人员平均人数为2.48万人，建筑业企业签订合同额367.87亿元，房屋建筑施工面积为172.72万平方米。

【促进外向型经济稳步增长】 2017年，东湖区内外贸企业全年进出口总额39229万美元。全年实际利用外资26394万美元，同比增长42.4%，现汇进资14310万美元，现汇比例54.2%；实际利用内资49.81亿元，同比增长22.1%。

【实现居民收入持续增长】 2017年，全区城镇居民人均可支配收入39438元，同比增长8.2%。区属单位在岗职工年平均工资为83190元，同比增长27.12%。

（刘石鹏）

城乡居民生活水平

【概况】 2017年，东湖区城乡居民收入快速增长，居民消费支出稳中有升。居民消费领域逐步拓展，生活质量显著提高，消费结构趋于优化，并呈现出以下两个特点：一是生存型消费增长缓慢，比重下降。二是发展型消费快速增长，比重上升。

【城市居民生活水平】 2017年，城镇居民人均可支配收入为39438元，同比增长8.2%，城镇居民人均可支配支出为24884元，同比增长7.0%。

【城镇居民收入特点】 2017年，东湖区城镇居民人均工资性收入及人均经营净收入较2016年保持平稳发展。受2017年南昌市房价大幅上涨及其他因素的影响，东湖区城镇居民人均财产净收入为6765元，同比增长15%。受国家上调退休人员养老金及其他因素的影响，东湖区城镇居民人均转移净收入为16691元，同比增长15%。总体来看，东湖区2017年城镇居民人均可支配收入为39438元，同比增长8.2%。

【城镇居民支出特点】 2017年，在城乡居民收入快速增长的同时，居民消费支出稳中有升，东湖区城镇居民人均可支配支出24884元，增长7%。居民消费领域逐步拓展，生活质量显著提高，消费结构趋于优化，并呈现出以下两个特点：一是生存型消费增长缓慢，比重下降。城镇居民用于食品烟酒、衣着、居住、生活用品及服务的消费支出人均18889元，同比增长1%，增速比2017年人均可支配支出低6个百分点，占比由2016年的80.5%下降到2017年的75.9%；二是发展型消费快速增长，比重上升。城镇居民用于医疗保健、教育文化娱乐、交通通信的消费支出人均5576元，同比增长34.1%，增速比2017年人均可支配支出高27.1个百分点，占比由2016年的17.9%上升到2017年的22.4%。发展型消费快速增长的原因主要有以下两个方面：一是居民医疗保健观念的改变。随着城镇居民医疗保健意识的提高，居民一改往日“生大病才住院”的陈旧观念，“有病及时就医，无病定期检查”的观念开始深入人心，定期去医疗机构检查的居民人数不断增加，大型医疗机构的硬件设施及软件服务也在不断改善，在提高医疗水平的同时，也增加了居民医疗保健费用的支出；二是教育文化娱乐服务消费的高速增长。随着消费观念的改变，在满足基本生活要求的基础上，居民在教育文化娱乐方面的支出越来越多。一方面是社会和家庭对孩子教育的重视程度加深，促使家庭把更多的时间和资金投入到孩子的兴趣爱好教育上面。另一方面是高铁通车线路越来越多，与周边城市的交通越来越便捷，吸引了越来越多的居民走出去旅游，这已经成为城镇居民周末及节假日消遣的一个重要方式。

表 2　**2017 年东湖区经济、财政收入人均水平**

指　　标	绝对值(亿元)	增长(%)	人均水平(元)
地区生产总值	474.99	8.7	91702
财政总收入	64.63	19.6	12478
地方一般公共预算收入	13.05	6.5	2520

说明:地方一般公共预算收入增速为剔除 2017 年通过结算上解市本级的市级单列企业财政收入因素影响后的同口径增速

(俞　昱)

省部级领导到东湖区考察

【概况】　2017 年,中国关心下一代工作委员会主任顾秀莲,江西省委书记鹿心社,江西省委副书记、省长刘奇,江西省委常委、江西省纪委书记孙新阳,江西省委常委、江西省委组织部部长赵爱民,江西省委常委、南昌市委书记殷美根,江西省委常委、江西省委统战部部长陈兴超,江西省委常委、江西省委宣传部部长赵力平等其他领导人均到东湖区考察调研、指导工作。各级领导充分肯定东湖区在经济发展、社会事业等方面工作所取得的成绩,并提出新的要求。

【殷美根率"三看"考察组调研东湖】　1 月 5 日上午,江西省委常委、副省长、南昌市委书记殷美根率全市"三看"活动考察组到东湖区实地考察。殷美根对东湖区精心打造项目承载平台、精心优化产业布局,推动产业向高端、前端、深端迈进的做法表示赞许。他指出,老城区在发展现代服务业方面有较好的产业基础和资源禀赋,要充分发挥好自身优势,精心编制产业规划,加大服务业项目招引力度,推动项目早落地、早开工、早见效。

【中国侨联副主席康晓萍慰问东湖侨胞】　1 月 22 日,中国侨联副主席康晓萍一行到东湖区,走访慰问困难归侨陈春玉、田茂英及困难侨眷钟雪花、樊水莲,向他们转达党和政府的关怀以及中国侨联的问候,并送上慰问金,鼓励他们树立生活信心。

【鹿心社到东湖区考察】　1 月 27 日上午,江西省委书记鹿心社轻车简从,到东湖区紫金城广场,察看节日期间社会环境及节日文化活动开展情况,与东湖区干部群众一起欢欢喜喜过大年,为大家送来关怀和温暖。

【陈兴超到佑民寺调研】　4 月 18 日上午,江西省委常委、省委统战部部长陈兴超到东湖区佑民寺调研宗教工作。陈兴超对该区高度重视宗教工作,坚持依法管理宗教事务,扎实推进宗教工作规范化建设给予充分肯定。他要求各级统战部门要进一步提高认识、落实责任,紧紧围绕中心、服务大局,切实发挥统战优势,整合资源凝聚力量,为全省经济社会发展做出更大贡献。

【洪礼和到东湖区调研指导】　4 月 25 日下午,江西省人大常委会原党组副书记、副主任洪礼和到

2017 年 4 月 25 日,洪礼和(左三)到东湖区公园街道调研指导工作

东湖区调研指导工作。洪礼和一行察看该区公园街道戴家巷社区服务中心、社区党建活动室,听取社区建设、服务群众和党建情况介绍,对该社区抓住党建标准化建设契机,以党建工作为统领,创新社区管理模式,强化硬件建设,提升软件服务,有效提升社区服务管理水平的经验和做法表示充分赞许和肯定。他指出,东湖区领导干部对基层工作情况熟,思路清,既有实践经验,又有概况总结,基层工作措施扎实,成效明显。

【殷美根调研扬子洲镇前洲村】 6月28日下午,江西省委常委、南昌市委书记殷美根到东湖区扬子洲镇前洲村调研基层党建工作,就进一步做好全市基层党建工作听取意见建议。殷美根对前洲村大力推进村级党组织标准化建设,健全完善“六站三室一平台”,促进党建基础提升、制度规范,予以充分肯定。他强调,要适应形势变化,充分认识基层党建工作向纵深化、常态化、实质化发展的新特点,注重搭建平台,注重找准抓手,注重选好落点。要紧抓学习教育,以推进“两学一做”学习教育常态化制度化为抓手,抓学习组织、抓学习重点、抓学习运用,争做有党性、有知识、有本领、能致富的共产党员。要紧扣中心工作,围绕市委十一届二次全会确定的目标任务尤其是全市八大主要工作,敢于先行先试、善于闯险闯关、乐于实在实干。要紧贴群众期盼,时刻把群众的冷暖安危、福祉实惠、诉求期盼系在心上、抓在手上、落实到行动上,做脱贫致富的“带路人”、嘘寒问暖的“贴心人”、和谐社会的“守护人”。要紧盯责任落实,突出“书记抓、抓书记”这一关键,综合用力、持续发力、齐心协力,知责明责、履责尽责、追责问责,确保基层党建各项任务落到实处。

【赵爱民走访滨江社区】 7月1日上午,江西省委常委、省委组织部部长赵爱明一行50余人到东湖区滨江社区参与志愿服务活动。赵爱明看望志愿者服务和社区群众,与在社区青年空间阅读图书的小朋友们进行亲切交谈,并将省委组织部机关捐赠的书籍送到滨江社区干部手中。赵爱明充分肯定滨江社区多样化志愿服务,贴近群众,好评不断,并说“我们要有更多像滨江这样的五星级社区出现!”

【谢茹出席紫金广场食品安全周活动】 7月6日上午,江西省副省长、省食安委副主任谢茹出席在东湖区紫金广场举行的2017年江西省食品安全宣传周启动仪式暨“双安双创”成果图片展,她在宣布仪式活动正式启动后,兴致勃勃观看图片展,并不断向工作人员询问。

【刘奇调研东湖区婚前检查工作】 9月21日上午,江西省委副书记、省长刘奇专程到南昌市东湖区婚检工作场所,调研婚检工作开展情况。刘奇认真了解该区婚检工作开展情况,并强调,各级各部门一定要高度重视婚检工作,从源头上实现人口素质、人口质量的管控。要对下一代负责,必须要创造条件,千方百计提高婚检率,民政、卫计等部门要密切配合,方便群众。

【赵力平到榕门路街区调研】 10月19日下午,江西省委常委、省委宣传部部长赵力平到东湖区榕门路街区调研指导工作。他强调,正在召开的中共十九大,是在全面建成小康社会决胜阶段、中国特色社会主义进入新时代的关键时期召开的一次十分重要大会。学习好、宣传好、贯彻好中共十九大精神是当前和今后一个时期的重要政治任务。全省各级宣传思想文化部门要深刻领会和把握中共十九大报告的科学内涵和精神实质,认真做好中共十九大精神的宣传阐释,抓好党员干部和群众的学习贯彻,迅速在全省兴起学习、宣传、贯彻中共十九大精神的热潮,努力把全省党员干部群众的思想统一到中共十九大精神上来,把力量凝聚到建设富裕美丽幸福江西上来,为实现中华民族伟大复兴的中国梦贡献“江西力量”。

【孙新阳到东湖区调研】 11月28日,江西省委常委、省纪委书记孙新阳到东湖区宣讲中共十九大精神,并就深化国家监察体制改革试点工作进行调研。孙新阳听取南昌市及部分县区深化国家监察体制改革试点工作情况汇报,就基层试点工作中遇到的相关问题进行解疑释惑。他指出,全省深化国家监察体制改革试点工作动员部署会召开以来,南昌市各级党委自觉担负起主体责任,各项工作扎实有序推进,东湖区、安义县改革试点工作行动早、基础好,要扬优成势,进一步做好后续工作。要加强统筹协调,坚持在党委统一领导和上级工作小组指导下开展工作,各相关单位既要抓好职责范围内的任务落实,又要服务全局、紧密配合、沟通协作、合力推进试点工作。纪检监察机关要对转隶干部逐人开展谈心谈话，进行政治家访，掌握思想动态，切实增强转隶干部的认同感和归属感。检察机关要对转隶人员、案件线索等开展仔细的调查摸底，认真做好人员转隶、线索移交等准备工作，做到对工作负责、对干部负责。要开展有针对性的培训，建设一支既懂纪又懂法、守纪律讲规矩的专业化干部队伍。

【顾秀莲到光明社区调研】 12月13日下午，中国关心下一代工作委员会主任顾秀莲一行考察东湖区光明社区关心下一代工作情况。顾秀莲听取社区开展关心下一代工作的情况汇报，亲切看望社区工作人员、志愿者等，并对社区关心下一代工作表示高度肯定，称赞社区工作扎实，成效显著，对东湖区关工委“三环”“三园”工作模式给予充分认同。

【朱虹一行到江西淘鑫电商基地调研】 12月18日，江西省人大常委会副主任朱虹到江西淘鑫电商基地参观指导，省旅发委主任欧阳泉华、副主任丁新权等领导参加。江西淘鑫负责人张耀华全程陪同介绍。在随后的座谈会上，朱虹指出，发展江西旅游，一是要大力发展乡村旅游，加快旅游强省建设。二是可以借助“互联网＋”做大江西旅游的影响力，进而对江西旅游的新业态形成起到极大推动作用。

【殷美根走访慰问豫章小学二部】 9月6日下午，江西省委常委、南昌市委书记殷美根到东湖区豫章小学二部，走访慰问辛勤工作在教学一线的教师。殷美根参观校园建设，认真询问学校办学特色、教育改革发展和教师工作生活情况，为部分优秀教师代表送上鲜花和教辅书籍，代表市委、市政府并通过他们向全市广大教师和教育工作者表示慰问和感谢。殷美根强调，百年大计，教育为本；教育大计，教师为本。全市教育战线要立足新起点、再创新辉煌，做到学前教育要创新补弱，义务教育要巩固提升，高中教育要加快普及，职业教育要打造特色，高等教育要争创一流。希望广大教师热爱教育、热爱学生，把学生当作自己的孩子、当作自己的亲人，“撒向学生就是爱、投入教育都是情”。要提高水平、规范行为，做到教书育人、为人师表。要努力学习、刻苦钻研，提高教学本领，为全市教育事业发展做出新的更大贡献。

（裘　洁）

2017年9月6日，殷美根（居中）到东湖区看望慰问一线教师，并与他们合影留念

中国共产党南昌市东湖区委员会

综　述

2017年，中共东湖区委在省委、市委的正确领导下，坚持以习近平总书记系列重要讲话精神和治国理政新理念新思想新战略统揽经济社会发展全局，围绕年初确定的工作重点和目标任务，顶住压力，克难奋进，推动产业发展势头向好，城市面貌焕然一新，改革创新持续突破，社会事业稳步前进，党的建设不断加强。

抓集聚促集约，强攻产业铿锵起步。坚持强攻产业不动摇，开创产业发展的崭新势头。一是产业集聚"进势稳"。产业结构持续优化，服务业增加值占地区生产总值比重较2016年同期增长0.64个百分点，服务业占地区生产总值贡献率稳步提升，达到91.7%。楼宇经济持续升温，全年AAAAA级楼宇商务面积较2016年同期增加1.8万平方米，入驻目标楼宇企业税收增长1.13亿元。二是招大引强"态势好"。全年共落户项目167个，总投资额160.87亿元；其中，5000万元以上项目57个，亿元以上项目23个。亿元以上项目较2016年增加4个，增长21%，创历史最好成绩。三是项目建设"气势足"。全年共实施总投资353.67亿元的51个重大重点项目，累计完成年度投资37.86亿元，其中6个市级重大重点项目实现开工率、投资率、达标率三个100%，位列全市前三。总投资超150亿元的苏宁广场、中金中心、中海地产、融创地产、力高地产等重大项目快速推进，总部经济大厦、八一馆商业综合体、熹庐健康养生产业园一期等重大项目顺利竣工。

重品质提品位，城市面貌焕然一新。"美丽南昌·幸福家园"环境综合整治实现"一年有变化"的阶段性目标。一是旧改展现历史担当。全面完成环湖路民德路地块和滕王阁周边地块征迁，完成青山北路综合管廊建设所涉征迁任务，成功实施裕丰大厦、青山湖宾馆等高层建筑"五连爆"，创造省会中心城区"高难度、高密度、大体量、零影响"建筑爆破拆除的"新经验"。二是建设彰显品质追求。完成滕王阁景区周边整治工程、八一广场周边立面改造，贺龙指挥部旧址、叶挺指挥部旧址、朱德旧居、朱德军官教育团及周边立面改造工程全面完工；投入1.5亿元完成江柴、光明等5个精品社区综合改造；投入2000万元完成洪城社区等11个老旧社区微改造。三是管理渐成标杆示范。在全市率先推行"马路本色"进社区，建立"立面、地面、道路、社区"全覆盖、立体化清扫保洁新模式；在全市率先试点开展机动车规范停放；率先启动城中村准物业环境整治。荣获全市城市综合考评2个第一、1个第二，"马路本色"月考评8个第一、3个第二，荣获2017年度全市"美丽南昌·幸福家园"整治工作第一名。

添动力激活力，改革创新持续突破。坚持以改革增添发展动力，以创新破解发展难题，推动全区加快发展、转型发展。一是重点改革集中破题。做好简政放权"减法"，全年共涉及行政权力事项109项，取消44项，调整65项。做好监管执法"加法"，探索推进网格化监管模式。做好便民服务"乘法"，推进网上审批系统升级，实现公共服务事项在线办理。二是关键改革大胆探索。区域化社区党建经验先后被中央改革网、《江西改革动态》等中央、省市媒体聚焦报道；在全省率先搭建"一站式"综合治税平台；组建"文投"、升级"城投"，不断做大做强投融资平台。三是创新创业热潮涌动。丰富创新载体，重点支持豫章1号文化科技园、江西省中融文化产业发展有限公司等创业平台基地建设；新增红娱乐等3家“洪城众创”；天轴通讯等10家企业成功申报国家高新技术企业，高新技术企业新认定15家；全年新增企业1774户，新增企业注册（认缴）资本84.88亿元，新增个体工商户3360户，新增从业人员7329人。

应民需暖民心，和谐指数不断攀升。始终把增进民生福祉作为最高追求，不断加大投入、完善政策、提升服务。一是“基本民生”兜得牢。全年用于保障和改善民生资金15.1亿元，同比增长21.09%，占地方一般公共财政预算支出65.68%。二是“热点民生”抓得紧。坚持民生跟着“民声”走，着力解决群众反映强烈的热点、难点问题。完成紫金广场地下停车场、蓑衣荚等14个停车场建设；在率先实现背街小巷路灯亮化全覆盖基础上，更换LED灯1300余盏；整改疏通各类沟管1100余处；完成三经路、子固路2个小游园建设；完成叠山路农贸市场升级改造工程；强力推进育新学校紫金分校和天骥小学建设。三是“底线民生”守得稳。深入推进“法治东湖、平安东湖”建设，持续推进信访积案化解，着力提升防范应对重大风险能力，圆满完成中共十九大、建军90周年、南昌国际马拉松赛、第五届南昌军乐节等重要敏感时期维稳任务。

严党规肃党纪，党的建设纵深发展。坚决落实管党治党政治责任，推动全面从严治党向纵深发展。一是思想政治建设“站位高”。把学习宣传贯彻中共十九大精神作为首要政治任务，在全区上下迅速掀起学习宣传贯彻十九大精神的热潮。扎实推进“两学一做”学习教育常态化制度化，围绕“四讲四有”四个专题深入开展学习。全区基层党支部讲党课1109场次，开展“党员活动日”7250余次。二是干部队伍建设“导向正”。坚持基层导向、实干导向、公道导向，严格把好选人用人关、推荐提名关、考察任免关。全年共提交区委常委会任免干部4批次，调整干部120人次，其中提拔重用干部34人次，平职交流及其他100人次。三是基层组织建设“品牌响”。着力打造基层党建工作新品牌，扎实推进“231”党建先导工程，构建了“两环三带一中枢”的立体化党建体系。积极培育城市基层党建载体，大院街道院一社区、董家窑街道紫金城社区被选为全市城市基层党建工作现场推进会示范参观点。深入推进基层党组织标准化建设，已建成或在建村（社区）党群服务中心91个，已投入使用57个；基层党建标准化专题电教片获全市一等奖，在全省村（社区）党群服务中心率先引入党建视觉识别系统。四是党风廉政建设“手腕硬”。压紧压实“两个责任”，扎实推进监察体制改革试点工作，持续加大纪律审查力度，保持惩治腐败高压态势。全年立案42件，受到党纪政纪处分人员50人，同比增长227%，其中科级干部22人。谈话函询119件次。重点查处扶贫领域套取扶贫资金案件2起、违反中央八项规定精神案件15起。

2017年，中共东湖区委支持人大及其常委会依法履职，支持政协发挥协商民主重要作用，巩固壮大最广泛的统一战线，纪检、组织、宣传、统战、政法、人武，以及人民团体、群众团体等每个领域、每条战线紧紧围绕区委中心工作，各司其职，各尽其责，齐心协作，荣辱与共，为东湖经济社会持续健康发展提供了根本保证。

（李怡璇）

区委重要会议

【中共东湖区委十二届三次全体（扩大）会议】 8月2日，中共东湖区委在区文化活动中心演艺大厅召开十二届三次全体（扩大）会议，区领导刘闯主持。会议的主要内容是：深入学习贯彻习近平总书记系列重要讲话精神和治国理政新理念新思想新战略，传达中共江西省委十四届三次全体（扩大）会议和中共南昌市委十一届三次全体（扩大）会议精神，回顾总结东湖区第十二次党代会以来的工作，研究部署迎接中共十九大及今后一个时期的重点工作。

【中共东湖区委十二届四次全体会议】 12月30日，中共东湖区委在区文化活动中心演艺大厅召开十二届四次全体会议，区领导刘闯主持。会议的主要内容是：深入学习贯彻中共十九大精神，传达中央经济工作会议、中共江西省委十四届五次全体（扩大）会议和中共南昌市委十一届四次全体(扩大)会议精神,回顾总结2017年工作,研究部署2018年的工作任务。

【区委常委会议】 2017年,中共东湖区第十二届委员会共召开二十八次常委会议,区委书记刘闯主持会议。

(李怡璇)

区委重要决策

【概况】 2017年,中共东湖区委积极发挥核心引领作用,把握全区经济社会发展方向,全面统筹,及时出台重大地方政策,先后制定并印发《全区干部作风大转变教育整治实施方案》《关于大力支持人才引进培育和使用的若干意见》等文件,为促进全区经济社会又好又快发展提供了重要政策支持。

【全区干部作风大转变教育整治实施方案】 2月23日,区委办公室、区政府办公室印发《全区干部作风大转变教育整治实施方案》。该方案根据《全市干部作风大转变教育整治实施方案》要求,深化"两学一做"学习教育,结合东湖区实际,方案提出重点整治"三大问题":重大决策部署落实难、重大项目推进慢问题;违反中央"八项规定"精神、"四风"现象反弹问题;整治"庸懒散虚"、侵害群众利益问题。方案要求通过开展作风大转变教育整治,实现作风教育整治常态化、长效化,促进党风政风大转变、机关效能大提升、发展环境大优化,树立首善之区干部队伍的良好形象。

【关于大力支持人才引进培育和使用的若干意见】 4月12日,东湖区为大力支持全区人才引进培育使用工作,强化人才支撑,根据中央和习近平总书记关于人才工作的系列重要讲话精神,以及省市组织部长会议精神,印发《关于大力支持人才引进培育和使用的若干意见》,目的是吸引各类人才来该区创新创业,引领全区经济社会转型发展、创新发展和科学发展,全力打造实力东湖、活力东湖、魅力东湖。

【关于鼓励干事创业建立容错机制的实施细则(试行)】 为进一步激发全区党员、干部干事创业的激情活力,营造改革创新、担当有为、宽容失误的良好环境,推动"打造实力东湖、创造活力东湖、塑造魅力东湖"各项决策部署和重点任务高效率推进、高质量落实,5月27日,区委办公室、区政府办公室印发《关于鼓励干事创业建立容错机制的实施细则(试行)》,营造鼓励干事创业的执纪导向,为干事创业的党员、干部鼓劲撑腰。

【2017年东湖区降成本优环境专项行动工作方案】 7月6日,区委办公室、区政府办公室印发《2017年东湖区降成本优环境专项行动工作方案》。方案深入贯彻落实省、市重要决策部署,深入精准推进降成本优环境专项行动,按照市委提出的"继续帮助企业降成本、优环境、解难题,坚定不移扶企业、兴实体、强产业,不断推动经济跨越发展"要求,在前阶段工作的基础上,继续深入精准开展全区降成本优环境专项行动。方案要求切实采取有效措施,帮助企业降低成本、优化环境、破解难题,为全区经济持续稳定发展增添新动力,为打造"实力、活力、魅力"东湖夯实基础。

【南昌东湖文化旅游投资发展有限公司组建方案】 11月6日,为盘活全区丰富的文化旅游资源,促进文化旅游产业升级发展,增强经济发展新动力,助力"南昌文化标志区"建设,东湖区出台《南昌东湖文化旅游投资发展有限公司组建方案》,拟组建东湖文化旅游投资发展有限公司,旨在进一步深化文化体制改革,遵循市场经济规律和企业发展规律,创新发展机制,做大做强文化产业,繁荣发展文化事业,加快推进文化强区建设,不断满足人民群众日益增长的精神文化需求。

【关于深入学习贯彻习近平总书记重要讲话精神进一步推进全区改革落地见效的实施意见】 11月2日,区委办公室印发《关于深入学习贯彻习近平总书记重要讲话精神进一步推进全区改革落地见效的实施意见》,以深入学习贯彻习近平总书记关于全面深化改革重要讲话精神,竭力推动改革大突破,加快建立全过程、高效率、可核实的改革落实机制,提高改革工作制度化规范化科学化水平,确保中央、省委、市委和区委重大改革部署落地见效。

(李怡璇)

区委中心组理论学习

【概况】 2017年，中共东湖区委中心组深入学习贯彻习近平新时代中国特色社会主义思想、中共十九大精神和省、市、区委重要会议精神，扎实开展"两学一做"学习教育，同步收听收看十九大开幕式、中央庆祝中国人民解放军建军90周年大会实况直播和大型政论片《将改革进行到底》，围绕全区经济社会发展中心工作，充分发挥中心组理论学习的示范、带动和辐射作用，为打造"实力、活力、魅力"东湖提供思想保证、精神动力和理论支持。

【参加中共十九大精神宣讲报告会】 11月23日上午，南昌市委宣讲团中共十九大精神宣讲报告会在东湖区文化活动中心演艺大厅举行，区领导刘闯主持并作讲话。南昌市委宣讲团成员、市委宣传部副部长万晓东作《深入学习宣传贯彻党的十九大精神　奋力谱写新时代中国特色社会主义南昌篇章》的宣讲报告，区四套班子领导、区法院院长参加听讲。刘闯就领会和贯彻好宣讲报告会精神提出要求：要学深悟透，准确把握精神实质。全区各级各部门要突出主线、学深悟透，着力提升学习贯彻的政治自觉，坚定不移用习近平新时代中国特色社会主义思想武装头脑，坚定不移把习近平新时代中国特色社会主义思想贯彻到推动东湖经济社会发展的全过程、体现到党的建设各方面；要广泛宣传，迅速掀起学习热潮。要迅速在全区干部群众中掀起学习热潮，不断拓宽宣传渠道，以学习贯彻十九大精神为主线，积极开展多角度、多形式、全方位、立体化宣传报道，重视面向基层干部群众开展形式多样的宣传教育，用生动的语言和精彩的案例，把党的理论政策转化为"大白话""本地话"，让不同层次、不同领域的党员干部群众听得懂、能领会、可落实；要以学促干，切实指导推动工作。要用十九大精神统揽全局、指导工作，一手抓十九大精神学习贯彻，一手抓各项工作落实，切实把十九大精神融入各项具体工作。围绕完成全年目标任务、全市产业和建管"三看"、目标管理考核等重点工作，铆足干劲，奋力冲刺，确保各项任务圆满完成、各项指标争先进位。

【扎实开展"两学一做"学习教育】 10月21日上午，区委中心组"讲规矩、有纪律——做执行纪律合格的共产党员"专题教育学习会在常委会议室召开。区领导刘闯主持并讲话，区四套班子领导，区法院院长、检察院检察长出席会议。与会领导共同观看大型电视专题片《巡视利剑》第三集《震慑常在》。刘闯强调，要"学"字为先，细思细悟夯基础。要突出重点学，切实把思想统一到党中央对形势的分析判断和决策部署上来，学深悟透、融会贯通，全面落实十九大报告、党章修正案对推进党的建设、全面从严治党提出的新要求、新论断，做到内化于心、外化于行；要坚定立场学，必须坚持把政治建设放在首位，自觉维护以习近平总书记为核心的党中央权威和集中统一领导，始终在思想上政治上行动上同以习近平总书记为核心的党中央保持高度一致，把坚定的政治立场作为讲规矩、有纪律的首要前提。要带着问题学，坚持"缺什么，补什么"原则，精准对焦学、有的放矢学，真正做到以学促改、以学促行。要"严"字当头，正己正心树标杆。要谨记"红线"不可碰，始终把党规党纪作为实践遵循挺在前面，作为政治"红线"悬在头顶，做到维护中央权威不打折扣，遵守党规党纪不讲条件，执行中央决策部署不跑偏走样；要铭记"底线"不可破，时刻牢记法律法规基本准绳，时刻牢记奉公守法基础底线，怀揣尊崇法治、敬畏法律之心，强化依法决策、依法办事之念，切实做到"法有禁止不可为，法无授权不可为"。要牢记"界线"不可越，不论何时何地都要有"界线"意识，将讲规矩、有纪律落到日常生活中，融进血脉骨子里。要"实"字托底，善做善成当表率。要当好"排头兵"，党员干部要有率先垂范意识，带头学习党纪党规，带头践行廉洁自律，始终想在前、走在前，做在前，敢闯敢干、锐意进取，发挥好站在前排、引领一片的作用；要当好"卫生员"，做到未病先"吃药"，无错也"敲钟"；要当好"贴心人"，始终坚持从群众中来到群众中去，深入实际、两脚沾泥、心怀民生，在"望、闻、问、切"中想人民群众之所想、急人民群众之所急、办人民群众之所需、解人民群众之所困，努力当好人民群众的"贴心人"。区领导高辉红在发言中说，要讲政治，在任何时候都要始终站稳党的立场，襟怀坦白、光明磊落，言行一致、表里如一，做到政治信仰不变、政治立场不移、政治方向不偏,在党爱党、在党忧党、在党为党。切实增强政治定力、纪律定力、道德定力、抵腐定力,永葆共产党人的政治本色。要认真贯彻中央和省、市的决策部署,自觉服从市委、区委的坚强领导。要知敬畏,要对纪律规矩常怀敬畏之心,时刻做到如履薄冰、战战兢兢,始终将严守规矩和纪律作为内心深处的一种坚定信念,内化为一种生活习惯和规范戒律,不放纵、不越轨、不逾规。要行有所止,在任何时候都做到心存敬畏,在行动上守住慎初慎微的关口,自觉抵制商品交换原则对党内生活的侵蚀,以实际行动营造风清气正的良好政治生态。要有担当,要敢担当、勇担当,勇于担当起东湖旧城复兴的历史使命。只要敢于担当、以上率下、合衷共济,就没有克服不了的困难、没有过不去的难关。就像习总书记在报告中说的“勇于攻坚克难,以钉钉子精神做实做细做好各项工作”。区领导陈曙、王玮、刘光荣、夏小兰、彭雅玲、欧阳桃花、梁洪分别围绕学习主题,联系自身工作和思想实际作了发言。

【集中收看政论片《将改革进行到底》】 7月17日晚8时,区领导刘闯、高辉红、王玮等和区“法检”两长准时在区政府常务会议室集中收看十集大型政论专题片《将改革进行到底》首集《时代之问》。《将改革进行到底》是为迎接中国共产党第十九次全国代表大会的胜利召开,深入反映中共十八大以来,以习近平总书记为核心的党中央全面深化改革的重大决策和重大突破的大型政论专题片。当晚开始在中央电视台播出,该片由中共中央宣传部、中央全面深化改革领导小组办公室组织指导,中央电视台承担制作。观看结束后,刘闯指出,《时代之问》呈现的以习近平总书记为核心的党中央推进全面深化改革的坚定决心、高度智慧和辉煌成就令人鼓舞、催人奋进,令人信心倍增,干劲十足。县区作为党执政兴国“一线指挥部”,是落实中央全面深化改革战略部署的“最后一公里”。十八大以来,东湖区认真贯彻中央、省委、市委全面深化改革各项决策部署,聚焦重点领域,紧盯关键环节,动真碰硬,持续发力,呈现出“关键少数”示范引领,“重点任务”集中破题,“共识氛围”持续升温的良好局面,成效显著。刘闯表示,作为区委书记,即为东湖区全面深化改革第一责任人,将严格按照上级改革部署要求,亲自抓、带头干,勇挑重担,善啃硬骨,团结带领全区上下坚定不移将改革进行到底。

(程亮明)

纪律检查与行政监察工作

【概况】 2017年,东湖区纪检监察机关在南昌市纪委和东湖区委的正确领导下,深入贯彻党中央和中央纪委各项决策部署,坚定落实全面从严治党要求,忠诚履行监督责任,聚焦监督执纪问责,勇于改革创新实践,东湖区党内政治生活不断净化,党员干部作风明显好转,纪律规矩意识显著增强,风清气正政治生态加速形成,党风廉政建设和反腐败斗争压倒性态势已经形成并巩固发展,取得三大明显变化:一是党委党组主体责任意识更加增强,主动扛起全面从严治党主体责任;二是党委党组接受体检意识更加增强,主动提出接受政治巡察体检;三是党员干部理解支持意识更加增强,主动与纪委干部谈心交流增强纪律观念。

【中共东湖区纪委十二届二次全体会议】 2月14日,东湖区纪委十二届二次全会在区文化活动中心新闻发布厅召开,区领导刘光荣主持会议。会议学习贯彻中央、省、市纪委全会精神,审议并通过刘光荣代表东湖区纪委常委会所作的《再现“首善”荣光建设“廉洁东湖”——为打造实力活力魅力东湖提供坚强纪律保障》工作报告。会议强调:2017年是中共十九大胜利召开之年,是全面贯彻省、市、区党代会精神的开局之年,是打造“三力东湖”、再现首善荣光的关键之年,做好纪检监察工作意义重大。2017年工作的总体要求是:全面贯彻中共十八大和十八届三中、四中、五中、六中全会精神,深入贯彻习近平总书记系列重要讲话精神,认真落实中央、省、市纪委全会和省、市、区党代会精神,坚决维护以习近平总书记为核心的党中央权威,严肃党内政治生活,加强党内监督,坚持标本兼治、挺纪在前、狠纠“四风”,强化监督执纪问责,保持惩治腐败高压态势,深入推进“廉洁东湖”建设,增强全面从严治党系统性、创造性和实效性,以优异成绩迎接中共十九大胜利召开。

【监察体制改革试点工作】 10月29日，中共中央决定在全国各地推开国家监察体制改革试点，东湖区为试点单位之一。在时间紧、任务重、要求高的情况下，东湖区委牵头抓总，区纪委主抓直管、对标中央、迅速行动，细化为68项具体工作，制定出改革时间推进表，扎实落实党中央关于全面推开国家监察体制改革的决策部署。11月28日，中共江西省委常委、省纪委书记孙新阳到东湖区调研监察体制改革试点工作，对东湖区监察体制改革工作给予充分肯定。12月10日，东湖区代表省、市接受中央纪委副书记肖培督导调研，监察体制改革试点工作受到中央、省、市纪委充分肯定。12月25日，在档案审查、谈心谈话、政治家访等严格程序的基础上，东湖区检察院14名反贪反渎干部正式转隶到东湖区纪委工作，同步划转15个行政编制至东湖区纪委机关。12月27日，东湖区印发《东湖区深化国家监察体制改革试点工作实施方案》。12月，南昌市委提名刘光荣任东湖区监察委员会主任；东湖区委提名谌卫东、肖迎春任东湖区监察委员会副主任，梁霁野、李娜、傅子松、金栋、张强为东湖区监察委员会委员。12月，东湖区纪委机关机构设置方案经区委常委会审议后上报南昌市纪委审核，完成东湖区监察委员会挂牌成立筹备工作。

【查处贪腐行为】 2017年，东湖区纪委（监察局）始终坚持有腐必反、有贪必肃，坚决减少腐败存量，重点遏制腐败增量，紧盯“三类重点”，对那些顶风违纪搞“四风”、谋私利的行为，露头就打、绝不姑息。全年共立案42件，同比增长200%；党纪政纪处分50人，同比增长227%，其中科级干部22人。全年的立案数接近于过去五年的总和。

【开展监督执纪】 2017年，东湖区纪委（监察局）认真听取人民群众呼声，将维护人民群众切身利益与履职尽责紧密结合，深入落实中央、省、市纪委扶贫领域监督执纪问责工作会议精神，以强烈的政治责任感和使命感，主动下沉一线开展监督，严肃查办南昌铭顶食品有限公司套取14000元“一村一品”扶持资金和前洲村委会套取30000元“双带”示范村扶持资金2起案件；按照省、市纪委主要领导批示精神，开展环保领域专项巡察，重点对赣江东湖段违规排污、大气污染综合治理进行监督检查，督促20余个问题整改到位；扎实开展集中整治基层“微腐败”工作，通过自查自纠、信访举报、明察暗访等方式，查处优亲厚友、欺行霸市、雁过拔毛、欺上瞒下等方面问题45个，处理63人，其中纪律处分49人，组织处理17人。

【落实问责制度】 2017年，东湖区纪委（监察局）以《江西省贯彻〈中国共产党问责条例〉实施办法》出台为契机，制定《东湖区“一案双查”实施办法》，编印问责制度汇编发放给全区党员、干部，派出12个宣讲组走进基层党组织开展宣讲月活动，对全区党员、干部实现全覆盖，唤醒责任意识，激发担当精神；对严重违反中央“八项规定”精神、发生系统性腐败问题及对巡视巡察发现问题不整改等作为责任追究重点，综合运用批评教育、书面检查、诫勉谈话及组织处理、党纪政纪处分等方式铁面问责，全年共开展问责20次，其中问责党组织2起，问责个人18起；对落实“两个责任”不到位受到处理的典型案件一律通报曝光，并责令当事人在专题民主生活会上作出说明，运用批评和自我批评武器深刻剖析问题根源，起到“问责一个、警醒一片”的效果。

【节日廉情监督】 2017年的元旦、春节、端午、中秋等节假日，区纪委（监察局）坚持通过节前教育提醒、节中明察暗访、节后公示反馈，重点围绕公款超标购买高档白酒、以接待名义相互吃请、用公款报销私车费用等内容，安排检查组采取不打招呼、不定时间、不设路线进行明察暗访32次，认真落实节日廉情监督。

【运用“四种形态”开展监督执纪】 2017年，东湖区纪委（监察局）坚持把纪律挺在前面，教育为主、惩治为辅，对苗头性倾向性问题早发现、早提醒、早纠正，防止小错酿成大错，不让违规违纪的干部滑得更深。全年共实施谈话函询119件次，同比增长1600%；立案42件，党纪政纪处分50人，“四种形态”占比分别为66.89%，27.7%，4.72%，0.67%，结构合理，符合要求。

【深入开展“廉洁南昌”四大专项行动】 2017年，东湖区纪委（监察局）按照南昌市纪委部署，持续深入开展“廉洁南昌”四大专项行动。有效推进“家风建设”，细化成15项具体活动，发放公开信16000多份,做到省市单位住区党员干部广覆盖,区管党员全覆盖;制作专题教育片、举办文艺展演,提升家风建设的知晓率、认同感、参与度。东湖区“廉洁文明家风·党员干部示范”专项行动工作得到南昌市委常委、市纪委书记吴伟柱批示肯定并向全市转发推广。作风建设扎实推进,围绕重大决策和重点项目落实难问题、违反中央“八项规定”精神问题、干部作风“庸懒散虚”问题进行集中整治,开展监督检查1724次,问责单位10个,问责152人,处分49人,通报曝光71起、114人。有力推进政治巡察,开展2轮12个单位的政治巡察、1轮巡察“回头看”,发现倾向性问题79个,问题线索17条,提醒谈话30人,批评教育21人,通报批评9人,诫勉谈话5人,立案6起。东湖区各级党委及其班子成员各负其责,压实推进纪律建设,开展履责约谈1033人次、提醒约谈345人次、函询谈话119人。

【加强自身建设】 2017年,东湖区纪委(监察局)深入贯彻党中央关于加强纪检监察队伍建设有关精神,依托“每日半小时晨会”和“纪律讲堂”等学习平台,扎实推进“两学一做”学习教育常态化制度化,全面提升纪检监察干部政治素养,牢固树立“四个意识”“四个自信”;按照“计量可考、统筹落点、建好机制”要求,将全年任务量化细化具体化,采取每月调度形式强力推进,上稿中央级媒体16篇、省级信息6篇,多项工作数据创新高;对照监督执纪规则查找自身监督执纪工作的薄弱环节和风险点,切实整改提高,加大防控力度,完善制度规范,强化内部监督;深入开展家访活动,建立健全个人有关事项报告、执纪办案工作管理、纪委常委会议事规则等机制,坚决防止“灯下黑”。

(吴学锋　刘利庭)

区委办公室工作

【概况】 2017年,区委办公室在区委的正确领导和市委办公厅的精心指导下,紧紧围绕全区中心工作,努力做好参谋助手、督促检查、综合协调、后勤保障,积极发挥“坚强前哨,巩固后院”职能,努力提升服务能力和水平,较好完成年度各项目标任务,获得东湖区2016—2017年度区级文明单位、东湖区社会治安综合治理目标管理先进单位、东湖区综合目标考核优胜奖。

【组织协调工作】 2017年,区委办公室积极发挥桥梁纽带作用,通过纵向横向交流提升工作效率和创新性,一方面加强纵向沟通对接,积极与省市加强业务联系,及时汇报工作,反映问题,学习工作经验和方法;另一方面抓好横向沟通衔接,加强各部门调研,完善网络沟通体系,注重整合力量形成合力,提升工作效率。

【办文办会工作】 2017年,区委办公室坚持把“严格、缜密、高效”贯穿办文办会全过程,以负责、用心、精细的态度对待每一项工作、严把每一道关口,努力提高办会水平,认真执行转变会风有关规定,压缩会议数量、严控会议规模、严肃会议纪律,以零失误为目标,精心做好会前筹备、会中服务和会后落实等环节工作,增强各类会议筹备的规范性和精细化,提供优质的会议服务。在文件处理方面,坚持“精简文件、严谨细致”的原则,严把本级文件质量关,创新试行会议材料起草说明制度,努力提升文件、材料严谨性。

【信息工作】 2017年,区委办公室围绕全区中心工作,发挥信息工作“以文辅政”作用,为领导了解情况、科学决策和指导工作服务。推进载体改革,按照及时发现经济社会发展中的新情况、新问题、新举措和新经验,扩充《今日东湖信息》刊物,定期推出《东湖信息(全市动态)》期刊。以电子邮箱、QQ群号等网络媒体为载体,强化信息稿件报送数量及信息专报报送质量,做到每日浏览、收集、整理相关“应点”信息稿件,加大向省、市委办公厅信息处报送力度,实现全区信息被采用得分在全市排名进入第一方阵。全年编辑出刊《今日东湖信息》165期,《东湖信息(全市动态)》12期。向市委办公厅信息处报送信息稿件480余篇,信息专报35篇。其中,分别被市委办公厅信息处采用120余篇,信息专报8篇,《感恩奋进　实干担当　力促基层党建“光明”之花遍地绽放》等专报被市委办公厅信息处直接报送中办。

【督促检查工作】 2017年,区委办公室围绕区委、区政府中心工作,紧跟领导思路,突出重点,坚持“真督真查、敢督敢查、长督长查”的工作思路,充分发挥督查抓落实促发展的“利器”作用,进一步提升督查工作水平。全年由办公室牵头，组成专项督查小组围绕重大重点项目、环境整治、违章搭建、拆迁工地安全等群众关心的社会热点、难点问题进行全面督查，有力推动上级和区委、区政府重大决策及重要工作部署的贯彻落实，确保政令畅通。

【调查研究工作】 2017年，区委办公室紧紧围绕区委中心工作，主动开展调查研究，积极做好决策前、决策中和决策后的各项服务，保证领导决策的顺利实施。按照区委的要求，组织、指导、协调全区各单位的调研工作，为区委领导及时准确地了解社情民意，尤其是对经济社会发展有重大影响，需要提请区委领导高度关注的热点、难点、焦点问题，提供内部参考资料。强化调研工作载体内容建设，内参刊物《东湖决策参阅》在原有《产业发展与经济》《社会事业与民生》《党建与机制创新》《城市建设与改造》《城市管理与社会管理》等栏目的基础上，更加突出解决全区问题的调研导向，刊发的《关于僵尸车的调研报告》《旧城改造的豫章模式》等一系列反应全区问题的调研文章，为区委决策提供了解决实际问题的好经验、好模式，充分发挥了决策参谋助手作用。

【文稿起草工作】 2017年，区委办公室以“规范、严谨、务实、高效”为准则，以“精细作业、精致打磨、精准服务”为追求，认真做好文稿起草工作，为领导决策、工作部署、任务落实发挥参谋助手作用。一是抓学习强基础。始终保持勤学深思习惯，更加注重理论学习高度、专业学习深度、知识学习广度，不断强化文稿起草的能力基础。二是抓重点优服务。聚焦全区关注、领导重视的大事要事，在决策部署、经验总结、宣传推介等方面持续发力，不断优化文稿工作的服务质量。三是抓联络促共享。加强与上级对口部门沟通交流，及时掌握上面信息动态；密切与各科室交叉互动，及时分享内部信息资源，不断促进文稿工作的联动共享。全年共完成大小文稿200余篇，部分文稿得到区委主要领导高度肯定。

【民声通道工作】 2017年，区委办公室完善区委民声通道留言办理制度，“民声通道”接听群众来电、办理回复电子邮件及信访转办件23件，办理人民网区委书记留言板20条，省委“民声通道”核办1件，市委“民声通道”核办10件，省、市级分流交办82件，区级转办件163件，办结回复率100%。

【党建工作】 2017年，区委办公室深入贯彻落实中央、省委、市委和区委关于深入推进“两学一做”学习教育常态化制度化有关要求，不断强化机关党建工作。办公室党支部以“两学一做”为衡量标尺，通过办公室每日晨读学习会、支部“三会一课”、“党员活动日”、工作例会等形式学习、对照，进行深刻反思和自查自纠，提高干部职工的政治意识、中心意识、宗旨意识、奉献意识，将学习成果运用到实际工作，使得单位在凝心聚力、改进作风、提高效率上进一步增强。

（李怡璇）

组织工作

【概况】 2017年，东湖区组织工作以中共十九大会议精神和习近平新时代中国特色社会主义思想为统领，以推进“两学一做”常态化制度化建设为契机，强势推进干部队伍选配、基层党建优化、人才队伍建设等工作，全区组织工作科学化水平不断提升，为打造“实力东湖、活力东湖、魅力东湖”提供坚实有力的组织保障。

【推进“两学一做”常态化制度化建设】 2017年，东湖区第一时间将十九大精神的学习纳入“两学一做”学习教育，依托“东湖之窗”新闻网、“两学一做”微信群、东湖党建APP等信息平台，不断扩容活动载体，丰富学习方式，有效提升学习成效。召开全区“两学一做”学习教育常态化制度化工作部署会，制定下发《东湖区关于推进“两学一做”学习教育常态化制度化实施方案》，全区各级党组织均围绕“四讲四有”四个专题开展学习。区委组织部牵头，抽调基层单位党务干部组成督查组，采取不事先打招呼随机抽查和听取汇报、实地查阅原始资料等方式，对“三会一课”、党员领导干部参加双重组织生活、民主生活会、党员谈心谈话、民主评议党员、党费收缴、党员活动日等工作落实情况进行交叉督查。2017年全年按“一季一查”时间进度共进行4次督查，检查基层党支部45个。根据市委组织部“两学一做”学习教育任务清单,结合东湖区的工作实际开展工作。做好基层组织员队伍建设,在区本级和各镇(街道、管理处)都设立组织员办公室,明确工作职责和人员编制。打造一批党性教育基地,其中示范基地1个、重点基地5个、基层基地70个,并建立“两学一做”学习教育联系点115个。开展“三会一课”记录本评比。根据党组织的性质类别,邀请市委组织部专家对报送的“三会一课”记录本进行评估打分。开展“三级书记讲党课”共计637次。开展党员承诺践诺活动,组织印制“合格党员20条”卡片、手册、小读本、口袋书等宣传品,发至每名党员,深入开展宣教。开展“两学一做”学习教育知识竞赛,全区各单位均报名参赛,营造良好的学习氛围。

【提高选人用人公信度】 2017年,东湖区严格把好用人导向关、推荐提名关、考察任免关,按照“四讲四有要求”,认真做到“三个坚持”:一是坚持德才兼备、以德为先;二是坚持事业为上、公道正派;三是坚持口碑为先、群众公认,在全区形成了正确的用人导向,营造心齐、气顺、劲足的良好氛围。截至年底,共提交区委常委会任免干部3批次,调整干部120人次,其中提拔重用干部34人次,平职交流及其他86人次。

【做好干部教育培训】 2017年,东湖区举办全区领导干部浙江大学“文化产业”培训班。由区组织部领导带队,扬子洲镇、各街道(管理处)、区直各单位主要负责人共40人参训,区领导干部推进文化产业发展的战略意识及操作能力得到提高。此外,做好干部选派挂职锻炼工作。全年共选派3名干部到省、市机关挂职锻炼,选派3名科级干部下街道挂职锻炼,选派1名街道科级干部到区直机关挂职锻炼,极大地丰富该区领导干部的工作经历,提升履职水平。圆满完成各类调学任务。统筹安排全年调学任务计划,合理分配领导干部各类培训周期,切实做到业务对口、确保学有所得。全年共选派8名县级干部参加市委党校县干班培训,17名县级干部参加分管业务培训,4名科级干部参加市委党校青干班培训。

【做好干部监督工作】 2017年,东湖区实行干部选拔任用全过程纪实制度。建立干部任用档案,客观、真实地反映干部选拔任用的全过程,实行干部档案任前审核制度,为责任追究提供有效依据。全面完成超职数配备干部整治工作。按照“限、停、改、消”的要求和“缺编慎配、满编缓配、超编不配”的原则,采取完善三定方案、免去违规兼职和违规设置的职务等方式,于7月29日将辖区超职数配备干部全部整治到位。强化干部日常监督。严格按照中央、省、市的干部监督工作要求,高标准完成干部因私出国(境)管理监督、县级领导干部报告个人有关事项等工作。

【做好干部管理工作】 2017年,东湖区做好干部管理工作,推动司法体制改革。主动对接法检两院、编制部门,按照上级要求,配合做好司法体制改革工作,明确区法检两院的各类领导干部的管理模式、审核办法、培训制度等。开展公务员年度考核工作。联合区人社局印发《东湖区公务员年度考核办法(试行)》,对全区852名公务员进行年度考核,确定113名优秀并全区通报。

【做实基层党建基础】 2017年,东湖区采取室内集中授课+室外交流学习的方式,针对不同的人群和需求,分批次分层次组织全区各级党组织书记参加党务培训。截至年底,共开展区级培训2次,参训人员572人次,累计时长8天。按照“控制总量、优化结构、提高质量、发挥作用”的十六字原则,2017年度共发展党员59人,其中女性18人,35周岁以下37人,大专以上学历41人,工人6人,非公经济组织领域6人。开展软弱涣散党组织整顿,对排查出的11个村(社区)软弱涣散党组织做到一个整改方案、一个工作班子、一系列具体措施,整改已全部完成;开展机关在职党员“双联双解”主题活动,村(社区)全部建立在职党员微信群,推动工作真正落到实处;建立失联党员和不合格党员通报和处理机制,对排查出的“失联”限期改正2名、组织处置出党6名,停止党籍48名;率先在全市普遍建立村(社区)党代表工作室,开展党代表定期回访党员群众活动;组织机关企事业单位党支部按期进行换届,对1个逾期半年未换届的机关党支部进行督促整改。

【推进“231”党建先导工程】 2017年,东湖区构建“两环三带一中枢”的立体化党建体系,实现各领域党组织联系、联建、联动;继续推进基层党建标准化，建成或在建村（社区）党群服务中心91个，投入使用57个。率先在全省推广“党建vi视觉识别系统”，统一为党群服务中心设计门牌标志、大厅背景以及制度上墙式样，标注“聚是一团火、散是满天星”的东湖党建LOGO，确保党员群众“看见这个标识就能找到党”；制定出台《东湖区推进城市基层党建工作任务清单》，建立街道、社区党建理事（分）会作为议事机构，组织共建单位职能特点分别签订《城市基层党建共建公约》。

【做好人才建设】 2017年，东湖区积极对接市里各项人才工项目和计划，申报南昌市豫章赣绣坊余正连和周南英两个高技能人才两名第三届“南昌市突出贡献人才奖”评选，并将南昌市豫章赣绣坊作为南昌市关于开展第二批南昌市人才工作示范点和示范项目，申报到市委组织部。由组织部牵头，区发改委、区文广局、区编办、区人社局等责任单位共同推进，出台《南昌市东湖城市建设投资发展有限公司完善方案》《南昌市东湖文化旅游投资发展有限公司组建方案》《东湖区区属国有企业领导人员管理办法》等文件，为该区人才平台建设奠定扎实的制度基础。

【提升远程教育实效】 2017年，依托东湖区村（社区）党组织标准化建设，区组织部与各街道党工委统筹安排、联动推进，拍摄制作党建纪录片《群众心中的东湖标准》、工作案例片《微光》、微视频《和谐，在党旗下生辉》、《逆光飞翔》、《党旗引领》等党建电教片，取得良好的宣传效果。同时，以智能手机为点，将远程教育app植入广大党员的日常，提升学习的即时性、多样性、自主性。

（李洪涛）

宣传工作

【概况】 2017年，东湖区宣传工作按照“上大报、攻头条、出精品”的思路，围绕经济社会发展、城市建管、基层党建、民生福祉、旧城改造等各项重点工作，及时提炼经济社会发展的亮点工作和经验做法，加大宣传报道力度。全年共在市级以上媒体上稿2619篇，同比增长6.2%。其中，中央“三报两台”65篇（条），《江西日报》208篇，省“两台”120篇，《南昌日报》615篇，市“两台”521条。上稿总分在全市12个县区（新区、开发区）中排名第三。

【做好新闻宣传上稿工作】 2017年，东湖区积极主动策划新闻选题，先后策划和推出“民生五圈 圈圈便民”“十九大报告中你最关注的一句话”“用文化开启开学第一课”“城中村物业管理”等一批中央媒体关注的高质量新闻选题。密切加强与中央、省市主流媒体联系交流，人民日报、光明日报、经济日报、中央电视台《新闻联播》等纷纷在重要版面和位置时段推出东湖报道，不断发出东湖“好声音”。

【策划组织宣传热点】 2017年，东湖区宣传部门选择新闻热点，重点在省、市主流媒体头版发力。做好“美丽南昌·幸福家园”环境整治的宣传工作，《江西日报》头版头条、《南昌日报》头版头条分别刊发《旧城改造“相对论”》《“三个精准发力”打造环境整治示范样板》报道，全年累计刊发“美丽南昌·幸福家园”重稿20篇。做好“兴家风、淳民风、正社风”的宣传工作，在南昌日报头版头条刊发东湖区“三风”活动纪实报道，南昌晚报连续推出六期东湖“三风”专题专版，南昌市政协主席周关先后两次就报道做出专门批示，充分肯定东湖“三风”成效。提升广场北路周边地块、裕丰大厦、青山湖宾馆等地标性建筑爆破拆除“五连爆”的宣传效应，深度挖掘爆破背后的故事，第一时间在江西日报发表报道《爆破背后的突破》、南昌日报专版《不破不立　老城凤凰涅槃》，深刻展现东湖人敢于担当、善于担当的新时代风貌。撰写《这一年，厉害了WORD东湖》稿件，以图文并茂、前后对比的形式在江西日报专版、南昌日报通版盘点和展示东湖一年来的喜人变化和发展成效，在社会各界引起积极反响。

【不断扩大宣传格局】 2017年，《东湖新闻》成功开办一年，《东湖新闻》栏目立足服务东湖发展，从全区政治、经济、文化、社会、生活等各个领域寻找新闻点、捕捉闪光点，圆满地完成各项中心工作的报道任务，让东湖好故事透过电视“窗口”得到充分展示。充分发挥资源聚合效应，着力打造“一次采集、多元生成、多端传播”的中央厨房式融媒体“新闻岛”，将采集的新闻报道第一时间通过“东湖发布”“东湖新闻”“东湖之窗”等权威发布。通过传统媒体与新兴媒体高度融合,着力形成立体宣传、深度宣传、持续宣传的良好态势。

【做好外宣工作】 2017年,东湖区定期召开新闻通报会、发布会,围绕广场北路周边地块多栋高楼爆破、裕丰大厦爆破、青山湖宾馆等多轮爆破,及时召开新闻发布会,积极引导大众、缓解舆论压力。江西省委常委、南昌市委书记殷美根亲自批示:创造省会中心城区“高密度、高难度、大体量、零影响”爆破拆除“新经验”。策划召开百花洲历史文化街区改造及星云禅话方云禅画学术研讨会等重要活动的新闻发布会,邀请省内外多家媒体参加,推进新闻发布制度化、规范化、常态化。更新制作外宣品,拍摄完成2017年全区招商引资宣传片,提升东湖区的知名度。

【完善网络意识形态安全工作机制】 2017年,东湖区认真落实网络意识形态工作责任制,召开中共东湖区委网络安全和信息化领导小组第四次全体会议,出台《中共东湖区委网络安全和信息化领导小组2017年工作要点》,制订并发布《东湖区党委(党组)网络安全工作责任制实施细则》。按照中央、省、市网信办“重基本规范、重基础管理,强化属地管理责任、强化网站主体责任”的工作要求,扎实推进属地网络巡查工作,制定属地网络二级巡查制度,开设不良信息举报平台。全年关停有害信息网站28家,约谈并整改网站13家,微信公众号2家,上报有害信息400多条。

【做好政务新媒体工作】 2017年,东湖区围绕政务新媒体“南昌东湖区发布”及其矩阵平台,推动“双微”联动,注重“线下”推广,努力提升政务平台的网络影响力,先后开展“美在东湖随手拍”“微博红色故事接龙”等特色活动,并为“党的十九大报告中我最关注的一句话”征集、“我人生的第一粒扣子”征稿等活动搭建宣传平台。同时不断增设新栏目、拓展新功能,积极打造品牌特色栏目,精心包装并着重发布重大会议、重点活动、重要节点等信息,进一步提升订阅数和互动率,全年政务微博发布信息14000余条,政务微信发布信息1200余篇,订阅用户增幅达200%。在人民网评选的全省十大政务新闻发布微博排名中位列全省第五,县区级排名第一;在全市四个季度的政务新媒体平台情况通报中,政务微博排名第一,政务微信排名保持在前20名。同时,该区做大、做强“微矩阵”平台,2017年新增11家单位微信公众号,总数量达到46个,营造出百花齐放的政务新媒体格局。

【开通全市首个区级时评类微信公众号】 2017年,东湖区针对县区时评工作的空白,大胆创新,建立南昌市首个县区级网评工作室和时评类微信公众号“九颂宏业”,发布网络时评30余篇,其中3篇刊登于省级新闻网站,2篇刊登于市级新闻网站。在全市的三季度网评工作会上,东湖区作为相关试点亮点作了经验介绍,相关工作信息刊登于《江西网信动态》2017年第30期。

【完善舆情处置联动机制】 2017年,东湖区先后组建网络宣传员队伍和网络舆情信息员队伍,网宣人才队伍的壮大强化了网宣工作的源动力。2017年中央主要新闻网站、所属“两微一端”和商业门户网站上稿50余条,形成“公交救人女英雄”“天下英雄城”“一毛钱奶奶”等多个正面热点事件。配合市委网信办在东湖区开展网络媒体新春走基层、天下英雄城微视频推广、三个“90年”网络宣传动员大会、中国人民解放军建军90周年环境布置、网络安全进社区等活动,为东湖奏响网络宣传好声音。进一步加大舆情报送力度,完善舆情处置联动机制,严格执行24小时网信值班制度,全年在江西省舆情系统上报网络舆情、社会舆情信息497条,及时处置突发舆情4起,得到市委网信办领导的肯定。

(程亮明)

统一战线工作

【概况】 2017年,东湖区统一战线工作牢牢把握迎接中共十九大胜利召开、学习贯彻中共十九大精神这条主线,紧紧围绕区委工作部署,认真履行统战工作职能,充分发挥统战工作优势,着力在争取人心、凝聚力量、服务发展上下功夫,为打造“实力、活力、魅力”东湖凝心聚力,推动东湖区统战工作有新发展。

【学习宣传贯彻中共十九大精神】 2017年,区委统战工作紧扣学习贯彻十九大精神的主要任务，把学习贯彻习近平总书记治国理政新理念新思想新战略特别是关于统一战线的重要思想，作为全区统一战线增强“四个意识”的基本要求，作为民主党派、工商联和无党派人士思想政治建设的鲜明主线。十九大召开后，区统战部集中组织收听收看中共十九大盛况，集中组织学习贯彻中共十九大精神。全区各民主党派、工商联、党外知识分子联谊会及统战系统各成员单位结合自身工作特点和实际情况开展形式多样的学习十九大精神专题辅导活动，切实将统战成员的思想和行动统一到中共十九大精神上来。

【举行纪念抗日战争爆发80周年书画展】 5月16日上午，“海峡两岸黄埔同学及亲属后代纪念全民族抗战爆发80周年书画展”在南昌书画院举行。此次书画展以“铭记历史、开创未来”为主题，由黄埔军校同学总会和江西省黄埔军校同学会共同举办，面向海内外黄埔同学及其亲属后代，共征集120余幅精选书画作品。江西省人大常委会副主任、民革省委会主委马志武出席开幕式并讲话。开幕式由黄埔军校同学会副秘书长郝一峰主持，黄埔军校同学会会长林上元、台湾退役空军少将萧士材、江西省黄埔军校同学会副会长金戈分别致辞。区领导刘闯、焦玉庄，省内黄埔军校同学及亲属后代、部分中小学生代表等100余人参加开幕式，并参观书画展。

【加强党外代表人士队伍建设】 2017年，全区有党外领导干部23名，其中民主党派15名，无党派8名，党外县级领导干部6名，党外科级领导干部17名。区委统战部全年向区委推荐2名党外干部担任区政府组成部门正职，1名党外干部担任区政府组成部门副职。在全区范围内筛查6名优秀年轻无党派干部向各民主党派基层组织做好推荐。制定《全区统一战线干部培训计划》，并按照计划组织各类教育培训活动，不断增强党外代表人士的政治素养和履职能力。

【推进多党合作事业发展】 5月，东湖区纪委与区委统战部联合下发《关于组建党外监督员队伍开展党风政风民主监督工作的方案》，聘请22名党外人士担任党风政风民主监督员。9月，区委统战部协助区委制定下发《中共东湖区委2017年度政党协商计划》。11月和12月，分别召开中共十九大精神通报会和《政府工作报告》征求意见协商会。当年组织各民主党派党派、知联会结合自身优势各选择一项课题进行调研，完成调研报告7篇。支持各民主党派、无党派人士开展精准扶贫、“送教进校”等社会服务活动。在区“两会”上，党外人大代表共提交议案32件，党外政协委员共提交提案49件，切实履行民主党派参政议政的职责。

【促进非公有制经济健康发展】 2017年，区委统战部门牵头开展辖区非公有制企业“大调研、大走访”活动，先后走访南昌双亿文化传媒有限公司、江西良品铺子食品有限公司、雷格斯商务服务（南昌）有限公司等。6月，先后组织非公有制经济人士参加区检察院“检察开放日”活动和赴延安开展“传承延安精神，坚定理想信念”教育实践活动。引导非公有制经济人士积极参与公益事业，春节、端午、中秋等节日期间组织非公有制经济人士进社区开展帮扶慰问、爱心敬老等活动。截至年底，共为非公企业解决各类纠纷16起，挽回经济损失20余万元。

【维护民族宗教界和谐稳定】 2017年，东湖区广泛开展走访少数民族代表人士活动，维护少数民族群众的合法权益，巩固平等团结、互助和谐的社会主义民族关系。牵头走访宗教活动场所，及时了解和掌握宗教界人士的想法和场所信徒的基本情况。健全与公安、执法等部门的沟通联系机制，妥善处理民族群众纠纷。加强同公安、交管、执法、消防及辖区街办等各有关职能单位的协调，协作配合做好佑民寺在春节期间的安全维稳工作。截至年底，全区未发生一起涉及民族宗教因素的群体性事件。

【做好党外知识分子工作】 2017年，区统战部进一步加强同党外人士联谊交友，通过联谊交友加深友谊、增进感情，激发和调动其为东湖经济社会发展献计出力的积极性和主动性。关注党外人士工作生活中的实际困难，努力为其成长搭建阶梯。3月，建立新的社会阶层人士统战工作联席会议制度，形成统战部牵头，有关党政部门、企事业单位和行业协会等成员单位参加的工作机制。5月，举办“传递美好正能量·助力东湖新发展”新媒体代表人士沙龙座谈会,引导新的社会阶层人士为该区经济社会发展献计出力。

(胡　航)

信访工作

【概况】 2017年,东湖区信访工作紧紧围绕全区稳定大局,区信访局立足本职岗位,深入学习贯彻落实中共十九大精神和习近平新时代中国特色社会主义思想,全面推进"两学一做"学习教育常态化、制度化,牢记服务宗旨,努力适应新常态、新形势、新变化,不断开拓探索、大胆创新,为全区政治、经济、社会发展做出应有的贡献。

【健全信访工作领导体制】 2017年,区委、区政府主要领导始终带头履行信访工作"第一责任"的职责,对重要信访事项亲自参与解决,亲自批阅群众来信,亲自接待上访群众。区信访工作联席会议建立动态调度机制和信息共享机制,区联席会议召集人、区信访工作党政分管领导经常性、规律性召开调度会。其他区领导按照"一岗双责"对分管领域的信访工作负直接责任,具体抓好各项工作的落实。区委、区政府将信访工作列入全区目标管理的综合考核任务,做到信访工作同各部门工作任务紧密结合,同部署同考核,有效地加强信访工作的责任落实。

【健全领导接访下访制度】 2017年,区委、区政府班子成员和区人大、区政协主要领导以及区法院院长、区检察院检察长每个工作日轮流到区信访局接待群众来访并进行视频接访,全年区领导来区信访局接访共255次。同时,坚持领导下访制度,区领导经常到挂点的镇、街道、管理处现场协调矛盾纠纷,及时解决信访隐患和不稳定因素。在旧城改造拆迁、地铁建设征收等工作中,包片区领导都驻点社区、村,随时接待群众反映问题,现场答疑解难。

【实行区领导包案制度】 2017年,东湖区对上级交办和本级排查出来的信访突出问题,由区信访联席会议办公室认真筛选后,实行区、责任单位两级领导包案。包案工作严格落实"六定六包",即:定责任单位、定责任领导、定责任人、定督办单位、定办理要求、定办结时限,包接访劝返、包调处化解、包教育疏导、包救助帮扶、包人员稳控、包协调依法处置,确保领导干部"真包案、包真案"。先后对95件重点信访事项落实领导包案。区信访工作联席会议办公室对区领导包案的信访问题调处化解及稳控工作进行跟踪,汇总后报区委、区政府主要领导、分管领导,推动问题的解决。

【调度调处信访突出问题】 2017年,区委、区政府主要领导经常性召开信访工作研判会,并多次集中调度重点信访事项。区联席会议召集人、区信访工作党政分管领导经常性、规律性召开调度会,加强对重要敏感时期赴京访工作、"春季攻坚"和"秋季决战"等重点工作的安排部署,对每个调度的信访问题都按照"一个领导、一套班子、一个方案、明确时限、落实责任"的要求,制定具体调处化解方案,通过调度化解一批重点信访积案。

【积极推进信访问题化解】 2017年,区信访工作联席会议对重点信访问题每周调度一次,听取工作推进情况,会商化解办法。区分管领导及包案区领导对重点信访人保持常态化的约谈,及时了解信访人的诉求底线及思想动态,劝导信访人通过正常途径反映诉求,同时通过信访人的亲属和朋友做工作,建立互信感情,稳定缓和信访人的情绪。截至年底,上级交办和区本级排查的重点信访问题经大力调处,化解20件,另有一批信访人经帮扶及思想疏导后,情绪得到稳定。

【救助帮扶困难信访人】 2017年,对于一些跨市、跨区、跨部门的"三跨三分离"信访问题,区领导及区联席办加强与省、市联席办及涉事单位的联络沟通,主动了解案由,找准问题症结,力争形成化解合力。区政府自2011年设立解决特殊疑难信访问题专项资金账户,每年拨款100万元。对一些难以化解的"三跨三分离"及难以确定责任主体的历史遗留复杂疑难信访案件,信访人生活确实困难的,东湖区在切实做好信访人思想疏导基础上,引导信访人以救助帮扶方式解决纠纷。2017年,共使用特殊疑难信访问题专项资金25万余元化解信访积案6件。

【推进信息化建设】 2017年,东湖区依托江西信访网上服务中心系统,全面推进阳光信访建设,把网上信访打造成群众信访的主渠道。将全区范围内的群众来信、来访、来电、网上投诉等不同渠道反映的信访事项全部纳入江西信访网上服务中心统一流转，实现对信访形式、工作过程、工作范围的“三个全覆盖”，实现办理过程和结果的“可查询、可跟踪、可督办、可评价”，实现及时就地解决信访问题，增加信访工作的透明度和公信力。

（刘　浙）

对台工作

【概况】　2017年，东湖区对台工作认真贯彻中央对台工作大政方针，紧紧围绕祖国统一和经济发展两大主题，以坚定的信心、创新的精神、务实的作风，扎实的工作，较好完成省、市台办下达的目标任务。为全面打造实力东湖、创造活力东湖、塑造魅力东湖，为促进祖国统一大业做出一定的贡献。

【做好对台经贸工作】　2017年，东湖区坚持以交流为渠道，以项目为载体，以落实为关键，采取各种措施，扎实有效地开展对台经贸合作。截至年底，实际利用外资996万美元，现汇175万美元，实际利用内资10800万元，新增税收100.6万元，引进注册资金5000万元内资项目5个，注册台资项目1个。

【迎接台湾客商来访】　2017年，东湖区为巩固多年来的两岸关系发展来之不易的成果，对台交流热度不减，以更大的工作热情投入到对台交流工作中。一年中，先后与马可先生食品有限公司董事长王丽珠、台湾佳新康复器材有限公司董事长叶云绣等95位重要人士实现良好互动交流，涉及商业地产、旅游、餐饮、健康、现代服务等多个产业。

【参加第十届赣台会活动】　2017年，东湖区充分利用“赣台会”平台，以经贸为重心、以项目为载体，立足抓大项目、好项目，把功夫下在会外、下在会前，切实加强项目对接和洽谈。上半年，该区提前介入，积极筹划项目，本着既着眼于全区的区位优势、产业定位，又注重台商的投资意向的原则，寻找“双赢”的最佳结合点，筛选一批现代服务业的项目向台商推介，第十五届“赣台会”上，东湖区与迪克森教育训练集团签订总投资为300万美元的项目合作意向书。同时，与台湾佳新康复器材有限公司确立初步的合作意向。

【开展涉台教育及调研工作】　2017年，东湖区共刊出涉台宣传专栏100期，内容丰富、参与面广，进一步扩大涉台教育的影响面，提高广大群众参与涉台教育的主动性；同时，针对台湾局势发生新变化，积极思考，勇于探索，撰写“台湾年金制度制造世代矛盾”等3篇调研文章，在中国台湾网、华夏经纬网刊用工作信息4篇，向市台办报送对台工作信息2篇、刊用2篇。

【提升涉台服务水平】　2017年，东湖区始终秉行“台商行程第一时间知晓，台胞困惑第一时间掌握，台企困难第一时间帮助”为工作出发点，用“真心、诚心、耐心”不断提升涉台服务水平，先后为台企唯医生技股份有限公司提供审批代理服务、为迪克森教育集团黄盈瑄提供注册代理服务、为区内台属刘建国协调其与南昌市古玩城之间的纠纷、为区内台属梅长镇协调其与殡葬管理中心的纠纷。参与协调女子职业技术学校与台胞周天瑞的纠纷，同时对于台湾新娘熊革提出的疑问给予了详细的政策解读。服务台胞、台企、台属，一直在路上，力争用政策、用真心真情，给予最好的服务。

【开展寒冬有爱送温暖活动】　2017年底，区台办牵手江西赣台服务交流中心举办第二届寒冬有爱送温暖活动。活动在党家巷社区举行，提供棉被、食用油、大米等物质，为30位居民送去关怀，此外，适时开展对台宣传教育，得到社区百姓的高度认同。

（江　婵）

老干部工作

【概况】　2017年，东湖区老干部工作以中共十九大，十九届一中、二中全会和习近平总书记系列重要讲话精神为指导，按照全国和省、市离退休干部“双先”表彰大会和老干部工作会议的要求，以落实好老干部的政治、生活待遇为主线，进一步加强离退休干部党支部建设,继续做好“双高期”老干部的管理服务工作,较好地完成年度工作任务并获得全省老干部工作先进集体荣誉称号。截至年底,全区共有离休干部42人(其中移交到该区属地管理的省属改制企业离休干部25人),副县级以上(含享受副县级待遇)的退休干部103人,离退休干部145人。全区有9个离退休党支部,离退休干部党员357名。

【举办全区离退休干部新春联欢会】 1月20日,东湖区举办全区离退休干部2017年新春联欢会暨东湖区老年大学教学成果汇报演出。全区副县级以上离退休干部、各离退休干部党支部书记及区直各单位主要领导近150人参加新春联欢会。离退休老干部欢聚一堂,叙旧话新,共迎新春。

【举办全区离退休干部形势报告会】 1月24日,东湖区召开离退休干部形势报告会,向广大老干部通报2016年全区经济社会发展情况和2017年工作安排,并在新春佳节到来之际,向全区广大老干部致以诚挚问候和美好祝愿。区领导刘闯出席并作形势报告,全区副县级以上离退休干部及区属单位离退休干部党支部书记、区直有关单位负责人参加会议。

【召开区关工委工作部署会】 4月12日,东湖区关心下一代工作委员会议在区综合服务大楼七层会议室召开。会议听取东湖区关工委2016年的工作总结,部署2017年的工作任务。区领导陈曙出席会议并作重要讲话,区关工委副主任、委员共40余人参加会议。

【举行紫金城社区老年学校揭牌仪式】 5月18日,为推进东湖区创建社区老年学校示范校活动的蓬勃开展,进一步使该区老年教育工作上规模、上档次、上水平,董家窑街道紫金城社区老年学校举行隆重揭牌仪式。南昌市老年大学校长卢晓健、副校长侯捷,南昌市委组织部副部长、老干部局局长凌菲,市老年大学副校长邱宝华等领导出席揭牌活动。

【举办弘扬社会主义核心价值观讲座】 6月16日,东湖区组织百余名离退休干部及在职分管老干部工作人员,在北湖小学一楼会议室,举办学习“培育和弘扬社会主义核心价值观”专题学习讲座,南昌大学教授、博士生导师陈东有应邀讲授《厚德方能载物—培育和弘扬社会主义核心价值观》。

【举办“欢庆建军九十年”文艺巡演】 7月12日,由中共东湖区委组织部,中共东湖区委老干部局主办,区老年大学、紫金城社区老年学校等七个单位承办的“欢庆建军九十周年、喜迎党的十九大”文艺巡演,分别在八一公园、胜利路明秀广场开场。整场演出气势恢宏,激动人心,将政治性、思想性与艺术性有机统一,彰显出老年人老有所为、老有所乐、健康向上的价值追求。

【走访慰问异地安置离休干部】 9月25日,区委老干部局龚武红一行3人前往北京市走访看望异地安置的离休干部李淑生,将组织的温暖和关怀送到老干部的家中。走访慰问中,向老干部通报近年来东湖区经济建设和社会发展取得的新成就,并向李老送上慰问金。李老由衷地感谢东湖区委、区政府对省属企业移交属地管理离休干部的关心,并强调,自移交到该区之后,真切地感受到了组织的关怀。

【开展庆祝重阳节活动】 9月27日,为丰富老干部的晚年生活,共同庆祝“九九重阳节”,区委老干部局组织全区副县级(含享受副县级待遇)以上离退休干部、各离退休干部党支部书记进行市内参观考察,通过听、讲、看,参与“美丽南昌、幸福家园”活动,品味一年来该区经济社会发展新成就和新变化。活动主要参观了滕王阁、佑民寺、绿地卢塞恩小镇和万达茂等地,各位老干部对此行所闻所见啧啧称奇,赞叹不已。

【推进老年大学提升改造项目】 2017年,为推动东湖区老年教育事业更快更好地发展,凭借东湖区老年大学省级示范校的平台,在充分考虑该区老年大学教学规模及老干部学习活动需求,合理配置文化设施的前提下,区委老干部局拟在原有场地、设施基础上对整栋教学大楼进行整体提升改造,项目进入施工前期准备工作。

(冯　珉)

区直机关党的工作

【概况】2017年，东湖区直机关党的工作在区委的坚强领导下，认真学习贯彻中共十九大和习近平总书记系列重要讲话精神，坚定不移落实全面从严治党新要求，以推进"两学一做"学习教育常态化制度化为抓手，以严肃党内政治生活建强机关党组织为主线，以服务好区直机关干部职工为目标，不忘初心、牢记使命，有效地提升机关党建整体工作水平。

【推进"两学一做"常态化制度化】 2017年，区直机关工委指导所属的34个单位、44个党支部，严格按照《东湖区"两学一做"学习教育常态化制度化实施方案》的相关要求，督促所辖党组织和机关党员在"学"和"做"上下功夫，督促机关党组织抓好党员教育，提升党员素养，进一步深化学习型党组织建设。从5月开始，各支部围绕践行"四讲四有"、做到"四个合格"开展专题学习，大体每两个月安排一个专题。除此之外，区直机关工委还要求各支部深入开展学习廖俊波、黄大年先进事迹，做到见贤思齐，自觉增强"四个意识"。区直机关工委44个党支部2017年累计开展专题学习171次，全部完成4个专题的学习任务。深入开展"三级书记"讲党课活动，尤其是县级党员领导干部围绕全面从严治党，引导党员增强纪律规矩意识等方面进行集中讲党课活动共计72次，为区直机关党员献上精神大餐，筑牢精神之基，补足精神之"钙"。

【组织开展"双联双解"活动】 2017年，区直机关工委组织区委各部门、区直各单位及所属单位的在职党员主动到单位挂点村（社区）报到，并根据自身特长和能力认领服务项目和岗位，每季度到村（社区）参加活动不少于1次，全年不少于4次。活动开展以来，共有533名在职党员参加"双联双解"活动，认领"微心愿"352个，开展志愿服务活动105次。

【举办基层党建工作培训班】 2017年，区直机关工委与区委组织部联合举办2次基层党建工作专题培训班，区直机关工委共选派党组织书记和党务工作者共计102人次参加培训。在8月份举办的全区机关党组织书记和党务干部培训班期间，组织42名机关党组织书记和党务干部赴共和国摇篮瑞金开展现场教学和党性锻炼，接受革命传统教育。

【开展推进党内政治生活制度督查】 2017年，东湖区抽调基层单位党务干部组成督查组，采取不事先打招呼随机抽查和听取汇报、实地查阅原始资料等方式，对机关工委下属各党支部的"三会一课"、党员领导干部参加双重组织生活、民主生活会、党员谈心谈话、民主评议党员、党费收缴、党员活动日等工作落实情况进行督查，每季度至少1次，每次不少于5个基层党支部。对发现的问题下发整改通知书，要求相关支部在规定的时间内完成整改工作。累计下发整改通知书20张，发现问题115个，全部整改到位。

【做好发展党员工作】 2017年，为进一步规范发展党员工作，加强党员发展工作全过程监督，保证新发展的党员质量，防止"带病入党"、违规入党，区直机关工委根据《南昌市发展党员工作全程纪实实施细则（试行）》（洪组发〔2017〕7号）文件精神，对党员发展工作进行全程纪实。2017年共召开工委会研究党员发展事宜2次，审批入党积极分子8人次，发展对象4人次，预备党员7人次，转正13人次。

【开展系列文体活动】 2017年，区直机关工委组织166名干部职工编为4个代表队参加健步行活动，从中大公交停车场出发，经湖滨西路、洪都北大道、青山南路、起凤路步行到紫金广场，有效地展示辖区机关干部蓬勃向上的精神风貌。在八一建军节前夕，与区委宣传部、区教科体局、区文广局一道组织50名机关干部、150名小学生排练大型歌舞《抗战军歌串烧》参演"南昌市军歌唱响英雄城文艺晚会"。联合区总工会先后举办第二届东湖区职工拔河比赛、"三力"杯领导干部乒乓球赛等文体活动，干部参赛人数共计991人。

【审批成立一批基层工会组织】 2017年，为贯彻落实"党建带工建、工建促党建"工作要求，2017年区直机关工会审批通过区行政服务中心、区金融办、区防震减灾局等8个单位单独组建机关工会的申请，进一步完善基层工会的组织设置，扩大

道办)权责清单建设工作动员暨培训会,传达省、市相关通知精神,开展乡镇(街道办)权责清单编制工作交流讨论及政策答疑。经政府研究决定下发《东湖区推行乡镇政府(街办、管理处)政务服务事项清单》,包括区乡镇政府(街办、管理处)权责清单104项、公共服务事项清单24项。

【完成2016年度报告公示工作】 1月,区编办开始受理事业单位网上年度报告申请。对《事业单位法人年度报告书》及其他相关材料进行严格审查,确保材料齐全,填报规范,年度报告书电子版和上传的纸质版内容一致。截至4月,东湖区应报送2016年年度报告事业单位144个,完成报送144个,完成公示144个,完成率、公示率均为100%。

【推进事业单位法人登记管理工作】 2017年,东湖区严格按照上级部署,扎实推进事业单位法人登记管理工作。截至11月7日,该区完成登记事业单位法人共146个,办理的业务有:设立登记2次,变更登记103次,注销登记3次,撤销登记1次,收缴印章7枚。

【做好统一社会信用代码赋码工作】 2017年,东湖区继续落实机关群团统一社会信用代码赋码工作。截至年底,受理并办结机关群团统一社会信用代码赋码18次,其中,机关单位证书初领7次,证书信息变更9次;群团单位证书初领1次,证书信息变更1次。

【规范事业单位法人登记信息】 2017年,东湖区以事业单位登记管理系统为依据,严格依照《事业单位登记管理暂行条例》及实施细则等法律法规要求,联动主管部门,于4月完成东湖区3个“已撤销”事业单位的注销登记和1个“已废止”事业单位的撤销登记。

【落实“双随机、一公开”监管工作】 2017年,东湖区编办联合西湖区编办工作人员组成检查组,于6月对两区共6家事业单位采取翻阅资料、核对证章、座谈交流等方式,对其登记事项、年度报告等公示信息进行实地核查,全面了解掌握被核查单位贯彻执行登记管理法律法规和开展业务活动的情况,现场填写事业单位法人公示信息实地核查记录表,当场反馈检查结果和整改意见,并向事业单位法定代表人进行交办督办。

【跟进网上名称管理工作】 2017年,东湖区根据上级关于实现中文域名注册和网站挂标全覆盖的要求,将该区中文域名注册经费列入财政预算,陆续为辖区200个中文域名(其中政务域名50个,公益域名150个)充值缴纳域名费,完成注册率100%。截至年底,全区有自建网站的单位共12个,全部完成网络标识挂标工作,完成率100%。

(陈璟云)

党史与地方志工作

【概况】 2017年,东湖区史志工作按照上级业务主管部门的工作要求,围绕区委、区政府的中心工作,以南昌起义、秋收起义、井冈山革命根据地创建暨中国人民解放军建军90周年和中国共产党建党96周年、中共十九大召开为契机,广泛开展党史学习宣传教育活动,以《东湖年鉴(2017)》编纂工作为抓手,积极推动地方志工作,全区史志工作成效显著,《东湖年鉴(2017)》荣获江西省第三届年鉴质量评比二等奖。

【组织开展《红色传家宝》征稿活动】 3月,东湖区积极响应中共江西省委党史研究室关于在全省开展电视纪录片《红色传家宝》征稿活动的要求,区史志办与区委宣传部联合下发“关于开展电视纪录片《红色传家宝》征稿活动的通知”,在全区范围征集稿件,得到各镇(街道、管理处)以及教育、文化等部门的广泛响应,收到各类稿件、实物23篇(件),经过专家筛选,选送3篇稿件上报参加评审。

【开展中共十九大报告学习活动】 2017年,中共十九大召开之后,东湖区开展形式多样的学习宣传中共十九大报告活动,区史志部门积极参与,掀起中共十九大报告学习热潮。10月18日上午,在区政府常务会议室全程收听收看中共十九大召开实况;10月26日下午,在区政府常务会议室收听收看江西省领导干部会议和南昌市领导干部会议实况,分别听取省、市两级党委有关中共十九大会议精神的学习传达;10月27日上午,参加区委在区文化活动中心演艺大厅召开的学习传达中共十九大精神大会；11 月 5 日上午，在区政府常务会议室收听收看江西省委举办的中央宣讲团中共十九大精神宣讲报告会实况；11 月 14 日上午，在区政府常务会议室收听收看江西省委宣讲团到南昌市宣讲中共十九大精神报告会实况；11 月 23 日上午，在区文化活动中心演艺大厅参加南昌市委宣讲团宣讲中共十九大精神报告会；12 月 10—14 日，参加区委宣传部组织赴上海学习考察活动，听取复旦大学教授讲解中共十九大报告。此外，积极参与组织、宣传、教育、文化等部门通过知识竞赛、文艺演出、制作宣传栏等开展的各类学习中共十九大报告的活动。

【做好月度大事记编写和信息上报工作】 2017 年，东湖区史志部门广泛收集资料，编写《东湖大事记》12 期、约 6.5 万字；坚持每月向《南昌大事记》（内刊）上报东湖大事信息，编发上报稿件 135 篇、约 1.8 万字，用稿 93 篇，比较准确、及时地反映了东湖区发生的大事和史志工作最新动态。

【编印《东湖大事记(2016)》】 年初开始，东湖区史志部门以 2016 年编写的《东湖大事记》为基础，继续多方收集能够全面、客观反映 2016 年东湖区经济社会发展各方面情况的大事、要事资料，通过充实完善，按照时间先后顺序，以月、日编排，于 3 月份完成《东湖大事记(2016)》的编印工作。《东湖大事记(2016)》为年度大事记（内部资料），以编年体为主，约 7 万字。

【完成省、市年鉴 2017 卷组稿工作任务】 3 月，按照 2017 年《江西年鉴》《南昌年鉴》编辑委员会的工作要求，东湖区史志部门按照年鉴编纂体例要求，将东湖区 2016 年度比较有影响和代表性的反映当年全区经济社会发展的大事、要事及部分图片资料，编成文稿材料，分别向省、市年鉴编辑部上报年鉴文稿约 0.4 万字和 0.7 万字，图片资料共 21 张（幅），有关上报材料均被《江西年鉴(2017)》和《南昌年鉴(2017)》分别采用。

【制定《东湖年鉴(2017)》编纂工作方案】 3 月，东湖区史志部门按照上级业务部门年鉴编纂“一年一鉴”工作要求，结合全区年鉴编纂工作实际，从指导思想、篇目结构、稿件要求、篇目及撰稿单位分工等方面详尽、规范地编写《〈东湖年鉴(2017)〉编纂工作方案》，并以东办字〔2017〕6 号文件下发全区贯彻落实。该方案内容全面、要求明确，具有很强的指导性、操作性。

【开展《东湖年鉴(2017)》编纂工作】 按照 3 月份下发的“区委办公室　区政府办公室关于印发《〈东湖年鉴(2017)〉编纂工作方案》的通知”（东办字〔2017〕6 号）要求，东湖区史志部门认真抓好文件精神的贯彻落实。至 7 月底，收集全区 69 个相关单位（部门）年鉴资料 130 余万字，图片资料 6000 余张（幅），通过专业人员夜以继日的认真改写、编辑、校稿，形成 70 余万字文稿、200 余张（幅）图片的初稿，分别上报上级业务主管部门及领导审核。10 月初，《东湖年鉴(2017)》报送方志出版社审编，按照出版发行工作流程，通过出版社三次审核以及年鉴编纂人员的反复修改、校对后，11 月底被许可公开出版，交付印刷厂印刷。

【出版发行《东湖年鉴(2016)》《东湖年鉴(2017)》】 2017 年，由中共东湖区委、东湖区人民政府主办，《东湖年鉴》编纂委员会编写的《东湖年鉴(2016)》《东湖年鉴(2017)》分别在 2 月、11 月由方志出版社出版发行。这两部书分别记述 2015 年、2016 年东湖区政治、经济、文化、社会生活以及人文与自然等各方面的主要资料和信息，为社会各界提供较为翔实的地情资料，具有较强的权威性、指导性、实用性和可读性。《东湖年鉴(2016)》设 28 个部类，用图 147 张（其中彩色图片 121 张，黑白插图 26 张），表格 39 张，共 387 页，约 82 万字，印数 500 册；《东湖年鉴(2017)》设 28 个部类，用图 176 张（其中彩色图片 163 张，黑白插图 13 张），表格 39 张，共 351 页，约 66 万字，印数 500 册。

【做好全区中心工作】 2017年,东湖区史志部门按照全区中心工作的要求,积极开展“美丽南昌·幸福家园”环境综合整治活动和旧城改造房屋动迁等工作。挂点滕王阁街办开展“美丽南昌,幸福家园”环境综合整治活动;挂点沿江中路路段,配合做好“路长”制工作;到百花洲街办开展“我奉献、我快乐”志愿服务活动,定点胜利路步行街与中山路交叉路口开展文明劝导活动;巩固“两学一做”学习教育成果,定点刘将军庙社区开展在职党员“双联双解”活动(“机关联系基层、干部联系群众,解决经济社会发展与城市管理难题、解决群众所急所盼问题”);4月份开始,参与在硅酸盐厂启动的旧城改造房屋征收动员工作,并完成工作任务。

(陈耀武)

党校工作

【概况】 2017年,东湖区全面贯彻《干部教育培训工作条例》,充分发挥党校干部教育培训的主渠道、主阵地作用,以实际工作需要为导向,注重党校教学质量,创新培训理念、教学内容、培训模式,努力提升培训效果,大力推进干部教育培训工作的科学化、制度化、规范化。截至年底,区委党校共举办各类培训班3期,参训人员330余人次。其中:举办全区综治干部专题培训班1期,共220余人;举办党员发展对象培训班1期,共60余人;举办机关党组织书记和党务干部培训班1期,共50余人。

【举办综治干部专题培训班】 7月,区委党校配合区委政法委举办全区综治干部专题培训班,共计220余人参加培训。培训采取集中理论学习、理论研讨及先进经验交流的方式开展教学,形式多样,内容丰富。此次培训旨在培养学员透过现象看本质、看趋势、看规律的能力,分析各种社会矛盾及问题对社会治安的冲击和影响的能力,以及提高对各类风险和矛盾纠纷的预测预警及防范化解的能力。通过培训,全区综治干部对新形势下国际国内政治、经济、文化和社会发展中的热点、焦点问题得到更深层次的了解,政治理论水平和专业素养也得到有效提高。

【举办党员发展对象培训班】 8月,区委党校配合区委组织部,举办党员发展对象培训班,参训人员60余人。培训集中学习党章、中组部《入党教材》、基本党务知识、党的历史等,突出端正入党动机,坚定理想信念,争做合格党员。此外,培训班组织学员参观方志敏烈士纪念馆,进行革命传统教育;多次开展学习心得交流座谈,听取各位学员的思想汇报;加强指导监督,严格组织结业考试。此次培训进一步加深了各位学员对中国共产党和党的基本理论、基本知识的理解,提高了端正入党动机的自觉性;进一步加深了各位学员对党员标准和党员先进性的认识,提高了争做合格党员、真正从思想上入党的自觉性。

【举办党组织书记和党务干部培训班】 8月,区委党校配合区委组织部举办机关党组织书记和党务干部培训班,参训人员50余人。此次培训以理论学习与现场教学相结合的方式开展教学,特别组织各位学员前往瑞金重温党的历史,弘扬苏区精神,加强党性修养。培训重点突出,针对性强,进一步丰富了各组织书记及党务干部的理论知识,提升机关党组织书记及党务干部的思想政治素质和业务工作水平,为推动全区党建工作新常态奠定基础、提供保障。

【积极做好校舍搬迁工作】 3月,根据全区统一安排部署,党校原校舍(渊明北路49号)属于渊明北路周边被征迁范围,全校在确保各项工作正常运转的情况下,以最快的速度配合征迁指挥部完成搬离以及其他相关工作,在征迁工作起到了示范带头作用。

【区委党校新校区改造项目调度会】 8月18日,东湖区在区综合服务中心南楼七层第一会议室召开区委党校新校区装修改造工作调度会。听取区委党校新校区设计方案相关工作汇报。会议明确:区委党校新校区装修改造建设工程由区城建局负责具体实施,包括设计、立项、装修、改造、移交等相关工作;区城建局负责新校门口周边道路全面升级改造工作,可按照市区道路改造升级要求,建设为双向沥青路面,并满足大型公交车出入校门;党校新校区装修改造工程和校门外道路改造提升工程所需资金从区委党校原办公用房征收补偿款中由财政列支,区委党校本着“简洁、实用"的原则，按照全省基层党校达标的基本要求，专款专用，建设到位；鉴于新校区仍属于过渡性质，区政府应将区委党校新校区建设纳入到扬子洲地区整体规划中，并按照党校办学水平全面达标要求，建设全省基层一流党校。区领导刘闯主持，高辉红、陈曙出席。区委党校校长赵兴中，副校长稂文娟、张凡参会。

（周　凯）

机关事务管理和接待工作

【概况】 2017年，东湖区机关事务管理和接待部门认真学习贯彻宣传中共十九大精神，进一步统一思想、理清思路，树立强烈的事业心、责任感，保持奋发有为、昂扬向上的良好状态，增强政治定力，坚守责任担当，提高素质能力，围绕区委、区政府中心工作，切实履行"管理、服务保障"职能，以"抓铁有痕、踏石留印"的精神抓好工作落实。获得2017年度省、市公共机构节能先进县区，东湖区综治先进单位，东湖区文明单位等荣誉称号。

【做好会议保障、接待工作】 2017年，区机管局统一思想，坚决贯彻执行"八项规定"，本着勤俭节约的原则，做好全区大型活动、重要会议等28次会务保障和服务工作，出色完成"三看"、省市主要领导视察等多项接待任务。圆满完成区"两会"等重大会议的保障工作。区"两会"期间承接与会代表在机关食堂就餐任务，高标准、高质量地完成任务，得到区领导及与会代表的充分肯定。

【狠抓安全生产工作】 2017年，区机管局深入贯彻落实全区安全生产会议精神，着重从机关大楼消防安全、公车行车安全、食堂饮食安全等方面入手，做到防微杜渐，警钟长鸣。"七项措施"保障机关办公大楼公众安全。一是加强安全调度和排查，召开安全形势分析会6次，开展安全大排查18次；二是加强晚间大楼保安巡查力度，发现问题及时处理；三是电动车停放点增加专职保安值守，实行定时段充电，严禁持续及晚间充电，严禁个人私接插线板充电；四是加强物业保安技能培训，熟悉灭火器使用技能；五是加强机关食堂管理，确保饮食安全；六是与东湖消防大队联手，每年在办公大楼内至少组织开展1次消防预案推演；七是建章立制，加强办公大楼的管理，制定下发300册《东湖区综合服务中心及文化活动中心管理规定》手册，为政府大楼1300余名机关干部职工统一印制"工作证"。

【开展干部作风整治工作】 2017年，根据《全区干部作风大转变教育整治实施方案》的安排，为解决公车私用、私车公养问题，杜绝在单位内部食堂和培训中心吃喝玩乐，区机管局积极开展"公务用车管理使用问题"及"在内部食堂吃喝玩乐问题"整治。一是研究制定并下发《东湖区"公务用车管理使用问题"整治工作方案》及《东湖区"在内部食堂及培训中心吃喝玩乐问题"整治工作方案》；二是收集各单位公务用车、油卡等信息报表及内部食堂统计报表；三是加强节假日期间公车封存、停放及使用情况督查；四是与各单位签订责任状；五是组织开展3轮督查。

【全面推进公共机构节能工作】 2017年，东湖区大力支持新能源汽车的推广，与江西中畅交通交通科技有限公司、南昌星充新能源科技有限公司进行沟通合作，引入三方合作的模式推进新能源汽车的应用，建成全市党政机关首个"绿色出行共享新能源汽车分时租赁项目"。为倡导低碳生活、绿色出行，区机管局与Hellobike合作，争取到500辆共享单车免费指标，为机关干部职工提供免费服务。积极筹建光伏发电项目，在区文化活动中心大楼楼顶（可利用面积约1600平方米）建成150千瓦分布式光伏发电项目，预计年发电量约15万度。该项目建成后每年可节约电费开支约41000元。

（张　海）

南昌市东湖区人民代表大会常务委员会

综　述

2017年，东湖区人大及其常委会用习近平总书记系列重要讲话精神和治国理政新理念、新思想、新战略作为思想武器，坚定自觉地用党的理论创新成果凝聚意志、引领前行，全区人大工作在推进民主法治建设的具体实践中焕发出蓬勃生机与活力，为推进"实力、活力、魅力"东湖贡献新的力量。全年共召开常委会会议8次，听取和审议专项工作报告20个，组织视察、执法检查5项，依法任免国家机关工作人员57人次，组织宪法宣誓3次。加强对经济转型升级的监督，围绕经济社会发展重大问题，认真听取并审议区开放型经济、旧城改造、国地税工作情况报告，组织代表对榕门路文玩产业特色街等重大重点项目开展视察，推动区人民政府进一步强产业、促发展，深化项目建设，推进城区改造复兴，全力打好转型升级的"组合拳"。听取和审议区卫计委流动人口服务创新工作情况报告，要求继续加大推进基本公共卫生服务均等化力度，更好地满足广大人民群众多层次、多元化的服务需求。听取和审议区教科体局特殊教育工作情况报告，对培智、育新学校的校园安全工作开展调研，保障校园及校园周边环境的安全稳定。听取区环保局工作情况报告，督促完成环境保护目标，牢固树立生态优先的发展观念，保护群众的"碧水蓝天"。听取区人民政府民生工程情况报告，推进各项民生工程干好、干快、干出成效，不断丰富"民生服务圈"的品牌内涵。群众获得感和幸福感逐年提升，人大监督取得良好的工作效果和社会效应。关注食用农产品安全，配合市人大对扬子洲蔬菜种植基地、农贸市场及农产品检测工作开展视察，督促相关责任部门严格落实监管责任，不断提升全区农产品质量安全保障水平。关注破解交通"堵局"，积极参与"美丽南昌·幸福家园"环境综合整治及"畅通省城回头看"工作，对《南昌市电动自行车管理条例》实施情况开展调研，推动停车场建设和交通管理水平的提升。切实加强对行政机关和司法机关的监督，确保权力在阳光下运行。听取和审议区法院执行工作情况报告，要求强化联动机制，加强规范化、信息化建设，多措并举破解"执行难"问题，不断提高司法公信力。听取和审议区检察院检务公开工作情况报告，促进完善检务公开平台，提升检务公开质量，努力构建开放、动态、便民、高效的阳光检察。充分发挥代表在人大司法监督工作中的积极作用，组织代表审议区"一府两院"半年工作情况报告，视察青少宫法制宣教基地，参加"检察开放日"活动，旁听法院庭审等，健全常态化的司法监督机制，取得了良好的法律监督效果。推进"七五"普法工作。完善代表履职服务平台建设，在全区规范建立15个人大代表联络工作站，加强法律法规和业务知识培训，加强意见、建议办理实效。

重要会议

【概况】　2017年，区人大常委会党组及其常委会深入学习贯彻中共十九大精神，坚持党的领导、人民当家做主和依法治国的有机统一，着力强化新形势下人大职能建设，充分利用人大常委会会议制度，推进履职理念、履职机制、履职方式、履职能力等多个层面的创新转型，努力提高人大常委会会议审议各项报告的质量和成效，推动全区人大工作和建设不断取得新突破、谋求新作为、实现新发展。

【区十六届人大二次会议】 于2月15—17日，在东湖区文化活动中心演艺大厅举行。参会的区人大代表237名，列席人员50名。大会举行了3次全体会议。会议听取和审议东湖区人民政府工作报告、东湖区2016年国民经济和社会发展计划执行情况及2017年国民经济和社会发展计划草案的报告（书面）、东湖区2016年财政预算执行情况和2017年财政预算草案的报告（书面）、东湖区人大常委会工作报告、东湖区人民法院工作报告、东湖区人民检察院工作报告，通过上述各项报告决议。会议通过东湖区第十六届人民代表大会法制专门委员会组成人员人选、选举。

【区十六届人大常委会第二次会议】 于1月23日在区人大常委会会议室召开。出席会议的区人大常委会委员共计24人。列席会议的有区政府副区长童萍如、区法院院长梁洪、区检察院检察长杜迎春，以及区人大、区政府、街道相关部门人员。会议听取区政府关于民生工程工作情况报告，并讨论表决人事议题。

【区十六届人大常委会第三次会议】 于2月14日在区人大常委会会议室召开。出席会议的区人大常委会委员共计23人，列席会议的有区政府常务副区长夏小兰、区法院院长梁洪、区检察院检察长杜迎春，以及区人大、街道相关部门人员。会议听取区人大常委会办公室关于东湖区第十六届人民代表大会第二次会议准备工作情况的汇报；会议审议并通过区人大常委会关于召开东湖区第十六届人民代表大会第二次会议的决定、区人大常委会工作报告、区第十六届人民代表大会第二次会议议程（草）、区第十六届人民代表大会第二次会议日程（草）、区第十六届人民代表大会第二次会议主席团、秘书长名单（草）、区第十六届人民代表大会第二次会议主席团常务主席名单（草）、区第十六届人民代表大会第二次会议主席团执行主席分组名单（草）、区第十六届人民代表大会第二次会议副秘书长名单（草）、区第十六届人民代表大会第二次会议列席人员名单（草）、区第十六届人民代表大会第二次会议财经委员会主任委员、委员名单（草）、区第十六届人民代表大会第二次会议议案审查委员会主任委员、委员名单（草）、区第十六届人民代表大会第二次会议法制专门委员会组成人员人选办法（草）、区第十六届人民代表大会第二次会议法制专门委员会名单（草）、关于设立区第十六届人民代表大会代表资格审查委员会的议案、区第十六届人大常委会2017年工作要点与工作安排。

【区十六届人大常委会第四次会议】 于5月12日在区人大常委会会议室召开。出席会议的区人大常委会委员共计23人，列席会议的有区人民政府常务副区长夏小兰、区人民法院院长梁洪、区人民检察院检察长杜迎春，以及区人大、街道相关部门人员。会议组织常委会组成人员学习《中华人民共和国各级人民代表大会常务委员会监督法》《中华人民共和国全国人民代表大会和地方各级人民代表大会代表法》，传达江西省第十二届人大七次会议精神和南昌市第十五届人大二次会议精神，听取区人大法制专门委员会关于开展2016年规范性文件备案审查工作情况报告，听取并审议区教科体局关于特殊教育工作情况报告、区卫计委关于创新流动人口服务管理工作情况报告，并以电子表决方式进行人事任免。

【区十六届人大常委会第五次会议】 于6月15日在区人大常委会会议室召开。出席会议的区人大常委会委员共计24人，列席会议的有区人民政府副区长万勇、区法院院长梁洪、区检察院检察长杜迎春，以及区人大、区政府、街道相关部门人员。会议听取并审议东湖区人民法院执行工作情况报告、区人民检察院检务公开工作情况报告、区人民政府关于代表意见、建议办理工作情况报告、区房管局关于房屋征收工作情况报告，并以电子表决方式进行人事任免。

【区十六届人大常委会第六次会议】 于8月15日在区人大常委会会议室召开。出席会议的区人大常委会委员共计22人，列席会议的有区人民政府常务副区长夏小兰、区人民法院院长梁洪、区人民检察院检察长杜迎春，以及区人大、区政府、街道相关部门人员。会议听取并审议区开放型经济工作情况报告，听取区人民政府上半年经济运行情况报告、区人民法院上半年工作情况报告、区人民检察院上半年工作情况报告,通过《东湖区人民代表大会常务委员会规范性文件备案审查工作制度》,并以电子表决方式进行人事任免。

【区十六届人大常委会第七次会议】 于10月27日在区人大常委会会议室召开。出席会议的区人大常委会委员共计22人,列席会议的有区人民政府区长高辉红、常务副区长夏小兰,区人民法院院长梁洪,及区人大、区政府、街道相关部门人员。会议听取并审议东湖区2017年1—8月份国民经济和社会发展计划执行情况报告,听取区财政局关于全区2017年1—8月份财政预算执行情况的报告,听取并审议区财政局关于东湖区2016年财政决算的报告(草)、区审计局关于东湖区2016年财政预算执行和收支情况的审计工作报告,并作出《南昌市东湖区人民代表大会常务委员会关于批准区人民政府2016年财政决算报告的决定》,听取区人大常委会代表资格审查委员会关于区第十六届人民代表大会代表资格的审查报告,并以电子表决方式进行人事任免。

【区十六届人大常委会第八次会议】 于12月8日在区人大常委会会议室召开。出席会议的区人大常委会委员共计20人,列席会议的有区委常委、区政府副区长雷强,区人民法院院长梁洪、区人民检察院副检察长罗建珍,及区人大、区政府、街道相关部门人员。会议听取区人大常委会办公室关于东湖区第十六届人民代表大会第三次会议准备工作情况的汇报。会议审议通过区人大常委会关于召开东湖区第十六届人民代表大会第三次会议的决定,并以电子表决方式进行人事任免。

【区十六届人大常委会第九次会议】 于12月29日在区人大常委会会议室召开。出席会议的区人大常委会委员共计19人,列席会议的有区政府常务副区长夏小兰、区法院院长梁洪、区检察院检察长杜迎春,及区人大、区政府、街道相关部门人员。会议听取区政府民生工程情况报告,听取并审议区环保局关于推进生态文明建设工作情况报告,审议通过区人大常委会工作报告,会议表决通过区十六届人大三次会议日程(草)、主席团和秘书长名单(草)、主席团常务主席名单(草)、主席团执行主席分组名单(草)、副秘书长名单(草)、列席人员名单(草)、财经委员会主任委员和副主任委员、委员名单(草)、议案审查委员会主任委员和委员名单(草)、区十六届人民代表大会财政经济专门委员会组成人员人选办法和名单(草)、选举办法(草案),会议组织学习《全国人民代表大会常务委员会关于在全国各地推开国家监察体制改革试点工作的决定》,听取区人大常委会代表资格审查委员会关于区第十六届人民代表大会代表资格的审查报告,并以电子表决方式进行人事任免。

【主任会议】 3月,东湖区人大常委会召开第一次主任会议,听取区环保局工作情况报告。9月,召开第二次主任会议,听取区国税局、地税局工作情况汇报。

监督工作

【概况】 2017年,区人大常委会着眼于促,立足于帮,积极回应群众对更加美好生活的需求,努力使人大依法履职与全区中心工作合拍同步,为东湖发展凝心聚力。同时,加强自身建设,着力提升常委会及其机关履职能力和工作水平。

【推进流动人口管理工作】 5月12日,区人大常委会听取和审议区卫计委流动人口服务创新工作情况报告,要求继续加大推进基本公共卫生服务均等化力度,更好地满足广大人民群众多层次、多元化的服务需求。

【关注校园安全】 5月12日,区人大常委会听取和审议区教科体局特殊教育工作情况报告,对培智学校、育新学校的校园安全工作开展调研,保障校园及校园周边环境的安全稳定。

【开展专题调研】 4—10月,区人大常委会组成7个调研小组,就全区重点项目对固定资产投资情况、城乡农业生态环境保护、养老服务体系建设等7个课题开展工作调研,形成高质量的调研报告,为区委、区政府决策提供参考。

【维护司法公平正义】 6月15日,区人大常委会切实加强对行政机关和司法机关的监督,确保权力在阳光下运行。听取和审议区法院执行工作情况报告，要求强化联动机制，加强规范化、信息化建设，多措并举破解“执行难”问题，不断提高司法公信力。听取和审议区检察院检务公开工作情况报告，促进完善检务公开平台，提升检务公开质量，努力构建开放、动态、便民、高效的阳光检察。充分发挥代表在人大司法监督工作中的积极作用，组织代表审议区“一府两院”半年工作情况报告，视察青少年宫法制宣教基地，参加“检察开放日”活动，旁听法院庭审等，健全常态化的司法监督机制，取得良好的法律监督效果。

【强化常委会自身建设】 2017 年，区人大常委会着眼于实，立足于严，以“不忘初心、牢记使命”为不竭动力，转作风、提效能，抓好制度规范，强化责任担当。坚持不断创新，积极进取，主动适应形势和任务要求，改进工作作风，着力提升常委会及其机关履职能力和工作水平，深入学习贯彻中共十九大精神，强化习近平新时代中国特色社会主义思想为行动指南意识，深刻认识中国特色社会主义进入新时代的重大判断。切实增强党的观念和党员意识，自觉遵守政治纪律和政治规矩，深入开展“两学一做”学习教育，强化“四个意识”，保持风清气正的政治本色，有效发挥党组的核心领导作用。坚持党管干部和人大依法任免相统一，认真落实任前法律知识考试和向宪法宣誓等制度，强化国家工作人员的宪法意识。以贯彻落实中共中央转发中共全国人大常委会党组关于加强县乡人大工作和建设的若干意见为契机，充实常委会组成人员中的专业性人才，健全法制、财经专门委员会等工作机构，配备部分街道专职人大工委主任。对现有规章制度进行全面梳理和修改完善，推进常委会履职行权的科学化、法制化，以及人大机关日常管理的规范化和高效化。加强与“一府两院”的沟通协调、对口联系，形成工作合力。

代表工作

【概况】 2017 年，区人大常委会认真做好代表工作，一是推进代表履职“制度化”。重新修改东湖区人大常委会《人事学习任免办法》《人民陪审员任免办法》《任前法律知识考试办法》《列席区人大常委会会议的规定》《代表建议、批评和意见办理若干规定》等一整套人大代表履职工作制度，对代表学习培训、参加闭会期间小组活动、视察、执法检查、工作评议、专题调研等都作出明确要求。严肃会风会纪，率先实行人大代表缺席人代会议通报制度。对代表的进站（室）活动、接待选民、为民办事、代表述职制定相应的规定，提出明确的要求。二是推进代表履职“示范化”。不断发挥代表主体作用，因地制宜，按照专业特长将近、工作性质相似等原则，积极创新代表小组活动方式。在区人大常委会开展的 7 个专题调研中，广泛吸收法制、财经、教科文卫、环资城建等专业领域的代表参与调研，有针对性地开展活动。强化了人大代表的履职意识和责任感，密切了代表与人民群众的联系，激发了代表的履职热情，树立了人大代表的良好形象，也有效增强了人大及其常委会的工作力量和监督质量。三是推进代表履职的“绩效化”。以代表履职台账为抓手，一人一档，从代表学习、参加会议、视察调研、小组活动、联系选民，守法自律等方面，推进代表向选民述职工作，探索完善选民评议和公开、公示制度。在代表工作站内做到“三公开”：代表信息公开，将市、区代表的信息、照片、联系方式上墙公示，制作并发放“人大代表联系选民联系卡”；规章制度公开，将工作制度、接待选民制度、人大代表职责上墙公示；履职安排公开，公示当年代表履职的详细工作安排。在强化代表主体意识的同时，让选民更加清晰了解到人大代表的履职情况，不断增强代表履职的紧迫感和危机感，提高代表的自我约束力。

【建设人大代表联络工作站】 2017 年，区人大常委会研究制定《关于建设规范提升基层人大代表联络工作站的实施方案》，确定以点带面、总结验收、全面推进的工作思路。高起点、高标准建设全区示范站点——公园街道人大代表联络工作室。并按照有专门牌子、有组织机构、有固定场地、有经费保障、有办公设施、有工作台账、有宣传阵地、有服务窗口等要求，在全区规范建立 15 个人大代表联络工作站，此项工作得到省市人大领导的高度肯定。

【建议办理】 区第十六届人大一次、二次会议期间，分别收到区人大代表意见建议 71 件和 77 件。

区人大选任联工委及时整理、及时交办,区政府办在规定时间内召开人大建议交办会,负责统筹落实。部门主要负责人亲自落实、分管责任人专门办理,形成一级抓一级、层层抓落实的责任机制。区人大常委会筛选8条重点建议,组织部分代表深入现场重点督办,职能部门的工作落实到位,代表满意度提升。

【代表培训】 2017年,区人大常委会和西湖区人大在全国人大深圳培训基地共同举办2017年区人大代表培训班。此次培训班东湖区人大代表团共组织43人参加,这也是东湖区、西湖区人大常委会首次合作办班,培训班共设置如何推动基层人大代表履职工作、人大代表初任履职、如何提出议案和建议、对人大执法检查的实践与思考四门课程,并请专家授课,并分享深圳市、罗湖区两地的先进做法和经验。通过这次培训班,为广大人大代表更好地履职尽责打下坚实的思想基础。

人事任免

【概况】 2017年,根据工作需要,区人大常委会依法选举、补选人大代表7人次,任免国家机关工作人员57人次,组织宪法宣誓3次,为推进"实力、活力、魅力"东湖贡献了新的力量。

【选举、任免情况】 东湖区第十六届人大常委会第二次会议,接受温显来辞去东湖区出席南昌市第十五届人民代表大会代表职务的请求。

东湖区第十六届人大常委会第三次会议,设立东湖区第十六届人民代表大会常务委员会代表资格审查委员会,谭阿莉担任主任委员,万雯、车丽娟、冯玉成、陈明华、唐芸璞担任委员。

东湖区第十六届人大常委会第四次会议,任命张祎星为东湖区人大常委会农业和城乡建设环境保护工作委员会主任;唐芸璞为东湖区人大常委会教育科技文化卫生工作委员会主任,免去其东湖区人大常委会办公室副主任职务;免去徐小玲的东湖区人大常委会财经工作委员会主任职务;张群为东湖区大院街道人大工作委员会专职主任;梁祖奎为东湖区滕王阁街道人大工作委员会专职主任;免去邱波的东湖区滕王阁街道人大工作委员会主任职务。廖军为东湖区财政局局长,免去其东湖区统计局局长职务;免去万勇的东湖区财政局局长职务;陈贞珍为东湖区文化广电旅游新闻出版局局长;免去胡薇的东湖区文化广电旅游新闻出版局局长职务;涂勇为东湖区卫生和计划生育委员会主任;免去钟华的东湖区卫生和计划生育委员会主任职务;黄超为东湖区市场和质量监督管理局局长;免去王君健的东湖区市场和质量监督管理局局长职务。邹化雨、王香芬、郑馨、冯奔、周玉为南昌市东湖区人民法院审判员;张璇、万怡佳为东湖区人民检察院检察员。

东湖区第十六届人大常委会第五次会议,接受史桂鹤、许前佐、涂勇辞去东湖区第十六届人民代表大会代表职务的请求。

东湖区第十六届人大常委会第六次会议,接受黄琰辞去东湖区出席南昌市第十五届人民代表大会代表职务的请求。任命许群为南昌市东湖区人民法院扬子洲人民法庭庭长。任命吴小红、张仲、廖国泰、万俊、魏付英、高红、魏彪、李莉华、熊艳为东湖区人民法院人民陪审员。

东湖区第十六届人大常委会第七次会议,任命雷强为东湖区人民政府副区长。接受冯玉成辞去东湖区第十六届人民代表大会常务委员会委员职务的请求。万雯为东湖区人大常委会选举任免联络工作委员会主任(兼);免去吴蕾的东湖区人大常委会选举任免联络工作委员会主任(兼)职务;付青波为东湖区八一桥街道人大工作委员会专职主任;免去谢国泉的东湖区八一桥街道人大工作委员会主任职务。蔡舸为东湖区安全生产监督管理局局长;免去胡雪洪的东湖区安全生产监督管理局局长职务。根据代表资格审查委员会提出的代表资格审查报告,确认付青波、刘志坚、邹三华山、张祎星、陈小平、胡雪洪、饶接华、梁祖奎、程小浪、廖军10名代表的代表资格全部有效。

东湖区第十六届人大常委会第八次会议,免去刘芳桂、刘香英的东湖区人民法院审判员职务。

东湖区第十六届人大常委会第九次会议,接受陈曙辞去东湖区第十六届人民代表大会代表职务的请求。根据代表资格审查委员会提出的代表资格审查报告,确认贾彧超的代表资格有效。

(唐芸璞)

南昌市东湖区人民政府

综 述

2017年，东湖区全区上下认真学习贯彻中共十九大精神，以习近平新时代中国特色社会主义思想为指导，紧紧围绕“创新引领、绿色崛起、担当实干、兴赣富民”工作方针，全力助推打造富裕美丽幸福现代化江西“南昌样板”，立率先之志，兴实干之风，阔步东湖复兴征程，全区经济社会各项事业取得崭新成绩。

全区经济工作稳定增长，持续发展。全年实现地区生产总值474.99亿元；500万元以上固定资产投资206.07亿元；社会消费品零售总额291.1亿元；规上服务业营业收入30.95亿元；完成财政总收入市口径70.76亿元；地方一般公共预算收入13.05亿元；城镇居民人均可支配收入达39438元；实际利用内资49.81亿元；实际利用外资2.64亿美元；利用省外项目进资37.15亿元；出口总额3.75亿美元。新增“六大产业”企业1800余家，新增注册企业1774户、注册（认缴）资本84.88亿元，新增个体工商户3360户，新增从业人员7329人，新增AAAAA级商务楼宇1.8万平方米，新增税收千万元楼宇2栋、总数达14栋，楼宇总建筑面积、商务面积达59.3万和44.6万平方米，入驻目标楼宇企业2094家，产生税收10.63亿元。

纵深推进改革开放，全力激发发展动力。全面落实“深化改革推进年”各项工作，共调整行政权力事项65项，取消44项；受理并办结行政审批事项6785件，办结率100%；“双随机”试点工作纵深推进，抽查企业196户，对经营异常名录库实施动态管理；推行企业及个体工商户简易注销改革工作，为140余家企业和近10000家个体工商户办理了简易注销。采用VR虚拟现实技术制作全省首例地块招商VR全景图，客商足不出户就能直观体验招商载体；积极参加首届世界赣商大会、第16届赣港经贸合作、第15届赣台经贸文化交流、央企入赣投资合作洽谈会等商贸活动；全年共落户项目167个，总投资额160.87亿元。发放个人创业担保贷款5330万元，直接帮扶创业人员516人，带动就业873人；豫章1号文化科技园成功申报市级小企业创业基地，并被授予“省级广告产业园”称号；新增红娱乐等3家“洪城众创”；天轴通讯等10家企业成功申报国家高新技术企业，高新技术企业新认定15家，超历年高新技术企业总和。

加强城市建设管理，持续提升城区品质。全年共启动3个旧改项目，共完成旧改征迁任务8.3万平方米；成功实施裕丰大厦、青山湖宾馆等五连爆。投入3500余万元，启动福州东路、省图南路等43条道路综合改造工程；投资6000万元启动紫金广场地下停车场、薰衣莱停车场等14个停车场建设任务，新增泊位数1860个。投入3.58亿元推进“美丽南昌·幸福家园”环境综合整治工作；投入9000万元的滕王阁景区周边整治工程、投资6000万元的八一广场周边立面改造工程顺利完工。在全市率先试点开展机动车规范停放，共设置非机动车停放点290余处，规划5290个非机动车泊位；完成辖区90多条道路1100余个配电箱的“增色添彩”工程并在全市推广。荣获全市城市综合考评2个第一、1个第二，“马路本色”月考评8个第一、3个第二的好成绩，荣获2017年度“美丽南昌·幸福家园”整治工作第一名。

大力发展社会事业,不断增进民生福祉。全年用于保障和改善民生资金15.1亿元。全年更换LED灯1300余盏;整改疏通各类沟管1100余处;在全市农贸市场每月考核排名中,取得7个第一,3个第二的成绩。全力落实社会保障工作:全年新增就业9981人;城镇基本医疗保险参保人数达18.7万人,征缴基金总额达1.35亿元;参加基本养老保险人数达5.78万人,累计发放养老金5.13亿元;保障公共租赁住房4091户,为住房困难群众改善住房条件,累计为6384户无房户、困难户发放租赁补贴1860万元。教育、文化事业亮点纷呈:投入1000余万元实施"校安工程";以全市最高分通过义务教育发展基本均衡省级复查;完成大院等4个街道综合文化活动中心标准化建设;获"中国少儿戏曲小梅花荟萃"金奖、"军歌唱响英雄城"歌咏大赛一等奖;贵林社挂牌江西省少儿曲艺传承基地;新增豫章绣等3个第五批省级非遗名录。

深入推进法治建设,着力优化发展环境。大力实施"七五"普法规划,高标准建设法治科普安全宣教中心、公共法律服务中心,荣获法治南昌建设优秀县区。全年共办理人大代表建议148件、政协委员提案132件,办结率、满意率100%。开创"一体两翼"社区矫正官试点工作"东湖模式",在全省起到了引领示范效应。民调评警取得全市县局排名及城区分局排名"双第一"的好成绩;社会治安呈现出"两降、三升"的良好态势;全区公众安全感测评指数持续攀升,稳居主城区前列。对辖区527家特种设备使用单位进行全面普查,组织开展气瓶安全、电梯安全等一系列专项整治行动。全年未发生一起重特大生产安全、消防安全事故。开展国家食品安全示范城市创建,荣获全市食品安全工作考评第一名。

区政府会议

【概况】 2017年,东湖区人民政府根据市委、市政府和区委的部署,围绕经济社会发展各项工作,共召开区政府常务会议22次,区政府办公例会17次,工作会议200余次。

【区政府常务会议】 2017年,区政府共召开22次常务会议。其中:区长高辉红主持,区委常委陈俊、副区长夏小兰、雷强(出席其中的22次-27次常务会)、童萍如、陈国梁、万勇、万明、杨峻,区政府党组成员、区政府办公室主任查秋滚,区政府党组成员、区监察局局长肖迎春,区政府党组成员、区政府办公室正科级督查专员刘文俊出席。

第6次常务会,1月12日上午召开。会议观看《"媒体啄木鸟"行动》光盘,学习传达全国、全省、全市安全生产电视电话会议精神,部署安全生产工作、省政府《关于编制2017年省级预算和地方预算的通知》,审议并原则同意区财政局草拟的《关于呈报〈东湖区公务消费网络监管平台建设实施方案〉的请示》、区政府办草拟的《关于请求审议〈东湖区12345政府服务热线平台运行管理办法(试行)〉的请示》、区商务局草拟的《关于提请审议〈南昌市东湖区人民政府—福建网龙计算机网络信息技术有限公司战略合作协议〉的请示》、区城建局草拟的《关于报请东湖区政府批准2016年东湖区市政设施综合改造PPP项目合同的请示》、区监察局草拟的《关于给予章斌行政撤职处分的请示》、《关于给予钟雄行政开除处分的请示》和《关于给予彭军行政撤职处分的请示》。

第7次常务会,1月22日上午召开。会议审议并原则同意区考核办草拟的《关于请求审定我区2015年度绩效管理奖励发放意见的请示》和区教科体局草拟的《关于审议〈东湖区全民健身实施计划(2016—2020年)〉的请示》。

第8次常务会,2月6日上午召开。会议审议并原则同意区发改委草拟的《关于东湖区2016年国民经济和社会发展计划执行情况和2017年国民经济和社会发展计划草案的报告(送审稿)》和区财政局草拟的《关于东湖区2016年财政总预算执行情况和2017年财政总预算(草案)的报告(送审稿)》。

第9次常务会,3月2日晚上召开。会议传达学习南昌市市长郭安在全市落实中央环境保护督察问题整改工作动员部署大会上的讲话精神、省政府办公厅《关于转发国务院应急办〈进一步做好可能影响社会稳定的隐患和苗头性问题排查防范工作〉的通知》,审议并原则同意区发改委草拟的《2017年东湖区重大重点项目推进工作方案

（送审稿）》、区商务局草拟的《关于审议〈东湖区招商引资四年倍增行动计划〉的请示》、区农水局草拟的《关于请求审议〈东湖区现代农业四年提质增效行动计划（送审稿）〉的请示》、区经济办草拟的《关于提请审议〈东湖区服务业发展四年行动计划〉的请示》、区经济办草拟的《东湖区各经济责任单位2017年经济指标任务书（送审稿）》，听取贤士湖管理处关于2016年旧改项目集体土地上房屋征收补偿工作的汇报和区纪委（区监察局）关于对民生资金使用情况填报不实相关责任人立案的报告。

第10次常务会，3月6日上午召开。会议观看《“媒体啄木鸟”行动》光盘，传达全市安全生产工作会议精神，听取区纪委（区监察局）关于给予民生资金使用情况填报不实相关责任人行政警告处分的报告和区财政局关于2017年区财政预算安排。

第11次常务会，3月25日上午召开。会议观看《“媒体啄木鸟”行动》光盘，审议并原则同意区司法局草拟的《关于呈报〈完善法律援助制度的具体实施意见（送审稿）〉的请示》、区发改委草拟的《东湖区服务业发展四年行动计划推进工作方案》、区综治委草拟的《关于表彰2016年度全区社会治安综合治理目标管理先进单位、先进集体及先进工作者的决定（送审稿）》和《关于嘉奖2016年度全区社会治安综合治理目标管理先进单位综治责任人及综治办主任的决定（送审稿）》、区综治委草拟的《关于授予王国平同志“见义勇为先进分子”和滕王阁水上救援协会“见义勇为先进群体”的请示》、区旧改指挥部草拟的《关于请求提取一定比例征迁工作经费作为区旧改指挥部经费的请示》。

第12次常务会，4月10日上午召开。会议审议并原则同意区防汛指挥部办公室草拟的《〈东湖区2017年重要堤防、险工险段及涵闸度汛措施表（送审稿）〉的请示》、东湖公安分局草拟的《东湖区贯彻落实〈南昌市禁止燃放烟花爆竹规定〉实施方案》、区文广局草拟的《关于老营房飞机库旧址（八一礼堂剧场部分）异地迁移保护相关事项的请示》、区政府办公室草拟的《关于调整区政府部分领导同志分工的请示》。

第13次常务会，4月25日上午召开。会议观看《“媒体啄木鸟”行动》光盘，学习省安委会《关于专题学习贯彻习近平总书记关于安全生产重要批示精神和中发〔2016〕32号文件的通知》，审议并原则同意区财政局草拟的《关于对区直单位2016年经济工作进行奖励的请示》和《关于对各镇、街办、管理处2016年经济工作进行奖励的请示》、区残联草拟的《关于请求印发〈东湖区残疾预防综合试验区创建试点工作实施方案〉的通知》和《关于请求印发〈东湖区残疾预防综合试验区重点干预项目工作实施办法〉的通知》、区人社局草拟的《关于全区范围购买政府公益性岗位的请示》、区人社局、区财政局草拟的《关于东湖区促进就业资金2017年度收支预算编制的请示》、区商务局草拟的《关于省政府大院一号、二号地块项目协议书》和《关于提请审议〈省政府一号、二号地块配建安置房建设协议书〉的请示》。

第14次常务会，5月5日上午召开。会议学习省委办公厅、省政府办公厅《关于深入贯彻中央八项规定精神进一步改进作风的若干意见》（赣办发〔2017〕5号）和《江西省人民政府办公厅关于进一步严肃会风会纪的通知》，审议并原则同意区政府办草拟的《关于请求审议〈东湖区2017年法治政府建设工作要点（送审稿）〉的请示》、区旧改指挥部草拟的《关于请求审议〈东湖区2017年第一轮房屋征收工作实施方案（送审稿）〉的请示》和《关于请求审议〈东湖区2017年旧城改造工作指挥部工作方案（送审稿）〉的请示》、区金融办草拟的《关于提请区政府出具承担本辖区小额贷款公司监督管理和风险处置第一责任人风险处置承诺函的请示》。

第15次常务会，6月2日上午召开。会议观看《“媒体啄木鸟”行动》光盘，学习省人民政府领导《致各市、县（区）人民政府主要负责同志的一封信》，传达省纪委《关于骆开提、徐爱文等同志违反中央八项规定精神问题的通报》，会议审议并原则同意区旧改指挥部草拟的《东湖区2016年旧改征收工作考核及奖惩办法》、区统计局草拟的《东湖区统计调查单位与投资项目摸底排查工作实施方案》、区市场监管局草拟的《东湖区创建国家食品安全示范城市工作实施方案》和《东湖区食品安全工作评议考核办法》、区财政局草拟的《关于规范发放2016年经济工作奖励经费的请示》、区审改办草拟的《东湖区人民政府关于取消和调整一批行政权力项目的决定》、区城建局草拟的《关于请求将爱国路社区改造项目、朱湖路周边改造项目、贤士一路等43条道路改造项目整体采用PPP模式运作的请示》，听取区发改委关于开展东湖区2017年降成本优环境专项行动和东湖区2017年领导挂点产业帮扶企业活动有关情况汇报。

第16次常务会，6月22日上午召开。会议观看《全市铁路沿线市容环境现状暗访纪实》和《“媒体啄木鸟”行动光碟》，审议并原则同意区发改委草拟的《关于请求审议〈东湖区2017年降成本优环境专项行动工作方案〉的请示》和《东湖区2017年领导挂点产业帮扶企业活动实施方案》、区商务局草拟的《关于请求审议〈东湖区开放型经济工作考核办法〉（送审稿）的请示》、区经济办草拟的《关于提请区政府审议东湖区2017年经济发展工作考核办法（送审稿）的请示》、区河湖长办草拟的《关于请求印发东湖区全面推行河湖长制工作方案（修订）的请示》和《关于请求印发东湖区“河湖长制”相关制度的请示》、区环保局草拟的《关于请求以区政府名义印发〈东湖区大气污染专项整治工作方案〉（送审稿）的请示》、区民政局草拟的《关于南昌市第十二医院社会托管的请示》、区卫计委草拟的《关于请求表彰2016年度全区计生工作先进单位和先进个人的请示》、区监察局草拟的《关于对雷荣华同志违纪问题立案的请示》。

第17次常务会，7月10日上午召开。会议观看《“媒体啄木鸟”行动》光盘，学习《中共江西省委关于印发江西省贯彻〈中国共产党问责条例〉实施办法的通知》和《南昌市人民政府关于印发南昌市预算内基本建设专项资金管理暂行办法的通知》，审议并原则同意区房管局草拟的《关于下达东湖区象山北路地块（环湖路民德路）旧城（城市棚户区）改造项目房屋征收决定书的请示》、区金融办草拟的《关于提请审议〈南昌市东湖区人民政府与江西银行股份有限公司战略合作协议〉的请示》和《关于提请审议〈东湖区人民政府与中国建设银行股份有限公司江西省分行金融合作框架协议书〉的请示》。

第18次常务会，7月28日上午召开。会议审议并原则同意区民政局草拟的《关于请求印发东湖区自然灾害救助应急预案的请示》、区旧改指挥部草拟的《关于请求审议〈殷家巷社区地块旧城改造项目引进社会资本框架协议书〉的请示》、区商务局草拟的《关于请求审议〈南昌市东湖区人民政府－远洋地产有限公司战略合作框架协议〉的请示》、区商务局草拟的《关于请求审议〈南昌市东湖区人民政府－南昌综合保税区管理委员会合作备忘录〉的请示》、区监察局草拟的《关于给予雷荣华行政警告处分的请示》。

第19次常务会，8月18日上午召开。会议观看《“媒体啄木鸟”行动》光盘，审议并原则同意区政府办草拟的《关于请求审议〈2017年东湖区民生工程安排意见（送审稿）〉的请示》、区政府办草拟的《关于请求审议东湖区贯彻落实〈江西省法治政府建设实施纲要（2016—2020年）〉实施意见（送审稿）的请示》、区民政局草拟的《关于请求印发东湖区居家和社区养老服务改革试点工作实施方案的请示》、区卫计委草拟的《关于请求印发〈东湖区鼠疫控制应急预案〉的请示》、区旧改指挥部草拟的《关于请求明确旧改项目所涉区教科体局等单位自管房产按直管公房征收的请示》。

第20次常务会，9月1日上午召开。会议审议并原则同意区房管局草拟的《关于下达南昌硅酸盐制品厂及周边地块工矿棚户区改造项目房屋征收决定书的请示》。

第21次常务会，9月18日上午召开。会议观看《“媒体啄木鸟”行动》光盘，审议并原则同意区商务局草拟的《关于提请审议〈东湖区产业发展调度机制〉的请示》、区商务局草拟的《关于提请审议〈东湖区产业发展决策机制〉的请示》、区商务局草拟的《关于提请区政府审议〈南昌市东湖区VR产业发展投资运营合作协议〉请示》、区河长办草拟的《关于请求印发〈东湖区2017年河湖长制工作要点〉的请示》、区审改办草拟的《关于请求审定下发〈东湖区推行乡镇政府（街办、管理处）政务服务事项清单〉的请示》、区审改办草拟的《关于请求审定下发〈东湖区人民政府关于取消和调整一批行政权力项目的决定〉的请示》、区房管局草拟的《关于下达东湖区青山南路地块（青山南路铁路西货场北）旧城（棚户区）改造项目房屋征收决定书的请示》。

第22次常务会,9月18日上午召开。会议传达学习《市委办公厅关于扎实做好全市当前工作以优异成绩喜迎党的十九大胜利召开的通知》和《南昌市安委会办公室关于切实做好2017年国庆期间安全生产工作的通知》,审议并原则同意区政府办公室草拟的《关于调整区政府领导同志分工的请示(送审稿)》。

第23次常务会,10月16日上午召开。会议观看《"媒体啄木鸟"行动》光盘,审议并原则同意区政府办公室草拟的《关于请求审议〈东湖区推行行政执法公示制度执法全过程记录制度重大执法决定法制审核制度试点工作方案的通知(送审稿)〉的请示》、贤士湖管理处草拟的《关于支持长巷、七里、贤湖村集体经济发展的请示》、区城建局草拟的《关于请求对爱国路社区改造等4个市政建设工程立项的请示》,传达学习《江西省人民政府办公厅关于进一步规范全省政府网站信息审核发布工作的通知》。

第24次常务会,10月31日上午召开。会议学习《江西省安全生产条例》,审议并原则同意区民政局草拟的《关于请求印发〈关于做好2017年义务兵家庭优待金发放工作的通知〉的请示》、区发改委草拟的《关于请求审议〈南昌东湖城市建设投资发展有限公司完善方案〉、〈南昌东湖文化旅游投资发展有限公司组建方案〉及相关配套文件的请示》。

第25次常务会,11月27日上午召开。会议观看《"媒体啄木鸟"行动》光盘,学习《消防安全责任制实施办法》和《中华人民共和国大气污染防治法》,会议审议并原则同意区环保局草拟的《关于请求审议东湖区土壤污染防治行动计划(2017—2030年)的请示》。

第26次常务会,12月9日上午召开。会议审议并原则同意区政府办草拟的《关于请求印发〈东湖区关于推进南昌市全国少数民族流动人口服务管理示范城市建设实施方案〉的请示》、区政府办草拟的《关于请求审议〈东湖区政府网站管理办法〉的请示》、区教科体局草拟的《关于请求下发〈东湖区党政领导干部履行教育职责任务分解工作方案〉的请示》、区防震减灾局草拟的《关于提请审议〈东湖区地震应急预案〉的请示》、董家窑街办草拟的《关于申请实施体彩大厦"三看"项目应急工程的请示》、区机管局草拟的《关于申请对"东湖区党群服务中心"业务用房立项的请示》、贤士湖管理处草拟的《关于拨付集体土地出让溢价资金用于项目配套工程建设的请示》,听取区发改委关于报送南昌市2018年重大重点项目情况汇报。

第27次常务会,12月27日上午召开。会议观看《"媒体啄木鸟"行动》光盘,审议并原则同意区安监局草拟的《关于请求印发〈东湖区生产安全事故综合应急预案〉的请示》、区发改委草拟的《关于请求审议东湖区2018年重大重点项目计划安排和责任分工的请示》、区商务局草拟的《关于审议〈东湖区促进外经贸出口企业发展若干措施〉的请示》、区考核办草拟的《关于我区2016年度绩效管理奖励发放意见的请示》。

【区政府办公例会】 2017年,区政府共召开17次区长办公例会,参加会议的人员为区政府区长、副区长以及区政府办公室主任、区监察局局长、区政府办公室正科级督查专员等。办公会由高辉红主持。

第1次办公例会,1月12日上午召开。会议审议并原则同意区环保局草拟的《关于以区政府名义印发〈东湖区空气重度污染日应急方案(暂行)〉的请示》、区教科体局草拟的《关于请求认定缤谷众创空间、菇事汇庄园为东湖区青少年科技教育基地的请示》、区教科体局草拟的《关于要求拨付2017年拟实施项目区科技专项经费的请示》、东湖公安分局草拟的《关于将市场监管局原办公楼部分楼层提供给分局使用的请示》、贤士湖管理处草拟的《关于要求解决2016年旧改拆迁村级产业用房后租金损失的请示》、区人社局草拟的《关于申请调整我区劳动保障(监察)专干工资待遇的请示》、区卫计委草拟的《关于成立东湖区人禽流感防控工作领导小组的请示》和《东湖区人感染H7N9禽流感联防联控工作机制》。

第2次办公例会,2月6日上午召开。会议审议并原则同意区综管办草拟的《关于请求审议〈关于下发全区"美丽南昌·幸福家园"社区环境综合整治检查评比办法(试行)的通知〉的请示》、区经济办草拟的《关于提请兑现江西良品铺子食品有限公司等4家企业2015年招商引资优惠政策的请示》和《关于提请给予南昌美特斯邦威服饰有限公司等2家企业"一事一议"招商引资优惠政策的请示》、区财政局草拟的《关于将2016年东湖区市政设施综合改造PPP项目财政支出责任纳入预算草案的请示》。

第3次办公例会,3月2日晚上召开。会议审议省旅游开发公司草拟的《关于恳请东湖区政府对我司青山湖宾馆改造项目给予相关支持的请示》,会议审议并原则同意区房管局草拟的《关于将东湖区国有土地上房屋征收与补偿办事处工作经费纳入区财政预算的请示》、区城建局草拟的《关于江柴社区综合改造项目有关事宜的请示》、区城建局草拟的《关于请求下拨工程款的请示》、区城建局草拟的《关于请求对滕王阁景区周边综合整治工程立项的请示》、区城建局草拟的《关于请求对八一广场及周边环境提升改造的请示》。

第4次办公例会,3月25日上午召开。会议审议并原则同意区城建局草拟的《关于请明确2017年东湖区公共停车场建设项目有关事项的请示》、区城建局草拟的《关于请求下拨2016年PPP项目资金的请示》、区教科体局草拟的《关于2017年东湖区拟向社会公开招聘(选调)60名中小学(园)教师的请示》、区教科体局草拟的《关于批准2017年暑期部分学校(园)维修改造计划的请示》、东湖公安分局草拟的《关于申请报废、补充部分执法执勤车辆的请示》、东湖公安分局草拟的《关于解决全区执法办案中心建设用房的请示》、区司法局草拟的《关于建设区法律服务中心的请示》。

第5次办公例会,4月10日上午召开。会议审议并原则同意区"美丽南昌·幸福家园"城市交通畅通推进组办公室草拟的《关于请求审议〈东湖区城市交通畅通工程"五车"整治工作方案〉的请示》,听取区城建局草拟的《关于请求同意社会资本参与建设天泉水都停车场建设项目的请示》。

第6次办公例会,4月25日上午召开。会议审议并原则同意东湖国土分局草拟的《关于印发〈南昌市东湖区农村房地一体确权登记发证工作实施方案〉的请示》、区农水局草拟的《关于印发2017年东湖区"休闲农业·秀美乡村"活动月实施方案》、东湖消防大队草拟的《关于组建扬子洲政府专职消防队并落实相关经费的请示》,听取区房管局关于广场北路周边地块旧城改造项目旧房爆破拆除采用爆破专家库的汇报。

第7次办公例会,6月2日上午召开。会议审议并原则同意区人社局草拟的《关于提请以区政府名义下发〈东湖区医疗保险基金审计发现问题专项整治行动实施方案(草)〉的请示》、区城建局草拟的《关于请求下拨紫金城路环卫地面硬化工程款的请示》、区城建局草拟的《关于请求下拨三经路街头小游园项目工程款的请示》。

第8次办公例会,6月22日上午召开。会议审议并原则同意区委组织部草拟的《关于上报2017年全区基层党建标准化示范、达标点的请示》、区经济办草拟的《关于提请兑现大新银行(中国)有限公司南昌分行等6家企业2016年招商引资优惠政策的请示》和《关于提请给予江西福瑞尔电器有限公司等2家企业"一事一议"招商引资优惠政策的请示》、区市场监管局草拟的《关于更改我局部分事业单位人员工资结构的请示》和《关于批准我局事业单位人员执行统一绩效工资的请示》、区环保局草拟的《关于请求拨付环境保护监测津贴的请示》。

第9次办公例会,7月10日上午召开。会议审议并原则同意区文产办草拟的《关于请求拨付文化产业资金支持的请示》,听取区财政局2017年上半年财政收支情况汇报。

第10次办公例会,7月28日上午召开。会议审议并原则同意区城投公司草拟的《关于请求确定东湖区安置房建设地基基础检测单位等工程服务类招标方式的请示》、区人社局草拟的《关于确定2017年东湖区面向社会公开选调优秀中小学教师拟录用人员的请示》、东湖公安分局草拟的《关于区执法办案中心装修改造的请示》。

第11次办公例会,8月18日上午召开。会议审议并原则同意区发改委草拟的《关于提请区政府审议扬子洲规划研究课题有关事宜的请示》、区城建局草拟的《关于请求预拨滕王阁景区周边整治工程、八一广场及周边环境提升改造和江柴社区综合改造工程款的请示》,听取关于东湖区综合服务中心及文化活动中心建设项目情况汇报。

第12次办公例会,9月18日上午召开。会议审议并原则同意区综治委草拟的《关于请求继续推进我区第二批智慧平安小区建设的请示》、区经济办草拟的《关于提请兑现江西腾达科技有限公司等4家企业2016年招商引资优惠政策的请示》和《关于提请给予沃尔玛江西区域总部等3家企业“一事一议”招商引资优惠政策的请示》、区城建局草拟的《关于请求赣江右岸八一桥至二七路排污口截污工程采取EPC模式进行公开招标的请示》。

第13次办公例会，9月25日上午召开。会议审议并原则同意区教科体局草拟的《关于追拨国家县域义务教育发展基本均衡省级复查达标缺口经费的请示》、区综管办草拟的《关于请求拨付铁路沿线环境综合整治工作经费的请示》，听取区财政局关于盘活我区财政存量资金的汇报。

第14次办公例会，10月16日上午召开。会议审议并原则同意区禁毒委草拟的《关于拨付社区戒毒社区康复工作站建设经费的请示》、区人社局草拟的《关于提请区政府审议〈东湖区被征地农民参保遗留问题的实施方案(草)〉的请示》、区文广新局草拟的《关于请求拨付2016年东湖区春节环境氛围布置专项经费的请示》、区城建局草拟的《关于请求预拨滕王阁景区周边整治工程、八一广场及周边环境提升改造和江柴社区改造工程款的请示》，听取区财政局关于区两创专项资金用途的汇报。

第15次办公例会，10月31日上午召开。会议审议并原则同意区金融办草拟的《关于提请再次审议〈东湖区人民政府与中国建设银行股份有限公司江西省分行金融合作框架协议书〉的请示》、区金融办草拟的《关于提请区政府出具承担本辖区小额贷款公司监督管理和风险处置第一责任人风险处置承诺函的请示》、区卫计委草拟的《关于开展2017年度全区干部职工健康体检的请示》、区经济办草拟的《关于提请兑现南昌赣昌砂石等2家企业2016年招商引资优惠政策的请示》和《关于提请给予中航信托股份有限公司“一事一议”招商引资优惠政策的请示》。

第16次办公例会，11月27日上午召开。会议审议并原则同意区机管局草拟的《关于解决区纪委监察委员会及专职巡察部门办公用房的请示》、区民政局草拟的《关于审议〈东湖区关于做好2017年度退役士兵安置工作的意见〉的请示》、区财政局草拟的《关于区住房保障和房产管理局国有资产处置收益上缴国库的请示》、区教科体局草拟的《关于请求认定滕王阁社区为东湖区科技示范社区、VDO创空间为东湖区青少年科技教育基地的请示》。

第17次办公例会，12月9日上午召开。会议审议并原则同意区人防办草拟的《关于请求明确我区两个早期人防工程(公园街办和百花洲街办)回填治理施工单位的请示》、公园街办草拟的《关于对民德路159号房屋(2006年市级登记文物保护单位)进行修缮的请示》、区商务局草拟的《关于提请区政府审议与南昌综保区共建共享南昌综保区外贸综合服务平台有关合作事项的请示》、区人社局草拟的《关于申请我局招商引资单位开办经费的请示》、区人社局草拟的《关于恳请区政府进一步规范就业专项资金管理使用的请示》，听取区人社局关于东湖区城镇企业职工基本养老保险工作汇报。

【工作会议】 2017年，区政府围绕经济建设、城市管理、社会民生、社会稳定等方面工作，共召开各类会议200余次。

东湖区旧城改造工作调度会。1月18日下午，东湖区2016年第二轮旧城改造工作调度会在区综合服务中心南楼六楼政府常务会议室召开。会议听取区旧改办就房屋征迁工作进度情况的汇报和相关责任单位的经验交流。会议指出，旧城改造是区委、区政府高度重视、密切关注的一项重要工作，各责任单位、各有关工作组要高度统一思想，总结经验，再鼓干劲，保证旧改征迁工作顺利推进。会议强调：一是目标不变，在征迁进度上求突破。要以改善民生福祉，提高百姓获得感、幸福感和满意度为目标，创新工作思路，抢抓时间节点，迎难而上，奋起直追，确保征迁进度不打折扣；二是决心不变，在协调配合上出实招。要牢固树立全区“一盘棋”的思想，从大局出发，坚持统一协调，坚持密切配合，汇聚成推动工作的强大合力，树立必胜信心和坚定决心；三是宗旨不变，在依靠群众上下功夫。要以依靠群众为工作的出发点和落脚点，想群众之所想，急群众之所急，真心实意帮助征迁户解决实际困难。要创新工作形式，用群众喜闻乐见的方式宣传征迁政策，赢得群众理解、支持和配合，确保房屋征迁工作有效、稳妥、快速推进。

东湖区紫金学校建设推进会。2月6日上午,在区政府常务会议室召开紫金学校建设推进会。会议指出,紫金学校作为全区重大民生工程,各责任单位务必围绕2018年秋季开学这一目标,树立大局观念,强化服务意识,确保各项工作按照市政府确定的时间节点加快推进。会议强调:一是要和谐征迁。加快学校建设用地房屋征迁,把好房屋征迁政策关,切实维护好被征迁群众和企业的根本利益;二是要统筹兼顾。按照先易后难、先局部后全局、先重点后难点的原则,各项工作向前赶,交叉解决学校建设过程中遇到的问题;三是要形成合力。各责任单位要主动对接、形成合力,加大各项工作对接协调力度,共同破解难题,为紫金学校及早开工创造条件。

东湖区2017年全区经济考核办法调度会。2月9日上午,2017年全区经济工作考核办法调度会在区政府常务会议室召开。会议指出,为科学制定2017年经济发展工作考核办法,各经济责任单位一是要算好账,二是要开好会,二是要通好气,提出意见和建议,确保考核办法经得起考验。同时,经济发展工作永远在路上,要努力做到“促上行、保中行、防下行”。会议强调:各经济责任单位一是要强领导,做到业务要精,政策要熟;二是要强指导,牵头经济责任单位要组织好业务培训和下到镇、街办指导;三是要强调度,各经济责任单位要时常调度,牵头经济责任单位要一月一通报排名情况;四是要强对接,镇、街办要加强与区国、地税,牵头经济责任单位以及重点纳税户沟通。

东湖区“两会”期间消防安全重点单位集中约谈会。3月3日上午,东湖区“两会”期间消防安全重点单位集中约谈会在区文化活动中心演艺大厅召开。会议强调,全国“两会”已经开幕,各单位要迅速行动起来,立即开展消防安全自查、培训工作。一要自查责任落实;二要自查消防设施;三要自查消防培训;四要认真做到严禁违规明火作业、严禁违规施工;五要100%落实消防安全“户籍化”管理和“六加一”措施,提升消防安全“四个能力”;六要大力推进消防安全管理纳入“智慧城市”建设内容,确保“两会”顺利召开。

东湖区2017年城市建口项目工作进展汇报会。3月15日晚,东湖区2017年城市建口项目工作进展汇报会在区政府六楼常务会议室召开。会议要求,要在统一认识上有高度,解决停车“痛点”不仅是当务之急,也是打造“美丽南昌、幸福家园”“东湖样板”的客观要求,各责任单位要高度重视、积极参与,将这项功在当代、利在千秋的民生大事做好;要在狠抓推进上有力度,要加快审批,各街道、责任单位要会同旧改指挥部做好项目地块征收工作,其他各部门要加强联动、积极协调、形成合力,确保按时按质完成任务;要在项目实施上有速度,各单位要切实采取有效措施,在项目建设上做到有选择、有对比,加快项目推进速度。

东湖区经济运行调度会。3月17日上午,全区经济运行调度会在区政府常务会议室召开。会议指出,从各项经济指标数据及排名来看,1—2月份经济运行形势较好,为一季度实现“开门红”打下良好基础。就抓好下一步经济发展工作,高辉红强调,一要认清形势。当前全区经济发展形势有喜有忧,一方面经济指标数据较同期止跌趋稳,稳中有升,另一方面还存在项目规模有限,后劲乏力等风险,各责任单位要从薄弱环节、关键指标上持续发力,狠抓落实;二要突出重点。要强化经济工作特别是财税工作调度力度,加大调度员频次,突出财税工作这个重点,统筹好中心工作和其他工作的关系;三要夯实基础。围绕项目,抓好基础服务工作,多到企业走访,加强与辖区企业对接,做好服务,促进企业健康发展。

赣江东湖段排污治理工作推进调度会。3月18号下午,在区政府第一会议室召开赣江东湖段排污工作推进调度会。会议指出,经过前期准备,赣江东湖段排污治理工作已经有了初步方案,下一步要完善程序,做好论证,提高方案科学性和可操作性,尽早确定正式方案,争取项目早日开工,确保如期按时保质保量完成建设任务。会议要求,一要加强领导。要形成“一个项目、一支队伍、一套方案、一个机制”的常态化管理模式,由主要领导负责,区城建局牵头成立项目推进工作领导小组,推进项目建设;二要加强跟踪。各负责单位要与主管业务部门加强对接,密切联系,掌握项目进展信息,进一步加快项目立项、建设进度;三要加强调度。要加大调度力度,加密调度频次,及时掌握进度进展，积极解决制约进度的问题和困难；四要加强督查。按照项目进度要求，对项目进展情况强化检查督促，确保项目顺利有序推进。

3月18日，区政府召开赣江东湖段排污治理工作推进调度会

东湖区2017年产业类重大重点项目调度会。3月22日晚，在区政府常务会议室召开全区2017年产业类重大重点项目调度会。会议要求，一要正视问题再加压。全区产业类重大重点项目共16个，开工7个，进展较慢，各责任单位要有危机意识，积极与市级部门保持衔接，保证与项目主体沟通到位，加大重点项目的推进力度。二要破解难题再加力。一方面要加快旧改征迁工作进度，全力解决旧改地块存在的各个问题；另一方面，要统筹协调完成各项报建手续，做好提前部署、提前规划，缩短时间周期，加快建设进度。三要强化联动再加劲。项目建设往往涉及多个职能部门，各部门之间要加强交流、协作，各责任单位要加强与业主单位的联系，增强服务意识和靠前意识，同时，加强与市有关单位的沟通汇报，争取上级单位的指导和支持。

东湖区开放型经济工作调度会。3月31日上午，东湖区开放型经济工作调度会在区综合服务大楼南楼常务会议室召开。会议要求，一是务必凝聚抓好开放型经济工作的思想共识。全区上下尤其是各个经济责任部门要在思想上、认识上、行动上与区委、区政府保持高度一致，坚定不移把开放型经济工作向前推进。二是务必营造抓好开放型经济工作的良好氛围。各经济责任单位要开启“走出去”“引进来”双引擎，形成“比、学、赶、超”良好氛围。三是务必培养一支抓好开放型经济工作的专业队伍。要把人才和资源整合，把资源和项目整合，以六大产业为中心，落实责任，明确分工，齐抓共管，合力形成一张开放型经济工作的联系网。四是务必打造抓好开放型经济工作的优良环境。要进一步优化舆论环境、政策环境、服务环境，抓住开放型经济“候鸟”效应的特点，增强服务意识和靠前意识，争当服务企业的“店小二”。五是务必建立抓好开放型经济工作的完善机制。从调度机制、分析机制、共享机制等入手，形成工作惯例，进一步助推全区开放型经济工作全力冲刺，助力全区经济发展迈上新台阶。

东湖区铁路沿线环境综合整治工作布置会。4月8日上午，东湖区铁路沿线环境综合整治工作布置会在区政府常务会议室召开。会议指出，全市“美丽南昌·幸福家园”环境综合整治行动如火如荼，京九铁路穿城而过，铁路周边是否干净漂亮关系到到整个城市的市容市貌。京九铁路在东湖辖区有约7公里，因此，铁路沿线环境综合整治也必然是全区“美丽南昌·幸福家园”环境综合整治行动的一项重要内容，各相关责任单位务必要提高认识，统一思想，充分认识到铁路沿线环境综合整治工作的重要性，全力推动整治工作取得实效。会议强调，做好铁路沿线环境综合整治工作要在成立机构，明确任务，夯实责任，强化督查四个方面狠下功夫，建立联动协调指挥机构，统筹把握，强化调度，高效推进；围绕“面貌大改观”的目标，通过“拆”“清”“绿”“改”“装”“亮”，着力打造铁路沿线景观带；按照“领导挂帅、部门指导、属地负责、铁路配合”的工作要求进一步夯实责任，狠抓落实，推动整治工作稳健快速推进；强化督查工作力度，每周公布督查情况，变督查压力为工作动力，营造整治工作比学赶超的良好氛围，确保按照时间节点圆满完成各项任务。

东湖区安全生产工作部署会。4月24日晚上，东湖区在六楼常务会议室召开全区安全生产工作部署会。会议指出，安全生产，责任重于泰山，各部门要时刻保持清醒头脑，绷紧安全生产这根弦，坚决克服麻痹思想，牢固树立忧患意识、警惕意识，切实把安全生产责任抓在手上、扛在肩上、落实在行动上，维护好社会稳定。会议强调，一是要在强化责任中守住安全生产红线。要牢固树立"安全就是安稳、安全就是安定、安全就是安心"的意识，决不能麻木不仁、心存侥幸和有丝毫松懈，要清醒认识安全工作的严峻性、复杂性和突发性，把安全工作放在高于一切、重于一切的位置。二是要在全面排查整改中落实责任。各部门要立即行动，在全区所有地区、所有领域，开展安全生产大排查，对于排查情况，做到即查即改和限期整改相结合，不疏漏一个隐患点、薄弱点，确保企业安全生产、行业安全运转、百姓安居乐业。三是要在强化保障中确保安全生产稳定。要切实把安全生产作为一项大事来抓，用实功、出实招、求实效，要从组织领导、宣传发动、应急值守、督导检查等四个方面全力维护安全生产秩序，确保人民群众生命财产安全。

东湖区创建国家食品安全示范城市动员大会暨全区食品药品工作会。4月25日下午，东湖区创建国家食品安全示范城市动员大会暨全区食品药品工作会议在区综合服务中心南楼常务会议室召开。会议指出，一是提高认识，以高度的政治站位深入贯彻上级精神。南昌创建国家食品安全示范城市，是广大人民群众的迫切愿望，是食品安全形势的现实要求，也是落实上级部署的具体行动。东湖作为核心老城区责无旁贷，把创建工作抓紧抓实抓好，是当前的一项重要政治任务；二是提升标准，以高度的政治责任切实做好创建工作；要抓好源头管理，尤其是生产源头和销售源头，确保老百姓的饮食安全。要加大整治力度，从重点区域、重点环节、重点品种入手，深入开展各类专项整治，进一步规范企业的生产、销售行为。要注重宣传引导，提升群众对创建工作的知晓率，形成全社会关心支持食品安全监管、主动参与创建的社会氛围，叫响"食安东湖"；三是提振信心，以高度的政治自觉全力确保创建实效。要增强创建信心，充分发挥良好的创建基础、优势和条件，确保创建工作稳步推进。要强化部门联动，精心组织，加强协调、密切配合，做到安排工作有大盘子、开展工作有好路子。要加强考核督查，不断创新举措，编密织牢食品安全网络，在"食安南昌"上唱响东湖好声音。会议强调，食品安全示范城市创建工作是一项民心工程、民生工程，任务艰巨、使命光荣。

东湖区滕王阁创建AAAAA景区工作调度会。5月2日下午，在区政府第一会议室召开滕王阁创建AAAAA景区工作调度会。会议强调，一是思想上要高度重视。创建AAAAA景区既是面子工程，又是里子工程，全区各责任单位要尽职履责、勇于担当；二是协调上要密切配合。创建工作时间紧、任务重，各单位要发扬钉钉子的精神，密切配合，尽全力完成市委、市政府交办的任务；三是工作上形成合力。创建AAAAA景区是一个系统性工程，不是某一个单位能够独立完成的，全区各单位要加强与AAAAA办的汇报和联系，互帮互助、精准发力；四是施工上要安全第一。在项目施工上，安全生产工作要放在首要位置，要联系近期发生的系列安全生产事故，汲取教训，引以为戒，把好事办好；五是时间上要争分夺秒。创建工作时间任务紧急，各单位要倒排时间表，提前谋划，不等不靠，围绕任务目标全力攻坚；六是推进上要既快又好。滕王阁景区及周边改造工程要围绕AAAAA景区创建工作，加分添彩，既要保证时间、又要提高质量，打造出东湖的新"名片"；七是操作上要严谨规范。改造工程题量大、资金多，各责任单位一定要在合理合法的情况下进行施工，既要讲规矩、讲政治，又要讲法规、讲纪律，"清亲"二字要时刻谨记心中；八是形象上要明显提升。滕王阁创建AAAAA景区，不仅对滕王阁景区来说是一个大提升，对其周边的发展都有着巨大的推动作用，一定要借创建工作的契机，加大对周边的整体改造，为东湖的经济社会发展提供有力支撑。

东湖区"美丽南昌·幸福家园"环境综合整治调度会。5月9日上午，东湖区"美丽南昌·幸福家园"环境综合整治调度会在新闻发布厅召开。会议指出，开展"美丽南昌·幸福家园"环境综合整治工作以来，城区卫生面貌有所改善，城市管理水平有所提高，百姓获得感有所增强。成绩值得肯定,但仍有许多问题值得警醒,各单位要再接再厉、再鼓干劲,把压力转化为动力,持续做好环境整治工作。会议强调,要在久久为功中坚定决心。环境综合整治工作不仅是上级的要求,更是执政为民、以人为本、造福群众的重要民生工程。各级各单位要坚持不懈、迎难而上,不断坚定打赢环境综合整治这场战役的必胜决心。要在持续发力中坚定信心。要紧扣热点、举一反三,确保各项工作落实到位;要标本兼治,狠抓重点,探索管理的长效机制;要比学赶超、争创亮点,打造出“人无我有、人有我优”的示范典型和样板模式,为东湖的城市管理增光添彩。要在翻篇归零中坚定恒心。要落实责任讲担当,确保领导到位、责任到位、担当到位、措施到位,坚决做到“攻得下山头、守得住阵地”;要完善机制重长效,确保公平、公正、公开,确保打分不走样、检查找问题、整改出实效;要全民参与成常态,真正形成环境综合整治全民关注、全民参与、全民支持的浓厚氛围。

东湖区文化体育健康产业调查摸底工作布置会。5 月 12 日下午,在区政府六楼常务会议室召开全区文化体育健康产业调查摸底工作布置会。会议强调,一要以严谨的态度对待统计工作,确保数据的真实性、科学性;二要明确具体的责任人、联络人,建立定期报表制度;三要确保统计的完整性,不漏报,不少报。

东湖区 2017 年防范和打击非法集资宣传月活动调度会。5 月 15 日上午,在区政府常务会议室召开东湖区 2017 年防范和打击非法集资宣传月活动调度会。会议强调:一是高度重视。各有关责任单位按照“部门联动、属地负责”的原则,广泛宣传,实现宣传活动的全覆盖;二是严密组织。各相关责任单位要明确分管领导和具体工作人员,对接负责此次宣传月活动,活动结束后要及时做好总结;三是广泛宣传。要充分借助此次宣传月活动,进一步向居民普及金融知识,提高自我保护能力,引导大家形成正确的投资理念,自觉远离和抵制非法集资;四是注重实效。要形成强大的舆论攻势,威慑犯罪分子,提高全区风险防范意识,维护经济金融秩序稳定安全。

东湖区旧城改造指挥长工作调度会。5 月 22 日晚,东湖区旧城改造指挥长工作调度会在区综合服务大楼常务会议室召开。会议要求,一是思想到位,要高度重视旧城改造工作,统一思想认识,密切关注工作动态,积极主动开展工作;二是程序到位,坚决做到依法依规、规范公平,做到阳光征收、温情征收,耐心细致做好旧改征迁工作;三是要强化宣传,积极挖掘工作过程中的典型事例、先进人物,营造良好的舆论环境,为旧改征迁提供助力;四是要强化摸底,进一步加大动迁员上门摸排、宣传的力度,摸清底数,摸清情况,助推下一步工作开展;五是要强化协调,各分指挥部、工作组要注重协调配合,积极交流,通力协作,形成强大的工作合力;六是要强化调度,针对征迁过程中出现的问题及时调度、及时解决,以问题为导向,扎实做好旧改征迁工作,确保按时间节点完成任务。

东湖区 2017 年普通高等学校招生考试考区委员会工作会。5 月 27 日上午,东湖区 2017 年普通高等学校招生考试考区委员会工作会议在区政府六楼常务会议室召开。会议强调,高招工作涉及千家万户切身利益,是社会关注、家长关心、考生关切的一项大事,直接影响到社会的和谐稳定,做好高考组织工作是一项义不容辞的政治任务。童萍如就做好今年高考工作提出两点要求:一是相关责任单位一定要统一思想,认清形势,增强做好高考工作的紧迫感;二是各单位要协调联动,齐抓共管,努力为高考提供优质服务,实现 2017 年“平安高考”的目标,以优异成绩迎接中共十九大的胜利召开。

东湖区经济运行“双过半”调度会。6 月 10 日上午,全区经济运行“双过半”调度会在区政府常务会议室召开。会议指出,全区在市委、市政府和区委的正确领导下,主动适应和把握经济发展新常态,全面推进经济社会发展各项工作,在一季度经济工作取得“开门红”的基础上,二季度主要经济指标实现稳定增长,全区经济运行呈现良好态势。全区上下务必要把握形势,攻坚克难,切实增强实现“双过半”的责任感和紧迫感,坚决完成“双过半”任务目标。会议强调,全区上下要围绕“双过半”任务目标,进一步强化认识,充分认识到完成“双过半”目标的重要意义,坚定不移促经济发展;进一步明确目标,对照全市“双过半”目标要求,着力推进主要经济指标向前冲、往前靠;进一步摸清家底,在全区范围内进行大排查,掌握情况,找出差距,补短板扬长处;进一步找准方向,针对关键经济指标进行梳理分析,分类对待,找准攻坚点,奋力实现新突破;进一步强化举措,各经济指标牵头单位及业务主管部门针对突出问题精准施策,强化落实,注重实效;进一步加快进度,各级各部门要持续加大工作力度,强化调度,确保各项工作快速推进,切实把经济工作搞好,确保全面完成“双过半”目标,为全面完成该区全年各项目标任务奠定坚实基础。

东湖区第二季度经济运行分析调度会。6月26日下午,全区第二季度经济运行分析调度会在七楼常委会议室召开。会议听取区统计局、区财政局、区商务局、区发改委通报上半年全区相关经济运行数据情况及下一步工作举措。会议强调,1—5月,全区经济呈现向稳向好态势,各级各部门务必要紧咬目标,明确任务,确保完成全市下达的“双过半”目标任务。高辉红要求,各级各部门要统一思想,强化“双过半”任务数据“必须向前,不能退后”意识,全力以赴完成目标任务;要明确目标,明确“时间过半、任务过半”的基本任务,在完成基础上力争综合排名位置前移;要突出重点,紧盯重要指标、重要街道、重要部门、重点工作,强化重点任务落实;要加强调度,按照目标任务要求,区分管领导、各牵头部门、属地单位要一级抓一级,加密频次,加大力度,切实发挥调度作用,确保完成上半年经济工作各项任务。

东湖区防汛形势会商会。7月2日晚上,在区政府第一会议室召开全区防汛形势会商会。会议强调:一是思想要高度重视。近段时间,全市降雨量较大,辖区内各流域水位不断攀升,各单位一是要坚决克服麻痹松懈思想,切实提高防汛意识,做好“防大汛、抗大洪、抢大险”的准备。二是责任要落实到位。要加强领导,明确职责,切实落实各级责任,确保责任到人,责任到岗,责任到事。三是物资要准备充足。要配齐备足抢险队伍和物资,确保宁可备而不用,不可用而无备。四是巡堤要认真细致。各单位要突出防汛重点,全力做好巡堤查险工作,确保做到“四到”,即手到、脚到、眼到、耳到;“五时”,即吃饭时、换班时、黄昏时、黎明时、刮风下雨时;“三清”,即险情查清、信号记清、报告说清;“三快”,即发现险情快、报告快、处理快。同时,要树立安全意识,确保巡堤人员的安全。五是处置要及时准确。要加强信息报送工作,及时、全面、准确掌握各类汛情信息,一旦出现险情,及时向区防总报告。六是人财要确保安全。各单位在防汛抢险工作中,要将人民群众的生命财产安全放在首要位置。七是预案要规范科学。严格按照防汛应急预案的要求,适时启动响应机制。同时,要对照省市要求,落实好各项纪律,严格执行24小时值班,坚决杜绝空岗和离岗现象发生,做到记录健全、规范、及时。

2017年东湖区第一轮旧改工作调度会。7月19日下午,在区政府常务会议室召开2017年全区第一轮旧改工作调度会。会议要求,全市棚户区改造现场会对下一步旧改工作提出了要求,东湖区务必要按照全市统一部署要求,全力推进旧改征迁工作进度。各级各部门在推进旧改征迁工作中要做到讲认识、清形势、能尽责、敢担当、看结果,充分认识到旧改对于拓展城区发展空间,改善人民生活的重要意义,树立全市一盘棋的思想,把旧改工作当成全区的中心工作,将旧改工作当作单位的本职工作,突出重点,强攻难点,勇于担当,敢作敢为,全力推动全区旧改再提速,奋力完成全年旧改征迁任务。

东湖区打击非法经营成品油行为专项斗争整治活动指挥部动员部署会。8月7日上午,东湖区打击非法经营成品油行为专项斗争整治活动指挥部动员部署会在区政府六楼常务会议室召开。会议指出,会议的主要目的是贯彻落实省委、市委主要领导的指示精神,以战斗姿态切实维护成品油市场秩序、维护人民群众的生命财产安全。会议强调,成品油是事关国计民生的重要商品和战略性物资,直接关系到市场经济秩序的稳定,更关系到人民群众生命及财产安全,各级各部门要清醒地认识到打击非法经营成品油行为的必要性和紧迫性,务必高度重视、明确责任、密切配合、全力打击,按照《东湖区打击非法经营成品油行为专项整治行动工作方案》要求,发挥各自职责,注重协同作战,加强宣传引导,出重拳实招,确保全区打击非法经营成品油行为专项整治工作效果突出、成效明显,全力打一场规范成品油市场的攻坚战。

东湖区迎接义务教育均衡发展省级复查汇报会。9月26日上午,东湖区迎接义务教育均衡发展省级复查汇报会在区政府常务会议室召开。会议指出，东湖区务实担当、敢闯敢拼，东湖的教育工作亮点纷呈、成效显著，尤其是义务教育均衡发展方面积累了很多经验和做法，取得了长足的进步与发展，“学在东湖”的口号叫得更自豪、更响亮，成为代表南昌乃至江西的一张名片、一个窗口。他希望东湖区以此次省级督查为契机，对表聚焦、查缺补漏、巩固提升、提高站位，站在服务全省、服务全市的大局，自加压力、自找动力，以更高、更优质的标准来衡量和要求自己，为全省迎检工作做出贡献。会议要求，东湖区要以此次复查为契机，以更加务实的工作提升教育发展，使教育优质的地位进一步突出，办学条件进一步改善，教育改革进一步深化，教育管理进一步规范，教学质量进一步提升，办学特色进一步彰显，为更加优质、更加均衡的总发展打下坚实基础。会议强调，“赣教潮头，学在东湖”。东湖将坚定必胜的信心，擂响战鼓，振奋精神，举全区之力，办好“优质·均衡·特色·卓越”的东湖教育，向人民群众交出一份满意答卷。

东湖区青山湖西岸路网建设情况调度会。9月20日上午，在区政府六楼第一会议室召开青山湖西岸路网建设情况调度会。会议指出，青山湖西岸路网建设属于全区乃至全市的一行重大基础设施建设项目，关乎该区域的开发和未来发展，既是发展之需，又是民之所盼，意义重大。按照市级计划安排，该区域多条道路待建在即，要把握先实后虚、先主后次、先易后难、先北后南的原则，围绕土地出让、项目招商、安置房建设、旧改征迁等内容，突出重点、分步实施，既要保持区域交通通畅，又要加快道路建设速度。会后，各相关单位要及时根据道路规划设计，深入实地，摸清情况，充分论证，提出科学可行的合理化建议，为决策提供充分可靠依据，及早确定先期施工道路，推动该区域路网早日建成，发挥出路网对区域经济发展的助推作用。

东湖区打击非法电捕工作部署会。10月23日晚，在区政府第一会议室召开打击非法电捕工作部署会。会议强调，非法电捕对赣江水生态文明和渔业资源破坏严重，打击非法电捕工作是保护良好生态资源应尽的职责，镇、村和各相关部门务必高度重视，抓好整治工作。对下一步工作，高辉红要求，一是加大宣传教育。镇、村要加强对渔民的思想教育和政策宣传教育，使渔民充分认识电捕的危害性及违法行为所要承担的法律后果。二是加强协调配合。区农水局要加强与上级业务主管部门和兄弟县区的沟通协调，积极配合，相互支持，形成打击合力。三是坚持依法依规。一方面要教育渔民依法作业，不使用电捕工具；另一方面要依法依规进行执法，对非法电捕行为进行严厉打击。四是做好疏堵结合。镇、村要有针对性地开展调研，提出引导渔民转业转产的可行性建议。区农水局、镇、村要加大执法巡查频率和密度，对重点区域、重点时段、重点人员加大执法打击力度。

东湖区第四次全国经济普查专项试点动员暨业务培训会。10月25日上午，东湖区第四次全国经济普查专项试点动员暨业务培训会议在区文化活动中心四楼新闻发布厅举行。会议指出：一是要认真听讲，深入领会，熟悉掌握调查表的各项指标含义，充分认识试点工作的目的和意义；二是发挥优势，注重成效，充分利用网格化管理的工作便利，结合试点工作，大胆探索，积累经验；三是不重不漏，确保质量，做到全面覆盖、不留盲区，应统尽统，着力提高数据质量。会议强调：一是提高认识，高度重视，要充分认识到此次试点工作选择在东湖开展是对统计工作的信任和肯定；二是把握要求，扎实推进，牢牢把握国家、省、市对试点的要求；三是层层保障，强化监督，确保每个街办、社区都有专人跟进，区统计部门要对试点工作进行全程监督指导；四是协调配合，资源共享，充分调动区直相关部门积极参与试点工作，有效利用部门数据，实现数据共享，信息互通。

东湖区财税工作调度会。11月9日上午，在区政府常务会议室召开全区财税工作调度会。会议要求：一是要确保完成目标任务。各经济责任单位要抓紧调度，全力完成全年财税工作任务。二是要准确分析研究。各经济责任单位要对财税收入数据进行深度剖析，及时理清家底、找准差距、明确方向、把握节点。三是要用好路径措施。要以务实的态度指导、执行好每一项具体财税工作，切实提升工作成效。同时，在工作中按照廉政建设要求，强化纪律约束，严厉杜绝以权谋私、失职渎职行为。

东湖区2017南昌国际马拉松比赛组委会工作会议。11月11日上午,东湖区2017南昌国际马拉松比赛组委会工作会议在区综合服务中心七楼常委会议室召开。会议指出,2017南昌国际马拉松赛是南昌举办的一项重大体育盛事,是充分展示南昌形象的一个重要窗口,也是展示东湖城市形象的一次重要机会,各部门各单位要高度重视,全力做好赛事各项筹备工作。会议强调,一是思想上高度重视。各级各部门要充分认识到确保南昌国际马拉松赛成功圆满举办的重要意义,以高度的使命感和责任感投入到各项服务和保障工作中来,确保东湖赛段的各个部位、各项工作不出问题。二是工作上突出重点。各单位、各部门要统筹把握,突出重点,集中力量做好赛事组织、环境保障、氛围营造、安保稳定和赛后处置等重点领域工作,切实发挥骨干作用,确保比赛有序顺利进行。三是协调上密切配合。马拉松比赛是一项综合性赛事,工作点多面广,涉及多个领域,多个部门,各相关单位和部门在沟通协调上要做到上下衔接、左右配合、内外协调,形成强大工作合力,深入细致做好各项工作。四是责任上明确到位。各级领导、各单位部门要按照既定方案要求,明确工作职责,明确工作范围,明确工作纪律,把各项工作做实、做细,全力完成各项服务和保障工作,用一次完善的国际马拉松赛事组织向全市交上一份满意答卷,为打造富裕美丽幸福江西"南昌样板"贡献东湖力量。

东湖区"今冬明春"火灾防控工作动员部署会。12月5日下午,东湖区"今冬明春"火灾防控工作动员部署会在区文化活动中心演艺大厅召开。会议强调,一要解读"一个实施办法",全面落实消防安全责任。各级各部门、各社会单位一定要认真学习贯彻国务院办公厅印发的《消防安全责任制实施办法》,切实做到属地的责任进一步夯实、监管的责任进一步延伸、单位的责任进一步明确,严格落实法定责任,以担责履责的姿态、积极主动的作为推动责任的落实、措施的落地。二要组织"三个联合督导",全面排查整治火灾隐患。各行业监管部门要对各自监管领域进行一次纵向的督导,重点查责任落实、查消防隐患,抓问责追责、抓整改落实,要扑下身子到一线查、拉下脸来多查问题,沉下心来督促整改、狠下心来问责处理;各镇(街道、管理处)要对各自辖区以村(居)委会为单位来一次交叉的督导,重点查消防隐患和整改落实情况,本着火灾隐患"清零"的思路对自己的辖区来一次"大扫除",坚决消除火灾隐患;公安、消防等部门在组织分级纵向督导和分片交叉督导的基础上,集中开展以人员密集场所、群租房、养老院、施工工地等四个方面为重点的消防安全专项整治,深入推进高层建筑、电气火灾两个方面的消防安全综合治理,全面摸清消防安全状况,全面清除消防隐患。三要强化"单位四个能力",全面提升消防安全水平。各级各部门、各社会单位要切实做到检查消除火患能力常态化、精细化,扑救初期火灾能力全员化、高效化,组织引导疏散能力岗位化、程序化,消防宣传教育能力系统化、全面化,不断提升消防安全防控和处置水平。四要严格"执法七个一律",全面加强消防执法监督。各相关单位要坚持上限执法、顶格执法,严格落实"七个一律",即凡发现未审未验的,一律依法责令停产停业;凡消防设施严重损坏、疏散通道数量不足的,一律依法临时查封;凡违规用火用电冒险作业、违规燃放烟花爆竹的,一律依法行政拘留;凡营业性场所违规设置员工宿舍、留宿人员的,一律立即清理;凡大型群众性活动达不到消防安全条件的,一律责令停止举办;对于存在火灾隐患和违法行为的单位、场所,该罚的罚、该封的封、该停的停,一律顶格处罚,绝不姑息迁就。

东湖区政府全体会议。12月27日上午,在区政府常务会议室召开区政府全体会议。会议强调,东湖区在市委、市政府和区委的正确领导下,全区上下立率先之志,兴实干之风,阔步东湖复兴征程,经济社会各项事业取得崭新成绩,报告要按照实事求是原则,突出"实"字,充分展示全区一年来在经济发展、项目建设、旧改征迁、文化事业、民生实事等方面的具体举措和突出成果,突出中心工作,全面总结,充分展示成绩;2018年工作要提前做到早谋划、早布局、早安排,按照既定部署,主攻强产业、兴城市、促改革、优生态、惠民生等重点工作,全面推进各项工作向更深层次拓展,在新一年里担起更大责任、实现更大突破、展现更大作为,为东湖新一轮大建设、大发展、大跨越奠定坚实基础、积蓄强劲能量。

区政府办公室工作

【概况】 2017年,东湖区政府办公室工作以中共十九大精神为指引,认真学习贯彻习近平新时代中国特色社会主义思想,秉承“严谨高效、运转有序、和谐共事、有战斗力”的工作理念,按照“具备绝对忠诚的特质、弘扬服务大局的特性、培养奉献担当的特长、树立严谨规范的特色、打造廉洁自律的特征、创立健康活泼的特点”的具体要求,紧紧围绕区政府中心工作,总揽全局、协调各方,狠抓落实,各项工作稳步推进、成效显著。

【做好政务督查督办工作】 2017年,区政府办公室强督查、促落实,持续推进政务督查督办工作。建章立制,理顺督查机制、严格问责标准,全面提高督查问责成效。2017年,区政府办公室着重围绕《政府工作报告》中明确的目标任务、区政府常务会议确定的工作任务和要求,以及区委、区政府的年度重点工作,对全年工作目标进行责任分解到各单位,将工作目标加以细化,开展政务专项督查。2017年,围绕重大重点项目建设、旧城改造、城市建管、招商项目、消防安全等重点工作,进行了深入细致的实地督查70余次,重大事项督办核查到位率、专项督查核查到位率均为100%。强化人大建议政协提案办理的专项督查,办理人大代表建议148件,政协提案132件,办结率、满意率均为100%。

【提升办文办会工作水平】 2017年,区政府办公室重规范、促高效,有效提升办文办会办事水平。一是综合文稿质量高。准确把握发展形势,充分体现领导意图,每一篇文稿都力求做到精益求精。尤其是面对换届后领导调整带来的文稿风格变化,主动对接,全面融入,做到及时换“头脑”、改思路、变文风。2017年以来,共起草各类文稿材料110余篇,其中,政府工作报告、“三看”解说词、十二届三次、四次全体(扩大)会议等重要会议文稿得到区领导的充分肯定。二是公文办理水平高。严格落实公文收、办、发、阅、传、存责任制,草拟印发各类政府文件1500余件,均无延误、无滞留,零失密、零遗失。三是会务筹备效率高。认真筹备和保障区政府全体会议、常务会议、办公会议、专题调度会等各类政府会议,协助筹备和保障了各类全区性会议。同时,协助相关部门做好各类大型活动的保障工作,统筹协调、保障旧城改造、迎接市产业及建管“三看”活动等一系列活动的顺利进行。重大活动协调到位率达100%,重要活动、重要事项、重要接待均为“零差错”。

【开展政务公开和电子政务工作】 2017年,区政府办公室抓公开、促透明,全面加强政务公开和电子政务建设。围绕区委、区政府工作重点,及时、准确、全面提供信息,为市委领导科学决策提供重要依据。2017年共报送信息530余条,主动公开各类政务信息2.85万余条。优化整合政府网络资源,根据省、市的要求在政府网站上优化设置政府信息公开专栏,向全社会公开发布政府信息。健全网站功能,在区政府网强化东湖问计、在线访谈、行政复议等栏目互动功能,加强书记信箱、区长信箱、民声通道等便民栏目管理,全年“民声通道”等栏目共受理群众投诉330余件,办结率为100%。

【强化应急管理工作】 2017年,东湖区应急管理工作牢固树立“成在机制,赢在执行”的应急管理工作理念,进一步加大投入,健全机制,强化措施,加快形成“源头治理、动态管理、应急处置”的应急管理工作格局,成功有效地应对7月18日公交车纵火案等各类突发事件。一是围绕“坚强有力”,不断健全组织体系、切实加大投入力度。强化组织管理体系。不断优化机构设置,形成“一个中心,四级网络”的管理组织体系。在区应急委的统一领导下,在区应急办和13个应急指挥部的基础上,健全覆盖全区的应急管理工作网络。健全应急联动体系。明确应急管理各环节的主管部门、协作部门、参与单位及其职责,实现预案联动、信息联动、队伍联动、物资联动。创新机制,加强联防。切实加大经费投入。在组建应急救援大队的基础上投入经费420余万元用于综合应急保障,添置4G单兵图传设备、抢险救援装备等器材装备。省、市综合应急系统(含手机平台)的硬件设备配备接入到位,完成应急指挥平台(视频会议室)建设,实现应急指挥功能现场化、快速化。二是围绕“增质提效”,不断加强应急值守、强化信息报送实效。严格执行分类值守。区应急办(区政府值班室)实行每天24小时值班制度和领导带班制度。在春节、各级“两会”等重点敏感时期，全区各部门实行分类值守，确保突发事件早发现，早报告，早处理。强化信息报送时效。严格信息报送管理，制定完善《东湖区突发事件信息报送制度》，有效扼制谎报、迟报、瞒报和漏报现象。同时，强化与宣传部门的联动，强化涉及突发事件的舆论引导，及时发声，以正视听。推进总值班室建设。区应急办承担区政府总值班室职能，为规范值班，完善出台《东湖区政府应急值守规范》等制度，进一步细化规范值班工作流程。建立电话平台、短信平台、微信平台、QQ 平台四位一体的应急信息传输机制，确保总值班室“桥梁”和“纽带”作用得到充分发挥。三是围绕“夯实基础”，深入推进预案编修、强化宣传教育力度。强化应急预案编修。“横向”方面，做好《东湖区突发公共卫生事件应急预案》等十余个专项预案的编制修订工作，逐步建立覆盖广泛的“横向”预案管理体系；“纵向”方面，于 8 月完成所辖镇、街道、管理处总体预案修订，并逐步健全“区、镇（街道、管理处）、社区（村）”三级的“纵向”预案管理体系。强化应急知识普及。各专项应急指挥部、各街道（镇、管理处）按照灾前、灾中、灾后的不同情况，分类宣传普及应急知识，使公众了解和掌握在遭遇突发公共事件时进行自救、互救及配合政府救援的正确方法。强化避难场所建设。以各级综合减灾示范社区创建为契机，推进社区应急人员疏散体系建设。截至年底，有全国综合减灾示范社区 7 个，全省综合减灾示范社区 14 个。同时，结合旧城改造、街头小游园建设、社区改造等，推进社区应急避难场所规范建设，布局日趋完善。四是围绕“实战实效”，常态开展应急演练、锤炼应急业务能力。应急演练常态化。区应急委员会成员单位坚持“制定方案为先、加强演练为重”，将应急预案的演练培训作为重要工作来抓，进一步强化应急队员的“应急”“应战”意识和应急处置得力。业务培训经常化。区应急救援大队每周组织 2 次实战演练，演练以医院、商场、高层人员密集场所及合用场所、棚户区等单位或区域为重点课题，紧贴作战任务、对象和环境，检验和提高部队实战能力。五是围绕“科学高效”，强化应急预警防范、妥善开展应急处置。强化预警防范。随着旧城改造的推进，高密度房屋拆除数量史无前例，每次房屋征收工程爆破拆除工程都制定专门方案，组织专门人员，防止各类突发事件的发生，确保安全顺利实施。创造省会中心城区“高难度、高密度、大体量、零影响”建筑爆破拆除的“新经验”。妥善应急处置。区委、区政府主要领导多次做出工作部署，提出明确要求，并在重大突发事件发生后，第一时间赶赴现场，组织指挥现场处置各项工作。各分管领导在应急处置、预案修订、队伍建设、沟通协调等方面深入研究、全面部署，多次召开专题会、协调会。

【加强自身建设】 2017 年，区政府办公室以“严谨高效、运转有序、和谐共事、有战斗力”为标准，多措并举加强机关自身建设，不断优化干部队伍、不断加大人文关怀力度，全办公室上下干事创业的浓厚氛围进一步巩固。一是以“更先一步”的政治自觉，开展专题活动。自 2016 年 4 月起全面开展“两学一做”学习教育活动，历时 8 个月，区领导不仅以普通党员身份参加所在支部学习讨论、为支部党员上党课，进一步强化广大党员干部的党性意识。二是以“更深一层”的思想认识，组织理论学习。始终注重干部的思想政治教育工作，多措并举，推动干部职工学习理论、掌握理论、应用理论，确保干部队伍政治素质过硬。深入学习区委十二届三次、四次全体（扩大）会议精神，进一步增强党员干部服务东湖发展的事业责任心。三是以“更实一些”的举措行动，提升服务水平。进一步完善办文、办会、办事流程，促进专业履职、规范履职，提升“三服务”水平。一方面，健全精细化的分工协作机制，将每一项任务分解到岗、分解到人，做到事无巨细；另一方面，健全内部管理制度，细化台账，做到各个环节都有追踪，发现问题可以及时纠偏，确保每一个环节无缝对接。

外事·侨务工作

【概况】 2017 年，东湖区外事侨务工作牢固树立“四个意识”，自觉坚定“四个自信”，认真把握学习贯彻中共十九大精神这条主线，把习近平新时代中国特色社会主义思想作为做好地方外事侨务工作的根本遵循，紧紧围绕区委、区政府的中心工作，积极发挥外事侨务工作的职能作用，开拓创新，积极进取，全区外事侨务工作取得长足的进步。

【严把因公出国(境)审批关】 2017年,东湖区严格审批因公出国(境)。一方面,严格审批纪律和程序,将全区科级以上领导干部名册纳入东湖公安分局出入境管理科同步管理,并及时更新名单,切实做到动态管理,严格控制无实质性内容出访。另一方面,提供优质服务,本着急事急办,特事特办的原则,及时完成区领导的出国(境)任务审批、政审、护照办理、签证申请等工作,保证顺利出访。

【开展对外友好交流合作】 2017年,东湖区认真做好辖区企事业单位邀请外国人来辖区和辖区内企业申领APEC商务旅行卡等相关事宜的初审工作,为江西庆祥实业发展有限公司等多家企业走出去和请进来等事宜进行审批,并经常性进行上门服务。

【不断提高为侨服务水平】 2017年,东湖区外事侨务工作把提高服务意识摆在重要位置。一是强化基础性台账。在侨情普查工作的基础上,做好全区侨务台账的日常管理,为下一步积极有效地调动侨界力量,更好地利用侨务资源助力"三个东湖"建设。二是强化送温暖服务。关心归侨侨眷的实际生活,坚持开展春节期间归侨侨眷知名人士和困难户走访慰问工作,加强日常走访和联系,妥善解决归侨侨眷在生活工作中遇到的实际困难,使广大归侨侨眷共享改革发展成果。

信息化建设工作

【概况】 2017年,东湖区坚持以推进全区信息化建设为重点,进一步加强政务资源的整合和利用,各项工作都取得较好成效,先后完成"南昌市东湖区人民政府"门户网站改版工作,政务服务网系统基层延伸项目建设,区政务云平台建设等重大重点项目建设。

【完成门户网站改版工作】 11月,东湖区全面启动"南昌东湖"门户网站改版工作,新版网站有以下特点:一是使用统一的物理位置、统一域名格式、统一子站风格、统一管理维护、统一安全保障,实现单点登录,从而形成"资源集约、信息集中、业务集成"的三集成模式,将各单位网站集成到政府主站上,各单位需在网站上公布的信息及相关功能均在政府门户网站中的部门子站(频道)中显示。二是优化网站栏目,对比国家和省内优秀网站,围绕政务公开和省、市对政府网站的考核测评指标,重新规划主站及子站的栏目设置。三是整合各平台资源和数据,将各单位的政府信息公开平台上的实现政务服务网与政府门户网站前端整合,利用接口对接、数据推送、数据采集等方式,实现"南昌东湖"门户网站、各单位子站、政务服务网平台、市政府信息公开平台东湖子平台等网站的数据共享,最大限度地实现一次发布,多站呈现,从而减轻各单位发布信息的工作量。四是强化网站功能,提供多语言服务、无障碍访问,优化网站搜索功能,提供错字纠正、关键词推荐、拼音转化搜索等功能,提供多维度分类展现,聚合相关信息和服务。五是完善网站保障体系,进一步建立健全信息采集、编辑、审核制度,加强对网站运行的日常管理,不断提高对网络攻击、病毒入侵、系统故障等风险的安全防范和应急处置能力。

【推进政务服务网基层延伸项目建设】 2017年,根据省市关于建设政务服务网的要求,东湖区信息中心承担建设区政务服务网的技术保障任务,完成政务服务网系统一期工程项目建设。为节约硬件投入,将系统部署于市经济信息构建的云计算平台中,保障系统的安全、稳定运行。系统由个人办事、法人办事、行政审批、公共服务和阳光政务五个模块组成,具有高效、透明、易用等特点,全区有20个单位系统中公开行政权力清单和部门责任清单,通过该系统建设,完善上线事项的办事指南,优化网上审批流程,提升网上办事的服务水平,方便群众办事。

【完成东湖区政务云平台建设】 2017年,为节约资源,减少能耗,降低辖区电子政务建设和运行维护成本,东湖区采购三台4路服务器、2台存储和相关的安全设备,为平台建设打下物质基础。11月份,采购华为的云平台建设软件,该平台软件可做到自主可控,且与省市相匹配。12月份,开展使用培训,取得了建设和管理云平台的经验和能力。该平台的建设,杜绝了全区信息化设备的重复采购,节约财政支出,促进信息共享,实现业务协同,优化资源配置、提升服务能力。

(丁　一)

政协南昌市东湖区委员会

综　述

2017年，在中共东湖区委的正确领导和南昌市政协的关心指导下，东湖区政协认真学习贯彻中共十九大会议精神，坚持以习近平新时代中国特色社会主义思想为引领，牢牢把握团结和民主两大主题，扎实履行政治协商、民主监督、参政议政职能，为东湖阔步复兴征程，再现首善荣光做出积极贡献。

坚持协商民主，增强议政建言实效。区政协全年共召开1次大会、4次常委会，始终紧紧围绕区委、区政府工作大局和重心，扎实履行协商民主、民主监督和参政议政职能，区委对区政协工作予以充分肯定。聚焦产业项目议政，服务经济发展。常委会两次听取该区当年重大重点项目建设工作的计划和进展情况；10月，对部分重大重点工程建设进行主席会议视察，并积极建言献策。聚力城区环境建言，助推建管升级。对“美丽南昌·幸福家园”环境综合整治工作、河湖长制工作等开展区政协主席会议、常委会和专委会视察、调研活动，全力推动建管升级。社情民意《关于在旧城改造中更加关注城市“微更新”的建议》得到江西省委常委、南昌市委书记殷美根的重要批示，建议内容得到相关市职能部门的积极回应和采纳。聚议民生实事献策，增进百姓福祉。常委会围绕百姓民生认真履职，建利民之言，献惠民之策，着力提升百姓幸福感。委员们通过提案和信息反映的组建育新教育集团推动教育均衡发展等建议，受到有关领导和部门的重视和积极落实；对停车难等群众关注的热点内容提案进行主席督办，对辖区公共停车场建设项目进行专委会视察，推动区政府加快停车场建设。

注重问题导向，强化民主监督职能。提高提案工作实效，将提案办理协商理念融入提案工作全过程，采取联合督办、民主评议等形式追踪问效提案办理情况，促使一些问题得到解决，提高提案办理答复率、满意率和实效。九届一次会议以来，共收到提案137件，经审查立案132件，立案率为96.35%，委员满意率为100%。加大视察监督力度。主席会议和各专委会组织委员对重大重点项目工程尤其是民生工程进展情况、依法治区工作、青山湖西岸开发、公共文化服务设施建设、河湖长制、社区环境改造、智慧城管等进行专项视察，全年共组织委员180余人次参加视察活动。委员对相关部门工作中存在的问题谏真言，提出改进意见，一些建议已经纳入相关部门的工作内容，促进相关问题解决。拓展民主监督渠道。坚持情况通报制度，常委会邀请区政府领导就全区上半年经济运行情况作通报，同时听取区政府相关职能部门工作通报。各专委会通过与对口联系单位座谈、走访交流、视察调研，听取工作通报，实现委员与各单位的双向沟通，有力推动相关工作的开展。

发挥职能优势，深化团结民主和谐。常委会积极协助区委、区政府做好协调关系、化解矛盾、维护稳定的工作，积极营造团结民主、齐心干事的良好氛围。扎实做好团结联谊工作。重视发挥各民主党派、工商联、无党派人士的作用，积极为党派团体和各族各界人士搭建参政议政平台，邀请他们开展调研、视察、座谈等活动，就工作中的重大问题、重要事项充分协商讨论，增进共识。切实开展“三风”主题活动。在人口密集的八一公园民德路段，以社会主义核心价值观、东湖荣誉榜为主题,建设“三风”文化宣传长廊。各镇、街道、管理处精心布局打造17条“三风”主题特色文化街。百花洲街道推出“晒家风、传家书、正社风”和家风漂流册活动,接地气的活动吸引群众热情参与。对在“三风”活动中工作突出的刘将军庙社区等11个单位进行表彰。

突出委员主体,推进自身建设。进一步完善联系委员机制。成立委员联络办公室,开展委员走访活动,通过会议、调研、座谈和邮寄资料等方式,向委员通报区情和相关工作,帮助委员知情明政。进一步加强专委会建设。区政协领导牵头专委会活动,推动专委会工作规范有序开展,履职活动不断创新,实现专委会工作常态化。进一步改进机关自身建设。以加强政协机关党的建设为龙头,以委员满意为目标,切实推进区政协机关思想建设、组织建设、制度建设和作风建设,不断提高工作效率和服务水平。

重要会议

【概况】 2017年,区政协共召开1次政协委员全体会议,4次政协常委会议。

【政协东湖区第九届委员会第二次会议】 2月14—17日,中国人民政治协商会议南昌市东湖区第九届委员会第二次会议在区文化活动中心演艺大厅举行。会议应到委员238人,实到委员217人。会议审议批准区政协副主席欧阳桃花代表区政协九届常务委员会所作的工作报告;列席东湖区第十六届人民代表大会第二次会议,委员们听取、讨论并赞同区长高辉红所作的政府工作报告,讨论并赞同区法院工作报告、区检察院工作报告及其他报告。

【区政协九届三次常委会议】 3月30日上午,在东湖区综合服务中心南楼四层区政协常委会会议室举行。应到人员35名,实到33名。会议专题学习全国“两会”精神,听取区重点项目办2017年全区重点项目建设工作通报,审议通过2017年区政协常委会工作要点(草)。

【区政协九届四次常委会议】 7月12日上午,在东湖区综合服务中心南楼四层区政协常委会会议室举行。应到人员35名,实到31名。会议听取区政府2017年上半年经济工作和重大重点项目建设工作通报,听取区卫计委发展健康养生服务业工作通报和区人社局的民生工作通报,通过相关人事任免事项。

【区政协九届五次常委会议】 9月22日上午,在东湖区综合服务中心南楼四层区政协常委会会议室举行。应到人员35名,实到33名。会议听取区政府办有关提案办理工作的情况通报,对区城建局、区民政局、区市场监督管局和区商务局等4个单位的提案承办工作进行民主评议,通过增补委员事宜。

【区政协九届六次常委会议】 12月20日上午,在东湖区综合服务中心南楼四层区政协常委会会议室举行。应到人员35名,实到32名。会议传达学习中共十九大精神,听取区财政局有关财税工作的情况通报,审议通过关于召开政协南昌市东湖区第九届委员会第三次会议的决定(草案)等区政协九届三次会议的有关事项,通过增补委员事宜。

提案工作

【概况】 区政协九届一次会议以来,共收到提案137件,其中一次会议76件、二次会议61件,联名提案14件。经审查立案132件,立案率为96.35%。截至2017年10月底,立案的132件提案均已办复。从办复情况看,提案所提问题已经解决或基本解决的83件,占已办结提案总数的62.88%;正在解决或已列出工作计划逐步解决的45件,占已办结提案总数的34.09%;因受条件限制或其他原因难以解决的4件,占已办结提案总数的3.03%。从反馈意见情况看,委员对提案办理的满意率达100%。

【提案办理工作】 2017年,新一届区政协按照“围绕中心、服务大局、提高质量、讲求实效”的提案工作方针,对区政协九届一次会议以来的提案工作精心组织,扎实推进,取得了明显成效。提案工作围绕产业发展献实策,围绕民生改善建良言,围绕城市建管出实招,进一步增强委员运用提案履职的责任感和使命感。区政协组织了年度优秀提案评选,九届一次、二次大会共评选出20件优秀提案和6个提案办理先进单位。政协东湖区第九届一次会议提案办理先进单位是:东湖区教育科技体育局、东湖区商务局、东湖区人力资源和社会保障局;政协东湖区第九届二次会议提案办理先进单位是:东湖区文化广电旅游新闻出版局、东湖区市场监管局、东湖区卫计委。

表3　**政协东湖区第九届一次、二次会议优秀提案一览表**

提案号	优　秀　提　案	提案人	提案人所在单位
政协东湖区第九届一次会议优秀提案			
第6号	《关于旧城改造带动发展优化布局城市空间结构的建议》	童燕华	南昌联发置业有限公司
第8号	《关于借助中心城区改造契机提升老城区福州路周边商业的建议》	盛芳梅	南昌奥维投资管理有限公司
第10号	《关于加强推进城乡首个云平台电商项目建设快速发展的建议》	李雅莉	南昌市商贸供应商会
第11号	《关于改进公共服务,减少“奇葩证明”的建议》	邓建平	东湖区民政局
第16号	《关于增强青少年环保意识的几点建议》	曹　蜓	东湖区妇联
第18号	《关于开展国学教育活动的建议》	练　红	南昌市公路运输管理处
第27号	《关于注重家庭教育建设,开办父母课堂进校园的建议》	朱　敏	南昌建人业余学校
第36号	《关于将“拆违拆临”修复墙建成文化宣传廊的建议》	何志勇	东湖区卫生监督所
第53号	《关于在社区内加强老年人精神文明建设的建议》	罗莹斐	南昌电信营业部
第54号	《关于将计划生育有关医疗项目纳入医疗保障的建议》	李玉群	南昌市第一医院
政协东湖区第九届二次会议优秀提案			
第6号	《关于加快扬子洲建设的几点建议》	王妮娜	南昌市工业和信息化委员会
第9号	《关于推进“兴家风、淳民风、正社风”活动的建议》	周　佳	南昌市豫章小学
第18号	《关于加强道路施工监管的建议》	喻　剑	东湖交警大队
第31号	《关于在东湖区的商业网点、景区开展智能停车系统试点的建议》	钟泽欢 周　俊 吴招锋	江西赣安司法鉴定中心 东湖区人民法院 南昌轨道集团
第38号	《关于提升街道综合文化活动中心文化服务水平的建议》	蔡　舸	东湖区安监局
第42号	《关于组建育新学校教育集团的建议》	洪　卓	南昌市育新学校
第43号	《关于改进医院住院部送餐作业时的饮食卫生管理的建议》	刘怀京	南昌金宝贝中心
第47号	《关于在我区社区建设中发挥退休人员余热的建议》	黄锦君	黄秋园纪念馆
第53号	《关于我区物业管理与社区服务相结合,共建和谐社区的建议》	陆玉娟	绿地集团江西房地产客户关系中心
第56号	《关于综合治理校园周边小摊小贩的建议》	袁玉玲	农工东湖总支

调研视察

【概况】 2017年,区政协组织、引导各参加单位和全体委员通过调研视察、专题协商和座谈研讨等多种渠道和形式,知情问政,参政议政,从不同方面、不同角度、不同层次建诤言、献良策、谋实招,为区委、区政府科学决策提供参考,为促进全区经济社会发展发挥作用。一些调研报告得到党委、政府主要领导的批示。

【关于如何为企业提供差异化精准服务的调研】 2017年,区政协经科委顺应新形势下经济新常态发展趋势,开展如何提升政府服务企业的能力、不断提高为企业提供差异化精准服务水平,维护经济健康持续发展的调研。通过详细了解近年来东湖区企业的基本情况及该区出台的相关优惠政策的基础上,采用调查问卷、实地走访和先进城市发展经验学习相结合的方法,提出政府服务企业发展的对策与建议:注入"金融活水",惠泽中小企业。成立东湖区普惠金融服务中心,选择辖区内100家企业进行精准扶持,以一种短期融资方式满足企业流动资金周转中对资金的需求。搭建"服务平台",实现分类指导。提供交流平台服务、企业管理服务、人才培训服务、市场开拓服务。强化"审批支撑",优化发展环境。加快行政审批信息技术建设,建立"一站式""跨部门""全天候""自助式"的政府办事平台。

【关于加强物业管理公司监管的调研】 2017年,区政协人口资源环境城乡建设委员会开展"关于加强物业管理公司监管的调研"。通过向全区各街办发放调查问卷,到彭家桥、董家窑、滕王阁街办实地调研,与区行业管理部门座谈交流,梳理基本情况、存在问题,提出如下建议:整合监管力量,形成行业主管部门和所在社区联合对物管公司进行考评、协调的工作机制;提升行业管理部门履职意识,摆脱对源头审核权的路径依赖,加强对物业管理公司的事中事后监管;研究制订街道和房管部门对业主委员会的指导和协调的具体实施细则,加强对业主委员会的指导和协调;加大对物业管理公司的支持力度,帮助其有效提升履职服务水平。

【关于进一步提升社区矫正工作水平的建议】 2017年,区政协社会和法制委员会对东湖区社区矫正工作开展情况进行专题调研,并组织区政协、区检察院、区公安分局、区司法局相关人员赴浙江考察学习,提出如下建议:增加人员,打造一支高素质、职业化、规范化、专业化的社区矫正工作队伍;创新方法,不断提高社区矫正工作实效,持续创新监管形式;加强协作,探索建立社区矫正信息共享平台。

【关于东湖区中小学生社团活动的调研】 2017年,区政协教卫文体委员会在对全区中小学生社团活动调研的基础上,提出加强学校社团建设的建议:健全领导机制,强化长效机制;坚持育人目标,拓宽理念思路;加强队伍建设,狠抓师资培训;继续加大投入,改善办学条件;打造特色项目,创新校园文化;加强交流合作,坚持内外联动。整合区域资源,将社团推向全省、全国乃至世界舞台,让东湖区中小学社团活动成为"学在东湖"的一张崭新名片。

【关于扬子洲镇农民职业技能培训的调研】 2017年,区政协文史学习和"三胞三属"联谊委员会组织委员就扬子洲镇加强前期农民技能培训,扩大农民就业渠道、就业空间等方面进行调研。随着扬子洲地区的开发已经提上市、区两级政府的议事日程,该地区的开发建设进程就是扬子洲的城镇化进程,也是村民向市民的转变进程。因此,农民职业技能培训是全面提高农村劳动力自身素质,增强其就业能力和市场竞争地位的一项重要措施。调研组为此提出如下建议:强化宣传,提升村民对培训的认知;因地制宜,创新培训方式和内容;完善体系,夯实就业服务基础。

【市领导察看东湖区环境综合整治工作】 5月11日上午,南昌市政协主席周关,市政府副市长龙国英、宋铀,市政协副主席周智安、朱东、黄耀华、黄清玉、万敏到东湖区察看子固路铁街口智能化立体停车场和东湖区非机动车违规处理停放点,视察"美丽南昌·幸福家园"环境综合整治工作。周关指出,"美丽南昌·幸福家园"环境综合整治活动开展以来,东湖区广泛发动群众、精心组织部署、高标准快推进、严格督查考核,环境综合整治工作效果明显。东湖区各级各部门要切实增强责任感和紧迫感,树立打持久战的信心和决心,整合力量、创新举措、增加投入,努力破解环境综合整治的重点、难点问题,让群众感受到环境有实实在在的变化。他要求广大政协委员加强对环境综合整治工作的监督,并积极参与其中,献净言、建良策。要结合环境综合整治,切实抓好"三风"活动,擦亮南昌"全国文明城市"的金字招牌。

【市政协领导到东湖区调研"三风"活动】 10月25日上午,南昌市政协主席周关、副主席陈匡辉,深入东湖区豫章街道洪城社区、董家窑街道南福路社区和八一公园,就"兴家风、淳民风、正社风"

主题活动开展情况进行调研。周关强调,开展“三风”活动对弘扬优秀传统文化、推进精神文明建设、改善社会风气意义重大。要把深入推进“三风”活动作为贯彻中共十九大精神的实际行动,作为培育和践行社会主义核心价值观和推动精神文明建设的重要抓手。要通过挖掘和宣传群众身边的好家风、好民风、好社风典型,让好家风、好民风、好社风落地生根。

【开展河湖长制工作的视察活动】 10月30日上午,区政协主席会议成员和部分区政协常委对全区河湖长制工作进行主席会议视察。视察组一行先后视察抚河、东南北湖、玉带河、青山闸等水域现场,详细了解各水域推进河湖长制工作进展情况,并召开座谈会,听取区农水局、区城建局、区环保局推进河湖长制工作汇报和区政府就全区河湖长制工作进展情况的全面介绍。

民主监督

【概况】 2017年,区政协坚持寓监督于经常性工作之中,充分运用视察、调研、提案等载体,畅通渠道,广开言路,有力推进民主政治建设。

【开展监督性视察】 2017年,区政协坚持以组织监督性强的视察调研活动为主,多种形式配合,增强民主监督实效。10月19日上午,区政协主席会议成员和部分区政协常委对全区重大重点项目建设工作开展监督性视察,以促进相关工作按区委、区政府要求稳步推进。视察组一行先后视察百花洲历史文化街改造一期、熹庐健康养生产业园、中金国际交易中心、中海商业地产等4个超亿元项目,看实地,听讲解,详细了解各项目工作进展情况,并召开座谈会,听取区城建局、区商务局的重点项目工作汇报和区政府就全区重大重点项目工作进展情况的全面介绍。

【强化提案办理落实】 2017年,区政协坚持把提案工作当成一项全局性的工作来抓,积极参加提案的办理、调研、督办和视察等活动。区政协九届一次、二次会议以来收到137件提案,截至10月底,立案的132件提案均已办复。从办复情况看,提案所提问题已经解决或基本解决83件,从反馈意见情况看,委员对提案办理的满意率达100%。

团结联谊

【概况】 2017年,区政协坚持团结和民主两大主题,充分发挥最广泛爱国统一战线组织的优势,更加紧密地联系各党派团体和社会各界,积极开展对外联谊和友好交往,着力营造团结民主的和谐氛围,凝聚东湖发展的强大合力。

【开展团结民主联谊活动】 2017年,区政协主动邀请各人民团体、民主党派、无党派和工商联等各界人士,共同参与政协组织的各种视察、调研、座谈等活动,鼓励他们在政协各种会议和活动中积极提出建议、发表意见,在政治上精诚合作,在工作中协调配合,营造民主和谐的政治氛围,增强履职合力;广泛开展对外联谊,加强与外地政协的联系与交流,先后接待苏州市虎丘区政协考察团、福建顺昌县政协、靖安县政协考察团、株洲市石峰区政协考察团等县区政协组织来东湖区考察工作。

【大力推动“三风”主题活动】 2017年,东湖区从组织领导、氛围营造和活动实效三方面切实加大工作力度,不断推进“兴家风、淳民风、正社风”活动。区政协多次召开党组会、主席会研究“三风”活动,经常到区直各单位、各镇(街道、管理处)指导协调活动开展;5月,组织区直单位及镇(街道、管理处)负责人60余人到南昌县学习“三风”活动的好做法。区委办公室转发区政协办公室《东湖区“兴家风、淳民风、正社风”活动2017年工作安排》(东办字〔2017〕10号),明确20项年度重要活动的责任单位、落实时限,推动社区(村)党建+“三风”活动的开展,建设一批“三风”活动示范点。全区形成了"区委加强领导、政府大力支持、政协积极协调、宣传部统筹调度、文明办具体推动"的“三风”活动良好格局。市政协主席周关对该区“三风”活动予以重要批示:东湖区从区委书记到各级领导抓“三风”站位高,认识深,工作实;东湖的经验成效有力证明“三风”活动不仅是精神文明建设的具体抓手,也是凝心聚力、推动发展的重要举措。

(梅春兰)

群众团体

综述

2017年，东湖区各群团组织充分发挥"聚合带动、桥梁纽带、创新探索"三大作用，各级群团组织在区委的坚强领导下，大力弘扬"崇尚荣誉·创先争优"东湖精神，坚持"去除四化"，坚持围绕中心、服务大局，发挥各自优势，搭建平台载体，聚强工作合力，为推动全区各项工作做出积极贡献。

2017年，全区各级群团组织发挥三大作用取得三项新成绩：一是发挥聚合带动作用，服务大局创新荣誉。工会组织深入推进"建家"行动，先后被评为省总工会新闻工作先进单位、市工会工作督查考核一等奖、市职工互助保障先进单位。工商联组织积极向国内外客商推介东湖，先后引进江西赢利达市政工程有限公司等近20家企业落户，新增税收400万元，并荣获2017年全国"五好"县级工商联。共青团强化宣传创先争优，特别是围绕喜迎十九大，线上线下联动，开展了圆梦中国人、"喜迎十九大，我对习爷爷说句心里话等活动"，成效显著，荣获"全省十大县级团委微信公众号""全市共青团先进单位"。各级群团组织积极参与南昌国际马拉松、旧城改造等工作，有力推动全区阔步复兴征程。二是发挥桥梁纽带作用，帮扶群众出新成效。深入基层、贴近百姓，切实把党委的关怀送到群众中去。总工会组织开展"迎新春，送温暖"活动，慰问困难职工532名，发放帮扶资金110万元。共青团组织持续开展"彩虹工程""圆梦微心愿""童心圆梦"等公益性品牌志愿服务活动，帮助贫困儿童实现"微心愿"138个，募集24万元资助430人贫困学生、孤儿。妇联组织持续开展贫困妇女儿童帮扶救助行动，送上帮扶济困资金和节日慰问品共计6万元。红十字会组织募集爱心物资捐款12万元，受惠困难群众875人。残联组织扎实做好全国残疾预防综合试验区工作，完善全区残疾预防工作体系。三是发挥创新探索作用，阵地建设有新亮点。工会组织新建工会118家，新增会员4221人，组织力量稳步壮大。共青团组织深入推广"东青号"移动志愿服务站，推进镇、街道"青年空间"阵地建设，新增青年空间12个。妇联组织着力打造家长成长中心，促进亲子关系和谐健康。科协组织创新科普平台，辖区星期8小镇、大院街道二七北路社区分别评为2017年省科普教育基地，省优秀科普示范社区。红十字会新增团体会员12个，成立东湖区首个红十字会水上应急救护培训站。

（区史志办公室）

职工工作

【概况】 2017年，东湖区职工工作全面贯彻中共十九大精神，深入学习习近平新时代中国特色社会主义思想，紧紧围绕中共东湖区第十二次代表大会确定的目标任务，以"建家、强家、暖家"总体思路全面落实工会各项工作任务，认真履职，主动作为，团结动员全区广大职工为东湖阔步复兴征程，再现首善荣光建功立业。区总工会荣获江西省总工会新闻工作先进单位、全区公共机构节能优秀单位等荣誉称号。

【推进"建家、强家、暖家"行动】 2017年，区总工会按照上级要求，深入推进"建家、强家、暖家"

专项行动。建家行动——基层工会覆盖面明显扩大:以非公企业为突破口,抓好工会组建和职工(农民工)入会工作,不断创新工会组织形式和农民工入会方式;通过建立区域性、行业性工会联合会,对小微企业工会进行“二次覆盖”。截至年底,全区新建工会组织118家,新增会员4221人,完成市总建会任务的262.2%。强家行动——服务职工能力明显提高:全区各级工会按照“六有”的标准,在机构设置、人员编制、主席配置、队伍建设、场地、牌子、印章、工作台账、经费等方面进一步加强规范化建设。全年新增“六有”标准工会718家,全区区级工会标准化建设达到92%,打造3个社区(村)级职工活动场所示范点,新建省级工会示范点2家。推动已建工会的企事业单位普遍建立健全会员(代表)大会制度、职工(代表)大会制度、厂务公开制度、会务公开制度、集体协商制度、女职工工作制度、维权帮扶制度等。截至年底,已建工会的非公有制企业中,93%以上建立了厂务公开民主管理制度。签订区域性工资集体协商合同90份,单独签订工资集体合同260份,覆盖企业数2200余家,工资集体协商建制面达90%以上。暖家行动——工会组织吸引力凝聚力明显增强:扎实开展帮扶助困工作。走访4名特困职工,发放慰问金2400元;为522名困难职工,发放生活救助和医疗救助慰问金共计84万元。为6名困难职工子女入学发放助学金2.4万元。2017年全区共完成职工互助保障115.5万元,参保职工2.21万人次,为24名干部职工办理理赔慰问,慰问金共计23.9余万元。全面推广工会会员普惠制,全区共办理职工卡8000张,让广大会员享受入会后的金融、维权帮扶、商贸旅游、文化娱乐、体育健身等多方面的优惠服务。继续加强劳模服务与管理。走访慰问部分省、市劳模,为186名省、市劳模发放慰问金共计11.55万元;组织劳模进行健康体检,组织15名劳模参加省、市的疗休养。根据《南昌市总工会关于推进户外劳动者“爱心驿站”建设的实施方案》,在豫章街道办事处临街路段建成首家爱心驿站,爱心驿站门口设置醒目的标识牌,购置桌椅、储物柜、微波炉、饮水机、冷暖设备、打气筒、报刊架、制度牌,还提供了电吹风、免费Wi-Fi等,方便户外劳动者歇脚、喝水、降暑、取暖。

【开展“建功十三五”劳动竞赛活动】 2017年,东湖区以“践行新理念、建功十三五”为主题,组织指导各基层工会和辖区非公企业立足本单位、本行业实际,开展多形式、多层次劳动竞赛活动。组织职工参加“安康杯”竞赛,改善劳动安全卫生条件,保障职工群众生命安全和健康权益;举办“美丽南昌·幸福家园”2017年东湖区庆“五一”干部职工传统手工艺和餐饮业技能竞赛;南昌五湖大酒店有限公司凯美开元名都大酒店开展员工托盘技能竞赛;南昌瑞颐大酒店开展第二届员工技能大赛;区卫生部门开展卫生应急技能大赛;区教科体部门开展东湖区第二十六届“骏马·中坚杯”(初中、小学组)的教学竞赛和“园丁杯”选拔赛课堂竞赛;区文广局举办东湖区“十佳导游”岗位练兵等。截至年底,全区共开展劳动竞赛活动10次,参加职工1800余人次,职工的岗位技能得到提升。

【大力弘扬劳模精神】 2017年,东湖区大力弘扬劳模精神、劳动精神和工匠精神,并涌现出众多劳动模范和先进人物。其中:陶晓弟获评全国“五一劳动奖章”称号,杨舸、陈杰、叶俊峰、徐亚琴、周春雷、吴向伟、张耀华获评南昌市“五一劳动奖章”称号,江西淘鑫电子商务有限公司获评南昌市“五一劳动奖状”称号,南昌市东湖区社区矫正管理中心、江西省新通城餐饮管理有限责任公司东湖食堂2个单位获评南昌市“工人先锋号”称号。该区通过南昌晚报、市总网站、南昌工会杂志、社区宣传栏等渠道,进行广泛的宣传报道。为大力弘扬劳模精神,南昌工会第二期还专题报道省劳模刘云娟的先进事迹。此外,积极开展劳模活动:“五一”前夕,以“缅怀革命先烈、弘扬劳模精神、推进‘三风’建设”为主题,组织近两届劳模,在方志敏广场开展祭扫活动;参观方志敏先进事迹陈列馆;调研贤士湖管理处长巷村、香樟住宅小区、贤湖村的“三风”建设示范点。

【开展文化体育活动】 2017年,东湖区以“实力东湖、活力东湖、魅力东湖”建设为目标载体,积极组织开展2017年东湖区迎新春职工集体跳绳比赛,全区干部职工拔河比赛,工间操培训和踢毽子比赛,“美丽南昌·幸福家园”全区职工的摄影、美术、书法比赛。此外,与卫计委联合举办健康知识讲座;参加省总工会举办的"中国梦·劳动美·红土情"纪念三个90周年江西职工书画、摄影展,并获摄影组二等奖;组织"爱祖国·爱家乡"文艺会演,选送两个节目参加全市比赛,其中歌舞《鄱阳湖》荣获三等奖。全年共举办各类文体活动8次,有2500余人积极参加。极大地丰富了广大干部职工精神文化生活。

(林如霞)

青少年工作

【概况】 2017年,东湖区青少年工作立足实力东湖、活力东湖、魅力东湖建设,通过强组织、聚队伍、重品牌、体宣传,凝聚东湖青年投身"四区"建设的青春实力,带领全团发扬"崇尚荣誉 创先争优"精神,全面完成上级安排的各项任务,截至年底,全区团、队组织共荣获"江西省少先队示范校""2017年度全市共青团工作先进单位""2017年度全市预防青少年违法犯罪工作先进单位"等170余项荣誉。

2017年1月10日,南京路小学举行"美丽南昌 建工圆梦"共青团关爱贫困儿童新春温暖包行动启动仪式

【出台《东湖区共青团改革方案》】 2017年,东湖区在全市率先出台《东湖区共青团改革方案》(以下简称方案),方案在"东湖区共青团"微信公众平台一经发布,仅一天便获得6000余次阅读和1400余次点赞,并吸引山西大同、九江县团委等兄弟单位到此学习。方案从五大方面、十九大领域,围绕坚持党建带团建,强化团的协同保障机制,完善团的双重领导机制,完善代表大会和委员会制度,优化团区委服务职责,建立专挂兼相结合的团干部队伍,改进团干部转岗交流机制,实现共青团工作信息化、项目化、平台化、专业化、社会化发展,强化青少年思想政治引领和价值引领,增强团员先进性和光荣感,切实抓好团干部作风建设,夯实基础团务、基础队伍、阵地建设,夯实经费保障等方面提出改革措施,其中具有东湖特色的改革亮点举措多达20余处。

【共青团东湖区第十次代表大会】 12月25—26日,东湖区在区文化活动中心演艺中心召开中国共产主义青年团东湖区第十次代表大会,团中央、团市委领导,区四套班子主要领导,团区委历任书记、市卫校、青云谱、安义等兄弟单位有关负责人以及区各群众团体主要负责人,各街道(镇、管理处)、区直各单位的分管领导及全体代表等200余人出席开幕式。共青团东湖区委书记车丽娟代表共青团东湖区第九届委员会向大会作《不忘初心谋改革 牢记使命促发展 为建设实力活力魅力新东湖贡献青春力量》的工作报告。共青团南昌市东湖区委第十届委员会委员、候补委员、常委、书记、副书记均全票当选。

【召开纪念五四运动暨表彰大会】 5月2日上午,东湖区召开纪念五四运动98周年活动暨表彰大会。会上,5个基层团组织被授予"五四红旗团(工)委",17个基层团组织被授予"五四红旗团总支(支部)"。8名个人被评为优秀团干部、14名个人被评为优秀共青团员、20名个人被评为区校共建优秀志愿者。4名一线获奖代表进行先进典型发言。该活动旨在表彰先进,激励广大团员青年、志愿者、团干部和基层团组织奋发有为、再创佳绩。

【召开先进青年事迹分享访谈会】 6月5日下午,为擦亮"东湖青年五四奖章""优秀团干""优秀团员"等新老品牌,深入挖掘、推荐、选树一批可亲、可信、可学的青年身边榜样,共青团南昌市东湖区委召开“激扬青春　助力东湖”——东湖区先进青年事迹分享访谈会。区“优秀团干”、“东湖五四青年奖章”获得者、“区校共建优秀志愿者”、区“优秀共青团员”代表共5人进行事迹分享。区委有关部门、区直相关单位、各镇(街道、管理处)、社区(村)等各行各业的团干、团员青年代表,区检察院、区教科体局、彭家桥街道、南昌市卫生学校、南昌市雄鹰救援队青年方阵代表共计400余人参加活动。

【深化“东青号”品牌建设】　2017年,“东青号”移动志愿服务站联合“东青小小志愿者”、“东青志愿者”、高校志愿者联盟、社会联盟志愿服务队伍,在人流密集的步行街明秀广场、八一广场等地坚持风雨无阻、节假全勤在岗,为第四届绿发会、国际马拉松、省第四届花博会、东湖区“两会”、“春运”,中国人民解放军建军节,2017年国际马拉松赛事等世界、省、市、区级活动提供保障等,累计服务时长2800多小时,服务人数近12.3万人,获得卢作全、龙国英、申少平等市领导以及市民的点赞。“东青号”已经成为展示东青形象的志愿服务名片。

【加强“青年空间”阵地建设】　2017年,东湖区在2016年的基础上,新增青年空间12个。截至年底,全区共有老树咖啡等较为成为成熟的青年空间共26个,社区(村)服务网络全面铺开。团区委组织召开街道、乡镇青年空间年终评比活动,推动建成一批青年空间。依托青年空间阵地,组织开展各类青年活动,凝聚向心力,获得青年好评。

【聚焦精准扶贫】　2017年,东湖区立足赣青扶贫,常态化开展“彩虹工程”、“圆梦微心愿”、“童心圆梦”公益性社区少年宫等品牌志愿服务活动。截至年底,实现贫困儿童“微心愿”138个,发放“暖冬助学”、“六一”扶贫助学慰问金24万元,惠及学生430余人。“童心圆梦”公益性社区少年宫点位覆盖光明社区、刘将军庙社区、新华社区、二七北路社区、扬子洲镇庙后村。

【成为东青小小志愿者全国试点单位】　3月3日下午,共青团南昌市东湖区委成功举办“美丽南昌·幸福家园”东湖区青年志愿者学雷锋集中月暨“东青小小志愿者”启动仪式,成立全区首支“东青小小志愿者”队伍,号召带领全区少先队组织开展环境整治、交通劝导、扶老助残、文明宣传等四大类志愿活动。“东青小小志愿者”相关工作多次被全国少工委微信公众号转发,其中豫章小学“东青小小志愿者”成为全国试点单位。

【开展“东湖区少年军校夏令营”】　8月,东湖区联合红谷滩消防大队举办2017年东湖区少年军校暑期夏令营活动。该少年军校活动发布不到一个小时,名额报满,不仅东湖区少先队员踊跃参与,还吸引了一些兄弟县区的少先队员。与此同时,全区20所学校均开展“少年军校”进校园活动,每周有近1000人次参加活动。

(于　凡)

妇女工作

【概况】　2017年,东湖区妇联组织深入贯彻落实中央和省市委群团工作部署,团结带领全区各级妇联组织和广大妇女,围绕中心、服务大局,深入基层、服务妇女,以更强的力度、更大的举措,为打造“实力、活力、魅力”东湖贡献巾帼力量。

【召开庆三八纪念大会】　3月6日,东湖区召开纪念三八国际妇女节107周年大会。会议对10个三八红旗先进集体、10位三八红旗先进个人、12户平安家庭示范户进行表彰。

【开展最美家庭角色评选】　3月,东湖区深入挖掘、大力宣传“最美角色”感人事迹,自下而上评选出最美母亲、儿媳、军嫂警嫂等十五户最美家庭角色,弘扬家庭美德,让更多的人了解身边的美,以良好的家风促进形成好的政风和社会风气。

【举办读书分享会】　4月14日,东湖区邀请江西著名情感作家、自由撰稿人曾雅娴在区图书馆举办“从独立坚强的女性看中国好家风”读书分享会。曾雅娴与读者一起探讨文学作品中关于女性如何看待中国好家风的问题,分享自己的创作故事,并现场赠送80余本书籍。

【举办女干部厨艺大赛】　3月7日,东湖区在区机关食堂,举办“美丽南昌　美味东湖”第三届机关女干部厨艺大赛。来自全区各单位的30位选手带着自己烹饪的美味菜肴参加比赛。区领导刘闯、王玮、唐铭市、余瑾、彭雅琳、谭阿莉、童萍如、欧阳桃花、胡涛湘、胡薇亲临现场,为比赛助阵。

3月7日,东湖区妇联举办第三届机关女干部厨艺大赛活动

【组织开展花艺沙龙】 5月12日,东湖区组织开展“幸福绽放·美丽家园”花艺沙龙。活动中,花艺老师为全区30名妇女干部讲授插花基础知识,现场演绎插花技巧,从插花的取材、剪枝叶、构图到作品完成等步骤开展技巧练习,组织大家成功完成各自的插花作品,共度别样母亲节。

【开展庆六一活动】 5月27日,东湖区妇联组织开展共建美好家园·共沐爱的阳光庆六一活动,走访慰问培智学校100余名师生,为孩子们送上精美的蛋糕和球鞋,鼓励他们以学习为乐、以学习为荣,养成“好读书、读好书、善读书”的好习惯。活动中,走访人员与师生进行游戏互动,并观看师生精心准备的演出。

【开展亲子阅读活动】 6月13日,东湖区在董家窑街道二七北路社区,举办“我爱我家·同悦书香”亲子阅读会,发出“书香飘万家”的倡议。活动旨在营造书香氛围,培育良好家风,传递科学家庭教育理念,促进儿童健康成长和家庭幸福和谐。7月,区妇联联合区图书馆举办“我爱我家·同悦书香”亲子阅读朗诵培训班。通过培训,孩子们对朗诵的礼仪姿势有所掌握,朗诵的水平得到提高。

【开展移风易俗活动】 6月29日,区妇联和爱自然生命力卓越父母国际研究院主办的“推进移风易俗·传承优良社风”公益讲座在扬子洲镇为民村举行。讲座旨在进一步弘扬家庭传统美德,传承良好家风家训,倡导孝敬之风、节俭之风、自立自强之风,取得良好反响。

【举办女性大讲堂活动】 7月14日,区妇联在东湖区贤士湖管理处贤湖村举办“婚姻大讲堂”活动——《做一个温暖而有爱的女人》。活动以婚姻为切入点,涵盖夫妻关系、亲子关系、自我成长等多个方面的内容,让女性明白自己需要什么,如何处理好事业与家庭关系,为社区妇女带去全新的生活理念。

【成立家长成长中心】 8月22日,东湖区在滕王阁街道民巷社区举行挂牌仪式,成立“家长成长中心”,并开展学会爱、回报爱,亲子团体心理训练活动。活动旨在通过心理训练,促进亲子关系的和谐,逐渐形成良好的家风环境,使孩子和家长都能在美好的家庭氛围中共同成长。

【东湖区第十三次妇女代表大会】 12月29—30日,东湖区召开区妇联第十三次代表大会。大会的主题是高举中国特色社会主义伟大旗帜,深入学习贯彻中共十九大精神以及党的群团工作会议精神,深入学习习近平总书记系列重要讲话,总结工作、确定目标,选举产生新一届领导班子,团结动员全区广大妇女为建设“美丽南昌·幸福家园”、打造“实力活力魅力”东湖贡献巾帼力量。会议听取题为《改革扬帆　凝心聚力　履职尽责　创新实干　为建设“实力活力魅力”东湖贡献巾帼力量》的工作报告;选举产生29名东湖区妇联第十三届执行委员会委员;选举产生11名东湖区妇联第十三届委员会常务委员;通过《东湖区第十三次妇女代表大会关于第十二届执委会工作报告的决议》。

(刘　达)

归国华侨工作

【概况】 2017年,东湖区归国华侨工作认真学习贯彻中共十八届六中全会、十九大会议精神和习近平总书记系列重要讲话精神,紧紧围绕东湖区委、区政府的中心工作,紧紧围绕"为侨服务"的主题,凝聚侨心侨力,为东湖发展做出贡献。

【学习宣传贯彻中共十九大精神】 2017年,区侨联认真组织侨联干部和辖区归侨侨眷学习中共十九大精神。11月,召开东湖区侨界人士学习贯彻中共十九大精神宣讲会,同时积极开展座谈研讨等,迅速掀起东湖区侨界学习贯彻大会精神的热潮,切实把广大侨界人士的思想认识统一到中共十九大精神上来,促使各侨界人士更加紧密地团结在以习近平总书记为核心的党中央周围,坚决维护党中央权威,在思想上政治上行动上与党中央保持高度一致。

【开展"聚侨心·促和谐"活动】 2017年,东湖区以纪念中国人民解放军建立90周年、新四军成立80周年等活动为契机,在东湖区侨界人士中广泛开展"聚侨心·促和谐"活动。通过召开侨界人士座谈会、组织归侨侨眷参观新四军图片展等,面向全区归侨侨眷、留学人员家属深入开展形势教育、爱国主义和社会主义荣辱观教育,用改革开放的伟大实践和巨大成就引导广大归侨侨眷,激发他们爱国爱乡、为国奉献的热情。

【成立社区侨胞侨属联谊会】 10月,东湖区大院街道二七北路社区侨胞侨属联谊会正式成立,成为东湖区首个社区侨胞侨属联谊会,设置"侨情议事厅""侨法宣传角"等,确保活动有场所、活动有内容。大院街道二七北路社区侨务工作长期以来做得较出色,把它打造为区侨联工作示范社区,能够带动全区各社区的侨联工作更好开展。

【开展法治宣传教育活动】 2017年,东湖区紧紧围绕"宣传侨法,维护侨益",以街道、社区为载体,以"爱侨护侨"为主题,结合"七五"普法工作,深入开展法治宣传教育活动:与上海锦天城(南昌)律师事务所签订合作协议,每月到一个街道为辖区居民送一场讲座,切实提高广大归侨、侨眷学法、懂法、守法、用法的意识,引导侨界群众运用法治思维和法治方法维护权益、解决问题。

【开展爱心助侨活动】 2月2日,东湖区侨联组织辖区20名归侨侨眷参加南昌市侨联组织的"侨联四海、情满赣鄱"归侨侨眷慰问金及慰问品发放活动。全年春节、端午、中秋期间,开展走访慰问困难归侨侨眷活动,送出15000元的慰问金和慰问品。

【参加"一带一路"倡议高级研修班】 3月,东湖区组织侨界代表人士参加南昌市委统战部和南昌市侨联在清华大学举办的侨界人士"一带一路"倡议高级研修班,使他们对"一带一路"倡议有了更深层次的了解,并结合侨联工作特点,就一些侨界关心的热点问题与兄弟县区、侨商代表进行深入的探讨。

【履行参政议政职能】 2017年,东湖区侨联积极参与政治协商和民主监督,支持侨界代表委员为侨界群众的切身利益表达意愿。在区"两会"期间,侨界代表向东湖区人大提交议案4件,向东湖区政协提交提案11件。

(胡　航)

残疾人工作

【概况】 2017年,东湖区残疾人工作以加强残疾人社会保障体系和服务体系建设为主线,以残疾人民生工程为载体,以保障和改善残疾人民生为出发点和落脚点,以改革创新精神推进全区残疾人事业全面健康发展,残疾人生存状况持续改善,生活水平显著提高。不断夯实残疾人事业发展基础,全区残疾人康复、教育、就业、文化体育、组织建设、维权等各项工作均走在全市的前列。被授予"南昌市文明单位""残疾人工作先进县区"荣誉称号。

【成立市聋人创业示范中心东湖示范点】 2月14日,区残联与八一公园管理处签订场地使用协议,成立南昌市聋人创业示范中心东湖示范点,以聋人自主创作及手工艺品(珠绣、丝网花、勾包、编织、十字绣、剪纸、宣纸刺绣等)展示进行义卖,每周六、周日白天开放,由残疾人提供作品,所得收入全归残疾人本人，由此开辟一条聋人创业就业的长期渠道。截至年底，共有15名听障人士在此义卖，取得收入16760元。示范点为听力残疾人提供了一个更加广阔的“大众创业，万众创新”的舞台。

【推动精神残疾人康复、就业】 2017年，为实现精神患者创收就业，使其更好地融入社会，东湖区残联搭建辅助性就业平台，与爱心企业万连饰品加工厂取得长期合作，引导轻度精神患者从事简单的发夹加工工作，获取计件收入。为鼓励精神残疾人积极参与辅助性就业工作，为36位残疾人统一量身定做春、夏工作服，并购买工作台、工作椅、工作储存箱、托盘等设施设备，并给予残疾人底薪补贴（每三天发放一次工资），同时，区残联给予仁爱之家辅助性就业生产车间房租补贴33782.4元，有效地推动精神残疾人康复、就业工作，营造关心和帮助残疾人就业的良好氛围。

【打造“南昌盲人按摩品牌”】 2017年，为促进盲人充分就业，区残联对辖区内有意愿进行改造的盲人按摩机构进行摸底，实地考察渊明北路、苏圃路、贤士二路、起凤路等13家盲人按摩店，打造“盛氏店”“腾飞店”“志进店”“永康店”四家盲人按摩示范店，扶持从业盲人共8人，投资16万元对其进行装修改造，坚持五统一标准，配发工作服及床上用品，帮助扶持视障残疾人创业就业。

【展开残疾人康复服务行动】 2017年春节期间，东湖区共走访慰问贫困残疾人460人，发放慰问金共计24.9万元；为全区2275名有康复需求的残疾人建立康复档案，为1605名残疾人免费配发辅助器具；为9名肢体残疾人安装假肢，为250名精神病患者发放服药代金券11.25万元，为43名0—6岁残疾儿童提供抢救性康复，发放补助金51.6万元。为28名在机构康复的残疾儿童家庭发放陪护补助8万余元；为62名听力残疾人安装助听器；发放残疾人护理补贴2474人，金额163.48万元；生活补贴2132人，金额146.71万元。

【做好全国残疾预防综合试验区工作】 2017年，东湖区继续积极探索“筑牢四道防线、把握三种态势、构建两大平台、坚实一项保障”的残疾预防“4321”工作机制，得到中国残联充分肯定，并在全国会议上介绍经验。在区卫计委、镇（街道、管理处）的配合下，区残联全年为110名0—6岁儿童发放残疾筛查诊断补贴3.3万元；为107名35岁以上高危孕产妇发放筛查诊断补贴5.35万元；为1400名7岁以上残疾人发放残疾评定补贴11.2万元。

【更新残疾人基本服务状况相关数据】 2017年，东湖区根据实际情况制定《东湖区落实〈全国残疾人基本服务状况和需求信息数据动态更新工作〉实施方案》，并召开区统计局、区财政局、各镇（街道、管理处）分管领导及民政助理员工作部署会，按照每位持证残疾人10元的标准落实调查登记工作经费。对该区8603人进行基本需求和服务状况入户登记并将登记信息全部进行网上录入。

【推进残疾人精准康复工作】 2017年，区残联联合区卫计委推进家庭医生签约精准康复服务。全区10个社区卫生服务中心医务人员上门签约，将残疾人基本服务需求、辅具申领、数据动态更新融为一体，提供集预防、保健、康复、健康管理和健康教育为一体的公共卫生服务。

【开设残疾人职业技能培训班】 2017年，东湖区为提升残疾人就业能力，促进残疾人有效就业，共组织开展11期职业技能培新班，培训学员共计150人次。培训内容包括初级化妆、中西面点初级、中西面点中级、计算机操作初级、手工勾包初级、盲人按摩初级、电脑CAD设计、按摩中级、中级电脑CAD设计等。

【开展文体活动】 2017年，东湖区致力发展壮大区残疾人艺术团，吸收更多文艺人才加入队伍，新增葫芦丝和肚皮舞培训项目，增强残疾人融入社会的信心。此外，举办残疾人艺术团“迎新春”文艺汇演、“幸福杯”家庭才艺秀、《我爱你，中国》诗歌朗诵比赛、《同一首歌》歌咏比赛、“喜迎十九大”进村展演活动。成立樊登读书会东湖残友分会，每月开展线下读书交流活动，分享人生励志事迹和体会。组织开展残疾人游园踏青、参观展览等文化进家庭“五个一”活动，以及“澳门与内地残疾人文化建设示范市（区）”创建活动，带领残疾人迈出家门，融入社会。选拔残疾人运动员参加各大体育竞赛活动，在2017年度的江西省特奥足球、乒乓球比赛中，该区特奥健儿一举夺下女子双打冠军,展示该区残疾人自强不息的精神风貌。

(胡皖萍)

科普工作

【概况】 2017年,东湖区科普工作以中共十九大和习近平总书记在科技三会上的重要讲话精神,及中国科协第九次全国代表大会精神为指导,认真落实《中华人民共和国科普法》和《全民科学素质行动计划纲要》,紧紧围绕区委、区政府的中心工作和市科协工作的总体部署,争当建设“实力、活力、魅力”东湖的先锋,各项工作成效显著。截至年底,大院街道二七北路社区被评为江西省优秀科普示范社区;辖区星期8小镇、缤谷众创空间被评为2017南昌市优秀科普教育基地;扬子洲镇花卉园艺协会被评为南昌市精品农技协;东湖区万家田园休闲垂钓农场科普示范基地被评为南昌市优秀农村科普示范基地;江西森美生态园有限公司、南昌市祥华农业发展有限公司、南昌市北湖小学被评为南昌市科普教育基地;董家窑街道紫金城社区被评为南昌市优秀科普示范社区。该区在区综合服务大楼一楼大厅、大院街道二七北路社区、董家窑街道紫金城社区、扬子洲镇熊万村建立的科普e站受到一致好评。

【加强科协组织建设】 2017年,辖区各街道、镇、管理处调整科协组织,各社区(村)完善科普小组,健全三级网络。加强科普队伍建设,进行科普业务培训,对“科普志愿者”队伍建档,为科普活动常态化打下坚实的基础。

【举办科普知识进万家活动】 3月28日,东湖区在京家山社区举行“美丽南昌、幸福家园”科普知识进万家、志愿服务暖人心大型活动。活动充分利用科普条幅、科普展板、发放宣传材料等方式,宣传“美丽南昌·幸福家园”的重大意义,引导市民自觉养成科学文明的生活方式。

【开展“科技活动周”活动】 5月20—27日,东湖区开展“科技活动周”系列活动。5月23日上午,区教科体局、区科协联合在阳明公园举办科技活动周科普宣传和咨询活动,并开展了一系列青少年科技教育基地开放展示活动和青少年科学体验活动。同时在墩子塘街道马家池社区、董家窑街道锦苑春天社区、豫章街道下沙窝社区等社区开展科普知识巡展活动。

【推进“三风”活动】 6月11日,东湖区在墩子塘街道党家巷社区开展“兴家风、淳民风、正社风”家的档案、家的记忆活动。活动共编印《“兴家风、淳民风、正社风”科普丛书》3万余册,新制作科普展板图片100余幅,订购《科普天地》《科普系列挂图》等科普图刊5种共7000余幅(册)。

【举办“全国科普日”活动】 9月16日上午,由南昌市科协、南昌市教育局、南昌市科技局、南昌市环保局、南昌市农业局主办,东湖区科协、东湖区教科体局、东湖区环保局、东湖区农水局协办的2017年“全国科普日”南昌主场活动暨全市“全民科学素质工作”现场会在东湖区紫金广场举行,活动围绕2017年全国科普日主题“创新驱动发展,科学破除愚昧”,牢牢抓住“创新、协调、绿色、开放、共享”的发展理念开展各种特色科普活动。南昌洪都航空集团航空航模表演队、南昌万达海洋馆、星期8小镇、缤谷众创空间等多个企业参加展示活动。同时,东湖区紫金城社区设立分会场,开展科普讲座和图片展示活动。活动共吸引近万人参加。

【开展“百场科普报告进社区”活动】 9月21日,东湖区科协联合南昌广播电视台《健康有一套》节目组在大院街道二七北路社区开展“科学让生活更美好”百场科普报告进社区大型公益活动,现场医师为辖区居民讲解鼻部科学健康保健及预防知识,把科学送到基层,使科普深入人心。

【开展送科技进农村活动】 2017年,按照“科技兴农、科普惠农”的发展思路,东湖区与省、市农函大对接,大力开展科普讲座和送科技下乡活动,充分利用省、市、区科协科普培训优势,聘请省、市专家举办培训班、现场技术咨询、示范讲解,注重农民实用技术和技能培训,提高农民致富本领;引导村民崇尚科学,反对迷信,形成科学文明、积极向上的生活观念和生活方式。

【举办“江西小创客爱心集市”活动】 2017年,缤谷众创空间与学校联合举办五期“江西小创客爱心集市”活动,共筹集爱心善款近10万元,先后帮助全市自闭症儿童制作平安符，建设残障儿童艺术画室，为培智学校购买训练器材以及帮助完成九江特困母亲黄秀梅的心愿等。

（江　莹）

红十字会工作

【概况】　2017年，东湖区红十字会工作紧紧围绕党对群团工作的总要求，紧密结合区委、区政府中心工作，立足红十字会自身职责，以“三救三献”等核心业务工作为抓手，积极开展各种形式的志愿服务活动，努力拓宽救助实力，大力加强基层组织建设，着力发展志愿服务队伍，深入宣传红十字人道精神，倾力提升红十字公益形象，较好完成区委、区政府及上级红十字会布置的各项目标任务。

【区红十字会第六次会员代表大会】　12月22日上午，东湖区红十字会第六次全区会员代表大会在区文化活动中心新闻发布厅召开，120名各界代表参加会议。大会表决通过区红十字会五届理事会所作的工作报告，依照《中华人民共和国红十字会法》《中华人民共和国红十字会章程》的有关规定，依法选举29位成员组成东湖区红十字会第六届理事会。大会依法选举成立区红十字会六届监事会，会议表决通过《东湖区红十字会2017—2022发展纲要》，明确区红十字会未来五年的任务与发展方向。南昌市红十字会党组书记、常务副会长曹小明，区领导贾彧超、彭雅琳、童萍如、谢保成等出席会议。

【召开区红十字会第六届一次理事会】　12月22日，区红十字会六届一次理事会召开。会议选举童萍如、胡海燕、张竞岚、徐建辉、刘志昇、熊金辉、晏佩琦、罗莉娟、周嘉宇为常务理事。会议表决通过中共东湖区委书记刘闯为区红十字会六届理事会名誉会长，选举区政府副区长童萍如为会长，胡海燕为常务副会长，区爱卫办主任张竞岚、区民政局副局长徐建辉为兼职副会长。新当选的会长对区红十字会未来的发展提出了新期望。

【开展红十字博爱送万家活动】　2017年，区红十字会深入开展“红十字博爱送万家”活动，通过各种渠道共筹集爱心款物128326元，重点慰问生活困难的烈士家属、参战退役军人及伤残军人家庭，向辖区困难群众发放棉衣、棉被、大衣、家庭温暖包、现金等款物，875名困难群众得到不同程度的救助。组织辖区企业开展为四川九寨沟县地震灾区义卖献爱心活动，并第一时间将所得爱心义卖款转往灾区红十字会。

【省红十字会领导到东湖区调研】　4月14日，江西省红十字会党组书记、常务副会长周海涛一行到区百花洲街道火神庙社区，对居家养老服务进行专题调研。周海涛对章金媛爱心奉献团队的志愿服务工作给予高度认可，要求不断探索居家养老服务新方法、丰富志愿服务项目及内容，为全省开展居家养老服务传经验、树品牌、做标杆。

【开展人体器官捐献志愿登记宣传】　3月，区红十字会开展人体器官捐献志愿登记宣传月活动，8—10月，区红十字会开展人体器官捐献志愿登记宣传季活动，在公园广场等人员集中的公共场合，通过悬挂横幅、张贴海报、摆放展板、有奖竞答、发放资料、讲解动员等方式，宣传人体器官捐献理念，全年有2对夫妻共同登记加入无偿捐献志愿队伍。

东湖区红十字会在八一公园开展遗体捐献宣传活动

【开展“5·8”世界红十字日系列活动】 5月8日，区红十字会围绕“人道、博爱、奉献”主题，组织100多名志愿者在八一公园开展为期一周的系列宣传活动，宣传最新颁布实施的《中国红十字会法》，通过宣传，弘扬红十字精神，普及红十字知识，动员红十字力量，汇聚红十字资源，招募红十字志愿者，提升红十字的社会知晓率及公众参与率。

【开展世界急救日主题宣传活动】 9月9日，东湖区在八一公园开展全市范围的应急救护技能竞赛活动，10支志愿服务队参加活动，比赛由按压接力、场景急救、理论抢答等三个环节组成，活动共发放宣传资料5000多份，摆放各类宣传展板50多块，向广大市民普及应急救护知识。

【赴云南昆明开展调研活动】 11月24日，东湖区红十字部门联合上级红十字会、南昌市雄鹰红十字救援队及南昌市缤谷众创空间的相关负责人，赴云南全民防灾减灾科教基地调研学习，主要调研应急救护家庭亲子式体验培训，为该区红十字会将应急救护培训工作延伸至家庭单位汲取宝贵经验。

【开展预防艾滋病系列宣传活动】 11月30日，东湖区在八一公园开展主题为“共担防艾责任，共享健康权利，共建健康中国”的宣传活动，发放各类宣传资料5000份，让更多市民了解到艾滋病的传播途径与防治方法，呼吁更多的人关爱与帮助艾滋病患者及其家庭，倡导“珍爱生命，远离艾滋”的健康生活理念。为辖区10位贫困艾滋病感染者送去爱心款物，帮助他们树立战胜病魔的勇气与信心。

（胡海燕）

工商联工作

【概况】 2017年，东湖区工商联合会深入贯彻习近平总书记系列重要讲话精神和治国理政新理念新思想新战略，紧紧围绕经济建设中心和东湖发展大局，牢牢把握促进“两个健康”工作主题和深化改革的大好形势，进一步巩固和深化理想信念教育实践活动成果，为打造富裕美丽幸福现代化江西“南昌样板”做出新的贡献。荣获2017年度全国“五好”县级工商联荣誉称号。截至年底，辖区共有1个镇商会、10个街道商会，1个家具行业商会，1个叠山路商会，1个东湖闽东商会，1个市民营企业家东湖分会，会员近600名。

【开展帮扶工作】 1月19日，区工商联在墩子塘街办张家厂社区开展“2017年新春帮扶慰问”主题活动。6位赞助企业家，15位社区困难居民，以及区工商联机关干部和张家厂社区干部等30人参加活动。5月25日，区工商联组织商会部分会员、区政协经科委部分委员在豫章街办滨江社区举行弘扬美德、共襄善举、传递爱心的“2017年端午节进社区、话帮扶、爱心敬老”活动，爱心企业家代表6人，社区贫困居民16人，区工商联机关干部和滨江社区干部等，共29人参加活动。两次活动为贫困群众送去慰问食品，共计3万元。

【推进招商引资工作】 3月1—3日，区工商联招商小分队赴南京市、杭州市开展为期三天的外出招商活动。在召开于南京市鼓楼区科技产业园区的南昌市东湖区投资恳谈会上，招商小分队播放东湖区区情宣传片，介绍本区独特的区位优势、良好的投资环境，引起参会企业代表的浓厚兴趣，双方缔结友好商会，深化合作交流，实现共赢。8月2—4日，区工商联招商小分队前往江苏考察江苏恒汇文化发展有限公司，与企业负责人面对面交流了解罗马尼亚嘉年华中国行南昌站活动具体事宜；到苏州考察智慧方舟（苏州）生态农业科技有限公司，参观集装箱智慧互联植物工厂。

【召开主席（会长）会】 3月9日，东湖区工商联（总商会）在区综合服务大楼南楼8层会议室，召开2017年第一次主席（会长）扩大办公会，讨论通过《东湖区工商联2017年度重点工作推进表（草）》《2017年度东湖区工商联小组评比考核办法（草）》，各小组对2017年工作计划进行座谈讨论。区领导胡涛湘出席会议并讲话。区工商联第五届兼职副主席（副会长）、常委代表、区政协经科委代表、工商联机关全体人员共近40人参加会议。

【开展企业“大走访、大调研”活动】 3月24日，为深入了解楼宇企业的需求和存在的困难，帮助企业解决实际问题，与企业共渡难关，区工商联开展企业"大走访、大调研"活动。活动本着"了解企业、宣传企业、服务企业"的三大宗旨，共走访楼宇央央春天，调研雷格斯商务服务（南昌）有限公司、江西良品铺子食品有限公司、新华人寿3个楼宇企业。

【组织开展消防安全培训】 5月16日，为进一步增强机关干部的消防安全意识，切实提高消防安全自我防范能力，区工商联邀请赣安消防公益培训中心的欧阳老师为全体机关干部举办消防安全知识讲座。讲座结合历年典型火灾案例，从火灾起因、经过、后果等方面阐述消防安全的重要性，并针对日常工作生活中常见的火灾隐患，分别介绍预防、扑救方法，讲解灭火器的使用方法和逃生技能。通过培训，区工商联全体人员进一步提升了安全防火意识，掌握了现代火灾中疏散、逃生、自救、报警的能力。

【组织赴延安学习培训】 6月11—15日，东湖区组织非公有制经济人士在延安大学泽东干部学院开展主题为"传承延安精神、坚定理想信念"为期3+2的学习培训。听取惠晓峰教授对《党中央在延安十三年》精彩授课，学习张思德为人民服务的精神；赴习近平总书记工作和生活过的梁家河村参观学习，并在抗大纪念馆、延安革命纪念馆、王家坪革命旧址、杨家岭革命旧址、枣园革命旧址和南泥湾展览馆开展情景教学、现场教学。区领导胡涛湘，以及非公有制经济人士共计37人参加培训。通过学习延安精神，非公有制经济人士对中国特色社会主义的信念、对党和政府的信任、对企业发展的信心和对社会的信誉得到进一步的增强。

【做好民营企业家培训工作】 9月7日，东湖区在南昌锦怡酒店三层会议室举办"2017年第二期民营企业家培训班"。培训内容为听取江西财经大学教授段建平讲授"诚信与道德"、江西中山税务师事务所总经理聂玲玲就"营改增"之后相关税收政策进行解读。段建平从诚信的理论、形成、特点、价值功能等方面详细地论述诚信的重要性，呼吁企业家应把讲诚信作为立身处世之根本，以实际行动践行社会主义核心价值观。聂玲玲的讲课帮助企业消除在办税衔接和业务操作上的"盲区"，掌握政策要点、规避纳税风险。区政协经科委企业家代表、区工商联会员企业家代表及企业财务人员等共90人参加培训。

【召开银企座谈会】 9月19日，东湖区在中信银行北京东路支行召开银企座谈会。东湖区25家中小企业负责人参加会议。区领导胡涛湘出席会议并讲话，中信银行北京东路支行行长刘红英对企业家参加此次银企座谈会表示热烈欢迎，并表示可以提供相关金融知识的免费咨询，安排工作人员一对一VIP服务，解决企业家的信贷需求，合作共赢。

【开展座谈交流活动】 9月29日，区工商联组织会员企业在东湖区综合服务中心北楼6层与区人社局就中小微企业用人难问题进行交流座谈。会议就历年该区的就业工作基本情况、创业人员的就业情况、企业用工存在的主要问题、产生用人难存在的原因以及该区促进就业的主要措施进行介绍。区人社局、区人才就业局领导及相关处室人员、区工商联会员企业家代表等出席会议。

【学习中共十九大精神】 12月1日，东湖区在区政协第一会议室组织召开"非公有制经济人士学习中共十九大精神座谈会"。会议集中学习中共十九大会议精神并开展座谈讨论，之后组织与会人员先后调研熹庐健康养生产业园项目、中金国际交易中心项目、力高国际项目、中海商业地产项目4个超亿元重大重点项目，详细地了解项目建设情况。区政协经科委企业家代表、区工商联部分执委班子成员及区工商联机关干部等共40人参会。

【履行参政议政职能】 2017年，东湖区工商联推荐的25名人大代表、政协委员，积极尽责履职，共提交建议提案29篇，调研报告3篇，社情民意2篇。其中，《关于在新形势下如何为企业提供差异化精准服务水平》的报告得到区委、区政府领导的批示，并在全区传阅；《关于减轻建筑企业在经营发展管理中给企业造成负担的问题的建议》的社情民意得到南昌市政协主要领导的批示，并转交相关职能部门协商处理；《关于借助中心城区改造契机提升老城区福州路周边商业的建议》《关于加强推进城乡首个云平台电商项目建设快速发展的建议》被区政协评为优秀提案。

（秦　越）

民主党派

综 述

2017年，东湖区有民主党派东湖总支(支部、支社)6个，即民革东湖总支、民盟东湖支部、民建东湖总支、民进东湖总支、农工东湖总支、九三学社东湖支社。共有支部25个，成员712人。

全年各民主党派先后4次参加区委、区政府召开的通报会、协商会，就东湖区2017年度的社会经济发展情况提出意见建议。同时，利用参加全区“两会”的机会，提交提案、议案60余条。积极参加区委统战部组织的“党委出题、党派调研、政府采纳、部门落实”活动，精心组织力量，深入开展调查研究，形成调研文章6篇。

2017年，各民主党派深入学习贯彻中共十八届六中、七中全会和中共十九大精神。与对口联系社区开展和谐共建活动。在区委统战部的指导下，加强自身组织建设，广泛开展主题教育活动，继承和发扬老一辈党外人士与党风雨同舟的优良传统，激励全区各民主党派成员为东湖区经济社会更好更快发展提供支持。

表4　**2017年东湖区各民主党派基本情况**

党派名称	人数(人)	支部数(个)	主要领导
民革	246	7	主委：周胜明 副主委：帅钢华　周晓勤　易小春　于文凯　余学军
民盟	34	—	主委：肖贤(女) 副主委：郭爱香(女)　杨林青(女)　魏群(女)
民建	198	6	主委：赵赣涛 副主委：王树珊(女)　裘峻　邓文辉　王妮娜(女)　晏明智
民进	155	7	主委：郑洪健 副主委：陈魏华　胡涛湘(女)　李吁红(女)
农工党	58	4	主委：陈贞珍(女) 副主委：熊丽萍(女)　赵青武　张毓琴(女)
九三学社	32	—	主委：何志勇 副主委：练红(女)

中国国民党革命委员会南昌市东湖区总支委员会

【概况】 2017年,民革东湖总支在中共东湖区委、民革南昌市委会和各级统战部门的领导、关心、支持和帮助下,紧紧围绕东湖区委、区政府的中心工作,全面加强自身建设,认真履行参政议政、民主监督职能,发挥自身优势,积极开展社会服务,各项工作取得新进展,为东湖区和谐发展做出积极贡献。

【参政议政】 2017年"两会"期间提交区级总支提案2件,在大会交流发言3次。提交市级提案5件。应邀担任市、区级各部门监督员、监察员、督导员的党员8人次,充分发挥民主监督作用,做到监督不越位、帮忙不添乱。

【开展和谐共建】 2017年,民革东湖总支分别在刘将军庙社区、墩子塘社区和二七北路社区开展帮扶、义症及法律咨询活动,在三经路社区的义症活动成常态化。

【举办纪念活动】 2017年,继续抓好"同心"教育。根据民革中央十二届十二次全会和中共江西省委统战部情况通报会精神,民革东湖总支认真开展"弘扬民革优良传统,同心共促东湖发展"学习教育活动,聚焦东湖"四区"建设发展目标,深刻领会区委区政在新形势下的系列新理念、新要求,确保结合实际,与时俱进研究部署区委会工作。

【吸收新会员】 2017年向有关部门推荐党员3人,选派12名党员外出参加各种学习教育培训;积极稳妥地发展新生力量,严把入口关,推荐2名党员担任支部主委;高度注重党员发展质量,全年发展新党员3人,均为本科以上学历。

中国民主同盟南昌市东湖区支部委员会

【概况】 2017年,民盟东湖支部积极履行参政党职能,扎实推进自身建设,为东湖区的经济建设、文化教育等各项事业的蓬勃发展竭尽全力,各项工作取得新的成绩。民盟东湖支部被评为南昌市先进支部。余红、熊芳、蔡舸、谭蓓蓓被评为2017年度南昌市优秀盟员。

【履行参政议政职能】 2017年,民盟东湖支部主委肖贤继续当选为东湖区第十六届人大代表、南昌市人大代表、南昌市人大教科文卫委员会委员。魏群、全玲、罗强、熊芳四位盟员当选为区政协委员,其中熊芳为区政协常委。7—8月,民盟东湖总支积极开展调研活动,提交《大力发展文化旅游产业的对策及建议》《关于铁柱万寿宫遗址保护和利用的建议》《关于垃圾站错时集中清运的建议》等意见建议。

【提高自身政治素养】 2017年,民盟东湖总支共组织盟员学习12次,发表简讯多篇。6月17日,组织盟员参加江西民盟组织成立70周年纪念大会;9月29日,会员熊芳参加南昌市"不忘初心,同心同行"演讲比赛;10月,组织盟员观看《民主之澜》等先贤的影视片;11月,组织盟员收看中共十九大开幕直播。通过一系列形式多样的活动,盟员的政治素养得到提高。

【开展"征集好家风、好家训"活动】 9月11日,南昌市民盟东湖支部一行20余人到九江市武宁县罗坪镇的长水村开展征集好家风、好家训活动。通过该活动,盟员纷纷表示深受启发,要立足本职工作,并在学校、班级开展传家训、扬家风活动。

【开展社会服务活动】 2017年,民盟东湖总支积极服务社会,开展多项社会服务活动。1月22日,联系省、市著名书法家到大众商场门口为广大市民撰写、赠送春联,收获一致好评。7月,民盟东湖支部陪同南昌市人大教科文卫处一行暗访农产品市场,深入了解食用农产品质量问题。10月30日下午,参加食用农产品质量安全监管工作专题询问会,就全市食用农产品质量安全监管工作的监管体系建设和市场秩序整治提出意见建议,为切实保障人民群众舌尖上的安全发挥积极作用。

中国民主建国会南昌市东湖区总支委员会

【概况】 2017年,民建东湖总支在民建南昌市委会和东湖区委统战部的关心指导下,全体会员共同努力,紧紧围绕全区中心工作,立足实际,服务大局,认真履行参政议政职能,全面完成各项工作任务。

【履行参政议政职能】 2017年,民建东湖总支积极参加民建南昌市委会、南昌市政协、南昌市委统战部、东湖区委统战部举办的各类座谈会、报告会。全年共提交提案建议22件,如王树珊的《关于制定社区改造五年计划的建议》《关于减轻建筑企业经营负担的建议》,张正夫的《关于建立义务监督员队伍的建议》《关于抓好南昌市公共绿地卫生工作的建议》等。共撰写调研报告7篇,其中《赴赣州、吉安考察调研报告》得到南昌市副市长杨文斌批示,《我市工业发展呈现良好态势,存在的问题不容忽视亟需攻产业优结构》得到市委书记殷美根批示。

【加强组织凝聚力】 2017年,民建东湖总支立足加强组织建设,充分发挥自身"人才优势"。截至年底,共发展4名高素质、有影响力的会员人会。全年共有会员198人,其中,4人担任市级以上人大代表和政协委员,3人担任区人大代表,13人担任区政协委员(其中常委4人)。3—5月,盟员赵赣涛、胡蓉参加江西省社会主义学院组织的全省民建骨干培训班;6月10日,盟员刘仁国、赖冰良、胡向春参加2017年民建南昌市委会参政议政培训班。

【推进社会服务工作】 2017年,民建东湖总支以社会服务为纽带,密切会民关系。1月,民建东湖总支班子成员对高龄会员进行春节走访慰问,带去慰问品,并送去组织的温暖和关怀。3月,民建东湖总支主委赵赣涛,副主委邓文辉与总支二支部主任万昆、企业家王武伟前往东湖区阳明路小学,为在校学生捐赠课外辅导书4000余册。8月,江西省沃德实业有限公司廖文鸣董事长向南昌市青少年发展基金会捐赠2万元"三风"公益基金。9月,参加东湖区国税局捐款活动。11月,参加中国人寿财产保险公司扶贫村上饶新塘村邮乐购活动。

【开展和谐共建工作】 2017年春节前夕,民建东湖总支与百花洲刘将军庙社区开展共建和谐社区活动,为社区的10户特困户送上每户200元的春节慰问金,让人民群众体会到党和政府以及民主党派对他们的关心和帮助。

中国民主促进会南昌市东湖区总支委员会

【概况】 2017年,民进东湖总支认真学习贯彻中共十九大精神,认真履行参政党职能,在参政议政、民主监督、服务社会和加强党派自身建设等方面,取得新的成绩。会员秦鲁敏6月被评为民进全省参政议政工作先进个人。会员程玉玲获2017年优秀公务员、省民进优秀会员、省民进参政议政先进个人。会员梁咏梅在参加南昌市第十六届运动会中被授予"个人先进"称号。9月,会员刘玉荣撰写的论文《家风——"孝""勤""净""诚"》获江西省教育学会省叶圣陶研究会二等奖。会员杨林斌撰写的多篇诗文在南昌日报、晚报上发表。截至年底,共发展5名会员入会。

【举行中共十九大会议精神宣讲座谈会】 11月16日,为进一步学习贯彻中共十九大精神,民进东湖总支学习贯彻中共十九大会议精神宣讲座谈会,在东湖区委统战部会议室召开。民进南昌市委会副主委、东湖区人大常委会副主任、民进东湖总支主委郑洪健主持并宣讲,民进东湖总支副主委陈魏华,东湖区政协副主席、民进东湖总支副主委胡涛湘,副主委李吁红和总支7个支部主任、副主任及民进会员20名成员参会。

【召开总支(扩大)工作会议】 4月20日,民进东湖总支在东湖区人大会议室召开总支(扩大)工作会议,传达民进南昌市七届四次全委(扩大)会会议精神,组织学习南昌市委统战工作会议主要精神和东湖区委统战部工作布置会主要内容,并就总支社会服务和提案(建议)调研工作进行布置。总支主任、副主任、总支委员、直属三个支部主任、副主任及部分骨干会员等20余人参加会议。会议由民进市委会副主委、民进东湖总支主任、东湖区人大常委会副主任郑洪健主持。

【履行参政议政职能】 12月1日，民进东湖总支召开总支参政议政座谈会。支部主任和会员中代表委员20多名骨干会员参会，并围绕撰写提案的经验体会和2017年度提案撰写的计划进行交流。截至年底，在东湖区人大、政协"两会"上，民进东湖总支共提交建议提案23件。会员谢文珺执笔撰写的调研论文《大力发展楼宇经济的对策建议》提交到东湖区政协和东湖区委统战部，得到表扬。会员程玉玲在东湖区人大会议上提交的《关于加快公共场合推进第三卫生间的建议》被列入东湖区人大常委会主任重点督办的建议案。

【开展春节慰问活动】 1月19日，民进南昌市委会副主委、东湖区政协副主席、民进东湖总支主任郑洪健、民进东湖总支副主任陈魏华等一行四人在滕王阁街道榕门路社区干部的陪同下看望总支帮扶学生魏昕昊、喻娜，为每个学生家庭送上400元慰问金和过年礼品。

1月23日，民进东湖总支会员、江西大华贸易有限公司总经理涂桂英到民巷社区为民巷社区和榕门路社区的25位困难党员及困难居民送上春节慰问金。

【开展"送教下乡"活动】 5月18日，民进东湖总支和民进红谷滩支部会员在红谷滩新区昌北小学开展"送教下乡"活动。来自南昌市豫章小学的会员刘玉荣和杨林斌两位老师，分别为昌北小学的学生讲授语文课《杨氏父子》和数学课《数学思考》。6月8日，民进东湖总支与民进青山湖总支会员在青山湖区胡家小学开展"送教下乡"活动，民进南昌市委会兼职副主委、东湖总支主委郑洪健，东湖总支副主委陈魏华、李吁红和直属三个支部的主任、副主任，部分总支教育界会员18人，民进青山湖总支主委涂愫东，青山湖总支副主任仇金凤参加活动。

【开展"1%工程"】 11月6日，民进东湖总支协助开展的"1%工程——放飞足球梦"的足球捐赠仪式活动在扬子洲红星小学举行，"1%工程"志愿者、太平人寿保险公司南昌市分公司向南昌市东湖区红星小学、扬子洲学校、八一嘉实希望小学、南林小学、滕洲小学5所学校捐赠足球110个。民进南昌市委会副主委、东湖区政协副主席、民进东湖总支主委郑洪健，民进南昌市委会专职副主委兼秘书长钱瑜琼，东湖区教科体局副局长熊金辉等领导参加活动。民进东湖总支部分"1%工程"志愿者及5所学校的代表参加活动。

中国农工民主党
南昌市东湖区总支委员会

【概况】 2017年，在中共东湖区委和农工党南昌市委会的领导下，中国农工民主党南昌市东湖区总支团结带领全区党员紧紧围绕"打造实力东湖，创造活力东湖，塑造魅力东湖"目标，认真履行参政党职能，大力加强自身建设，各项工作取得新的成绩，荣获农工南昌市委会"2017年度全面先进基层组织"称号。截至年底，农工东湖总支共有党员58人，下设4个基层支部。

【举行迎新座谈会】 1月10日上午，农工东湖总支举行2017年"辞旧岁迎新年"迎新座谈会。会议回顾和总结2016年度农工东湖支部开展的各项工作及取得的成绩，并计划和部署2017年度工作安排。与会者一致认为，要坚决拥护中国共产党领导，政治上与党中央保持一致，积极参加农工党市委会部署的各项工作，继续立足本职工作，为东湖的发展做出应有的贡献。

【召开中共十九大精神专题学习会】 11月6日，农工东湖总支召开中共十九大精神专题学习会，认真学习研讨习近平总书记的讲话精神，谈感想，说发展。农工市委会副主委许秀柏参加并发表讲话，会议由农工东湖总支主委陈贞珍主持。在会上，市委会副主委许秀柏还与在座党员分享了主题为"弘扬传统诚信文化 重建新时代诚信社会"的学习感想。通过学习，各与会人员深刻认识到，中共十九大是在全面建成小康社会决胜阶段、中国特色社会主义进入新时代的关键时期召开的一次十分重要的大会。习近平总书记的报告内容丰富、思想深刻、总揽全局，对决胜全面建成小康社会、实现中华民族伟大复兴的中国梦，具有重大的政治、理论和实践意义。

【举办女性健康知识讲座】 3月9日上午,农工东湖总支联合东湖区政协举办女性健康知识讲座。农工党员、南昌市第一医院妇产科主任李云群以“女性常见疾病的防治——子宫肌瘤”为主题,结合丰富的临床经验和现实生活中的典型事例,就女性一生各阶段特点,用图文并茂的课件和通俗易懂的语言深入浅出地讲解常见妇科疾病相关知识和预防知识,以及其他女性健康保健知识。东湖区政协主席王玮应邀出席讲座,农工女党员、政协女委员共计30余人参加讲座。

【走访慰问退休党员】 2017年,春节来临之际,农工党东湖总支分批走访慰问曾昭贤、项子澄、盛文彦、王爱华、杨贞娥、陈席铭等11位老党员代表,并送去节日慰问金。农工东湖总支主委陈贞珍,副主委熊莉萍、张毓琴参加走访。慰问过程中,陈贞珍与老党员代表唠家常,询问他们的家庭情况和身体状况,希望他们照顾好身体,安享晚年生活,并认真听取各位老党员对东湖总支各项工作的意见和建议。

九三学社南昌市东湖区支社

【概况】 2017年,九三学社东湖区支社在九三学社南昌市委员会、中共东湖区委的正确领导下,在东湖区委统战部精心帮助下,扎实履行民主监督、参政议政、社会服务职能,为东湖发展做出积极贡献。在2017年九三学社南昌市委员会表彰大会中,社员钟泽欢获优秀社员和参政议政工作先进个人,陈红获组织建设工作先进个人、参政议政工作先进个人,何志勇获社会服务工作先进个人。

【开展脱贫攻坚民主监督】 6月2日,九三学社东湖支社部分社员组成脱贫攻坚民主监督小组,在东湖区政协副主席谢保成的带队下,到安义县鼎湖镇湖溪村开展精准扶贫民主监督工作。脱贫监督小组在村委会采取听取汇报、查阅台账、随机抽查、入户询问等方式,对村扶贫工作的开展情况进行督查。

九三学社东湖支社开展脱贫攻坚民主监督活动

【加强自身组织建设】 2017年,九三东湖支社以社员活动为载体,加强社员联系,增强支社凝聚力。12月,支社组织社员学习中共十九大精神和中共中央、中共江西省委、中共南昌市委的有关文件精神,采取集中学习和自学模式,取得良好效果。此外,积极选派1名社员参加南昌市委统战部组织的民主党派骨干培训班,2名社员参加市人大、市政协培训班。

【履行参政议政职能】 2017年,九三学社东湖支社紧紧围绕东湖区中心工作开展调研,撰写的《关于把养老地产纳入扬子洲开发规划的建议》被市政协社情民意采纳,《关于行政许可受理材料实行首受负责制的建议》被市九三学社作为集体提案提交市政协。

【开展赠书活动】 11月21日,九三学社东湖支社在光明社区开展“好书助我成长”赠书活动,共捐赠2000元图书。江西省九三学社副主委、南昌市九三学社主委、市政协副主席李广振,区政协主席王玮、副主席谢保成出席活动。

(胡 航)

法　治

政法委及综治

【概况】 2017年，东湖区政法委与综治工作以习近平总书记重要讲话精神为引领，切实贯彻落实中央、省、市政法工作会议精神，坚持把十九大安保工作作为首要政治任务来抓，全区政法干警和综治维稳干部脚踏实地、主动靠前、尽职尽责，较好完成各项工作任务，确保全区社会大局稳定，为全区经济社会发展保驾护航。2017年，东湖区公众安全感测评综合指数列全省72位，全市第3位，位居全市主城区第一；政法满意度也进入全市先进行列，其中公安、司法满意度位居全市主城区第一。东湖区被评为2017年度全市综治目标管理考评先进区荣誉称号。

2017年10月31日，南昌市委常委、市委政法委书记刘家富(左四)调研东湖区“两所一庭一中心”建设情况

【提升公众安全感】 2017年,东湖区创新公众安全感测评方式,变定期测评为常态化测评,变对12个镇街(管理处)测评为对120余个村(社区)测评,将群众安全诉求细化到最基层、影响因素发现在最基层、整改措施落实到最基层。制定下发《关于印发东湖区居民群众"恳谈会"活动实施意见(试行)的通知》(东综办〔2017〕4号)文件,规范警民恳谈会组织程序、参与人员和会议内容。全年各镇、街道、管理处共召开居民群众恳谈会263场,收集群众意见建议628条,及时回应解决群众关心的问题220个。区委政法委从自身办公经费中拨出专款,为社区义务巡逻队购买配备印有"东湖综治"义务巡逻反光背心672件,巡逻用手电筒224个、执法记录仪26台,全区112个村、社区共组建辖区群众义务巡逻队177支,参与辖区义务巡逻活动的巡逻队员达2361人。

【提升信息化应用水平】 2017年,东湖区在全省率先建立东湖区公检法局域网,并于3月19日开通试运行,局域网预期实现"五大便利",即便于信息共享、便于案件流转、便于证据调阅展示、便于改进视频庭审、便于检察监督,推动信息技术有效转化为司法效率,进一步缓解人案矛盾,密切公检法等政法部门的联系与配合,从而大幅提高办案效率。公安分局投入20余万元在全市率先完成网上督察中心建设,将网上督察工作常态化日常化,做到"层层抓、天天查、处处看、事事管"。区法院大力推进智慧法院建设,革新管理模式。建成可视化数据管理平台,将传统的对审限的粗放式管理转为对个案的精准化管理;引入庭审智能语音识别系统,以语音即时记录同步转换文字方式代替书记员手动输入记录,该系统识别率达90%,节约庭审时间30%;全面实现裁判文书电子签章,裁判文书电子签章率达90%以上;在全省率先部署收转发e中心,智能云柜、OCR案码识别等信息系统相继投入使用。区检察院在全省检察机关率先实现远程视频提审,极大地提高办案效率,降低办案成本,促进检察信息化应用水平。

【改造提升基层"两所一庭一中心"】 2017年,针对东湖区地处中心老城区,基层"两所一庭一中心"办公用房短缺,设施设备老化,改扩建难度大等突出问题,区政法机关积极争取区委、区政府大力支持,通过调拨、租赁改善办公用房,拨出专款更新采购设备、装修改造办公场所、加强规范化制度化建设等方式,扎实推进政法综治基层单位改造提升。共投入资金1339.6万元,改造提升基层派出所、司法所、法庭、信访接待中心24个,改造提升基层"两所一庭一中心"办公面积达4362.1平方米。

【做好维稳工作】 2017年,东湖区始终把维护中共十九大期间的安全稳定作为首要政治任务来抓。通过主要领导亲自调度,强化重点人员稳控措施,建立信访、维稳、公安等部门与镇街(管理处)联合会商、共同管控的协作机制,维护该区社会安全稳定。在全国"两会"、中国人民解放军建军90周年、中共十九大期间,排查登记重点人员592人;中共十九大期间共对10类1598名重点人员按照属地负责、分类管理的原则落实稳控,并实现"零非访登记"的好成绩。

【加大刑事案件打击力度】 2017年,东湖区以风雷、赣剑、缉毒会战、打黑除恶等专项行动为牵引,不断加大刑事打击力度,截至年底,共刑拘807人、行政拘留3410人、强制戒毒300人,抓获包含命案、越狱逃犯在内的网逃207名,风雷行动战绩以绝对优势领跑片区。狠抓大案要案攻坚。先后破获"1·5"水产市场恶性非法拘禁案、"1·17"胜利名座系列持刀入室抢劫猥亵妇女案、"5·14"青山路油罐车被盗案等一批具有广泛社会影响的案件。在全省缉毒会战中,破获"2016—691"公安部毒品目标案,缴获毒品冰毒94公斤。紧抓侵财现案不放,主动回应群众关注密切的多发侵财类犯罪,加大民生小案、现案打击力度,分局现案破案率逼近40%,同比增长约10%。先后破获朱光明系列盗窃店面及入室盗窃案、八一大道地下通道系列扒窃案、湖南桂阳籍跨省流窜扒窃犯罪团案等,打掉各类盗抢骗团伙45个,查缴赃款赃物约400余万元。紧盯新型违法犯罪。成功破获罗某等虚开增值税专用发票案,涉及全省100余家企业、案值近亿元;成功捣毁利用"微商托"实施诈骗的"青马"特大电信诈骗犯罪团伙,抓获犯罪嫌疑人38人,查获电脑122台、手机109部、银行卡42张。

【推进非法成品油整治】 2017年，由区综治办牵头，协调区商务局、东湖公安分局、区市场监管局、区安监局等执法单位，共出动执法人员200余人次，取缔违法经营加油站（点）4处，暂扣非法改造油罐车9辆，拆除非法加油设备9件，收缴非法销售的成品油220余吨。特别是8月8日执法单位联合查处扬子洲镇南洲村特大非法存储、销售成品油窝点，仅该案就现场查获1、2号两个窝点，查获汽油216.75吨，发现并处置地下储油罐18个，暂扣非法改装油罐车6辆。通过高效高压的有力打击，有效地维护该区成品油市场的流通秩序。

【开展"五车"整治工作】 2017年，东湖区在全市率先开展机动车规范停放试点，规划4567个非机动车泊位，总面积达11327平方米。始终保持对"五车"、交通违法行为的严管重罚。截至年底，共纠违175600起，其中行人非机动车处罚58456起，查扣五车6222辆，其中非法营运102辆，并收缴遮阳伞1658把。

【进一步完善治安防控体系】 2017年，东湖区购置补充25辆电动巡逻车，招聘160余名辅警充实到巡逻队伍，落实动态化24小时巡逻，进一步提高街面的见警率和管事率。公安机关将巡逻防控方案日警情控制数由原18起下调至10起，使治安巡逻防控方案符合现状；重点敏感时期启动一级巡逻警力部署，组织公安武警开展联勤武装巡逻，狠抓警情控制和巡逻抓现，确保该区在"两会"、中国人民解放军建军90周年及中共十九大期间治安秩序良好。组织新增的1058余个天网探头选点、布建、安装；全面升级改造11个基层派出所二级联勤室和情指室建设，组建50人的视频辅警队伍；扎实推进智慧平安小区及娱乐场所人脸预警系统建设，破解老旧开放式小区及娱乐场所治理难题。

【深化平安小区创建】 2017年，东湖区积极打造传统模式平安小区。先后打造豫章街道省委北院小区、美福庭院小区、百花洲街道百花洲2号居民小区等一批治安好、环境优、群众满意的传统平安小区。截至年底，各镇、街道、管理处参加全区平安小区考核验收的备选小区达17个。创新打造地网模式智慧平安小区。在2016年打造10个智慧平安小区基础上，投入资金200万元，全面推进第二批5个智慧平安小区建设。

【扎实推进平安挂点帮扶】 2017年，东湖区充分利用省、市直单位挂点帮扶的有利契机，从人、财、物等方面，助力基层平安创建工作。制订下发《关于印发〈2017年区综治责任单位挂点帮创平安社区工作实施方案〉的通知》（东综治〔2017〕5号）等指导性文件，积极推进区直单位挂点帮扶工作。截至年底，区综治各责任单位共向镇、街道（管理处）、村（社区）提供平安挂点帮扶资金53.15万元。

【推进矛盾纠纷排查调处信息化】 2017年，东湖区不断完善矛盾纠纷排查调处"云平台"日常运行机制，将具有行政调解职能的区直单位纳入"云平台"，推动"云平台"系统纵向到底，横向到边。截至年底，通过"云平台"系统录入矛盾纠纷信息565件，调处成功率达100%，向市排调室报送"云平台"优秀案例36条。

【推进肇事肇祸精神病人有奖监护】 2017年，区政法部门会同公安、卫计部门全面开展摸排核查，邀请省精神病医院专家，共同开展对精神障碍患者的危险性风险评估工作。经全面排查、风险评估，东湖区严重精神障碍患者人数总共547人，其中0级203人，1级198人，2级58人，3—4级65人，5级23人。全面落实严重精神障碍患者"有奖监护"年度工作经费预算59.19万元，对符合条件的肇事肇祸精神障碍患者全面实行有奖监护，全区共签订"有奖监护"协议126份。积极配合《南昌市严重精神障碍患者关爱信息系统》建设，指导基层管控小组将患者信息、随访情况、服药情况及时录入"关爱系统"。

【创新开展综治培训】 2017年，区政法部门联合区委党校，制定下发《东湖区2017年综治干部培训工作实施方案》（东综办〔2017〕6号），采取集中培训和外出学习相结合方式，7月3日，在区文化活动中心举办全区2017年综治维稳干部培训班，聘请省、市、区政法综治专家，对全区200余名各责任单位分管领导和干部进行理论业务培训，为政法综治维稳干部"充电蓄能"。同时组织24名镇、街道、管理处综治专职副主任和基层综治骨干，赴浙江省绍兴市开展以学习"枫桥经验"、平安建设和基层社会治理创新为主题的学习考察活动,有效地提升基层综治干部能力水平。

【推进司法体制改革】 2017年,区委政法委牵头成立东湖区司法责任制改革领导小组,全力推动司改各项任务落地见效。顺利完成首批45名员额法官、26名员额检察官集中遴选,一线办案力量得到增强,并全力支持配合开展国家监察体制改革,全区检察机关转隶人员14人,划转编制15个。为大力推进基本解决"执行难"问题,全年执结案件5191件,标的7.04亿元,实现金融案件执行标的到位率由3.54%提升至8.86%。

(陶 辉)

法治政府建设

【概况】 2017年,东湖区以中共十九大精神为指引,全面贯彻落实《江西省法治政府建设实施纲要(2016—2020年)》,深入推进依法行政,强化政府法治监督,提高法治服务水平,加快法治政府建设,着力营造良好法治环境,全区法治工作迈上新的台阶。

【加强顶层设计】 2017年,围绕法治政府建设,东湖区及时调整推进法治政府建设工作领导小组,注重高位推动。全区法治工作在区政府工作报告中安排部署、成绩在工作报告中体现,区政府常务会对法治工作进行专题部署,将法治工作纳入政府目标责任,明确考核内容、考核方式、评分标准,同经济发展工作同部署、同考核。法治工作做到半年一报告,半年一总结。编制《东湖区2017年法治政府建设工作要点》,制定《东湖区贯彻落实〈江西省法治政府建设实施纲要(2016—2020年)〉实施意见》,统筹推进法治政府建设,为全区今后一段时期推进法治政府建设奠定了基础,指明了方向。

【优化政务环境】 2017年,东湖区全面推行"五证合一",落实"先照后证"制度,加快推进社会信用体系建设。区法制办审查备案政府招商引资合同、招标合同等民商事合同320余件,为政府决策提供法律意见和建议430余次,为全区重点项目推进提供法治支持。

【加强复议调解工作】 2017年,区法制办进一步健全行政复议责任制,畅通复议案件受理渠道,将调解贯穿于行政复议的全过程,收到行政复议申请3件,受理办结2件,不予受理1件。推动建立行政调解与人民调解、司法调解相衔接的大调解联动机制,全年,全区各行政主体开展行政调解数量千余件,调解成功率为92.51%,切实地维护全区社会政治稳定,打造良好的政治环境。

【规范行政执法行为】 2017年,东湖区为进一步严格规范公正文明执法,保障和监督行政机关有效履行职责,印发《东湖区推行行政执法公示制度执法全过程记录制度重大执法决定法制审核制度试点工作方案的通知》,在全区范围内对22家行政执法单位开展试点工作,全区行政执法单位共新增执法记录仪221台。进一步推进"双随机、一公开"工作,印发《关于推行"双随机、一公开"行政执法监督平台应用工作的通知》,2017年全区各行政执法单位共开展"双随机、一公开"检查3376次,检查企业6018家。

【开展案卷评查】 2017年,区法制办组织实施"案卷评查月活动",印发《关于开展2016年度行政执法案卷评查活动的通知》,对行政执法案卷评查活动进行部署。全区各行政执法单位共报送行政执法案卷63宗,其中行政处罚案卷27宗,行政许可案件36宗。从实体、程序、文书及案卷整理都逐项评析、逐案登记。组织选送13宗优秀案卷(8宗行政处罚、5宗行政许可)参加市法治部门的优秀案卷评选活动。

【完善法律机制】 2017年,东湖区进一步健全重大决策议事规则,严格遵循重大决策经过区政府常务会议,或者区长办公会集体讨论决定,并在会前交由区法制办进行合法性审查,邀请法律顾问列席区政府常务会议及区长办公会。进一步完善重大事项社会稳定风险评估机制,健全决策失误纠错改正机制。进一步完善重大决策听取意见制度,完善重大行政决策事项听取人大、政协意见制度,重大行政决策事项依法提请同级人大或其常委会审议决定制度。完善法律配套机制,推进东湖区公共法律服务中心建设,印发东湖区《关于完善法律援助制度的实施意见》,全区所有党政部门、人民团体、企事业单位、国有企业均已建立法律顾问制度,实现全区法律顾问制度全覆盖。

【做好规范性文件管理】 2017年，东湖区执行《东湖区规范性文件管理办法》，抓住起草、审查、决定、公布、备案、清理等关键环节，印发《关于印发东湖区规范性文件清理工作方案的通知》，组织全区开展规范性文件清理工作，共清理规范性文件3件，保留3件，使规范性文件管理工作走上规范化轨道。

【加强法治工作宣传】 2017年，区法制办制定《2017年区政府常务会议学法计划》，安排区政府常务会学习《消防安全责任制实施办法》及相关知识等4部法律文件。集中开展各类法律宣传日、法律宣传周、法律宣传月活动、安全生产宣传月活动等活动，加大法治信息报道和宣传力度，全年共报送法治工作信息22余篇。

（丁　一）

公　安

【概况】 2017年，南昌市公安局东湖分局秉承“开拓创新、锐意进取、实在实干、干事干净”的理念，以担当为荣，以发展为重，各项工作取得较好成绩。荣获“全国创建平安医院活动突出表现集体”，被评为“全市禁燃工作先进集体”、市局“优秀中层单位”、“缉毒会战先进集体”，取得绩效考核全市第二、片区第一的好成绩。荣立中共十九大安保集体三等功最佳褒奖，刷新刑事警情单日为零的最新纪录，公众安全感、治安好转率稳居全市主城区第一，公安满意度取得全省15位、主城区第一的历史最好成绩，民调评警实现总成绩、治安类、派出所类、社区民警类“四个第一”。获得“全省档案规范化管理特级单位”，创下罚没总量、用房增量、基建投量历史新高的最大突破，是警、辅福利待遇最多一年。分局“双提升”、应急处置、黄赌警情压降、缉毒工作得到时任副省长郑为文等领导的批示表扬。

【切实维护社会和谐稳定】 2017年，东湖区公安部门始终把稳定作为头等大事来抓，坚持依法治区，灵敏应对、依法处置，“稳定”成为主旋律。八一安保广场日均10万人次“零事故”，中共十九大期间，反恐工作得到国家反恐办肯定；处置和谐大厦群访364批次，医闹19起，拘留8人，“7·18”纵火案经验得到郑为文副省长批示表扬。

【紧盯专项行动攻坚】 2017年，东湖公安分局以风雷、赣剑、缉毒会战、打黑除恶等专项行动为牵引，大力加强刑事打击，共刑拘881人、行政拘留3410人、强戒316人、网逃322人，同比分别上升11.5%、48%、13%、109%。风雷行动战绩以绝对优势领跑片区，1人被市局提名一等功、2人记三等功。在全省缉毒会战中，破获“2016—691”公安部毒品目标案，缴获毒品冰毒94公斤，为全省近年破获同类案件之最，成功入选2017年度“全省十大缉毒精品案件”。

【加大侵财现案侦破力度】 2017年，东湖公安分局主动回应群众关注密切的多发侵财类犯罪，加大民生小案、现案打击力度，依托合成作战平台、二级联勤室，强化刑事技术应用，并引导基础工作反哺侦查，探索建立现案打防机制，推动压发案工作再升级，分局现案破案率逼近40%，同比增长约10%。10月23日，破获1起特大省内多地医院系列盗窃案，抓获犯罪嫌疑人1名、破案40余起，查获手机41部、银行卡16张。

【提高大案要案突破能力】 2017年，东湖公安分局坚持快速反应、快侦快破，坚决有力打击、及时消除影响，先后破获“1·5”水产市场恶性非法拘禁案、“1·17”胜利名座系列持刀入室抢劫猥亵妇女案、“5·14”青山路油罐车被盗案等一批具有广泛社会影响的案件。先后破获朱光明系列盗窃店面及入室盗窃案、八一大道地下通道系列扒窃案、湖南桂阳籍跨省流窜扒窃犯罪团伙案等，打掉各类盗抢骗团伙45个，查缴赃款赃物约400余万元。

【惩治新型违法犯罪】 2017年，东湖公安分局紧盯涉众型经济犯罪、网络诈骗等新型违法犯罪，成功破获罗某等虚开增值税专用发票案，涉及全省100余家企业、案值近亿元，查询、冻结银行账户50余个300余万元；成功捣毁利用“微商托”实施诈骗的“青马”特大电信诈骗犯罪团伙，抓获犯罪嫌疑人38人，查获电脑122台、手机109部、银行卡42张。

【开展“黄赌”专项整治行动】 2017年，东湖公安分局对“黄赌毒”线索实行交叉用警、专班核查、重拳整治、端窝点、打幕后,共破获黄赌刑案12起、刑拘25人,行政案件332起、行政拘留564人。4月底,一举捣毁3个藏匿在高档宾馆内、通过微信招嫖的卖淫嫖娼窝点,处理违法人员39人。警情同比下降21.1%,其间还创下了其中10余天为“零”起的历史新纪录,受到省公安厅副厅长张冬庆批示表扬。

【惩治消防违法行为】 2017年,东湖公安分局把严格执法作为推进单位主体责任落实的有力抓手,激发查处的示范效应,以打促防、以打促管。5月底,捣毁一个非法销售汽油的窝点,缴获油罐和加油设备1套、非法成品油1吨;在消防安全隐患排查整治中,下发查封决定书121份、处罚决定书473份,责令“三停”单位18家,拘留违法人员67人,超过前10年总和,分局依法拘留、高压震慑的做法得到省消防总队领导的充分肯定并要求在全省推广。

【提升社会管理效能】 2017年,东湖公安分局大力加强社会单位“四个能力”建设,研究制定《东湖区行政执法法律法规汇编(消防安全生产类)》,督促各街办、社区落实网格化领导小组,推动政府和社会单位主体责任、行业部门监管责任落实,形成横向到边、纵向到底、责任明确、监管到位的消防管理网络。

【升级巡逻防控体系】 2017年,东湖公安分局将巡逻防控方案日警情控制数由原18起下调至10起,加强日常调度推进,实现重点敏感区域零发案、治安复杂区域降发案;购置补充25辆电动巡逻车并组织巡逻车发放暨治安大防控启动仪式,招聘160余名辅警充实到巡逻队伍,落实动态化24小时巡逻,进一步提高街面的见警率和管事率。刑事警情日均6起,同比下降32.5%,降幅居全市之首。

【推进人防物防技防】 2017年,东湖公安分局完成新增的800余个天网探头布建,扎实地推进大士院西区社区等平安小区建设,升级改造11个派出所情指室,组建50人的视频辅警队伍,有效地提升智能化防控水平。

【显著改善基层办公用房条件】 2017年,东湖公安分局针对经费紧张、所队旧小等难题,政府增拨、自身造血两措并举,增拨960万元,罚没7000余万元,创历史新高;拨付、租赁、置换三管齐下,增加用房6500平方米,相当于再建一个分局大楼。

【加强队伍作风建设】 2017年,东湖公安分局制定《违纪重点人员管理办法》,实行重点人员单独考核、三级谈话和岗位交流制度,分局重点人员管理经验在全市公安机关推广;创新开展全局民警对192名股级以上干部进行过程性考核,组织全员尿检,实行指纹考勤;加强重点违纪苗头人员排查管控,主动查处民警违纪案件3起3人,清退违纪苗头警辅人员6人。

【增强队伍凝聚力】 2017年,东湖公安分局以调查问卷的形式全面掌握民警、辅警心声并积极回应,提高伙食标准;全额发放政策性奖励,提高民警的福利待遇;启动两级副科、股级选拔,将38名警员放在“聚光灯”下提拔任用;建立1278人的民警、辅警、巡防员工会,落实免费体检、节日慰问等政策,队伍凝聚力持续增强。组织重阳节老干部座谈会及参观活动,返聘老干部到“6·26”工作发挥余热,足额发放政策性资金,把对老干部的关心关爱体现在实处。全年,获得全省二等功1人,省、市三等功18人、嘉奖47人,涌现出一批爱岗敬业的先进基层模范。

【提升队伍精神活力】 2017年,东湖公安分局积极倡导“每日学习一小时”活动,举办警营夜校,刊发《东警时报》,举办警运会、迎新团拜、集体登山、亲子植树、女警插花等系列文体活动,组织民警退休、首次授衔等仪式,活跃警营氛围,增强集体荣誉感,提升队伍素质,全力打造“快乐工作、幸福生活”的警营文化品牌。分局获评全市唯一的公安部“全警健身活动示范单位”。

(陈国栋)

检 察

【概况】 2017年,东湖区检察部门全面贯彻落实习近平总书记治国理政新理念新思想新战略,深入学习中共十九大精神和习近平新时代中国特色社会主义思想，紧紧围绕经济社会发展大局，全面履行检察职能，各项工作取得新进展，获得“江西省检察机关先进集体”，“全国维护妇女儿童权益先进集”，第九届全国检察机关“文明接待示范窗口”等荣誉称号。

【着力加强党建工作】 2017年，区人民检察院牢固树立“抓好党建是最大政绩”的理念，采取有效措施不断提高党建工作水平。院党组将党建工作与检察业务工作同研究、同安排、同推动、同落实。优化支部设置，进一步健全完善“三会一课”等各项党建工作制度。推行“党建+对口帮扶”工作模式，组建党员“连心”小分队，进驻“连心”村——扬子洲镇上房村开展“连心”帮扶活动。帮助上房村打好民生改善、产业发展、基础设施提升“三大攻坚仗”。大力开展“检群心连心·点亮微心愿”主题实践活动，党员干警自掏腰包，力所能及地帮助困难党员、空巢老人、贫弱孤残、留守儿童等66户家庭实现“微心愿”。

【深入推进检察责任制改革】 2017年，区人民检察院积极开展人员分类管理改革，遴选出首批26名员额检察官，确定检察辅助人员37名、司法行政人员11名，基本实现各归其位、各司其职的目标。改革后，直接在办案一线的检察人员共55名，占比较改革前提高14.5个百分点，检察官办案主体地位已然确立。按照“谁办案谁负责、谁决定谁负责”的要求，完善办案组织形式，严格执行检察官权力清单和随机分案制度，审批层级减少，司法效率提升。

【做好国家监察体制改革试点工作】 2017年，区人民检察院提高政治站位，坚决把贯彻落实中央对国家监察体制改革试点工作的部署作为首要政治任务，严格按照区委确定的时间表、路线图，凝聚共识，紧跟步伐，积极作为，全力配合做好职能划转、人员转隶和案件办理衔接等工作。

【全力护航辖区金融稳定】 2017年，区人民检察院积极保障辖区内金融市场健康发展。一是适时提前介入侦查。协同公安机关建立提前介入侦查工作机制，对涉案金额大、人数多，存在一定上访风险的案件，提前派员介入，协助公安机关确定侦查方向，全面收集证据，及早全面把握案件详情，掌握办案主动权。二是着力破解办案症结。定期对相关类案办理过程中发现的问题进行分析、讨论，并提出有针对性的解决措施。三是稳妥化解涉案矛盾。在办案的同时，对案件是否存在引发不稳定因素、执法行为是否会激化社会矛盾等进行综合分析研判和评估，对存在执法办案风险的案件，积极采取应对措施，主动加强释法说理、心理疏导等工作，力争将风险化解在萌芽状态。

【推进公益诉讼工作】 2017年，区人民检察院多措并举，为公益诉讼工作的顺利开展筑牢基础。在司法责任制改革过程中，将民行部门单设成立民事行政检察部，安排两名员额检察官组成公益诉讼办案组，组织干警赴部分公益诉讼试点院学习办案经验，并结合实际对开展公益诉讼工作进行全面部署。制定出台《关于加强公益诉讼内部协作配合的实施办法》，强化内部协作。及时向区委、区人大、区政协、区委政法委以及红谷滩新区党工委、管委会作专题报告，争取支持。先后走访东湖区及红谷滩新区法制办、市场监管局和环保局等部门，了解各单位的工作内容、行政职权，开展公益诉讼政策精神宣讲，收集有关线索，为工作开展营造良好外部环境。

【深化检校共建】 2017年，区人民检察院与辖区内八一中学、扬子洲学校、南京路小学等多所学校联合制定《检校共建实施方案》，明确开展检校共建工作的形式、内容和办法以及双方联络沟通等机制。选派2名干警担任中小学法制副校长，联合区教科体局定期与学校召开座谈会，听取对检察机关检校法治共建工作的建议。结合办理未成年人批捕、公诉案件特点和未成年人的身心特点，认真撰写教案，量身打造送法进校园方案。围绕“防范性侵”“远离毒品”“防治欺凌”等主题制定送法方案8个，通过家长课堂、教师讲堂、学生学堂等形式，集中开展宣教活动30余场次。还利用短信、微博、微信、校园广播等多种方式加强相关典型案例和法律知识的宣传，提高师生法治意识和安全防范能力。

【提升涉案财物管理水平】 2017年，区人民检察院多措并举着力提升涉案财物管理水平。一是完善工作制度。进一步明确各部门职责分工及责任追究，规定移送、审查、接收、保管、处理等各个环节的操作流程，完善查看、临时调用程序，强化涉案财物的精细化和规范化管理。二是规范监管流程。受案时,严格审查核对法律文书是否齐全、涉案财物是否与移交清单一致。案件办结后,案管中心根据涉案财物处理意见表在统一业务应用系统办理出库手续,确保案结财清。三是强化内部监督。通过受案审查、流程监控、案件质量评查等方式,对涉案财物管理工作进行监督,确保账实相符。适时组织纪检监察、案管、办公室等部门开展联合专项督察,重点检查涉案财物的入库、流转、出库等手续是否规范完备。

【推行四项制度提升公诉案件质量】 2017年,区人民检察院扎实推行四项制度提升公诉案件质量。一是派员介入侦查制度。侦查机关对把握不准的疑难案件提前通报公诉部门派员介入,从源头上提高移诉案件质量。二是退补案件跟踪监督制度。针对退回补充中存在的“退而不查、查而不清”的问题,加强与侦查人员的沟通,明确补证内容,定期跟踪督促。三是庭前会议制度。对于疑难复杂案件、重大社会影响案件以及舆论广泛关注的案件,建议法院召开庭前会议,与审、辩等方进行会商,进一步了解案件事实、证据和法律适用的争议和不同意见,着力解决证据合法性、证据证明效力等问题。四是类案专办制度。根据办案实际需要及公诉干警个人业务专长,在金融犯罪、涉众型经济犯罪、贪贿渎职等办案领域成立专案小组,实行类案专办。

【强化派驻检察室职能作用发挥】 2017年,区人民检察院准确把握职能定位,不断创新工作方式,推动派驻检察室工作取得实效。一是着力加强基础建设。配备经验丰富的检察干警,制定《检察室工作规则》,《检察室工作人员行为准则》等规章制度,建设集办公、办案为一体的现代化检察室,配备专业办案小组,确保检察室工作有力有序有效开展。二是切实强化法律监督。坚持以检察业务工作为中心,密切加强与各业务部门的配合、衔接和互动,主动提供线索、反馈信息、参与办案。充分发挥身处基层的优势,对派出所、法庭等基层执法部门等进行法律监督。三是积极参与综合治理。与综治办、公安、社区建立信息互通、资源共享机制,通过对接专网专线及时参与综合治理网格化管理进程。四是大力开展普法宣传。定期开展送法进村组、进农户、进校园、进企业、进社区等活动,定期深入分析乡村、社区刑事犯罪案件发生的原因、规律和特点,制作普法宣传栏,专门采购多媒体一体机放置于社区活动中心,将检察工作职能、预防犯罪常识等内容以卡通、图片等形式滚动播放,深受当地群众欢迎。

【做好代表委员联络工作】 2017年,区人民检察院制定实施《东湖区人民检察院代表委员联络工作制度》,提高代表委员联络工作的规范化水平。在做好邀请视察、座谈、通报检察工作等传统联络工作的同时,通过编发联络专刊、开通短信平台、组建代表委员联络员微信群等方式,提高联络工作的便捷性、互动性和及时性。主动邀请代表委员旁听公诉案件庭审、参加刑事申诉案件公开听证会和参与案件质量评查等司法办案环节,营造更加公开透明的司法环境,促进案件办理提质增效。

(漆　涵)

法　院

【概况】 2017年,东湖区人民法院深入学习宣传贯彻中共十九大精神,紧紧围绕“努力让人民群众在每一个司法案件中都感受到公平正义”的目标,深入开展“弘扬井冈山精神、争创一流业绩”和“争全省首位、创南昌经验”活动,忠诚履职,奋勇争先,各项工作取得新的发展进步。全年共受理各类案件11411件,审、执结12843件(含旧存),清理长期未结积案643件,结案率和结收比分别为79.02%和110.13%,同比分别上升7.14%和17.59%。

【做好大要案审理工作】 2017年,区人民法院依法审结在全国范围内产生重大影响的“e租宝”“毒疫苗”等重要案件,对通过网络金融平台“e租宝”向4000余名不特定公众非法吸资6亿多元的被告人祝应丰等5人,判处有期徒刑四年六个月至二年不等刑期,并各处罚金三十万元至十万元不等;对非法出售水痘、狂犬等二类疫苗总计金额46万元的被告人刘某,以非法经营罪判处有期徒刑四年并处罚金五万元。审结“毒粽子”“假伟哥”等其他涉及食品药品安全案件12件18人;审结职务犯罪案件8件12人。

【全力化解“执行难”】 2017年,区人民法院争取党委政府支持,由区政法委牵头出台《关于进一步加强执行协调配合工作的实施办法》,确立法院委托公安协助查控被执行人、公检法联合打击拒执违法犯罪两大具体机制。建成全省首个政法系统信息共享平台,协查被执行人的信息、司法拘留文书、拒执罪线索等材料可在公检法之间快速流转。扎实开展“冬日融冰”“春雷行动”“夏日风暴”等专项执行活动,发布失信被执行人1282人次,拘传115人次,司法拘留34人次,强制清场48次,移送侦查24件24人。巧借外力协助执行,发出律师调查令43份,发布执行悬赏公告13份,促进执结案件9起。全面推行网络司法拍卖,成功拍卖涉诉财物125件,其中位于红谷滩万达金街的一间商铺评估价仅330万元,司法拍卖后成交价达664万元,实现翻倍溢价。充分运用银行网站、微信朋友圈等当事人自有推广平台,共同“吆喝”宣传拍品,金融案件执行标的到位率由3.54%提升至8.86%。

【构建全新审判管理机制】 2017年,区人民法院产生首批45名员额法官。45名员额法官中,85%来自办案一线,其中院领导6人,全部编入审判团队办案。截至年底,院、庭长分案2306件,审结1715件。自5月员额法官办案以来,案件平均审结周期为98天,同比缩短38天。落实新型审判权运行机制。由“指定分案”转为“随机分案为主,指定分案为辅”;由“部分放权”转为“全面放权”,除经审委会讨论的案件外,法律文书全部由员额法官自行签发。构建新型审判团队。按照“大团队——小组别——微专家”模式打造层级式审判单元,组建了11个审判团队,在审判团队内部成立数个审判小组,同时部分类案实行专人专办。制定新的配套制度。先后出台《员额法官办案任务暂行规定》《审判委员会议事规则》《重点案件报告制度》《专业法官会议制度》《立案分案实施细则》等规范性文件。

【建设智慧法院】 2017年,区人民法院实行外包送达服务,成立司法送达中心,上线“送达流程管理系统”,缓解送达难。截至年底,电子送达成功率达40%。建成可视化数据管理平台,将传统的对审限的粗放式管理转为对个案的精准化管理,动态、实时、精准地评价每位员额法官的审判绩效与工作负荷。平台还可抓取数据与其他法院进行横向对比,有效减少监管和决策盲区。引入庭审智能语音识别系统,以语音即时记录同步转换文字方式代替书记员手动输入记录,该系统识别率达90%,节约庭审时间30%。全面实现裁判文书电子签章,8—12月,裁判文书电子签章率达90%以上。在全省率先部署收转发E中心,智能云柜、OCR案码识别等信息系统相继投入使用。

【致力提升审判质效】 2017年,区人民法院积极打造轻微刑案庭审改革、医疗、物业和金融纠纷案件审判品牌,取得轻微刑案平均庭审时间仅8分钟、医疗案件重复鉴定率大幅下降、物业案件调撤率达90.4%等良好效果。探索简易刑案速裁,加强法检合作,将认罪认罚告知书前置到审查起诉阶段,简化庭审程序、裁判文书,同时配合适用远程视频方式开展庭审182次,节约提押时间和人力投入,加速简易刑事案件流转办理。探索类案专人办理,对金融借款、物业纠纷、交通事故等占比较大的同类型案件,成立审判小组或者指定专人办理,类案承办法官的人年均结案数都近300件。探索简案快速执行,建立分段集约、集中查控的简易案件执行流水线模式,由书记员负责在5个工作日内办理完网络查询、送达、财产查控等全部程序事项。

【积极参与综合治理】 2017年,区人民法院适当提前介入,为党委政府依法化解信访、依法征迁提供法律参谋。认真研判审判中发现的新情况新问题,助力决策前瞻调研,在省市区委参政刊物上发表相关信息19篇。落实“谁执法、谁普法”责任,向行政机关和社区、居委会等发送司法建议104条,到阳光学校、紫金城小区等地开展法制讲座、法制宣传5次。

【落实司法救助】 2017年,区人民法院共为24名困难群众依法减、免、缓交诉讼费11.286万元;为6名生活困难刑事被害人和申请执行人落实执行救助金19万元;为被告人指定辩护13人次,为少数民族被告人指定翻译5人次。

【锻造过硬队伍】 2017年,区人民法院着力思想引领。将“两学一做”学习教育作为党员教育的基本内容常态化，安排全体党员观看《榜样》等专题教育片；召开五四青年干警座谈会，对青年法官在工作岗位上“争全省首位、创南昌经验”进行思想动员；通过组织全体干警收看十九大开幕式直播等多种形式，学习贯彻中共十九大精神。注重技能提升。加强履职能力培训，安排15名法官参加上级法院业务培训，组织全体法官分4批到兄弟法院学习网上办案等信息化技能，利用下班后时间对书记员进行打字、文书上网等“延时培训”；充实审判力量，增补人民陪审员9名，联合区人社部门公开招录聘用书记员50名。持续正风肃纪。落实廉政建设责任制，将党建＋组织活动会、党风廉政责任落实会与审判执行周例会“三会”合一；对3名班子成员开展廉政家访，引导干部家属当好“贤内助”“廉内助”；开展纪律作风集中教育整顿活动，约谈了6个业务庭的法官、诫勉谈话4人次、函询8人次，集中解决办案过程中程序不严、久拖不决等问题。

【自觉接受监督】 2017年，区人民法院依法接受人大监督和政协民主监督，向常委会作半年工作报告及基本解决“执行难”专题报告。认真落实人大及其常委会决议，妥善办复代表建议、提案和督办案件。完善日常联络机制，不定期邀请代表视察、见证执行、旁听庭审。依法接受检察机关法律监督，认真办理检察建议，邀请检察长列席重大复杂案件审判委员会会议。自觉接受媒体和社会监督，上网公布生效裁判文书8774份，开展庭审直播53次，改版法院官方网站，在各类媒体发表工作动态、案件报道700余篇，协助制作广播电视新闻28条。

（刘国华）

司法行政

【概况】 2017年，东湖区司法行政系统以学习宣传贯彻中共十九大精神为主线，创新举措，强化担当，各项工作取得新进展、实现新突破。截至年底，东湖区法制科普安全宣教中心被全国成人教育协会评为“全国终身学习品牌项目”，区司法局荣获2017年省司法厅社区矫正执法规范深化年活动“创新突破奖”，八一桥、公园、滕王阁司法所荣获全省“五好司法所”，东湖区公证处被授予“2017年度全省公证质量先进单位”称号。

【科学部署法治东湖建设】 2017年，该区坚持以科学发展的理念为指导，大力推进法治东湖建设。一是及时调整法治东湖建设领导小组，印发《东湖区2017年法治东湖建设工作要点》《东湖区2017年法治东湖建设工作计划》，把法治创建工作纳入全区年度综合目标管理考评中。二是深化法治教育，积极推进全区社会主义法治文化建设。下发《关于进一步加强全区社会主义法治文化建设的实施办法》，全面完成东湖区法治科普安全宣教中心建设，全年共开展法治微电影创作、青年志愿者法治文化基层行、“美丽东湖，幸福家园，法治护航”主题法治宣传教育等活动。

【推进法治宣传教育工作】 2017年，为推动全社会牢固树立法治意识，全力做好“两提升”工作，东湖区紧紧结合全区中心工作，与新法制报联合推出以“美丽东湖，幸福家园，法治护航”为主题的系列法治宣传教育活动。活动每月一期，每期一个主题，全年共开展11期。活动分别以人民调解、城市管理、安全生产、食品安全、党员服务、文明创建等为主题，覆盖全区机关工作人员、普通居民及相关重点企业。每期活动结束后，新法制报均以整版形式进行宣传报道，取得热烈反响。

【建设青少年法治科普安全宣教中心】 2017年初，作为“七五”普法的开篇之作，东湖区青少年法治科普安全宣教中心基础工程建设完毕。该中心引进声、光、电高科技互动设备，旨在打造一个集情景互动、游戏体验、趣味感觉为一体的青少年法治体验馆，增强青少年学法过程中的互动性、体验性，得到社会各界一致好评。

【开创矫正官试点工作“东湖模式”】 2017年，东湖区紧跟省、市社区矫正官试点工作步伐，于3月率先将区社区矫正管理中心更名为社区矫正执法大队。该区按照“合理分工、扁平管理、高效运作”原则制定方案，明确机构设置和职能定位，整合资源，实现“两个增强，一个降低”，即身份认同感进一步增强、遵规守法意识进一步增强，重新犯罪率逐步降低。此外，引入社会力量积极参与到社区矫正工作中，形成了有东湖特色的“一体两翼”社区矫正官试点运行制度，使该区社区矫正工作更加专业化,在全市乃至全省起到了很好的示范效果。2017 年 11 月 15 日,全市社区矫正官试点工作现场会在东湖区胜利召开。

【成立"正航"科教助矫工作室】　2017 年,东湖区"正航"科教助矫工作室正式成立。区司法局积极探索动员专业力量和社会组织参与社区矫正工作的有效路径,不断提升社区矫正教育帮扶工作专业化、社会化水平。2017 年 3 月,该区正式将 2015 年成立的"王警官工作室"更名为"正航"科教助矫工作室,并不断拓展"正航"科教助矫工作室外延,积极引入南昌大学心理咨询团队、南昌市静心社心理健康中心、南昌市 148 法律服务所等组织机构。在引导和组织社会力量参与社区矫正工作中进行有益探索,产生积极效果,形成了更多可推广、可复制的"东湖经验"。

【创新社区矫正监管手段】　2017 年,东湖区积极创新,提升社区矫正监管手段。该区积极争取党委政府和有关部门重视,在叠山路繁华商业街建设社区矫正执法大队、直属中队和"正航"科教助矫工作室等新办公场所,并将其打造成集日常办公、远程监管、学习教育、帮扶帮教等功能区块于一体的现代化社区矫正指挥中心。同时,区社区矫正执法大队还配备 1 辆矫正执法电瓶车、12 辆矫正执法电动车,建立起一支反应快速、执法有力的机动巡逻队伍,提高工作效率,有效预防和避免传统手机定位监管出现的"人机分离"、"恶意欠费"等漏洞,进一步筑牢社区矫正监管"电子围墙"。

【做好刑满释放人员对接帮扶工作】　2017 年,区司法局进一步完善刑满释放人员对接帮扶工作。一是强化了对"三无"(无家可归、无亲可投、无业可就)、"三假"(假姓名、假身份、假住址)以及有重新违法犯罪倾向的重点人员的衔接,确保省内刑满释放人员出监所"必接必送"。二是严格专项经费发放,全区刑释人员按照"一卡通"发放方式,做到账目清晰、有据可查。2017 年 2 月,依托扬子洲敬老院建立"东湖区黄丝带帮扶教育基地",谋划"政府支持,部门联动、基地运作"的方式,为生活困难、就业无着的社区矫正人员和刑满释放人员提供就业安置和临时救助,引导他们顺利融入社会。

【巩固人民调解"第一道防线"】　2017 年,区司法局积极作为,巩固人民调解工作。一是大力加强行业性人民调解组织建设,在江西旧机动车交易中心和南昌赣昌水产品综合大市场设立人民调解委员会,并多次组织人民调解员业务培训。二是通过开展多样化的活动,提升人民调解业务水平:10 月 16 日,举办以"美丽东湖 · 幸福家园 · 人民调解员在行动"为主题的演讲比赛,展示新时代人民调解员的工作风采;10 月 26 日,对全区人民调解员、调解文书资料展评"大比武",共评出 12 个优秀人民调解委员会和 11 名优秀人民调解员。三是推广"江西省人民调解信息管理系统",主动融入全省公共法律服务平台建设,实现基层人民调解工作线上线下同步推进。

【设立区公共法律服务中心】　2017 年,东湖区在辖区繁华地段叠山路建设区公共法律服务中心,旨在打造一个集法律咨询、人民调解、法律援助、公证服务等法律服务于一体的"窗口化"、"一站式"公共法律服务平台。2017 年 11 月,区司法局法律服务工作人员正式入驻该中心办公。

【大力加强法律援助工作】　2017 年,东湖区积极推进法律援助工作,出台《关于完善法律援助制度的具体实施意见》,加强法律援助工作站规范化建设。一是全区首个司法所——公园司法所"法律援助温馨工作室"正式投入使用,并借助街道、社区人民调解委员会和宁天云公益律师的力量,更好地为辖区居民提供优质的法律服务。二是继续加强军队法律援助工作站和人民法院工作站建设,积极发挥工作站职能作用;继续开展对未成人帮教活动,充分发挥法律援助在未成人帮教中的特殊作用。三是加强与公、检、法部门的沟通联系。进一步完善与区检察院的衔接机制,积极配合区检察院开展未成人临界帮教活动,教育失足青少年及时回归社会。

【推进全区公证服务工作】　2017 年,东湖公证处围绕区政府中心工作,积极配合"地铁二号线"工程及"南昌洪都大道快速化改造"工程的顺利开展,确保公证工作全程介入东湖的旧城改造和各项征收工作当中。截至年底,共办证 24000 余件,收费近 970 万元,办证数、收费数两项指标均创历史新高。其中法律援助 10 件,办理公益性案件

12 件,共减免公证费 26400 元。

【稳步提升基层基础建设工作】 2017 年,东湖区各基层司法所紧紧围绕“一所一品”建设目标,立足实际,加强司法所基础设施建设、业务能力提升、所务管理规范、经费保障到位、信息化达标等工作,积极开展省级“特色司法所”争创活动,打造“一所一品”。

(叶华康)

仲　裁

【概况】 2017 年,东湖区针对劳动人事争议案件的发展趋势和特点,结合全区劳动人事争议仲裁案件的实际情况,不断研究改进仲裁工作机制和办法,做到快立、快调、快审、快结,使劳动争议调解仲裁工作更加有利于当事人尽快解决纠纷、有利于降低仲裁成本、提高仲裁效率,有利于提高仲裁机构的权威性,树立了良好的服务形象。截至年底,东湖区共受、处理各类劳动人事争议仲裁案件 72 起,实际结案率达 100%,共为劳动者挽回各类经济损失 180 余万元,切实维护了劳资双方的合法权益。

【加强仲裁办案系统上线工作】 2017 年,东湖区为适应新时期仲裁办案趋势,适时运行仲裁办案系统的上线工作,为庭审程序的规范性、合法性提供保障,有力地促进仲裁员对案件的科学合理的审理,切实维护控辩双方的合法权益。

【加强仲裁专业队伍建设】 2017 年,东湖区为解决案件量不断增加与人员不足的矛盾,适当增加专职仲裁员以应对将来案件增长出现的人力不足情况。通过招录一名法律专业的研究生充实到仲裁院的专职仲裁员后备队伍,并专门聘请一名专职书记员辅助案件审理工作。同时,加强对新颁布出台的劳动保障法律、法规和政策的学习,努力提高工作人员的业务素质水平。组织参加江西省仲裁院举办的培训,不断提升仲裁员的判案能力,丰富和提高仲裁员自身的业务素养,提高办案水平。

【聘请兼职仲裁员助力案件庭审】 2017 年,东湖区聘请法学教授和担任了多年人民陪审员的两位专家担任区仲裁委员会的兼职仲裁员,并正常开展案件审理工作。此举一来解决了区仲裁院专职仲裁员人手不足的现状,同时变革了以往只由人力资源和社会保障部门独家审理劳动人事争议仲裁案件的局面,加强案件处理的效率和透明度,为该区和谐劳动关系缔造了更加良好的环境。

【加大法律法规宣传力度】 2017 年,东湖区热心接待来信来访,耐心回答来访者的咨询,积极宣传法律、法规和政策,为该区的和谐劳动环境提供坚实保证。由于政策因素,区属行政机关、事业单位出现不少和劳动者解除劳动关系的事例,区仲裁委员会为各部门提供了详尽的法律、法规咨询服务,针对各用人单位的各类不同问题进行具体的分析和判断,并提出解决问题的方法和建议,努力预防争议的发生。

【开展基层劳动争议调解组织示范工作】 2017 年,东湖区在区属街道和乡镇均建立了基层劳动争议调解中心,设立了劳动关系协调窗口,并向社会公布。基层调解组织统一订制标识和调解员胸徽,积极指导调解组织建立调解登记、调解记录和档案管理制度,并做到“六规范、五上墙”。同时,投入资金和人力,按照上级部门的规范标准,将墩子塘街道调解中心打造成该区的调解中心示范单位,并要求其他基层调解组织以示范单位的标准逐步予以达标。仲裁院及时安排调解员进行业务培训,积极指导调解员开展相关调解工作,并按时对调解员进行工作考评。各街道基层调解中心共受理各类劳动争议案件 145 件,全部调解结案,即简化了争议双方的处理程序,节约了双方的时间成本,也使争议更快地得到解决。

(喻伟文)

军　事

民兵和预备役部队

【概况】 2017年，东湖区民兵和预备役部队工作坚持以习近平系列重要讲话为统领，坚决贯彻军委国防动员部、省军区和警备区党委决策部署，以军事斗争准备为龙头，突出举起铸魂，聚焦形成能力，持续改作风正风气保稳定。2017年，东湖区人武部被江西省军区评为全面建设先进团单位、江西省征兵工作先进单位。

【组织地方"八办"进行防汛勘察】 4月下旬，区人武部按照责任落实到位、预案制定到位、队伍组建到位、监测预警到位、检查督导到位的要求，主动协调区防汛抗旱指挥部主要领导、区农水局及任务单位的分管领导，到辖区江、河堤坝及历年险工险段现地、防汛物资储备点位和机电泵站、涵闸等重要地点，进行拉网式防汛勘察，充分掌握防汛工作的第一手资料，汛期先后组织460余次民兵应急分队进行巡堤护体，为确保安全度汛做出应有贡献。

【抓好征兵工作】 2017年，区人武部紧紧围绕提高大学生征集比例的目标要求，以"五率"量化考评标准为抓手，切实打好征兵工作主动仗。把兵役登记工作作为国防教育、征兵宣传的重要途径，部领导带领全体职工分片包干督导，进高校食堂、寝室，走村入户指导登记工作。张贴横幅标语950余条，印发宣传手册4万份，群发宣传短信15万条，开设兵役登记站210个，年满18岁登记率达到100%。区委、区政府对征兵工作非常重视，区征兵领导小组2月和7月先后两次召开征兵领导小组，确定各基层单位征兵任务数，在市征兵办"六项政策"的基础上，研究下发《东湖区关于兵员征集工作奖惩六条补充规定》，研究增拨51余万元用于征兵经费奖励和工作经费。全年征兵工作有序开展，较好完成各类指标任务，征兵"五率"考评位列全省第三。

【开展枪弹专项清查整治】 2—4月，区人武部按照上级统一部署，围绕"五个查清"（查清枪弹底数、查清私存私借私用问题、查清制度落实情况、查清安全防护状况、查清看管队伍建设现状），深入开展枪弹专项清查整治活动，重点清理清查老营院各类仓库、兵器室、器材室、荣誉室，集中收缴干部职工、专业待安置人员和单位私存私借的枪支弹药。按照动员部署、自查摸排、巩固成果的步骤，一个场所一个场所过、一个环节一个环节地查、一个问题一个问题地纠治，切实摸清枪支弹药底数，彻底堵塞安全漏洞、消除安全隐患，全面提升武器弹药安全管理水平，确保省军区系统改革顺利推进，为中共十九大胜利召开创造安全稳定环境。

【开展"学、查、训、整"活动】 2月，区人武部按照警备区统一部署，集中半个月时间开展"学条令、查隐患、训共同、整秩序"活动。2月15日，区人武部在警备区动员部署的基础上，进行再动员再部署，充分调动干部、职工参与积极性。在人员上，建立活动考勤登记制度，确保参训率；在内容上，突出"学、查、训、整"四个方面，重点发现解决"五个方面"问题；在时间上，要求各级要妥善处理工作和训练矛盾，确保活动时间；在效果上，每个环节内容均采取考核方式，严把活动质量。通过活动，强化了法规意识、严整了军风军纪，正规了四个秩序,为新年度工作的完成打下坚实基础。

【组织开展征兵“宣传月”活动】 3—4月,区人武部聘请南昌陆军学院李景瑞教育、征兵形象大使,在辖区7所高校组织开展国防教育进驻高校暨征兵“宣传月”活动,主要落实“五个一”活动,即召开一次高校兵役登记动员部署会、召开一次所有班级辅导员座谈会、各班召开一次征兵宣传主题班会、每所高校开展一次国家安全形势教育课,每所高校组织一次征兵政策咨询活动。通过系列活动,激发高校青年学子积极应征报名、踊跃参军的热情,为2017年征集高素质兵员打下坚实的基础。

【开展征兵形象大使进高校宣传活动】 5月,区人武部聘请江西师范大学两名优秀退伍大学生为征兵形象大使,在辖区7所高校开展“征兵形象大使”进高校宣传活动,向大学生们介绍国家鼓励大学生应征入伍的各项优惠政策,分享参军入伍经历和收获,与报名应征大学生座谈交流,激励大学生到部队建功立业,实现自己的人生梦想。

【参加地方文明创建活动】 7月12—13日,区人武部积极响应区委、区政府“建设美丽东湖”集中卫生大整治活动号召,组织人武部干部职工和基层专武干部300余人次,深入挂点社区、村委会开展环境卫生清洁整治活动,共清理建筑垃圾680余立方米、生活垃圾27余吨、清扫路面18公里,为驻区市民营造干净整洁的生活环境,以驻区环境的新变化、新面貌,推动南昌形象的大改观、大提升。

【开展民兵通信分队试训】 8月24日至9月1日,区人武部按照上级要求,在警备区湾里教导队集中组织10人开展民兵通信无线电专业试训。试训采取小分队代替建制单位,组织全要素全课目全过程试训的方式,对无线电单兵专业、分队专业、分队战术3类27个课目进行论证,成立试训论证领导小组,下设综合计划、军事训练、整治工作、后装保障4个组,为展开试训工作提供强有力的组织保证。

【组织首长机关训练考核】 11—12月,区人武部按照军事训练大纲要求,组织现役干部围绕“基本理论、基本业务、基本技能、基本体能”四项内容,区分基础训练、强化训练、迎考冲刺三个阶段,开展首长机关训练。坚持每日理论过一遍、业务技能练一套、体能一小时,使干部全员熟悉掌握中共十九大精神、新时代强军思想和创新军事理论、国防动员、后备力量建设、兵役工作和边海防建设、人民防空、军民融合等基本理论及法规知识,熟悉掌握本职业务工作,熟练使用军事地形图的能力,参加警备区年度军事考核并取得较好成绩。

【开展精准扶贫工作】 2017年,区人武部始终把助力脱贫攻坚作为政治任务,重点发力、强力推进,确保扶贫工作落到实处。一是按表推进精准扶贫。根据警备区《2017年东塘村扶贫工作项目推进及任务区分表》明确的扶贫项目,投入40余万元,完成居民广场、进出道路、猪圈鸡舍、路灯改造、光伏发电站等项目建设并验收完毕。二是扎实开展走访慰问。元旦、春节期间,部领导先后上门走访慰问13户贫困党员、困难职工和助学对象,及时了解帮建情况以及家庭生活情况,提供力所能及的资助;组织干部职工参加“慈善一日捐”活动,社会反响较好。三是帮助解决实际问题。落实精准扶贫要求,为扬子洲镇林场村1名贫困生提供1500元助学金,帮助他完成学业。

【深入贯彻学习中共十九大精神】 2017年,中共十九大胜利召开后,区人武部党委把学习宣传贯彻中共十九大精神作为首要政治任务,大事大抓、强势推进,在前期跟进学习、组织讨论的基础上,部署开展“七个一遍活动”,即报告主要观点LD屏每日更新一遍、原文手抄一遍、重要观点熟记一遍、入党誓词背一遍、读书笔记展评一遍、学习体会交流一遍、主要内容考一遍、深厚机关干部职工学习氛围,持续兴起学习宣传贯彻中共十九大精神热潮。

【开展百日安全活动】 9—12月,区人武部扎实开展“百日安全活动”,成立“百日安全活动”领导小组,研究方案计划,细化工作任务、明确责任分工。开展“双四一”活动,了解所属人员思想动态,掌握家庭和交友情况,确保思想清、底数清。9月,深入开展网络安全保密政治,确保不出泄密问题;10月,全面彻底清查涉邪、徐信息,确保不出政治问题;11月,开展“水、火、电、气、油”安全设施专项检修,消除事故隐患;12月,开展涉黄涉赌专项治理和营院环境综合整治，对查出的重点人和事，指定帮带责任人，做好一人一事工作，确保部队安全稳定。

（朱苏辉）

消防部队

【概况】 2017年，东湖区公安消防大队各项工作紧紧围绕全年重点工作目标任务，坚持防火、灭火工作两手抓，继续深入清剿社会面火灾隐患，不断推进社会单位“四个能力”建设，全面提升火灾防控力，推进部队正规化建设，提高部队战斗力，全面建设人民满意的消防队伍，确保火灾形势和部队内部“两个稳定”。东湖消防大队被江西省消防总队评为“先进大队”，并获得东湖区“综治先进单位”。

【全年接处警情况】 2017年，东湖消防大队全年共接警436起，其中抢险救援出动296起（含抢险救援和增援其他城区），灭火出动122起。全年消防车出动707辆，出动警力4938人，抢救被困人员87人，疏散人员362人，抢救直接财产价值2450万元，为东湖区乃至南昌市经济社会快速、协调、持续发展创造了一个和谐稳定的消防安全环境。

【加强党建工作】 2017年，东湖消防大队党委深入学习贯彻习近平总书记系列重要讲话、中共十八届六中全会和十九大会议精神，强化理论武装。坚持党管干部、党管党员，结合党课教育在党员中开展以“维护核心，听从指挥”主题教育活动，深入推进“两学一做”常态化制度化。大队全体党员事业心、责任感强，以队为家思想树得牢，工作作风扎实。大队紧紧围绕强化官兵精神支柱，结合部队实际，扎实开展经常性思想教育，突出抓好当代革命军人核心价值观和历史使命、理想信念、战斗精神、社会主义荣辱观、爱国奉献、尊干爱兵、艰苦奋斗、社会主义法治理念教育、时事教育等基础教育，着力教育引导官兵做“有灵魂、有血性、有本事、有品德”的新四有军人。

【规范队伍建设】 2017年，东湖消防大队积极开展“创五无、保稳定”活动。按照上级单位的要求，紧紧围绕“五无”创建活动，大队始终坚持用制度管理部队，严格按照官兵岗位人员职责及专职队员量化考评细则加强部队管理。规范官兵的着装、仪容仪表、日常行为及部队的执勤、工作、训练和生活秩序，培养官兵雷厉风行、令行禁止的优良作风，达到“学好共同的、精通本职的、了解相关的、熟记重点的”目的。将安全预防事故工作作为一项重要工作来抓，落实事故责任追究制度和安全防事故工作奖惩措施机制，执行安全预防事故工作“一票否决”制度。

【狠抓部队训练】 2017年，东湖消防大队严格按照《训练大纲》，围绕提高保障能力，以“能打仗、打胜仗”为重点，定期分析训练形势，认真研究和解决训练中的倾向性问题，大力加强训练中的思想政治工作，开展多种形式的小比武、小会操、竞赛活动。官兵发扬“一不怕苦、二不怕死”的革命精神，加强训练，增强身体素质，为打牢强军目标奠定扎实基础。中队每星期组织至少两次实兵、实装、实战演练，确保部队在关键时刻能拉得出、冲得上、打得赢。在实战化训练过程中，中队依据整建制中队实战化训练规程，切实开展针对辖区特点的实战化训练，为灭火救援工作的顺利圆满完成提供强有力的保障。

【严格消防执法】 2017年，东湖消防大队按照上级部署，在全区范围内连续开展“合用场所”“幼儿园”“四个能力”“高层建筑”“电气火灾”“瓶装燃气”“拆迁工地”等一系列专项整治活动。同时推出自选动作，对全区建筑屋面违章搭建和杂物堆放情况以及全区医院和医院周边群租房进行专项整治，圆满完成“一带一路”高峰论坛、“守护90”平安、十九大，以及重要节假日的消防安保工作。截至年底，大队共检查单位4284家，发现隐患5655处、督促整改隐患5344处。下发责令改正通知书3806份，临时查封123起，责令三停19起，拘留75人，下发行政处罚决定书126起，办理消防设计备案抽查38起，竣工验收备案抽查23起。

【规范消防工作】 5月，在东湖公安分局的组织下，东湖消防大队对各派出所分管领导、专兼职消防民警和驻社区（村）民警共400余人，集中开展消防业务知识培训，重点加强对分管派出所工作人员的培训,规范派出所消防执法行为,规范派出所法律文书下达,行政处罚审批和职责划分。大队积极督促各街办社区明确消防安全网格化管理人员的工作职责和工作任务,与辖区的社会单位签订消防工作目标责任状,形成横向到边、纵向到底、责任明确、监管到位的消防管理网络。大队协助区政府撰写完成《东湖区执法手册“消防专篇”》,形成部门联动、齐抓共管的新局面。

【加强“四个能力”水平建设】 2017年,东湖消防大队着力提升社会单位消防自治能力,推动社会单位全面开展消防安全标准化管理,全面提高社会单位“四个能力”,最大限度地减少和预防事故。采取多元化手段,充分利用网络、户外LED、张贴消防宣传海报、发放宣传彩页等多种形式进行消防宣传。大队每周邀请社会重点单位人员及广大市民来消防站参观了解消防安全知识,掌握消防安全技能。大队将消防宣传纳入学校教育、素质教育、职业教育内容,开展消防宣传“七进”和“三提示”活动,切实做到消防宣传全覆盖、无盲区。

表5 **2017年东湖区分区域火灾综合情况**

项目		火灾数(起)	死亡(人)	受伤(人)	直接财产损失(元)
合计		122	3	1	744323
东湖区	八一桥街办	9	0	0	5350
	豫章街办	21	0	0	12150
	墩子塘街办	12	0	0	26500
	百花洲街办	10	0	0	101600
	公园街办	2	0	0	25450
	董家窑街办	26	0	0	469443
	彭家桥街办	17	0	0	32780
	滕王阁街办	6	1	0	26550
	贤士湖管理处	2	0	0	1800
	大院街办	6	1	0	26750
	扬子洲镇	11	1	1	13950
	扬农管理处	0	0	0	2000

表6 **2017年东湖区月季火灾综合情况**

项目		火灾数(起)	死亡(人)	受伤(人)	直接财产损失(元)
合计		122	3	1	744323
一季度	1月份	19	0	0	53030
	2月份	17	0	0	7000
	3月份	15	0	0	9200
	小计	51	0	0	69230
二季度	4月份	21	0	0	138300
	5月份	17	0	0	4950
	6月份	5	0	0	1600
	小计	43	0	0	144850

续表6

项目		火灾数(起)	死亡(人)	受伤(人)	直接财产损失(元)
三季度	7月份	6	1	0	21100
	8月份	5	0	0	5700
	9月份	5	0	0	5800
	小 计	16	1	0	32600
四季度	10月份	4	0	0	5200
	11月份	2	0	0	474143
	12月份	6	2	1	18300
	小 计	12	2	1	497643

（龚 颖）

人民防空

【概况】 2017年，东湖区人防工作贯彻落实全省人民防空会议精神，继续坚持“长期准备、重点建设、平战结合”的工作方针，紧紧围绕“把握机遇、融合发展，加快推进人防建设社会化进程”的年度工作思路，坚持人防建设与经济建设协调发展、与城市建设相结合。截至年底，在全市人防工作目标管理年度考核中，区人防办被市人防办评为“人防工作目标管理考核”达标单位。

【加强人防指挥通信建设】 2017年，区人防部门健全通信警报保障机构，明确人员分工，对指挥室干部进行业务培训和训练，提高干部职工的业务技能。购置视频会议系统，完成区人防指挥室与市人防办指挥室视频会议对接。9月，对原安装的38台防空警报器进行认真的检测调试，对已损坏的防空警报器，及时进行维修，并新增3台防空警报器，报废2台防空警报器，防空警报器完好率达100%。根据省人防办规定，于9月18日组织全城防空警报试鸣，城区警报覆盖率、鸣响率都达98%以上。同时，认真落实防空警报管理制度，加强同防空警报器安装点所在单位的联系沟通，召开防空警报器安装点所在单位负责人会议，签订责任书，明确责任，确保防空警报器的安全运行。

【搞好人防宣传教育工作】 2017年，区人防部门坚持将人防宣传教育作为搞好人防建设的基础性工作来抓。一是结合“3·1”国际民防日，“9·18”防空防灾警报试鸣，并通过在报纸上刊登人防专版、设立宣传站点、发放手机短信等方式，推进人防知识进机关、进学校、进企业、进社区。二是开展防灾减灾宣传，累计发放《市民防空防灾应急手册》3000余册，受到群众的欢迎。

【做好人防工程维护管理工作】 2017年，按照定期检查和维修保养制度，区人防部门针对不同类型的工程，规定定期检查和维修保养的次数、时间和内容，并列入单位和个人年度工作目标进行考核。此外，根据南昌市人防办要求，对公园街办、原胜利路街办两处人防早期工事进行加固回填，消除两处人防工事的安全隐患。

【开展人防专业队整组工作】 2017年，区人防部门继续加强组织建设：对抢险抢修、医疗救护、消防、治安、防化、通信、交通运输等七支人防专业队的组建规模、组建布局、人员结构、人员编组和数量情况进行详细摸底，及时掌握人员变更情况，并认真做好新型专业队组建工作的调研准备，严把专业队成员的素质关和政审关，通过适时补充、调整、变更各专业队人员，进一步优化人员结构。9月，人防部门组织专业队骨干集中培训，主要学习有关法律、法规、文件和业务知识，切实提高人防专业队在应对城市防空袭和突发公共安全事件中的应急救援专业技能。

（涂 成）

重大项目建设

综　述

2017年，东湖区共实施51个重大重点项目，总投资353.67亿元，计划年度完成投资40.08亿元。项目共分为产业发展、旧城改造、城市建管、社会民生事业、基层党建5个大类。与2016年相比，2017年重大重点项目投资额增加52.34亿元。其中，产业发展类项目总投资增加28.1亿元，城市建管类和社会民生事业类项目总投资增加9.46亿元。整个项目投资计划，更加注重产业项目的拉动效益，更加倾向于城市建管和社会民生项目。

项目质量更有提升。2017年，东湖区项目数量和投资体量均处于历史最高水平，特别是产业发展类项目，共有16个产业类重大项目，总投资高达274.7亿元，占投资总数的78%，是历年来的最高。同时，全年共有11个项目列入市级重大项目，项目数量和投资体量也是历年最多。

项目体量更加高大。一批亿元号、旗舰型项目相继推进，省政府地块苏宁广场总投资85亿元，中海地产总投资35亿元，中金项目总投资20亿元，融创地产总投资19亿元，江旅都市方舟项目总投资19亿元，总部经济大厦项目总投资10亿元，东湖意库项目总投资5亿元，熹庐养生园总投资3亿元，青山湖西岸片区基础设施建设工程总投资37.6亿元。

项目带动更加强力。苏宁广场项目将打造地标性高端商业综合体，引领八一广场商圈整体提升。中金国际交易中心项目是央企入赣项目，是中部省份第一个黄金交易中心。熹庐生态养生园致力于“防、治、养”健康服务全产业链，旨在打造辐射全省的高端健康养生服务产业高地。江旅都市方舟项目是打造福州路又一高端商业中心。洪州禅文化旅游街区项目成为东湖文化复兴的新标杆。青山湖西岸片区基础设施建设工程总用地面积约3.19平方公里，包括22条道路，总长约17.3千米，6条综合管廊，管廊总长约8千米，还有城市景观及城市阳台，建成后将撬动整个青山湖西岸片区发展。中海地产项目商业部分结合城市阳台打造成为集国际名品零售、国内外知名餐饮、五星级影城、精品超市为一体的一站式时尚体验街区。

项目推进更富成效。2017年，东湖区制定出台《2017年东湖区重大重点项目推进工作方案》，在工作方案中不仅明确组织架构和工作目标，还详细制定出“分类推进机制、协调调度机制、督查通报机制和追责问责机制”四大机制，确保项目推进过程中有章可循，有规可依。2017年，东湖区共有36个重大重点项目开工建设，超5000元以上项目有17个，累计完成投资37.86亿元，其中7个投资体量和投资效益最大的产业项目全年累计完成投资24.87亿元。11个市级重大重点项目完成年度投资24亿元；6个市级重点推进项目实现开工率、投资率、达标率三个100%。

表7 **2017年东湖区重点工程项目一览表**

类别	项目名称	项目地址	项目简况
在建类项目	中金国际交易中心项目	青山南路18号	项目规划建设成:中金旗舰店、奢侈品会所店集群、写字楼、五星级酒店及酒店式公寓为一体的"高端商业消费MALL",总建筑面积约22万平方米
	东湖区总部经济大厦项目	青山北路	青山北路以西占地面积70.68亩,容积率3.2,商业和写字楼面积约7.1万平方米,打造总部经济大厦,拟引进一批工业设计、创意设计、信息服务等区域性总部企业落户
	青山湖西岸中海地产项目	青山北路	项目位于青山北路青山湖西岸地块,占地面积约90亩,建筑面积19万平方米,其中:商业面积1.68万平方米,写字楼面积4.25万平方米,写字楼和商业部分投资7.45亿元。
	融创青山湖壹号地产项目	青山北路	青山湖西岸市政融创地产项目定位"高品质住区",规划总建筑面积7万余平方米,包括高层精装修住宅,丰富的临街商业等
	省政府1号、2号地块商业改造项目	原省政府大院	在省政府1、2号地块量身打造大型国际级高档商业综合体项目,城市地标性建筑。项目总建筑面积超过30万平方米
	中山路八一馆商业综合体项目	中山路	原黄庆仁药栈地址,轨道集团建设商业综合体,建筑面积约7.4万平方米,共设计14层,1—6楼商业,8—14楼写字楼
	贤湖村产业用地商业楼宇项目	贤士湖管理处	1.洪茂大厦:总占地面积10.3亩,拟建筑面积约2.8万平方米,共22层,地下室2层,地下两层4500平方米。 2.贤士湖大厦:总占地面积4.1亩,拟建筑面积约1.7万平方米,共17层,地下2层。
	洪都宾馆改造项目	阳明路	该项目由江西洪都国际酒店有限公司承建,打造集住宿、餐饮为一体的多功能综合性大酒店。占地约11.06亩,地上16层,地下1层,总建筑面积23461.66平方米
	青山北路综合管廊项目	青山北路	业主为市土储中心,承建方为市城投公司。建设青山北路综合管廊项目
	道路架空管线"上改下"项目	东湖区城区	民德路:长2174米,宽14米,道路26197平方米,人行道16424平方米部分建筑立面改造、道路改造、店招整治、人行道铺装、景观绿化改造等 象山路:进行空中管线下地改造,并且对道路下水管网、人行道、沿街建筑立面、绿化美化等进行改造长约1400米
	积水点改造项目	广场北路	广场北路积水点:广场北路福州路口至万达广场后门段,改善该路段积水问题
	城市出入口整治工程	赣桥北路 赣桥南路	对赣桥北路、赣桥南路进行店容店招改造、道路改造、下水管网改造、路灯亮化、绿化带改造等工程
	街景改造项目	滕王阁 榕门路 八一广场	滕王阁榕门路街景改造项目:滕王阁东门至胜利路的休闲仿古商业街 八一广场周边街景(含朱德教育团等革命军事旧址外立面改造):建筑立面改造、道路改造、给排水管网改造、围墙改造、人行道铺装、景观绿化改造、照明亮化改造等

续表7

类别	项目名称	项目地址	项目简况
在建类项目	老旧社区“旧改新”项目	东湖区城区	百花洲历史文化街区建设项目(一期), 爱国路社区:小区内道路路面改造、给排水管网改造、人行道铺装、路灯改造、绿化改造等 江柴社区:总占地面积15867.8平方米,项目投资800万元,改造内容包括强弱电下地、立面翻新,新建排水管网及小游园 社区微改造:洪城社区等11个社区 朱湖路社区改造:周边道路改造、给排水管网改造、围墙改造、人行道铺装、景观绿化改造、照明亮化改造等 贤士湖街区改造:包括贤士一路、贤士二路、贤士湖周边 光明社区改造:基础设施提升、服务功能植入、社区内涵升华、人居环境构筑
	城区道路综合改造工程	东湖区城区	43条道路“白改黑”项目 安装1000盏LED路灯“暗改亮”项目
	停车场项目	东湖区城区	新建渊明北路、东万宜巷等14个地下(立体)停车场,新增停车泊位1860个
	小游园项目	东湖区城区	建设上营坊、射步亭等4个街头小游园
	扬子洲镇长村、林场村等防汛通道建设项目	扬子洲镇	长村、林场南洲圩堤改造建设
	2013年度垦区危旧房改造工程	扬农管理处	项目占地约15亩,总建筑面积2.3万平方米,集中新建住宅220套
	集贸市场升级改造项目	叠山路 董家窑	叠山路农贸市场升级改造 董家窑临时农贸市场建设
	七里村农贸市场建设项目(青山湖西岸农房及城镇安置房的配套项目之一)	七里村	项目位于东湖区青山支路与七里路交叉口,即青山湖西岸安置房——七里嘉和小区二区16号楼一、二楼。项目总建筑面积5000平方米,为框架结构
	育新学校紫金分校新建项目	紫金城	项目占地41余亩,建筑面积21000余平方米。
	校园基础设施提升项目	东湖小学 邮政路小学 百花洲小学 谌家访	1. 东湖小学运动场及附属设施改造工程; 2. 邮政路小学(二部)提升改造工程; 3. 百花洲小学维修改造工程; 4. 谌家访安置小区幼儿园二期建设工程
	基层党组织标准化建设项目	东湖区城区	各街办基层党组织标准化建设项目
	街道党群服务中心项目	滕王阁街办	选址滕王阁街办建设党群服务中心
	街道便民服务中心项目	东湖区城区	对大院街道、百花洲街道、滕王阁街道、墩子塘4个街道便民中心按照“五星级”中心建设标准进行改造

续表 7

类别	项目名称	项目地址	项目简况
拆迁类项目	殷家巷旧改地块综合体项目	殷家巷	东至京九铁路以西,南至福州路以北,西至二七北路以东,北至南京西路以南,该地块占地27.36亩,打造商业综合体
	下正街旧改地块商务楼宇项目	下正街	东至爱国路,南至八一桥匝道,西至沿江北大道,北至江西医院宿舍,地块面积121.77亩,可建设用地面积61.7亩(含中电投还建产业大厦用地10亩),拟打造高端商务楼宇项目
	青山湖西岸七里村还建房项目	青山湖西岸	洪都北大道以东,富大有路以南,青山北路以北,中大路以西;占地面积237亩,总建筑面积约60万平米,其中地上建筑面积约46.5万平方米,地下车库约13.5万平方米
	熊邓村(贤湖佳苑)、上沙窝(东湖小区)、起凤路(长巷新区)旧城改造安置房项目	熊邓村、上沙窝、起凤路	贤湖佳苑:位于贤士湖路以北,规划路两侧。总用地面积25.32亩,总建筑面积5.17万平方米 东湖小区:位于上沙窝路以北,三经路以西,二经路以东。总用地面积28.55亩,总建筑面积5.93万平方米 长巷新区:位于起凤路以南,和巷路以西。总用地面积54亩,总建筑面积11.48万平方米
	金家山、香江家具城(香江佳苑)旧城改造安置房项目	金家山、香江家具城	香江佳苑A12:位于青山南路以南,起凤路以西,金家山路以北。总用地面积33.5亩,总建筑面积9.43万平方米 香江佳苑C08:位于青山南路以南,起凤路以东,赣桥南路以西。总用地面积62.67亩,总建筑面积15.73万平方米

社会事业和民生工程项目

【概况】 2017年,东湖区用于保障和改善民生投入资金15.1亿元,同比增长21.09%,约占东湖区一般公共预算支出的65.68%。年初确定的"十大民生实事"稳步推进:安置房建设全面铺开,七里嘉和小区安置房加速建设,起凤路安置房项目顺利开工。安排幼儿园奖补资金1357万元,青山湖西岸安置小区配套幼儿园装修工程临近竣工,育新学校紫金分校、天骥小学启动建设。在率先实现背街小巷路灯亮化全覆盖基础上,更换LED灯1300余盏;整改疏通各类沟管1100余处;完成广场北路严重点位积水点整治;完成三经路、子固路两个小游园建设;叠山路农贸市场升级改造工程整体完工。全面推行"洁厨亮灶"工作,完成94家大中型餐饮服务单位和学校食堂"洁厨亮灶"改造工程。

【青山湖西岸农房及七里嘉和小区项目】 2017年,东湖区安置房建设全面铺开,七里嘉和小区安置房加速建设。青山湖西岸农房及城镇安置房七里嘉和小区(AB、C、DE地块)政府购买棚改服务项目为二期安置房项目,该项目位于洪都大道以东、富大有路以南、青山北路以北、中大路以西。项目占地面积约237亩,总建筑面积约58万平方米,总户数3625户,总投资额约17.8亿元。包括ABCDE五个地块,分AB、C、DE三个分项目。AB地块总用地面积约33.92亩,总建筑面积71591.77平方米,总投资额约2亿元,单体8栋,住宅共443套、停车泊位394个。于2017年9月30日开工、预计2019年7月31日竣工,工期22个月。C地块地面积约143.23亩、总建筑面积330546平方米,总投资约8.8亿元,单体19栋,住宅共2531套、停车泊位1859个。于2016年6月开工、预计2018年10月竣工,工期28个月。D地块总用地面积约37.42亩、总建筑面积91902.45平方米,住宅共651套,停车泊位558个;E地块总用地面积约23亩、总建筑面积86821.57平方米,主要建设一栋产业大厦,停车泊位507个。两地块总投资额约7亿元。

【停车场项目】 2017年,根据市政府(洪府厅〔2015〕401号)文和市规划局(洪规字〔2015〕967号)文精神,为缓解日益严峻的停车矛盾,依据停车场的服务特性和精准供给、分散布局的规划理念,结合辖区近期旧城改造、绿地建设,过渡建设等项目,东湖区新建子固路(铁街)停车场(新增泊位115个)、紫金广场地下停车场(新增泊位100个)、蓑衣荚停车场(新增泊位402个)、二附院机械停车场(新增泊位100个)、八一桥停车场(新增泊位50个)、环丘街停车场(新增泊位260个)、力高国际停车场(新增泊位100个)、君冠苑停车场(新增泊位50个)、交通银行停车场(新增泊位60个)、爱国东路停车场(新增泊位100个)、东万宜巷停车场(新增泊位110个)、腾蛟路停车场(新增泊位30个)、谌家坊地下停车场(新增泊位640个)、贤湖澜景地下停车场(新增泊位130个)等14个停车场,共新增2247个泊位,完成东湖区2017年任务停车数。

【小游园项目】 2017年,东湖区完成子固路和三经路小游园的建设。子固路街头小游园位于子固路贺龙指挥部旁,该地址是旧改拆迁后空置地,为大力实施惠民便民利民工程,贯彻落实"三百米见绿、五百米见园"的宗旨,区政府合理利用城市中不宜布置建筑的小块零星空地建造,对该空地进行提升改造,投入资金约50万元,通过铺设广场地面,外墙面粉刷、种植绿化等多种措施,真正做到提升城市品位,改善市民居住环境,满足市民健身及娱乐的各项需求。三经路街头小游园位于二七北路与三经路交叉口。该处原为废置已久的街头空地,由于长年无人管理,堆满生活垃圾,杂草地丛生,为大力实施惠民便民利民工程,贯彻落实"美丽南昌、幸福家园"专项整治活动,投入资金约150余万元,对该空地进行提升改造,建设面积约4500平方米,采取保留现有大树、增加休闲空间等设计理念,对原有绿化进行了调整,种植红枫、红继木桩等彩叶树种,并在街头节点处种植了时令鲜花,达到四季常绿、四季有花的景观效果。与此同时,通过铺设广场地面,放置健身器材、安装休闲椅凳,构建铁艺长廊等多种措施,尽可能多的为市民腾出更多的活动空间。

新打造的三经路小游园

【校园基础设施建设及环境改造项目】 2017年，东湖区先后启动育新学校紫金分校和天骥小学新建工程，其中紫金分校项目占地40亩，总建筑面积21000平方米，拟投资7250万元，将建成一所拥有36个教学班、可容纳1800名学生的初级中学；天骥小学项目占地37.5亩，总建筑面积20000平方米，拟投资7000万元，将建成一所拥有36个教学班、可容纳1600名学生的小学。此外，该区继续实施校园基础设施改造工程。安排资金877万元，对邮政路小学(二部)、东湖小学、百花洲小学、扬子洲学校4所学校进行基础设施提升改造。实施学前教育网点建设工程。计划安排资金1357万元，建设青山湖西岸安置小区二期配套幼儿园，以及完成青山湖西岸安置小区一期配套幼儿园装修工程。

【农贸市场升级改造项目】 2017年，东湖区对叠山路农贸市场进行升级改造，按照《南昌市农贸市场建设标准》，以一流的设计、一流的施工标准全面地完成市场改造，经营户全部入驻新市场。叠山路农贸市场位于叠山路565号，属东湖区八一桥街道管辖。产权单位为市农业局下属蔬菜公司，由私人业主李斌承包经营。该市场是塘子河市场拆迁后，为安置原塘子河经营户及解决周边居民买菜难问题而建设的一家农贸市场。为彻底解决市场拥挤、周边占道经营的问题，区政府多次研究叠山路市场改造方案，经与市农业局沟通，将市场旁边的店面木桶子足浴店纳入市场范围，扩大市场经营面积，市场面积达到1800平方米。

(李　奇　杜芳泽　黄　斌)

城市建设和管理项目

【概况】 2017年，东湖区按照“完善功能、提升环境、服务民生”的城建理念，审时度势更新思路，把握关键谋划项目，强化措施务求实效，进一步完善城市功能，提升城市品位，优化人居环境，为全区环境大提升贡献力量。全年投入3.58亿元推进“美丽南昌·幸福家园”环境综合整治工作；投入9000万元的滕王阁景区周边整治工程、投资6000万元的八一广场周边立面改造工程顺利完工；八一起义纪念馆等“一馆五址”周边立面改造工程全面完工；投入1.5亿元打造江柴、光明等5个精品社区；投入2000万元实施“两建三改五新六清”工程，完成洪城社区等11个老旧小区微改造；投入3000万元对辖区6.6公里京九铁路沿线环境实施综合整治。

【八一广场周边立面改造工程项目】 2017年，东湖区根据南昌市人民政府确定的整体规划及设计，于2月25日对八一广场周边环境开始进行综合整治，投入资金5439.89万元。项目涉及万达广场、财富广场、百货大楼、移动大厦、老年大学、腾飞大厦、省发改委楼栋、三栋居民楼的外立面清洗、店招及广告位拆除、店招翻新、玻璃幕墙、干挂石材、外墙漆喷涂等施工，以及广场北路至北京西路口道路改造、广场北路至北京西路景观墙施工。对8栋建筑外立面进行改造出新，涉及改造面积约5万平方米；对两栋建筑物进行清洗出新，总清洗面积约4.2万平方米；一条道路改造约120米，改造面积约3400平方米；设置43副1.3米高4.6米长的江西山水风光画景观墙。该项目于7月20日竣工。改造后的各处景观、各个楼栋、各种色彩交相辉映，灯火璀璨的广场与整个夜空融为一体，十分壮观，烘托广场深厚的历史人文气氛，打造了城市新标杆，体现了英雄城南昌的文化之魂。

【滕王阁景区周边环境整治工程项目】 2017年，东湖区为落实南昌市人民政府办公厅《关于印发滕王阁创建国家5A级旅游景区工作深化阶段实施方案的通知》的文件精神，于5月26日起根据滕王阁确定的整体规划及设计对滕王阁周边环境开始进行综合改造，改造主要内容为沿线建筑物立面防古改造、1、2层骑楼新建及道路部分重建、榕门路(民德路—叠山路段)建筑外立面真石漆喷涂，防盗窗、晾衣架、雨棚、空调机移位整治，墙面钢结构装饰，店招及广告牌位拆除、店招翻新、骑楼钢结构制安及吊顶木制构件装饰，马头墙、屋面平改坡、强电杆线下地，人行道铺装，路面沥青铺设，路面标识线，原东方建筑美化，凯莱景观墙等施工，整体投资概算约9000万元。改造完成后，滕王阁周边景观令人观耳目一新，如画般的骑楼沿廊，古色古香的青石道板，建筑外立面的复古装饰，以滕王阁文化背景散发人文气息的浮雕，无不在滕王阁的映衬下彰显着千古名楼的厚重。

【佑民寺周边环境提升改造项目】 2017年,东湖区为把千年古寺(佑民寺)、名园(八一公园)打造成南昌老城区中极具山水园林、古刹名寺之胜,进一步弘扬佛教文化、重塑禅宗文化,打造出结合项目展览、游人参观、居民休憩为一体的多功能公共空间的重点项目,于11月启动佑民寺周边环境提升改造项目,并于2018年1月竣工。该项目地面改造面积约10701.42平方米,总建筑面积约41000平方米。整个项目包括拆迁工程、展示馆工程、园林绿化工程、八一公园北门改造及强弱电下地等工程,项目总投资约为80000万元,其中房屋征收约75000万元,工程改造约5000万元。主要分为佑民寺东广场和西广场,佑民寺东广场改造面积约4503.82平方米,西广场改造面积约6197.6平方米。另外,园林绿化工程总面积约为12550平方米,其中总绿化面积约为6750平方米,园建铺装及展示场地面积约为5800平方米。同时,项目还对民德路(环湖路至苏圃路段)进行了道路改造,将原有八一公园紧靠民德路侧的铁栅栏拆除,拓宽了南侧的人行道;拆除原有非机动车道分隔带,同时将该路段强弱电进行下地,使该段道路更加开阔,同时也保证了佑民寺广场及八一公园北门改造的整体性。

【精品社区打造项目】 2017年,东湖区重点打造四经路江柴社区、爱国路社区、朱湖路社区3个精品社区。四经路江柴社区是个多年的老旧社区,社区的下水管网老旧,阴雨天积水严重,出行不便。为改善居民出行条件,完善小区服务功能,提高生活质量,提升居民生活幸福感。该区投入大量人力、物力,力争将该社区打造成为有代表性的精品社区。社区改造包含下水管道更换、路面改造、绿化改造、煤气及自来水管道改造、停车场、安防设备、防盗窗及智慧小区配套改造、立面改造,全部强、弱电干线下地工程。项目整体投资概算约1120万元。改造完成后的江柴小区路面平稳美观,小区功能区域划分明确,下水排水畅通,保障居民出行安全。此外,江柴社区由开放式小区改造为封闭式管理的智慧小区,小区完成由传统家委会向规范物业管理会的转变,作为改善居民生活环境的改造典范。爱国路社区改造项目包括对社区内外立面改造、社区道路改造、排水管网改造、景观绿化改造、照明亮化改造、空中管线下地改造、扩大社区服务中心、增加社区标识,设立宅间休憩区、停车泊位改造、智慧小区打造和安防工程安装等。社区内共有23栋建筑进行立面改造,建筑立面改造总面积约为36734平方米,同时改造围墙537米,人行道铺装1372平方米,绿化铺装600平方米,新增路牌5个,垃圾箱15个,景观标示牌1个。改造金额约为3500万元。朱湖路社区改造项目包括社区内外立面改造、社区道路改造、给排水管网改造、景观绿化改造、照明亮化改造、空中管线下地改造、扩大社区服务中心、增加社区标识,宅间休憩区、停车泊位改造、智慧小区打造和安防工程安装等。社区内共有16栋建筑进行立面改造,建筑立面改造总面积约为26346.3平方米,改造金额约为4000万元。

【老旧小区改造项目】 2017年,东湖区重点对老旧小区进行改造,全年对公园社区平安小区等11个老旧社区进行道路平整、绿化带规整、空中管线下地、立面整治、化粪池和下水管网的清掏与疏通、庭院楼道路灯改造、路面硬化等改造,项目总投资约为1880万元。

(李　奇)

商贸流通和服务业

综 述

2017 年，东湖区为引导和促进现代商贸流通与服务业发展，结合东湖区商贸工作实际，不断抢抓机遇、创新思路，加快推进经济转型升级和产业结构调整，充分发挥商贸流通服务业在经济社会发展中的先导作用，在扶持企业创新做强的同时，推进城区商贸业的持续发展。全区社会消费品零售总额 291.1 亿元，同比增长 12%，增速同比提高 8.8 个百分点，增速位居全市前列；规上服务业营业收入 30.95 亿元，同比增长 23.1%。全年实现服务业增加值 433 亿元，占 GDP 比重 91.16%。新增注册企业 1774 户、注册(认缴)资本 84.88 亿元，新增个体工商户 3360 户，同比增长 36.1%，新增从业人员 7329 人。

商贸业管理服务

【概况】 2017 年，东湖区通过做有利于提升老百姓生活水平的民生工程，使得东湖区商业贸易更接地气，更有人情味。该区将改善民生与发展经济相辅相成，将解决东湖区民生问题与推进经济建设紧密相连，保障社会供给，方便人民群众生活，拉动经济增长，形成东湖区多种经济成分并存，平等竞争，共同发展的格局。全年实现电子商务交易额 365.15 亿元，同比增长 17.4%；电子商务销售额 320.18 亿元，同比增长 4.98%；电子商务企业入库户数达 60 家，净增 6 户。实现服务外包接包合同执行额 14483.68 万美元，完成比 103.45%，其中离岸接包执行额 2825.87 万美元，完成比 113.03%，新增企业 23 家，完成比 153.33%。限额以上社会消费品零售额共计完成 117.23 亿元，同口径同比增长 14.1%，增速在全市排名七位。

【发掘培育传统老字号】 2017 年，东湖区根据《“南昌老字号”认定管理办法(试行)》和《关于开展第四批“南昌老字号”推荐认定工作的通知》(洪商务发〔2017〕191 号)精神，指导辖区“三花实业”“东南饼庄”企业做好“老字号”的申报工作。“南昌市东南饼庄”被认定为 2017“南昌老字号”。

【做好申报工作】 2017 年，东湖区积极做好现代服务业集聚区和龙头企业的申报工作，积极申报辖区南昌市龙头企业、服务业集聚区和第二批南昌市商贸企业集聚区、小微商贸企业公共服务平台。此外，做好黄标车提前淘汰补贴工作；积极挖掘南昌风味小吃，动员符合条件的企业及个体经营户参加申报。

【规范成品油市场经营秩序】 2017 年，东湖区严厉打击非法经营加油站(点)和流动加油车等行为，严防安全事故的发生，确保成品油市场的正常经营秩序，出动执法人员 200 余人次，取缔违法经营加油站(点)6 处，暂扣非法改造油罐车 9 辆，收缴非法销售的成品油 220 余吨，拆除非法加油设备 10 件。

【参加中小商贸流通企业工作表彰会】 2 月 27 日，东湖区参加南昌市中小商贸流通企业 2016 年度工作表彰会。南昌市商务局副局长高耀兵、市商务局流通业发展处处长章波出席。会议宣布表彰决定，对中小商贸流通企业先进服务机构和站点进行授牌仪式,并通报2016年考评情况及2017年考评规定,对服务资金规范使用进行详细说明。最后高耀兵强调:中小商贸流通企业服务机构和站点是连接政府和中小企业的桥梁,各服务机构和站点要提高认识,充分发挥桥梁的纽带作用,利用好服务资金,主动做好中小商贸流通企业的宣传和服务工作。

楼宇(总部)经济

【概况】 2017年,东湖区发力推进楼宇经济,因地制宜采取切实有效的扶持引导措施,各类商务楼宇相继崛起,资源集聚效应日益凸显,楼宇经济已成为东湖区的重要经济支撑。截至年底,东湖区新增AAAAA级商务楼宇1.8万平方米,新增税收千万元楼宇2栋、总数达14栋,楼宇总建筑面积、商务面积达59.3万平方米和44.6万平方米,入驻目标楼宇企业2094家,产生税收10.63亿元,目标楼宇贡献率同比提高7.68个百分点。

【提供政策扶持】 2017年,东湖区为加快楼宇经济发展,主动走访楼企,提供政策扶持,按照拟建、在建、建成、闲置等类别对辖区楼宇进行划分,积极整合闲置可利用的楼宇资源,并分组建档成册,并围绕打造"人无我有,人有我优"的政策环境,结合区情,提供《东湖区促进总部经济发展若干扶持办法》《东湖区加快楼宇经济发展若干扶持办法》《东湖区楼宇经济发展考核办法》等政策支持。

【培育特色楼宇】 2017年,东湖区通过深入分析楼宇的区位特点、资源优势、产业基础等,对在建楼宇内的产业进行相应的定位,采取政府引导、定向招商、特色集聚等方式,因地制宜、"一楼一品"地引导行业集聚发展,探索错位发展、特色化发展之路,避免"同质化"竞争。如:计划由东湖区文化投资有限公司投资约2亿元,将位于东湖区青山路总建筑面积约2万平方米的写字楼打造成国家级广告产业园及国家级文化产业示范基地,力争开园后招引各类广告企业100家以上,实现年产值10亿元以上,年纳税约8000万元以上;针对轨道八一馆站上盖大型城市综合体项目计划投资5亿元,打造成一个集融生活、消费、商务、休闲、文化等各种要素于一体的现代化、高品质的城市商业综合体。

【强化楼宇招商】 2017年,东湖区筛选出央央春天、华远和平里、紫金城等一批兼具发展空间和辐射效应的新建重点招商楼宇进行重点攻坚,优化招商资源。通过市场化、专业化和社会化的运作方式,采取专项招商推荐会、委托招商、以商招商等多种形式,精心包装、全力推介,使新建楼宇在引入总部企业、现代服务业企业上实现突破。

集贸市场建设

【概况】 2017年,东湖区以提高管理水平为导向,以服务广大市民为目标打造集贸市场。截至年底,东湖区共有13个农贸市场,其中墩子塘、新公园、四经路3个集贸市场为东湖区市场物业管理站自营市场;文教北路、叠山路、五纬路、章江路、钟鼓楼、贤士花园6个集贸市场为东湖区市场物管站托管市场;其余董家窑、新建德观、花园角、上沙窝4个集贸市场为物业管理站租赁经营市场。其中董家窑市场为临时市场。

【抓好农贸市场常态化管理】 2017年,东湖区围绕"赏心、舒心、连心、放心、贴心"这"五心"目标,打造有东湖特色,又适应时代要求的品牌农贸市场。扎实推进农贸市场环境卫生管理制度化、常态化建设,不断优化市民购物环境,使农贸市场环境面貌焕然一新,以实际行动支持配合做好农贸市场"保文保卫"工作。增设垃圾桶60个,坚持每周市场清洗不少于3次,市场环境明显改善。1—12月全市农贸市场考核排名中取得7个第一名,3个第二名的成绩。在农贸市场改造工作中,叠山路农贸市场以全新的面貌呈现。

【提升农贸市场管理水平】 2017年,东湖区经过多年实践,逐步形成具有东湖特色的农贸市场管理品牌,概括为"四个机制"。一是实施监管机制,确保市场正常运行。除物业站的常驻管理人员之外,还建立多级监管机制:市场监管员日常巡查、区商务局干部每日监督、区领导不定期检查的三级督导体系,并借助"微信平台",创建市场管理微信群，市场管理员以及督察人员每日上报各市场管理情况，做到有问题及时沟通反馈。二是启动攻坚机制，突出问题整改到位。对各市场现状和存在的突出问题进行客观分析，科学判断。针对环境较差，问题特别突出的农贸市场，区相关部门多次组织干部进行集中整治，协同攻关，取得明显的效果。三是运用协调机制，市场管理规范有序。制定《东湖区农贸市场管理实施方案》，明确各部门职责。各镇、街道（管理处）牵头，联合工商、执法、卫生、城管、消防等部门组成综合执法队伍，每日对辖区农贸市场占道经营及出店经营现象进行全面整治。四是形成考核机制，发现问题及时问责。严格按照《东湖区农贸市场管理考核办法》《东湖区农贸市场管理奖罚实施细则》，形成严格的责任追究制度，对在督查过程中发现的问题都要求限期整改，如整改不到位，或屡次发生相同问题，相关市场管理人员将被追究责任。

【叠山路农贸市场升级改造】 2017 年，东湖区按照《南昌市农贸市场建设标准》，对叠山路农贸市场进行升级改造。该区在年初按照一流设计、一流标准完成市场改造的平面图和施工图设计，并完成项目的立项和财政评审等相关的工作，2 月，在木桶足浴全部撤场后，市场改造工程正式启动并于当年全部完工。叠山路农贸市场位于叠山路 565 号，属东湖区八一桥街道管辖，是塘子河市场拆迁后，为安置原塘子河经营户及解决周边居民买菜难问题而建设的一家农贸市场。改造完成后，大大方便了附件居民的生活。

表 8

2017 年东湖区主要集贸市场一览表

名 称	营业面积（平方米）	摊位数（个）	电 话	详细地址	备 注
墩子塘农贸市场	3400	209	86818387	右营街 18 号	自营
新公园农贸市场	1100	230	86254083	新公园路 21－1 号	自营
四经路农贸市场	980	129	88606305	阳明路 33 号	自营
董家窑临时农贸市场	3000	263	88604027	龙沙路证券街	物管站租赁经营
新建德观农贸市场	620	130	86779807	出新路 59 号	物管站租赁经营
叠山路农贸市场	1800	150	18779123525	叠山 556 号	物管站托管
花园角农贸市场	1600	124	13979158819	戴家巷 64 号	物管站租赁经营
文教北路农贸市场	1800	135	88502393	文教北路 180 号	物管站托管
五纬路农贸市场	1000	130	13970828468	五纬路 69 号	物管站托管
章江路农贸市场	980	100	86709643	子固路 72 号	物管站托管
钟鼓楼农贸市场	1800	162	86791969	渊明北路 89 号	物管站托管
贤士花园农贸市场	2600	300	88627007	贤士花园小区	物管站托管
上沙窝农贸市场	970	75	86836946	上沙窝 21 号	集体经营

日用百货经营

【概况】 2017 年，东湖区大型传统百货业依旧发展缓慢，精品超市、社区连锁便利店成为百货零售业发展重点。日用百货消费人群发生变化，顾客结构、购物渠道及消费习惯随之发生较大变化。电子商务的兴起对传统商业实体店带来的巨大冲击，使传统百货业态面临转型升级。

【社会消费品零售额实现正增长】 2017 年，东湖区社会消费品零售总额共计完成 291.10 亿元，同比增长 12%，增速在全市排名第七位；限额以上社会消费品零售额共计完成 117.23 亿元，同口径同比增长 14.1%，增速在全市排名七位。

表9　**2017年东湖区大型商场、超市一览表**

名　称	营业面积(平方米)	日均人流量(人)	电　话	详细地址
百货大楼中山店	48000	23000	86222592	东湖区中山路1号与八一大道交界
南昌百盛	29000	7000	86728888	东湖区中山路177号与象山北路交界
财富购物广场	30000	9000	86238888	东湖区八一大道347号与中山东路交界
华润万家八一大道店	12000	8000	86219254	东湖区八一大道358号(近江西饭店)与民德路交界
沃尔玛深国投百货有限公司南昌八一广场分店	18000	10000	86216215	东湖区八一大道333号(万达购物广场旁)与中山东路交界
南昌亨得利黄金珠宝	950	1200	86616375	南昌市胜利路26号
南昌亨得利钟表眼镜	1140	1200	86616375	南昌市胜利路46号
沃尔玛深国投百货有限公司南昌青山路分店	14799	3000	86862508	青山南路蓝天碧水大厦地上第二层及地上第三层
万达广场八一店	7000	30000	86293751	八一大道333号
华润万家叠山店	4750	3520	87562021	东湖区叠山路498号
蓝海购物广场	69000	8000	88630666	东湖区青山南路78号
百货大楼青山店	13500	2500	88604191	东湖区青山南路418号
大众百货商店	230000	10900	86812802	东湖区叠山路487号南昌大众购物中心

旅馆住宿业

【概况】 2017年，东湖区积极开展招商引资，不断创新发展，通过政府支持、引导、吸引外来资本和民间资本进入住宿业，推动东湖区旅馆住宿业整体水平迈向一个新的台阶，该区旅馆住宿业呈现出良好的发展态势。

表10　**2017年东湖区主要宾馆旅店一览表**

名　称	星　级	床位数(个)	餐位数(个)	电　话	详细地址
江西宾馆	5	380	550	86206666	八一大道368号
东方豪景花园酒店	5	468	2780	86288888	民德路411号
江西饭店	4	540	950	88858888	八一大道356号
南昌观园楼商务酒店	4	200	400	86376699	二七北路258号
南昌百瑞四季酒店	4	244	410	88688002	洪都北大道10号
南昌七星商务酒店	4	360	360	88866666	南京西路225号
京西宾馆	4	267	180	88850666	省府大院南一路9号
阳光假日酒店	3	180	100	82108888	二七北路520号
名豪商务宾馆	2	100	—	82198800	象山北路162号
欧客快捷酒店	2	162	50	82126888	象山北路243号

续表 10

名　称	星　级	床位数（个）	餐位数（个）	电　话	详细地址
如家快捷酒店	2	180	50	86777888	象山北路 237 号
锦江之星	2	197	30	82198999	民德路 255 号 南京西路 338 号
惠苑宾馆	2	200	200	86221333	福州路 4 号
南昌瑞颐大酒店	5	470	256	87777777	沿江北路 69 号

餐饮业

【概况】 2017 年，东湖区餐饮业开始出现好转现象，逐步呈现回升趋势。该区积极引导餐饮业加大从传统经营模式向现代经营模式的转变力度，注重品牌经营，帮助企业做大做强。

表 11　**2017 年东湖区大型餐饮店一览表**

名　称	营业面积（平方米）	餐位数（个）	电　话	详细地址
0791 赣菜新概念	2800	500	86273333	南昌市福州路 56 号
0791 尚厨	3000	500	86373333	福州路东魅一号
新东方大酒店	4000	1000	86709997	沿江中路 18 号
江湖味道	1600	600	88855068	环湖路 101 号
柴火大队	1800	500	88626777	沿江北大道
阳光春天大酒店	2000	400	86391688	福州路 98 号老字号
一觉渔味店	4200	1000	88602799	阳明南路 226 号
法国小厨	90	30	86100100	榕门路 100 号
向塘土鸡店	2000	600	86220060	福州路 3 号
南昌相思林金岛饭店	3000	150	88528811	洪都大道 711 号
南昌市东方豪景大酒店	2140	428	86288888	明德路 411 号
川味红螺馆	180	120	86210993	民德路 123 号
红牛大酒店	2000	500	86801269	叠山路 563 号
川锅一号	1000	100	88699289	佘山路 66 号
独一处寿福城	2000	500	86705555	民德路 195 号
百盛后街美食	2000	2500	88715175	中山路百盛后面美食一条街
醉湘楼	300	200	86771888	三经路 326 号 1 号楼
辣椒炒肉	3000	500	88681777	三经路女子中学斜对面
渔家概念料理（日料）	300	100	83807676	阳明东路 32 号（央央春天 3 楼）
东海渔村	3000	500	86831777	东湖区三经路 227 号
潮辣重庆火锅	300	100	86899886	东湖区佘山路 66 号

（江泽炉）

开放型经济

综 述

2017年,东湖区开放型经济工作突出发展六大产业,紧扣市里"四年倍增计划"要求,充分挖掘内部潜力,突出项目引进和落地推进两大重点,创新招商方式、提升开放水平,坚持优势产业与新兴产业双轮驱动,确保全区开放型经济和商贸管理工作稳中向好。

2017年,全区实际利用外资26394万美元,占年计划118.68%,同比增长42.42%,现汇进资14310万美元,现汇比54.22%;实际利用内资49.81亿元,占年计划101.78%,同比增长22.14%;利用省外项目进资37.145亿元,占年计划103.18%,同比增长23.82%。实现出口创汇3.7493万美元,占年计划的113.62%。

2017年,该区采用VR虚拟现实技术制作全省首例地块招商VR全景图,客商足不出户就能直观体验招商载体。此外,积极参加首届世界赣商大会、第16届赣港经贸合作、第15届赣台经贸文化交流、央企入赣投资合作洽谈会等商贸活动。全年共落户项目167个,总投资额160.87亿元。成功引进苏宁置业在该区投资85亿元兴建南昌苏宁广场项目,采购额超百亿元的苏宁红孩子和年结算额超10亿元的国美供应链管理江西总部一并成功落户。投资15亿元的江旅都市方舟项目正式落户启动,打造福州路又一高端商业综合体;成功引入投资5亿元全市首家网络小贷公司随行付,民生证券南昌分公司成功落户,江西沃尔得农资连锁顺利挂牌"新三板";成功落户总投资3亿元的熹庐健康养生产业园项目,成为全省健康产业的龙头引领。

招商引资

【概况】 2017年,东湖区创新招商方式精准招商,全面提升开放型经济发展水平,将招商引资作为补短板、扩增量、上项目、强支撑、惠民生的主要抓手,以开放促进结构调整、产业转型和动力转换,不断提高经济发展质量和效益。截至年底,东湖区签约重大项目62个,重大项目协议总投资额407.78亿元。注册(引进)重大项目47个,完成年指导目标的313.33%,目标完成比在全市排名第三,立项投资额231.63亿元,目标完成比579.08%,在全市排名第二。其中:投资额10亿元以上项目4个,20亿元以上项目2个;开工重大项目65个;投产重大项目53个。创历史最好成绩。

【抓好高端项目】 2017年,东湖区牢固树立抓项目就是抓发展的理念,坚持产业引领,全力以赴抓好高端项目,充分发挥项目稳增长、促转型、增后劲的重要作用。在商贸服务业领域,南昌苏宁广场正式落户东湖区,投资总额85.24亿元,现代金融项目国内第三方支付企业随行付项目(已注册投资5亿元),成为全市首家网络小贷公司。在文化旅游产业方面,重点打造百花洲历史文化街区和榕门路文化产业商业街,百花洲历史文化街区等项目参加赣商大会签约活动。

【不断推进外出招商工作】 2017年,东湖区区领导赴上海、深圳、南京、北京、福州等地招商34批次。分别拜访上海厚本金融信息服务公司、上海美年集团、苏宁控股集团、中冶建工集团、光明房地产集团、上海美特斯邦威服饰股份公司、戴德梁行、祥泰行实业、网龙网络控股、远洋地产、香港好利价值投资、北京物美集团、泰禾地产集团、江苏永安低碳科技公司、浙江工业大学设计集团等共68家企业。全区26家经济责任单位主要领导小分队外出招商共86次。

【完善招商工作机制】 2017年，东湖区制定并下发《东湖区产业发展决策机制》和《东湖区产业发展调度机制》，通过一系列招商机制，从制度上推动招商工作的开展。强化“六个跟踪”，坚持商务局每周一调度，区分管领导每月一调度，区委常委会每季度听取一次汇报，区四套班子每半年听取一次汇报的调度机制，及时解决招商工作存在的问题；运用每月一通报，每季度一考评的督查机制，随时发现存在的问题，并及时纠正。

【积极参加各类会展活动】 2017年，东湖区共参加省厅重大签约活动5次，签约项目7个。分别为江西省赣港经贸合作活动、江西省与全国知名非公经济企业合作推介会、央企入赣投资合作洽谈会、第十五届赣台（九江）经贸文化合作交流大会、南昌市首届赣商大会，签约投资总额达117亿元。

【开放型经济工作调度会】 3月31日上午，东湖区开放型经济工作调度会在区综合服务大楼南楼常务会议室召开。会议听取全区开放型经济工作情况及下一步工作打算的汇报，听取各经济责任单位开放型经济工作汇报，全区26个经济责任单位参加会议。区领导高辉红主持会议并讲话。9月13日下午，东湖区开放型经济工作调度会在区政府常务会议室召开，会议通报全区1—7月开放型经济指标完成情况和1—8月重大重点项目推进情况，听取内、外资完成情况及在跟在谈项目推进情况汇报。区领导陈俊主持会议并讲话，各经济责任单位相关负责人参加会议。11月2日上午，东湖区开放型经济工作调度会在区委常委会议室召开。会议通报全区1至9月份开放型经济工作完成情况，各经济责任单位汇报项目推进情况。区领导陈俊主持会议并讲话，各经济责任单位相关负责人参加会议。

表12 **2017年东湖区引进重大港澳台商投资项目一览表**

企业名称	投资方式	投资总额	注册资本	投资地区	行业	批准月份	项目地址
江西农加宝农业发展有限公司	合资	1000万元	1000万元	中国台湾	农业技术开发	4月21日	东湖区福州路309号智通广场5号商业101室
江西迪克森教育咨询有限公司	合资	30万美元	30万美元	中国台湾	教育	3月31日	东湖区子固路106号三楼
南昌时空间餐饮管理有限公司	合资	40万元	40万元	—	餐饮	7月7日	东湖区湖滨南路永溪汤村61号01室
江西好利随院实业有限公司	合资	2.5亿元	2.5亿元	中国香港	建筑装饰，商业地产等	7月17日	东湖区胜利路时代广场中段1709室
江西伟鑫置业有限公司	合资	1亿美元	1亿美元	中国香港	商业地产	9月11日	东湖区二七北路185号东晖育才苑6栋1单元

（江泽炉）

非公有制经济

综　述

2017年，东湖区紧紧围绕中共十九大报告精神要求，全力贯彻落实省、市商事制度改革决策部署，大力推进工商登记制度改革，积极放宽市场准入，努力优化营商环境，有效地促进地方非公有制经济的发展。

2017年，东湖区通过实行"多证合一"，放宽住所（经营场所）登记条件，开展双告知，执行一次告知制、改革行政审批等制度，推进"双随机一公开"等措施，不断放宽准入管制，降低创业成本，释放创业活力，打破阻碍非公有制经济组织发展的壁垒。同时改革监管方式，突出重点监管、协同监管、抽查监管、信用监管、自律监管，建立权责一致的行政审批和监管体制，推动政府职能转变和履职到位，营造竞争有序的市场环境。通过提供全程跟踪指导等手段，支持新兴产业及电子商务发展，推动非公有制经济组织到东湖落户。加大对商标侵权、不正当竞争等违法行为的查处，营造公平竞争的市场环境。严厉查处违法行为，认真开展查处取缔无照经营工作，实现综合治理，切实助推非公经济健康发展。

2017年，在登记注册工作中，区市场监督管理局严把市场准入关，严格按照法律法规的规定审批申请企业的前置审批条件，对企业登记实行跟踪服务，全面地推进全区企业登记规范化管理进程。截至年底，全区新增企业2066户，新增企业注册（认缴）资本达93.70亿元，新增个体工商户3626户，新增从业人员7964人。区市场监督管理局认真落实发展非公经济措施，积极释放改革红利，为非公经济发展注入强劲动力。

个私民营、中小企业管理服务

【概况】　2017年，东湖区个私民营、中小企业服务管理工作注重以人为本，转变服务理念，减少行政审批流程，降低企业准入门槛，转变政府职能，为经济发展提供有力支撑。主要做到三个"营造"。一是以工商登记改革为切入点，通过推动"四化"建设，减少行政审批流程，降低企业准入门槛，转变政府职能，为经济发展提供有力支撑，营造宽松便捷的准入环境；二是在改革的深度和广度上大胆尝试，在"宽进"的同时，加强"严管"，通过加强"两项监管机制"形成"两大良好格局"，为社会经济发展营造公平有序的竞争环境。三是主动适应新常态，积极转变政府职能，优化服务流程，丰富服务内涵，通过程序和内容的双向升级，达到服务质量翻倍提升的良好效果，营造畅通舒心的服务环境。通过改进工作做法、创新工作举措，不断促进个体私营经济和中小企业全面、稳定、健康、科学发展。

【营造宽松便捷的准入环境】　2017年，东湖区多措并举，营造宽松便捷的市场准入环境。一是推动注册登记宽松化，放宽注册资本登记条件，实行注册资本认缴制，取消年检制度，实行年报制度。降低住所准入条件，允许"一址多照、一照多址"、"住改商"和住所托管，切实降低投资创业制度性成本，催生一批新兴业态。二是推动备案登记合一化。以"减证"推动"简政"。在原"五证合一"的基础上，先期将交通运输、林业、商务、房管、文广新、旅发委、公安等部门的登记备案事项进行整合，实现“三十三证合一”。三是推动前置审批缩减化。缩减企业注册登记前置审批事项，严格落实“双告知、一承诺”制度，通过“一窗受理、互联互通、信息共享”，依托“南昌市企业监管警示系统”，实现市场主体登记信息与相关审批部门、行业主管部门之间的互联互通，让企业少跑腿，信息多跑路，大大地提高办企业的效率。四是推动商标字号注册一体化。以新发展市场主体为重点对象，开展注册指导和服务跟踪，发放商标与字号一体化注册行政指导建议书，引导市场主体早注册、早使用商标，帮助市场主体打造字号与商标相统一的整体品牌，防止字号被他人抢先注册商标。

【营造公平有序的竞争环境】 2017年，东湖区“双随机、一公开”机制监管有力。作为全市企业“双随机”抽查工作试点单位，该区不断探索创新工作机制，制定配套措施，完善联动抽查机制，确保“双随机”抽查工作顺利开展。全年共进行4次抽查，对抽查的196户企业全部实地核查，其中抽查结果正常的70户，占比35.7%。其余126户均通过登记住所（经营场所）无法联系，已依法列入经营异常名录，向社会提示风险，逐步实现“事前审批为主”转变为“事中事后监管”的市场监管新格局。黑名单失信约束机制处置有方。建立法定代表人任职限制“黑名单”制度，针对部分企业“重开业登记、轻注销登记”的心理，将被吊销营业执照的“僵尸企业”法定代表人列入“黑名单”管理，限制其担任新设企业的法定代表人。通过以公示系统为基础的登记注册、行政许可、综合执法、行业主管相互衔接的跨部门联动响应和失信约束机制，实时公示经营异常名录和“黑名单”信息，形成“一处失信、处处受限”监管新格局。

【优化服务流程】 2017年，区市场监管局严守“无否决权”准则，即对申请人提出的诉求不得行使否决权，对于不属于该窗口办理的事项，不设路障设路标；对于法律法规不明确的，不给否决给路径。不属于窗口办理事项的，当场告知申请人具体办理部门；先行“容缺受理”制度。对基本条件具备、主要申报材料齐全且符合法定条件，但次要条件或手续有欠缺的申办事项，实行先予受理和审查，允许“先上车后补票”，避免群众反复办、来回跑；实行“一窗受理”模式。设立商事登记综合受理窗口，实行“一套材料、一表登记、一窗受理、一份证照”的工作模式。新模式下，办事群众由原来的向各部门提交75份申请材料减少到12份，减少80%以上。同时，无须重复提交申请材料，如企业章程、负责人身份证件等，从改革前需要提交10余次，减少到1次，切实达到“咨询服务一口清，申请资料一纸清，受理审查一手清，齐全办理一次清”的良好效果。

【丰富服务内涵】 2017年，区市场监管局不断探索便利服务新内容，率先推进电子化登记。以“键对键”代替“面对面”，推行网上申请、网上受理、网上审核、网上公示等电子化登记管理方式，网上登记涵盖名称登记、设立登记、变更登记、备案登记、注销登记等业务的网上申请，申请人登录网络服务平台，提交相关材料，只需跑一趟即可现场核发营业执照。全面推行企业简易注销。全省首批试点简易注销登记，办理简易注销不需要再提交清算报告、投资人决议、清税证明、清算组备案证明、刊登公告的报纸样张等材料，优化审核程序，降低退出成本，保障市场主体退出渠道的畅通。目前东湖区共有154家满足条件的企业办理了简易注销业务。创新商务秘书登记试点。全市率先试点商务秘书企业托管登记模式，开通“小微企业绿色通道”，采取“审核合一”“团体化登记”等措施压缩审批流程，解决小微企业创业场地限、资金缺等问题。截至年底，南昌市樟树林商务秘书有限公司正式成立，成为全市首家商务秘书公司。

【改进服务方法】 2017年，区市场监管局在办事群众等候休息区，设置胶水、剪子、纸笔、涂改液、老花镜等便民利民服务设施，最大限度地方便办事群众，增强服务人性化。设置公示栏，公布事项办理流程，实现“阳光政务”，做到格式文本科学、规范，登记流程标准、透明。行政审批事项、办事程序、办理时限、审批条件、办事制度全部公开，公开接受社会监督，以最优质的服务促进非公经济发展。通过简化办事程序，创新工作方式，积极地开展网上办事活动，有效地增强工作人员的服务意识、文明意识和效率意识，“脸难看、门难进、事难办”的现象明显得到减少，切实方便广大群众。

（熊益谦）

金融业

综述

2017年，东湖区金融工作立足于服务全区金融事业发展，团结拼搏，狠抓落实，取得优异的成绩。区银行金融机构本外币存款余额和贷款余额均突破3000亿元。区3家小额贷款公司业务占全市小额贷款业务总数的40%；区5家融资性担保公司业务占全市融资性担保业务总量的70%。新批设立的南昌随行付网络小额贷款有限公司和民生证券股份有限公司南昌分公司相继成功落户东湖区。为鼓励金融与经济协调发展，东湖区一直致力于优化金融政策环境，2017年度采取以下几大措施助力金融业发展：一是转变政府职能，继续加大政府审批制度改革，不断提高服务效率和水平，做到少干预多支持；二是加大监管力度，促进金融市场健康发展，对非法集资的排查及宣传教育为金融业发展创造了良好的生态环境；三是加大对金融人才的培训力度，先后组织几批企业参与各类金融培训活动，提高金融从业者的业务创新能力和服务水平；四是制定相应优惠政策，重地守好金融招商工作，支持金融业的快速发展。

2017年，东湖区共有各类金融机构总部126家，其中：银行省分行（营业部）、南昌分行10家（人行南昌支行1家，国有政策性银行1家，国有商业银行3家、股份制商业银行1家、外资银行1家、邮储银行1家、城市商业银行2家）；证券公司（营业部）19家；保险公司省级总部10家；期货公司（营业部）2家；融资性担保公司5家；小额贷款公司4家（其中网络小额贷款公司1家）；融资租赁公司4家，金融租赁公司1家（江西省金融租赁有限公司，为省内唯一一家），资产评估、投资管理公司、第三方支付、保险经纪公司、保险公估公司等金融服务企业总部67家。其他金融机构4家［江铃汽车集团财务有限公司、南昌鹏远投资咨询有限公司、南昌辰业财务咨询有限公司、南昌腾迈投资咨询中心（有限合伙）］。传统金融机构合计112家，新型金融机构合计14家。

银行

【概况】 2017年，东湖区各银行金融机构呈现出改革创新力度大、新型业务增加多的发展趋势，以“创新、协调、绿色、开放、共享”五大发展理念为指引，按照工业文明、城市文明、生态文明融合发展的要求，全面推进产业升级、开放升级、区域升级、建管升级、民生升级。截至年底，全区银行金融机构本外币存款余额3868.88亿元，贷款余额为3676.37亿元，贷存比95.02%。

【中国建设银行江西省分行】 2017年，中国建设银行江西省分行营业部按照“一心一意谋发展，脚踏实地抓工作，全力以赴防风险”工作要求，持续推进零售优先、移动优先、智能替代的发展方向，以“4818”客户战略为抓手，强化基础管理，狠抓产品营销，全力防范风险，各项业务发展良好。截至2017年底，一般性存款日均余额872.14亿元，一般性存款时点余额、企业存款时点余额和新增均四行排名第一；各项贷款余额656.90亿元，四行排名第二，其中个人贷款余额349.16亿元，四行排名第一。2017年，在支持地方经济方面：建行江西省分行营业部（南昌洪都支行）积极支持城市基础设施、交通工程、环境水利治理工程、航空基地搬迁改造等重点领域项目建设。向南昌市四县五区累计提供信贷支持达24亿元，支持象湖隧道、小微产业园、梅湖花博会等项目的建设；响应中央支持老工业基地搬迁，为洪都航空集团生产基地整体搬迁至南昌国家航空高技术产业基地提供建设资金达46亿元；率先与江西省旅游集团签订《江西省旅游发展产业基金战略合作协议》，全面推进旅游综合产业体系的建设。纳税方面，2017年度南昌洪都支行共缴纳税金46616.97万元，其中国税43187.93万元；地税3429.04万元。在金融服务提升方面：建行南昌洪都支行紧紧围绕市场需求，坚守“以市场为导向，以客户为中心”的经营理念，积极推进业务转型和创新，为广大客户提供优质、高效的金融服务。为提升客户体验，洪都支行大力推行“移动优先、智慧替代”。加大网点智慧柜员机投放力度，有效分流柜面业务，进一度缩短客户等候时间，提升服务效率。在普惠金融业务方面：依托移动网络和“裕农通”等渠道，不断提升农村金融服务水平，打通县域及农村金融服务的“最后一公里”，针对务工群体推出“惠民鑫”专享理财产品；加强院校金融服务，推出“学生惠”专属品牌，打造校园电子支付平台，为高校学生提供综合金融服务；引领体验“智慧生活”，推出建行洪城一卡通联名卡和南昌职工卡，开启“一卡通用”金融服务模式。创新推出小微快贷等大数据产品，破解小微企业融资“难、慢、贵”等难题。

【招商银行南昌分行】 2017年，招商银行南昌分行认真学习贯彻落实习近平新时代中国特色社会主义思想，按照省委、省政府提出的“创新引领、绿色崛起、担当实干、兴赣富民”工作方针，以“服务实体经济、助力地方发展”为己任，坚持回归业务本源，持续做大融资总量，加快金融服务升级，探索高质量发展新路，为地方经济建设、社会发展和民生改善等做出应有贡献。截至2017年底，实现人民币自营存款余额685.8亿元，新增43.8亿元；实现全折自营贷款余额707.3亿元，新增70.8亿元。2017年，招商银行南昌分行紧扣全省重大项目建设，助力江西实体经济转型升级。在投放力度上，全年共实现贷款新增70.8亿元，同比增长30.2亿元；政府引导基金、PPP等表外新兴融资投放29.49亿元。信贷投放力度创近三年来投放之最。在信贷政策上，针对“稳增长、促民生”的基础设施行业，根据行业特性和区域市场特点，梳理出包括航空、旅游、医药制造业等50个优先支持的行业企业名单，并为其提供专项的信贷额度保障。在提升服务质效上，除传统融资方式外，该行紧跟市场热点，着力发展有项目背景的投行和资本市场业务。该行联合上市公司为宜春市的专业医院发行第一笔10亿元的医疗产业并购基金，帮助企业引进省外的上市公司资金、管理经验、技术资源。紧跟省内重大发展战略，助力全省经济增长极建设。在支持“一带一路”发展战略上，该行先后推出跨境融资、“一带一路”项目应收账款保理、非融资保函、汇率避险交易等一揽子的金融服务。全年为17户“一带一路”的核心客户，提供授信支持46亿元，累计投放18.7亿元。在支持赣江新区绿色金融示范区战略上，成立赣江新区支行，组建专营化的服务团队，从总行引进创新型的金融产品，加大对示范区内的绿色产业支持。成功为新区内的江西省现代农业博览园审批投放项目贷款5.27亿元。在支持长江经济带战略上，先后为沪昆铁路客运专线、九景衢铁路等项目提供授信金额25亿元；为九江市的城市建设投放信贷资金11.6亿元。此外，该行不断创新小微扶持模式，全力提升小微金融服务实效。将支持小微企业发展作为全行的重点战略。累计向1.19万户小微企业提供178亿元的贷款支持，全面完成“三个不低于”目标任务。

【中国邮政储蓄银行民德路支行】 2017年，南昌邮储银行积极贯彻落实市委、市政府和省分行的战略部署，坚守服务实体经济发展的本源定位和“一流大型零售银行”战略要求，以高度的政治责任感、社会责任感和经济责任感，抢抓发展机遇，创新经营方式，突出服务职能，与全市经济社会发展同频共振，全分行各项经营管理工作步入全省邮储银行先进行列。截至年底，贷款投放超150亿元，各项贷款余额突破两百亿元大关，达到208.16亿元，年净增53.67亿元；各项存款余额152.77亿元，年净增7.7亿元，新增存贷比近700%。成立十年来，南昌市分行累计向当地投放资金超过610亿元，尤其是近三年信贷资金投放规模、净增及资产质量一直位居全省邮储银行前列。2015年，全分行新增贷款31.5亿元，增幅

40.75%,新增存贷比达到240%;2016年,全分行新增贷款47.6亿元,增幅44.53%,新增存贷比达到200%;2017年,向南昌地区投放信贷资金150亿元,其中新增贷款53.67亿元,增幅34.74%,贷款规模和净增额均列全省邮储银行第1位,新增存贷比达到700%,成为南昌经济社会发展的“输血站”。截至年底,南昌市分行各项贷款余额达208.16亿元,是成立前7年总结余翻了一番多。在经济下行压力逐步增大的情况下,为维护地方金融稳定做出积极的贡献。作为服务东湖区地方建设的邮储银行民德路支行,坚持融入地方、服务地方,竭力于为南昌市东湖区人民提供优质、便捷、高效、普惠金融服务,通过再就业小额贷款,财园信贷通、惠农信贷通等产品扶持东湖区企业发展,投入大笔资金支援东湖区轨道建设及棚户区改造项目。截至年底,累计投放资金32.46亿元。2017年,邮储银行民德路支行新增贷款投放资金4.85亿元,增长111.85%,新增存贷比148.75%,成为支持东湖区经济社会发展、服务城乡百姓的生力军。邮储银行民德路支行将按照区政府的经济发展规划措施,继续发挥网络优势、资金优势和品牌优势,为广大客户提供优质快捷的金融服务,持续加大对地方发展的投入力度,用金融服务照亮小微企业,有力支持实体经济发展,以商业可持续原则开展普惠金融服务,实现社会效益与经济效益的统一,全力支持东湖区持续健康发展。

【北京银行南昌分行】 2017年,北京银行股份有限公司南昌分行顺利搬迁入新营业大楼,大楼建筑面积5万平方米,标志着分行发展进入新时代。截至2017年年底,有营业机构70个,从业人员670人;各项存款余额269亿元,比年初增加46亿元,增长20.85%;各项贷款余额414亿元,比年初增加92亿元,增长28.77%。

2017年,北京银行南昌分行以强烈的社会责任感和神圣的历史使命感,扎根赣鄱大地,积极融入地方经济发展主旋律中,紧紧抓住国家实施“一带一路”倡议、长江经济带、长江中游城市群和振兴赣南等原中央苏区发展战略的契机,全面策应全省的重大区域发展战略。全年在江西投入资金超过300亿元,创历年新高且位居同业前茅,获得省委政府高度评价,成为助力富裕美丽幸福江西建设的重要力量。北京银行用有温度的服务,贴近市民百姓,致力于把北京银行网点建设成为市民邻里的“第二个家”,使金融普惠真正走进千家万户,在新营业大楼设置出国金融中心,为客户提供出国旅游、留学一站式服务;开辟保管箱业务区域,提供各类尺寸全自动及半自动保管箱6000多个,具有全省首套全自动保管箱系统。新增ATM渠道缴交南昌联通话费、洪城水业水费、南昌县水费和有线电视费,全渠道服务覆盖率不断提高。创新成就非凡,转型书写未来。持续丰富创新经营的技术支撑和产品支撑,向金融生态化、渠道轻型化、服务精准化的目标迈进,以创新引领金融服务,在债券承销、结构化融资、银团贷款等投行核心产品上取得新成绩,落地分行首单赣州市赣县区城投6.2亿元银登中心信托受益权转让业务,发行南昌水投12亿元分行首笔永续中票,落地彭泽县鹿腾实业10亿元中小结构化银团业务,在江西省内产生良好的示范效应。同业及托管业务转型提速,托管业务余额突破350亿元,创历史新高。

【大新银行南昌分行】 2017年,大新银行南昌分行认真落实全国金融工作会议精神,保持定力,立足主业,发挥母行在香港的优势,积极推动赣港联动,较好地支持实体经济发展,以及服务供给侧结构性改革。截至2017年年底,分行各项贷款同比增长23.17%;实现人均利润100万元,较上年大幅增长。

2017年,分行不断加强风险防控,积极开展“不良贷款风险、流动性风险、债务风险、影子银行风险、外部冲击风险、房地产风险、政府债务风险、互联网金融风险”八大金融风险自评估工作;扎实开展“三违反、三套利”“四不当”“市场乱象整治”等自查及回头看、深入自查等工作。通过一系列的自评、自查,分行合规经营、稳健经营意识得到进一步强化,风险防控能力得到提高。此外,分行快速增长授信业务,小微企业授信增长较快。全年,分行小微企业授信余额增幅达342.59%;跨境业务有新突破,成功叙作香港母行向境内客户直贷业务,赣港联动产品实现新突破。分行积极响应政府号召,积极支持地方经济建设,为赣港经贸合作牵线搭桥。分行连续八次获邀参加江西(香港)招商引资活动,积极提供好服务平台、信息平台、融资平台。活动期间，分行成功促成香港母行高管人员与南昌市政府领导进行商务洽谈和招商活动，促成南昌轨道交通集团到港铁集团考察、交流。2017年，分行领导拜访了人行、省金融办、东湖区政府，为赣港交流合作建言献策。此外，分行积极组织员工走进学校、社区、农村，积极开展防范非法集资公益宣传及打击治理电信网络新型违法犯罪宣传活动，取得良好社会效益。分行连续9年向南昌大学品学兼优学生颁发"大新银行奖学金"，累计向180名学生颁发45万元奖金。截至年底，分行实现人均利润100万元，盈利能力持续稳定，稳中有增；分行不良余额为零，为2018年经营打下坚实基础。

小额贷款公司

【概况】 2017年，东湖区3家小额贷款公司，总注册资本7.3亿元，全年累计发放贷款435笔，贷款数3.66亿元，占全市小额贷款业务总数11.22%，其中：50万以下小额贷款和纯农贷款金额为1.09亿元。全区1家网络小额贷款公司，注册资本5亿元，全年累计发放贷款1125笔，贷款数334.57万元。在整体经济大环境艰难与机遇并存的情况下，小额贷款公司立足本土，坚持合规经营，努力开创突破，有效地拓宽中小企业的融资渠道，有力地支持东湖的经济发展。

【捷信小额贷款公司】 2017年，南昌市东湖区捷信小额贷款有限责任公司不断服务和促进区域经济发展。改善省市中小企业、个体工商户和"三农"等资金需求，实行可供客户选择的分期还本付息或一次性还本、分期付息等多种方便的还本付息方式，以日对日据实计算，适应中小企业"短、小、频、急"的融资特点，提升金融服务能力。面对激烈的市场竞争，公司强化整体服务意识，加强员工培训，整体提升员工素质，致力向社会和客户提供一流的服务。调整结构做好预防。公司始终把控制和防范信贷投放风险置于突出位置，坚守资产质量"生命线"，积极调整贷款结构，增加低风险贷款比例，进一步压缩高风险贷款规模。公司拥有一支具备丰富银行经验的管理团队，组织架构科学、管理规范，贷款品种多样、方式灵活，操作流程高效务实。公司设四个部门：信贷业务部、风险控制部、财务部、行政部。截至年底，公司贷款余额2.98亿元。

【邦信小额贷款公司】 2017年，南昌市东湖区邦信小额贷款有限责任公司坚持践行普惠金融道路，致力于为中小微企业、个体工商户及个人提供全面、合理、正规的小额贷款金融服务。公司秉承"规模服务于质量，质量优先于效益"的经营理念，在风险可控的前提下稳步发展业务。在广大客户群体的认可和支持，各级领导的关心和指导下，各项经营情况在2017年度稳中有进。截至年底，公司共有员工25人，全年累计投放贷款370余笔，共计17400余万元，其中房产抵押类贷款360余笔，15700余万元，全年实现贷款利息收入2000余万元，上缴税收475万元。此外，公司调整产品策略，大力开展房屋抵押类贷款业务，截至年底，累计投放此类业务3.93亿元，结存贷款余额13600余万元，有效地控制新增贷款的风险，稳步提升生息资产的规模，同时进一步增强员工的自信心。业务开展过程中，公司积极开拓市场，与众多金融中介、房屋中介机构建立合作关系，拓宽业务渠道。通过为客户及合作伙伴提供专业、正规、体贴、高效的服务赢得市场的初步认可，形成相对稳定的客户来源。公司一直坚持以风险控制为主线，在调查客经营、收入情况的基础上，严控抵押物的评估值及抵押率，确保评估值不虚高，抵押率合理，整体业务风险可控。同时，积极搭建退出通道，在客户出现短期逾期时，能在最短的时间内通过促使客户通过卖房、转出等方式偿付贷款本息，截至年底，公司所有房屋抵押类贷款无任何不良贷款。

【中金财信小额贷款公司】 2017年，南昌市东湖区中金财信小额贷款股份有限公司，共有从业人员8人，累计发放贷款400笔，发放金额超10亿。截至年底，存量贷款22笔，同比增长22.22%，年末存量贷款余额6427万，同比增长43.52%。2017年，公司致力于服务和支持区域经济的发展，在省、市金融办和市委市政府的正确领导下，公司规范运行，业务发展平稳，经营效益实现稳定，并坚持与担保公司密切合作、分担风险的业务方式，最大程度保障风险。公司主要从三个方面实现经营效益的稳定:一是拓展业务模式,和已有网络牌照的企业加深合作,达到合作共赢;二是规范公司业务,加强小贷内部管理,做到信息更新及时、上下级部门间沟通更通畅;三是加强新业务模式的开拓学习,增强对小贷新业务模式的学习,多收集考察外省或本省优秀小贷企业的发展经验和业务模式,为公司未来业务模式的创新做积累。公司致力于充分发挥现有优势,在省市各级监督管理部门的指引下,规范经营,稳步前进,更好地服务广大客户。

【随行付小额网络贷款公司】 2017年,南昌随行付小额网络贷款有限公司,共有从业人员74人;各项存款余额4.97亿元;各项贷款余额0.02亿元,累计放款金额0.03亿元。南昌随行付网络小额贷款有限公司是随行付支付有限公司由支付领域走向互联网金融领域重要环节,秉持随行付支付有限公司一贯审慎经营的原则,履行用户谨慎拓展的原则,充分发挥随行付支付有限公司在支付领域积攒的用户、商户规模优势;严控用户借款场景,构建庞大线下消费场景;逐步完善大数据风控模型,建立机器模仿及学习能力,发挥商户侧数据累计的优势,建立一套随行付特有的风控模式。随行付支付有限公司致力于为小微企业提供线下收单、移动支付、互联网支付等系列支付解决服务。共有员工逾千人,全国设有七大行政区域,拥有活跃商户逾200万,年服务支付用户超过1亿人;南昌随行付小额网络贷款有限公司作为随行付支付有限公司由支付延伸至互联网金融领域的重要组成部分,紧紧围绕随行付平台上的商户和用户开展小额贷款业务,将已经开发好的产品页面,通过随行付支付有限公司已经建立的互动工具,包括web页面、微信服务号、APP客户端等进行营销获客。基于用户在随行付支付有限公司交易数据,运用已建立的大数据风控能力,为用户提供基于信用卡账单或消费场景的短期、小额的借款服务,提升金融服务能力和水平。随行付从单一的收单支付业务战略拓展"支付+金融"的普惠金融方向使其发展更多元化。推动业务创新发展,加强产品创新,深入互联网大数据、人工智能等发展,赋能行业。

证　券

【概况】 2017年,东湖区证券业发展在平稳中求突破,截至12月,证券公司(营业部)19家,各证券公司(营业部)加大与银行等金融机构合作力度,新三板业务、上市公司业务取得突破性进展,东湖证券市场实现广度和深度上的拓展。

【民生证券南昌分公司】 10月20日,民生证券股份有限公司南昌分公司取得营业执照,10月31日取得经营证券期货业务许可证,12月28日正式对外营业。分公司位于江西省南昌市东湖区阳明东路66号央央春天1号楼2004室,主要业务范围为:证券经纪;证券投资咨询;与证券交易、证券投资活动有关的财务顾问;证券承销与保荐;证券资产管理;证券投资基金销售;融资融券;代销金融产品。截至年底,分公司共有从业人员5人。民生证券股份有限公司成立于1986年,注册资本为45.8亿元,注册地为北京。公司在北京、上海、深圳、广州、郑州等地设立80余家分支机构,业务范围覆盖全国近30个省、直辖市及自治区;公司控股并管理着三家子公司:民生期货有限公司、民生通海投资有限公司和民生证券投资有限公司。民生证券与子公司优势互补,实现协同发展。2017年,分公司坚持"民生在勤,守正出新"的基本理念;坚持以诚信为根,责任为本,创新为源的核心价值观;坚持在目标、责任、利益上实现社会、企业、个人"三统一"的行为准则。不断通过业务和产品创新、管理和机制创新,为客户提供全方位、多层次的优质、规范、高效投融资工具和专业化、个性化的金融服务。

保　险

【概况】 2017年,东湖区保险业呈现良好态势,进一步发挥支持实体经济发展的功能和作用。一方面各保险机构的创新意识加强,大力拓展保险产品创新、业务模式创新;另一方面积极推动金融综合服务,加大对小微企业等群体的支持力度。同时,深入开展公益活动,积极回馈社会,充分体现东湖区良心企业的优秀形象。

【中国平安产险江西分公司】 2017年,中国平安财产保险股份有限公司江西分公司认真贯彻落实“抓服务、严监管、防风险、促发展”工作方针,坚持“保险业姓保”的发展方向,充分发挥保险长期稳健风险管理和保障功能。坚持“专业创造价值”,稳健经营,截至年底,平安产险江西分公司保费规模达31.94亿元,同比增长22.86%,进一步巩固江西财险市场第二的地位,推动江西保险业持续健康发展。2017年,公司坚守“以人为本”“客户为中心”理念,凭借扎实的专业技能和领先的科技平台服务客户,践行企业社会责任。在赣州家具厂案件中,因该事故造成数起死亡案件及大量伤残案件,公司第一时间成立应急工作小组,安排人员赶赴现场开展查勘救援工作,完成赔付案件234笔,共计赔付442万元。7月,一钴业有限公司萃取车间发生火灾,公司3天内完成100万元的预付赔款,极大地缓解企业资金周转困难,再一次体现了平安以行践诺、快速理赔的服务理念。2017年公司车险累计理赔案件151976笔,服务于217837名客户,合计赔付达12.89亿元。2017年,公司围绕客户需求,服务不断创新。在行业首创日间报案5—10分钟内开展现场查勘服务,帮助客户实现“0等待”。推广以来累计为全省11个地市2788名客户提供十分钟内到达服务,大幅缩短车险理赔客户现场等待时间。“一键包办”累计为5.8万人次出险客户提供包办服务,包办服务监控指标客户努力度累计达成80.99%、三者包办率累计达成83.46%、收获无数平安客户好评。此外,为贯彻落实中央关于打赢脱贫攻坚战的战略部署,中国平安启动总公益投入为100亿元的“三村建设工程”,面向“村官、村医、村教”的三个方向,实施产业扶贫、健康扶贫、教育扶贫。为响应平安集团号召,公司开展多项扶贫工作:为定南县19000名建档立卡贫困人口,提供总计约1.33亿的意外医疗险和意外死亡险保险保障;成立党员扶贫专项工作小组,多次前往上饶铅山县破港村和九江修水县火石村开展扶贫慰问工作;在“6·22”暴雨灾害中,立即启动重大突发事件应急预案,理赔人员全员取消休假赶往灾害现场,为客户提供第一时间的帮助与救援服务。

【中国人寿南昌分公司】 2017年,中国人寿南昌分公司始终坚持“发展是第一要务”,截至年底,累计实现总保费156747.27万元,同比增长15.04%;实现长期险首年标保15919.78万元,同比增长43.08%;实现首年期交保费35375.6万元,同比增长30.21%;实现十年期及以上首年期交保费20921.31万元,同比增长54.29%;实现短期险保费11041.36万元,同比增长20.82%。公司致力于优化保费结构,提升创费创佣能力,销售转型取得积极成效,费用结余逐年增加,结构调整更加优化,公司效益显著提高。2017年,实现续期保费80641.47万元,同比增长32.60%。其中个险渠道实现十年期交1.88亿元,同比增长57.19%,贡献度为13.53%,全省排名第一,十年期交在新单期交中占比为62.1%,同比增加7个百分点;实现首年期交3.07亿,同比增长35.87%;标准保费1.43亿,同比增长46.84%,贡献度为13.41%,全省排名第二。银保渠道实现十年期交1983.35万,同比增长92.24%;首年期交4895.28万,同比增长15.06%;标准保费1557.16万,同比增长58.23%;短险保费同比增长64.6%。团险渠道市场份额占比逐年增加,实现短险保费9424.24万元,达成年度预算目标的109.5%,同比增长22.5%,贡献度13.7%,贡献度全省排名第二;实现大短险保费11096.53万元,完成比例104.4%,同比增长23.8%,完成比例全省排名第五;实现全年期交保费133.78万元,完成比例113.37%,贡献度21.2%,贡献度和绝对数全省排名第二;销售养老保障产品6986.8万元,完成比例100.94%,年金集合计划达成565.04万元,完成比例282.52%,成为全省三个双达标单位之一。公司新单创费5466万元,同比增长4.40%,其中个险新单创费4566万元,同比增长37.23%;银保新单创费782万元,同比增长176.86%。2017年十年期及以上期交保费占首年期交保费59.14%,同比增加9.2个百分点。2017年,公司采取积极的财务预算政策,财务资源最大限度地向营业单位倾斜。一是加大对基层销售队伍的投入。公司渠道队伍建设性全年支出共计1203.16万元,占新单费用比重达24.19%。二是加大对基层办公及职场用房的投入,全年投入共计556.06万元,惠及全市11个职场,4个办公区域和2个城区柜面,共计6825.78平方米。三是新购入1800张标准化营销桌椅,投入25万元。四是制作二块户外广告标示牌,投入11万元。通过投入、改造,改善基础条件,优化发展环境,提升发展的信心。

担 保

【概况】 2017年,东湖区共有融资性担保公司5家,总注册资本14.34亿元,在保责任余额65.17亿元,占全市融资性担保业务总量86.69%,其中:为小微企业担保余额64.41亿元,为“三农”担保余额0.01亿元。2017年各融资性担保机构加大业务创新,进一步完善贷前准入、贷中审核、贷后管理制度,提高防范不良风险的能力。持续重点扶持中小微企业,对缓解中小微企业融资难和防控信贷风险起到了有效作用,推动东湖区域经济不断发展壮大。

【江西华章汉辰担保公司】 2017年,江西华章汉辰担保集团股份有限公司集团以“信用提供商、资源整合者、财富管理人”为战略定位,全力发展成为中国优秀的信用提供商,以融资担保为业务基础,与投资并购、文旅金融组成三大业务版块,为中小企业提供全方位综合金融服务,是江西省担保行业龙头企业,以担保增信为基础的综合金融服务实力在江西亦居首位。担保业务是华章汉辰核心基础业务,提供融资性和非融资性担保(再担保)服务,为客户解决一系列增信问题。服务对象分为企业客户和个人客户,服务产品细化为:个人贷款担保业务、企业融资担保业务、经济合同履约担保业务、证券公司及其衍生担保业务、诉讼保全担保业务。此外,依托第一大股东在文化产业的强劲优势和广泛资源,华章汉辰积极发展“金融+文旅”模式,运用“投、贷、保、管、租”联动服务,逐步打造集文化产业项目投资、文化版权/产权交易撮合及文化产业金融服务于一体的文旅金融业务体系。2017年,华章汉辰确立“全员风控、业务协同、三权分离”的风控模式,结合实际情况,自主设计适合发展需求的风控方案,形成三权分离的授信审核体系,严格执行商业模式整合、产品模式创新、业务流程优化、信息系统建设、道德风险防范六大风控举措,致力于将企业经营运作风险降至最低。同时,采用“低风险、高效益、多层次”的运营模式,并创新服务机制,整合专业、复杂的各类金融产品与衍生品,采用多层次业务拓展,建立综合性金融服务平台,形成适用范围广、客户融资门槛和综合融资成本低的创新型“金融服务+”体系。截至年底,公司与12家银行机构进行业务合作,与6家小额贷款公司、财务公司等进行业务合作。2017年第一季度末担保责任余额395479.38万元,二季度末担保责任余额395847.28万元,三季度末担保责任余额457721.72万元,四季度末担保责任余额640600万元,2017年四个季度平均在保责任余额472412.1万元,是注册资本金的3.91倍;2017年末在保责任余额640600万元,是注册资本金的5.3倍,全年新增加贷款担保业务1477户,增加贷款担保额655067.17万元。

【个私民营企业信用担保公司】 2017年,南昌市个私民营企业信用担保有限责任公司与国家开发银行、洪都农商银行、浦发银行、南昌银行、民生银行、工商银行正式签订合作协议,与中国银行、交通银行、农业银行、建设银行等多家银行的合作协议处在洽谈之中,是全市唯一一家与国家开发银行签订合作协议的担保公司。公司内设四部一室,即资信评估部、担保业务部、风险管理部、投资发展部、综合办公室。公司开展的业务品种主要包括企业信用担保、抵(质)押担保、票据承兑担保、个人创业及经营担保等融资性担保业务,为企业发展、个人创业提供全方位、个性化服务。公司的担保对象均为南昌市的中小企业,截至年底,累计为595户中小企业提供融资担保贷款24亿余元,2017年无新增担保,在保余额3100万元。与浦发银行、民生银行、南昌银行、农商行等9家银行达成长期合作协议,单笔担保额度为960万元,担保最大倍数10倍,最大可实现10亿元的综合授信。公司合理设置内部机构,建立分权制衡机制和良好的外部约束和相互牵制机制;健全科学决策体制与程序,建立健全集体决策与个人分工负责、责任落实到人的风险预防机制,加强制度建设,从制度上保证经营的合规性。制定一系列的管理措施和风险防范机制,包括《南昌市个私民营企业信用担保有限责任公司贷款担保审批管理暂行办法》《南昌市个私民营企业信用担保有限责任公司担保评审委员会工作规则》《南昌市个私民营企业信用担保有限责任公司A、B角制度》,完善的制度建设,有效地防范了风险,公司成立以来始终保持着零代偿零损失的信用记录。

【科技担保公司】 2017年,南昌市科技担保有限责任公司始终把防范和化解风险作为公司经营管理的核心,不断完善风险防范机制。公司坚持以诚信为本,不断开拓新思路,强化内部管理制度,以解决当前科技型中小企业贷款难、融资难为己任,在化解风险的同时,积极寻找新的担保模式,发展业务,服务企业。南昌市科技担保有限责任公司是经2011年第6次市政府常务会议审议通过,报省金融办批准成立的融资担保机构,是南昌市科技和金融结合的试点平台。科担公司于2012年元月正式挂牌运营,公司是以政府资金为引导,民间资本参与,按照现代企业制度要求、采取市场化运作模式,主要是为全市科技型中小企业创新创业提供融资性担保服务。

【中小企业担保公司】 2017年,南昌市中小企业担保有限公司共有员工8人,均具有大专以上学历,部分人员具有中高级职称,且具有很强的金融担保业务能力和风险控制能力。公司的合作银行是赣州银行股份有限公司南昌分行,公司为3户中小企业进行贷款担保,担保总额为500万元。2017年,公司实收资本5000万元,资产总额为5331万元。其中存出保证金50万元,货币资金4357万元,应收账款702万元,购置固定资产222万元,提取担保赔偿金517万元,短期责任准备金3万元。2017年,在担保的客户较少的情况下,公司仍对受保企业进行实地考察,还对企业的征信、负债及实际控制人负债率水平进行考评,企业的市场状况加以分析,盈利状况和社会知信度进行全方位的综合考核。在签订保证合同的同时公司与每一个受保企业签订反担保合同,设立相应的反担保质押物(企业和个人的相结合)。由于市场环境急剧出现恶劣变化,全年出现代偿689万元,公司通过反担保措施进行法律诉讼。

金融租赁

【概况】 2017年,东湖区共有金融租赁公司1家,注册资本10亿元。金融租赁公司坚持走市场化道路,打造适应租赁特色的先进管理机制,充分发挥新型金融机构支持实体经济的功能,形成核心业务板块良性发展的租赁业务模式,为推动全区经济发展做出积极贡献。

【江西金融租赁公司】 2017年,江西金融租赁股份有限公司坚持走市场化道路,打造适应租赁特色的先进管理机制,充分发挥新型金融机构支持实体经济的功能,积极对接“一带一路”倡议、长江经济带、原中央苏区振兴等战略实施的重点项目、重点工程融资需求,积极跟进赣江新区建设,不断创新供应链租赁模式,以“融资+融物”相结合的方式,切实落实“去库存、去产能、降成本、促增长”的产业政策,形成核心业务板块良性发展的租赁业务模式,通过融资租赁方式协助庐山西海、贵溪自来水等一大批地方实体企业发展。公司是由江西银行(原南昌银行)发起设立和控股,由中国银行业监督管理委员会批准设立的大型金融租赁公司,成立于2015年11月,注册资本10亿元。2015年12月15日,时任江西省长鹿心社为公司揭牌。2016年经联合资信评估公司评级,公司主体信用等级为AA+,成为江西省第三家AA+以上的法人金融机构。截至年底,公司资产总额为116.16亿元,同比增长28.40%;负债总额为104.76亿元,同比增长31.54%;所有者权益总额为11.39亿元,同比增长5.17%。2017年,公司融资租赁资产五级分类全部为正常,无逾期租金,租金回收率为100%;累计实现营业收入3.23亿元,同比增长17.35%;拨备后利润1.01亿元,同比增长21.69%。2017年,公司共缴纳税收6021万元,同比增长83.01%。

(邓　菁)

财政·税务

综 述

2017年，由于受“营改增”、省以下收入分成体制调整等多种减收因素叠加，东湖区财政收入面临巨大挑战：一些支柱企业税收下滑；一些新增税源项目尚未产生税收。面对严峻的财政收入特别是地方收入减收形势，东湖区高度重视，每月定期开展专题调度，分析当月财政收入情况，找寻收入增长点，解决财政收入所面临的问题。同时，全区建立由区领导、各单位主要领导、经济工作分管领导及工作人员组成QQ、微信工作群，遇见问题随时调度、快速处理。区财税部门认真贯彻落实积极财政政策，加大财源培植力度，加强征收管理。年初，该区将财税目标任务逐级分解，量化考核指标，强化督导落实每月收入进度；完善税务、工商、协税、街道等部门联系机制，严防跑冒滴漏；加强税源监控，健全财政税收信息管理体系，实施对重点企业、重点行业等入库信息的动态管理。此外，充分发挥财政资金的引导作用和乘数效应，引导和鼓励企业加大科技创新投入，支持产业结构优化调整；实施服务业升级战略，调整产业布局，做大做强都市经济，实现财源可持续性增长。截至年底，区财政总收入（省口径）突破60亿元大关，达到64.63亿元，同比增长19.59%。全年地方一般公共预算收入13.05亿元，同比增长5.88%，税收收入占一般公共预算收入的比重达到80.8%。

（卜　斌）

财 政

【概况】 2017年，东湖区财政工作重点围绕区委、区政府的总体部署，紧盯全年目标任务，主动适应新形势，积极面对新要求，全力推进财政改革不断深化，攻坚克难，开拓进取，有力地促进全区经济社会各项事业持续健康发展，财政预算执行情况总体良好。该区荣获“2017年度全市财政预算绩效管理工作达标县区”称号，区财政局被评为“2017年度全市财政工作优胜单位”“江西省2017年文明单位”。

【完善综合治税体系】 2017年，东湖区不断扩展涉税部门联动合作领域，强化与工商、税务等部门的联系对接。完善信息共享、税源管控、工作调度、考核奖惩等各项工作机制，积极实施重点企业税收预报、重大税源项目跟踪、企业分块分级管理等工作措施，充分发挥街镇、相关职能部门协税护税和税收保障职能，落实治税责任，凝聚征管合力。完善涉税信息管理平台构建，依托协税护税联席会议开展密切合作，积极实行联合办税和委托代征，实现税收服务站在11个镇、街办（管理处）的全面覆盖，综合治税水平进一步提升，该区被国家税务总局评为全国百佳国税地税合作县级示范区。

【推进优质财源培育工作】 2017年，东湖区进一步加大对中小微企业的扶持力度，积极运用“大众创业、万众创新”、“降成本、优环境”政策，为实体经济发展和财源建设提供有力支撑。截至年底，该区发放“财园信贷通”贷款111笔，共计

5.39 亿元。

【建立涉企服务联动工作机制】 2017 年,东湖区紧密联系涉企服务部门,创建以税收工作为主导的涉企服务联动工作机制,积极改善营商环境,持续开展联系走访税源企业活动,倾听并及时反馈企业诉求,努力为企业提供精准、有效的服务,不断增强税源企业认同感与满意度,保障全区税收的长效增长。

【推进“两业”精细化管理】 2017 年,东湖区深入研究相关税收政策变化情况,细化房地产业、建筑安装业台账管理,突出税务登记、工程立项、合同签订、项目预缴、支付结算等节点控制,密切关注工程进度,及时为企业提供纳税业务辅导和全程服务,确保应收尽收。

【实施中期财政规划管理】 2017 年,东湖区启动 2019—2021 年 3 年财政规划的编制,提高预算编制前瞻性、有效性和可持续性,增强对年度预算编制的指导作用,完善部门重点支出项目规划,加大对结余结转资金与年度预算的统筹力度。

【推进预算编制全面规范透明化】 2017 年,东湖区全面实施《支出经济类科目改革方案》,通过继续细化预算编制,进一步提高预算透明度,为严格机关运行支出管理创造有利条件,努力实现规范预算执行、保障预算监督、提升政府效能的目的。

【完善财政涉农事项服务】 2017 年,区财政部门扎实做好财政惠农一卡通发放工作,确保各项惠农补贴的及时发放,落实“一村一品”“双带”“一事一议”等资金的事前、事中、事后监督,确保涉农资金安全运行和规范管理,切实维护广大农民的合法利益。

【启动财政电子化支付改革】 2017 年,南昌市财政部门拟将东湖区作为财政电子化支付改革的试点县区之一,该区结合地方国库集中支付电子化管理工作的总体要求,重新设计财政专项资金国库直接支付管理办法和支付流程,以此为契机积极完善国库集中支付运行机制,增强财政资金安全防范能力。

【简化和完善政府采购程序】 2017 年,东湖区紧紧围绕“规范管理、扩大规模”工作目标,扩大政府采购规模和范围,采购活动涵盖公益性强、关系民生的公共服务项目,并简化和完善政府采购程序,提高办事效率,同时进一步加大监管力度,以确保政府采购的公开、公正、公平。截至年底,全区货物、服务类政府采购实际金额为 5899.55 万元,节约资金 673.94 万元,节约率 10.25%,有效地节约了财政资金,最大限度地发挥财政性资金的使用效益。

【完善评审工作制度建设】 2017 年,东湖区修订该区基本建设项目和中介机构库管理办法,强化评审指标对比分析与查验,不断优化评审质量管控,提升评审监管水平。完善建设资金直接支付管理制度,对资金支付严格把关,及时堵截工程结算中的不规范行为,规范建设资金拨付和使用。截至年底,全区共完成评审项目 107 件,评审定案金额 11340.39 万元,核减率 8.25%。

【推进公务消费网络监管平台建设】 1 月,东湖区公务消费网络监管平台上线运行,实现全区各预算单位(非涉密单位)“三公”经费支出的动态监管。截至年底,该区公务消费网络监管平台注册单位 95 个,上线率达 100%,全年在平台录入“三公”经费支出共计 551.84 万元。

(卜 斌)

国家税务

【概况】 2017 年,东湖区国税部门团结拼搏,攻坚克难,围绕加强组织收入工作、提高依法治税水平、提升便民办税服务、推进全面从严治党,有条不紊地开展各项工作,较好完成年初确定的各项工作任务,为推进税收现代化做出积极贡献。截至年底,共组织入库税收收入 125070 万元,较 2016 年度的 86047 万元,增加 39023 万元,同比增长 45.35%。

【提高税收征管水平】 2017 年,区国税局不断加强风险管控及信息核查工作,建立“统一推送、分类应对”的税收风险管理流程,形成统一推送、分类牵头、有序整合、协同部署的横向协调机制,同时在评估工作中进一步强化涉税信息采集,严格评估程序,增强评估实效,入库税款 1134.26 万元。严格把关,抓紧税收优惠政策的落实,建立健全减免税台账,认真执行"先退税后评估"管理规定。增值税方面,先征后退总额220万元,其中安置残疾人就业退税136万元,软件增值税退税84万元,小微企业征前减免税额3687.9万元。企业所得税方面,对2017年小微企业企业税收优惠政策落实不到位的情况进行整改,全年共促进小微企业发展减免企业所得税423.34万元。圆满完成2016年度企业所得税汇算清缴工作。

【提升便民办税服务】 2017年,东湖区着力提升便民办税服务质效,打造办税服务新常态。一是理顺征管流程。组织各科室人员对征管流程进行再学习,确保流程更规范有序,同时加强内部信息资料的流转和共享,节省信息重复流转。二是进一步简化办税程序,减少审批手续和审批环节,大范围推广"免填单",加强推广"税库银"横向联网申报。三是细化办税的服务流程,及时公开服务指南、办税须知、办税时限、办税标准、办税热线电话等事项;实行全方位的"前台受理、内部流转、限时办结、窗口出件"的税收"一窗式"管理服务,真正把办税服务厅整合成为"进一扇门,办样样税"的综合服务平台。四是开展降成本优环境专项行动,对税收优惠政策落实情况、税收服务措施落实情况进行全面排查,并配合省、市局及当地党政领导对辖区内61户企业走访,为企业解答、解决涉税问题近百个。

【推进全面从严治党】 2017年,区国税局切实履行基层党建工作责任,形成抓党建工作落实的合力。认真落实"三会一课",每个月开展支部主题党日活动,每周四下午为学习日,每季度至少写出一篇学习心得。扎实推进"两学一做"学习教育常态化制度化。认真组织学习贯彻中共十九大会议精神,把学习贯彻十九大精神作为首要政治任务抓紧抓好,开展以"严纪律、防风险、促廉洁"为主题的勤政廉政教育月活动,全面落实党风廉政建设责任制,组织干部签订2017年党风廉政建设责任书。落实谈心沟通制度,一把手与班子成员谈话4人次,与各部门负责人谈话24人次,班子成员与分管部门负责人谈话40人次,部门负责人与所属部门人员谈话105人次。开通"廉洁东湖国税"微信公众号,开展干部作风突出问题的监督检查,进一步增强干部职工的反腐倡廉责任感和紧迫感,确保各项工作落到实处。

【加强国地税合作】 2017年,区国税局继续深化国地税合作,主要做法:一是继续做好国、地税合作征收税款工作。截至12月26日,区国税局共计为地税代征税款20695户次,税额3980.38万元,区地税累积为国税代征税款2252.60万元。二是协同核定税款工作。清理出单方未核定税款、双方未核定税款以及双方核定税款不一致的情况,双方协同进行核定税款调整。三是联合采集财务报表。3月1日,正式联合地税共同采集财务报表,群众可向国税、地税任一方报送财务报表,无须二次报送。四是联合签订三方协议。纳税人与国税、地税的协议一次性签订,避免纳税人在签订三方协议时多头跑的情况,减轻纳税人负担。五是"一机双系统"正式运行。8月,经过前期测试和调试,"一机双系统"成功运行,有效地减少前台切换电脑带来的烦琐操作,缩减了办理国、地税业务的时间,同时减少了计算机设备的使用需求。

(熊　莹)

地方税务

【概况】 2017年,东湖区地税部门全面贯彻落实中共十八大及系列全会和中共十九大会议精神,以地税"二次创业"为契机,牢固树立"实干创优、走在前列"的终极目标,坚持"以实干促发展、以实效促提升",加快推进全面从严治党和税收现代化建设进程,较好地完成全年各项工作。截至年底,全区共组织地税收入110753万元,同比增长16.25%,增收15478万元。组织税收收入104400万元,其中区级一般预算收入22037万元,按预算新口径比较,增长22.4%,完成市局及区政府的税收收入任务。东湖地税局荣获"全国百佳国税、地税县级示范区"、"全国职工书屋"、"全省巾帼文明岗"、"全省五一巾帼标兵岗"、"江西省第十四届文明单位"、全省地税系统"2017年度全国纳税人满意度调查"先进单位、"全省地税系统营改增试点工作集体三等功"、"南昌市第十五届文明单位"、"全市党性教育基层基地"、"五星级基层党支部"、"全市地税系统公共机构节能工作优秀单位”、“青清行动”2017年度优秀青年志愿服务队等荣誉称号。

【推进国地税业务全方位融合】 2017年,东湖区致力于“首善标准”打造国地税合作办税“东湖样本”,除国地税业务有效融合外,还在国地税合作“软环境”建设上下足功夫,不断拓展“一体两厅”服务功能,畅通服务纳税人的“最后一公里”。4月20日,联合办税窗口再次升级,全部采取“一人一窗一机双系统”同窗通办的形式,服务更便捷,效能大提升。同时,开通咨询服务、自助办税、网上办税、实名办税、网上发票领购、邮政邮寄上门、征管资料影像扫描、电子税务局智慧办税等服务,建立“前台沟通、横向交流、联席协商”三级沟通交流机制,制定了一套涵盖人员岗位职责、纳税服务、内控机制、应急预案等内容的联合办税管理制度和绩效考核办法。另外,为便于纳税人就近办理涉税业务,东湖区国、地税提出打造“十五分钟生活圈”工作思路,联合制定纳税服务进社区工作规划,在辖区内的10个街办成立“税务服务站”,有效地加强税源管控。

【积极做好环保税开征准备】 2017年,区地税局按照省、市局的要求,制定环保税开征前期的调查摸底共组方案,并明确相关职责,组织干部对环保税法进行学习。同时,结合大企业走访,对辖区内环保部门收取排污费的企业逐一进行走访,开展税负调查和研究,了解企业近3年排污费缴纳、环保监测管理及污染处理设施建设等情况,分析环境保护税开征后可能存在的问题。

【促进便民办税提档升级】 2017年,东湖区深入推行“一窗式”“一站式”服务,以及全程服务、限时服务、延时服务、预约服务等多种服务方式;积极开展多形式的税收宣传,将满意度调查工作开展与“税企对话 共解难题”纳税人走访活动相结合。从金三系统中抽取20417户,进行全面沟通,搜集意见建议166条,累计为纳税人解决涉税问题279个,圆满完成全国纳税人满意度调查工作。联合东湖区财政局、北京摩拜科技有限公司开展“探寻东湖之春—国地税携手摩拜单车宣税法”活动。以“诚信兴商宣传月”活动为契机,以“立商信:营造良好消费环境”活动为主题,开展一系列宣传活动,联合开展“喜迎十九大 诚信东湖行”税法宣传及“诚信纳税我承诺”签名活动。

【抓好党风廉政建设】 2017年,区地税部门出台全年党风廉政建设工作方案,切实推行日常监督、按月汇报制,对关键人群、重要时间节点加强检查监督,坚持正确舆论导向,对子女参加中、高考的6名干部进行廉政谈话。坚持“一岗双责”“一案双查”,创新监督检查方式,综合利用明察暗访、座谈会、查阅资料、个别座谈、走访了解、民主测评等方式,推进监督检查工作常态化。截至年底,共开展监督检查12次,全面巡察4次,发现问题7件,下发整改建议书7份,警示全体党员干部不忘初心、坚守正道。

【落实税收优惠政策】 2017年,区地税部门积极落实国家结构性减税政策和省、市促进经济平稳增长系列税收优惠政策,着力抓好小微企业税收优惠政策的具体落实,充分发挥税收政策的调控作用,同时依托金三系统规范税收优惠的备案管理。截至年底,享受相关优惠政策的企业共有537户,减免房产税2259万元,减免城镇土地使用税1117万元。制订《东湖区地方税务局两税困难减免管理办法》,核准减免城镇土地使用税11.6万元,并报市局核准减免房产税88万元。

【推进税收执法全过程记录】 2017年,东湖地税局作为全市地税系统试点推行税收执法全过程记录工作试点单位之一,区局高度重视,派人赴青岛市地税局学习税收执法全过程记录先进经验,并根据市局要求,制定东湖地税局推行税收执法全过程记录工作分工与时间推进表,按照各个时间节点落实此项工作,促进严格、规范、公正、文明执法。

(杨璐璐)

经济管理与监督

综 述

2017年，东湖区面对错综复杂的内外经济形势，全区各级各部门紧紧围绕区十六届人大二次会议确定的目标任务，在“强产业、兴城市、促改革、优生态、惠民生”等方面重点发力，各项工作取得扎实成效，计划执行情况总体良好，全区经济社会继续保持平稳健康发展态势。

2017年，东湖区实现地区生产总值467.55亿元，按可比价计算同比增长8.2%；500万元以上固定资产投资完成205.6亿元，同比增长13%；社会消费品零售总额完成230亿元，同比增长12%；规模以上服务业营业收入30.9亿元，同比增长20%。完成财政总收入市口径70.63亿元，同比增长12.3%；地方一般公共预算收入13.05亿元，同口径增长6.5%。完成实际利用内资49亿元，同比增长20.16%；城镇居民人均可支配收入达39355元，同比增长8%；实际利用内资49亿元，同比增长20.16%；实际利用外资2.23亿美元，同比增长20.33%；出口创汇实现3.37亿美元。

2017年，东湖区深入实施《服务业四年发展行动计划》，产业集聚阵势拉开、程度不断上升。全区服务业增加值占地区生产总值比重91.75%，较去年同期增长0.64个百分点；新增六大主导产业企业1800家，同比增长2.4%。AAAAA级楼宇商务面积较去年同期增加1.8万平方米，新增税收千万元商务楼宇2栋，全区楼宇总建筑面积、商务面积分别达到59.3万平方米、44.6万平方米，入驻目标楼宇企业2094家，产生税收10.63亿元，目标楼宇贡献率同比提高7.68个百分点。

2017年，东湖区总投资353.67亿元的51个重大重点项目，共计完成年度投资37.86亿元。11个市级重大重点项目完成年度投资24亿元；6个市级重点推进项目实现开工率、投资率、达标率三个100%，在全市位列前三。全年共有17个超5000万元重大项目处在施工阶段，总投资超150亿元的苏宁广场、中金中心、中海商业、融创地产等重大项目建设进程不断加快，总部经济大厦、八一馆商业综合体、熹庐健康养生园一期等一批项目顺利竣工。

宏观经济管理

【概况】 2017年，东湖区宏观经济管理部门锐意创新，开拓进取，认真履职，圆满完成各项工作任务。区宏观经济管理工作按照省、市发改委的工作安排及要求，大力推行投资审批制度改革，稳步推进该区投资项目在线审批监管平台基础建设，简化投资审批流程。确保投资项目网上受理、办理、监管“一条龙”服务，让信息多跑路，让企业和项目少跑腿，为该区简政放权、优化投资环境贡献正能量。

【推进项目立项审批】 2017年，东湖区共立项审批103个，项目总投资75415.95万元，项目备案65个。区发改委积极申报南昌市保障性安居工程、城市基础设施中央预算内补助投资和专项建设基金，青山湖西岸农房及城镇安置房七里嘉和小区二区工程（控规CD101—B01地块）城市棚户区改造项目和绿洲佳苑小区二期垦区棚户区改造

2个项目成功申请到中央预算内投资，共获得中央投资1288万元。区发改委积极配合上级部门做到一周一调度，2个项目进展顺利。

【推进投资项目在线审批监管平台建设】 2017年，按照省、市发改委的工作安排及要求，区发改委积极部署，稳步推进东湖区投资项目在线审批监管平台基础建设。东湖区投资项目审批部门于2017年1月4日起全面启用投资项目在线审批监管平台。

【实行“平台之外无审批”】 2017年，东湖区将非涉密的所有审批、核准、备案的投资项目全部纳入平台办理，各投资项目审批部门投资项目审批事项也全部纳入平台办理，积极推行“平台之外无审批”。

【推进政务公开工作】 2017年，东湖区积极推进行政许可和行政处罚等信用信息工作。成立东湖区“行政许可、行政处罚双公示”工作群，并在东湖区政府网站上开辟全区“双公示”信用信息专栏。积极整理东湖区行政许可和行政处罚事项目录，据统计，东湖区共涉及行政事项的单位共23个，其中行政许可150项，行政处罚1800项，所有事项均已上网。

【开展高尔夫球场清理整治工作】 2017年，根据江西省发展改革委等十一部门办公室转发《国家发展改革委等十一部委办公厅关于做好高尔夫球场清理整治“回头看”工作的通知》文件精神，区发改委高度重视此次高尔夫球场清理整治“回头看”工作，并连同各街办、贤士湖管理处、扬农管理处和扬子洲镇对辖区内的高尔夫球练习场进行梳理和自查，未发现存在顶风新建扩建、死灰复燃、擅自恢复建设的球场。

（胡晨路）

企业资产管理

【概况】 2017年，区企业资产管理工作紧扣稳定、改革、发展这条主路线，以创新管理为动力，以维护稳定工作为重点，以民生工程为根本，认真履行职责，取得良好成绩：区企资中心获得2017年度东湖区文明单位、2017年度东湖区人口和计划生育工作达标单位、2017年度东湖区基层社会治安综合治理先进单位等荣誉称号。

【加强资产监管工作】 2017年，面对企业管理任务加重而实体经济下行压力的双重考验，区企资管理部门采取给部分店面承租户按比例降租、起诉一批以政府道路改造等原因拒不交纳租金的承租户及空置店面“一店一评”的方式，严格按照东湖区《关于经营性房产租赁管理规定》，全年共完成150余处到期店面的续租，实现租赁性收入3900多万元。特别是对因市场下行导致的空租店面交由第三方评估机构进行市场评估定价后在网上公共资源交易平台进行公开拍租，成功盘活5家闲置店面，确保国有资产的保值增值。

【做好企业维稳工作】 2017年，区企资管理部门认真做好企业职工的稳定工作，注重排查的广度、调处的力度，围绕“两会”、中国人民解放军建军90周年、中共十九大等一系列重大时期，深入抓好矛盾纠纷排查调处工作，并成立专门稳控小组，确保随时掌握动向。截至年底，共接待上访人员共400人次，赴京接访4次，妥善地解决网上信访事件9件，南昌水表厂、南昌无线电天线厂、副食品二厂、青山工贸等突出的信访问题得到化解。同时，积极稳妥地做好安全生产和消防工作。区企资中心与各归口管理单位签订安全生产责任书并将安全生产、消防工作目标责任进行分解，形成安全生产、消防工作党政一把手负总责，安全生产消防工作分工负责，安全生产人人有责的管理体系。下发东湖区安全生产倡议书400余份，制作安全警示牌、标语30余处，更换灭火器90余个，全年未发生一起安全生产事故。

【积极推进经济发展】 2017年，区企资管理部门克服企业发展、稳定任务重的矛盾，强力推进招商引资及协税护税工作，全年完成外资504万美元，内资1.08亿元，实现新增税收115万元、一企一策税收区级所得127.15万元。依托自有店面资源，采取一个项目一个工作组的办法，对空置厂房店面采取“一店一评”的方式，由遴选确定的评估公司进行市场评估。以评估公司出具的评估价为空租店面招拍租的底价，对空置店面进行招拍租，成功引入注册资金达1亿元的江西拉伙文创有限公司、注册资金5000万元江西汇百实业有限公司、注册资金达1200万元的江西青年机电工程有限公司、注册资金达1000万元的江西省中韬科技服务有限公司、注册资金达1000万元江西省东嘉科技咨询管理有限公司、注册资金达1000万元南昌楠湖科技有限公司等一批实力企业。

【切实保障职工权益】 2017年，区企资管理部门开展多种形式的送温暖活动，把民生工程落到实处。积极主动为退休职工办理计生证明，把政策用好、用足；对全体工会会员进行信息采集，对困难职工基本状况进行全面摸底，为商贸系统在职职工调增工资，为一批下岗职工调增生活费，结合春节期间走访离休干部及配合区总工会和区民政局慰问困难职工与军转干部共计470余人，共发放慰问品慰问金50余万元。由于力度加大，一些困扰企业稳定的问题，得到有效的解决。

【稳步推进征收工作】 2017年，区企资管理部门高度重视企业厂房店面征收工作，多次召开全中心企业征收工作布置会，组织精干力量，积极完成化学涂料厂、百花洲童鞋厂、第八百货商场、苏圃路东南饼庄、昌盛药店、公园工贸、南昌电器元件厂涉及佑民寺等地块的店面的拆迁任务，完成拆迁面积3000平方米。同时加强与拆迁指挥部、房管等部门协调，确保南昌化学涂料厂、商企办机关办公楼、南昌副食品二厂、南昌高分子医疗器械厂和青山工贸服务中心、墩子塘工贸服务中心拆迁补偿问题得到妥善解决。企业按政策及时得到9700余万元的补偿，妥善地解决职工代垫社保、医保欠款、退休人员福利、职工工资及退休人员工资等问题。

（梁国荣）

行政审批

【概况】 2017年，东湖区行政审批工作围绕打造“实力、活力、魅力”东湖建设目标，真抓实干，务求高效，力争做到服务受理零推诿、服务方式零距离、服务质量零差错、服务结果零投诉，为全区上下“阔步复兴征程，再现首善荣光”打下了坚强的政务环境保障。

【深化行政审批制度改革】 2017年，东湖区继续深化简政放权。区行政服务中心配合区编办做好全区简化优化公共服务流程和网上审批系统建设的工作，区行政服务中心按照确认后的行政许可审批事项目录，填写行政许可审批事项的各项信息，实现网上审批系统全面上线升级，推进所有行政许可审批事项在线受理。7月，全面梳理公共服务事项，编制《公共服务事项清单》，着重对办事指南类的公共服务事项列明信息要素，编制《“办事指南类”服务事项信息要素表》，简化优化办事环节和流程，取消各类无谓的证明，精简办事材料和手续，将公共服务事项中可在线办理的事项录入网上审批系统，实现公共服务事项在线办理。

【推进网上审批与电子监察系统建设】 2017年，区行政服务中心对各单位行政许可审批事项的相关信息进行确认及录入，组织新系统操作业务培训和技术指导，1月底新系统正式上线运行，所有行政许可审批事项147项全面实现在线受理办结。

【推进“三中心”平台标准化建设】 2017年，东湖区继续做好滕王阁街道、百花洲街道、大院街道、墩子塘街道4家便民服务中心项目续建工作，加强建设前期业务指导，要求项目建设单位严格按照《南昌市乡镇便民服务中心建设与管理“星级”评定细则》的工作要求，服务大厅面积在300平方米（含）以上做好规划设计工作，打造“五星级”街道便民服务中心。同时，根据《关于印发镇政府（街道办）权责清单规范指导版本》（赣编发〔2017〕61号）的通知，中心配合区编办梳理街道便民服务中心公共服务事项，经区政府审议后形成《东湖区乡镇（街道办）公共服务清单》，并通过江西政务服务网对外公开，推进公共服务事项全部纳入乡镇（街道）便民服务中心办理，为基层群众提供便捷高效的政务服务。

【规范公共资源交易工作】 2017年，东湖区公共资源交易中心共完成公共资源交易项目132个，交易总金额共计6122.76万元。其中，建筑工程项目42个，成交金额1387.45万元；政府采购项目75个，成交金额1732.89万元；产权交易项目11个，成交金额2921.67万元；其他交易项目4个，成交金额80.75万元。

【优化投资环境工作】 2017年，东湖区为不断提升政府部门服务质量，构建东湖区域经济、社会、民生发展的良好氛围，进一步加强作风建设，提高服务效能，增设不动产登记“一站式”服务窗口。根据南昌市人民政府办公厅《关于印发南昌市政务服务网基层延伸工作建设方案的通知》(洪府厅发〔2016〕109号)的要求，在中心三楼大厅增设不动产登记“一站式”服务窗口，鉴于是不动产抵押设立及抵押注销登记等业务受理量较大，在考虑权限管理以及场所等因素的情况下，窗口设置采取过渡期运行模式，增设窗口受理不动产抵押类登记相关业务，在条件成熟后，推进增设不动产登记其他业务办理窗口。

（张淑华）

市场和质量监督管理

【概况】 2017年，东湖区市场和质量监督工作坚决贯彻区委、区政府和南昌市市场监管局、市食药监局工作部署，主动适应经济发展新常态，全面深入推进“放管服”改革，一手抓服务、促发展，一手强监管、保安全，全力营造宽松、公平、合法的市场经济秩序，各项工作稳中有进、稳中向好。实现全年全区食品、药品和特种设备等领域安全无事故，荣获2017年度南昌市特种设备安全工作先进单位和2017年南昌市食品安全法律知识竞赛团体三等奖。

【做好食品药品检验检测工作】 2017年，区市场监管局共完成省市局食品抽检计划999批次，完成区本级食品抽检375批次；完成省市化妆品抽验计划15批次，对辖区内医疗机构和药品经营单位的药品进行抽样检验237批次；同时，充分利用东湖区餐饮服务食品安全快检室对福州路及其周边餐饮服务单位提供免费检测服务，对可疑食品做到早发现、早处理，及时消除各类食品安全隐患。截至年底，快检室共检测各类样品34163件，合格率为99.2%。

【加强食品药品安全监管】 2017年，区市场监管局先后开展节日食品市场整治、学校周边食品安全专项整治，积极响应突发食品安全事件，应上级

2017年12月15日，东湖区市场和质量监督管理局举行“创建放心消费示范单位”授牌仪式

单位安排,开展清查产自日本核污染地区食品、江西绿滋肴井冈山红米等行动,及时消除食品安全隐患。与区教科体局组成联合执法检查组对全区学校(托幼机构)食堂进行食品安全专项执法检查,严把食品原料采购查验关、从业人员健康关、餐饮具清洗消毒关、食品留样关等食堂餐饮安全"四关"。此外,深化GSP跟踪检查工作,加大对特殊药品的日常动态监管。加强医疗器械监管,截至年底,共检查医疗机构20家,经营企业102家,生产企业5家。

【做好餐饮服务食品安全保障工作】 2017年,区市场监管局共对省"两会"、港澳青年大学生夏令营等4起重大活动(会议)进行了餐饮服务食品安全保障。重大活动(会议)期间派出执法人员进驻会议接待单位,对菜谱、采购的食品原料、餐饮具消毒、加工制作过程、食品留样、从业人员健康状况等进行24小时全程监督,并运用现场快速检测设备对食品及食品原料进行食品安全现场快速检测,共快检食品406批次,保障与会人员的餐饮服务食品安全,大力开展国家食品安全示范城市建设,在2017年度食品安全考评中获得"优秀"等次。

【保持特种设备安全监管高压态势】 2017年,东湖区坚持日常监督检查与专项整治相结合,全年共检查辖区内特种设备使用单位527家,覆盖率达100%,其中锅炉34台次、压力容器435台次、电梯1979台次、起重机械105台次、大型游乐设施31台次、场(厂)内专用机动车辆6台次。下达安全监察指令书33份,发现安全隐患139条(整改完成138条,待整改1条,20条立案调查),受理特种设备投诉举报22起,投诉举报回复率达到100%。组织开展气瓶安全专项整治、电梯安全攻坚战专项整治等一系列专项整治行动,并在重大节日和两会期间加大安全监察力度,确保全区特种设备安全。

【稳步推进商事制度改革】 2017年,区市场监管局牢牢把握"放管服"改革导向,以深化商事制度改革为重点,在更深层次、更大范围内推进简政放权优化服务,全面推行企业及个体工商户"多证合一",不断提高群众对登记制度改革的知晓率,拓宽商事主体信用信息的征信范围,实现信用监督的信息化和便利化,提升社会管理效能。在核准企业登记注册时,凡经营项目涉及后置许可的,一方面书面告知企业到相关后置许可部门办理许可手续后才能开展相关经营活动,另一方面通过"南昌市企业监管警示系统"的"双告知"平台将有关企业推送至市级后置许可部门,同时将已登记的全部企业信息在"双告知"平台发布,方便企业、个人进行信息查阅。截至年底,全区新增企业2066户,新增企业注册(认缴)资本达93.70亿元,新增个体工商户3626户,新增从业人员7964人。局行政审批局副局长胡继斌被国家工商总局评为优秀窗口工作人员,局行政审批局被省工商局评为先进窗口。

【强化消费维权服务】 2017年,区市场监管局加强投诉举报系统升级改造,进一步畅通消费投诉举报渠道。全年全区"12315""12331""12365"网络共接到消费者投诉举报2716件,办结2622件,办结率96.5%;共收到群众投诉举报信函93件,办结率87%;共受理各类"12345"市民服务热线131件次,办结129件,办结率98.4%,满意率100%,未办结投诉件均在办结期内,接听群众来电咨询和现场投诉150余起。切实做到投诉有渠道、投诉有受理、投诉有结果。此外,及时协调处理群体性投诉事件,对消费者群体投诉的"萧邦""积家"等预付卡消费纠纷案进行重点的登记和调查,积极回应舆情,牵头多部门联合开展有针对性的专项整治。开展"创建放心消费示范单位"活动,为首批8家创建单位授牌。

【加强事中事后监管体系建设】 2017年,区市场监管局探索推进网格化监管模式,实现专项整治与"双随机"抽查相结合,加大行政执法力度,营造安全规范的市场环境。全局11个分局共划分37个网格,切实做到分片包干、责任到人,使监管方式由粗放变为精细,使每位监管人员都有自己的"责任田",全区11家食品生产企业、3529家食品流通户、1740家餐饮服务单位、50家单体药品、527家特种设备使用单位及其他市场主体全部入网入格,切实做到各监管环节无缝衔接,有效防止和消除执法盲区和监管空白。通过"双随机"执法对市场主体全面"体检",根据"双随机"工作方案要求,突出重点监管,根据双随机工作方案的要求，突出重点监管，进行四次抽查，共抽查企业196户。移进经营异常名录1124户，移出经营异常名录259户。向社会提示风险，逐步实现“事前审批为主”转变为“事中事后监管”的市场监管新格局。此外，建立法定代表人任职限制“黑名单”制度，针对部分企业“重开业登记、轻注销登记”的心理，将被吊销营业执照的“僵尸企业”法定代表人列入“黑名单”管理，限制其担任新设企业的法定代表人。通过以公示系统为基础的登记注册、行政许可、综合执法、行业主管相互衔接的跨部门联动响应和失信约束机制，实时公示经营异常名录和“黑名单”信息，为实现信用监管、联合惩戒奠定基础，形成了“一处失信、处处受限”监管新格局。

【不断强化执法力度】 2017年，东湖区共立案查处各类经济违法案件83件，结案75件，其中虚假宣传6件，商业贿赂1件，无证冒用4件，商标违法案件5件，广告违法案件9件，特种设备9件，食品安全34件，质量案件6件，药品案件7件，医疗器械案件2件，市场监管执法力度不断强化，树立市场监管新形象。

（黄　耀）

安全生产监督管理

【概况】 2017年，东湖区安全生产监督管理工作坚持以习近平新时代中国特色社会主义思想为指导，认真贯彻落实习近平总书记、李克强总理关于安全生产的系列重要指示精神和省、市有关要求，牢固树立安全生产红线意识、底线思维，始终坚持科学发展、安全发展，充分发挥安全生产综合协调和监管职能，全面完成安全生产各项指标任务。截至年底，全区共发生安全生产事故2起，死亡2人，直接经济损失200万。全年未发生较大安全生产事故，无重特大火灾，安全生产态势总体平稳，区安全生产监督管理局获得2017年度“江西省安全生产工作先进单位”。

【贯彻落实上级安全生产决策部署】 2017年，东湖区高度重视安全生产工作，认真贯彻落实上级重大决策部署，确保全区安全生产形势稳定。一是领导高位推动安全生产工作。区委、区政府2017年度多次召开区委常委会、常务会议和办公会议研究部署安全生产工作和学习传达上级重要指示精神。二是层层学习传达。区委常委会和区政府常务会议先后5次组织学习中共中央、国务院、江西省委省政府和南昌市委市政府《关于推进安全生产领域改革发展的意见》，要求各单位层层组织传达学习，区安委办按时间节点要求认真组织编写该区推进安全生产领域改革发展意见。三是开展多样宣传。5月26日，江西省安监局政策法规处徐长根副处长受邀以“加强红线意识，促进安全发展”为主题，从安全法规、党委政府职能、执法监督、安全生产事故等方面，结合省市安全生产形势，联系相关事故案例，对全区副科级以上干部进行宣贯。

【做好中共十九大召开期间安全生产工作】 2017年，区安全生产监督管理部门深入学习贯彻全国、省、市、区文件精神，有效防范生产安全事故发生，确保十九大期间安全生产稳定，降低潜在安全风险。9月28日，东湖区召开全区安全生产会议，要求全区吸取事故教训，全面启动隐患大排查机制。为使会议精神落到实处，工作开展见到实效，区安委会根据该区实际，立即制定下发《关于切实做国庆、中秋及十九大期间安全生产工作的通知》，对全区所有地区、所有行业领域，所有生产经营单位和人员密集场所进行全面检查，做到“全覆盖、不留死角、不留盲点”，检查到的安全隐患能整改的立即整改，一时不能整改到位的限期整改到位。截至2017年9月，安全生产大检查共组织督查组82个（其中政府督查组7个，部门督查组41个，企业自查组34个），参加检查人员484人次，督查生产经营单位1582家，发现隐患2322处，整改2219处，处罚金额13.6万元，整改率96%，无重特大安全隐患。

【健全完善安全生产责任体系】 2017年，东湖区结合实际，进一步健全完善安全生产责任体系，协调各专业行业领域的安全生产工作。一是加强组织协调机构建设。成立由区长为主任、区政府分管领导为常务副主任的区安全生产委员会，每季度召开一次安全生产工作会议，主要传达学习该季度重要安全生产会议及文件精神，研究部署安全生产工作。二是建立安全生产考核机制。年初与各安委会成员单位签订安全生产责任状,制发年度安全生产工作考核表,采取集中会审的方式,并结合各单位日常安全生产工作开展情况予以评分,评分结果以通报形式下发至各单位。三是加大领导班子考核力度。将安全生产工作作为领导班子届中届末考核的重要内容之一,把安全生产工作成效作为领导干部提拔使用的重要依据。对于安全生产工作失职失责进行严肃问责,4 月 24 日建设大厦、4 月 28 日裕丰大厦两次火情虽未有人员伤亡情况,但鉴于造成的不良社会影响,对负有行业主管、属地监管责任的 16 名领导干部进行问责,其中诫勉谈话 5 人、采取约谈等措施 11 人。

【推进依法治安】 2017 年,东湖区强化安全执法,切实做到"三严格",全面提升安全生产工作法治化水平。一是严格执法流程。通过制定"双随机、一公开"实施细则,建立区安监局执法检查人员和检查对象名录库,公布随机抽查事项清单,开展安全生产大检查大整治工作,与辖区内 11 家危化品经营企业签订安全生产工作承诺书。二是严格执法制度。年初制定并严格执行年度执法工作计划,制定《重大行政执法决定法制审核制度》《行政执法公示公开制度》《行政执法全过程记录制度》等制度,通过《安全生产监管执法手册》培训,规范执法程序和执法文书记录。三是严格事故调查程序。截至年底,共发生两起一般生产安全事故,区政府成立事故调查组展开调查,按照完成事故调查并按规定公开调查报告,对两起事故责任人及责任单位共处罚金 46.08 万元,全部上缴国库。

【加强安全基础能力建设】 2017 年,东湖区加强安全基础能力建设,努力做到九个到位:一是资金保障到位,每年 1 万元标准划拨至各街道(镇、管理处),用于购买执法装备、应急救援物资和开展日常安全生产工作;二是上线运行到位,认真对接省安监局安全生产隐患排查治理暨行政执法信息系统,及时跟踪和监督辖区注册企业是否按照两个 15 日要求上线运行;三是信息公开到位,对辖区有安全生产不良记录的企业,上报至市安全生产诚信体系信息平台并及时通过区政府网站向社会公开;四是标准化建设到位,完成 5 家危险化学品生产和经营企业安全生产三级标准化建设;五是防治规划到位,制定东湖区职业病防治"十三五"专项规划,督促南昌陶氏化工实业有限公司进行生产工艺转型;六是应急机构体系组建到位,10 月 12 日成立东湖区安全生产应急救援指挥中心,区安委会各成员单位成立相应应急工作领导小组,搭建区街社三级应急队伍网络;七是预案编制演练到位,制定《东湖区生产安全事故综合应急预案》《东湖区危险化学品生产安全事故应急预案》《东湖区烟花爆竹生产安全事故应急预案》,各行业监管部门对所监管领域的企业结合行业特点分别组织开展应急救援演练;八是"七进"宣传到位,针对东湖位处中心老城区、火灾隐患较多的实际,采取应急演练、消防培训、知识讲座等方式,面向机关干部、社区民警、居民群众、中小学生普及安全生产法规和消防安全知识,全年覆盖受益人群 8700 余人次;九是安全培训到位,严格按照上级要求组织各安委会成员单位领导、安监员、辖区经营业主、中小学生和居民群众参加市安全警示教育基地学习,全年组织人员共计 2600 余名。

(丁　好)

价格管理

【概况】 2017 年,东湖区价格管理工作紧紧围绕区委、区政府工作中心,按照省、市价格工作部署要求,创新思路谋发展,主动作为求突破,积极推进价格改革,大力加强市场监管,努力做好各项服务,全力维护价格稳定。锐意创新,开拓进取,认真履职,圆满完成各项工作任务,为全区经济社会发展营造良好的价格环境。

【做好价格监督检查工作】 2017 年,东湖区共组织开展市场价格巡查和收费专项检查 7 次。6 月,根据"双随机一公开"要求,对 10 家区属公立、非公立医疗卫生服务机构进行检查;6 月,开展普惠性幼儿园认定工作,配合区教体局对该区申报的 16 家民办幼儿园收费情况进行检查与评审;9 月,对 4 家民营医疗机构开展规范管理集中整治工作;10 月,巡查东湖辖区范围内停车场机动车停放服务收费新标准公示情况。同时,加强对元旦、春节、五一、国庆等重要节假日和节庆活动的市场价格监督检查,开展节假日市场价格巡查,着力解决消费市场价格领域突出问题,维护正常的市场价格秩序,确保节假日市场价格秩序稳定。

【加强价格举报投诉处理工作】 2017年,东湖区坚持"有诉必理,有案必查"的原则,依法查处各种价格投诉举报,积极维护辖区良好的价费环境。2017年,共收到价格举报件164件,办结率98.8%,圆满地化解价格矛盾,较好地维护了广大群众的合法权益。根据渠道分类:12358平台举报件72件,办结71件;12345平台举报件64件,办结63件;来电举报件27件,办结27件;信件举报件1件,办结1件。群众反映价格矛盾突出领域主要是机动车停车服务收费、物业收费、医疗药品收费、教育收费、网络购物等。

【提升价格管理服务水平】 2017年,东湖区努力提升服务水平,优化价格管理体系。一是强化平价商店管理。加强对辖区17家平价商店考核工作,从稳价惠民、明码标价、日常管理多方面对平价商店履行责任义务情况进行定期与不定期考核,巩固和提升平价商店建设质量,充分发挥平价商店在"稳物价惠民生"中良好作用。二是开展农产品成本调查。扎实做好扬子洲镇7个蔬菜品种的成本调查工作,根据年度调查情况,精心组织,统筹安排,保质保量地完成扬子洲镇七个蔬菜品种的成本调查工作任务,为价格政策的制定提供翔实的数据资料。三是积极做好旅游景区价格服务工作。围绕滕王阁景区创建国家AAAAA级旅游景区工作,提醒告诫景区周边商家自觉遵守价格政策,规范景区市场价格秩序,营造景区良好的价格环境。四是加强明码标价。规范商品房明码标价工作,严格实行"一套一标"政策;免费发放商品标价签5000余张;同时在东湖区墩子塘农贸市场(166户)、新公园路集贸市场(66户)试点推行农贸市场明码标价。

【进行涉案物品价格鉴定】 2017年,东湖区围绕"两提升"活动部署,配合公安部门开展的"春雷行动""打击两抢一盗""反侵财行动"等专项整治行动,积极协助公安部门开展涉案物品价格鉴证工作,全年共受理并作出认定297起,不予受理12起,价格认定标的物总金额182.8万元。为公安机关准确有效地打击犯罪,发挥了积极地价格保障作用。

(吴慧丽　尚　俊)

统计管理

【概况】 2017年,东湖区统计管理各项工作以习近平新时代中国特色社会主义思想为指导,区统计管理部门深入学习贯彻中共十九大精神和习近平总书记系列重要讲话精神,围绕打造"实力、活力、魅力"东湖的目标,开拓进取、创新服务,有条不紊地开展各项统计工作,不断加强统计数据的监测及预警,为区领导决策提供参考,荣获2017年度全省统计工作先进集体。

【强化统计预警监测】 2017年,东湖区统计管理部门进一步做好对专业的月报、季报数据的质量控制和评估分析,对采集到的统计数据及时、针对性的提前介入,深入研究,做到事前预测重效率、提速度,事后统计重分析、探规律,特别是对地区生产总值、社会消费品零售总额、固定资产投资、服务业等重要指标进行分析,进一步发挥好决策智囊团的作用。

【加强统计调研分析】 2017年,区统计管理部门通过对区域内重点行业、企业及特色产业开展多种专项调研,有效地增强了对经济走势预测的前瞻性与准确性。截至12月底,累计印发《东湖统计动态》11期,《东湖统计月报》11期,各类网站、期刊发表调研分析文章10篇,被省局、市局网站及两办采用的信息370余篇,全面、客观地反映该区经济社会发展情况,为区委、区政府决策提供有力的依据。

【全面优化统计资料】 2017年,为了更好地当好东湖经济社会发展的参谋助手,区统计局在以往数据资料编印的基础上,全面升级优化各类统计资料。其中包括《东湖统计年鉴》《东湖区情》《数字看东湖》《东湖区近十年主要经济指标走势图》等统计数据资料,通过完整的图表和翔实的文字更加直观地展现东湖区经济社会发展情况。

【做好"四经普"专项试点工作】 2017年,自东湖区接到通知作为全国第四次经济普查专项试点县区后，区统计局高度重视，迅速行动，专项试点各项准备工作有序开展。一是制定试点方案。按照省普查中心通知要求，及时将专项试点有关情况向区政府进行专题汇报，并提出工作思路和实施方案；二是召开动员大会。根据区委区政府的指示，组织召开专项试点动员暨业务培训会，试点街办分管副主任、区统计局专业人员、街办统计员和调查员参加此次会议，区委常委、常务副区长夏小兰出席并发表动员讲话；三是广泛宣传。为营造普查试点良好的社会氛围，采取多种形式对试点辖区进行宣传，包括悬挂宣传横幅、LED 屏滚动播放宣传标语等，努力营造普查试点氛围。另外还印制《致企业的一封信》、统一制作“经济普查试点工作证”。

【完成第三次全国农业普查】 2017 年元月 1 日，东湖区农业普查正式登记工作全面启动，区统计局按照省、市统一部署，积极稳妥地推进正式登记和数据上报工作，并认真做好数据审核，做到普查对象和普查项目不重、不漏、不错，普查主要指标数据客观、真实。同时对 PDA 登记的普通农户、规模农户、农业经营单位数据进行 100% 再次入户复核，确保每一户、每个单位、每一笔数据都真实准确。

【做好城乡一体化调查工作】 2017 年，根据全市统一部署，区统计局精心谋划、科学部署，有序地推进东湖区城乡一体化调查工作，通过加强宣传动员，强化人员选拔与业务培训，结合南昌市一体化住户调查实施方案，认真做好东湖区城乡一体化调查工作。截至 12 月，对全区 5 个街道 7 个社区的 70 户记账户开展城乡住户调查，建立严格的数据质量检查、审核和评估制度。

【加强统计法治建设】 2017 年，为进一步提高统计数据真实性与准确性，维护统计权威，区统计局积极推进统计法治建设。一是开展《中华人民共和国统计法》宣传。抓准各专业年报会及不定期业务培训会之机，向调查对象发放统计法治宣传资料，并详细讲解《中华人民共和国统计法》条文；其次抓准各专业深入企业走访调研之机，向企业法人和统计员广泛宣传《中华人民共和国统计法》，增强企业统计人员责任意识和法律意识。二是加大统计执法力度。围绕各项统计工作，持续加大执法力度，对统计违法行为坚持“零容忍”原则，坚决从严处理迟报、漏报、拒报报表等问题。截至年底，对辖区报表单位下达催报单 10 份，其中立案给予警告处分 1 例，有效地保障了统计工作的有序开展。

（谭伟锋）

审计管理

【概况】 2017 年，东湖区审计管理工作紧紧围绕区委、区政府中心工作和上级审计机关的统一部署，按照审计要“促改革、促发展”的工作思路，坚持服务大局，突出审计重点，大力推进审计监督全覆盖，较好地发挥了审计监督职能的作用。年初区政府下达 2017 年度审计项目计划 22 个，实际共完成各类审计项目 42 个，占计划任务的 191%。其中：经济责任审计项目 14 个，财务收支审计项目 7 个，工程竣工结算审计项目 21 个，为国家节约财政资金 1525 万元，向被审计部门提出问题整改建议 46 条，被采纳 46 条，采纳率 100%。2017 年，“东湖区 2015 年度区本级预算执行和其他财政收支审计项目”荣获江西省审计厅优秀审计项目、南昌市优秀审计项目一等奖，区审计局成为全市唯一获得此殊荣的单位。

【扩大财政预算执行审计关注范围】 2017 年，东湖区围绕规范预算管理、提高财政资金使用效益目标，对 2016 年度区财政预算执行和其他财政收支情况进行审计，延伸审计区民政局、区房管局、墩子塘街道办事处、扬子洲镇等单位 2016 年度部门预算执行情况。审计重点侧重民本和民生，着重核查校园提升改造、城乡医疗救助、城乡最低生活保障等专项资金的收支和管理情况。审计方式上执行“两个拓展”，即部门预算执行情况审计由一级预算单位向二、三级单位拓展；民生资金的延伸审计由管理部门向直接受益对象、个人拓展。10 月 27 日，区十六届人大常委会第七次会议听取和审议《东湖区 2016 年度财政预算执行和其他财政收支情况的审计工作报告》，对审计结果给予高度评价，满意度测评为 100%。

【落实领导干部离任经济责任审计】 2017年，区审计局受区委组织部委托，对区房管局原局长、墩子塘街道党工委原书记、团区委原书记、区妇联原主席等14名科级党政领导干部进行离任经济责任审计，增强了领导干部执行中央“八项规定”和财经纪律的意识，促进了领导干部依法行使权力和履行职责，提高了单位财务管理水平和依法理财能力。

【提升政府投资建设项目审计水平】 2017年，区审计局立足自身审计监督职能，着眼于优化投资结构和提高效益，针对东湖区固定资产投资持续快速增长趋势，加大了对重点建设项目竣工決算力度，重点检查工程建设项目立项审批手续、招投标程序，施工单位资质以及工程竣工验收等情况。2017年，根据区政府投资项目计划和项目竣工情况，完成了对百花洲小学校园提升改造工程、东湖区青少年法治馆装饰工程、东湖区残疾人就业培训综合服务中心装饰装修工程等21个项目的竣工结算审计工作，为国家节约财政资金1525万元，是2016年的2.4倍，有效地防止财政资金的流失。同时，针对历年投资审计中工程结算送审价较合同价偏高的情况，认真分析问题成因，提出针对性意见和建议，进一步地加强对建设单位的指导，促使建设单位加强工程审核把关，促进被审计单位提升管理水平。

【强化民生工程专项资金审计监督】 2017年，东湖区按照南昌市民生工程专项资金管理办法，以维护群众利益作为审计工作的根本出发点，对医保资金、红十字会财务收支等民生资金和项目开展审计，关注民生工程资金安排的科学性、管理的规范性、使用的效益性，通过审计，对切实维护人民群众的根本利益，维护民生资金的安全和保障民生工程的顺利开展发挥了积极作用，有力地促进各项惠民政策落到实处。

【推进重大政策落实跟踪审计】 2017年，根据《国务院办公厅印发稳增长促改革调结构惠民生政策措施落实情况跟踪审计工作方案的通知》精神和南昌市审计局要求，区审计局每季度对“稳增长促改革调结构惠民生防风险”政策措施落实情况进行审计，并出具了审计报告，针对审计中发现的问题，区审计局及时提出了纠正处理意见和整改建议，对审计单位积极地进行整改。

【做好保障性安居工程审计工作】 2017年，东湖区根据国家审计署、江西省审计厅、南昌市审计局工作部署，对南昌市青山湖区2016年保障性安居工程（包括棚户区改造、公共租赁房、经济适用房等保障性住房）及配套基础设施的计划、投资、建设、分配、运营等情况进行了跟踪审计。从审计结果和效果看，审计的免疫系统功能和“审、帮、促”作用得到了充分发挥，推动了保障性安居工程工作更加健康、有序地运行。

【完成拆迁成本审计】 2017年，东湖区审计局在人员少、任务重的情况下，统筹兼顾，合理安排审计力量，对“东湖区广场北路周边地块”“殷家巷旧城改造项目”“裕丰大厦以北1.3亩地块”“裕丰大厦地块”的拆迁征收成本进行审核，有效地促进拆迁改造专项资金使用的规范管理，保证了资金的使用效益，维护了群众的根本利益。

（陈曼灵）

城市建设和管理

综　述

2017年,东湖区坚定不移推进城市建设和管理工作,城建管理水平不断提升。全区城市建设工作在城市建设管理、作风建设方面下功夫,奋力推进新时代城建工作跨越式发展:全年共投资256万元实施消暗节能改造工程;投入200万元在全市率先推动变电箱"单改彩"项目;加强交通运输和建筑市场的监管,进一步提升数字化城市管理水平。区城市园林绿化工作以科学发展观为统领,以建设生态宜居城区为目标,做好城市重要次干道街头绿地和行道树的日常养护工作;完善八一公园内各项绿化养护管理制度;打造一批亲民、惠民、利民的串珠式公园。区环保部门坚守发展和生态两条底线,以设施建设、能力建设、改革创新、污染防治、执法监管为重点,统筹推进环境保护各项工作。区城市环境卫生管理工作以"美丽南昌·幸福家园"环境综合整治活动为主线,抓好全区城市管理方面的日常督查工作,在全市率先推动"马路本色"进社区行动,城市面貌焕然一新。区国土资源管理各项工作深入践行新发展理念,推进生态国土、法治国土、廉洁国土、平安国土建设。在做好土地管理等工作的同时,以"四星级支部"为依托,着力打造"南昌市党性教育基层基地"。区城市房产管理工作以旧城改造为中心,全面推进旧城改造工作;以公房管理为根本,累计发放6384户无房困难户租赁补贴达1860万元;以招商引资为抓手,招商引资实际利用内资10800万,实际利用外资336万美元;以安全稳定为基础,制订《安全生产和消防安全工作实施方案》,积极主动开展各项安全生产工作。区城市管理行政执法工作以依法行政为目标,推动各类行政执法工作,着力改善城区环境面貌;以队伍建设为抓手,在全市城管执法系统年中考核排名第一,获得"强基础、转作风、树形象专项行动先进单位"等荣誉称号;以创新执法为依托践行城市管理"721"工作法,开创微信执法新模式。区交通管理工作围绕"三上、两降、一杜绝"工作目标,全年纠处各类交通违法行为248423起,查扣各类五车5789辆,营造平安、畅通、和谐、有序的交通环境。

（区史志办公室）

城市建设

【概况】　2017年,东湖区城市建设工作坚持以习近平新时代中国特色社会主义思想为指引,开拓进取,攻坚克难,按照南昌市"美丽南昌·幸福家园"环境综合整治活动要求,在城市建设管理、作风建设方面下功夫,奋力推进新时代城建工作跨越式发展,为打造"实力、活力、魅力"东湖做出新的更大贡献。

【实施消暗节能改造工程】　2017年,东湖区按照"突出重点,提高节点,打造亮点,彰显特性"的要求,以"节能、特色、环保"为原则,精心做好亮化工程的建设,力求"出新、出景、出彩",全年共投资256万元,实施消暗节能改造工程,对辖区老旧的"锅盖灯"进行更换,解决群众夜间出行难的问题。截至年底,更换LED灯约1300余盏(计划1000盏),全面改善小街巷道路照明度,确保辖区路灯全覆盖。

【推动变电箱“单改彩”项目】 2017年，东湖区以加快城市建设为动力，紧扣转变发展方式、创新转型升级主线，坚持规划为要、建设为重、生态为先、民生为本、管理为基的理念，扎实推进老城区改造工程。2017年，投入200万元，在全市率先推动变电箱“单改彩”项目，按照一街一景一特色原则，给沿线位于人行道或绿化带内的强电变电箱、弱电箱、反式变电箱和强弱电分支箱4种箱体进行彩绘，完成辖区内90多条道路内1100余个电表箱，6000多平方米彩绘美化，使单一的箱体变成了绚彩夺目亮丽的风景。街景“单改彩”，不仅美化了市容，还取得了很好的社会效应，市民对此交口称赞。

【加强交通运输监管】 2017年，区城建局紧紧围绕“为区域经济发展创造良好的交通运输条件”，提前谋划、周密部署，全力推进东湖区交通运输工作的开展。全面做好运输市场环境专项整治工作，重点打击客运非法营运行为，实行常态化治超管理，严厉打击超载超限行为。开展青山客运市场打非治违行动，组织交通、公路、公安交警、城管等部门联合执法，共查处非法营运车辆100余辆次，查扣72辆次，检测车辆1236辆，查扣车辆385辆，切割非法改装车辆86辆，累计卸货6217.22吨，非法营运明显减少。完成对辖区运输企业的质量信誉考核和机动车维修企业普查工作。

【提高建筑行业管理水平】 2017年，区城建局以贯彻落实中央关于推进安全生产领域改革发展工作部署为动力，以推进工程质量安全提升行动为抓手，进一步加强建筑市场监管，深化工程质量安全、文明施工标准化整治，严厉打击建筑施工非法违法行为。狠抓现场管理，为确保工程质量奠定基础。开展安全文明标准工地建设，加强现场管理，文明施工，对施工便道采取硬化措施，并安排专人每天进行清扫和清道，使现场管理规范化、标准化，确保道路畅通，始终保持施工现场平整、清洁。有效规范市场管理，促进装饰装修市场健康平稳发展，对施工许可设立的各项前置手续进行严格把关，共颁发装饰装修施工许可证26份。加强建筑项目的招投标监督管理工作，共完成了24个房屋建筑和市政基础设施工程项目招投标监管工作，其中直接发包11个，公开招标12个，邀请招标1个，累计中标金额约5.29亿元，做到了应公开招标项目都实行了公开招标，应公开率达100%。全区建设工程质量安全形势总体平稳、文明施工水平明显提高，建筑市场逐步规范。

【全面落实城市管理数字化案卷】 2017年，区城建局高度重视数字化案件处理，将全面提高数字化信息处理工作放在工作的重中之重，作为衡量日常维护工作的重要标准。切实加强组织领导，多次组织相关科室会议，统一思想认识，强化工作责任。提出数字化案件处理率、结案率、按期结案率三个100%的要求和标准。截至年底，共接到城市管理整改问题共计3578件，整改到位3568件，整改率为99.7%。

【做好市政道路管理和维护工作】 2017年，东湖区以全面提升市政管理水平、维护质量为目标，高标准、严要求、狠抓市政道路管理和维护。在范围扩大、任务重、经费紧张的现实情况下，及时调整工作模式，成立维护所将辖区内范围分成三大块，将道路、沟渠、人行道一并纳入维护所日常维护范围，维护一线的干部职工工作积极性空前高涨。同时，局领导深入第一线组织全体职工抓晴天、抢阴天、避雨天，加班加点，充分利用休息日和节假日时间对特殊路段、管网进行维护。4、5月份南昌天气异常、晴雨交加，市政设施损坏严重，为最大限度地减少设施破损，日常维护持续不断。6月南昌进入晴热高温天气，同时防汛工作也较严峻。为避开交通流量的高峰期和高温酷暑，维护作业经常早上6点多就开始。辖区内所有设施基本做到时常有专人巡查、有专人处理、有专人督查回馈，全面保证了路平、沟通、无积水。截至年底，共清掏窨井13501座次，维修窨井213座，更换井构件1134套(件)，新建窨井152座，维修各类路面76979平方米，维修补栽路沿石3045米，机械疏通下水道170050米，清运余土淤泥1307立方米。辖区小街巷安装路灯1179套。道路完好率达99%。

（周　菁）

城市绿化和管理

【概况】 2017年，东湖区城市园林绿化工作深入贯彻市委、市政府关于"美丽南昌、幸福家园"的部署要求,统一思想,凝聚力量,锐意进取,真抓实干,大树造荫、绿荫惠民,努力推进城市园林绿化建设。截至年底,全区拥有园林绿地面积479.93公顷,绿化覆盖面积472.06公顷,绿化覆盖率29.67%,人均公共绿地面积7.18平方米。

【做好道路社会化养管工作】 2017年,东湖区按照"定路、定量、定责"的网格化管理,科学划定区养护分担机制,做好城市重要次干道街头绿地养护管理绿地面积479.93公顷、92612株行道树的日常养护工作。做好抗击强台风工作。先后投入人员1853人次,车辆205车次,完成处置树木倒伏3407株、断枝2059处、清场162车次,迅速地完成灾后清障恢复工作。

【拓展提升公共休闲空间】 2017年,东湖区充分发挥南昌"水"优势,融入城市,串绿成线(绿道),串珠(公园绿地)成链,坚持传导压力,对党家巷小游园、上营坊小游园、民德路胜利路小游园、射步亭小游园进行规划设计、共研方案、跟进项目、现场指导,在全区内打造一批亲民、惠民、利民的串珠式公园。解决社会绿化管理薄弱的问题。督促指导各单位、居住区做好庭院绿化、居住区绿化工作,为市民提供更多样、更便利、更舒适的休闲空间。

【有序进行苗木日常规范管护】 2017年,东湖区按照精细化管理的要求,不断完善各项管理机制,加强绿地全方位的管理。努力提高服务水平,将日常管护工作抓实、抓细、抓长。一方面根据时令及时对广场、游园、街头绿地、中心花坛等绿地进行植物配置调整。另一方面以抓好养护管理,确保全区绿化养护管理水平更上一台阶为目标,加大对辖区内行道树、绿地、花坛的管理力度,做好抗旱浇水,喷药灭虫及绿地日常保洁工作,并形成长效管理机制。为缓解春季旱情,区城建局3月、4月共出动浇灌车200余车台次,喷灌设施全部启动,进行抗旱保苗。在市区主要街道分车带、街头游园、广场公园的春季修剪工作中,绿篱及模纹带修剪面积达30余万平方米。对二经路、三经路、各街头游园、贤士湖公园的白粉病、蚜虫、蛴螬等病虫害进行防治,施药面积20余万平方米,对新补植苗木进行重点管护,保证成活率。

【提升八一公园综合服务功能】 2017年,东湖区完善公园内各项绿化养护管理制度,加强绿化管理工作考核,加大对基础设施的改造完善和老化灌溉管网维修力度,使八一公园功能更加完善,园艺水平、服务水平不断提高。加强卫生保洁,完善园林配套设施,并通过绿地内摆放园林置石、增设温馨提示牌等方式,增强园林绿化艺术品位,营造和谐园林文化氛围。截至年底,增设垃圾箱7个、便民座椅2个、园灯14个,预埋灌溉主管网550米,更换微喷带2900米,更换公园路灯电缆670米,维修园灯30盏,维修公园、广场硬化地面750延长米,对公园广场儿童游乐设施安全隐患排查2次,为做好城市园林科普宣传,年悬挂树木标识牌1200多块。将园内游商浮贩进行清理,公园内违法违章经营顽疾彻底清除,为游客营造了良好的园区环境。

(周　菁)

城市环境保护

【概况】 2017年,东湖区城市环境保护工作认真贯彻落实习近平总书记系列重要讲话精神及中央、省、市各项决策部署,坚守发展和生态两条底线,按照"强能力、重监管、守底线、促发展"的思路,以设施建设、能力建设、改革创新、污染防治、执法监管为重点,统筹推进环境保护各项工作。此外,成立东湖区生态环境保护委员会,按照区委区政府的统一部署,指导和协调全区生态环境保护各项工作,负责全区生态环境建设和保护工作的各项考核任务。

【开展申报生态文明示范创建工作】 2017年,区环保局组织申报扬子洲镇创建"国家生态文明建设示范乡镇"和扬子洲镇渔业村创建省级"生态村"工作。10月,在江西省环境保护厅下发的《江西省环境保护厅关于命名第十批江西省省级生态乡(镇)暨第八批江西省省级生态村的决定》(赣环然字〔2017〕21号)中,东湖区扬子洲镇渔业村成为第八批江西省省级生态村。

【做好农村环境集中连片整治工作】 2017年,区环保局争取上级省级和市级环保专项资金450万元,集中开展对扬子洲镇6个行政村(11个自然村)生态环境连片综合整治,积极推进扬子洲镇农村环境连片综合整治项目规范实施。6月,省级50万农村水环境保护庙后村项目完工;9月,市级400万农村环境连片综合整治项目全部完工。通过集中整治,基本解决了相关村落农村环境突出的生活垃圾处置和生活污水治理等问题。

【重新设置声环境质量监测网络】 2017年,东湖区根据建成区扩展变化情况,扩大布点范围,进行点位优化调整,重新设置区域环境噪声监测点109个、道路交通噪声监测点63个、功能区噪声监测点7个,东湖区噪声监测网络基本形成。

【开展大气污染防治工作】 2017年,东湖区印发《东湖区大气污染防治专项整治方案》《东湖区建筑拆迁工地防尘降尘方案》和《东湖区餐饮油烟整治方案》,方案明确了各单位和责任单位大气污染整治的工作职责、目标要求和重要举措。此外,该区投入大气整治专项经费,用于综合整治、行动宣传、执法装备工作需要,投入100万元购置雾炮车一台,安装工地监控探头34个、各建筑单位购买环保除尘喷雾机16架,保障各项工作的有序开展;完成拆迁工地防尘网网覆盖7.6万平方米,执法卡点2个,餐饮企业油烟净化设施改31家、取缔烧烤摊点5家、打击非法运输(无牌无证)车辆132起。通过采取街办(镇、管理处)摸底,业务部门核实,全年共排查出辖区施工(拆迁)工地、污染道路、餐饮企业(烧烤摊点)等243个大气污染源,明确责任单位,实行台账管理,大气污染防治工作成效显著。

【狠抓辖区扬尘污染】 2017年,东湖区加大监管力度,对辖区内24个施工工地、31个拆迁工地全面实行围挡封闭施工,全程洒水降尘;严格大气环境执法,下达扬尘治理整改通知11份,约谈施工方负责人15人次,处罚违法(超载)运输车辆132起,督促31家餐饮企业安装油烟净化设施,取缔25家烧烤摊点。

【组织联合开展执法】 7月,东湖区开展环保执法"零点行动",对辖区损害公众利益、偷排漏排、超标排放、未批投产等环境违法行为进行"零容忍"执法打击。该行动由区环保局牵头,区执法局、区城建局、区城管委及区各街办成立联合督查组对环境违法行为开展夜间执法,有效地改善辖区夜间空气质量下降的现象。

【开展饮用水水源地保护工作】 2017年,东湖区按照国家《饮用水水源保护区技术要求》,在扬子洲镇设置保护区标识牌6面,在八一桥下正街取水口滩涂设置饮用水保护区标识牌2面。下发《东湖区水体达标实施方案》(东府办发〔2017〕73号),并批准实施。全面更新并完善集中式饮用水水源地"一源一档"建设并报备,每月对饮用水源地检查一次,建立、完善饮用水源档案和饮用水源保护区风险源监管名录。与扬子洲镇、区农水局等部门开展农村饮用水水源调查评估工作,完成乡(镇)及以下水源基础环境状况调查并及时上报相关信息。

【及时处理环保投诉】 2017年,东湖区持续加大环保工作宣传力度,及时受理群众来信来访反映的环境问题,让环境保护人人有责的观念深入群众心中。截至年底,共处理投诉案件198件,处理率100%、满意率97%,下发整改通知单95份,行政处罚4起,罚款6万元。

【提高环保队伍自身建设】 2017年,东湖区不断加强环保能力建设。一是加强环境应急体系建设。研究制定《东湖区突发环境事件应急预案》,配套方案3个,开展大练兵活动,提高应急反应能力。二是狠抓落实问题清单整改。中央督导组交办的群众投诉件12件全部办结,5个问题清单,完成销号1个、4个处在推进中。三是强化企业环保监管执法。该区全年投资55万元集中采购一批环境监察执法终端设备及应急防护装备,进行环保执法人员培训,区环保局环境执法能力得到加强。

【做好环境保护宣传工作】 2017年,东湖区通过形式多样的环境保护宣传手段,加强环境保护宣传力度,营造全区上下知晓、支持、参与环境保护工作的良好氛围。一是大力抓好普法宣传工作。大力开展"法律六进"宣传工作,不断提高市民的环境意识。二是开展相关节日宣传活动。做好"6·5"世界环境日、"地球日"及"12·4"全国法制宣传日等相关宣传活动。三是抓好环境保护宣传报道工作。在环境保护宣传报道工作中,围绕环保主要工作,大力开展环保宣传活动。

(谢　宁)

城市环境卫生管理

【概况】 2017年,东湖区城市环境卫生管理工作以"美丽南昌·幸福家园"环境综合整治活动为主线,强化管理,深入推进"马路本色"行动,着力开展市容环境专项整治,城市面貌焕然一新。区城管委荣获2017年南昌市城市管理工作先进单位,"马路本色"行动先进单位,全市城市综合考评2个第一、1个第二,"美丽南昌·幸福家园"年度整治工作第一名。

【加强日常市容督查力度】 2017年,区城市管理部门在日常督查工作中,严格按照作业质量标准及要求,遵循"严控区管死、控制区管严、一般区管好"的工作方针,抓好全区城市管理方面的日常督查工作。在各项迎检活动和保障任务中,按照"突出重点、全力以赴"的工作思路,采取"分段负责、提前介入、先难后易、全面保障"的工作方法,加强保障线路、点位及可视范围内,重点时段和重点区域的督查力度。全年圆满完成"三看"活动、"保文保卫"工作、中国人民解放军建军90周年庆祝系列活动、国际军乐节、国际马拉松等重大群体活动期间的市容环境卫生工作。在大气污染防治工作中,购置降尘雾炮车,对全区2个大气监控点周边道路降尘作业,降低PM2.5值指数。

【加强渣土清运管控】 2017年,区城管委多措并举加强城区渣土运输管理。一是加强对建筑垃圾运输违法行为的监控,加大查处力度,强化源头管理,在工地出入口安装监控系统,实现对工地的24小时监控及智能分析。二是与城建、执法等部门合作,设置两个执法卡点,及时掌握建筑垃圾运输管理工作情况。三是配合东湖区旧改指挥部先后完成广场北路周边地块、王家庄及周边地块、香江家具城及周边地块、地铁3号线东湖段、佑民寺(环湖路民德路)改造项目、下水巷、戴家巷、上营坊、赐福巷等多个拆迁工地及重点工程渣土清运工地的清场、监控、督查,涉及拆迁面积共计38.09万平方米,承运渣余土方量合计31.99万立方米,确保清运工地及运输沿线路面的干净整洁。

【规范垃圾清运管理】 2017年,东湖区加强全区垃圾中转站环境卫生、安全管理,在"保文保卫"等重大迎检及检查时未出现任何问题或扣分。截至年底,全区共清运垃圾29914车,约16.44万吨,确保生活垃圾日产日清。为了使新购置的10辆垃圾清运车与老垃圾中转站设备完美对接,先后改造豫章后街、半步街、董家窑、文教路、大院5座垃圾站,完成各垃圾中转站和新垃圾清运车的正常运转。

【更新升级城市环卫设施】 2017年,东湖区新增购置市容环卫设备经费1200万元,新购洒水车8台,洗扫车2台,雾炮车1台,8T压缩垃圾清运车10辆,电动高压冲洗车94辆,基本实现机械化作业全覆盖,进一步深化环卫作业由"人工"向"机械"的转变。同时,东湖区拆改建洪都大道垃圾中转站正式竣工,垃圾站总投资500多万,占地面积约200多平方米,配置2辆大吨位转运车(前四后八),4给转运容器(箱体),为下一步垃圾分类转运做好转运终端(如干湿垃圾,餐厨垃圾的分类转运),在环卫工人按垃圾的可回收、不可回收、厨余垃圾等分类收集后,可分别投入专用箱体转运,实现转运分类处理。

【率先推动"马路本色"进社区】 2017年,东湖区结合社区特点,将"本色行动"作业范围扩展到棚顶垃圾、单元楼道、楼梯扶手、公共门窗卫生,社区小游园、绿化带等。充分利用电动高压冲洗车机动灵活的特点,冲洗作业向背街小巷和社区庭院延伸,在全区形成立面、地面、道路、人行道、社区全覆盖的立体化清扫保洁新模式。

【推行门店垃圾上门收集】 2017年,为从源头上根治临街店铺垃圾随意乱扔现象,东湖区与经营业主签订门前管理责任承诺书,并投入50万元经费购置垃圾袋,定期向店铺免费发放垃圾袋,对严控区、控制区及商业街区道路两侧约1万多个沿街店铺产生的垃圾实行免费上门收集服务,每天早、中、晚三次定时、定点上门收集店铺垃圾。

【推行垃圾广告长效治理】 2017年,东湖区继续加强日常巡查,督促各街办对辖区内楼道、庭院、主次干道、小街巷和建筑物等设施上的垃圾广告及反弹的垃圾广告进行全面清除,并对反弹的垃圾广告进行拍照取证、上报市城管委。加强与各街道城管执法、街办社区联动,形成合力打击垃圾广告张贴源头,积极做好群众的宣传教育工作,整体效果十分显著。截至年底,东湖区垃圾广告整治工作在全市第一季度、第二季度检查中获得第二名,第三季度获得第一名。

【开展铁路沿线整治工作】 2017 年,东湖区围绕"拆""清""绿""改""装""亮",开展铁路沿线整治工作,做到宣传全动员,问题全摸排,整治全天候,覆盖全领域,实现全提升,推动铁路沿线环境综合整治工作取得阶段性成果。全年共投入 100 余万元对沿线垃圾杂物进行全面清理,调用 5 台密闭运输车、4 台大型反铲、15 辆快速保洁车配合铁路沿线整治行动。出动 3000 余人次,清除垃圾 260 余吨,清理菜地、杂草 24000 平方米,完成比例 100%。同时,新增 20 名环卫工人每天专职负责铁路沿线卫生保洁,新配备垃圾桶 150 只,每天三次定时快速清空垃圾桶,所有垃圾确保日产日清。对扬子洲路、赣桥南路、二七北路、留盔路等路段涂装房屋共计 128 栋,面积 17 万平方米,正面涂装及南北两面涂装基本完成。

【提升"智慧城管"工作效能】 2017 年,东湖区通过"智慧城管"2375 路高清摄像头,实现现场点位的实时监控,及时发现问题、查找问题来源,高效解决城市管理中遇到的各类问题。截至年底,共处理市数字中心下派案件 120963 件,区级数字城管平台采集案件 188664 件,有效地促进长效常态的日常监管。

(刘智闻)

国土资源管理

【概况】 2017 年,东湖区国土资源管理各项工作紧紧围绕年初确定的工作重点和目标任务,真抓实干,攻坚克难,有力地保障东湖区经济发展的用地需求。在国土资源领域服务有担当、服务旧改举措新、土地管理面貌新、基层党建内容新,得到市局党组和区委、区政府以及社会的肯定和好评。东湖国土分局先后被评为 2017 年度"市级文明单位"、"东湖区综合治理先进单位"、南昌市"四星级党支部"、"2017 年南昌市国土资源执法监察目标考核第三名"、"2017 年南昌市国土系统土地储备及棚改工作先进单位"、"南昌市国土系统信访先进单位。"

【推进旧城改造工作】 2017 年,为深入融入旧改工作,区国土分局以土地收储组成员身份派专人常驻旧改指挥部开展工作,并设立专门联络小组,加大和市土储的对接,做到第一时间掌握信息,第一时间反馈信息,在每周召开专门小组会议,做到进度跟踪及时,问题查摆清晰,举措针对有力。以压茬式为旧改项目办理相关用地手续。截至年底,共完成省政府一、二地块出让(面积 165.27 亩,出让金 24.35 亿元)。首次采用租赁方式完成中大路、渊明北路、民德路旧改地块停车场用地手续,为创新土地出让工作进行新的实践。

【加强耕地保护工作】 2017 年,东湖区统筹耕地保护和经济社会发展、生态文明建设的关系,严格落实耕地保护主体责任的落实,进一步完善耕地保护共同责任机制,在逐级签订《耕地保护责任状》的基础上,严把耕地保护关,截至年底,全区共有耕地保有量 1.41 万亩,远超市政府下达的保有量目标。

【做好用地预审工作】 2017 年,东湖区完成用地预审项目 7 个,面积 77.75 公顷(1166.27 亩),主要为旧改所涉及的沿江北大道和洪都北大道快速路工程、临江商务区 54 滨江改造安置房工程、上沙窝旧城改造安置房、长巷新农村旧改安置房、青山湖西岸基础设施建设工程、滕王阁景区 AAAA 升 AAAAA 服务中心,项目用地预审面积创近年之最。

【开展土地确权工作】 2017 年,区国土分局开展"房地一体"和农垦国有土地确权工作。协助区政府草拟并出台《东湖区农村宅基地和集体建设用地使用权确权登记发证工作实施方案》和《东湖区加快推进农垦国有土地使用权登记发证工作方案》。提前完成东湖城镇土地利用现状数据调查更新汇总和地籍数据库整理汇交工作,扬子洲农场国有土地确权工作按上级要求时间节点稳步推进。

【打造"党性教育基层基地"】 2017 年,区国土分局以"四星级支部"为依托,着力打造"党性教育基层基地”。通过“抓好党建促进发展”活动，大力弘扬和传承红色教育，不断丰富和拓展党员教育形式内容，扎实拖动广大党员增强“四个意识”、践行“四讲四有”、做到“四个合格”，注重廉政文化建设和学习成果的转化应用，在党风廉政建设、东湖区旧城改造、用地报批预审、耕地保护等工作中突显出党员干部的担当，通过支部和党员的模范带头作用，以工作实效把党性教育基地打造成广大党员可看可听、可学可做的党性教育平台和党性锻炼阵地，被确定为“南昌市党性教育基层基地”。

【加强党风廉政建设】 2017年，区国土分局把全面落实党风廉政建设和纪检监督责任“挑在肩上”。全局不断压实责任，积极推动全面从严治党纵向发展，着力打造一支“敢担当、守纪律、不违纪”的干部队伍。首先从坚持政治坚定入手，牢固树立“四个意识”，不断增强“四个自信”，在党护党、忠诚干净、履职尽责、始终如一。强化责任担当，善于监督。通过党性教育基地的创建，严格办事规矩，抓住重点岗位和“关键少数”的执纪监督，出台一系列规章制度，把纪律挺在前面。在党风廉政建设上面突出“抓重点、破难点、出亮点”，不断深化党风廉政建设工作任务，将责任层层压紧、级级压实，做到主体责任、监督责任分工不分家，做到“协助不代替，到位不越位”，坚持以制度管人管事，形成风清气正的政治生态环境，推动党风廉政建设的不断深入。

（杨爱武）

城市房产管理

【概况】 2017年，东湖区住房保障和房产管理部门认真学习贯彻中共十九大精神，以习近平新时代中国特色社会主义思想为指针，全面提高各项工作的科学化水平，按照“以旧城改造为中心、以公房管理为根本、以招商引资为抓手、以安全稳定为基础”的工作思路，团结带领全局干部职工攻坚克难、开拓奋进，扎实做好稳增长、促改革、调结构、惠民生、防风险工作，各项工作推进有序，为全区经济社会各项事业高质量发展做出应有的贡献。

【强化党建引领】 2017年，区城市房产管理部门结合工作实际，以深入学习宣传中共十九大精神为主线，及时召开会议传达省、市、区干部大会精神，并购买、配发《十九大报告》《中国共产党章程》《十九大报告辅导读本》等系列丛书，组织干部职工深学、细学十九大精神，迅速掀起全系统学习贯彻十九大精神的热潮；抓好局党委中心组学习，围绕所设置的4个专题，展开集中学习、讨论交流，带动机关干部政治理论学习取得显著效果；落实“两学一做”学习教育常态化、制度化要求，把深入学习贯彻领会十九大精神作为长期政治任务，努力提高党员干部的政治理论水平；认真执行“三会一课”制度，按照规定的时间节点完成各项规定动作；利用晨读、集中学习、党员活动日等平台，积极组织开展习近平总书记系列重要讲话精神的宣讲活动；组织党员干部完成学习笔记，认真撰写学习心得；与时俱进，紧扣时政热点安排中国共产党第十九次全国代表大会、中国共产党第十九届中央政治局常委与中外记者见面会、庆祝中国人民解放军建军90周年大会等新的学习内容，取得良好效果。

【统筹住房保障工作】 2017年，东湖区按照“应保尽保”工作原则，积极做好各项住房保障工作。一是全力保障辖区内中低收入人群住房。全年为八月湖小区、邓坊小区等9个小区共784户中签家庭办理入住手续；办理解除限购取消公共租赁住房保障资格333户（含放弃保障资格的156户）；全年累计保障低收入家庭4005户，改善住房困难群众的居住条件。二是全力做好公共租赁住房货币补贴工作。按照南昌市政府的有关文件精神及市保障办的工作部署，累计发放6384户无房困难户租赁补贴达1860万元，住房保障工作持续实现“应保尽保”。三是全力推进经济适用住房上市和回购工作。严格按照《南昌市已购经济适用住房上市和回购操作流程》洪府厅发〔2016〕116号文件的要求开展经适房上市工作，全年共收到332户住户提交的《上市申请审批表》，其中229户报市不动产局核验发证，其他住户处在按工作程序办理相关手续阶段。

【推进房产管理工作】 2017年，东湖区继续稳步推进非住宅调租工作，全面优化房产资源，充分发挥房产最大的经济效益，确保国有资产保值增值，实现和谐发展。对362个直管非住宅店面历年租赁情况进行整合归档，及时更新、完善店面的租赁管理台账，做到账实相符，真实详尽；对局系统94个到期的店面招、拍、调租工作进行跟进。全年收缴租金1516.47万元；第三产业完成1338.56万元；行政服务中心窗口共受理审批事项2547件，符合要求并准予许可审批事项2498件，其中房屋装饰装修申报登记652件，城市房屋（住宅）出租或者转租登记备案审查1836件。

【开展各项安全生产工作】 2017年，区房管局在区安全生产监督管理部门的指导下，一丝不苟地履行安全生产职责。年初即制订《安全生产和消防安全工作实施方案》，明确全局安全生产、消防工作目标和具体要求，并逐一抓好落实。认真按照上级安全生产大检查要求，布置全局“五一”、国庆、中秋、十九大期间进行安全生产大检查，要求局属各单位对辖区直管公房、三产店面及拆迁工地等安全生产情况进行全面大排查，做到检查工作无遗漏、有记录、留痕迹，共检查261处，发现安全隐患25处，立即整改21处，限期整改完成4处，确保全局安全生产工作态势平稳；组织各房管所积极配合各街道社区全面开展辖区老旧危楼排查和整治工作。截至年底，该区老旧危楼排查工作全面完成，将按照上级部门要求开展后续工作；及时根据安全生产工作态势和气候变化，布置安排各单位做好各项安全生产应对防范措施，在雨季汛期，各房管所日夜对辖区直管D级危旧公房进行巡查，发现有险情的当即劝说住户安全撤离，入住招待所，确保人身安全；针对危旧房排查情况，及时制订直管危旧房维修工作计划和方案，妥善解决房屋安全和漏湿问题，全年完成大中修21处，投入经费约30万元。通过细致入微的工作，有效地预防和遏制重特大安全事故发生。

【推动房屋征收工作】 2017年，东湖区紧紧围绕市委、市政府“强产业、兴城市、惠民生”决策部署，担当“老城复兴”职责使命，克服时间紧、任务重、资金压力大等客观困难，强力推进旧城改造工作。全年共启动阳明路以南（二期）、环湖路民德路、青山南路铁路西货场北、青山湖西岸硅酸盐厂、九洲高架二期东湖段、广场北路周边（省政府1、2号地块）、裕丰大厦、青山湖宾馆8个房屋征收项目，总计完成房屋征迁面积43.54万平方米。其中：环湖路民德路地块总户数474户，于9月10日100%完成签约，9月底全面完成房屋拆除工作；截至12月底，青山南路铁路西货场北地块总户数422户，正式签约336户，完成比例79.62%；青山湖西岸硅酸盐厂地块总户数566户，正式签约376户，完成比例66.43%；成功实施广场北路周边（省政府1号、2号地块）、沿江北大道快速路及综合管廊、九洲高架二期东湖段、滕王阁创5A景区及榕门路周边、八一起义纪念馆“一馆五址”改造提升5个市级重大重点工程旧改项目，剩余未完成征收工作任务处在加紧推进当中。通过旧城改造，该区人居环境得到改善，城市功能得到完善，生活品质得到提升。

【促进物业管理行业健康发展】 2017年，东湖区城市房产管理部门共受理各类物业投诉47起，调解率达100%；对辖区内小区成立业主委员会进行指导及备案审验工作，办理业主委员会备案10个，前期物业招投标备案的小区3个，外地企业来昌备案1个。通过努力工作，有效地缓解业主与物业企业之间的矛盾纠纷，有力地维护社会和谐稳定，进一步促进物业管理行业规范、健康发展。

【搞好经济工作】 2017年，区房管局通过对全局经济工作完成情况勤调度、细考核、严奖惩的工作举措，形成全局齐招商、齐抓税的工作局面；结合工作实际，突出抓好以旧城改造为主的招商引资工作，利用有限地块，多做X项目；积极主动与省内外客商联系，以经济工作为抓手，推动房管发展转型升级。引进江西凯越广告发展有限公司（注册资金5000万元），江西金琼科技有限公司（注册资金3000万元），江西商报信息科技有限公司（注册资金1000万元），并完成相关证照的办理。增资项目一个：江西巨擎科技有限公司（注册资金两亿元）；亿元项目一个：江西省优糖健康管理有限公司（注册资金一亿元）。截至年底，该局招商引资实际利用内资任务数10800万元，实际完成10800万元，完成率为100%；实际利用外资任务数336万美元，实际完成336万美元，完成率为100%；现汇任务数88万美元，实际完成88万美元，完成率为100%，；新增税收（一企一策）计划指标数40万元,实际完成188万元,完成率为470%;完成新增项目16个。

【做好沟管化粪池养护工作】 2017年,区房管部门共完成网上报修、啄木鸟报修、民声通道、社区、居民电话报修等各类沟管、化粪池堵塞、满溢的报修任务1268处;开挖沟管76处,共1520米,新增窨井228座,疏通沟管25360米,清掏化粪池343座,更换、修补盖板232块,清运污物387车。根据辖区沟管化粪池具体情况,有针对性地对一些陈旧老化、问题突出的沟管化粪池进行开挖改造,全年共计改造沟管化粪池82处,投入经费300余万元。有效地保证全区排污管道运行畅通,为居民营造干净整洁的生活居住环境,为该区的城市管理工作贡献力量。

(付　佳)

城市管理行政执法

【概况】 2017年,东湖区城市管理行政执法工作以依法行政、规范执法、打造和谐城管队伍为目标,按照"打造实力东湖、创造活力东湖、塑造魅力东湖"的工作要求,狠抓队伍建设,努力提高人员素质,创新工作理念,全面推动各类行政执法工作,着力改善城区环境面貌。区执法分局在全市城管执法系统年中考核排名第一,在全市城管执法系统7月、8月、9月考核城区组排名第一;获得"强基础、转作风、树形象专项行动先进单位""渣土运输专项整治先进单位""餐饮油烟专项整治先进单位"等荣誉称号。

【开展非机动车整治工作】 2017年,为彻底解决非机动车乱停乱放问题,本着先行先试的原则,东湖区对辖区内非机动车泊位进行一次大规模的扩张提升,为市民停放非机动车提供最大的便利。该区在全市率先开展非机动车乱停放整治行动,区政府投资近300万元,组建非机动车整治中队,建造9000多平方米功能齐全的非机动车违章处理停车场,规划非机动车停车泊位4567个,共10000多平方米。4月15日,东湖区非机动车违章处理点正式启动运营。截至年底,该区规范非机动车乱停乱放20000余辆,处罚非机动车乱停乱放1004起,处罚金额22060元。

【开展辖区餐饮油烟污染整治工作】 2017年,东湖区积极开展"蓝天行动",大力开展辖区餐饮油烟污染整治工作,推广环保无烟烧烤炉具、推动小餐饮店安装油烟净化装置。组织开展夜间露天烧烤专项整治,严厉打击流动烧烤摊点,将餐饮油烟污染整治工作落到实处,切实改善环境质量,加大对餐饮油烟污染的处罚力度。截至年底,整治占道烧烤油烟污染265起,配置无烟烧烤炉具83家;整治辖区餐饮店油烟污染88家,安装油烟净化装置65家。

【拆除整治户外违章广告牌】 2017年,东湖区积极响应上级要求,在全辖区范围内打响拆除户外广告牌的攻坚战。区执法队员分区划片,秉着整治和拆除并举的原则,对户外广告"多、滥、杂"的现象进行全面的摸底排查,针对存在的问题制定具体方案,并依法进行拆除。该区有部分广告牌临近主干道、宾馆、学校、市场等人流密集区域,给安全保障工作带来极大压力。区城管执法局集中执法力量,租用吊车大型拆除设备,于8月开展集中拆除行动,消除了安全隐患,为市民安全出行提供保障。截至年底,该区共整治楼顶广告39处、墙面广告374处、落地广告2处、线杆广告551处、条幅布幔等临时性广告1668处,实现市容市貌的大改观。

【做好施工工地降尘工作】 2017年,随着南昌市旧城改造工作不断深入,拆迁工地数量激增,工地扬尘工作成为工作中的重、难点。为此,东湖区出台《东湖区拆除工地降尘专项整治工作方案》,区执法局根据方案要求,从围挡、增湿、密闭、冲洗等方面加强执法监督力度,要求各综合执法队对所有拆迁工地实施精细化管理,并选定技术成熟可靠的水雾降尘法,积极劝导并督促辖区内的14个工地投入使用40多台环保除尘喷雾机。该喷雾机每小时耗水量仅为4—6吨,并可以使用再生水,能够有效地节约水资源。此外,区执法分局还督促各施工单位在作业上空防尘上下功夫,经过反复测试,创新出高压水枪、雾炮机、防水墙三道防线的多方位、多视角、立体式的空中防尘天网,经过数天在全区各工地的试用,降尘效果比以往提升了数倍,获得施工人员和周边居民的交口赞誉。

【实行城市管理“721”工作法】 2017年，东湖区积极探索城市管理新模式，实行城市管理“721”工作法，即70%的问题用服务手段解决、20%的问题用管理手段解决、10%的问题用执法手段解决，变过去的被动管理为主动服务，变末端执法为源头治理。该区将此管理办法运用到共享单车的管理中，为共享单车管理搭建了一个畅通的交流平台：通过微信平台建立共享单车专项整治群，把摩拜、ofo、永安行、酷骑、优拜等6家共享单车南昌公司负责人及维运人员统统“拉了进来”，群成员近百人。在执法队员巡查过程中，有零散共享单车不规范现象，便现场将其摆放整齐。如有大量共享单车拥堵、乱摆放，则由执法队员拍照上传至微信群，根据图片中标识，相关共享单车公司会派遣维运人员进行梳理，并传送梳理后的图片至群中，由执法队员进行复核。通过微信管理分工，使行政力量和企业力量拧成一股绳，有效地解决了整改效率低、人力消耗大的难题。

【推出微信执法新模式】 2017年，东湖区开创执法新模式，打破城管与摊点如猫和老鼠是“天敌”的固有思维，创新推出微信管理新模式，主动与商家建立微信群，发动商家主动参与城市管理，建立长效自主管理机制。微信群建立之前，城管队员遇到突发事件，只能用电话联系，分级汇报，耗时费力，不利于事件的快速处置。建立微信群之后，队员只要拍下违规行为，商家必须在15分钟内自行整改，并回复同角度整改后的照片，超时未整改或一个月超过6次以上违规的，区执法分局将对其经营物品进行收缴或者对商家进行处罚。微信执法模式有效地提高了工作效率，不仅可以体现城管执法的公平性，也可以促进商家进行自我监督。

【利用无人机管控违章搭建】 2017年，东湖区在勘察违法建筑周边环境、制定完备拆违方案方面，利用无人机航拍取证的方式，详尽勘察待拆项目的建筑结构、大致面积等，侦测项目周边具体地形特征、道路交通情况，了解项目周边是否具有影响拆除安全、拆除进度的因素。执法部门根据无人机传回的高清影像制定科学、合理的拆除工作预案及应急预案。无人机航拍可提升巡查效率，利用无人机航拍对控违管控难度大、强度高的区域进行适时监控，做到第一时间发现问题、第一时间明确责任、第一时间解决问题。

【拆除建成区违法建设】 2017年，按照国家住房城乡建设部公布《城市建成区违法建设专项治理工作五年行动方案》及市、区政府相关要求，区执法分局为推进城市建成区违法建设专项治理工作顺利进行，全面清查，上报违法建设建筑面积共9697平方米，制定治理目标进度表。截至年底，共拆除违法建设206处，拆除面积9331.5平方米。

【落实铁路沿线违章开拆】 2017年，为认真落实全市铁路沿线环境综合整治专题会议精神，进一步改善东湖辖区内铁路沿线综合环境，不断推动全区“美丽南昌·幸福家园”环境综合整治行动向广度和深度拓展，区执法分局按照《东湖区执法局铁路沿线环境综合整治工作实施方案》要求，大力开展铁路沿线整治。截至年底，铁路沿线共整治出店经营85起、流动摊点94余起、噪音扰民5起、拆除违章广告牌90余处、拆除违章搭建违章搭建20余处。

【开展“三乱”整治工作】 2017年，区执法分局街道(镇、管理处)中队每周开展不少于两次针对行人店面乱扔、出店经营、车辆乱抛等市容环境专项整治，同时对辖区11个街道综合执法队开展专项督查，并对督查到的问题及时进行整改，有力地推动了该区市容环境整治工作的开展。截至年底，该区共整治行人乱扔7907起、店面乱倒4410起，车辆乱抛1000余起；处罚“三乱”行为6388起，处罚金额86480元。

【规范建筑垃圾运输渣土工作】 3月，东湖区对中建二局第三建筑工程有限公司非法占道施工、污染路面的行为进行查处，下达责令整改通知书，处以罚金15000元整。为严格管控建筑垃圾运输管理工作，区执法队员实行24小时巡查制度，严防类似违法行为发生。制定《东湖区建筑垃圾及散装物料运输管理工作实施方案》，统一工地标准，强化源头管理。推进智慧管理，通过在各工地出入口安装视频监控系统，实现对工地的24小时监控及智能分析、车牌比对等功能。联合有关部门，协同公安分局、交警大队、区城管委四部门联合成立的重点区域建筑垃圾及散装物料运输管理联合整治队集中办公,在沿江北大道与英雄桥交界处(水产市场西面)、扬子洲英雄桥下桥处设置两个执法卡点,及时掌握建筑垃圾运输管理工作情况,解决了“发现问题难,处置反应慢”的问题。截至年底,整治运输工程渣土泄漏遗撒、违法处置建筑垃圾等违法行为240余起,处罚196起。

(唐澍政)

城市交通管理

【概况】 2017年,东湖区城市交通管理工作围绕“12345”的总体思路和省局努力实现“三上、两降、一杜绝”的工作目标,不断提高交通管理现代化治理水平,全方位推进和完成上级部署的各项工作。截至年底,东湖交警大队被江西省交通管理局评为全省公安交警科技建设及信息化应用先进集体,被南昌市公安局交通管理局评为“优秀交警中队”。

【开展交通秩序大整治】 2017年,东湖交警大队按照美丽南昌·幸福家园的工作部署和交管局秩序大整治工作方案的要求,始终把见警率和管事率作为中心工作,围绕重点路口和重点路段,对各类交通乱象保持高压管理态势。截至年底,大队共纠违248423起,其中乱停贴单122322起、行人非机动车违法57452起,饮酒驾驶149起,醉酒驾驶70起,同时行政拘留19人,刑事拘留11人,逮捕4人。此外,在五车整治方面,充分调动和发挥街办执法队的作用。由区综治部门对各街办进行量化考核和奖励,每周对各街办的综合执法队下达工作任务,要求其在各小街巷、农贸市场等交警及区执法队没有覆盖的区域进行五车查扣。建立微信综治群,区政法领导经常性在群里对五车整治进行点评,有力地推动五车整治。截至年底,东湖大队查扣各类五车5789辆,其中超标车365辆,非法营运91辆。

【落实推进信息技术大应用】 2017年,东湖区多措并举推进信息技术大应用,城市交通管理工作效率稳步提升。一是利用业务窗口大力推广手机应用平台“12123”软件,对于年长的驾驶员手把手地教其使用,全年通过手机处理交通违章的比率达40%。二是推广微信公众号服务,通过发布有价值的出行信息、管制公告等吸引驾驶员关注。全年关注者达2700余人,共收到和回复各类留言800余条。三是有效利用智能卡口查处违章车辆,全年共查处指挥中心布置拦截的车辆共1947辆。四是大力宣传推广事故快处APP,要求民警通过事故现场宣传演示、朋友圈转发等形式宣传推广最新的事故处理模式,起到较好效果。五是推广新一代警务通的使用,要求大队业务科控制手写法律文书的发放数量,引导民警充分发挥警务手机的作用,将各类告知书、处罚决定和强制措施直接打印上网,提高工作效率。

【优化道路交通组织】 2017年,东湖区通过优化改善交通组织,城区道路的通行能力得到显著提高。一是先后在八一桥街办范围内设置12条单行道,豫章街办范围内设置6条单行道,将讲武堂路设置为由东向西单行,均取得区域性的良好效果。二是对江西省人民医院北门的就诊通道进行改造加宽,由一股就诊车道改为两股,大大地减小就诊排队车辆对沿江北大道快速路的影响。三是新增讲武堂路、旭照路、证券街等15条禁停道路,新增胜利路、象山北路、抚河北路等6条乱停抓拍路段,有效地改善通行环境。

【做好中共十九大召开期间安保工作】 2017年,东湖区认真贯彻落实省、市委一系列决策部署,突出重点、强化落实,全力做好十九大安保工作。一是开展道路交通事故大排查。东湖交警大队充分汲取丰城“11·24”电厂事故和红谷滩“2·25”火灾事故教训,制定下发《东湖大队开展道路交通安全大检查大整治工作方案》,并开展“拉网式”安全隐患“大排查、大整顿”,做到不缺一个领域、不漏一个环节、不留一个死角,共排查各类事故隐患87条,并进行分类整治上报。二是全力开展重点车清违清零。十九大安保期间,在加强重点车违法的路面查处的同时,经常性地深入辖区内的30家五类重点车企业开展安全检查,所辖748辆重点车违章处理率达85%,年检率达99%,报废率达100%。三是大力开展僵尸车整治。通过深入街办社区宣传的形式,引导居民对长期停放、影响通行或有自燃隐患的车辆进行积极举报,全年共拖移僵尸车65辆。四是加强东湖交警大队内部的安全管理。对办公大楼进行一次全面安检，对各种线路进行清理，对松动的玻璃及生锈的门窗进行加固和零部件更换。加强对大队停车场的管理监督，要求严格遵守各类工作制度，切实做好防火防盗工作，为十九大的召开创造安全稳定的社会环境。

【开展交通出行大宣传】 2017年，东湖区立足实际，扎实开展交通安全宣传工作。一是经常性深入企业、学校、辖区机关事业单位及快递邮政等运输重点企业进行安全授课和宣传，讲解最新的交通法规、安全形势及市内道路施工导致的出行变化等。二是利用非机动车学习点这个阵地加强对电动车驾驶员的宣传教育。全年共设置非机动车学习点7个，民警在执勤执法中通过让违章电动车看录像学、抄法规学、现场讲解学、执勤体验学、机动灵活学等方式，强化教育效果。三是认真走访人大代表政协委员。截至年底，共收到东湖区十六届人大一次、二次会议及政协九届一次、二次会议的建议提案33起，在切实解决答复的基础上，民警逐一上门针对代表委员所关心关注的问题进行细致的讲解。比如多位代表委员关注的电动车管理问题，民警带着交管局对电动车实行电子抓拍的报纸及全年交管局新建电动车抓拍系统的预算给代表委员看，让代表委员看到交管部门在进行的各项努力，争取他们对交警工作的理解和支持。

【加强队伍建设】 2017年，东湖交警大队重规范、强建设、抓党建，推动队伍和谐稳定发展。一是加强执法规范化建设。通过规范法律文书管理、严格执法记录仪的使用、加强民警执法培训及对辅警保安员的传帮带、坚持刑案审判旁听制度等措施深入推进执法规范化建设。在2017年度的民评交警工作评比中，东湖交警大队有20人受表彰，其中警长以上干部有8人。二是认真开展“两学一做”学习教育。大队各党支部严格按规定落实“三会一课”制度、每周半天组织生活制度、党员年审制度，认真撰写读书笔记和体会文章，认真推进“两学一做”学习教育常态化制度化。三是严格落实“一岗双责”和“两个责任”。大队按下管两级的要求，逐级签订责任状，切实形成点对点、面对面、实打实的队伍教育管理长效机制。要求各级干部牢固树立“严是爱、宽是害”的理念，聚焦主责主业，务实担当，以交管局三早预警、谈心谈话制度为抓手，切实做到“四个知道、四个跟上”，抓好经常性的管理，推动队伍健康发展。

表13

2017年东湖区道路交通事故一览表

项目	次数(次)			死亡人数(人)			受伤人数(人)			经济损失(元)		
	数量	比2016年增减	增减(%)	数量	比2016年增减	增减(%)	数量	比2016年增减	增减(%)	数量	比2016年增减	增减(%)
东湖区	29	6	26.09%	12	0	0	24	9	60%	30150	-9050	-23.09%

（刘　斌）

社会管理和服务

综 述

2017年,东湖区牢固树立"以人为本"的理念,以做好新时代民生工作为目标,始终把增进民生福祉作为最高要求,不断加大投入、完善政策、提升服务。全年用于保障和改善民生资金15.1亿元,同比增长21.09%,占地方一般公共财政预算支出的65.68%。区人口和计划生育工作坚持把民生工程作为工作重点,将计生"奖、优、保、救、助、养""六位一体"计生奖励扶助政策惠及计生家庭;区人力资源与社会保障工作以"民生为本,人才优先"为工作主线,努力开创人力资源社会保障事业发展新局面;区民政工作秉承"民政为民,民政爱民"的宗旨,恪守"解决民生、落实民权、维护民利"的工作职责,各项工作取得显著成绩。劳动保障不断健全,独创"派工"工作模式,有效解决外来务工人员传统的推荐就业与散工非固定用工的矛盾,全年新增就业9981人。医疗保障不断完善,城镇基本医疗保险参保人数达18.7万人,征缴基金总额达1.35亿元;向7394人次提供医疗救助,救助金额346.5万元;投入408万元免费为986户企业和3.1万从业人员进行预防性体检和监测。生活保障不断提升,参加基本养老保险人数达5.78万人,累计发放养老金5.13亿元;为20名身患重大疾病的学生和474名特困学生发放助学金;发放城乡低保金2870万元;发放高龄老人生活补贴1536万元;发放独生子女父母奖励金、失独家庭补助等资金6400余万元;新建居家养老服务中心37个。

(区史志办公室)

人口和计划生育

【概况】 2017年,东湖区人口和计划生育工作坚持把民生工程作为工作重点,将计生"奖、优、保、救、助、养""六位一体"计生奖励扶助政策惠及计生家庭。2017年全区符合享受特别扶助条件共计530人,发放386万元。全区农村奖励扶助对象116人,发放13.92万元,奖扶和特扶对象于4月全部录入国家系统,12月底发放奖扶特扶资金。2017年2月春节期间,区卫计委给318户特扶家庭送去春节慰问金,共计发放慰问金19.08万元。6月在省人民医院体检中心开展2017年计划生育特殊家庭免费体检主题月活动,全区528名特扶对象参加免费体检,做到无病早防,有病早发现、早治疗。投入30.624万元为528名特扶人员进行团体人身意外保险的投保。全年购买爱心保险4.047万元,新农合新农保补助15.552万元,2017年中考加分14人,其中10人通过加分录入高中,发放阳光助学奖励金1万元,优秀女孩成才奖5000元。做好独生子女父母奖励费登记审核工作,积极部署、大力宣传、严格审核,把好事办好,审核2.5万多人,发放5400余万元。发放失独家庭一次性补助,每人5000元,共发放117万元。

【完善科学考核制约机制】 2017年,东湖区多措并举,进一步完善考核制约机制。一是坚持在年初,向扬子洲镇,各街办、管理处和区直12个部门下发人口计生工作任务书,制订全区人口计生工作目标管理考核方案和职能部门落实计生职责考核方案,坚决落实"一票否决"和"责任追究"制。

二是建立常态化预警约谈机制，出台《关于实行人口计生工作预警通报制度的通知》。4月、9月分两次对各镇、街办、管理处进行监督检查，根据检查结果通报排名，对排名后三位的街办责令限期整改。9月份对贤士湖管理处计划生育工作实施预警。三是对2016年度全区计划生育工作考核结果进行通报，表彰8个先进街办（部门）、21个先进单位和65名先进个人，通报15个计划生育工作达标街办（部门），共拨付计生工作表彰经费13.6万元。

【推进“一站式”服务窗口规范化建设】 2017年，东湖区人口和计划生育工作注重服务细节，强化一站式便捷服务。一是提升扬子洲镇，各街道、管理处服务大厅生育服务证办理窗口的服务水平，2017年再投入15万元打造“一站式”服务窗口，让群众方便、快捷地办证，同时对窗口服务人员进行培训，规范服务流程，提升服务水平。对各街办计生“一站式”服务窗口开展乡级自评、区级初审，并将初审结果上报市卫计委。二是召开现场会，4月21日组织扬子洲镇、各街办、管理处计生专干在豫章街办参观“一站式”服务窗口建设和网格化管理工作。豫章街办的窗口建设和网格化管理得到省市领导一致好评，3、4月分别接待安徽省淮南市卫计委和广西壮族自治区卫计委到豫章街道参观学习。三是加强基层窗口建设经费保障，给各计生办拨付“一站式”窗口建设费5000元，并在各服务窗口安装分屏显示器，方便群众同步看到生育服务卡和生育证办理情况，了解办事流程和生育政策。四是全面推行网上申报、受理、审批，改原来的“人在路上跑”为“事在网上办”。共办理一孩、二孩生育服务卡4983个，其中一孩2327个、二孩2656个，再生育生育证89个。

【抓好全省示范创建工作】 2017年，区卫计委积极推进全省示范创建工作：一是加强计生基层基础建设，区卫计委领导班子专题研究部署基础建设和优质服务创建工作，印发《东湖区计划生育基层基础建设及示范单位创建活动实施方案》。从加强基层工作网络、建立计生服务管理长效机制、加快信息化建设等方面进行全面部署。二是注重队伍能力建设。加强对基层计生干部队伍的培训，举办全区计划生育基层基础建设及示范单位创建活动业务培训班、流动人口全国动态监测抽样调查培训会等4次培训，提高基层计生干部业务能力。三是夯实基层基础。开展区、镇（街道、管理处）、社区（村）三级示范创建，不断健全乡村两级常规基础工作规范。建立社区“网格化”的信息采集机制，全面采集人口基础信息，全区实现计划生育服务和管理的“全员化”、“网格化”和“数字化”。四是计生经费足额下拨到位，保障工作顺利开展。下拨各街道（镇、管理处）计生经费238万元，下拨配套经费142万余元。对基层计生示范创建先进单位拨付补充工作经费6.4万元，包括四个依法行政示范街道和22个计生村民自治示范村（居）。同时在文件中明确加大投入力度，确保活动效果，在市级下拨经费的基础上，每个街道再配套经费3万元，“一站式”窗口建设费1万元。对验收合格成绩显著的街道奖励1万元，社区奖励3000元，一站式服务示范窗口奖励5000元。

【加强全员人口信息质量管理】 2017年，东湖区每月定期对全员人口信息系统数据质量进行分析、通报，督促街办和管理处修改逻辑错误项，提高信息准确率；督促街办及时反馈全员人口信息协查和办证信息协查。通过数据分析，查找不足，发现问题，及时采取有效措施落实整改，有效指导计生工作的开展。开展打击“两非”专项行动，对辖区内核准妇科、产科、妇产科及B超检查项目的医疗机构开展专项执法检查，重点检查B超医务人员执业情况、第二代身份证验证阅读器配置使用、孕产妇超声检查及终止妊娠实名登记情况。完成“两非”案件5起，圆满完成上级安排的任务。

【优化流动人口基本公共卫生计生服务】 2017年，为建立和完善流动人口服务管理机制，不断探索和创新管理服务模式，东湖区多管齐下，不断优化流动人口基本公共卫生计生服务。一是加强宣传，开展以“情暖流动人口　健康与你同行”为主题的流动人口关怀关爱服务活动，并为12户流动人口计生困难家庭送出慰问金。开展“新市民健康城市行—东湖在行动”宣传周活动，采取主题宣传、健康讲座、流动人口健步走方式，发放卫生计生服务手册和健康支持工具包，向流动人口

(新市民))宣传和普及卫生计生健康知识。二是积极开展流动人口育龄妇女“两癌筛查”,为100名流入东湖的30—50周岁育龄妇女进行“两癌”免费筛查。三是开展流动人口动态监测,投入近十万元,购置调查电子终端设备和入户纪念品,完成480户抽样调查。

【优化妇幼保健计生技术服务】 2017年,东湖区不断加快人才队伍建设,提高服务质量,进一步加强妇幼保健计生技术服务工作。一是大力实施免费婚检项目,7月21日,时任江西省省长刘奇察看东湖区免费婚检中心,为提高婚检率,东湖区将免费婚前医学检查中心从二楼搬到一楼的婚姻登记处旁边,实行婚姻登记与婚检工作“一站式”服务,通过婚姻登记处严格把关、免费婚检项目政策宣传和婚检保健人员的热心服务,扎实开展免费婚检项目。截至年底,免费婚前医学检查2232人,婚检率为42.29%,检出疾病总人数159人,疾病检出率7.1%,均给予相应的医学指导。二是积极开展宫颈癌和乳腺癌免费筛查项目,2017年是母婴安全年,东湖区以“母婴安全 优生优育”为主题,采取集中宣传、开展义诊活动等方式,认真实施两癌筛查项目,把民生工程做实做好。共完成两癌筛查1147人。三是落实免费孕前优生健康检查,通过健全制度、加强监管、规范运作、全程质控,保证免费孕前健康检查工作的规范化和标准化,加强出生缺陷综合防治。全年共完成国家免费孕前优生健康检查2400人。

【打造计生服务特色品牌】 2017年,东湖区投入约156万元,在各街道打造计生服务亮点工程共25个。各街道不断创新,打造计生服务特色品牌,墩子塘街道计生办打造党家巷社区和阳明社区人口健康文化屋,八一桥街道计生办打造计生服务驿站,大院街道打造计生温馨小屋,滕王阁街道打造生殖健康科普园,豫章街办打造洪城社区和聆江社区,建立人口网格管理和计生服务工作室,贤士管理处打造关爱留守儿童服务等品牌。在彭家桥街道七里街社区打造新型人口健康文化园,倡导将健康元素融入人口文化园建设。

【宣传东湖计生优质服务品牌】 2017年,东湖区荣获“全国计划生育优质服务县区”。11月16日,国家卫生计生委计划生育基层指导司、宣传司邀请12家中央媒体到东湖区开展计划生育服务管理改革调研活动,并在南昌召开江西省计划生育服务管理改革媒体沟通会。调研采访组一行先后走进豫章街办、洪城社区、光明社区,听取东湖区人口网格化管理系统的运转以及计划生育办证和现代化计生服务阵地情况介绍,充分肯定了东湖区推进“互联网+”计划生育服务改革成果,特别是在人口信息采集电子化、生育服务精细化、群众访视智能化等计划生育工作中取得的成效。国家卫生计生委将该区人口网格化管理经验在全国予以推广。

(万猛根)

人力资源和社会保障

【概况】 2017年,东湖区人力资源与社会保障工作全面贯彻中共十九大精神和习近平总书记系列重要讲话精神,以“民生为本,人才优先”为工作主线,认真落实省市人力资源社会保障工作会议的部署,积极推进区域充分就业工作,健全城乡社会保障体系,巩固稳定和谐的劳动关系新态势,努力开创人力资源社会保障事业发展新局面,各项工作取得显著成效。

【完成就业再就业指标任务】 2017年,东湖区城镇新增就业人数9981人,完成全年任务的108%;城镇就业率控制在94.5%;“4050”人员再就业人数2265人,完成全年任务的164%;零就业家庭安置率100%;家庭服务业从业人员1618人,占全年任务的101%;家庭服务业培训人数780人,占全年任务的100%;创业培训540人,完成全年任务的100%;青年见习任务完成100人,占全年任务的100%;再就业小额贷款发放6155万元,占全年任务的104.3%以上,小额贷款回收率达100%。

【做好社会保险工作】 2017年,东湖区社会保险工作成绩显著。养老保险:全区城镇职工养老保险参保缴费人数26712人,养老保险征缴8690万元,退休人数15297人,共支付养老金和丧抚费39116万元。城乡居民社会养老保险:全区参保人数18722人,基金征缴304万元,待遇领取人数

5419 人，支付金额 516 万元。医疗保险：全区城镇基本医疗保险参保人数 172544 人，完成全年任务的 136%，其中，城镇职工基本医疗保险参保 21014 人，参保缴费 8410 人，基金征缴 2749 万元，完成全年任务的 120%。城镇居民基本医疗保险：全区参保 186693 人，其中个人缴费 156705 人，基金征缴 10824 万元，完成全年任务 231.7%。工伤保险：全年参保 11670 人，完成全年任务的 100%，工伤保险基金征缴 124 万元，完成全年任务的 130%。生育保险：参保 4932 人，完成全年任务的 103.4%，生育保险基金征缴总额 75 万元，完成全年任务的 102.7%。失业保险：参保 6200 人，完成全年任务的 100%，失业保险基金征缴 97 万元，完成全年任务的 106%。

【开展“春风行动”大型就业服务活动】 2017 年，东湖区开展以“搭建供需平台　促进转移就业”为主题的东湖区“春风行动”大型就业服务活动，通过送项目、送岗位、送政策进社区的形式，将职业技能培训、创业（电子商务）培训报名登记，小额贷款、社保、医保、维权等劳动保障政策宣传咨询融入其中，为所有服务对象提供一个创业就业服务对接的平台。吸引 252 家单位入场招聘，共提供 2867 个岗位，376 余名求职者与用人单位达成就业意向。

【提升公共就业服务水平】 2017 年，东湖区努力夯实公共就业服务三大平台，提供全方位公共就业服务。一是建立东湖区散工劳务超市平台。独创“派工”工作模式，有效地解决外来务工人员传统的推荐就业与散工非固定用工的矛盾。截至 12 月底，该超市累计登记外来务工人员 2522 人，用工单位登记 367 家，派工达 13906 人次；其中 2017 年新增登记外来务工人员 384 人，用工单位登记 106 家，派工达 4051 人次，同时对派出的人员做好跟踪服务工作，积极为外来务工人员收集、登记相对应适合的岗位。二是扶持建设创业孵化基地平台，促进创业带动就业。创业孵化基地作为创业的孵化器，能够有效结合市场需求推动创业工作的开展，东湖区扶持建设江西淘鑫电子商务孵化基地，总建筑面积 10000 平方米，以电子商务创业孵化为主，面向高校毕业生和各类社会有志创业人员提供创业孵化、创业辅导、创业培训等系列服务，培训各类电商人才 10000 余人次，孵化电商企业 900 余家。三是建立公共人才人员档案服务平台。截至年底，东湖区人才交流中心共接收包括大学毕业生等各类人员档案共计 5631 份，其中 2017 年新增大中专院校毕业生档案 1836 份，为流动人员提供优质高效的服务。

【参加市第五届外来务工人员运动会】 11 月 21 日，东湖区组队参加在南昌国际体育中心举行的南昌市“喜庆十九大，同心助和谐”第五届外来务工人员运动会。在该届运动会中，东湖区代表队喜获拔河团体冠军，羽毛球男子单打、女子单打、羽毛球团体冠军和南昌市团体总分第一名的佳绩。

【开展外来务工人员文艺活动】 五一前夕，东湖区为丰富外来务工人员文化生活，彰显外来务工人员为城市建设做出的贡献，参与“美丽南昌、幸福家园”建设，在散工超市举办第三届外来务工人员歌唱大赛活动，让务工人员感受到东湖的温暖，增强外来务工人员到东湖工作的融入感。

【举办高校生专场招聘会】 2017 年，东湖区全面开展高校毕业生就业服务月活动，在东华理工，南昌大学、豫章师范学院举办 3 场专场招聘会，共邀请 776 多家企业参加招聘，提供各类岗位 19229 个，吸引 7000 多名大学生参会，达成意向 3603 人。高校招聘会成功的举办，得到学校师生的好评，满足了南昌市各类企业对人才的需求。

【举办民营企业招聘周活动】 4 月，为引导高校毕业生各类人才到民营企业就业，东湖区在南昌工程学院开展“民营企业”招聘周活动，提供岗位 860 多个。此次活动深受民营企业的欢迎，更好地发挥好民营企业吸纳就业的作用。

【举办首届企业人力资源经理培训班】 12 月 15 日，东湖区举办 2017 年企业人力资源经理培训活动，400 余名企业人力资源经理到场免费“充电”。活动由东湖区委人才工作领导小组办公室和区人社局主办，通过举办培训，科学合理地应用人才，同时为企业吸收和招聘新员工提供规范运行的程序。

【举办“东湖人才活动周”活动】 2017 年，东湖区本着重视人才、关心人才、爱护人才的理念，在南昌大学前湖校区顺利举办“东湖人才活动周”高校毕业生校园招聘会。活动精选106家优质用工单位,提供1280个岗位。活动旨在让大学生人才优势留在本地,为本地的经济发展做出更大的贡献。

【完成大学生一次性创业补贴发放工作】 2017年,区人社局根据江西省《关于做好困难高校毕业生一次性求职创业补贴和大学生一次性创业补贴发放工作的通知》(赣人社字〔2015〕355号)的文件精神,审核通过1人符合申请条件,并予以拨付一次性创业补贴5000元。

【做好“洪城工匠”推荐申报工作】 2017年,区人社局根据《南昌市人民政府办公厅关于印发“洪城工匠”培养选树工作方案的通知》(洪府厅发〔2017〕30号)的文件精神,积极做好南昌市首届“洪城工匠”推荐申报工作,推荐的2名豫章绣工作者成功入选。

【完成企业退休人员养老金调待工作】 2017年,东湖区认真做好2017年企业退休人员基本养老金调待工作。按文件规定和上级要求,在规定的时间内落实到位。截至年底,共14477人参加调资,人均增资132元,共计1340万元。增资后人均退休金为2150元。

【完成社保退休人员人脸识别认证工作】 2017年,自南昌市开展人脸识别认证工作以来,东湖区积极响应,购买认证所需设备,并联系南昌市信息中心对相关业务经办人员进行培训,全面启动退休人员养老保险领取资格人脸识别系统认证工作,并在全区各社区楼栋张贴宣传单。截至年底,进行了人脸采模11930人。

【办理退役军人养老保险关系转移工作】 2017年,东湖区清理核实了2012—2014年度退役军人养老保险关系转移人数、金额等情况,并对未办理转移养老保险关系的人员进行信函和电话催办。截至年底,共办理部队退役军人养老保险关系转移268人。

【开展全民参保登记工作】 2017年,为确保全民参保登记工作顺利开展,东湖区成立全民参保登记工作领导小组,统筹推动全民参保登记工作的组织实施工作,领导小组下设办公室,负责组织实施具体工作;为了加强全民实施全民参保登记宣传工作,东湖区于9月21日在胜利路步行街民秀广场开展全民参保宣传咨询活动,广泛地宣传各项社会保险政策法规和全民参保登记工作,动员全社会全面了解支持全民参保登记,使全民参保意识深入人心。

【解决被征地农民参保工作遗留问题】 2017年,区人社局积极解决被征地农民参保工作中的遗留问题,按上级统一部署要求,将符合参保条件的被征地农民全部纳入基本养老保险范围,促进该区被征地农民参保工作健康有序发展。

【解决区属困难企业职工医疗保障】 2017年,东湖区贯彻落实中共南昌市委、南昌市人民政府《关于深化医药卫生体制改革的实施意见》(洪发〔2009〕25号)文件精神,将区属国有及国有控股已关闭破产改制企业退休人员、连续停产停业一年以上的国有困难企业、城镇困难大集体企业职工共计6779人,全部纳入城镇职工医疗保险范围,保障其基本医疗待遇,做到应保尽保。

【推进跨省异地就医直接结算】 2017年,东湖区本着信息多跑路,群众少跑腿的宗旨,积极推进跨省异地就医直接结算。有跨省异地就医需求的参保人员,按规定进行跨省异地就医登记备案后,可从附件公布的名单中选择定点医疗机构就医,实现跨省异地就医住院医疗费用直接结算。

【完善社会保险基金监管制度】 2017年,东湖区严格执行社会保险基金财务制度,切实加强基金年度预算与决算工作,严格收支两条线管理办法。切实加强内控管理。认真执行劳动保障部《社会保险经办机构内部控制暂行办法》,切实做好组织机构控制、业务运行控制、基金财务控制、信息控制等工作。加强社会保险待遇支付管理。加强待遇稽核,有效防止虚报冒领社会保险基金现象发生。

【做好劳动保障年度审查工作】 2017年,为切实提高劳动保障监察执法效能,规范用人单位用工行为,维护劳动者合法权益,促进社会和谐稳定,东湖区共为151户企业发放年检合格证,涉及劳动者940余人,督促用人单位补签劳动合同680份,进一步规范用工行为,维系和谐的劳动关系。

【保障农民工工友合法权益】 2017年,区人社局对辖区拖欠农民工工资问题进行全方位治理,保障农民工欠薪问题得到尽快解决,预防或减少欠薪逃逸等群体性突发事件的发生,引导企业增强防范意识,及时足额发放农民工工资。截至年底,东湖区受理举报拖欠农民工工资案件65起,结案率100%,累计为113名农民工追讨工资押金24万余元,维护了劳动者的合法权益。

(喻伟文)

民政事业

【概况】 2017年,东湖区民政部门贯彻落实习近平总书记系列重要讲话精神,秉承"民政为民,民政爱民"的宗旨,恪守"解决民生、落实民权、维护民利"的工作职责,以社会救助、基层社会治理、双拥优抚安置、养老服务、专项社会事务管理"五大体系"建设为统领,紧紧围绕转作风、强业务、促发展这条主线,抓作风建设,提高队伍素质,抓民生亮点,提升保障水平,抓难题破解,增强发展动力,全区民政工作取得显著成绩。

【打造社会组织党建品牌】 2017年,区民政局着力强化社会组织党建工作,推动社会组织党建在内容、形式、载体、机制等方面推陈出新,努力打造滕王阁水上救援协会党建品牌。协会党委充分发挥党组织战斗堡垒作用,积极开展关爱母亲河、水上救援、平安创建等公益活动,尤其是水上救援活动反响强烈。先后成功挽救了7条生命,4月,协会被区政府授予见义勇为先进集体,出手救援的会员被授予见义勇为先进个人,先进事迹相继在人民网、江西日报、南昌电视台等多家国家级、省级、市级主流媒体报道。协会被授予南昌市党性教育基层基地。

【推动"医养结合"养老服务创新发展】 2017年,东湖区积极探索医中有养、养中有医、医养契约、智慧医养的医养结合养老服务新途径。通过鼓励支持社会力量江西省生命树健康管理服务公司兴办医养结合机构,为住院老年人提供日常照料和生活起居等医养服务等措施,打造"医中有养"服务平台;通过支持养老机构以不同形式为入住老年人提供医疗卫生服务,章金媛爱心护理团队开展医院—社会—家庭为一体的志愿护理服务,区居家养老服务中心开展以医疗护理为主要内容的介护服务活动举措,打造"养中有医"服务平台;通过推动社区养老服务机构与基层医疗卫生机构开展签约服务,探索基层医疗卫生机构与老年人家庭建立签约服务关系等措施,打造"医养契约"服务平台;通过推广医疗服务、家政服务、养老服务、健康管理为一体的综合智能医养服务,为老人提供疗养度假、信息管理、老年医院、休闲旅游、文化娱乐、居家服务为一体的生态医养服务等形式,打造"智慧医养"服务平台。

【发挥社会救助"兜底"功能】 2017年,区民政局按照"兜底线、织密网、建机制"的要求,建立健全弱有所扶的社会救助体系,着力提升民生保障水平。全年,为困难群众发放各类社会救助资金3624.57万元,为3113户5050名低保对象发放低保金2869.55万元,人均补差水平达到473元。实施医疗救助9501人次,发放医疗救助资金521.56万元。实施临时救助254人次,发放救助金额64.56万元。发放春节期间困难群众慰问金152.9万元,发放冬春救助款16万元。开展经济状况核对工作,为274户721人的经济适用房回购和上市的群众进行了核查。

【破解影响民政发展三大难题】 2017年,为解决第十二医院面临的生存出路,局主要领导率队走访市场,调研论证,结合医院职工意愿,向社会公开引入社会力量进行托管,有效实现增加医院收益、保障职工待遇、维护稳定局面的目标;解决民政仓库场地问题,通过积极努力,在区文化活动中心三楼解决了一间55平方米的场所作为救灾仓库,保障了救灾物资储备场所建设;解决善后安置问题,妥善解决了南昌信息化养老服务中心(民非机构)员工多次上访问题,挤出资金补偿员工,对于要求安置的员工予以岗位安置,对于该中心的场地问题也另寻他处予以解决。

【扎实推进社区建设工作】 2017年,区民政局从加强社区硬件建设、提升软件管理水平、提高社区干部队伍素质等方面下功夫。加强基础设施建设。着力推进精品社区建设,打造建新社区、文教路北社区,扶持豫章街办聆江社区、滨江社区、福州路北社区等精品社区，洪城社区、戴家巷社区通过南昌市民政局2016年度精品社区考核验收，二七北路社区被评为全省绿色社区。启动智慧社区管理平台，组织全区社区参加智慧社区管理平台试运行工作培训，有序地推进平台基础数据采集导入、网格划分、楼宇轮廓描边等基础性工作；加强社区干部队伍建设。进一步提高社区干部待遇，2017年1月起，为社区干部增加300元生活补贴。积极做好第十届村（居）委会换届选举准备工作，发放换届选举工作手册，保证换届选举工作顺利进行。做好国企移交工作，全面完成42家市属国企社区移交协议签订任务，其中成建制社区移交5个，零星社区移交37个，移交户数共7530户。

【落实双拥优抚安置政策】 2017年，区民政局全面落实双拥优抚安置政策，完善双拥优抚安置体系。截至年底，为各类优抚对象发放定期抚恤补助资金950万元，发放公益性岗位工资300多万元，一次性抚恤150多万元，发放医疗补助金27万元；在春节期间，为重点优抚对象发放慰问金249万元；完成229名退役义务兵和复员、转业士官档案的接收、审查、登记及办理退役士兵落户及岗位安置等工作；发放2016年度退役士兵自主就业和自谋职业等补助金213.75万元，输送35名退役士兵参加免费职业教育和技能培训。

【提升专项社会事务管理服务水平】 2017年，东湖区稳步推进殡葬改革，积极开展文明殡葬宣传活动，树立文明丧葬新风尚，率先全省开展“互联网+殡葬服务”进社区工作，搭建便民、利民、惠民文明殡葬网络互动平台。做好清明期间的文明祭祀工作，确保祭祀活动文明、有序、平稳；认真开展生活无着的流浪乞讨人员救助工作，妥善解决15名智障流浪乞讨人员的落户安置问题；稳步推进地名普查工作，完成地名采集1681条，地名标志数670个，顺利通过市级验收；开展社会组织登记服务，积极培育孵化社区组织，培育阳光心里工作室，区社会组织孵化中心，天地自然养老产业促进会，天源社工服务中心等社工机构；加强婚姻、收养登记工作，做好情人节等特殊纪念日结婚登记工作，确保登记顺利、有序、平稳，截至12月底，共办理结婚登记4074对，离婚登记1847对，补领婚姻登记证2822对，收养登记2件，查档5900多人次，建设颁证室，打造官方的颁证仪式，让新人感悟婚姻、家庭所蕴含的责任与担当，倡导文明婚俗。

【加强防灾减灾救灾体系建设】 2017年，区民政局认真贯彻落实《中共江西省委江西省人民政府关于推进防灾减灾救灾体制机制改革的实施意见》（赣发〔2017〕15号）采取三项措施，确保各项改革举措落到实处。一是加快减灾救灾指挥平台建设。及时召开防灾减灾工作专题会议，周密部署2017年防灾减灾工作，制定《东湖区综合防灾减灾规划（2016—2020年）》（东减委办〔2016〕1号），完善《东湖区自然灾害救助应急预案》。组建一支145人的灾害信息员队伍，加强灾害信息员数据库使用方法和自然灾害情况统计制度等知识培训。二是加快救灾物资储备库建设。积极争取区领导支持，划拨区文化活动中心的库房作为救灾物资储备仓库，投入资金25万元用于救灾物资储备库建设和购买储备物资，5月追加拨付救灾资金区级配套资金268.76万元，发放自然灾害生活补助资金16万元。三是抓好综合减灾示范单位创建工作，提交12个（街道）社区的申报资料，成功创建1个全国综合减灾示范社区、4个全省综合减灾示范社区和5个全市综合减灾示范社区。

【启动“时间银行”工作】 10月，区民政局在百花洲街道先行开展居家养老志愿服务“时间银行”工作的探索试点。即坚持“多方共举，服务共通，利益共享，社群共融”服务理念，鼓励社会力量尤其是健康低龄老人为高龄、失能、失智及特殊老人提供志愿服务，把时间储存起来，待今后自己所需时提取养老服务，从而形成一代帮一代、低龄扶高龄的波浪式养老服务循环。成立区委书记负总责、区长任组长、分管领导具体负责，民政局和相关部门主要负责人为成员的东湖区居家养老志愿服务“时间银行”试点工作领导小组，下设“一室三组”（办公室、专题调研组、业务指导组、实施推进组）；同时，在区级、街道、社区分别设立“时间银行”总行、分行、支行三级组织管理架构，形成纵向到底、横向到边的服务体系。

（邓建平）

教　育

综　述

2017年，东湖区有九年一贯制学校7所，全日制小学13所，特殊教育学校1所，幼儿园55所，民办教育机构44个（含22个民办幼儿园），青少年宫1所。全区在校中小学生25698人，教学班549个；幼儿园在园人数11566人，教学班454个。全区现有在职教师1548人，其中全国优秀教师4人，省级特级教师6人，省学科带头人22人，市级学科带头人71人，77个名师工作室。省级素质教育示范校1所，市级素质教育示范校6所，省级文明校园3所，市级文明校园3所，市名校4所。

2017年，东湖区确立“优质　均衡　特色　卓越”的新发展目标，立足高位均衡，深化教育教学改革，加快发展学前教育，大力投入特殊教育，依法规范民办教育，大力建设师资队伍，科学配置教育资源，形成各级各类教育结构合理、布局科学、相互衔接、协调发展的开放的终身教育体系。东湖区先后被评为全国中小学信息技术教育实验区、全国幼儿教育先进区、全国推进义务教育均衡发展先进地区、江西省教育先进区第一名、江西省“两基”工作先进区。2017年，东湖区德育案例《以真以诚育人　以勤以精树人》被评为全国中小学德育工作优秀案例；以第一名通过“中小学校责任督学挂牌督导创新县（市、区）”省级评估；高分通过义务教育发展基本均衡省级复查；被评为第十九届全国青少年五好小公民“老师您好　我的好老师”主题教育活动先进集体；全省关心下一代工作先进集体；全省中小学红色、绿色和古色文化教育活动先进单位；第二十八届全国城区体育工作研讨会优秀组织奖；江西省第五届全民健身运动会“全民健身贡献奖”。

学前教育

【概况】 2017年，东湖区积极探索以公办幼儿园为示范、以社会力量兴办幼儿园为主体、公办与民办相结合的多元化办园格局，推进学前教育的区域发展。制定第三期《东湖区学前教育三年行动计划》，推进城北幼儿园建设项目，完成谌家坊幼儿园项目建设工作；开展东湖区普惠性民办幼儿园认定工作，评出普惠性民办幼儿园共计10所。全年对辖区内13所幼儿园下拨普惠性幼儿园中央奖补资金278.24万元。积极开展“以园为本教研制度建设”项目实验，率先开展区域联动式教研，构建幼儿园、片区、全区三级教研网络，提升幼儿教师专业化水平。截至年底，东湖区经教育部门审批注册的合法幼儿园（保育院）有55所，其中教育部门办3所，事业单位办13所，企业单位办7所，街道办7所，民办22所。乡镇中心幼儿园1所，小学附属幼儿园2所。现有幼儿园中，优秀省级示范幼儿园5所，省级示范幼儿园4所，市级示范幼儿园1所。

【制定《东湖区学前教育三年行动计划》】 1月初，为继续深化东湖区学前教育改革，促进全区学前教育健康发展，区教科体局制定《东湖区学前教育三年行动计划（2017—2020年）》，明确了三年工作目标，提出“扩资源，优化学前教育结构；建机制，加大学前教育投入；保待遇，加强幼儿教师建设；强管理，提升幼儿园办园水平”的具体举措。

【进行2016民办幼儿园办学许可证年检】 4月,区教科体局对全区21所民办幼儿园进行办学许可证年检工作,从依法办学、诚信办学、教育教学管理、安全管理、财务管理、教师队伍建设、特色办园和办学条件等方面,对民办幼儿园进行督查,有效地促进全区民办学前教育健康规范有序可持续地科学发展。

【开展2016年度公办幼儿园年审工作】 6月,东湖区从辖区幼儿园的依法办学、办学条件、组织管理、资产管理、办学行为、安全工作、保教工作、各种证件的有效性等方面,全面检查辖区30所公办幼儿园依法、规范、安全办园的情况,对各所幼儿园年审结果进行讨论研究,并提出具体的指导意见。

【开展普惠性民办幼儿园认定工作】 6月,东湖区出台《东湖区普惠性民办幼儿园认定和管理办法(试行)》,评估组按照《南昌市普惠性民办幼儿园评估标准》,通过查阅资料、实地考察,从"办园条件、园务管理、保教队伍建设、安全卫士保健、教育教学管理"五方面对幼儿园进行全面评估认定。经过评估组公平公正公开的评估,最后评出A类普惠性幼儿园3所,B类普惠性幼儿园4所,C类普惠性幼儿园4所。

【完成谌家坊幼儿园项目建设工作】 2017年,东湖区完成谌家坊安置小区幼儿园项目建设工作。该幼儿园位于谌家坊安置小区,占地面积2亩,建筑面积1000余平方米,是一所可容纳100余名幼儿的公办幼儿园。

【开展东湖区幼儿园大整治工作】 12月,东湖区召开"东湖区幼儿园办园行为大规范 安全隐患大排查 无证办园大整治工作部署会",制定《东湖区幼儿园办园行为大规范安全隐患大排查无证办园大整治工作方案》。成立由区政府办公室牵头,区教科体局、公安消防大队、市场监管局、房管局、区行政执法局、区卫计委、各镇(街道、管理处)等部门组成的区联合执法队。通过依法行政、宣传教育,区联合执法队对全区24所无证幼儿园(学前班)进行清理整顿执法工作,对无证幼儿园(学前班)下发《停办通知书》,提出具体的整改意见,做好对无证幼儿园(学前班)举办者的宣传教育工作。

【举行第五届园本教研节暨培训活动】 1月5—6日,东湖区举行第五届园本教研节暨"提高区域活动中教师的观察能力"培训活动。江西省教研室、江西师范大学及江西科技师范大学组成的专家团队为全体与会者进行了内容丰富的"提高区域活动中教师的观察能力"主题系列化讲座培训。

【幼儿教师录像教育活动喜获佳绩】 9—10月,东湖区幼儿教师录像教育活动在全国和省级信息技术大赛上喜获佳绩。东湖区幼儿教师的录像教育活动在2017年第十一届全国幼儿园信息技术应用作品评选活动中获一等奖2个,二等奖1个;在第二十三届江西省中小学、幼儿园教师优秀教学资源展示活动,参赛的三位教师全部获得信息技术与学科教学整合课例一等奖。

义务教育

【概况】 2017年,东湖区确立"优质 均衡 特色 卓越"的新发展目标,立足高位均衡,深化教育教学改革,切实提升教育新内涵。一是落实"立德树人"根本任务,促进学生健康成长、全面发展。强化正面引导、知行合一,以"东湖美德少年"阳光行动、"奖状博览会"、小青苗宣讲团"红色文化进校园"三大主题教育为抓手,以内容鲜明、特色突出的系列德育活动为载体,组织开展市级、区级"文明校园"评比,第三届"十佳美德少年"评选,"晒晒传家宝·传承好家风"主题教育,"美丽南昌·幸福家园"环境综合整治等活动。促进家校融合、协同育人,开展"小手拉大手"系列主题教育,"东湖区家长宣讲团"文明宣讲等活动。彰显文化育人、寓教于乐,组织开展东湖区少先队鼓号队、管乐队比赛,在全市各县区属首。连续十六年开展"一校一品"校园文化特色展示活动,光明学校"悦动生命 筑梦未来"和爱国路小学"带着微笑出发"的校园文化特色展示活动,再次绘就出东湖德育工作生动活泼的独特画卷。全年为18名身患重大疾病的学生和282名特困学生发放东湖区2017年度扶贫助学基金,共计10.62万元;六一期间,为474名特困学生发放书包等慰问品,让每个孩子都能感受到教育的温度。

【迎接"全省文明校园"考评组检查】 1月12日，"全省文明校园"考评组实地查看东湖辖区学校的校园环境和文明校园创建活动宣传情况，听取学校开展文明校园创建工作的汇报，观看相关视频资料，并对学校的迎检资料逐项进行了检查。

【中央媒体聚焦东湖"开学第一课"】 2月13日，开学第一天。《人民日报》《光明日报》《新华社》等中央级媒体对东湖区开学第一课进行深入报道。《人民日报》对豫章小学开展"传承和弘扬中华民族优秀传统文化体验活动"进行报道；《光明日报》以《南昌市东湖区：用传统文化开启开学第一课》为题，报道豫章小学、邮政路小学的开学第一课。此外，新华社的《开学季，各地学校第一课讲什么？》一文，《南昌日报》、南昌新闻网、南昌人民广播电台"917新闻"、南昌电视台《东湖新闻》等媒体（栏目）也对以上活动进行报道。

【开展豫章小学主题队日活动】 5月31日，豫章小学开展"喜迎十九大——我向习爷爷说句心里话"主题队日活动。共青团江西省委副书记、江西省少工委主任孙鑫等领导参加活动。活动中，来宾们听取了红领巾小讲解员对学校概况、"雅文化"特色、文明创建典型做法、少先队特色活动的介绍，观看"红领巾足球小健将"友谊赛、"红领巾小百灵"合唱表演，参观豫章小学"省级标准化少先队室"，参加"喜迎十九大——我向习爷爷说句心里话"主题微队会，并向少先队员们赠送书籍。孙鑫副书记寄语少先队员，希望队员们胸怀美好理想、树立远大志向，健康快乐地成长。

【开展中小学生研学旅行活动】 暑假期间，区教科体局组织区属各校开展中小学生研学旅行活动。各学校结合本校学生身心特点、接受能力和实际需要，引导学生走出校园，了解社会、亲近自然、参与体验。豫章小学师生走进新加坡，开启"魅力狮城，全真课堂"学习成长交流活动；育新学校组织学生进行为期半个月的美国研学旅行；光明学校组织"我到上海看世界"游学活动；东湖小学的学生们在老师的带领下全方位探秘横店影视城；青桥学校、北湖小学分别组织学生追寻华夏足迹走进西安；阳明学校组织学生赴南京开展"古都南京探秘"活动；右营街小学师生前往瑶湖郊野公园争做生态志愿者。

【举办少先队鼓号队、管乐队大赛】 11月21日，由东湖区教科体局、共青团东湖区委、东湖区少工委联合主办、豫章小学承办的"金色鼓号　与梦想同行"——东湖区少先队鼓号队、管乐队风采展示大赛在豫章小学（二部）举行。团省委少年部部长范伟成等领导出席活动，来自全区1600余名少先队员参与活动。最终，豫章小学（一部）、向荣小学、豫章小学（二部）获鼓号队比赛前三名，邮政路小学、育新学校、爱国路小学获管乐队比赛前三名。

【举行一校一品特色展示活动】 12月5日，"带着微笑出发"一校一品特色展示活动在爱国路小学举行。来宾参观校园，听取小主持人对校园文化的介绍，观摩"微笑与梦想"学生活动展示，聆听"构建微信文化　激发学校活力　成就教育微笑"一校一品工作汇报。

【举行德育特色展示活动】 12月7日，"悦动生命　筑梦未来"德育特色展示活动在光明学校教举行。展示活动紧紧围绕家校心育教育——"润泽生命"、多彩社团活动——"丰盈生命"、特色悦读活动——"点亮生命"三大主题开展。来宾参观校园环境，观看"生命教育"文化特色活动展板，听取《悦动生命筑梦未来》的工作报告，了解学校的"心育、悦读、社团"特色校园文化。

【迎接挂牌督导创新区评估验收】 5月10—11日，江西省督学、吉安市教育局原调研员张爱如一行到东湖区，对"中小学校责任督学挂牌督导创新县（市、区）"工作进行为期两天的督导评估。督导评估期间，南昌市教育局党委书记、局长谢为民，区领导刘闯、高辉红与专家组一行会面。区领导童萍如围绕"专兼并重聚督导合力·多方联动助推东湖教育发展"进行工作汇报。市教育局副调研员唐庆伟、市人民政府教育督导室副主任邹白玉、区教科体局班子成员参加汇报会。督导评估组先后走访滨江学校、八一嘉实希望小学、豫章小学、阳明学校、南京路小学、城北学校、北湖小学、邮政路小学、东湖小学、育新学校十所学校，通过推门听课、督学评课、督学工作室建设、学校文化特色展示等形式对十所学校的挂牌督导工作进行细致督导评估。

【接受省教育电视台栏目专访】 7月14日，区领导刘闯接受江西省教育电视台“党以重教为先”栏目专访。刘闯从如何坚持战略重教、增投入补短板，如何推动教育内涵发展等方面回答了记者的提问。7月22日，该访谈节目在江西教育电视台播出。

【迎接义务教育均衡发展基本均衡复查】 9月26日，江西省督学、江西师范大学原党委副书记聂剑一行到东湖区开展为期两天的义务教育均衡发展基本均衡省级复查。区领导高辉红出席并做工作汇报，童萍如主持会议。江西省教育工委委员、省教育厅总督学曹伴好，江西省人民政府教育督导委员会办公室主任杨美珍，南昌市政府副市长龙国英，市教育局党委书记、局长谢为民出席会议。区教科体局领导班子成员、区政府教育督导委员会成员单位主要领导、区督学、东湖属地内中小学校正职校长参加会议。高辉红以《党政主导　部门联动　综合发力　全力办好“优质　均衡　特色　卓越”东湖教育》为题，汇报历年东湖区义务教育均衡发展工作情况。26日下午、27日上午，复查组专家深入东湖属地内豫章小学一部、北湖小学、育新学校初中部、市二十八中、向荣小学、东湖小学、南师附小叠山路校区、滨江学校八所学校实地评估。通过听取汇报、查看资料、召开座谈、参观社团和校园文化等方式全面了解学校义务教育均衡发展推进情况。

【参加履行教育职责督导评价工作培训】 10月17日，由江西省委组织部、省人民政府教育督导委员会联合举办的全省县（市、区）党政领导干部履行教育职责督导评价工作培训班在南昌举行。江西省委组织部副部长、省人大常委会选任联工委主任龚绍林出席培训大会并代表省委组织部发表重要讲话；省委教育工委副书记、省教育厅厅长叶仁荪主持会议。省教育厅副厅长刘菊娇，省委教育工委委员、省教育厅总督学曹伴好，省直部门（单位），设区市、县（市、区），国家督学，省督学代表400余人参加培训大会。区领导刘闯，区教科体局党委书记、局长舒小红参加会议。会上，刘闯作了题为《党政主导·部门联动·综合发力·全力办好“优质·均衡·特色·卓越”东湖教育》的典型经验发言。刘闯从坚持战略重教进一步增投入补短板、坚持公平立教进一步严规范促均衡、坚持品牌兴教进一步抓改革拓内涵三方面分享东湖区党政领导干部履行教育职责、全面推进义务教育均衡发展的主要做法和取得的经验、成绩，并从环境塑“形”、文化立“魂”、品牌提“质”三方面高位规划东湖教育发展蓝图。

【成为“国家义务教育质量监测协议区”】 9月，国家义务教育质量监测解读会在井冈山召开，东湖区在2016年义务教育质量监测中各项监测指标在全省名列前茅，被江西省基础教育质量监测与评估中心推荐为江西省唯一“国家义务教育质量监测结果应用实验县区”。为了进一步关注和提升东湖区所辖区域义务教育现状和质量，区教科体局与全国第一个、也是目前唯一一个通过教育部认定的教育领域的北京师范大学中国基础教育质量监测协同创新中心签订协议，将东湖区纳入国家义务教育质量监测协议区县范围。

特殊教育

【概况】 2017年，东湖区继续加大对特殊教育的扶持力度，在培智学校组建学前康复部，为学龄前智力落后儿童提供康复服务。该校构建了一套科学规范、优质高效的管理模式，形成了独特的办学特色，成为省、市智力障碍儿童康复训练示范中心，江西省首家智障人员教育技能培训中心，江西省特奥训练基地等，历年被评为“全国特奥先进单位”，并成为江西省特殊教育示范性窗口学校。

【香港基顺学校师生到培智学校交流】 10月25日，香港基顺学校师生到培智学校开展“同根同心”参观交流活动。活动中，两地特校深入交流，同时就今后两地、两校进一步开展教育教学科研合作、学生交流活动交换了意见。

【获省特殊教育教师教学竞赛一等奖】 12月16—17日，江西省教育厅举办全省特殊教育教师教学技能竞赛活动，经过两天激烈地角逐，东湖区培智学校甘群老师喜获智力障碍组全能奖一等奖及说课、职业技能两个单项一等奖，金凉老师喜获全能三等奖及说课单项二等奖。

【开展“流光溢彩　话成长”宣传活动】 12月1日，培智学校在步行街明秀广场上开展“流光溢

彩 话成长”活动，展示孩子们学习的成果，教育他们学会自理、学会独立，逐步成长为一个有自尊、有自信、能自强、能自立，能融入社会的残而有为的人。

【搭建特教交流共享平台】　6月8日，由南昌市教科所主办，南昌市培智学校承办的《南昌市学前特殊教育与课题展示活动》在培智学校学前康复部如期举行并圆满结束。市特教教研员赵水兰老师，豫章学院特殊教育专家刘明清老师，全省20多所特校校长、老师共计一百余人参加活动。

【参加全国特奥游泳比赛】　6月15日，2017年全国特奥游泳比赛在中国残疾人体育运动管理中心游泳场馆落下帷幕。培智学校特奥运动员余子杰作为唯一一名运动员代表江西省参加此次比赛，在50米仰泳、400米自由泳中分获银牌，并获得运动员“体育道德风尚奖”，江西代表队被组委会评为代表队“体育道德风尚奖”。

【获全国残疾人民间足球争霸赛第二名】　6月21—24日，由培智学校足球队组成的江西省特奥融合足球队代表江西省前往重庆，参加2017年西部赛区残疾人足球争霸赛，获得第二名的好成绩，并获得体育道德风尚奖。

【培智轮滑队在全国比赛中勇获三金】　10月25—31日，2017年全国特奥轮滑比赛在四川省眉山市成功举行。作为“江西省特奥运动训练基地”的南昌市培智学校的三名轮滑运动员代表江西省参加此次比赛。此次比赛共有来自全国24个省市的代表队，近400人参赛，培智学校运动员不畏强手，取得3金1银3铜的优异成绩。

【参加2017年残疾人民间足球争霸赛】　9月18—23日，2017年残疾人民间足球争霸赛年终总决赛在北京成功举行。培智学校足球队代表江西省参加比赛。比赛共有来自全国25个省市的42支足球队，近700人参赛，经过东、西部分区比赛后，最终有24支优胜队伍入围年终总决赛。培智学校足球队以西部赛区第二名的成绩成功入围年终总决赛，并在为期5天的赛事中不畏强手，顽强拼搏，最终获得特奥融合组季军的好成绩。

【参加江西省特奥乒乓球、足球比赛】　9月27—28日，江西省特奥乒乓球、足球在吉安市举行。培智学校共计11名学生参加此次的乒乓球、足球比赛。经过激烈的角逐，刘邹炜、江如雪在12—15岁组女子双打比赛中顽强拼搏，一举夺下双打冠军，并在乒乓球12—15岁组女子单打比赛中，喜获第三名、第五名；在12—15岁足球个人技术比赛中，邓书山同学获得第二名，团体足球比赛喜获第六名。

民办教育

【概况】　2017年，东湖区坚持属地管理、有效管理、权责统一、“谁主管谁负责”的原则，贯彻“积极鼓励，大力支持，正确引导，依法管理”的社会力量办学方针，大力发展多元化民办教育，使之真正成为公办教育的合理补充，努力消除无证办学行为，满足人民群众对教育的各种不同需求。截至年底，全区有44所民办教育机构，包括22所非学历教育培训机构和22所民办幼儿园。各民办学校依照《中华人民共和国民办教育促进法》等有关法规，依法治教，科学管理，不断优化办学，提升办学水平，积极探索新的办学模式，取得较好的办学效益，涌现一批社会口碑好的品牌教育机构，深受家长的好评。

【开展民办学校年审工作】　6月，根据《中华人民共和国民办教育促进法》有关规定，东湖区对全区22所民办非学历教育培训机构、22所民办幼儿园进行年审，认真核查民办教育机构的审查登记表、财务审计报告书和办学许可证等。通过年审工作，进一步规范民办学校办学行为，提高办学质量，促进全区民办教育健康发展。

【做好招生简章和广告备案工作】　8月，东湖区开展2017年民办学校招生简章和广告备案工作，将学校招生简章和广告备案情况作为年度督导评估检查的重要内容和依据，组织各民办教育机构认真学习文件，明确备案要求。各民办教育机构积极履行招生简章和广告的备案程序，按照要求和时间办理招生简章和广告备案。

【开展民办学校办学水平督导评估工作】　11月，区教科体局对全区民办学校、幼儿园进行2017年度办学水平督导评估工作。通过学校自评、教育局实地督查相结合的方法,采取“听、看、查、谈”的方法,从“依法办学、诚信办学、规范招生行为、加强常规管理、促进教师队伍建设、提高办学水平和教育质量、改善办学条件”等方面对民办学校、幼儿园进行督导评估。12月,由教育科、安稳办、人事科和财务科组成的督导评估组,督导评估组审核各学校、幼儿园的材料,实地查看校园环境及教学、安全等设备设施,并与学校反馈督查意见。最后,对参与督导评估民办学校和幼儿园进行评比,分别评出一、二、三等奖若干名。通过督导评估工作,督促民办学校、幼儿园总结办学经验、找出差距,加大投入,改善办学条件,进一步加强管理、规范办学、提高质量、增强活力,全面提高东湖区民办教育的整体水平,促进东湖区民办教育规范有序地发展。

【清理整顿非法违规办学行为】 2017年,东湖区约有20家无证民办教育培训机构,区教科体局组织人员对无证教育培训机构进行联合执法,先后对豫章社区、马家池社区、民德路社区、大士院社区、杨家厂社区、蓝天碧水小区和央央春天小区,以及贤湖村、永溪村、财富广场、百盛太平洋大厦等进行实地督查,对散布其中的无证培训教育机构进行取缔,下发了《停办通知书》10余份。对涉及教育行政部门难以解决的问题,区教科体局主动争取区政府支持,责成消防、工商、文化等有关职能部门履行职责,实行综合治理,确保清理整顿工作取得成效,维护社会稳定。

教育教学科研

【概况】 2017年,东湖区教研中心设有小学教研部、初中教研部、电教部、培训部、课程部五个职能部门,是东湖区教科体局的直属业务单位,担负着全区教学研究、教育科研管理、教育信息化及指导、教师培训和区教育学会等工作。现有教职员工20人,其中在职研究生1人,教育硕士1人,本科学历18人;中小学正高级教师1人,中小学高级教师8人,中小学一级教师11人;省特级教师2人,省学科带头人6人,市学科带头人10名。教研中心以实施素质教育为目标,紧紧围绕省、市、区教育工作重点,以促进学生全面健康发展为核心,以课堂质量与效益提升为重点,以教师队伍建设为根本,以创新教学研究的内涵与形式为主导,以全面培养师生的学科素养为目标,促进全区义务教育进一步高位优质均衡发展。

【召开核心素养培训会】 2月14日,为深入研究核心素养的内涵及其培育途径,东湖区教研中心组织全体教研员开展“学生发展核心素养研讨会”。此次研讨会讨论的主题有:学科素养与素质教育关系,不同学科的学科素养间的关系,以及学科素养的达成。

【开展视导调研工作】 2月22日,东湖区教研中心全体教研员到扬子洲镇进行下校视导调研。区教研中心主任肖贤和初中部教研员在扬子洲学校进行视导调研,小学教研员在教研中心党支部书记陶晓静的带领下前往八一嘉实希望小学和南林小学听课调研。

【召开全区新学期教学工作会】 2月27日,东湖区2016—2017学年度第二学期教学工作会在东湖区教研中心三楼会议室召开。会议由教研中心党支部书记陶晓静主持,东湖区教育教学质量提升工程领导小组副组长周林到会发言。区属各中小学校分管教学的副校长及全体教研员参加会议。周林在大会上强调该学期工作的重心应落脚在“学生核心素养”的研究和提升上,举全区之力研究核心素养如何在东湖教育的课堂教学、校本教研、课程建设中落地生根,结出丰硕的果实。

【参加省第四届小学语文教师素养大赛】 3月31日中午,为期四天的江西省第四届小学语文教师素养大赛落下帷幕。来自全省的25名老师经过五个项目的激烈角逐,最终,邮政路小学的肖志清老师凭借优异的表现,总分排名第二,获得了一等奖的好成绩。

【开展“比特”物联网创新课堂培训】 4月,“比特”物联网创新课堂培训班在育新学校“东湖区比特实验室”顺利开班。培训班邀请到比特物联网创新教育研究中心、陶行知教育协会常务理事,比特实验室高级讲师周克龙主讲,来自区属各校的分管副校长、科技辅导员40余人参加培训。

【参加南昌市小学语文教学设计竞赛】 6月15日,南昌市教育学会小学语文教学研究会组织

“读一本好书”教学设计竞赛活动。经专家评审，东湖区教科体局选送的五篇“读一本好书”教学设计均荣获南昌市一等奖的好成绩。

【开展“骏马杯”竞赛的理论笔试活动】　6月29日，东湖区在邮政路小学进行第二十八届“骏马杯”竞赛的理论笔试活动。全区各校推选的“骏马杯”竞赛选手和参加东湖区第四批“双新”骨干教师选拔活动的教师，共计116人参加，竞赛分为四个考场进行。区教科体局党委书记、局长舒小红到赛场慰问选手、了解竞赛过程、询问笔试的命题阅卷等各环节的详细步骤，并提出要求：区教研中心要利用竞赛平台，培养东湖区优秀骨干人员，为东湖教育的发展提供强有力的师资队伍和人才保证。

【区中小学骨干教师赴浙江大学研修】　7月3日，来自东湖区属各校70余名骨干教师在东湖区教研中心副主任胡美贵的带领下，来到誉为“东方剑桥”的浙江大学参加东湖区骨干教师专业核心素养提升研修班，进行为期7天的学习。

【参加全省中小学青年教师教学竞赛】　7月5日，江西省首届中小学青年教师教学竞赛南昌市选拔赛在南昌二中举行。东湖区百花洲小学林通老师、豫章小学涂凤艳老师、阳明学校杜颖妮老师参加此次比赛。三位教师全部入围，占总入围人数的一半。7月22日，三位老师代表南昌市参加首届全省中小学青年教师教学竞赛，一举斩获两个特等奖和一个一等奖，包揽全省中小学青年教师教学竞赛小学、初中组冠军。

【开展2017年度新教师培训活动】　2017年，东湖区开展新教师培训活动，历时6天，安排两个阶段共15场讲座，围绕“教师职业生涯规划”、“怎样做一个合格的东湖教师”、班主任工作和学科专业能力培训等十几个主题，为近三年参加工作的新教师进行全方位、多角度的上岗培训，参训教师达180人左右。

【开展区骨干科研力量培训活动】　9月18日，东湖区教研中心邀请南昌市教科所理论办公室主任王跃，对区属学校业务副校长及教科研主任进行课题申报培训。全区工40余位教科研骨干参加此次培训活动。

【举行“骏马杯”初中课堂教学竞赛】　9月19—22日，东湖区第二十八届“骏马杯”初中课堂教学竞赛在育新学校录播教室举行。此次比赛共开设初中语文、数学、英语、物理四门学科，邀请到省市专家担任评委，来自全区的24位青年教师参加比赛。此次比赛为开放性赛制，鼓励全区教师到场观摩，赛后各学科教研员和省市专家对选手进行精彩点评，对课程内容进行挖掘和深剖，从教学设计、突出重难点、师生互动、教学反思等方面提出具体建议，在肯定参赛教师的努力的同时提出不足，鼓励青年教师要善于归纳总结，扬长避短，使比赛水平更进一层。

【召开基础教育满意度调查工作布置会】　9月，为圆满完成“2017全国基础教育满意度调查”工作，区教科体局召开“全国基础教育满意度调查”工作布置会，来自全区三所幼儿园、七所小学、七所初中、五所高中的分管领导和全体教研员共40余人参加会议。会议就调查工作的日程安排以及网络填报系统的登录和问卷调查使用做详细培训。区教科体局进一步强调此次调查工作的重要性，要求各校在调查活动中实事求是，客观地完成调查。

【杜侦一行到东湖区教研中心调研指导】　9月19日，江西省教研室主任杜侦、南昌市教科所所长黄志远、省教研室小学语文教研员徐承芸一行5人组成的专家组到东湖区教研中心，对东湖区教育教研工作进行调研并给予肯定。

【获综合实践活动学科现场说课一等奖】　9月25—29日，全国基础教育课程改革实验区综合实践活动第十五届研讨会在甘肃省兰州市举行，东湖小学教师万莹作为江西省代表参加活动。万莹携《剪窗花》一课参加现场说课比赛，喜获全国综合实践活动学科现场说课一等奖。这是东湖小学连续两次获此殊荣，为东湖区综合实践活动学科的实践研究注入强劲动力。

【迎接江西省现代教育技术示范校检查】　10，由南昌市教育局专职督学邓勤义、南昌市现代教育技术中心胡强主任、南昌第二十中学校长助理王建华组成的江西省现代教育技术示范校检查组展开对东湖区豫章小学、邮政路小学、百花洲小学、东湖小学、右营街小学、城北学校和育新学校7所省级示范校检查评估工作。检查组通过听取汇报、实地察看、查阅资料、观看无生课堂展示等形式，对东湖区7所示范校的现代教育技术工作环境建设、教育信息资源建设、管理机构和人员培训工作、现代教育技术应用研究活动等进行十分全面又详细的了解。

【参加中小学电脑制作技能提升活动】 10月，东湖小学选送的英语数码故事《Environment protection》在国家级现场竞赛活动中脱颖而出，荣获一等奖，城北学校的电脑绘画《八点半上课的快乐》获国家级现场竞赛活动活动二等奖。占南昌市小学组参加国家级竞赛作品总数的33%。

【举行幼儿园教师专业能力展示活动】 11月14—15日，东湖区教科体局成功举行2017年幼儿园教师专业能力展示活动，地区各幼儿园推荐的17名骨干教师参加此次展示。东湖区教科体局党委书记、局长舒小红，东湖区教育教学质量提升工程领导小组副组长周林到赛场看望评委及选手。

【参加省优秀教学课例现场展示活动】 2017年，江西省初中学段优秀教学课例现场展示交流活动(赣教杯)于11月15—17日在赣州市宁都县举行，全省每学科13位选手以现场课堂教学的形式进行展示，东湖区初中英语教师杜颖妮代表南昌市参加此次展示，并获得第一名的好成绩。

【举办中小学幼儿园STEAM教育培训班】 11月，东湖区中小学幼儿园STEAM教育培训班在南昌市豫章一号文化科技园四楼会议室顺利开班。来自东湖区各中小学、幼儿园的科技分管领导和科技教师50余人参加培训。培训课上，北京大学教授范瑞作《未来学校创客教育探索》的精彩报告，大家一起体验了实际操作课程《智能硬件玩转音乐》。

【承办四省会城市教研协作体年会】 11月30日，长江中下游四省会城市教研协作体年会在南昌举行，年会围绕“涵养教研品质，促进教师成长”主题，东湖区教科体局精心筹备大会，以此为平台，与四方来宾深度对话。上午的开幕式上，南昌市教育局副局长陈瑜进行大会发言。东湖区教科体局党委书记、局长舒小红作为大会承办方致辞。课程专家谢翌教授为大会做主题报告。下午，东湖区两个分会场——育新中学和豫章小学二部精彩纷呈，全面展示东湖教育教研的高品质，以及东湖青年教师的新风采。

11月30日，东湖区教科体局承办“长江中下游四省会城市教研协作体“年会

【开展第二届小学生听写大赛活动】　12月5日，东湖区第二届小学生听写大赛活动在阳明学校成功举办。东湖区人民政府副区长、东湖区语言文字办公室主任童萍如，东湖区教科体局党委书记、局长舒小红，东湖区教育教学质量提升工程领导小组副组长周林及区属小学校长、副校长及200多名师生参加此次展示活动。

【积极开展送教活动】　12月14—16日，东湖区教研中心组织育新学校、豫章小学、邮政路小学、百花洲小学、滨江学校、城北学校、光明学校、东湖小学、东湖幼儿园等学校骨干教师，开展赴吉安县、泰和县送教下乡、送学上门、送研到校活动。

【举办教育学会第十一届二次年会】　12月26日，东湖区教育学会第十一届二次年会暨“打造校园文化，提升核心素养”专题研讨会在向荣小学报告厅举行。南昌市教育科学研究所所长黄志远应邀出席。区教科体局党委书记、局长舒小红，区教科体局党委委员、豫章小学校长王玉燕，区教育教学质量提升工程领导小组副组长周林，区教研中心主任汪智星，党支部书记邹娟，以及来自全区的各学校校长、分管教学副校长、全体教研员及获奖教师代表等近百人参加大会。大会由区教育学会常务理事、向荣小学校长徐绛主持。舒小红为大会致辞。南昌市教育科学研究所所长黄志远讲话。王玉燕宣布获奖名单后，大会为年会论文评比“优秀组织奖”获得单位、区“骏马杯”团体奖获得单位、区“骏马杯”竞赛获奖选手代表和年会论文获奖者代表授牌、颁奖，周林做年会工作报告。

辖区教育资源

【概况】　东湖区是省会南昌的核心城区，是全省政治、经济、文化、教育、医疗卫生的中心，有着丰富、优质的教育资源。截至2017年，东湖区内有江西省人民政府和教育部共建的“211工程”重点建设大学南昌大学，江西省本科办学历史最为悠久的普通高等院校江西师范大学和江西中医药大学等3所大学，有8所中学、1所九年一贯制学校和1所直属于南昌市教育局的南昌师范附属实验小学，其中南昌二中、三中、十中、十九中、豫章中学、八一中学、实验中学等7所学校均为全省重点中学。

表14　**2017年东湖区主要大、中、小学校一览表**

名　称	在职教师（人）	在校学生（人）	占地面积（平方米）	电　话	详细地址	备　注
南昌大学医学院	4530	51450	683008	86362613	南昌市八一大道603号	大学
江西师范大学	2901	44500	2333333	88507776	南昌市北京西路437号	大学
江西中医药大学	810	13880	1539436	87118992	南昌市阳明路56号	大学
南昌市第二中学	282	3612	50213	86268220	东湖区苏圃路1号	中学
南昌市第三中学	300	1265	47067	86770740（初中）	民德路330号（初中部）	中学
南昌市豫章中学	184	681	27898	86837595	豫章路125号	中学
南昌市第十中学	194	2335	28457	86801016	阳明路313号	中学
南昌市第十九中学	199	1086	44372	86814455	叠山路233号	中学
南昌市第二十八中学	149	1368	11322	83814153	叠山路55号	中学
南昌市八一中学	248	982	27641	86813914（初中） 86802343（高中）	叠山路469号（初中部） 三经路41号（高中部）	中学
南昌市实验中学	160	384	13225	88695093	南京西路166号	中学
南昌市洪城学校	27	57	17969	86226738	福州路28号	九年一贯制
南昌师范附属实验小学	500	10520	80274	86221697	经堂路99号	小学

（黄亚伟）

科学技术

综 述

2017年，东湖区科技工作围绕打造“实力东湖、活力东湖、魅力东湖”的目标，紧抓科技创新升级这一主线，推进企业技术创新能力、科技项目管理水平和科技服务效能升级，为加快把南昌打造成为带动全省发展的核心增长极做出努力。全年培育江西省天轴通讯有限公司等19家企业，分两批向省市申报高新技术企业，其中15家通过了国家高新技术企业认定；全年累计受理登记技术合同206份，技术交易金额达4.05亿元，较上年度有大幅增长；新认定了东湖区滕王阁街道办事处滕王阁社区为东湖区科技示范社区；VDO创空间为东湖区青少年科技教育基地；向省市申报科研项目立项17个，争取科技经费260万元，促进科技成果转化，提升企业自主创新能力；制作科普宣传图片及展板150块，制作科普挂图，编印科普宣传资料1.5万册，下发到全区各区直单位和社区，并在东湖区政府、樟树林文化生活公园、阳明公园、东湖青少年宫和全区中小学校进行巡展；以东湖区科普安全宣教中心为基地，开设各类科普讲座60场，举办各类实践培训150余场，共培训3万余人次。

科技管理

【概况】 2017年，东湖区围绕各项科技目标任务，开展一系列实际工作，不断强化科技创新对经济社会发展的支撑引领作用，完善科技创新体系，激发科技创新活力，提升科技创新能力，推动科技与经济相结合、科研机构与企业发展相融合，全区科技发展步伐加快。

【开展高新技术企业培育和认定工作】 2017年，为进一步促进东湖区高新技术企业发展壮大，加快战略性新兴产业和高新技术产业发展，推动全区产业结构调整和经济发展方式的转变，区教科体局开展高新技术企业培育工作，并推荐条件成熟的企业进行南昌市高新技术企业认定，推荐东湖区19家企业进入高新技术企业培育计划入库，其中江西省天轴通讯有限公司、南昌浩瀚数字科技股份有限公司、江西科诺信息产业有限公司、南昌通源电力勘测设计咨询有限公司、南昌协达科技发展有限公司、江西盈科行网络信息股份有限公司、南昌书海信息技术有限公司、华睿交通科技有限公司、南昌学云科技有限公司、江西普联信息技术有限公司、江西南方环保机械制造厂、南昌市合讯科技有限公司、江西省银丰鼎诚生物工程有限公司、南昌市婧麒服饰有限公司和南昌点触科技有限公司15家企业顺利获得国家高新技术企业认定。

【建设东湖众创空间】 2017年，随着东湖区豫章一号、云才众创（淘宝江西馆）等11家企业陆续获评“洪城众创”，东湖区继续稳步推进众创空间申报工作，新增礼者企服通众创空间、红娱乐众创空间、江西经济管理干部学院电子商务众创空间三家为“洪城众创”。这些众创空间提供开放共享式的办公场地、办公设备、互联网资源等设施，用以支持青年创业者、大学生创业者开展创业融资、创业交流等活动，形成创业者的创业孵化园。通过建立“互联网+开放创新+研发协同+智能制造”的开放创新和联合创业平台，完善创新创业机制，不断推进大众创业万众创新。截至年底，东湖区众创空间成功入驻企业过百家，毕业企业30余家，辅导300余人注册企业。累计服务企业数量超过420余家，为优质企业争取融资3000万元及意向融资1.6亿元。

【开展技术合同认定登记工作】 2017年，东湖区高度重视技术合同认定登记宣传工作，对企业进行技术合同认定工作培训，尤其是加强对技术咨询、技术服务类企业的服务，指导企业完善技术合同条款，提高技术合同的履约率，减少技术合同纠纷。同时，指导企业建立统一的技术合同管理制度，更好地保护知识产权和科研人员的合法权益。截至年底，全区累计受理登记技术合同206份，技术交易金额达4.05亿元，较2016年度有大幅增长。

科技活动

【概况】 2017年，东湖区不断加强科学普及工作，努力实现科技惠民。认真组织群众性科技活动，开展科普之春、科技活动周、青少年科技创新月等多种形式的科技活动，取得较好的效果，全区科技氛围不断浓厚，创新水平日益增强。

【组织学生参加DI全球总决赛创佳绩】 2月18日，北湖小学组队参加韩国光明市DI（目的地想象）全球总决赛，获得大赛最高奖项文艺复兴奖金奖和团体综合银奖。此次比赛，北湖小学参加的是小学级别的挑战A组“秀与技术”项目的竞赛，在“现场挑战”和“即时挑战”两个环节，同学们运用活泼生动的语言和肢体展示了独特的创意。据悉，北湖小学代表队所获奖项是三支中国代表队（另外两支分别是北京和杭州代表队）中取得的最好成绩。

2月18日，北湖小学赴韩国参加DI头脑奥林匹克竞赛活动

【举办“江西小创客·爱心集市”活动】 2月26日，“江西小创客·爱心集市”活动第六站在东湖区樟树林文化生活公园开锣，南昌市邮政路小学和八一嘉实希望小学两所小学的部分学生共同参与活动。“江西小创客·爱心集市”是由江西省红十字会、江西省少工委、东湖区教科体局等数家单位联合举办的全国首家面向青少年全年常态化开放的公益项目。江西省红十字会会长戴莹、东湖区教科体局科技科副科长梅剑峰、邮政路小学校长胡金香、八一嘉实希望小学校长谭时干等嘉宾参加此次活动，并敲响开幕锣。

【北湖小学科技工作再传捷报】 2月25—26日，第38届世界头脑奥林匹克中国区决赛在上海大学附属中学举行。在为期两天的比赛中，来自全国各地及德国和韩国的450支参赛队伍经过激烈的角逐，最终南昌市北湖小学代表队在比赛中表现出色，获得小学组《有本事就来抓我们》赛题二等奖的佳绩。由于该校长期在头脑奥林匹克活动中做出突出贡献，2017年被评为“头脑奥林匹克活动特色学校”（全国仅有27所学校获得此殊荣）。同时，获得此项活动创始人美国米克卢斯教授的高度赞赏。

【开展“安全大讲堂”气象科普课】 3月16日，江西省气象灾害防御技术中心、南昌市气象局组织专家，走进南昌市东湖区红星小学，给孩子送去气象科普“大餐”，帮助他们提高气象防灾减灾知识。江西省气象灾害防御技术中心专家孙晨给红星小学的同学们上了一堂别开生面的气象科普课。课堂上，孙晨利用形式活泼、图文并茂的漫画，深入浅出地讲解雷电的形成、分类及危害，并通过典型实例，教会同学们如何应对和防御雷电灾害。东湖区教科体局专门下拨校园气象科技活动专项经费，支持学校积极开展形式多样的气象科普活动,希望通过“小手拉大手”,将气象知识传递给学生家长,防止因灾害预防不及时造成不必要的损失。

【组织开展防灾减灾综合演练教育活动】 5月10日下午3点,为加强居民地震、消防逃生意识,东湖区社区教育指导中心与子固路社区组织辖区居民在东湖安全科普宣教中心开展防灾减灾综合演练教育活动。此次活动得到东湖区消防大队的大力支持,消防大队宣教人员对参加活动的40多个辖区居民和省直文化系统保育院38名儿童进行火灾逃生现场指导,并进行实地逃生演练。还组织居民参观东湖区安全科普宣教中心的地震馆和消防馆。

【举办2017科技活动周科普宣传咨询活动】 5月23日上午,2017年东湖区科技活动周科普宣传咨询活动在阳明公园举行。区委宣传部、区教科体局、区科协相关负责人和社区居民、北湖小学部分师生一起参加活动。活动中,东湖区科协、卫生、环保、教科体、阳明社区工作人员及特邀科普志愿者设立科普咨询台,为过往群众和学生代表提供家庭消防安全、地震应急避险、低碳节能和健康生活等热点问题的咨询服务。设立保健咨询台为市民进行血压监测、中医把脉,并提供健康生活建议和基本医学常识。同时现场摆放30块科普展板,散发3000余份相关宣传手册。2017年东湖区科技活动周于5月20—27日在全区开展。科技活动周期间,区各系统单位、街道社区和学校都将围绕“科技强区,创新圆梦”的主题,针对公众科技、法律、安全需求,举办各种体验性强、参与度大的科技活动;向社会开放一批科技资源,让公众特别是广大青少年接触科技,体验科技魅力,激发创新创造兴趣;开展专题科普活动,推动消防、应急等公共安全科技知识进社区、进企业、进校园,促进公众理解科学,增强公众科技意识。

【举办第七届头脑奥林匹克竞赛】 5月26日下午,2017年东湖区科技活动周——东湖区第七届头脑奥林匹克竞赛活动在南昌市滨江学校泽才楼四楼举行。区教科体育局党委书记、局长舒小红,副局长熊金辉出席活动,区属各校代表队160人参加竞赛。经过激烈角逐,育新学校、邮政路小学、百花洲小学获《捕鱼达人》项目一等奖,北湖小学、阳明学校、右营街小学获《秘密会面》项目一等奖。该届竞赛活动赛题为《捕鱼达人》和《秘密会面》。各参赛队围绕赛题和相关技术要求,用废旧材料自行设计、制作相应的作品,在规定的8分钟内,以故事表演的形式,完成指定的任务。裁判们从技术得分和风格表演两方面,对每个队的表现进行综合评定。

5月26日,东湖区第七届头脑奥林匹克竞赛活动在南昌市滨江学校举行

【开展中小学节能宣传周活动】 2017年,东湖区中小学校积极开展“节能有我,绿色共享”为主题的系列宣传教育和实践活动。学校利用周一升国旗时间,举行2017年节能宣传周和全国低碳日活动启动仪式,向师生发出“节能有我,共享”倡议书,号召全体师生节能减排,人人有责,低碳生活,自身做起。

【参加幼儿科学管理与教育实践培训班】 6月17日,东湖区组织幼儿园园长、教师在樟树林文化公园非遗楼参加南昌市幼儿科学管理与科学教育实践培训班。聆听来自北京中科创新教育科学研究院的杨雷教授和王盛院长的讲座，在对于“科学”、“创新”以及“科学课程”方面做进一步的解析。

【参加专利挖掘与布局初级实战培训班】 7月29日，由南昌市知识产权局主办，高新区科技局协办的全市专利挖掘与布局（初级）实战培训班在高新区正式开班。为进一步增强东湖区企事业单位的知识产权创造意识，提高专利挖掘与布局水平，该区组织部分企业参加培训。培训班为期四天，邀请国家知识产权局的两位专家进行授课。

【做好2017年众创空间培育工作】 8月16日，为扎实做好2017年众创空间培育工作，由东湖区教科体局副局长李建民、区协税护税办副主任陶涛带队的科技调研组深入江西省经济管理干部学院电子商务创客空间开展上门科技服务工作。

【召开学校科技工作会】 9月5日，东湖区学校科技工作会暨东湖区青少年车辆建筑模型培训班在滨江学校泽心楼三楼会议室召开。来自区属各校的科技分管领导和科技辅导员（或教练员）40余人参加。模型协会陈教练就“太阳能电动赛车”、“缤纷童年”建筑模型的制作和比赛，对制作中的重点和难点、工具使用、设计理念、材料组织、制作技巧等进行生动地讲解。

【举办“全国科普日”南昌主场活动】 9月16日上午，由南昌市科协、市教育局、市科技局、市环保局、市农业局、中共东湖区委、东湖区人民政府共同主办的2017年“全国科普日”南昌主场活动在东湖区紫金广场举行。市人大常委会副主任魏国华，区领导刘闯、陈曙、喻国泰等出席启动仪式。此次科普日的主题是“创新驱动发展，科学破除愚昧”。活动围绕弘扬科学精神、普及传播发展理念、倡导创新创造创业、促进公众理解高新科技四个方面的要求在全市开展28项科普活动。启动仪式上，魏国华、刘闯共同触摸“全国科普日”启动球拉开活动序幕。参会领导还对2017年南昌市“基层科普行动计划”奖补单位、2017—2019南昌市科普教育基地、全国科协系统先进工作者等获奖单位和个人授予奖牌。北湖小学喜获“南昌科普教育基地”称号，该校也是东湖区唯一获此次殊荣的学校。在活动现场，育新学校、豫章小学、北湖小学分别为现场嘉宾、观众带来科技社团展示。

【迎接“南昌市科普教育基地”检查】 9月30日，以南昌市科协副主席李培赣等领导组成的检查组一行5人，到北湖小学进行“南昌市科普教育基地”实地检查指导工作。检查组首先参观学校科技校园文化和头脑奥林匹克功能教室，对学校“科普教育基地”的基础设施建设和科普活动的开展有了深刻的了解。检查组一行对学校在占地面积小等不利条件下，仍然开展丰富多彩的科普教育工作给予充分的肯定和赞誉，同时提出希望和建议。

【开展纸飞机模型培训班】 10月26日，东湖区纸飞机模型培训班在豫章小学二部顺利开班，来自区属各校的科技辅导员及教练员参加此次培训。培训邀请到南昌市航模协会的陈滋伟主持教学。参加培训的学员学习了飞行原理，纸飞机、风火轮的制作和放飞及调试等内容。为能在短时间内让学员多学一些航空基础知识和技能，在原定的内容基础上，增加航空飞行基础理论与航模操作课程，使参训的学员学到很多新技能。

【举行青少年纸飞机选拔赛】 11月8日，2017年东湖区青少年纸飞机选拔赛在豫章小学二部拉开帷幕，来自区属中小学的90名学生欢聚一堂现场比拼，看谁放飞的纸飞机、风火轮飞得最久、最远、最准。此次纸飞机选拔赛设纸折飞机奥运五环靶标赛和纸风火轮单向积分赛两个项目。经过激烈角逐，豫章小学、右营街小学、育新学校、城北学校、邮政路小学、八一嘉实希望小学六所学校脱颖而出，并代表东湖区参加南昌青少年纸飞机竞赛。

【开展科技项目评审工作】 12月8日，东湖区教科体局委托南昌市科技信息中心根据项目的类别，从专业人才资源库抽取相应专家组成评审组，对申请立项的科技项目进行立项必要性、项目预期效果、项目研究内容与技术水平、项目研究方案、项目基础、指标可考性、投资能力、经费预算等方面的评审。通过组织科技项目集中评审，有利于促进辖区科技成果转化，推动创新体系建设，提升创新能力。

科技成果与奖励

【概况】 2017年,东湖区科技工作以增强科技创新能力为目标,进一步集聚创新资源、激活创新要素、转化创新成果,完善以企业为主体、市场为导向、产学研结合的技术创新体系,全面推进科技进步与自主创新。

【省级自然科学奖东湖区获奖情况】 2017年,南昌大学第二附属医院的《恶性室性心律失常的遗传学基础和防治研究》获江西省自然科学奖一等奖;江西师范大学的《功能有机小分子的绿色合成方法及其应用研究》,江西师范大学的《新型纳米生物传感器研究》,南昌大学第一附属医院和中山大学附属第一医院合作完成的《PRL-3促进胃癌腹膜转移及分子调控机制》,南昌大学附属眼科医院的《钙信号在调控线粒体动态变化中作用机制的研究》,江西师范大学和江西省农业科学院合作完成的《水稻特色种质资源的创制与遗传解析》获江西省自然科学奖三等奖。

【省级科学技术进步奖东湖区获奖情况】 2017年,南昌大学第一附属医院的《幽门螺杆菌致病、耐药及根除治疗的应用研究》获江西省科学技术进步奖一等奖;南昌大学第一附属医院的《侧颅底入路治疗复杂颅底肿瘤的临床应用》,南昌大学第一附属医院《优化晚期胃癌治疗体系的研究与应用》,江西省人民医院的《骨髓间充质干细胞治疗难治性神经系统疾病基础研究与临床应用》获江西省科学技术进步奖二等奖;南昌大学第二附属医院的《四肢血压差异临床价值及其推广应用》,南昌大学第二附属医院的《大黄干预维持性血液透析患者微炎症及不同血透频次对其预后的影响》,江西省儿童医院的《儿童散发性伯基特淋巴瘤免疫表型、分子遗传学特征》,南昌大学第一附属医院的《多模态磁共振成像技术创新在神经系统病变诊断的应用》,南昌大学第二附属医院的《16SrRNA分型技术在多重耐药鲍曼不动杆菌同源性研究中的应用》,南昌大学第二附属医院的《磁共振脑功能成像预测急性CO中毒后迟发性脑病的临床价值研究及应用》,南昌大学第二附属医院的《复杂主动脉疾病微创治疗关键技术及临床应用》,南昌大学第二附属医院的《围手术期综合血液管理的关键技术及临床应用》,南昌大学第二附属医院的《全脊柱内镜微创技术治疗复杂腰椎疾病》,江西省妇幼保健院《新型微创治疗早期宫颈鳞癌及复杂性癌前病变术式的创新和临床应用》获江西省科学技术进步奖三等奖。

表15 **2017年江西省自然科学奖东湖区获奖项目**

项目名称	完成单位	主要完成人员	获奖等级
恶性室性心律失常的遗传学基础和防治研究	南昌大学第二附属医院	洪　葵　程晓曙　胡金柱　颜素娟	一等奖
功能有机小分子的绿色合成方法及其应用研究	江西师范大学	彭以元　丁秋平　陈知远　邱观音生	三等奖
新型纳米生物传感器研究	江西师范大学	汪　莉　宋永海　陈受惠	三等奖
PRL-3促进胃癌腹膜转移及分子调控机制	南昌大学第一附属医院 中山大学附属第一医院	李正荣　曹　毅　揭志刚　王　昭	三等奖
钙信号在调控线粒体动态变化中作用机制的研究	南昌大学附属眼科医院	韩小建	三等奖
水稻特色种质资源的创制与遗传解析	江西师范大学 江西省农业科学院	谢建坤　张帆涛　胡标林　罗向东	三等奖

表 16 **2017 年江西省科学技术进步奖东湖区获奖项目**

项目名称	完成单位	主要完成人员	获奖等级
幽门螺杆菌致病、耐药及根除治疗的应用研究	南昌大学第一附属医院	吕农华 祝 荫 舒 徐 谢 勇 谢 川 洪军波 刘东升 杨 桢 朱振华 黄德强 廖旺娣	一等奖
侧颅底入路治疗复杂颅底肿瘤的临床应用	南昌大学第一附属医院	李美华 洪 涛 李义云 曾而明 周东伟 段 剑 余念祖 江志群	二等奖
优化晚期胃癌治疗体系的研究与应用	南昌大学第一附属医院	熊建萍 项晓军 赵建国 邱 峰 黎军和 冯 苗 张 凌 陈 俊	二等奖
骨髓间充质干细胞治疗难治性神经系统疾病基础研究与临床应用	江西省人民医院	吴晓牧 屈新辉 吴凌峰 杨海玉 熊英琼 任 玥 张洪连 周 超	二等奖
四肢血压差异临床价值及其推广应用	南昌大学第二附属医院	苏 海 李 萍 彭 强 曹开武 胡伟通 龚 艺	三等奖
大黄干预维持性血液透析患者微炎症及不同血透频次对其预后的影响	南昌大学第二附属医院	房向东 涂卫平 徐高四 秦晓华 吴险峰 徐承云	三等奖
儿童散发性伯基特淋巴瘤免疫表型、分子遗传学特征	江西省儿童医院	杨文萍 黄 慧 宫丽平 黄传生 徐红艳 吴 艳	三等奖
多模态磁共振成像技术创新在神经系统病变诊断的应用	南昌大学第一附属医院	龚洪翰 周福庆 曾献军 何来昌 彭德昌 何玉麟	三等奖
16SrRNA 分型技术在多重耐药鲍曼不动杆菌同源性研究中的应用	南昌大学第二附属医院	章白苓 徐 轶 徐小平 桂炳东 章洁苓 杭亚平	三等奖
磁共振脑功能成像预测急性 CO 中毒后迟发性脑病的临床价值研究及应用	南昌大学第二附属医院	肖新兰 唐小平 龚良庚 习卫民 顾太富 汪庆余	三等奖
复杂主动脉疾病微创治疗关键技术及临床应用	南昌大学第二附属医院	周为民 周 卫 邱结华 曾庆忠 袁庆文 陈 锋	三等奖
围手术期综合血液管理的关键技术及临床应用	南昌大学第二附属医院	徐国海 胡衍辉 梁应平 华福洲 余树春 周志东	三等奖
全脊柱内镜微创技术治疗复杂腰椎疾病	南昌大学第二附属医院	程细高 何丁文 吴添龙 陈伟才 贾惊宇 高贵程	三等奖
新型微创治疗早期宫颈鳞癌及复杂性癌前病变术式的创新和临床应用	江西省妇幼保健院	李 凌 李隆玉 曾四元 梁美蓉 江 维	三等奖

知识产权

【概况】 2017年，东湖区知识产权工作围绕全市知识产权工作重点，深入贯彻好江西省知识产权促进条例，加快推进知识产权战略，着力提升知识产权创造、运用、保护、管理能力与水平，配合市局认真做好市场监管和打击侵犯知识产权、走私贩私、假冒伪劣商品工作，确保区内无影响恶劣的侵犯知识产权、假冒伪劣商品事件，促进知识产权工作又好又快发展。截至年底，东湖区专利申请量806件，专利授权量436件，同比增幅25.3%，为推动东湖区创新型城区建设提供有力的知识产权支撑。

【承办"4·26"知识产权宣传活动】 4月26日上午，由南昌市科学技术局主办，东湖区人民政府、南昌市知识产权局承办，南昌市市场和质量监督管理局、南昌市文化广电新闻出版局、南昌市知识产权维权援助中心协办的2017年南昌市"4·26"知识产权宣传暨知识产权"三进"活动启动仪式在东湖区樟树林文化生活公园举行。江西省科技厅副厅长熊绍员、省知识产权局副局长王军、市政府副秘书长何琦、市科技局局长李淑英、市科技局副调研员李秋明、市市场和质量监督管理局副局长付流云、市文化广电新闻出版局副局长刘国产、市知识产权局局长周琳、区政府副区长童萍如出席，各县区知识产权局负责人、知识产权中介服务机构代表、部分企业、社区和学生代表300余人参加启动仪式。启动仪式由市科技局局长李淑英主持。仪式上，区领导童萍如致欢迎词；省科技厅副厅长熊绍员发言，市政府副秘书长何琦发言并宣布知识产权进企业、进社区、进校园"三进"活动启动；领导为企业、社区、学校代表分别授予知识产权进企业、知识产权进社区、知识产权进学校三面旗帜，为南昌市第一批知识产权试点学校授牌；最后，省市领导参观展板，考察宣传咨询活动现场。

【打击侵犯知识产权等违法犯罪活动】 12月12日，南昌市知识产权局、东湖区教科体局（知识产权局）工作人员一行四人开展联合专利执法检查工作。执法检查过程中，执法人员对有专利标识标注的产品名称、规格型号、专利号、生产厂家等信息进行逐一核查登记，对涉嫌假冒专利的产品进行拍照取证。此次共检查各类商品200余件，登记专利商品30余件，发现5件商品涉嫌假冒专利。执法人员对存在问题的商家提出限期整改意见，对涉嫌假冒专利的商家贝贝熊、维尼宝贝等下达《假冒专利处罚前告知书》。执法人员还在现场对被检查的商家管理人员和导购员进行宣传普及专利法知识，指导商家如何辨别假冒专利商品和如何规范的专利商品进货的审查关，增强商家的专利意识。

4月26日，2017年南昌市知识产权宣传暨知识产权"三进"活动启动仪式在东湖区樟树林文化生活公园举行

【开展知识产权知识进校园活动】 2017年，东湖区加强知识产权进学校的宣传推广力度，北湖小学、育新学校被评为南昌市知识产权试点学校，北湖小学还被评为全省第一批"江西省中小学知识产权教育试点学校"。举办"2017年青少年知识产权基础知识培训班"，开展"小手牵大手"活动，发放告家长书，部分学校还组织学生及其家长一起参加保护知识产权知识竞答活动。

（黄亚伟）

防震减灾工作

【概况】 2017年,东湖区防震减灾工作认真贯彻落实国家各级单位的决策部署,坚持以防为主、防抗救相结合,坚持常态减灾与非常态救灾相统一,突出灾前预防,重视风险防范,强化综合治理,不断提升抵御地震灾害的综合防范能力,各项工作稳步推进。区防震减灾局全力做好防震减灾示范点申报建设工作,2017年度新增国家级地震安全示范社区1个:东湖区董家窑街道五纬路社区,新增市级防震减灾示范社区1个:东湖区董家窑街道紫金城社区。

【完善防震减灾群测群防体系】 2017年,为建立健全地震群测群防体系,加快推进“三网一员”工作,东湖区认真落实省、市局防震减灾工作要求,扎实开展地震群测群防体系建设工作。一是进行互联网+地震宏观观测体系信息化建设。该区在辖区八一公园架设远程视频监测探头,实现该区地震宏观观测远程视频监控零突破,提升该区地震宏观观测质量水平。二是组建精干高效的防震减灾“三网一员”队伍工作群。邀请分管副区长进群指导工作,更新、调整、完善12个镇(街道、管理处)“三网一员”分管领导及助理员队伍信息数据。

【开展“5·12”防震减灾宣传周系列活动】 5月7—13日,东湖区开展以“减少灾害风险,建设安全城市”为主题的防震减灾宣传周活动。活动期间,区防震减灾局会同南昌市防震减灾局、平安中国活动组委会、南京路小学等单位,以“平安中国”防震减灾电影播放为载体,开展防震减灾科普宣传公益活动。在南京路小学多媒体教室组织100多名学生观看《逃出生天》防震减灾科普影片。5月10日,区防震减灾局会同区委宣传部、南京路小学、市第八人民医院、南昌蓝天救援队等多家单位,在南京路小学共同开展“5·12”防震减灾宣传暨应急疏散演练活动。南昌市防震减灾局副局长马小娟,区领导杨峻等出席活动。活动期间,区防震减灾局会同墩子塘街道张家厂社区,在张家厂社区休闲广场,举办防震减灾宣传活动,通过放置宣传展板、发放宣传册等多种形式,进行广泛宣传。此次“5.12”防震减灾系列宣传活动受到江西日报、南昌日报相继报道,并在南昌广播电视台、南昌每日新闻播出。活动共发放防震减灾宣传册1600本,宣传品3000余份,宣传资料4000余份,参与应急疏散演练学生人数达15000余人,参加应急救护知识和技能培训教师60余人,受理市民咨询200余人次。

【强化防震减灾应急工作】 2017年,东湖区树立科学防灾减灾理念,不断强化应急准备能力。一是精细修编该区地震应急预案。根据区政府《关于做好应急预案修编及应急演练组织工作的通知》文件要求,区防震减灾局结合具体实际,在充分征求省、市防震减灾部门,及各相关单位、律师事务所意见的基础上,完成《东湖区地震应急预案》初稿修订工作。经区政府常务会讨论通过,向全区有关单位发文执行。二是在辖区多所学校开展防震减灾应急疏散演练活动。为进一步提升师生防震减灾意识,增强校园防震减灾综合实力。区防震减灾局会同区教科体局,积极组织辖区内23所学校开展防震减灾应急疏散演练活动。三是倾力推进南昌市人民公园国家Ⅱ类地震应急避难场所建设。该区加强与南昌市人民公园管理处的联系,邀请南昌市人民公园管理处相关领导及负责人参加全省应急避难场所建设现场会,学习交流工作经验,协助推进南昌市人民公园地震应急避难场所国家Ⅱ类项目建设。

【打造全省首个地震VR项目】 2017年,东湖区高度重视打造全省首个地震VR项目,助推该区防震减灾事业蓬勃发展。经过前期场地选址、设备安装、软件调试等一系列筹备工作,东湖区地震VR体验项目在区青少年宫地震科普馆顺利上线试运行。12月,区领导杨峻实地参观调研地震VR体验项目,并给予充分肯定。地震VR体验项目交流体验,能有效地增强群众防震减灾知晓率及地震防御能力,受到一致好评。

(习　鹤)

体 育

综 述

2017年，东湖区体育事业以“增强人民体质，提高生活质量，打造体育强区，促进社会发展”为目标，以群众性体育活动和青少年阳光体育活动为主阵地，积极参加各级各类体育赛事，加快体育场地、设施建设，开创体育事业发展的新局面。2017年，全区共有已登记授牌的全民健身站点88个，各级社会体育指导员1786人。拨专款为董家窑街办青桥社区、八一公园等社区更换、安装健身路径器材180件，实现健身路径在辖区各街道的全覆盖。全区共有省级体育传统学校6所，体育专职教师118名。

群众体育

【概况】 2017年，东湖区围绕夯实“15分钟健身圈”普及开展群众性体育活动，新增全民健身站点8个；截至年底，东湖区共有社会体育指导员1980人，其中国家级社会体育指导员10名，一级社会指导员50名，二级社会指导员260名。根据社区实际需求，政府投入专项资金40余万元采购并维修、更换180件健身路径器材，10张室外乒乓球桌；举行各类群众体育活动，积极参加各级比赛并获奖。

【举办“全民健身日”活动启动仪式】 8月7日，东湖区“全民健身日”活动启动仪式在滨江学校举行，300余名健身爱好者参加此次活动。仪式为8个新增全民健身站点进行授牌。此次活动对于营造全民健身良好氛围，落实全民健身国家战略，倡导文明健康生活方式，促进全民健身与全民健康深度融合具有十分重要的意义。

【获2017江西省百县农耕健身大赛一等奖】 10月14—17日，由江西省体育局、江西省农业厅、江西省旅游发展委员会、江西省红十字委员会联合主办的2017年江西省百县农耕健身大赛在宜春市举行，江西省体育局副局长李小平、省农业副巡视员万秋根、宜春市常务副市长王宏安等领导出席活动开幕式。省旅发委、红十字会、省体育局、宜春市体育局等相关单位以及全省95支代表队800余运动员和教练员参加开幕式。比赛共设置车水抗旱、荷塘采莲、晒场收谷、户外狩猎、同心锯木、鱼塘抓鱼六个大项。东湖区代表队经过奋力拼搏最终荣获一等奖。

【参加中国坐标南昌城市定向户外竞赛】 12月2日，中国坐标南昌城市定向户外挑战赛在南昌市举行，240支代表队1200名参赛选手参加此次比赛，东湖区共派出25支队伍125名运动员参赛，东湖区动力无限队和好时光战队分别获得一号线第一名及二号线第七名。

【参加市第七届“迎新健步走”活动】 12月31日，东湖区组织200名健身爱好者代表组成东湖区方阵与来自南昌市各县区、市直各单位以及八一红谷滩女篮队员共27个方阵6000名健身爱好者，共同参加2017年“相约动起来 健康南昌人”南昌市第七届“迎新健步走”活动。此次活动为落实《全民健身计划（2016—2020年）》营造了“全民健身、全民参与、全民受益”的良好氛围。

学校体育

【概况】 2017年，东湖区强力推进学校体育工作，一是形成活动常态，组织举办了东湖区各类学校体育比赛；三是促进交流提高，积极南昌市各级各类学校体育活动并获得良好成绩；三是全面提升师资，参加各级各类教练员及裁判员培训，并打破壁垒逐步与国际接轨。

【举办东湖区中小学生棋类比赛】 3月18日，2017年东湖区中小学生棋类比赛在滨江学校举行，此次比赛项目涵盖围棋、象棋、国际象棋，来自东湖区20所学校396名学生参加此次比赛。豫章小学黄思明荣获得小学4—6年级冠军，东湖小学游振麟荣获小学1—3年级冠军，同时荣获中国象棋协会认证的小棋王荣誉证书。此次比赛为全面推进素质教育，大力落实"三棋"进校园，丰富学生文体生活，培养德、智、体全面发展的合格人才营造良好氛围。

【举办"滕王阁杯"青少年乒乓球联赛】 3月25—26日，南昌市"滕王阁杯"青少年乒乓球联赛(东湖赛区)暨2017年东湖区中小学生乒乓球比赛在阳明学校举行，来自东湖区属学校7个中学代表队、20个小学代表队共300余人火热开赛。育新学校、东湖小学、豫章小学分别获得小学男子团体前三名；东湖小学、百花洲小学、南京路小学分别获得小学女子团体前三名；育新学校、扬子洲学校、光明学校分别获得中学男子团体前三名；光明学校、滨江学校、育新学校分别获得中学组女子团体前三名。此次联赛旨在深入贯彻国家体育总局《青少年体育"十三五"规划》的文件精神，全面实施"青少年体育活动促进计划"，鼓励各县区积极开展青少年业余训练，打造与全省青少年体育系列赛相衔接的参赛人数最多、辐射面最广、影响力最大的市本级IP赛事，为该区青少年体育的发展提供更大的动力。

【举办"滕王阁杯"青少年羽毛球联赛】 4月22—23日，南昌市"滕王阁杯"青少年羽毛球联赛(东湖赛区)暨2017年东湖区"迪青杯"中小学生羽毛球比赛在阳明学校、豫章小学二部举行。来自东湖区属20所学校的125名中小学生参赛。经过激烈角逐，阳明学校荣获初中组团体第一名；育新学校荣获初中组团体第二名；扬子洲学校初中组团体第三名；育新学校荣获小学组团体第一名；百花洲小学荣获小学组团体第二名；豫章小学荣获小学组团体第三名；南京路小学荣获小学组团体第四名；阳明学校荣获小学组团体第五名；滕洲小学荣获小学组团体第六名；

【举行三大球赛颁奖仪式】 6月2日下午，南昌市"滕王阁杯"青少年三大球联赛(东湖赛区)暨2017年东湖区中小学生足球、篮球、排球比赛颁奖典礼在育新学校初中部举行。此次联赛共有1009名运动员参加，历时17天，共进行182场比赛。22支球队足球215名运动员历时7天，共进行了37场比拼。在足球联赛中，初中组：育新学校一队荣获第一名，光明学校荣获第二名，育新学校二队荣获第三名；小学男子甲组：南京路小学荣获第一名，东湖小学荣获第二名，光明学校荣获第三名，豫章小学荣获第四名，育新学校荣获第五名，红星小学荣获第六名。在篮球联赛中，65支球队695名运动员历时8天，共展开129场竞赛。经过激烈比拼，初中男子组：育新学校荣获第一名，城北学校荣获第二名，青桥学校荣获第三名；初中女子组：育新学校荣获第一名，滨江学校荣获第二名，青桥学校荣获第三名；小学男子组：豫章小学一队荣获第一名，城北学校荣获第二名，邮政路小学荣获第三名，百花洲小学荣获第四名，育新学校荣获第五名，豫章小学二队荣获第六名，东湖小学荣获第七名，北湖小学荣获第八名；小学女子组：右营街小学荣获第一名，邮政路小学荣获第二名，爱国路小学荣获第三名，东湖小学荣获第四名，八一嘉实希望小学荣获第五名，百花洲小学荣获第六名，豫章小学荣获第七名，红星小学荣获第八名。在排球联赛中，99名运动员2天完成16场比赛。经过激烈比拼，初中男子组：城北学校荣获第一名，滨江学校荣获第二名，扬子洲学校荣获第三名；初中女子组：扬子洲学校荣获第一名，滨江学校荣获第二名，城北学校荣获第三名；小学男子乙组：南京路小学荣获第一名，豫章小学荣获第二名，育新学校荣获第三名，东湖小学荣获第四名，光明学校荣获第五名，阳明学校荣获第六名；小学女子组：南京路小学荣获第一名，东湖小学荣获第二名,豫章小学荣获第三名,光明学校荣获第四名。城北学校刘嘉琦、扬子洲学校郭赛群、育新学校李俊霆、豫章小学张宇轩、滨江学校刘可涵、右营街小学赵思琦、南京路小学殷秩豪、李欣宇、东湖小学邓鹤铭、光明学校朱志博、育新学校程梓轩、豫章小学赵舒奕荣获优秀运动员称号。

6月2日在南昌育新学校举行东湖区中小学生"三大球"联赛颁奖仪式

【参加江西省大中小学生气排球锦标赛】 7月1—4日,由江西省教育厅、省体育局主办的2017年江西省大中小学生气排球锦标赛在婺源县举行,东湖区组队参加小学组比赛。最终右营街小学男队获得第二名、女队第三名;北湖小学获得女队第四名、男队第五名。通过参加此次比赛展示了全区青少年气排球技术及奋勇拼搏的良好精神面貌,丰富了校园文化。

【举办2017年东湖区中小学生田径运动】 9月30日,为期两天的2017年东湖区中小学生田径运动会在南昌市体育中心圆满落幕。来自区属所有学校的27支代表队,620名运动员参加运动会。该届运动会分设小学甲组、小学乙组、初中组三个组别,包括100米、跳高、垒球、三项全能等多个竞赛项目。经过激烈角逐,最终育新学校、滨江学校、扬子洲学校分获中学组团体总分前三名;豫章小学、育新学校、邮政路小学、滨江学校、百花洲小学、南京路小学分获小学甲组团体总分前六名;北湖小学、向荣小学分获小学乙组团体总分前两名。此次运动会是区属各校一年来综合运动成果的展示,充分展现该区田径运动健儿顽强自信、团结协作和严谨向上的精神风貌。近年来,东湖区一直坚持采用学校普及、选优组队、区级竞赛的方式打造一条稳定的人才梯队,东湖体育人正坚定不移地在实现体育强国梦的伟大践行之路上砥砺前行,用实际行动为实力、活力、魅力东湖增光添彩。

【开展全区广播操比赛及数据抽测活动】 12月21日,为提高课间活动质量,促进学生身心健康发展,促使全区各中小学课间广播体操训练常态化开展,东湖区开始启动针对全区中小学广播体操评比及《国家学生体质健康标准》数据抽测活动。检查组严格按照评分标准对全区各校广播体操进行打分,同时针对全区各校《国家学生体质健康标准》数据进行抽测,通过此次活动,全区各校将继续加强学校体育工作,为增强青少年的体质健康水平创造条件,多措并举提高学生参加体育锻炼的积极性,提升学生的体质健康水平,促进学生全面发展和健康成长。

竞技体育

【概况】 2017年,东湖区竞技体育继续坚持走体教结合道路,完善人才梯队,取得了令人瞩目的成绩。在2017年江西省第三届百县足球运动会中,第三次夺冠,实现三连冠,取得南昌市县区代表队参加全省百县比赛的最好成绩,南昌市体育局、南昌市教育局联合发来贺信,称"继2015年第一届全省百县青少年足球运动会举办以来,东湖区以三届全胜战绩的优势,实现'三连冠'荣耀之梦,浓墨重彩地书写了一篇恢宏的夺冠之路,这成为江西省青少年'五人制'足球运动难以逾越的高峰。"

【夺取百县青少年足球运动会"三连冠"】 9月

19日，2017年江西省第三届百县青少年“五人制”足球运动会在九江市收官，东湖区青少年足球队获得总冠军。这是继2015年全省举办的第一届足球运动会以来，东湖区第三次夺冠，实现难以超越的“三连冠”之梦。此次青少年足球运动会全省共有101支队伍参赛，东湖区代表队(6男2女)经过11轮比赛，以全胜战绩获得总冠军。南昌市体育局、南昌市教育局于9月21日联合发来贺信，称“继2015年第一届全省百县青少年足球运动会举办以来，东湖区以三届全胜战绩的优势，实现“三连冠”荣耀之梦，浓墨重彩地书写了一篇恢弘的夺冠之路，这成为江西省青少年“五人制”足球运动难以逾越的高峰。”

【获全市青少年体育乒乓球联赛总冠军】 9月24日，2017年南昌市滕王阁杯青少年体育联赛乒乓球总决赛在阳明学校落下帷幕。此次比赛，共有来自全市各县区的十三支代表队，200多名运动员参赛。经过两天的激烈角逐，东湖区代表队获得团体总分第一名、男子乙组团体第一名、女子乙组团体第一名，男子甲组团体第二名、男子乙组单打第一名、包揽女子乙组单打前三名，男子甲组单打第二名、第三名的好成绩。

【获全市青少年体育网球联赛总冠军】 10月6—7日，2017南昌市“滕王阁杯”青少年体育网球联赛在国体中心网球场举行，随着东湖网球明日之星王雨涵强势夺冠，东湖区青少年代表队在2017南昌市“滕王阁杯”体育联赛上又夺下一个总冠军。

【获全市青少年体育篮球联赛总冠军】 10月5—15日，南昌市“滕王阁杯”青少年体育篮球联赛决赛在皇菠萝篮球馆开赛。东湖区青少年男子甲组以53:24胜西湖区代表队；男子乙组以14:10胜青山湖区代表队；女子组以6:0胜青山湖区代表队，独揽篮球项目三个冠军奖杯。东湖代表队以该届篮球联赛三冠王的辉煌成绩为东湖区竞技体育工作再添亮色。

【荣获2017江西省百县篮球运动会冠亚军】 11月18日至12月1日，由江西省体育局、省教育厅主办的2017年江西省百县青少年篮球运动会于在宜丰县举行，东湖区青少年男子、女子篮球代表队与来自全省158支队伍871名运动员参加比赛，最终不负众望，蝉联女子篮球冠军，同时获得男子篮球亚军。东湖区历来重视青少年篮球运动，区属各校均设有篮球队，自2006年起，便组织开展东湖区中小学生篮球比赛，并于2011年特增设女子篮球项目，为南昌市女子篮球运动的开展创建源头。随着“三大球进校园”活动的深入推进，东湖区篮球运动创造一个又一个的辉煌成绩。新形势下，东湖体育人将同心同德、奋发进取、踏实肯干，始终拧成一股绳，不忘初心，继续前行，再次奏响催人奋进的号角，让青少年篮球事业再登新巅峰。

辖区体育资源

【概况】 2017年，东湖区先后为董家窑街办青桥社区、八一公园等社区更换、安装健身路径器材180件，为辖区居民开展体育健身运动提供了的良好条件。

表17　**2017年东湖区主要运动场馆一览表**

名　称	占地面积(平方米)	体育场馆面积(平方米)	电　话	详细地址
天泉水都游泳馆	7000	6000	13177888083	子固路45号
东海羽毛球馆	1200	900	86832525	三经路(女职旁边)
樟树林综合馆	7000	6000	88617518	佘山路66号
天天羽毛球馆	1200	800	88603303	青山南路下沙沟42号
东湖区全民健身中心	1200	800	88502368	洪都北大道480号

续表17

名 称	占地面积（平方米）	体育场馆面积（平方米）	电 话	详细地址
江西省体育馆	20000	18620	86294651	福州路28号
上营坊社区国家级社区体育健身俱乐部	300	200	86289426	上营坊1号
彭家桥街道国家级社区体育健身俱乐部	1200	800	88504434	洪都北大道480号
江西省体育场(内场)	22000	20000	86294603	福州路28号
江西省体育场(外场)	22000	20000	86294603	福州路28号
江西师大田径场(外场)	22000	20000	88506324	北京西路437号
江西师大田径场(内场)	5000	4800	88506324	北京西路437号
江西师大篮球场	8000	7200	88506324	北京西路437号
江西师大网球场	4000	3600	88506324	北京西路437号
省中医学院田径场	22000	20000	86800041	八一大道461号
江西财大篮球场	2000	1800	88626900	青山南路596号
豫章中学田径场	2200	2000	86837595	豫章路125号
育新学校田径场	4200	4000	86215641	北京西路287号
育新学校篮球场	1500	1200	86215641	北京西路287号
育新学校乒乓球馆	1200	900	86215641	北京西路287号
东湖小学田径场	4000	3200	86267380	上营坊57号
右营街小学乒乓球馆	600	300	86812612	右营街120号
豫章二部综合馆	1600	1300	88634433	起凤路218号
豫章二部田径场	4000	3200	88634433	起凤路218号
邮政路小学乒乓球馆	300	200	86793430	邮政路9号
东湖区体校游泳馆	600	380	88600878	规划七路87号
南昌市体校游泳馆	800	550	86233686	福州路28号
水上世界游泳馆	1500	1250	13910053758	福州路93号
江西少儿体育培训中心游泳馆	600	400	86294605	福州路28号
江西师大游泳池	1500	1250	88506324	北京西路437号
天奥物业游泳池	500	350	13767407677	五纬路286号
中寰物业游泳池	250	180	13707092629	叠山路532号
恒兴物业游泳池	100	60	88593339	南京西路524号
阳明学校田径场	5000	3200	88502368	洪都北大道480号
二七北路东湖区体育文化休闲广场	3000	2400	88634455	二七北路靠近青山南路
豫章街办新星社区室外灯光篮球场	800	600	18979108955	青山南路72号
董家窑街办新华社区室外灯光篮球场	800	600	18170901055	佘山路59号

（黄亚伟）

文化·旅游

综　述

2017年，东湖区文化·旅游工作紧紧围绕区委、区政府中心工作，坚定文化自信，坚持先进文化引领，全力以赴推进文化旅游新闻出版各项事业全面发展。围绕国家、省、市、区各级各类赛事活动，积极创作，涌现出一批文艺精品。获文化部"永远的辉煌"老年合唱大赛十佳团队之一，第二十一届"中国少儿戏曲小梅花荟萃"金奖，"峥嵘岁月·耀我中华"庆祝中国人民解放军建军90周年文艺汇演魅力杯金奖、最佳演绎奖，第六届"和平杯"京剧小票友邀请赛决赛银奖2枚等10个国家级奖项；获第二十一届"中国少儿戏曲小梅花荟萃"江西选拔赛一、二、三等奖等16个省级奖项；其他市、区级奖项20余个。该区获2017年度"全民阅读　为爱献声"活动"最美书乡"。此外，辖区青蓝少儿京剧社成为全省唯一获中国艺术基金扶持的团队。

2017年，东湖区围绕"书香东湖书香梦"活动品牌，以"书香阵阵　幸福生活"为主题开展全民读书活动，积极引导读者参与到群众文化活动，形成特色文化品牌，以满足人民群众日益增长的精神文化需求。同时创立五大活动品牌，并开展一系列丰富多彩的文化活动："传播经典文化·传承传统节日"品牌活动15场、"少儿成长计划"品牌活动50场、"书香东湖书香梦"品牌活动14场、"东湖大讲堂"系列讲座品牌活动22场、"精神湿地·文化长廊"系列展览品牌活动12场。局下属单位方志敏广场作为集纪念性、标志性、群众性、休闲性为一体的红色旅游基地、爱国主义教育基地以及党风廉政教育基地，截至年底，共免费接待参观、缅怀先烈和举行党、团组织活动的团队143个，游客19623人，其中包括未成年人爱国主义教育活动18个。

2017年，为深化公共文化服务、推动基层公共文化资源整合共享，提升基层文化服务能力，提高公共文化服务效能的重要途径，满足群众多层次、多样化精神文化需求，东湖区文广局坚持以"平台共建、资源共享、活动联动、上下一体"为宗旨，积极推动区级、街道、社区公共文化服务标准化均等化，以东湖区文化馆为总馆，建设扬子洲镇、百花洲街道、董家窑街道综合文化站（文化活动中心）3个分馆，光明社区、福州路北社区、阳明社区、锦苑春天社区、上营坊社区、前州村6个服务点，构建起文化馆总分馆服务体系。根据区情概况，采取"输血＋借力"之路，即联合辖区内高校、社会组织、民间团队以及退休的老艺术家，在东湖区建立"东湖区文化馆·特色分馆"，充分挖掘辖区内艺术人才的优势资源，强强合作，打造极富"东湖特色"的文化艺术交流、展示、创作平台。截至年底，全区共建成国学馆、文学馆、非遗馆曲艺中心4个艺术特色分馆。努力实现公共文化服务与群众文化需求有效对接，推动"菜单式"、"订单式"服务深入开展，全面提高公共文化服务水平。

文艺创作

【概况】　2017年，东湖区围绕国家、省、市、区各级各类赛事活动，积极创作，涌现出一批文艺精品。非遗传承人余正连创作的豫章绣作品《毛泽东去安源》获得2017中国(江西)红色旅游博览会银奖;原创舞蹈《游击队之歌》荣获南昌市“军歌唱响英雄城”总决赛一等奖等。

【原创歌舞《游击队之歌》】 7月,东湖区原创的大型歌舞《游击队之歌》参加南昌市“军歌唱响英雄城”总决赛,并获得一等奖。该剧通过歌舞形式,把人们带回到当年打击日军侵略者的历史长河中,塑造了游击战士同敌人周旋,伺机消灭敌人的经典形象。

【原创舞蹈《十送红军》】 2017年,为纪念中国人民解放军建军90周年暨中国共产党建党96周年,区文化馆创排舞蹈《十送红军》。舞蹈以新婚绝别为切入点,从红军出征,到群众送别,环环相扣,表现出百姓与红军之间的军民鱼水情,依依惜别,一送十里。用舞蹈和合唱两种不同的形式诠释了人民才是历史的创造者,表现出人民对美好生活的向往。

【豫章绣作品《毛泽东去安源》】 11月,东湖区市级非遗项目豫章绣作品《毛泽东去安源》喜获2017中国(江西)红色旅游博览会银奖。该绣品宽40厘米、长50厘米,由江西豫章赣绣坊生产,以油画《毛泽东去安源》为原型,以绢和蚕丝绣为原材料,运用豫章绣的特殊针法精心绣制而成。绣品在传承江西民间刺绣技法的基础上以中国画为原型,运用丝线的色彩粗细搭配,洗练灵动,以达到中国画讲究的“以形写神”,作品凹凸有致,富有极强的立体感。

表18 **2017年东湖区文艺创作及获奖情况**

作品名称	作　者	获奖名称
赣绣作品《毛泽东去安源》	余正连	2017中国(江西)红色旅游博览会银奖
原创歌舞《游击队之歌》	区文化馆	南昌市“军歌唱响英雄城”总决赛一等奖等

文化活动

【概况】 2017年,区文化广电旅游新闻出版局始终秉承“文化惠民”的宗旨,方志敏广场持续免费开放,把文化精品资源“送下去”、把社区居民优秀资源“搬上台”,从“和谐社区一家亲”系列活动到“我们的节日”系列活动,从新春文化节到迎新年市民音乐会,从广场舞蹈大赛到“兴家风、淳民风、正社风”系列巡演,周周有活动,月月都精彩。同时,围绕“书香东湖书香梦”推广全民读书活动,开展一系列丰富多彩的文化活动,积极引导读者参与到群众文化活动,形成特色文化品牌,以满足人民群众日益增长的精神文化需求。

【举办新春文化节系列活动】 1月1日至2月11日,东湖区春节文化惠民活动采用舞龙大拜年、文艺联欢、观展览、猜灯谜、免费领取春联、非遗展示、戏曲展演等众多文艺形式,让广大市民朋友享受到一道道丰富而有意义的文化大餐。1月20日上午,“美丽南昌·幸福家园”2017年南昌市文联“送欢乐下基层”活动走进东湖专场在樟树林文化生活公园举行;大年初一,该区在八一公园举办地方戏曲大拜年;大年初七开展文化进村、进社区舞龙大拜年。1月28日至2月11日,滕王阁景区举办第七届新春灯谜活动,包括有奖猜灯谜、观看北园古戏台演出、有奖诗词抢答等。

【举办元旦市民音乐会】 1月1日上午,“鸡鸣闹春　东湖音韵”2017元旦市民音乐会在八一公园百花大舞台举行。整台节目由梦之声合唱团和毓秀艺术团为市民带来一场高雅、唯美的视听盛宴。音乐会在一首活泼欢快的舞蹈《春天礼赞》中正式拉开帷幕。葫芦丝《月光下的凤尾竹》、小组唱《我爱我的祖国》、朗诵《人民万岁》、表演唱《清晨我们踏上小道》……多种形式的演出,动人的乐章,演奏者全身心的投入,瞬间将现场观众带入了一个精妙绝伦的音乐世界,将音乐会气氛一次又一次推向高潮。

【举办2017年新春免费文化培训班】 2017年,东湖区文化馆新春免费文化培训班自1月推出,受到广大市民的热捧。截至年底，共开设中老年广场舞培训班、中老年计算机培训班、朗诵艺术培训班、青少年葫芦丝培训班四个班，招收学员200余人。培训班年龄跨度大，年龄最小的只有5岁，最大的达到80高龄。

【举办南昌市谷雨诗会征稿活动】 2月22日至3月22日，“面向东湖，春暖花开”2017年谷雨诗会面向全国征稿，成人组共收到来自北京、山东、西藏等15个省份364位作者的1263首诗作；青少年组共收到了20余所学校110余篇诗歌作品。这些诗作描写歌颂了东湖区城市建设新风貌，反映东湖区自然风光和人文历史，涌现出一批助推美丽南昌·幸福家园建设的诗歌作品。

【开展少儿阅读活动】 3月5日，区图书馆开展以弘扬雷锋精神为主题之“永不生锈的螺丝钉”的少儿阅读活动。活动旨在进一步弘扬雷锋精神和“奉献、友爱、互助、进步”的服务精神，让青少年儿童树立正确的世界观、人生观、价值观，弘扬中华传统美德，传播为人民服务的理念。

【举办世界读书日第七届读好书活动】 3月30日至4月21日，区图书馆开展“阅读与生活”世界读书日第七届读好书活动。该活动由“少年图书共享”、“读书分享会”、“赠书大作战”等一系列内容丰富、形式多样的全民阅读活动组成，进一步浓厚了东湖读书氛围，筑牢了东湖人文基础，得到各界好评。

【举办豫章清明诗歌会】 3月31日下午，“诗韵流长 诵读经典”2017豫章清明诗歌会在光明学校举行。东湖区文化工作者、文化志愿者、艺术家们以及广大学生200余人参加。活动通过诗歌朗诵和文艺演出的形式，在一片祥和的氛围中传承中华民族的传统美德，弘扬和培育以爱国主义为核心的民族精神。

【开展弘扬雷锋精神学习教育活动】 3月，方志敏烈士纪念馆接待东湖区豫章小学、江西师范大学附属小学、南昌海关高新办党支部、东湖大队三经路中队、洪宝物业党支部等开展“弘扬雷锋精神 继承优良传统”学习教育活动。

【开展公共文化服务配送活动】 4月18日，东湖区2017年公共文化服务配送暨乡村文化行活动走进扬子洲镇，精心编排了歌舞、器乐演奏、现代舞及魔术、独唱等精彩节目，气氛热烈，观众掌声连连。为丰富群众精神文化生活，东湖区公共文化服务配送活动多次组织文艺下乡演出，精彩缤纷的文艺节目，不仅让民众尽享丰盛的文化大餐，还丰富了农村文化生活。

【开展外来务工人员卡拉OK大赛】 4月28日晚，“美丽南昌·幸福家园”东湖区2017年庆“五·一”外来务工人员卡拉OK大赛在东湖区散工劳务市场举行。东湖区20余位外来务工人员或其子女纷纷登台一展歌喉，角逐歌王。一曲《爱拼才会赢》尽显外来务工人员的拼搏奋斗之心，《兄弟抱一下》唱出了来自五湖四海打工人的情怀，《阳光路上》展现了外来务工人员对未来美好生活的憧憬与渴望……整场比赛有民歌、摇滚、民谣、歌伴舞等不同演唱形式，参赛选手热情洋溢，激情四射，通过不同的曲风歌路，唱响了“美丽南昌·幸福家园”的美好生活。

【举行2017年端午巧手大赛】 5月25日下午，“我们的节日”系列活动之“畅享端午·快乐六一”2017年端午巧手大赛在八一公园举行。活动现场热闹非凡，画彩蛋、折菱角、画蒲扇、编香囊等丰富多彩的比赛形式，欢乐无限。当天还举办“话端午”趣谈民俗活动，增长了市民传统民俗文化知识。同时，民乐演奏《幸福年》、折子戏《女驸马》等文艺节目，为广大群众送上一场文化盛宴。

【开展“廉洁文明家风”专场文艺展演】 5月25日晚，2017年东湖区“廉洁文明家风”专场文艺展演在东湖区文化活动中心演艺中心举行。该场文艺展演紧扣反腐倡廉和文明家风主题，节目震撼灵魂，发人深思，格调高雅，催人奋进，有舞蹈、小品、歌舞、快板舞蹈、诗朗诵、京歌京舞、手语舞等多种形式，使广大干部群众从中受到了潜移默化的熏陶，营造了清正廉洁和文明家风的社会环境。

【开展“追寻红色记忆”教育活动】 6月4日，方志敏烈士纪念馆联合南昌市二十多所高校代表开展“重走八一征程，追寻红色记忆”教育活动。活动参与者在烈士的雕像下，朗读《清贫》《可爱的中国》等多篇堪称中华民族文化瑰宝的方志敏烈士狱中遗嘱。

【开展农村文化志愿者招募选拔赛】 6月6日上午,江西省2017年"阳光工程"农村文化志愿者南昌市东湖区招募选拔赛在扬子洲镇前洲村文化大院举行。比赛由形象展示、自我介绍和才艺展示三个环节组成,共有5名农村文化志愿者脱颖而出。

【开展"迎七一 塑党性"系列活动】 6月,方志敏烈士纪念馆接待南昌航空大学音乐学院、南昌市劳动仲裁院、江西邮政公司党支部、豫章街道经纬路社区开展"迎七一 塑党性"系列活动。参观人员面向鲜红的党旗,重温入党誓词,有序地参观方志敏爱国事迹陈列馆,以缅怀革命先烈、弘扬烈士精神。

【举办纪念中国人民解放军建军90周年文艺晚会】 7月21日晚,"丰碑铸军魂·赣鄱展风采"——南昌(东湖)·井冈山·瑞金共同纪念中国人民解放军建军90周年文艺晚会在方志敏广场举行。活动于6月发出报名公告,共有近100个节目,35支队伍踊跃报名,这些团队和个人经过报名初选、网络投票、甄选赛层层选拔,最终确定11个特色鲜明的节目参加晚会。区文化馆编排的6个原创节目,以合唱、朗诵、歌舞等节目形式,载歌载舞迎接中国人民解放军建军90周年。整个活动紧扣主题,充分体现了地域联动性强、群众参与性广、网络互动性强、教育主题性强四大特色。

【参加第二十一届中国少儿京剧比赛】 7月,由区文化馆青蓝京剧社选送的《盗库银》荣获21届小梅花金奖,表演者陶妙颖,女,7岁。陶妙颖从三岁半开始学京剧,非常懂事和上进,四年来她对自己要求非常严格,每天都自觉刻苦的练功,因此她练就了扎实的戏曲功底。

【开展暑期系列少儿活动】 7—8月,东湖区开展2017年暑期系列少儿活动。该活动包括"儿童好习惯"系列亲子故事会、"我爱我家·同悦书香"立成朗诵培训班、少儿"趣味英语"培训班、"立家规·传家训·树家风"亲子故事会、"儿童绘画·陶泥手工课"活动等活动,充分地发挥图书馆阅读服务功能,大力地推动全民阅读在全区开展,丰富低幼儿童、中小学生暑期文化生活。

【举办南昌起义暨中国人民解放军建军90周年纪念活动】 7—8月,东湖区举办"书香铭记历史,热血不忘忠魂"等一系列活动纪念八一南昌起义暨建军90周年。活动旨在通过一系列的活动,向读者传播一种理念:中华民族是伟大的,中国军队是战无不胜的。

【组织开展2017年暑期免费培训班】 7—8月,东湖区2017年暑期免费培训班开课。此次培训共设包含葫芦丝、舞蹈、书画等在内11个班次,计划培训学员300多名。东湖区文化馆坚持贯彻落实好国家关于免费培训的文化惠民政策,该培训活动是第12次利用假期时间,为公众提供"免费培训大餐"。

【开展2017公共文化服务成果巡演】 9月6日晚,"喜迎十九大·文化惠万家"2017东湖区文化馆公共文化服务成果巡演在紫金广场举行。演出通过合唱、朗诵、歌舞等节目形式,载歌载舞喜迎十九大,同时向市民展示该区公共文化服务成果。

【开展全民阅读暨助学赠书活动】 9月26日,东湖区举办"喜迎十九大 欢度国庆颂中秋"全民阅读暨助学赠书活动。该主题系列活动由"书香暖童心 关爱留守儿童"图书捐赠、"童心绘祖国,放飞中国梦"风筝寄语、"弘扬传统文化,欢度中秋佳节"谜语竞猜、"感悟阅读之美 书香飘逸东湖"—精品图书漂流、"感悟阅读之美 浸润书香东湖"中秋志愿服务等环节组成。

【开展中秋夜文艺晚会】 9月30日晚,2017年南昌市豫章中秋夜文艺晚会在东湖区锦苑春天社区举行。晚会在开场舞《明月花开》中拉开帷幕。民乐四重奏《花语湖畔》,清新优雅,诉说了相思团圆的美好愿望;方言相声《吃月饼》,形式新颖,诙谐幽默,观众笑声不断;配乐诗朗诵《琵琶行》,语言与古典音乐相结合,让人仿佛置身于秋风瑟瑟的浔阳江头;还有歌伴舞《十五的月亮》、独唱《明月几时有》等节目,均生动地表达了节日最温馨的祝福。演出还穿插中秋民俗有奖问答环节,现场气氛热烈。

【开展"九月开学季"系列少儿活动】 9月,区图书馆开展"九月开学季"系列少儿活动,包括少儿文化志愿者活动、"儿童陶泥手工课"、"儿童版画手工课”等活动。该活动旨在丰富少儿读者课外文化生活，进一步提高区图书馆公共文化服务能力。

【举办秋季系列少儿活动】 10月，东湖区举办“拥抱秋天收获季”系列少儿活动，该活动由优米少儿绘本故事会、“握笔写诗·持剪裁画”免费少儿平面裁剪等课程组成，在实践中让孩子们学习到新的知识。

【召开“美丽东湖”征稿新闻发布会】 11月1日上午，东湖区“百花洲里话东湖，佑民寺前说古今”东湖历史文化文学作品全国征稿活动新闻发布会在区文化演艺中心四层新闻发布厅举行。征集活动截至2017年12月31日，为期两个月，征稿内容以东湖历史人文、民族文化、禅宗文化、民风民俗和生态文化、自然风光等为素材，书写作者的亲历与感想；以反映佑民寺、百花洲、杏花楼、状元桥、南昌贡院、民国旧居等的诗歌、散文、传说、故事、轶事、民俗、典故、杂记等优秀作品为侧重点；以游览“美丽东湖”的感想、感悟，讴歌“美丽东湖”为主旨。

【开展文体活动助威马拉松】 11月12日，南昌国际马拉松赛开赛。为营造激情涌动的文化氛围，区文广局精心筹备多个文体活动为大赛呐喊助威。在沿江北大道与旭照路交界口有花棍广场舞表演，为参赛者助威；在苏圃路与中山路交界口有鲤鱼灯表演；在滕王阁隧道沿江北大道出口有气势恢宏的锣鼓表演等。

【开展冬季系列少儿活动】 11月，东湖区开展“缤纷落叶暖初冬”系列少儿活动，该活动包括少儿简笔画、彩铅画、水彩画、蜡笔画等。12月，东湖区开展“我和冬天有个约会”系列少儿活动，该活动由少儿折纸、少儿串珠子、少儿橡皮泥、少儿剪纸画组成。孩子们在学习的同时，收获到许多的快乐。

【举办“东湖大讲堂”大型公益活动】 2017年，东湖区开展“东湖大讲堂”大型公益活动，该活动共22场，由“东湖故事”人文历史讲座、“家庭插花的选择和技巧”在线课堂、“寻红色记忆·诵经典诗篇”——叶桉教授八一精神内涵与价值解析讲座、中国传统节日民俗文化讲座等组成。

【开展系列展览活动】 2017年，东湖区开展“精神湿地·文化长廊”系列展览活动，共举办12场，分别为：欧洲美术馆藏品赏析图片展、“舌尖上的春节”图片展、“德耀赣鄱”全省道德模范和身边好人先进事迹大型图片展、“兴家风 淳民风 正社风”榜样人物图片展等。

【打造方志敏烈士纪念馆数字广场】 2017年，方志敏烈士纪念馆新增电子触屏签到设施，参观者可以在参观后写下自己感受、建议，同时也可以拍下参观照片以便日后留念；增加二维码自助语音讲解服务，方便来馆参观者可以更加便捷地听取自己感兴趣的部分，同时还可以收藏在自己手机中方便日后及时获取信息。

文化市场

【概况】 2017年，东湖区加强对网吧、游艺厅、书店、歌舞娱乐场所等文化市场的监管，强化事中事后监管，做到严把关、严巡查、严整治、严处罚的同时，提高服务水平和能力。此外，推出错时制拉网式排查、联合执法、专项整治，全年出动文化市场执法人员4000余人次，检查网吧、娱乐经营场所、图书音像出版经营户18500余户次，全年接到投诉举报50起，立案查处各类违法违规案件32起。查处各种盗版音像制品100余盘、盗版违法书刊1000余册。开展1次文化市场业主培训大会，突出法律知识、安全生产知识培训，强化文化市场经营业主守法经营意识、落实安全生产第一责任人责任，推进文化市场健康、安全发展。

【开展文化市场安全生产大排查行动】 3月1—15日、4月30日至5月15日，东湖区深入辖区网吧、歌舞娱乐场所、动漫城等文化经营企业，通过看现场、查设备等方式进行地毯式安全大排查，重点对消防设施是否完好，消防通道是否畅通，消防制度是否落实进行认真排查，对检查发现的安全隐患当场责令立即整改或限期整改。行动共检查100余家文化企业，发现安全隐患22处，立即整改17处，限期整改5处，并与企业主要负责人签订《安全生产履职承诺书》。同时要求经营业主增强安全生产经营意识，健全完善安全生产规章制度和应急预案,组织开展应急演练,切实做到安全经营、文明经营、守法经营。

【举办文化市场业主培训会】 4月11日,区文广局联合东湖网监大队、东湖消防大队举办东湖区2017年文化市场业主培训会,邀请消防工作人员对业主进行讲座培训,教授预防火灾的措施,扑救火灾的方法和疏散逃生的技能,共同建设平安文化市场。

【加强网吧暑期管理】 7月1日至9月1日,区文广局制定《东湖区文广局2017年暑期网吧、电子游戏营业场所专项治理实施方案》。召开暑期专项整治动员大会,与辖区内52家网吧经营业主签订暑期安全稳定责任状,联合区安监局、区公安网监大队、区消防大队,重点检查网吧违规接纳未成年人、实名制登记上网落实情况、安装违规违法游戏、消防安全责任及制度落实等情况。

【开展圣诞期间娱乐场所专项整治行动】 12月24—25日,区文广局对辖区文化娱乐场所开展专项整治行动。严厉监管超负荷容纳消费者、违规接纳未成年人、非法点播境外歌曲曲库、从业人员无统一着装、无证经营、安全制度健全和落实到位情况;场所疏散通道和安全出口是否畅通,疏散指示标志、应急照明是否齐全完好及经营秩序混乱和娱乐场所噪声扰民等问题。

【开展“双打”系列活动】 12月,东湖区加大日常检查力度,加强联合执法检查,重点检查各类出版物经营户是否亮证亮照经营,是否销售淫秽色情、暴力血腥、宣传邪教、恐怖主义、盗版等违法违规出版物,进货票据是否齐全,坚决查处各类侵犯知识产权和制售假冒伪劣商品的行为。全年出动执法人员300余人次,检查各类出版物经营单位400余家次,缴获侵权盗版出版物200余册。

【加强节假日网吧市场监管】 2017年,围绕春节、元宵节、端午节、中秋节、国庆节等节假日,东湖区开展网吧整治专项行动,重点检查网吧违规接纳未成年人、安装违规违法游戏以及实名制登记上网等情况。在节假日期间,区文化旅游稽查大队受理举报案件4起,立案查处各类案件4起,出动文化市场管理和稽查人员2000余人次,检查网吧380余家次,查处4家次。

【开展“扫黄打非”系列活动】 2017年,东湖区持续深入开展“扫黄打非”工作,旗帜鲜明地打击盗版侵权行为,维护良好的社会主义文化市场秩序。开展“护苗”“净网”“清源”“秋风”四个专项行动以及高校及周边打字复印店整治、非法地面卫星接收设施专项整治等行动,重点查缴下列品种:非法政治性出版物、淫秽色情出版物、非法盗版侵权出版物、非法地面卫星接收设施。积极推进“扫黄打非进基层”工作,将“扫黄打非”工作向基层延伸。全年共出动执法人员1000余人次,检查书店、网吧等文化市场经营主体800余家次,共缴获非法出版光盘100余盘,非法出版物和盗版少儿卡通书刊300余册。

【加强校园周边文化市场整治】 2017年,东湖区以中、小学及周边为重点整治区域,以书店、报刊亭、网吧以及游艺厅等为重点整治场所,以网吧违规接纳未成年人、销售非法侵权盗版出版物等为重点整治内容,开展5次校园周边文化市场专项整治行动。出动执法人员600余人次,检查各类文化经营主体400余家次,立案查处违法经营行为8起,缴获盗版出版物200余册。

文物·博物

【概况】 2017年,东湖区认真贯彻“保护为主、抢救第一、合理利用、加强管理”的十六字文物保护方针,认真分析新情况,研究新问题,采取新措施,切实做好文物保护工作。

【开展“邀您看文物”公益活动】 4月15日,东湖区文化馆正式启动“大美东太湖”系列活动之“文化馆邀你看文物”公益活动,活动首站探访东湖区杏花楼。广大学生和家长参观学习了融历史文化、书画艺术、石雕木雕、建筑园林为一体的文化旅游景点杏花楼,深入地了解杏花楼的历史人文积淀。

【启动文物普查成果异地迁移保护工程】 12月,东湖区启动1处不可移动文物建筑的保护修缮工作,即民德路159号民国时期小洋楼。该工程是全省首个文物普查成果异地迁移保护工程。

【榕门路229号进入专家论证阶段】 2017年,东湖区不可移动文物建筑之一——榨门路229号(原印刷二厂),由南昌旅游集团滕王阁管理处委托北京清华同衡规划设计研究有限公司负责设计修缮保护,积极组织专家组前往实地踏勘并召开专家论证会。

【重新梳理分类文物普查登记点】 2017年,东湖区文物工作成果丰硕,邀请文物专家对辖区210处第三次全国文物普查登记点重新梳理分类。此外,开展东湖区历史建筑调查及其文化研究工作,通过竞争性磋商采购,聘请南昌大学旅游学院对该区不可移动文物建筑进行全面普查,采用实地调查登记、无人机摄影测量、手工测绘等方法。

非物质文化遗产

【概况】 2017年,东湖区开展"文化和自然遗产日"非物质文化遗产系列活动,组织东湖区的非遗文化精品赣发绣、豫章绣等非遗作品参加2017艺术江西国际博览会等活动,该区的非物质文化遗产得到有效的保护传承。

【开展新春非物质文化遗产展示活动】 1月20日,东湖区2017年新春非物质文化遗产展示活动在樟树林文化生活公园举行。活动以继承和弘扬中华民族优秀传统文化为宗旨,东湖区非遗项目赣发绣、豫章绣、胎发笔、豫章刻瓷、南昌瓦罐煨汤制作技艺在现场展示,多角度反映该区非物质文化遗产保护传承成果,提高市民对非物质文化遗产保护意识。

【开展系列非物质文化遗产活动】 3—6月,东湖区开展"文化和自然遗产日"非物质文化遗产系列活动,其中有豫章绣基础培训班及作品展、东湖区"庆五一"传统手工艺展示活动、东湖区非物质文化遗产传承与发展专题讲座、非遗传承人体检、古琴与楚调唐音艺术品鉴会等。通过非遗展览展示、非遗传承人现场展示、非遗演出等,全面地展示东湖区非物质保护传承工作成果。在东湖区文化馆的非遗展厅内,通过实物、图片、文字、传承人现场表演等多种形式,全方位地展示宣传非遗展品100余件,市民参观人数达300余人。

【王汝刚到东湖区调研曲艺工作】 4月8日,由中国曲协副主席王汝刚,党组成员、副秘书长曲华红一行组成的中国曲协调研组到东湖区开展曲艺工作调研。在东湖区"筱贵林"相声社,调研组听取该区曲艺工作情况介绍,与南昌方言相声表演艺术家筱贵林进行交流,详细了解该区的曲艺活动、演出场所及传承情况等。

【参加"洪城工匠"评选】 10月,首届"洪城工匠"颁奖典礼在南昌广播电视台演播大厅举行。100名"洪城工匠"用他们严谨细致、精益求精、追求完美的工匠精神,赢得市民"点赞"。东湖区有四名非遗代表性传承人获得首届"洪城工匠"荣誉称号,他们是陶永红、余正连、李强、罗清华。

【参加2017中国(江西)红色旅游博览会】 12月,东湖区市级非遗项目豫章绣作品《毛泽东去安源》喜获2017中国(江西)红色旅游博览会银奖。该届红博会以"传承红色基因 发展红色旅游"为主题,展示江西的红色文化。展会期间,时任江西省委书记、省人大常委会主任鹿心社,省委副书记、省长刘奇参观2017中国(江西)红色旅游博览会展览,对豫章绣精品赞不绝口,并与两位传承人进行交流,叮嘱要弘扬工匠精神,振兴传统工艺,努力让赣绣走出江西,走出国门,走向世界。绣品《毛泽东去安源》宽40厘米、长50厘米,由江西豫章赣绣坊生产,以油画《毛泽东去安源》为原型,以绢和蚕丝绣为原材料,运用豫章绣的特殊针法精心绣制而成。绣品在传承江西民间刺绣技法的基础上以中国画为原型,运用丝线的色彩粗细搭配,洗练灵动,以达到中国画讲究的"以形写神",作品凹凸有致,富有极强的立体感。

【参加2017艺术江西国际博览会】 12月,2017艺术江西国际博览会在江西省展览中心开幕,中共江西省委常委、宣传部长赵力平开幕式后到场巡馆。东湖区非物质文化遗产赣发绣在此次艺博会上惊艳亮相,广受好评。现场,赣发绣传承人陶永红现场埋首飞针,以发为线,以针作笔,惟妙惟肖,展示了赣发绣的独特魅力。

旅游管理与服务

【概况】 2017年,东湖区围绕建设"三力东湖"

为目标,加大旅游重点产业项目和旅游规划线路建设工作力度,强化旅游宣传促销工作,加强旅游行业管理,推动旅游业快速健康发展。全年全区旅游接待人数约975万人次,旅游总收入107.35亿元,旅游产业吸纳劳动就业人数1万余人,旅游资源不断开发,旅游形象不断攀升。2017年,全区共审批备案登记4个旅行社分社、16个服务网点。组织旅游企业申报并获得市级旅游资金120万元,推荐赣绣《毛泽东去安源》等4件红色旅游商品代表东湖参加2017年江西红色旅游商品博览会并获2银2铜的好成绩。七星商务酒店被评为银树叶级绿色旅游饭店。

【组织开展春节旅游活动】 1月15日至2月15日,东湖区组织滕王阁景区、樟树林、菇事汇庄园、森美生态园举办猜灯谜、年俗年货展、创意项目展览、迎春接福送春联等活动,吸引众多游客参观游玩,活动期间得到南昌晚报、天圆网、天涯论坛、新华网江西频道等媒体的大力支持。

【排查旅游安全隐患】 4月7—10日,东湖区对辖区滕王阁景区、樟树林文化生活公园、扬子洲生态旅游景区加大安全排查力度,全面排除旅游安全隐患,加强安全维护和运行监管,坚决遏制重特大旅游安全事故发生。

【组织参加2017深圳文博会】 5月12日,第十三届深圳文博会期间,东湖区在深圳举行豫章1号二期广告创意产业园项目签约仪式。江西中文传媒艺术品有限公司荣获第十三届中国(深圳)国际文化产业博览交易会优秀组织奖与优秀展示奖。其中由艺术品公司自主设计研发的《瓷·海》获得“中国工艺美术文化创意”银奖;以海昏侯出土文物青铜鱼雁灯为设计原型的《海昏系列/鱼雁和瑞·艺术烛台》获得“中国工艺美术文化创意”铜奖。

【参加“5·19”中国旅游日主题活动】 5月19日,东湖区组织滕王阁景区、791、樟树林、森美生态园等景区及各大旅行社等旅游企业,参加“5·19”中国旅游日主题活动。

【举办旅游企业高管论坛交流会】 5月31日,东湖区组织辖区内景区、旅行社等旅游企业高管参加东湖区旅游企业高管论坛交流会。各企业高管结合自身实际和该区发展形势,围绕“旅游+”畅谈旅游发展思路,就打造该区旅游品牌企业、政策扶持、宣传推广等方面提出积极的建议。

【举办第二届滕王阁金婚典范活动】 10月28日,滕王阁旅游区以九九重阳为契机,以名楼名阁传承中华文明为宗旨,于重阳节当天举办第二届滕王阁九九重阳“尊老爱亲尚家风”金婚典范活动。活动以“尊老爱亲尚家风”为主题,以“情满重阳,爱在夕阳”为口号,面向社会征集99对身体健康、行动方便的金婚伴侣,并在其中评选出9对模范金婚夫妻,携手共赴此次金婚盛典联欢会。

【参加2017年江西红色旅游博览会】 11月,中国红色旅游推广联盟成立暨2017年中国(江西)红色旅游博览会在南昌落下帷幕,代表东湖区参赛的4件旅游商品喜获佳绩,赣绣《毛泽东去安源》和“正能量”系列布艺产品喜获2017年江西红色旅游商品银奖;《薪火传递》赣绣围巾和井冈红米获2017年江西红色旅游商品铜奖。

辖区文化资源

【概况】 东湖区有着丰富的文化资源,截至2017年年底,建有街道(镇)文化中心11个,社区文化活动室114个,社区文化广场21个,信息资源共享服务点区级分中心1个、基层服务点10个,农家书屋6个,市级爱国主义教育基地1个,外来务工人员子女艺术教育培训中心1个,电影院6家,博物馆、纪念馆6家。配合省共享工程中心完成5个街道公共电子阅览室和17个社区公共电子阅览室的建设,完成21个城中村“农家书屋”建设,其覆盖率在全市率先达到100%。

东湖辖区文化资源相对集中,八一起义和八一广场旧址、贺龙指挥部、朱德旧居、叶挺指挥部、朱德军官教导团、江西省革命烈士纪念堂等革命遗址,体现了东湖厚重的革命历史文化;省歌舞剧院有限责任公司、省京剧团有限责任公司、省话剧团有限责任公司、南昌市歌舞剧院、南昌市京剧团合并改为南昌市艺术中心。江西艺术剧院、南昌采茶剧院、南昌市樟树林星美国际影城、南昌万达国际电影城等主要影院、艺术剧院,江西省图书馆、南昌市图书馆、区图书馆3个公共图书馆，均在辖区内。随着樟树林生活文化公园、南昌市艺术品交易所、滕王阁古玩城、791艺术街区、豫章一号等文化创意产业的注入，为推动建设科教文卫中心区增强了和谐发展动力。同时，方志敏广场及方志敏爱国事迹陈列馆，成为全市乃至全省新的党风廉政教育基地、爱国主义教育基地和红色旅游新基地。

【出台公共文化服务评选办法】 2017年，东湖区出台《东湖区公共文化服务示范街道（管理处）、社区（村）评选办法》及《东湖区公共文化服务示范街道（管理处）、社区（村）测评指标体系》，每年对示范街道、示范社区进行表彰。

【提升图书馆服务质量】 2017年，区图书馆全年365天免费对外开放，在全市范围内实现统借统还系统。引进触摸屏阅读机、自助办证机、自助借还机、3D图书、歌德数字借阅机等新设备，大幅度地提升东湖区图书馆的服务质量。2017年馆内接待读者65421人次；读者数量明显增多，馆内有效读者证2153个，馆内网络读者证3422个；读书借阅量明显增多，2017年借阅总量95553册。

【建立多种社区文化服务场所】 2017年，东湖区建成社区文化广场24个，近4万平方米；社区文化活动中心60个；信息资源共享服务点区级支中心1个，基层服务点10个，街道公共电子阅览室5个，社区公共电子阅览室17个；为村民建农家书屋21个；建少儿书吧1个；流动书屋2个；流动电影院1个；盲文及盲人有声读物阅览室1个；瓷板画青少年培训基地1个。辖区各街道（管理处）均成立文化站共10个，并设有街道文化综合性多功能文化活动中心，下设社区文化活动室79个。建立永溪村、公园村、永和村、贤湖村、七里村、长巷村、为民村、长村村、臣港村、上房村、莘洲村、南洲村、滕洲村、前洲村、渔业村、庙后村、熊万村、新村村、三联村、联民村、林场村农家书屋21家。

【民间文艺团队蓬勃发展】 2017年，东湖区整合辖区剧团文化资源，成立一大批颇具规模的民间文艺团队：东湖曼毓艺术团、红歌舞汇艺术团、心连心艺术团、锦苑春天舞之队、东湖区青蓝少儿京剧社、红星艺术团、八一合唱团、山之声合唱团、豫章黄梅戏、南昌鼓艺团、江西省二胡艺术中心、南昌市夕阳红协会、墩子塘七彩舞蹈队及南昌田园艺术剧团等。同时，拥有江西歌舞剧院合唱团等专业合唱团7支，江西省老年大学、南昌市老年大学合唱团等社会性合唱团15余支，江西省直机关合唱团等机关合唱团8个，江西师大合唱团等院校合唱团8支，夕阳红合唱团、红歌舞汇艺术团、百花合唱团等社区群众合唱团7支。

表19 **2017年东湖区主要影院、艺术剧院一览表**

名　称	占地面积（平方米）	座位数（个）	电　话	详细地址	备　注
江西省艺术剧院（“南昌·琴岛之夜”剧场）	12200	1200	13767991688	八一大道365号	“南昌·琴岛之夜”剧场按五星级剧院标准精心打造，演出节目有大型视频秀、大型歌舞、国际水准杂技、搞笑音乐剧、相声、通俗歌曲、摇滚歌舞等
南昌市聚丰主题影城	3000	780	87398191	阳明路66号投资大厦商业楼4号	五星级影院，拥有11个放映厅，包括10个标准厅，一个VIP厅
南昌万达国际电影城	4500	1496	86311113	八一大道333号万达广场4层	五星级标准，7个高标准影厅，包括1个豪华贵宾厅，4个南昌独家的2K数字影厅
南昌17·5影院（胜利路店）	1500	398	86762539	胜利路炫谷步行街三层	内设5个标准银幕放映厅，拥有顶级电影放映设备及超一流的音响设备

续表 19

名　称	占地面积(平方米)	座位数(个)	电　话	详细地址	备　注
樟树林星美国际影城	5440	1200	13601179527	佘山路 66 号樟树林文化生活公园	南昌第一个 IMAX 巨幕高清影院,内设 8 个厅(包括一个 16×24 米的巨幕影厅)
南昌天幕影城蓝海店	2723	1032	88616060	青山南路 118 号蓝海购物广场三楼	集人文、休闲、娱乐、购物于一体,共设有 9 个国际化标准多功能 NC1101L－A＋激光数字电影放映厅
南昌市星濠影城	5000	1175	15979121490	二七北路 328 号千花伴旁 1927 内 4 楼	内设 10 个 3D 放映厅,其中包括一个 IMAX 巨幕厅和一个贵宾厅

(汪　莉)

档案事业管理

【概况】　2017 年,东湖区档案事业管理工作围绕经济发展和打造“实力、活力、魅力”东湖的目标,加强档案资源建设,提前完成馆藏量翻番任务;依托电子政务外网,利用“互联网＋”技术,搭建民生档案共享利用平台,服务民生,圆满完成工作目标任务。

【打造档案教育示范基地】　4 月 27 日,南昌市档案局业务处和区档案局一行到方志敏广场管理处进行调研,在档案资料的收集、整理和保管等方面进行专门指导,并与文广局进行沟通合作,联手将方志敏广场打造为南昌市“档案教育示范基地”。

【开展档案业务培训】　2017 年,区档案局为加强自身建设,开展多期档案业务培训。5 月 26 日,与区企业资产管理服务中心联合举办档案业务培训,30 多家区属企业档案工作人员参加培训。10 月 20 日,区档案局举办全区重点建设项目档案业务培训。培训围绕《建设工程文件归档规范》《江西省重点建设项目档案管理暂行办法》等内容进行解读,结合《2017 年东湖区重点建设项目投资计划表》要求各单位办理档案登记,区重点项目办、区有关责任单位、区重点项目建设(业主)单位的 35 名档案管理人员参加培训,51 个区重点项目依法进行登记,档案登记率 95%。10 月 24 日,区委各部门、区直各单位、镇、街道、管理处及垂管单位的 60 名档案工作人员参加全区文书档案业务培训。为新修订的江西省《归档文件整理规范》和综治工作规范建档,各单位将综治资料纳入该单位文书档案的整理范畴,单独分类,年度归档整理,到期移交。

【实施机关档案工作规范化管理】　4 月,东湖区印发《关于进一步加强档案工作规范化管理的通知》,要求各单位对照《江西省机关档案工作规范化管理标准》,强化组织保障,把握标准内涵,根据工作实际确定申报等级和达标时间。到“十三五”末期全区所有机关、企事业单位档案工作规范化管理达标率(省三级以上)达到 100%。截至年底,区委办、政府办、区纪委办、区政协办、区总工会、区科协、区行政服务中心、墩子塘街办、区文广局档案工作规范化管理达省三级,扬农管理处达省二级。

【提前完成馆藏翻番】　2017 年,区档案局加大到期档案(特别是民生档案)接收力度,丰富馆藏种类,扩大档案总量。通过制定接收计划,派业务骨干到重点单位进行专门指导等措施,收获显著效果。东湖区档案馆实现馆藏档案数量质量双提升。馆藏量从 2010 年的 17518 卷 4520 件增加到 2016 年的 112516 卷 21300 件,远远超出全省县级档案馆平均 6.41 万卷的馆藏量,增长率达 537.99%,在全省 100 个县(市、区)综合档案馆排名第一,提前完成江西省实施“馆藏翻番”工程。

【推进“互联网＋民生档案”建设】　2017 年,东湖区深入推进“互联网+民生档案”远程共享平台。2016年，区档案局根据东湖实际，采取分批搭建的方式，率先在区档案馆查阅大厅、彭家桥街道和大院街道便民服务中心成功搭建平台。9月，百花洲街办、墩子塘街办、董家窑街办、豫章街办、八一桥街办、贤士湖管理处等6个便民服务中心也顺利开通平台，覆盖率达83%。民生档案是指各类与民生相关的专门档案，包括婚姻档案、知青档案、拆迁档案、房产档案等。民生档案是维护人民群众权益的最原始、最有效的凭证。“互联网+民生档案”远程共享平台是基于全省电子政务外网，通过“互联网+民生档案”技术，利用各级档案馆馆藏的已经数字化的民生档案，实现省、市、县（区）档案馆与便民服务中心之间的互联互通，实现“就近查档、跨馆取证”等便捷化服务。

【开展档案法治宣传】 2017年，区档案局将6月5—12日定为“6·9”国际档案日宣传周，制定活动方案，开展系列活动。一是开展“家庭档案进社区”活动，6月7日，在墩子塘街道党家巷社区举办家庭档案知识专题讲座，发放“家庭档案知多少”知识宣传单近百份。社区干部、社区居民共60余人参加。二是举办“档案——我们共同的记忆”主题展。挖掘馆藏资源，制作活动展板，分别于6月8日、9日先后在区综合服务中心、区文化活动中心一楼展出，让机关干部及前来办事的群众近距离感受东湖发展的历史，欣赏档案文化的独特魅力。三是举办首个“档案馆开放日”活动。“6·9”当天，区档案馆接待区直机关干部及辖区群众近百人，参观区档案馆查阅利用服务大厅、档案库房、中心控制室、展览厅。参观者知晓了档案查阅利用服务流程，零距离地了解档案保护、管理现代化方式，对东湖的历史有了更为直观的认识。四是组织参加档案法律法规知识竞赛。全区60多家的单位档案工作分管领导、工作人员约120余人参与国家档案局举办的“宝葫芦杯”档案法律法规知识竞赛答题，进一步增强档案法制意识。

【开展档案行政执法检查】 2017年，东湖区按照“随机抽查，规范事中、事后监管”的工作要求，使用“江西省‘双随机一公开’行政执法监督平台”开展档案执法检查。10月24日，向全区各立档单位发放《东湖区档案行政执法监督检查工作告知手册》，12月4—5日，对随机抽取的区农水局、区政府办等6家单位进行档案执法检查，规范下达反馈意见书和整改意见书，档案执法检查更规范、更透明。

【依法鉴定开放到期档案】 5月，区档案局（馆）档案开放鉴定工作领导小组对馆藏已满30年的文书档案进行审核鉴定，分两批将符合开放条件的44个全宗114卷1872件文书档案目录予以公布。

【做好档案查阅利用工作】 2017年，东湖区共接待社会各界查档3756人次，4059卷次，同比增长260%。馆藏的下放居民档案、死亡干部档案、婚姻登记等民生档案，为群众办理养老保险、房屋买卖、财产继承、户籍办理、补办工龄等提供了重要的佐证。

【开展编研工作】 2017年，区档案局利用馆藏档案资料编研《南昌市东湖区第十六届人民代表大会第一次会议资料汇编》《中共南昌市东湖区第十二次代表大会资料汇编》《政协南昌市东湖区第九届委员会第二次会议资料汇编》等，为政府工作查考、经济建设和社会各项事业提供利用服务。

（吴佩红）

卫　生

综　述

2017年，东湖区卫生工作以习近平新时代中国特色社会主义思想为指导，坚持以党的卫生工作方针、政策为指针，深入贯彻中共十九大精神和习近平总书记系列重要讲话精神，全面落实区委、区政府决策部署和各级卫生工作会议精神，以推动医药卫生体制改革为主线，以打造“实力、活力、魅力东湖”为目标，突出卫生服务能力建设，进一步完善公共卫生服务体系和医疗服务体系，加强重大、重点疾病和突发公共卫生事件防控，强化卫生监督执法工作，着力加强卫生行风建设，提升卫生人才队伍建设，深入推进爱国卫生运动，不断提高全区人民健康水平。

加强新领导班子自身建设。区卫计委党委领导班子重视理论武装。深入学习贯彻中共十九大精神，学习习近平新时代中国特色社会主义思想，贯彻落实省、市、区一系列重大战略部署。系统地学习党的理论、法律以及卫生专业知识等。班子成员系统学习“五大发展理念”、“两学一做”常态化制度化等重要论述著作。班子成员既各司其职、独当一面，又积极沟通、团结协作，在合作共事中加深了了解，在相互支持中增进团结，促成了委领导班子一盘棋。认真贯彻执行民主集中制有关规定，发挥班子成员集体领导作用，对涉及全局的重大问题、中心问题集体商量，会议决定。完善“三重一大”事项集体决策议事规则，推行政务公开，接受区人大、政协监督等，依法执政，促进决策民主化、科学化、规范化。

医改惠民成效显著，一是推进机构改革，成立东湖区卫生计生综合监督执法局，调配业务用房，各街办（镇、管理处）成立卫生计生办公室，有效地整合卫生监督行政执法力量，全面提升基层监督执法能力和服务水平。二是推动“放管服”改革，从4月1日起，统一取消卫生检测费、委托性卫生防疫服务费和预防性体检费三项行政事业性收费，由政府保障相关经费。2017年共办理从业人员免费体检2.5万余人，免费公共卫生检测905户，为企业和个人减轻负担400余万元，促进实体经济发展。三是推进信息化建设，开展居民信息采集，发放健康一卡通，完成10万余份居民健康卡信息采集工作，加快居民健康信息化建设。落实医疗机构、医师、护士电子化注册管理改革，东湖区医师护士电子化注册完成率为95%，走到全市的前列。四是基本药物制度管理日趋完善。2017年发放社区医疗机构基药补助296万元，基层医疗机构使用的国家基本药物（包括增补目录药物）超过800种，国家基本药物配备比例达80%，网上采购基药168.26万元。五是重大疾病免费救治深入开展。开展“光明微笑”工程，“儿童两病”免费救治工程，贫困患者尿毒症免费血透工程，贫困家庭重性精神病免费救治工程、农村贫困家庭妇女“两癌”免费手术工程等5项8个病种的工作，实施15种疾病专项救治。完成“光明微笑”工程复明手术139例，完成儿童“两病”、尿毒症困难患者、重症精神病免费救治41例，实现重性精神疾病双向转诊。六是基层卫生服务体系不断夯实。增设南京西路北社区卫生服务站。建成以公有制社区卫生服务中心为主体，形成以公有制社区卫生服务中心下设社区卫生服务站和社会力量举办的社区卫生服务站为补充的社区卫生服务体系，打造城区“15分钟社区卫生服务圈”。七是基本公共卫生服务均等化水平持续提高。全区基本公共卫生服务财政年人均补助标准提高到52元，2017年度基本公共卫生服务区级配套资金324.508万元。委托第三方对开展服务的社区卫生服务机构进行绩效考核，按照绩效考核结果和服务量向23家社区卫生服务机构累计核拨补助经费2281.88万元。社区卫生服务机构签约服务家庭累计11.4万人，重点人群签约服务率达到60%，乡村医生签约服务实现全覆盖。建立慢病患者自我管理小组数36个，参加自我管理小组慢病患者人数358人。2017年为辖区居民体检28万余人次，城镇人口健康档案电子建档43万份，电子建档率82.15%。同时，加强流动人口基本公共卫生计生均等化服务，完成服务总建档率90%。

医政管理

【概况】 2017年，东湖区医政管理工作坚持以全国健康大会精神为指导，紧紧围绕全区卫生工作要点和医政妇幼中医工作重点，以进一步深化医药卫生体制改革，规范医疗机构执业，提高医疗服务质量、保障医疗安全为主线，认真落实政府的各项民生工程，深入开展“平安医院”创建、民营医疗机构集中整治活动，全力做好“光明·微笑”工程、尿毒症患者免费血透救治、“儿童白血病、先天性心脏病”免费救治，继续深入开展好“三好一满意”活动，保障群众看病就医安全。

【规范医疗机构执业】 2017年，东湖区严格规范医疗机构、社区卫生服务机构、诊所、卫生所的执业行为，对在人员设施管理方面不符合法律法规要求的单位，责令整改直至停业取缔。4月底开始组织相关专业人员对辖区170所医院、社区卫生服务机构及门诊部、诊所进行医疗安全和规范执业检查，对存在问题的145家机构进行现场整改或限期整改，对存在严重问题的1家医疗机构进行停业整顿的处罚。对68家机构进行医疗机构执业许可证换证。按规范要求新设美容门诊部1家，中医诊所1家、口腔门诊部7家，中西医结合门诊部2家。接受医疗机构校验74家。

【严把医疗从业人员准入关】 2017年，东湖区严格医疗机构及卫生从业人员的执业行为，实行医师注册、变更网络化管理，受理、办理医师注册、变更共714人次，办理护士首次注册、延续注册、换证304人次，并进行不定期网络审查，对不符合注册、变更、再注册的从业人员坚决不予准入，牢牢把住医疗服务从业人员的入口。实现医师电子化注册工作进展走到全市的前列，全区医师电子化注册完成率为95%。

【推进重大民生工程管理常态化】 2017年，东湖区对所有符合救治条件的白内障、唇腭裂患者和白血病、先天性心脏病患儿纳入常态化管理，实施免费救治。光明微笑工程全年实施白内障患者实施复明手术99例，累计2349例；白血病新增救治0例，累计救治11例；儿童先天性心脏病新增救治14例，累计救治120例；贫困重性精神疾病患者新增免费救治11人，累计救治253人。对需维持血液透析的尿毒症困难患者（城镇低保、农村五保、城镇“三无”人员、福利院供养孤儿、新增四类优抚对象和低保边缘户）新增救治14例，累计实施血液透析免费救治102例。以重性精神疾病治疗管理为慢病管理突破口，10所中心与省精神病院签订2017年度双向转诊协作协议和医师对口支援协议，建立省精神病院、社区卫生服务中心等为一体的重性精神疾病监管治疗机制，建立重性精神疾病培训的“绿色通道”。

【妥善处理医疗投诉】 2017年，东湖区卫生计生管理部门妥善处理全区各级各类医疗服务投诉29起。按程序移送医疗事故鉴定。为患者办理医疗事故鉴定4例（省级医院医疗事故鉴定0例、市级医院医疗事故鉴定4例），每一起鉴定均在规定的时限内送达上级医学会。严格做到件件有答复，事事有回音，结案率100%，促进医患关系的进一步和谐。

【推进中医药服务能力建设】 2017年，东湖区进一步加强社区中医药服务体系建设。按照创建省级社区卫生服务先进单位的建设标准和要求，巩固和提升已建立的中医药特色社区卫生服务机构的中医药服务能力，90%的中心设置中医科室和中药房，中医药人员配置达20%以上，90%的社区卫生服务站开展中医药服务，全区社区中医药服务量基本达到目标任务。此外,进一步强化中医特色基层医疗机构的内涵与规范化建设。一是加强中医医院软硬件建设。为适应中医医疗机构的发展要求,注重中医药文化氛围建设,从2017年积极争取省级中药服务能力建设资金3万元,用于滕王阁中心中医药服务能力建设,提升医院的技术服务质量与形象。二是加强重点专科专病建设。滕王阁、墩子塘等中心中医科,积极开展中医"治未病"、冬病夏治和结合公共卫生服务项目开展中医辨证施治工作,深受辖区居民的欢迎。三是积极开展中医药文化义诊宣传活动。印制《中医药保健知识手册》5000册,免费发放给各社区卫生服务机构,用于各中心开展中医药宣传活动时免费发放给居民。滕王阁等中心印制《中医养生与治未病》健康手册2000册,《中医药健康处方》1万张,免费发放给辖区居民。2017年,各中医坐堂医诊所对前来就诊的病人均免收挂号费、诊疗费,共计免费接受医疗诊疗咨询7855人次,每月接诊病人1210人次。月均中药饮片销售25.3万元,全年中药饮片销售额达300余万元,各诊所病人数量呈现逐月上升的趋势。大大地降低居民基本医疗服务的价格门槛,减轻患者的医疗负担。由于中药饮片方剂处方价格低廉,各诊所病人数量呈现逐月上升的趋势。中医坐堂医诊所的开设促进了药品零售企业的中药饮片的销售,也增加了药品零售企业的公信力,促使机构规范执业的理念进一步增强,随意改变或扩大执业范围的现象得以杜绝,确保人民群众的健康安全。

【促进农村卫生健康发展】 2017年,东湖区按照《江西省村卫生室(所)建设标准》,大力实施村卫生所规范化建设。全区有14所村卫生所实现"五分开""三统一""五达标",对于房屋建设不达标的村卫生所要求其按省卫计委标准落实业务用房,截至年底,辖区有8家村卫生所业务用房在120平方米以上。对辖区11名年满60周岁、从医满20周年的村医每月发放养老生活补贴80元,对承担公共卫生服务的28名村医每人每年1800元的补助经费,均按标准发放到位。辖区基本实现城中村"一村一所"的村卫生所管理模式,基本实现村民"小病不出村",达到政府、百姓和卫生所三方面都满意的目的。

【开展卫生专业技术人员培训】 2017年,东湖区医疗机构累计办理双卫网继教卡787张,通过双卫网参加网络继续教育学习784人次。区系统卫生专业人员参加各类专业知识培训1989人次,参加继续教育面授学习895人次,通过请进来的方式,聘请国家、省、市、区级专家学者对系统卫生专业技术人员培训6次,提高了广大卫生工作者的专业素质和业务水平。

社区卫生服务

【概况】 2017年,东湖区社区卫生工作以推进城市基本公共卫生服务项目、巩固实施国家基本药物制度成效、实施社区家庭医生责任制、推广全科医师签约服务为重点,着力于优化社区卫生服务资源、提高医务人员服务水平、提升社区卫生服务质量,全力守护的居民健康。

【实施基本公共卫生服务项目】 2017年,东湖区城乡基本公共卫生服务经费补助标准增加到每人52元,按照全区52.34万人口,每人6.2元的标准,区级财政补助基本公共卫生服务配套资金324.508万元。截至年底,按照52.34万居民基数,全区累计建立居民电子健康档案436631份,电子建档率83.42%;高血压患者健康管理17988人;糖尿病患者健康管理6362人;重性精神疾病患者健康管理2431人。2017年中央、省、市、区投入基本公共卫生服务项目2721.68万元。为全区60岁以上老年人、0—3岁儿童、孕产妇、妇女、低保残疾人等人群,进行免费健康服务28万人次。辖区社区卫生服务机构开展公共卫生服务项目宣传"五进",即进机关、进企业、进学校、进社区、进乡村36039人次。进行健康讲座168次,参加健康讲座居民8616人次。开展咨询义诊638次,参加咨询、义诊21815人次,发放健康教育资料81972张(份)。

【健全绩效考核机制】 2017年,东湖区通过建立社区公共卫生服务领导小组、技术指导小组、绩效考核小组和督查小组,健全年终"第三方"绩效考核机制核算补助资金机制,全区公共卫生服务工作保持规范、稳步地开展,专项资金管理进一步规范。2017 年对辖区 23 所开展公共卫生服务项目的机构拨付项目经费 2281.88 万元。对在公共卫生服务项目考核为优秀的机构进行奖励，对绩效考核不合格的彭家桥街道北京西路等 5 所社区卫生服务站扣减 20% 项目补助经费。

【加强社区卫生服务机构建设】 2017 年，东湖区依据《关于转发〈江西省城市社区卫生服务机构设置和编制标准实施办法〉的通知》（洪编办发〔2010〕32 号）文件精神，按照政府举办的社区卫生服务机构编制为公益性事业单位，按其公益性质核定的社区卫生服务机构编制为财政补助事业编制。东湖区财政按照每人每月 1680 元的标准纳入财政预算，以保障社区卫生服务机构的公益属性。

【加强社区卫生服务信息化建设】 2017 年，东湖区按照省、市卫计委的统一部署，全区基层医疗卫生机构管理信息系统项目 2017 年 10 所中心均按要求实现平稳运行的基础上，通过区政府信息中心，委托中国移动拉卫生专线运行维护信息化服务器的方式，实现规范统一的卫生数据交换平台，全区社区卫生服务信息化建设得到进一步提高。

【落实家庭医生责任制】 2017 年，东湖区累计签约服务 11.4 万余人，各机构建立家庭医生签约服务团队 64 个，接受巡诊服务 6428 人次。建立慢病患者自我管理小组数 36 个，参加自我管理小组慢病患者人数 358 人。签约计划生育特殊家庭 481 人。对长期卧床、癌症晚期或有特殊需求的老年人 342 人签订居家养老协议，建立家庭病床，通过精心护理减少患者的痛苦，提高其生命质量，维护临终患者的尊严，并减轻患者和家属的精神负担。

【全面落实基本药物制度】 2017 年，东湖区在辖区 10 所社区卫生服务中心全部实施国家基本药物制度，严格执行基药网上集中招标采购，做到药品分库、分架管理。各机构使用的国家基本药物（包括增补目录药物）已超过 800 种，国家基本药物配备比例达 80%。网上采购基药 168.26 万元，对 14 所实施基药的社区卫生服务机构核拨财政补助经费 291.8275 万元。

【加强全科医学培训】 2017 年，东湖区实行全员的卫技人员培训机制。不断强化全科医学培训，提升社区卫生服务质量。依托百花洲、滕王阁、墩子塘街道 3 所社区卫生服务中心“全科医学教育社区实践培训基地”的培训力量和设施，定期邀请专家学者讲学授课，加强辖区社区卫生服务机构全科医师、专科医师、管理干部培训，2017 年累计开办专项培训 6 次，培训医护人员 325 人次。参加省、市、区级组织的社区卫生服务医、护、管理人员培训累计 386 人次；完成村卫生室培训卫生人员 42 人次，大大提升社区卫生服务质量。

疾病预防控制

【概况】 2017 年，东湖区疾病预防控制工作以医改为契机，大力加强自身能力建设，认真履行基本公共卫生服务职责，不断提高疾病预防控制工作的使命感和责任感，努力完成上级下达的重大重点传染病防控、慢性病防控、艾滋病和结核病防治工作，突出卫生应急处置，实施国家扩大免疫规划等重点工作，保障全区人民的健康安全。

【切实做好国家扩大免疫规划工作】 2017 年，东湖区儿童办理预防接种 4295 人，其中常住儿童 3021 人，流动儿童 1274 人，办证率达 100%。各类基础疫苗接种率均达 90% 以上。全区接种单位全面完成预防接种信息管理系统建设和儿童预防接种证的电子打印，实现资源共享。进一步完善 AFP 监测系统和麻疹控制工作，加强对定点医院的主动监测，全年辖区各医疗机构共报告 AFP 病例 59 例，麻疹、风疹疑似病例 70 例，均及时进行病例流行病学调查、标本采集和送检工作；加强乙脑、流脑和新生儿破伤风的监测工作，辖区各医疗机构共报告 4 例 15 岁以下儿童乙肝病例，9 例百日咳病例，尚未报告流脑、乙脑病例、新生儿破伤风病例。全区疫苗相关性疾病监测与往年同期监测结果相比，呈下降趋势。

【加强霍乱及食源性疾病监测工作】 2017 年，东湖区制定《东湖区霍乱监测方案》，5 月和 8 月对辖区 9 家县级以上医院的肠道门诊进行两轮技术指导，以“六专”为基本要求，规范辖区肠道门诊建设，并要求落实“逢泻必检，逢疑必报”。4—10

月,辖区医院肠道门诊共收治腹泻病人1894例,检索280例,检索率14.78%,无一例阳性;中心检测水(海)产品样294份,检出2例无毒力型霍乱弧菌,环境水样98份,无阳性。为市疾控中心采集140份水(海)产品样,无阳性。全年收集到监测点医院报告的食源性疾病病例信息监测病例分别为江西省儿童医院病例信息报告数为155例,江西省人民医院病例信息报告数为49例,南昌大学第一附属医院病例信息报告数为77例,南昌市第一医院病例信息报告数为70例,江西省妇幼保健院31例,南昌大学第二附属医院病例信息报告数为75例。食源性疾病病原学监测南昌大学第一附属医院46份样品,检出三株沙门氏菌、一株副溶血性弧菌;南昌市第一医院70份样品,检出二株沙门氏菌。

【重视传染病疫情管理】 2017年,东湖区网络报告传染病病例21073张(其中无甲类报卡,乙类10861张,丙类6525张,其他3687张),及时审核率100%。辖区共报告甲乙类传染病960例,发病前五位的疾病分别为肺结核287例(29.90%)、乙肝282例(29.38%)、梅毒187例(19.48%)、艾滋病40例(4.17%),丙肝33例(3.44%)。

【开展卫生应急处置工作】 2017年,东湖区为防控H7N9、H10N8等禽流感、埃博拉出血热、手足口病等疫情,成立人感染高致病性禽流感、埃博拉出血热、手足口病应急处理领导小组,制定防治方案。有效地防控3—4月暴发的H7N9流感疫情,区财政投入42.35万元用于流感疫情防控,在全区开展外环境消杀工作。全年共处理疫情99起,其中H7N9流感疫情10起,重症手足口病疫情39起;布鲁氏菌病疫情28起;登革热疫情2起,学校聚集性疫情(流行性腮腺炎、手足口病、流感等)5起,急性中毒(一氧化碳、毒蘑菇、食物中毒)事件疫情15起。辖区网络报告传染病病例21073张(其中无甲类报卡,乙类10861张,丙类6525张,其他3687张),及时审核率100%。

【推进艾滋病综合防治城市示范区建设】 2017年,东湖区持续加强艾滋病感染者和病人随访下沉管理。召开东湖区卫生计生系统艾滋病防治工作协调会,会议重点布置艾滋病病毒感染者和病人随访管理下沉工作,举办东湖区艾滋病感染者/病人随访管理暨咨询检测培训班,使基层工作人员掌握艾滋病病毒感染者和病人的随访管理工作要求。2017年社区卫生服务中心共下沉198名艾滋病患者。此外,开展贫困家庭艾滋病机会性感染患者救治工作。按照省里下达的工作任务控制工作,截至12月31日,治疗前体检58人,开支金额31475.82元;治疗后体检201人,开支金额138215.91元;机会性感染救治52人,开支金额235176.66元,随访1407人次(其中有效随访1234人次)。截至年底,救治各项工作累计支出713368.39元。

【通过国家慢性病综合防控示范区复审】 7月,国家卫计委组织评估组对东湖区“慢性病综合防控示范区”五年的工作进行全面复审,充分肯定东湖区慢性病综合防控方面取得的成绩,并通过复审。东湖区通过不断创新,弘扬“八一文化”,打造八一公园为健康主题公园,大力推进全民健康生活方式行动,积极提供自助式健康检测服务,广泛开展全民健身运动,严格落实烟草控制,取得很好的效果,自2010年示范区建设以来,该区社区居民血压知晓率提高到85.2%、血糖知晓率提高到46.7%,成年人吸烟率由32.17%下降到21.8%,居民平均每天运动达到6000步及以上者达41.7%,全区慢性病患病率得到有效控制,居民的健康知晓率得到有效提升。

妇幼卫生保健

【概况】 2017年,东湖区妇幼保健工作始终坚持以保健为中心,以保障生殖健康为目的,实行保健与临床相结合,面向群体,面向基层和预防为主的卫生工作方针,认真贯彻落实“一法、两纲”工作,不断强化母婴安全意识,加强妇幼保健适宜技术推广,确保两个纲要工作的落实。

【加强儿童保健管理】 2017年,东湖区7岁以下儿童数28573人,7岁以下系统管理26082人,儿童保健覆盖率为91.28%;3岁以下儿童14576人,3岁以下系统管理13263人,系统管理率为90.99%;5岁以下儿童数22714人,5岁以下儿童死亡人数8人,死亡率2.88‰;婴儿死亡人数7人,婴儿死亡率2.52‰,新生儿死亡人数3人,新生儿死亡率1.18‰,无新生儿破伤风发生;托幼机构管理率达100%。

【加强免费婚前医学检查】 2017年,东湖区纳入全省实行免费婚检试点区,妇保所在区婚姻登记处旁设立"免费婚检处",建设打造出婚姻登记、免费婚检一站式便捷服务模式。通过一对一咨询指导等方式对每一位婚检对象做好婚育相关知识宣传教育,保守婚检对象的隐私权,健全婚检档案资料管理。截至年底,该区免费婚前医学检查2232人,婚检率为42.29%,检出疾病总人数159人,疾病检出率7.1%,均给予相应的医学指导。

【加强孕前优生健康检查】 2017年,东湖区把实施好国家免费孕前优生健康检查项目作为计生惠民的一项重要工程来抓,通过健全制度、加强监管、规范运作、全程质控,保证免费孕前健康检查工作的规范化和标准化。在工作中通过坚持以"便民利民,服务工作重心下移"为原则,尽力方便育龄群众参加孕前健康检查。全年完成孕检任务2400人,对检查过程中发现的问题给予相应指导和相关的治疗。

卫生行政执法

【概况】 2017年,东湖区成立区卫生计生综合监督执法局,东湖区卫生行政执法工作以查办卫生计生违法案件为主线,以重点检查和专项整治为抓手,以加强综合执法工作为重点,不断强化依法行政和服务意识,全面加强公共卫生、医疗卫生、计划生育监督管理工作,有效地维护和保障人民群众的健康权益。

【着力提升行政许可服务质量】 2017年,东湖区对行政审批项目进行全面的清理,承接南昌市卫计委下放的行政审批事项2项,截至年底,区卫计委共有行政审批事项11项,除医疗机构的行政许可,其他所有的行政许可事项均在卫计委窗口受理、发证、办结。按照方便、高效原则,实行行政审批"一个大厅办理、一站式办结",同时,进一步完善细化监管措施,依法依规加强事中事后监管。刻制注册审批专用章,从而使来窗口办理医师、护士注册的群众来了就可以办理,避免群众两头跑,提高服务质量,简化服务流程。4月1日开始公共场所从业人员的健康证的制作、发放安排在东湖区疾病预防控制中心,使办理健康证的群众享受到一站式服务。截至年底,东湖区受理各类行政审批事项1432件(医师714人,护士304人,放射1件、公共场所408户、二次供水6户),接受服务咨询1780人次,发放卫生许可证415件(公共场所408件、二次供水6件、放射诊疗1件),办理医师注册714人次,护士注册304人次,接受医疗机构校验74家,整理装订各类行政许可档案1432份。

【受理和核查群众投诉举报案件】 2017年,为全力维护群众的合法权益,东湖区开通24小时群众投诉举报电话,对每一起群众投诉举报,都认真受理记录,及时调查处理,按时办结回复,确保"件件有回复,事事有反馈"。共受理各类投诉举报32起,其中医疗机构20起,公共场所12起,及时处理32起,投诉举报及时处理率100%。

【开展"双随机一公开"抽查工作】 2017年,东湖区在年度重点抽检工作中全面推行"双随机一公开"工作机制,涉及公共场所、二次供水、学校卫生、放射卫生、传染病防治、医疗卫生等6行业的84家被监督单位,任务完结率为100%。抽检工作中的被监督单位和参加执法人员均由国家、省卫生计生委通过"卫生监督信息系统"随机抽取产生,有效地规范行政权力运行,防止监督执法工作中的"随意性"。检查结果均在政府网站公示。

【严厉查处各类卫生违法案件】 2017年,东湖区加大对卫生违法案件查处力度,通过日常监管、专项整治、群众举报等方式,积极发现案件线索,严厉查处各类违法案100例,其中公共场所经营单位44家,医疗机构56家,共罚没24.77万元。

【开展民营医疗机构集中整治行动】 2017年,根据《南昌市规范民营医疗机构管理集中整治工作方案》的通知的要求,由东湖区卫计委牵头联合区发改委、区人社局、区市场监管局、东湖公安分局,开展为期一个月民营医院集中整治行动。检查重点为依法执业情况、医疗广告管理、传染病管理、血液安全管理、医疗质量管理、医院感染管理等。共监督检查135家民营医疗机构，下达执法文书127份，对于南昌二七医院及博爱泌尿专科医院等存在违法行为的12家民营医疗机构进行立案查处，罚款金额共计4.6万元。

【扎实做好公共场所卫生监督管理】 2017年，区卫计委开展“美丽南昌·幸福家园”环境综合整治活动，切实做好“保文保卫”工作，共排查580户“四小”公共场所经营单位，发现有137家无证经营单位，并开展集中整治。对7家存在违法经营的单位进行立案查处。积极开展公共场所量化分级管理工作，及时公示和更换被监管单位卫生信誉度等级，量化率和公示率均为100%。辖区南昌华远和平里大酒店、南昌凯美开元名都大酒店、江西滨江宾馆、南昌凯莱大饭店四家单位被量化评定为A级单位。量化A级的单位居全市之首。

爱国卫生运动

【概况】 2017年，东湖区不断强化爱国卫生组织管理工作，扎实开展城区环境卫生整治、病媒生物防制、健康教育等工作，积极改善城区环境卫生面貌，切实保障人民群众身体健康，努力打造美好健康城市。当年南昌市顺利通过国家卫生城市复核，“保卫”工作取得圆满成功，东湖区做出应有的贡献。

【夯实爱国卫生组织管理】 2017年，区爱卫办进一步夯实爱国卫生组织管理：一是经费保障。全区外环境的消杀工作市场化，区爱卫办聘请专业的消杀公司负责全区的消杀工作。区财政在保证46万元专项资金的基础上追加投入资金40万元，用于购置“四害”防制药品、器械及开展集中消杀工作等。二是健全机构。全区及时调整和充实区爱卫会成员，由区长担任区爱卫会主任，各有关职能部门主要负责人任委员，各成员单位分工明确，责任落实。三是区爱卫办有相应的编制和人员，有适应工作需要的办公经费、办公用房、交通工具等。

【扎实开展“保卫”工作】 2017年，国家卫生城市省级复核专家组分为六个组，分别对辖区爱卫组织管理、城中村和城乡结合部卫生、健康教育、单位和居民区卫生、市容环境卫生、食品安全、生活饮用水卫生、公共场所卫生、传染病防治、病媒生物防制等10种类型的9个受检点进行检查。专家组按照《国家卫生城市标准(2014版)》要求，通过听取汇报、查阅资料、现场随机检查等方式，对东湖区各项相关工作的开展情况进行认真细致地检查。通过当天的现场检查及第二天的反馈信息等情况，专家组充分肯定东湖区国家卫生城市巩固工作所取得的成绩。

【认真开展爱卫月活动】 2017年，区领导高度重视爱卫月活动，先后两次召开会议布置工作。各街办非常重视爱卫月工作，均成立领导小组，制定爱卫月实施方案，并利用各种形式宣传爱卫月活动的意义，把爱卫月工作落到实处。据统计，全区共出黑板报100余期，制作健康知识专栏100余期，利用网络、报纸等新闻媒体宣传5篇，张贴爱卫月宣传画1200张，发放宣传资料30000余份，悬挂爱卫月宣传横幅500余条；该区组织机关干部、社区干部及辖区单位等相关人员大搞室内外环境卫生，清理楼道2000余次，清除、粉刷垃圾广告数万条，清除垃圾死角3000余处，疏通化粪池50余个，清运各种垃圾100余吨，城区面貌有了较大的改观。

【开展病媒生物防制工作】 2017年，区爱卫办在开展环境卫生综合治理的基础上，从经费落实、明确职责入手，强化培训督导，积极组织引导并稳步推进全区病媒生物防制工作的开展。区财政在保证46万专项资金的基础上追加投入资金40万，用于购置“四害”防制药品、器械及开展集中消杀工作等；区爱卫办严格对PCO公司的监管，通过区、街、社区三级督查，督促PCO公司保质保量完成合同任务，并将督查结果与合同经费密切挂钩，保证外环境消杀的明显成效。截至年底，东湖区免费向居民发放灭鼠毒饵60000包，灭蚊片40000支、灭蟑螂粉40000瓶，并向全区各相关单位发放右旋胺菊酯+右旋苯醚氰菊酯200公斤，顺式氯氰菊酯微乳剂90箱，高效顺式氯氰菊酯悬浮剂65箱，氯菊酯——生物烯丙菊酯乳油20箱，“四害”密度明显下降。打造豫章街办洪城社区为南昌市病媒生物防制生态化示范点，百花洲街办南湖社区为南昌市病媒生物防制标准示范点。

【做好健康教育工作】　2017年，东湖区高度重视健康教育工作。一是根据南昌市健康教育工作要点，开展各项健康教育活动。如3月8日结合“三八”妇女节举办健康教育进社区宣传活动，开展“3·24”结防日宣传咨询，4月25日开展计免日宣传咨询活动，5月31日开展世界无烟日宣传咨询活动。二是围绕南昌市“保文保卫”工作对辖区各单位健康教育进展情况进行督导，督查指导辖区学校、公共场所、街道社区机关事业等单位共20多家，对他们在健康教育工作中存在问题及时提出整改意见。各街道社区结合“相约健康社区行”，开展形式多样的健康教育活动，并做到年度有安排，季度有小结，使辖区各街道社区健康教育工作有条不紊地进行。三是协助东湖区健康教育协会开展各项健康教育活动，如开展青少年艾滋病防治知识宣传，开展社区健康素养巡讲活动和健康教育师资培训等。充分利用资源，扩大健康教育传播范围。开展“3·24”世界结核病宣传日、“4·25”全国预防接种日、“5·15”碘缺乏病宣传日、科技宣传周、第三十个“世界无烟日”等健康教育主题宣传活动，活动共发放宣传资料4000余份，宣传物品1000余份。

【稳步推进改厕项目】　2017年，为提高农村无害化卫生厕所普及率，改善农村环境卫生面貌，保护广大农民身心健康，2017年扬子洲镇申报130户财政补助农村改厕项目，已按照要求落实到位，顺利地通过市爱卫办的督导。

辖区医疗资源

【概况】　截至2017年年底，区卫生计生系统在编在职257人，离退休252人，缺编57人，临聘135人。区属卫生事业单位在编在职专业技术人员209人，其中高级职称22人、中级职称93人、初级及以下职称102人。全区共有卫生机构236所，其中医院10所、中医医院1所、口腔病防治所1所、社区卫生服务机构24所、门诊部84所、诊所58所、卫生所35所、村卫生所21所、疾病预防控制中心1所、卫生计生综合监督执法局1个、妇幼保健机构1所，卫生技术人员2528人。全区平均每千人拥有区级执业（助理）医师数2.02人、拥有注册护士1.97人，拥有病床1.4张。

表20　**2017年东湖区主要医院一览表**

名　称	卫生技术人员（人）	床位数（个）	电　话	详细地址	备　注
南昌大学第一附属医院	3857	3180	88692711	南昌市永外正街17号	省属
南昌大学第二附属医院	2453	2475	86311970	南昌市民德路1号	省属
江西省人民医院	2253	1646	86895515	南昌市爱国路92号	省属
江西省儿童医院	1734	1319	86803758	南昌市阳明路122号	省属
江西省妇幼保健院	1630	929	86226882	南昌市八一大道318号	省属
江西省口腔医院	351	18	86362356	南昌市福州路49号	省属
江西省中医院	1537	1745	86361058	南昌市八一大道445号	省属
南昌市第一人民医院	1760	1149	8862269	南昌市象山北路128号	市属
南昌市洪都中医院	968	600	86781658	南昌市民德路264号	市属
江西省胸科医院	673	634	86784107	南昌市叠山路346号	省属
合　计	17216	13695			

（万猛根）

镇、街道办事处、管理处概况

扬子洲镇

【简况】 扬子洲镇位于市境西北部，地处南昌市新、老城区的中间，以赣江南桥贯通南昌中心市区，赣江北桥连接南昌昌北开发区，四面环水，是南昌市名副其实的水上绿洲。扬子洲镇总面积38平方公里，京九铁路穿境，中心公路穿境，西接320国道。其中心纬度为北纬28°43 20.5"，东经115°5459.4"。2017年，该镇有人口31200余人，9300余户，辖三联、联民、为民、庙后、前洲、新村、滕洲、熊万、上房、莘洲、长村、渔业、南洲、林场、臣港15个村委会，有自然村71个。镇政府驻庙后村，距市中心5千米。扬子洲镇具有较好的生态环境，接近10%土地总量的河溪水网、环岛大片的滩地，一年四季都是田园牧歌式的风光，俨然是南昌大都市里的村庄。扬子洲镇是南昌市最大的商品蔬菜生产基地，为京九沿线农业科技开发示范点。

2017年，扬子洲镇深刻学习和领悟中共十九大精神，积极应对十年储备的政策制约，进一步解放思想、奋发向上、顽强拼搏、攻坚克难，圆满完成各项目标任务，实现经济社会平稳发展。全年完成财政总收入14152.72万元，同比增长42.72%；完成一般地方财政预算收入4444.9万元，同比增长46.98%；实现农民人均收入15831元，同比增长6%。各项经济指标保持稳中有升的良好态势。

2017年，扬子洲镇尽心竭力优化民生保障，改善民生福祉。一是有效落实惠民政策。全年共计发放各项资金500余万元，切实保障低保户、五保户、“两老”人员、“两参”人员及优抚对象等群体基本生活；新增和再就业人数120人，发放小额担保25人次，金额共计280万元，为就业人员、失业人员、自主创业者、中小企业创造良好条件；完成上报耕地地力保护补贴面积1万余亩，为5133户农户争取到补贴资金约122万元；对全镇5400余亩水稻进行投保，实现水稻保险投保全覆盖。二是有序推进民生工程。投入8万元采购及储备防汛物资，其中新增防汛卵石约790方，块石约159方，储备草袋约51500条，编织袋约60000条，专设点位，分类堆放。加强险工险段维修加固，投入12万元，完成国有公益性水利工程维修养护项目工程1处；投入8万元，完成圩堤险工险段抛石加固2处；投入52万元，完成村级小农水项目工程建设10处。投入43万元，对排涝设施进行检修更换，确保扬子洲镇安全度汛；预计投入300万元的长村村、莘洲村、林场村防汛圩堤路面硬化工程，完成第一期长村村段硬化施工并通车；投入300万元的中心沟渠清淤清杂工程和水系改造工程完成招投标等程序，签订施工合同。

【扎实推动经济健康发展】 2017年，扬子洲镇着力抓好全镇经济总量扩张和结构优化升级。一是进一步加大招商引资力度，树立招商促发展、强增长的理念，切实把招商引资、招大引强摆在重要位置，开展全方位招商，鼓励全民招商。坚持“走出去”和“请进来”，主动出击，多次组织招商小分队赴广东、浙江、上海、云南等地区考察学习，积极邀请客商来访、来察，跟进洽谈投资意向。全年促成江西省津豪贸易有限公司等5家公司落户扬子洲镇，注册资金均达千万以上；二是配合完成赣昌砂石公司回迁扬子洲镇，实现缴税11676.86万元，贡献一般地方财政收入3872.75万元。积极对接市直有关部门，全面落实市委市政府对扬子洲镇控储保障措施和财政分税体制，新增转移支付财力1707万元。

【夯实党建根基】 2017年，扬子洲镇坚持规定动作不走样，创新动作有特色的原则，推进党建强基工作。一是党建工作引领全局愈发明显。不断强化党建在强稳控、惠民生方面的引领作用，基本完成年初镇党委制定的"两升两提两改"52项工作的目标任务。全面推广"党建＋和谐稳控"模式，全镇违法建设同比下降72%；严格落实信访维稳工作18条，履行一岗双责制度，全镇社会局面稳定。此外，党建统领文化建设、社会建设、民生工程和群团工作的力度不断加大，群众幸福指数日益提升。二是"两学一做"学习教育持续巩固。继续在全镇范围内开展党课巡讲、文艺巡演和漫画巡展活动50余场。在庙后村试点开展"你点单我服务"志愿新模式，进一步提升志愿服务精准性。在全镇范围内开展"三帮三包三促"大走访活动，收集各类问题30余个，重点处理好垃圾桶更换、农民公寓下水道堵塞和交通基础设施建设等热点、难点问题10余个，为党员服务群众开辟了一条新路径。三是第二批党组织标准化建设逐步推进。全镇10个党组织标准化建设项目，除上房村因场地原因以外，其余9个村均完成招投标工作，其中渔业村根据自身特色，成立"红帆党支部"，打造"渔民关爱中心"，为疏导因违法电捕整治而上岸的渔民情绪，丰富渔民文化生活发挥了积极作用。四是特色党建品牌活动组织有力。开展"廉洁文明家风·党员干部示范"公开承诺活动，通过党员干部示范引领，使廉洁文明家风吹进千家万户。成立"党建＋廉心连心"工作领导小组，以庙后村为试点，设立无职党员廉心连心岗，建立党员爱心志愿服务队，先后帮助村民解决各类民生问题20余件，扶贫助困18人，为总结推广村级"廉心连心"工作，架起党员干部服务群众的"连心桥"发挥了示范引领作用。

【严格筑牢城市建设控违防线】 2017年，扬子洲镇在保持良好控违形势的基础上，加大工作力度，抓好抓实巡查管控工作落实。一是监控重要区域，加密巡查频次无纰漏，严把重点时段显成效。完善巡查机制，组织镇村规划建设办与城管中队，建立控违拆违长效管理和快速反应机制，实施挂图作战法、宝塔式管理、市区镇村四级联控，加强管控力度；丰富巡查手段，使用无人机等高科技辅助工具进行大范围天网式巡查，扩大巡查范围；二是营造控违氛围，灵活利用微信群、微信公众号、QQ群等网络信息平台，布置工作、督查进展、展示成果、发布信息；力推配套举措，严格落实《城建控违工作绩效考核办法》，兑现奖惩措施，提高干部积极性，增强控违效果。基本实现违法违规建筑及时发现、及时拆除。全年全镇共开展自拆行动47次，拆除违法建设105处，拆除面积4100平方米，新增违法建设拆除率达百分之百，稳控全镇建筑容积率。同时，协调区国土分局对疑似违法用地情况现场核实和跟踪核查，有效地打击土地违法行为。三是继续推进城建疏导，坚持疏堵结合，规范管理。在稳控的大前提下，积极向上级争取政策，力求解决百姓住房难题，保障居住安全。截至年底，累计完成16户住房困难户房屋维修加固，20户D类危房改造；配合完成6个村2016年新农村建设项目中有碍观瞻，影响规划的建筑（破旧厨房、厕所等）的改造。

【稳步推进社会综合治理】 2017年，扬子洲镇成立社会治安综合治理领导小组，定期召开综治会议，分析形势，解决重点、难点问题；强化队伍建设，增设15名治安信息员，及时做好信息收集、矛盾调处，招募"红袖章"义务巡防队、"党员先锋模范队"和"民兵突击队"开展义务巡逻，确保小事不出村、大事不出镇。开展"平安东湖"建设宣传走访6次，入户宣传40余批次，发放宣传单约6万张。投入30余万元打造熊万村、莘洲村、林场村综治中心示范村和渔业村"反邪教宣传阵地"；在重点地段、热点位置增设"天网视频探头"100余只；完成镇级信访接待中心升级改造，阵地建设明显改善。加强环保巡查检测，防治生态水源水质、空气和噪声污染；配合区发改委、区环保局关停3家燃煤锅炉企业，处罚污染企业8家次；加强饮用水源地保护和水污染处理，处置4起倾倒垃圾事件；打击非法储存成品油和非法电力捕鱼，加强农产品监管和抽检；制定《扬子洲镇重特大安全事故应急救援预案》，与各行政村签订安全生产、消防工作目标责任书，严格执行值班制度，24小时专人在岗值班。维稳到位，出台《信访维稳十八条》,以制度管人管事;积极开展打击“两抢一盗”“打黑除恶”等专项行动;全年接访46起,调处46起,按时办结网上信访件5起,排查调处突出矛盾纠纷4件,未发生一起赴京访和赴省集体访、非访。

【大力发展社会民生事业】 2017年,扬子洲镇投入23余万元,打造熊万村、莘洲村计划生育基层示范单位和为民村关爱留守儿童示范点,充分发挥引领示范作用;投入150余万元对镇卫生服务中心进行升级改造,医疗卫生服务水平显著提高。文教事业蒸蒸日上,举办民族舞、唱军歌、葫芦丝、广场舞等群众热情度高的文化活动培训30余期;送电影下乡116场,送戏下乡10场,送书下乡900余册;举办省农村文化志愿者公开选拔赛和首场农村文化志愿者汇报演出;配合区高招办、区农水局做好“一村一名大学生工程”成人高等教育函授招生工作;教师节、国际儿童节走访学校、幼儿园等教育机构,大力关心和支持教育事业。

【全面开展环境综合整治】 2017年,扬子洲镇大力开展专项整治,持续推进清洁工程。一是结合“美丽南昌·幸福家园”和“保文”活动,成立工作领导小组,组织镇综管办、工商、交警、派出所、城管中队组建综合执法队伍,高位推进,高效开展了对三联集镇、农民公寓和铁路沿线等一系列集中整治活动。清理铁路沿线菜地200余平方米;拆除矮棚52处,旱厕2座,住户屋顶钢棚83处,约7000平方米;美化涂装铁路沿线房屋外墙立面、棚顶共31000余平方米。同时做好动态监管、实时整改,全年通报、督查200余次,整改200余处,整改率100%;预计投资200万元的赣江铁路沿线道路绿化提升改造项目按照相关流程有序推进。经过大力整治,扬子洲镇范围内进出南昌的城市通道环境得到显著改善,环境卫生面貌实现大变样。二是以“路长”负责制、“四包工作法”和“门前三包”亮牌亮责为抓手,做到生活垃圾日扫、日清、日运、日净。全年共清理卫生死角100多处、杂树杂草2000余平方米、垃圾约660吨、河塘100多处、沟渠约10公里、垃圾广告1500余条,整理捆扎弱电管网线路近1万米。通过“扫、清、整、运”,不断优化群众宜居环境。三是完善基础设施。投入90余万元,在铁路沿线及中心公路三联至上房段、扬农路主干道近18公里新增改造LED路灯463盏,消除交通隐患,点亮扬子洲;协调市、区交通部门在主要十字路口增设2组红绿灯,重点区域设置交通标识标线,保障有序通行和交通安全;投入10余万元,新建三联村、为民村2个免费停车场,进一步缓解停车难顽疾;投入16余万元在全镇主干道沿线更新近2000个垃圾桶(含40个分类垃圾桶)等环卫设施,改善镇村卫生环境。

【不断提升行政民主效能】 2017年,扬子洲镇全面推进法治政府建设,一是全年开展6次领导干部学法活动,136次学法讲座,组织1000余人次参加网上法律知识考试;加强人民调解队伍建设,受理排查调解各类矛盾89起,调解率100%;打造镇人大代表联络工作站和熊万、前洲、三联、为民、庙后、南洲、莘洲7个村人大代表联络工作室,接待选民170余人次,收集各类意见建议50余条,帮助解决实际问题20件,推进落实11件;行政管理法制化、民主化水平进一步提高。二是出台镇村干部日常管理办法,强化机关效能建设;积极推进政务公开,全年公开各类政务信息720余条,办理“12345”市民热线交办事项61件,办结率100%;进一步完善镇机关财务管理制度,财务管理更加规范;落实中央“八项规定”,规范办公用房使用、公务用车管理,“三公”经费持续下降。强化三资管理,出台新的《“三资”监督管理暂行办法》,镇公共资源交易站全年交易项目63宗,总交易额923余万元。前洲村集体资产股份权能改革试点工作取得明显成效;全镇“两升两提两改”6大类52项重大重点工作基本完成;积极回应民生诉求,办结民声通道交办事项3件,办结率100%;争取上级支持,各方筹措村干部工资、社保等待遇,使村干部工作更加安心。

【持续深化学习教育工作】 2017年,扬子洲镇党委始终以高度的政治责任感、强烈的事业心和饱满的工作热情,切实履行党建工作责任制。一是注重理论领学。第一时间组织党员干部学习宣传中共十九大精神和习近平新时代中国特色社会主义思想,制定下发《学习宣传贯彻党的十九大精神工作方案》,全年党委中心组全年学习中央、省、市、区相关文件会议精神12次,科级干部全年人均学习近400余小时。全年开展《洲尚讲堂洲尚行》12次，组织镇村党员干部集中学习累计2000余人次。二是创新导学。创新开展"洲尚读书会"，每季度向党员干部送一本书，并结合党委中心组学习和机关支部活动，开展读书心得演讲比赛、经典诵读、读书讲座等形式多样的交流评比活动。坚持学习与实践相结合，累计组织100余名镇村党员干部赴井冈山、瑞金、汪山土库等地开展党性主题教育活动，提升干部宗旨意识。三是制度定学。制定下发《扬子洲镇每周一学工作方案》，实行每周一学，每月一测，每季开展一次"三会一课"评比，每年进行一次工作评价。全年评选出学习优秀村集体3个、优秀学员18名，提升了干部理论水平和政治素养。

【召开扬子洲镇党的一届二次代表会议】 2月21日，中国共产党东湖区扬子洲镇第一届代表大会第二次会议顺利召开，全镇90名党代表出席会议。会议审议通过题为《以"三坚"精神践行责任，以"三实"作风提升服务，为打造"实力东湖、活力东湖、魅力东湖"守土担当》的党委工作报告，以及题为《严格监督执纪问责切实履行监督责任为"再上新台阶　建设廉洁扬子洲"提供坚强纪律保障》的纪委工作报告。扬子洲镇党委书记及党委领导班子成员进行述职、述廉，并接受党代表民主评议。会议期间，党代表们积极为全镇经济社会发展出谋划策，大会共收到提案4个。通过全体代表的共同努力，圆满完成大会预定的各项任务，明确全年"两升、两提、两改"的工作新目标，通过强化党建引领全局，为全年镇党委政府的工作明确了行动纲领，使大会开成了一个团结的大会、鼓劲的大会、振奋精神的大会、开拓进取的大会，为把扬子洲打造成为"生态优先、产城融合、文化内涵、智慧活力"新城指明了方向。

表21　**2017年扬子洲镇村民委员会一览表**

村委会名称	主任姓名	户数（户）	总人口（人）	村民小组（个）	办公地址	办公电话
三联村委会	黄祖根	1576	5158	7	扬子洲镇三联村委会	88671863 13576096281
联民村委会	熊顺飞	1200	4020	7	扬子洲镇联民村委会	13870845889
为民村委会	岳国忠	460	1715	6	扬子洲镇为民村委会	86861646 13507917741
庙后村委会	黄　凯	670	2998	5	扬子洲镇庙后村委会	88670517 13517089788
前洲村委会	陶国庆	628	2306	8	扬子洲镇前洲村委会	88670425 13870607158
新村村委会	陶小勇	480	1900	4	扬子洲镇新村村委会	86861045 13607065667
滕洲村委会	陶　辉	410	1600	2	扬子洲镇滕洲村委会	13576931607
熊万村委会	万仁友	359	1362	2	扬子洲镇熊万村委会	13979151878
上房村委会	郭小云	442	1638	4	扬子洲镇上房村委会	13767103607
莘洲村委会	郭小金	556	1860	5	扬子洲镇莘洲村委会	88670134 13803516735

续表 21

村委会名称	主任姓名	户　数(户)	总人口(人)	村民小组(个)	办公地址	办公电话
长村村委会	郭启年	225	928	2	扬子洲镇长村村委会	86863426 13576126585
渔业村委会	郭有根	298	1268	3	扬子洲镇渔业村委会	88695239 13879186400
南洲村委会	徐凤娇	649	1870	4	扬子洲镇南洲村委会	13970098918
林场村委会	陶金国	306	1106	2	扬子洲镇林场村委会	13576260068
臣港村委会	陶　晟	74	214	1	扬子洲镇臣港村委会	88618143 13870618788

(陈书伟)

八一桥街道办事处

【简况】　2017 年,八一桥街道共有住户 12947 户,户籍人口 37810 人,下设有 7 个社区居委会,其中四星级社区 2 个,三星级社区 5 个。辖区内驻有江西省地方志编撰委员会、江西省党史研究室等机关事业单位 13 个;教堂 1 座、休闲广场 3 个。

2017 年,街道完成地方一般公共预算收入 3424.84 万元。招商引资规模持续扩大,实际利用内资 11146 万元,同比增长 20.1%,利用省外资金项目进资 6687 万,占年任务的 103.19%;实现外资、现汇 525 万美元、131 万美元,同比增长 23.5%、24.7%,引进亿元以上重点项目 3 个,1000 万以上项目 6 个,出口企业 1 个。固定资产投资、社会消费品零售总额稳步增长,完成固定资产投资 108731 万元,社会消费品零售总额 125596 万元,同比增长 9.6%,限额以上零售额完成 10663 万元,同比增长 9.73%。规模以上服务业营业收入完成 9298 万元,同比增长 8.40%。截至年底,街道共有党员 618 人。街道党工委、社区党支部积极发挥龙头作用,采取领导带学、干部领学、先锋引学、微信助学和讲党课“四学一讲”模式,开展各类学习 98 次,建立学习教育微信群 9 个,各级党组织书记讲党课 28 次,收看党员远程教育课程 12 次,领导在干部网络学院学习时长平均学分在 94 分以上。坚持把“两学一做”学习教育常态化制度化纳入街道例会,积极开展“双联双解”活动,在职党员下社区为民办实事活动,参与社区劳动等志愿服务活动 60 多次。共开展“党员活动日”77 次,活动内容、载体不断创新。开展春节、“七一”困难党员走访活动,共看望慰问 18 名困难党员,送上温暖。严格按照党章发展党员,发展积极分子 3 名,预备党员 3 名,正式党员 8 名。

截至 2017 年年底,街道共有低保户 440 户,694 人,享受金额 318326 元,2017 年全年新增低保 37 户,停发低保 61 户,变动调整 46 户,大病救助 32 人次,救助金额 171636 元。发放义务兵优待金共计 189488 元,13 人;发放居家养老券 9 人次,发放金额 10800 元;发放高龄补贴 8233 人次,发放金额 645890 元;全年共办理居民火化报销 4 人,报销金额 1700 元。城镇新增就业人数 821 人,完成全年任务的 108%;城镇就业率 95%;“四零五零”人员就业人数 157 人,完成全年任务的 143%;家政服务业从业人员 143 人,完成全年任务的 104%;报送小额贷款 38 笔,共 380 万元,完成全年任务 82.6%;参加城乡居民社会养老保险人员 88 人;享受社会保险补贴人数 38 人;按月办理失业签到 50 人;办理就业失业登记证 98 人;开展未就业高校毕业生摸底调查，辖区内共有98名未就业高校毕业生；办理企业退休人员丧抚费32人；2017年度居民医保工作圆满完成，共11500人参保；就业失业登记证年检340本。

【构建党建新格局】 2017年，街道多措并举，构建党建新格局。一是实施以“三圈”相扣，街道党建为总指导，社区党建为基础，非公组织和社会组织党建为特色，辖区全体党员共同参与的全域化党建新格局。豫章后街社区党建+社会组织，八一中学、南昌市老年书画协会与社区签订共驻共建的协议，通过各式各样的文化活动推进城市党建发展。大士院西区社区“党建+非公有制经济”组织，联合华远和平里楼宇内瑞颐大酒店等非公有制企业建立健全非公有制党支部，派遣社区党建指导员进行指导，发展非公有制企业党员，促进社会与企业共驻共建。同时与辖区单位共驻共建开展丰富活动10余次，例如联合省政协对20户困难党员和居民开展“微心愿”、与南昌市书画协会联合开展书画展览等活动利民惠民。群众积极参与等各式各样的党群活动推进党建发展，党群关系欣欣向荣。二是鼓励在职党员下社区为民办实事活动。参与社区劳动等志愿服务活动60多次，通过现场摆咨询台、入户上门发宣传册、小喇叭播报等方式解民忧，暖民心。三是集体领责。班子成员齐上手，明确班子成员对分管科室和挂点社区尽管理、监督之责，履行“一岗双责”。与各社区书记签订了党风廉政建设责任状，将社区党建责任制落到实处。

【开展四大专项行动】 2017年，街道在区纪委的正确指导下，落实两个责任，聚焦十九大精神贯彻全面从严治党向纵深发展，强化监督执纪问责，特别是坚决贯彻落实区纪委十二届三次全会精神，深入推动全街道党风廉政建设和反腐败工作深入开展。一是开展廉洁文明家风·党员干部示范专项行动得民心，以打好宣传发动第一枪为切入点，利用周末两天休息时间上门上户对辖区党员发放“至全体党员的公开信”，同步利用各社区的宣传阵地制作宣传横幅16条、宣传橱窗喷绘8块、黑板报7处、30多处LED屏滚动播放宣传标语，使广大党员干部及时了解反腐倡廉从自身做起，立家规、严家教、正家风，传递廉洁正能量，让“廉洁东湖”深入民心，让崇廉尚德蔚然成风。二是开展干部作风大转变教育整治专项行动提效能，围绕干部作风大转变三大类整治问题，坚持问题导向、坚持以上率下、坚持务求实效，抓好节日廉情和微腐败，持续推进作风大转变教育整治。通过明察暗访等方式对各科室、社区、直属单位工作作风情况开展督查检查300余次，发现问题线索9条，查实问题1个，问责处分1人，通报曝光2起2人次，有力增强抓落实的压力和动力，确保作风教育整治各项工作落到实处。三是开展党内政治生活巡察监督专项行动正党风，坚持把严肃党内政治生活作为全面从严治党的基础工程。严格执行民主集中制，细化完善集中领导和分工负责制度，完善领导班子内部运行机制，健全议事规则和决策程序，自觉把民主集中制要求落到实处，街道所有大小经费开支都由班子成员们通过党工委会集体研究讨论通过，纪工委全程进行监督。四是开展纪律建设“四必谈”专项行动强作风，街道党工委和纪工委落实“两个责任”对出现苗头性、倾向性问题开展提醒约谈，对新交流、提拔、重用的领导和干部，进行任前谈话。通过“四必谈”这一工作方法共进行履职约谈7人次、提醒约谈9人次、任前谈话2人次。增强抓落实的压力和动力，及时发现解决问题隐患，将矛盾问题消灭在萌芽状态，在全街道形成上下同心、目标同向、落实同步的良好局面。

【发挥党工委议、管、抓武装功能】 2017年，街道党工委严格贯彻党管武装的各项制度，大力强化党管武装的责任意识，立足工作实际，针对新时期街道武装工作的新特点，确保“工作精力到位、教育引导到位、落经费保障到位和检查指导到位”，在议武装、管武装、抓武装上下功夫，严格落实党管武装工作制度。一是统一思想认识，为高标准地做好武装工作，党工委把统一思想放在第一位。利用党政联席会的时机，定期组织学习有关加强党管武装工作的指示及有关规定，引导大家认清党管武装的重要意义，党管武装是原则，注重强化专武干部抓武装工作的职责意识，严格落实党政议军会议制度。按照党管武装的要求，坚持做到每季召开一次党政议军会议。二是抓好“两支队伍”的建设。为高标准地做好武装工作，确保武装工作有作为、有发展，组建民兵应急小分队和民兵志愿服务队。三是抓好民兵干部的选调和培训,发挥好民兵预备役的作用,地方经济建设离不开人民武装,经济要发展,越是要重视和发挥民兵基层组织的作用,努力将其锻造成一支招之即来、来之能战、战之能胜的精兵。

【深化法治街道创建】 2017年,街道把法治宣传教育工作作为重点工作,为深入开展法治宣传教育,推进依法治理进程,建立健全普法、学法制度,街道充分利用横幅、法治讲座、简报、标语、社区橱窗、黑板报以及市民学校等形式,加大对普法工作的宣传力度。按照"七五"普法工作计划,积极落实各项工作。全年围绕区、街道的重点工作共开展法律宣传活动6次,发放宣传资料1500余份,制作法治宣传横幅8条,社区法律宣传黑板报25期,发放"七五"普法宣传书籍54套。成立八一桥街道法律服务中心,给居民群众提供法律咨询。在街道文化活动中心内设立法治大讲堂,组织社区居民、寒暑假组织学生学习相关的法律知识。与江西撼唐律师事务所签订法律顾问协议,为街道及7个社区提供法律服务、义务法律咨询等。坚持以"法律六进"活动来促进"民主法治社区"建设。充分发挥司法职能作用,努力建立健全法律服务进社区各项工作制度和工作台账。坚持建设好"12348"法律服务平台,不断提高法律援助工作能力和网上录入信息系统工作的能力。面向社会公布法律援助服务热线,热情为受援助者提供法律服务,全力维护弱势群体的合法权益,以"牵手公平正义 法律援助在您身边"为宗旨,对前来援助站要求提供法律服务咨询的群众尽力尽责地热情服务。截至年底,为群众提供来电来访咨询100余次,举办法律知识讲座20余次,协助办理非诉讼案件6件,共接受法律咨询280余人次。有效地解决群众打官司难、弱势群体维权难、企业涉法问题解决难等实际存在的涉法问题。

【做好"三防"工作】 2017年,在基础硬件改造上,街道和社区统一思想认识,高度重视,加大资金投入,落实"人防"、建设"物防"、提高"技防"。如:在技防方面,上半年,街道在辖区所有单元楼口安装照明灯,部分单元安装防盗门窗,同时,在有条件的小区内增设探头,并不断提升技防水平,有效地遏制和减少刑事发案。在人防方面,派出所加强城区主次干道尤其是晚间行人较少背街小巷、灯光昏暗小巷、发案率高的地段和部位的巡逻防控力度,提高街面见警率和快速接警能力,减少偷盗抢案件发生。同时,安排组织人员开展义务巡逻活动。在物防方面,将大士院西区社区作为平安创建工作示范点,明确半步街88号为平安小区创建点位进行改造,在小区单元楼道口安装13个监控高清摄像头,并接入公安网络,完善辖区治安监控防控网络;拆除现有老旧的违章搭建,建设新型、美观、安全的非机动车停放点,安装智能的非机动车充电桩。按照"谁主管、谁负责"和"属地管理"的原则,街道积极指导辖区单位健全内保组织,尤其是对重点要害部位加强物防措施,落实经费和措施,提高防控能力。

【开展计生志愿服务工作】 2017年,街道计生服务驿站志愿者团队充分发挥志愿者帮扶作用,对计生特殊家庭开展包括日常生活、精神慰藉、心理咨询、亲情陪护等方面的帮扶活动。志愿者团队工作3年来受到社会一致好评,也受到市、区两级计生协的充分肯定。经常以重要节日为契机,开展宣传活动。2017年共开展户外宣传活动10余次,发放各类计生宣传资料2000余册,发放免费计生用具800余盒。完善计生特殊家庭档案,实现管理精细化、帮扶高效化。到目前街道共有35户计生特殊家庭。规范档案管理,做到一户一档,勤走访,多关爱,及时采集相关信息,录入国家计生协计生特殊家庭信息系统,做到精准帮扶、深情关爱。计生特殊家庭帮扶活动开展有声有色。在腊八节、年三十、春节、元宵节、母亲节、"5·29"等节日,挨家挨户去看望,送上节日的祝福。同时组织开展女性健康专题讲座2期、优生优育优教5期,参与人数500余人。免费"三查"妇女240余人,完成孕前优生152人。2017年是落实独生子女家庭奖励扶助政策的一年,通过细致的排摸、申报、审核完成符合享受独生子女费2536人,核算发放金额5421900元。

【推进社区微改造工作】 2017年,街道斥巨资对大士院西社区阳明路440号卫生局宿舍庭院和豫章后街社区的省政协宿舍庭院进行精品庭院的全面提升改造试点,安装天网摄像头、粉刷房屋外墙和楼道,改造小区化粪池,拆除违章建筑,全面实施绿化，新增文化墙，更新所有旧非机动车棚，新建非机动车停放点、健身器材等。经过半年多努力，大士院、豫章后街等老旧宿舍庭院面貌有了很大改观，切实地改变了居民的生活环境与质量。同时对七个社区精选了十个点位进行改造，新增楼道灯600余个，对辖区内300个单元进行重新粉刷，对辖区内主次干道及背街小巷的管线进行捆扎美容及辖区内的破损道路进行修补。对辖区内的楼道杂物、僵尸车、乱吊乱挂、建筑垃圾等进行综合清理整治，得到辖区居民的高度赞扬。

【发挥工青妇桥梁和纽带作用】 2017年，在工会工作方面：街道工会联合会把开展劳动竞赛作为工会工作的重点来抓，以点带面，总结经验，取长补短，不断推进该项工作的深入开展。通过采取职工岗位练兵、职工技术比武、职工技术革新、节能减排活动等形式开展各种劳动竞赛。其中在南昌至慧化工技术有限公司召开的劳动竞赛观摩交流会就取得了很好的反响。青年工作方面：一是打造豫章后街社区青年空间，丰富青少年课后生活。活动场所配备图书阅览室、瑜伽健身室、棋类休息室、心理咨询室等，统一规范活动和管理制度，为青少年的茁壮成长创造了良好的社会氛围。二是开展丰富多彩的兴趣活动及讲座。聘请专业教师定期开设文学、绘画、书法等课程，拓展青少年视野。开展家庭教育宣传讲座，弘扬家庭文化，提升家教水平、推进家风建设。妇联工作方面：在“三八”国际妇女节及其他节日期间，以开展法律宣传、法律服务、法律援助等形式，切实维护妇女的合法权益。加强妇女维权服务，建立社区服务站，大力宣传《中华人民共和国婚姻法》《中华人民共和国妇女权益保障法》等有关妇女的法律法规，以社区文化活动和宣传栏为依托大力宣传法律知识，让社区妇女知法懂法，积极维护自己的合法权益，举办妇女卫生健康知识讲座，开展妇女常见疾病义诊、咨询和普查等工作，鼓励妇女积极参与、增加健康保障。形成人人知法、懂法、守法的良好社会氛围，逐步形成法律知识进家门，法律求助在社区的互助机制。

表22 **2017年八一桥街道社区居委会一览表**

居委会名称	主任姓名	户数（户）	总人口（人）	居民小组（个）	办公地址	办公电话
大士院西区社区	刘晓兖	2633	9871	48	阳明路426号	86819984
大士院南区社区	熊国华	2295	7718	20	大士院四区三栋旁	86819714
大士院北区社区	刘秋仙	2303	8065	22	半步街81号	86819974
叠山路西社区	李玉莲	2660	9010	17	大士院三区15－2－101	86820440
裘家厂社区	范有根	1287	4127	12	裘家厂18栋	86822291
芭茅巷社区	肖云霞	1130	4584	11	裘家厂25栋4单元101	86819136
豫章后街社区	熊　玲	816	2184	26	叠山路521号	86820394

（刘行曦）

豫章街道办事处

【简况】 2017年，豫章街道认真贯彻区委区政府部署要求，紧紧围绕全区重点工作和重点任务，坚持工作目标化、目标项目化、项目责任化、责任考核化，积极作为，扎实苦干，全力抓好各项任务目标落实，经济社会保持健康良性发展态势。

经济实现平稳发展。2017年，街道一般公共预算收入实际完成数13594.16万元，增幅57.26%；区内房产税代征点完成税款数，66.56万元；区内新增房产税税款数14.37万元；重点服务业企业营业收入总额为27648.3万元，2016年度同期为20909万元，同比增长32.23%。固定资产投资完成额133471万元，超进度268万元。加大对重点税源户走访的工作力度,建立完备详细的台账资料。同时对纳税额3万—5万元以上的税源户定期走访,及时了解企业的生产经营状况,并定期开展分析研判工作,为企业排忧解难。

社会事业全面进步。2017年,街道新增低保22户,29人;停发14户,30人;报销医疗二次救助共计68人次16万余元;为18户居民申请"临时救助"8.4万元;发放高龄老人生活补贴160多万元。新增就业1080人,安置就业困难人员213人;推荐30位下岗失业人员参加了创业培训;推荐12名大学毕业生参加见习,9人实现稳定就业;完成再就业小额贷款600万元;实现11651人参加居民医疗保险;完成5899位退休人员养老金资格认定。为2853位居民申请独生子女父母奖励费;免费发放药具4000余盒。先后建成聆江、洪城等多个居家养老服务中心;引入第三方社工组织协助居民开展自治;帮助7个小区成立业主委员会,监督3个小区业主委员会的换届。着重对下沙窝社区五纬路400号美福庭院、洪城社区爱国路158号省委北院小区进行"平安小区"建设,以"路平道净、线齐物整、灯亮墙美"为标准,落实人防、技防、物防设施建设为重点。两个平安小区处于考核验收阶段。通过改造提升,帮助有条件的小区成立业主委员会鼓励居民自治,实现了社会治安明显好转情况。

城市管理品质提升。2017年,街道按照"一年有变化、两年出形象、三年上台阶"工作目标,全力实施"三四五六"路径图,辖区面貌发生巨变,辖区环境更加宜居,赢得市民一片点赞。截至年底,街道拆除各类私乱违建151处1577余平方米,清理赣江护坡、滩涂、违建圈地种菜3000平方米。拆除阳明路、青山南路等道路上不规范、影响市容的户外广告招牌、店招110余块;拆除旧雨棚、吊挂155余处、破损停车棚5个、违规电动车停放点15处。投入42万元拆除更换楼道破旧窗户680个,油漆楼道扶手555个单元。实行全方位人员巡查、数字化采集等措施及时发现并及时拆除,确保全街违章零增长。按照"路平道净见本色,线齐物整有秩序,灯亮墙美有形象"改造标准,投入600多万元,对五纬路400号等34个庭院小区进行"微改造",改造后的34个庭院环境变得更加温馨宜居。对爱国路、沿江北大道等6条道路周边房屋立面、绿化景观进行"绿改彩";清理空中废弃线缆20000余米,整理捆扎、入管、贴墙管线10000余米。投入60万元购买设备、增加人员,进一步提高清扫机械化作业,实行两扫全天候保洁;投入60万元对社区内楼道396栋、1080个单元进行清理整治,共清理垃圾、杂物630余车、3200余吨。投入50余万元,对老旧敞开式小区的楼道、外墙立面的垃圾广告垃圾进行100%清理粉刷,共清理垃圾广告28万余条。整合各职能部门力量对辖区内的出店经营、"六小"场所、农贸市场周边、五车整治、项目工地进行全面整治,通过集中整治,做到长效常态,整洁有序。实施"一路一长制",将辖区20条重点道路按人头包干,定岗定责;在三经路商户中试行城市管理微信平台,用微信取证、微信告知,及时纠正违规行为。

【加强安全生产工作】 2017年,街道多措并举,全面加强安全生产工作。一方面加强宣传和培训力度,增强安全意识。组织开展安全生产专题培训28余次,督促落实《中华人民共和国安全生产法》《安全生产条例》等规定,进一步增强安全生产的主体责任意识和能力,同时发放致居民防火一封信、安全倡议书9894封,发放各类消防安全宣传单3864余份,张贴电动车、群租房消防宣传海报600余张,全年消防安全义务巡逻6600余人次。另一方面开展难题攻坚,2017年街道对沿街店面的消防设施、合用场所进行检查,共检查店面1514余处,排查电动车停放点17个,下发整改单242份,立即整改187处,限期整改55处;排查居民楼道的杂物堆积、线路乱接老化情况、安全通道畅通情况、消防设施配备情况,共计1640处,清除庭院楼道堆放物千余车。街道按照"党政同责、一岗双责、失职追责"及"三个必须"要求,签订各类安全生产责任书共计1722余份,以制度保障推动责任落实,形成上下联动、齐抓共管的良好局面。街道党政领导思想高度统一,在各自分管的行业和挂点社区带队开展安全生产督查检查132次,形成抓安全生产工作的合力,有力推动全街安全生产工作。此外,强化安全生产工作部署。全年累计召开安全生产专项、专题及工作例会42次,召开党工委专题会议2次,强化安全生产工作机制,推动安全生产责任落实。安排专人值守,及时发布汛情预警，组织清理疏通，做好防汛防渍抢险工作，确保7月安全度汛。

【做好维稳工作】 2017年，街道涉及的信访稳控对象26人：其中区联席办交办重点稳控对象11人（重中之重稳控对象3人）、区维稳办交办重点稳控对象3人、协管稳控对象6人、自行摸排不稳定管控对象6人。根据稳控对象的实际情况，街道党工委分别召开专题会议，研究决定采取“一人一策”的方式通过帮扶稳控、思想转化、心理转化途径做好稳控工作。坚持实行一月一排查、一月一研判、一月一化解的定期排查、化解及重大活动、节日期间的不定期排查制度，做到面上排查与重点排查相结合，经常性排查与针对性排查相结合。调处成功36件，调处成功率100%。特别是积极稳妥化解了小区车位处置矛盾，通过全力处突及时制止群体事件，全面走访、多方化解，成功化解了困局。

【扎实推进党建工作】 2017年，街道坚持和完善党员干部学习制度，严格落实“三会一课”，加大对党员干部的教育培训。经常开展“交心谈心”活动。及时把握党员队伍思想状况，有力地提升党员队伍的整体思想政治水平。强化党建工作主责意识，班子成员带头履行分管工作内的党建工作责任，中层干部切实履行本部门党建工作职责，做到班子成员和中层干部分工明确、各尽其责、团结协作、优势互补，增强党组织的凝聚力、战斗力。强化党员队伍宗旨意识。各党支部不定期深入社区住户、商业门面认真开展实地调研，了解群众实际需求，解决群众实际困难，切实增强广大党员干部宗旨意识，提升服务能力和水平。严格党员干部教育、管理和监督，定期开展民主评议党员工作，确保党员干部队伍政治强、业务精、作风好，不断提升党支部规范化管理建设。2017年培养重用两名年青干担任街道中层职务。

【试行垃圾分类】 2017年，街道积极响应生活垃圾分类制度，协调城管办、社区、执法等职能部门，率先引进社会资源北京首创环境投资有限公司在省委北院家属区试点居民生活垃圾分类工作，按照南昌市垃圾分类“355”工程即三化五分五系统的要求，在试点小区投入智能分类设备3组，专属管理员1人，涉及经费20余万元。一是安装自助式垃圾分类回收设备，通过积分卡，回收居民分类处理后的垃圾，同时计算积分，居民可通过积分兑换相应的生活用品，从而激发居民群众参与的热情；办卡用户中已有积分的居民为276户，积分卡使用率为100%。活跃用户为221户，占已办卡用户的88%。二是引入北京首创环保公司，引导居民进行垃圾分类处置。三是主动为洪城社区内的党政机关安放30多组分类回收果壳箱，并发放2000余份宣传材料，营造出了良好的氛围。

【试点“居民自治”管理模式】 2017年，街道始终树立“人民当家做主”的改革理念，以居民实际需求为导向，先后在五纬路400号、三经路9号庭院试点“居民自治”管理模式，以“三活”为抓手，切实打通社会治理“毛细血管”。一是用活机制，三级领导统全局。建立街道积极引导，社区全力帮扶指导，庭院小组实施自治的“三级”领导体系。街道统领全局考核监督，对居民自治活动进行引导，加强纪律监督和治理考核。社区全力指导建章立制，帮助庭院建立《居民自治章程》《居民自治公约》《环境卫生管理制度》《车辆停放制度》《财务管理制度》。自治小组依章依规具体执行。二是盘活资源，收支平衡保运转。挖掘庭院资源，清出空间地，增列空余停车位，适当收取物业、保洁和停车费用，确保日常管理经费来源稳定；设立储备基金，规划好结余资金，用于庭院设施维护、公共应急、考核奖励；强化收支监管，每季度公示一次，确保费用取自于民用之于民。三是激活人气，协商共治强管理。成立业主委员会。协助400号庭院成立业主委员会，探索业主委员会与居民自治小组人员交叉任职的方式，实现业主自治与居民自治的统一。建起“居民议事厅”。针对群众关心的热点、难点问题，集中社区居民代表进行讨论，有效地解决居民关心的现实问题，实现自我教育、自我管理、自我监督的良好效果。设立庭院自治组。下设“一长四员”，小组成员各司其职，全面做好庭院日常卫生保洁，门禁值守，安全巡查工作，接受居民监督，反映院情民意，在社区党支部的领导下，独立自主地开展庭院居民工作。

【创新城市管理微信平台】 2017年，为了进一步扎实做好城市管理工作，将“美丽南昌·幸福家园”行动及“门前三包”落到实处,豫章综合执法队以三经路为试点,建立“豫章综合执法队三经路商家微管理群”(以下简称微管理群),将在三经路沿线的经营户悉数以店名拉入该群,同时将街道城管办及沿线各社区的工作人员拉入“微管理群”,立足管理,创新服务。在此后的经营过程中,商家的出店行为只要被综合执法队工作人员拍下并发到“微管理群”,违规的商家必须在15分钟内自行纠正违规行为并同角度将纠正后的照片上传至“微管理群”。超时未纠正违规行为或一个月同一经营户有6次以上(含6次)违规行为的,豫章综合执法队将对违规物品进行收缴或对多次违规的商家进行处罚。豫章综合执法队通过建立“微管理群”,让广大的经营户自觉加入到遵守和维护良好的城市秩序中来,为提升城市品位添砖加瓦。

【打造老旧社区庭院改造“豫章模式”】 2017年,自“美丽南昌·幸福家园”环境综合整治活动开展以来,街道针对辖区内老旧社区庭院基础设施陈旧复杂等一系列问题,投入800多万元,对34个老旧社区庭院进行全面升级,打造老旧社区庭院改造的“豫章模式”。街道聘请专业设计公司,对改造庭院进行整体规划,在有限的空间内尽量完善公共设施。共新建4个居民休闲点、6个非机动车棚,安装5套健身器材、6组晾衣架,增划停车泊位40余个,增设庭院宣传橱窗12个,制作安装公益广告37幅,便民信息栏85个。累计拆违68处820余平方米,拆出了空间,拆出了安全,为庭院改造打下良好基础。在拆违的同时,拆除破旧雨棚85个、防盗窗12个、拆除废弃管线12000余米、拆除并更换楼道破旧门窗680个。

表23 **2017年豫章街道社区居委会一览表**

居委会名称	主任姓名	户数(户)	总人口(人)	居民小组(个)	办公地址	办公电话
滨江社区	林国英	2249	7989	6	上沙窝95号	86805856
江药社区	熊飞霞	1040	2599	11	五纬路38号	86807372
聆江社区	雷燕祎	1490	3720	22	沿江北大道1198号	86813157
上沙窝社区	郎小兰	2102	6855	19	五纬路218号	86820814
下沙窝社区	陈　珊	1022	3511	14	五纬路378号	86847447
新星社区	肖长凤	246	567	4	青山南路72号	88624549
下正街社区	胡桥莲	—	—	—	(整体拆迁)	—
东濠街社区	姜文秀	2001	7111	6	爱国路109号	86820774
洪城社区	秦海鹰	2641	9244	30	豫章路50号	86240055
经纬路社区	刘春英	1875	5199	17	二纬路1号	87288604
四经路社区	杨小梅	3354	10954	6	五纬路43号	86801440

(王炳振)

墩子塘街道办事处

【简况】 2017年,墩子塘街道辖区面积0.54平方公里,共有住户13717户,户籍人口4万人。街道党工委共有基层党组织10个,下属8个社区党组织和机关支部、城管办支部,直管党员871人;辖区共有8个纯居民社区及省儿童医院家委会、江西中医药大学家委会2个家属委员会,社区工作人员56名。

2017年,墩子塘街道全面贯彻中共十八大和十八届三中、四中、五中、六中全会及十九大精神,深入贯彻习近平总书记系列重要讲话精神,统筹做好稳增长、促改革、调结构、惠民生、防风险各项工作,经济社会发展总体稳中有进,较好地完成区委、区政府确定的各项目标任务。街道及所辖社区先后荣获全国民主法治示范社区、全省防震减灾工作先进单位、全市健康教育工作先进单位、全市爱国卫生先进单位、“2016 年度全市先进劳动保障服务平台”。

2017 年，街道积极应对宏观经济下行压力和“营改征”等政策变化，坚持转变观念和方式，自我加压、加强调度，完善招商引资、房屋租赁税征收、楼宇企业跟踪、综合治税机制建设，整体经济增长势头良好。全年街道完成实际利用外资 386 万美元，现汇进资 99 万美元，实际利用内资 1 亿元，利用省外资金项目进资 1 亿元，完成千万元以上项目 6 个、亿元项目 1 个；全年地方公共财政收入 4472.5 万元，完成税收 145.4 万元、社消 6431 万元、固投 13.16 亿元，规模以上服务业累计完成 5315 万元。街道新增就业岗位 979 个，下岗失业人员再就业 566 人，就业困难人员再就业 234 人，家庭服务业就业安置 181 人，共申报小额贷款 52 笔共计 530 万元。对企业退休人员领取养老金资格全面实施人脸识别认证，完成民政数字系统高龄信息录入，发放各类救助金近 11 万元。做好市属企业社区移交的摸底和上报，完成 8 家企业移交。全面落实计生法定奖励优惠政策，文化教育卫生事业全面得到全面加强。

【打造城市管理新亮点】 2017 年，墩子塘街道围绕“一年有变化、两年出形象、三年上台阶”的总体要求，精心部署、有条不紊地开展环境综合整治活动。一是强化投入、保出形象。街道多次召开党工委会议专题研究，按照“街巷街道管理，庭院社区负责”的工作思路，强化目标责任制管理，实行“日巡查、周小结、月计划”，每天对城市管理工作进行巡查，每周对城市管理工作进行小结，每月排出城市管理工作计划。采取项目化推进模式，将每月计划按项目上墙、挂图作战、抓好落实。2017 年街道共投入 200 余万元用于社区环境综合整治工作。按照全域网格化、管理精细化、责任明晰化、参与全民化、保洁常态化、整治精准化的“六化”新模式，全面落实城市管理整治主体责任化，整治工作长效化。二是强化整治、抓出形象。针对社区环境综合整治的重点和薄弱点，在坚持抓好楼道杂物、垃圾死角、乱吊乱挂等 10 项内容整治的基础上，街道开展了化粪池堵塞、落水管脱落破损集中整治整修，对苏圃路叠山路损坏的交通护栏进行了维护，较好地解决了墙面污渍、地面污水问题，在美化社区环境的同时，消除居民楼的安全隐患。坚持每周二、五集中整治的制度，由街办主任和城管办主要负责人带队，组织综合执法队员、交警、民警、社区志愿者等 20 余人组成的街道综合执法队伍，对辖区，尤其是沿街“三乱”现象进行集中整治，整出良好秩序、整出干净环境。三是强化机制、推出形象。坚持奖罚分明的工作导向，制定《墩子塘街道 2017 年城市管理工作考核办法》，明确社区、综合执法队、市容保洁队的工作任务、职责和要求，实行每月评比兑现，年度总结表彰。对考评前三名社区和队员进行精神和物质双重奖励，考评后三名的社区做表态发言，对排名落后的队员扣减绩效奖金。切实做到“人人身上有担子，个个肩上有目标”。同时通过好人榜、志愿者宣传队、板报和宣传栏等载体，鼓励、引导辖区居民参与到社区环境综合整治工作中来，居民群众对社区环境卫生的参与率、支持率和满意度得到提升。2017 年街道被评为“全区城市管理先进单位”，2017 年两次荣获全市评比第一名。

【抓实做细民生工作】 2017 年，街道把民生工程作为一切工作的出发点和落脚点。一是搭好服务平台。以深入推进党建标准化工作室、居家养老服务中心、文化活动中心为契机，逐步改善社区硬件设施，打造党家巷、北湖等一批社区居家养老服务中心和墩子塘街道、党家巷、阳明等一批街道、社区精品文化活动中心，为居民提供更加快捷、丰富和便利的社区服务；按照“一居一品”的工作思路，努力打造阳明宜居社区、马家池（张家厂）科普社区、党家巷学习型社区等一批精品社区。二是落实惠民政策。努力实施“五求”工程：“求富”“求养”“求康”“求乐”“求助”。进一步完善街道、社区两级再就业网络，建立就业援助长效机制，积极落实免息小额贷款政策，大力推进创业带动就业工作，努力动态消除“零就业家庭”。“求养”。重点推进“时间银行”互助式养老服务改革试点，完善社区居家养老服务中心服务，努力构建居家为基础、社区为依托，机构为补充、医养相结合的多层次养老服务体系；“求康”。着力践行“健康南昌”战略，努力创建“健康社区”；“求乐”。充分发挥街道综合文化活动中心、阳明社区文化活动室等平台作用,大力开展群众喜闻乐见的文体活动,丰富群众文化生活;"求助",实施"阳光救助",努力实现社会救助网络全覆盖。

【维护社会和谐稳定】 2017年,街道秉承"构建和谐社会,维护稳定是基础"的理念,把好和谐稳定的平衡点。一是围绕稳定隐患早知晓早消除,由街道党工委牵头,每月至少召开一次由街道综治办、派出所、司法所、民政科等参与的社会舆情分析会,定期开展消防、安全生产隐患排查,及时发现、控制、消除隐患,确保无重大安全事故。二是围绕信访诉求早发现早处置,强化信访事项一线处置制度,对出现群众信访事项,街道综治分管领导和业务分管领导第一时间进行现场协调处置。对重点信访对象坚持领导包案,由街道分管领导牵头组建专门队伍,人盯人,重点劝解和帮扶,确保无赴省、赴京非正常集体访。三是围绕群众安全感能提升大提升,组建志愿法律工作者队伍,开展社区法律援助日活动,打造法治工作新品牌。建立义务巡逻制度,配合公安巡逻力量,在节假日重点时段、重点部门组织街道机关和社区干部义务巡逻。加快非机动车停放点建设,创造条件推动准物业管理实施,建立完善小区人防、物防、技防体系。

【扎实推进基层党建工作】 2017年,街道将全年党建工作梳理成6类32项进行具体布置,对确定的重点党建项目逐一明确责任领导和工作队伍狠抓推进,建立并落实街道党建工作的周交流和月调度制度,定期交账,互动交流,取长补短。街道党工委全年共研究讨论党建工作16次,全年共开展党建工作现场检查、督察、调研30余次,党建工作氛围更加浓厚。坚持"党建+"理念,把抓党建与抓反腐倡廉建设相结合,注重廉政教育与监督,严肃处置一切不正之风,维护良好发展环境。充分发挥共产党员的先锋模范作用,以身作则优导向,敢于担当破难题,真抓实干促发展,推动街道各项工作有明显提升。把抓好党建与促进发展紧密结合,号召各级党组织在服务群众、促进发展中建功立业。街道高度重视意识形态工作,坚定不移地把学习贯彻中共十九大精神作为全年党建工作的"一号工程",街道党工委和各社区党组织先后召开专题学习会20余次,对十九大报告精研细读。扎实开展中共十九大精神宣传,组成8支宣讲队深入各社区进行宣讲。牢固树立城市基层党建新导向,努力实现与辖区党组织的互动互融。全面开展了辖区党建资源摸底登记工作,以社区为主体全面组建了党建联席会。党家巷社区党总支与市运管处党委开展文明交通、交通安全系列志愿宣传活动,张家厂社区与省儿童医院党员志愿者开展科学预防疾病系列服务活动,右营街社区与市直机关工委结对共建城市基层党建工作。高度重视基础党务工作的规范性和标准化,街道按照区委组织部的安排,注重全面发动和内部整改,全年共对基层党支部"三会一课"活动开展和记录进行检查4次,提出整改意见100余条;建立街道党员档案室,完善党员档案191份。积极开动脑筋,努力克服困难,按照"六室三站一平台"的功能要求,投入资金170余万元,完成3个社区党建标准化建设,启动1个社区党建标准化建设。截至年底,除一个社区因纳入旧改摸底范围暂停改造外,街道党建标准化建设基本完成,基层党建阵地建设有了质的变化。

【加强基层法治建设】 2017年,街道以法治创建工作为契机,开展多形式、多主题的法治宣传教育活动,群众尊法、学法、守法、信法、用法意识显著增强。一是领导干部带头学法、讲法。街道将法律知识学习与"两学一做"学习教育相结合,组织副科级以上领导干部带头学法、讲法,班子集中组织4次理论中心组学习讨论,街道主要负责人专门给全体干部职工上廉政法治课3次。二是全体公职人员有针对性学法,组织街道全体干部进行"新形势下的法治政府和法治思维建设""新形势下的依法治国与法治政府建设"等专题学习。三是促进全民广泛学法。司法所组织法律人员举办"社区法治讲堂"并提供法律服务52场次,结合"3·15"国际消费者权益日广泛开展法治宣传。

【开展庆"七一"系列活动】 2017年,7月1日,党家巷社区党总支组织党员干部开展了"庆'七一'党史·党风·党性"学习教育活动,并组织党员干部重温入党誓词,进一步加强了党员的党性教育,强化了党员的宗旨意识。党员们纷纷表示,学习党史、党章,重温入党誓词,对于提高党员干部素质和执政能力,解决现实问题有着重大意义。

党家巷社区以庆“七一”活动为契机，社区党员干部和挂点单位东湖区统计局党员干部一起走访慰问辖区困难党员，环卫工人，空巢老人等，为他们送去绿豆，冰糖，奶，水果等慰问品。在走访慰问过程中，他们向困难党员和居民群众宣传了党的方针政策，送去了党和政府的关怀，进一步密切党组织与群众的联系。此外，党家巷社区党总支还积极开展“擦亮党徽·向党的生日献礼”党员志愿服务活动，组织党员开展卫生大扫除活动，以实际行动向党的生日献礼。

【开展防震减灾宣传活动】 2017年，5月12日下午，张家厂社区携手东湖区防震减灾局在辖区内开展“减少灾害风险，建设安全城市”主题防震减灾宣传活动。活动现场，社区通过X展架、发放宣传资料等多种形式宣传防灾减灾相关知识，用通俗易懂的语言为居民们讲解消防安全知识。同时，现场演示心肺复苏操作，并手把手教居民操作心肺复苏术，赢得居民的一致好评。此次活动提高了辖区居民的应急防护能力，增强了防灾减灾意识，提高了地震或突发事件发生时的应急处置、自救互救技能和自我保护能力，为保证社会的和谐稳定奠定了良好的基础。

【关工委工作亮点纷呈】 2017年，马家池社区秉着“关注成长，引领未来，共创明天”的关心下一代工作的主体思想，通过发挥“五老”作用，建立“社区儿童关爱之家”。全年共发动26位老人结对联系未成年人，组织青少年学生开展爱国主义宣讲12次、参加道德实践活动4次、开展老少同乐文体活动20次。社区先后组织开展“缅怀革命先烈—清明公祭活动”“参观新四军军部旧址—爱国主义教育活动”“小平小道陈列馆—红色教育活动”“海军退役英雄舰—南昌舰”和老干部进行革命传统教育及“远离毒品”等活动。社区聘请3位离退休干部为网吧义务监督员，引导30余名未成年人健康上网。社区关工委积极发动离退休教师、南昌大学、华东交大的大学生志愿者积极开展“一帮一”助学结对，走访慰问送去慰问金及慰问品合计1800余元，帮助5名特困学生解决学习和生活困难，组织党员居民为身患尿毒症的外来人员罗海涛孩子罗羽飞捐款20850元。通过各类活动的开展，增强和激发了广大青少年热爱党、热爱祖国、爱人民的情感。社区多年以来，未出现过未成年人犯罪现象，成为未成年人零犯罪社区。

表24　**2017年墩子塘街道社区居委会一览表**

居委会名称	主任姓名	户数（户）	总人口（人）	居民小组（个）	办公地址	办公电话
党家巷社区	付明霞	1506	4573	13	永内谌家巷18号	86808577
张家厂社区	刘巧巧	1734	5534	11	张家厂38号	86808744
墩子塘社区	罗秀玲	1056	4016	66	墩子塘沙坝巷16号	87883675
右营街社区	盛　红	1127	3987	10	右营街84号	86825345
马家池社区	余玉兰	1518	6168	12	马家池路73号	86812169
北湖社区	胡淑兰	2066	7945	21	北湖路3号附2号	86775240
下水巷社区	袁国英	1459	3256	22	下水路68号	86775994
阳明社区	袁妙蓉	501	1418	22	阳明路156号	87958970
儿医家委会	杨云华	407	1712	1	阳明路122号	86813579
江中家委会	宫兴琴	351	2561	1	阳明路56号	86811394

（林泽兵）

百花洲街道办事处

【简况】 2017 年,百花洲街道办事处辖区总面积 0.98 平方千米,户籍人口 65103 人。驻区中央、省、市事企事业单位 34 个;有 11 个社区居民委员会和 1 个家委会。街道认真贯彻落实中共十八大、十九大会议精神,围绕区委、区政府“打造实力东湖、创造活力东湖、塑造魅力东湖”总体目标,带领广大干部群众解放思想、真抓实干,经过努力拼搏,较好地完成工作任务,获得南昌市计划生育“一站式”服务窗口规范化建设示范单位等荣誉称号。

2017 年,街道主要经济指标实现较快增长,综合考核名列全区前列。财税方面:一般公共预算收入完成任务 6798.64 万元,完成全年任务的 99.08%,一企一策完成区级所得 97.71 万元,税收服务站开具房产税共计 816.03 万元。外向型经济方面:1—12 月实际利用外资 525 万元,超全年任务进度 104.17%。实际利用内资 11112 万元,完成全年进度 102.89%;统计工作方面:限额以上社会消费品零售业和住宿餐饮业零售额完成 176904 万元,增速 16.58%;辖区 30 万元以上纳税企业达 28 户,主要以金融保险证券业企业为首;引入新增企业 72 家,其中注册资金 1 亿元以上企业有 2 家,注册资金 5000 万元以上企业有 3 家,注册资金 1000 万元以上企业有 5 家;新引进的南昌随行付网络小额贷款有限公司(注册资金 5 亿元)顺利完成验资,积极开展业务;江西北辰华亿装饰工程有限公司(注册资金 2 亿元)顺利落户,处于办理进资手续阶段。

截至年底,街道有基层党组织 13 个,有党员 938 名。其中,直管党员 914 名。2017 年,街道不断完善全域党建工作的整体布局,形成“一图、一表、三长效机制”,即制定一张全域党建布局图,制作一张台账表,形成各级党组织负责人联系、党务工作者培训、党员教育活动长效机制;围绕加强服务型党组织建设,选优配强社区党组织领导班子,针对桂旺巷、白马庙、邮政路三个社区支部书记空缺情况,街道经过组织部批准,对 3 个支部书记采取竞争上岗的形式进行选聘,通过个人递交申请、街道审核、笔试、面试,综合评分最高者应聘,确保把能力素质最强的干部选拨到社区支部书记的岗位,推进基层服务型党组织建设;落实区纪委全面从严治党各项工作,加强自身建设,开展群众路线活动,开展自查自纠;认真开展“两学一做”教育实践活动,开展东湖区在职党员“双联双解”活动,引导辖区党员积极参与社区支部组织的活动,把“两学一做”活动延伸到每一个普通党员。街道落实全面从严治党“两个责任”,即:党工委主体责任,纪委监督责任,认真贯彻落实区纪委十二届二次全会精神,严守“八项规定”,深入推进党风廉政和反腐倡廉工作,强化监督执纪问责,助力“廉洁东湖”建设。

2017 年,为让政府的惠民政策深入人心,街道开展形式多样的活动。利用节假日、计生纪念日开展“计生文化进庭院”志愿者服务活动 12 次,对 200 多名符合生育政策的育龄夫妇开展免费孕前优生检查,为 372 户 0—6 岁儿童家庭办理爱心保险;新增特扶家庭 8 户,全年街道共有特扶家庭 53 户,每户都与第八医院的医生、社区联系人、志愿者各一名开展结对帮扶工作;开展违法生育和社会抚养费征收管理的清查,重点加大对政策外多孩违法生育的清查力度;强化便民生育服务,全面实行生育登记制,推行微信扫一扫活动,足不出户就能把生育服务卡所需手续办好;集中开展流动人口基础信息核查专项活动和流动人口公共卫生计生服务均等化工作,共登记流动人口 1158 人;为辖区失业人员开展月嫂、育婴、刮痧等多种免费家政技能培训,为创业人员开展创业培训,帮助新增就业 1006 人,完成任务数的 111%,帮助家庭服务业就业 170 人,完成任务数的 101%。

【扎实做好维稳工作】 2017 年,街道按照“谁主管、谁负责”和“属地管理”原则,将综治维稳工作纳入党工委议事日程,完善党政领导挂帅、综治机构协调的工作机制,每周一调度,千方百计把矛盾纠纷化解在基层,指导 11 个社区建立近千人的平安志愿者队伍,做好十九大期间的安全稳定工作;街道联合东湖交警大队,城管综合执法队对辖区内重点区域进行每周一次的五车整治;成立安全生产工作小组,利用网格化平台开展形式多样的的消防培训、消防演练,截至年底,街道协同区城建局燃气处、消防大队、派出所执法检查生产经营单位、燃气站、酒家、商场、物业管理处等共58家，发出《责令整改通知书》12份，整治隐患31处；开展安全应急知识培训进社区活动，利用执法检查的机会，对企业相关安全管理人员进行业务培训，共开展各类培训54场次，参训人员15000余名，组织安全应急事故演练11场，参演人员达1000余名，公众安全感明显提高。

【开展“三风”主题活动】 2017年，街道把“三风”工作作为有力抓手，开展丰富多彩的主题活动。上半年，开展“晒家风、传家书、正社风，让文明绽放百花洲”的活动。组织居民、“九老”为下一代写一封家书，同时还组织百花洲小学和邮政路小学的学生，晒出自家的家风及给长辈的家书，活动共收到“晒家风、传家书”作品83件。8月，街道开展“晒家风 传家书 正社风”三风图册漂流活动，图册内容包含百花洲的“古往”和“今来”，“古”有廉洁故事、历史沿革、名人轶事、地名典故，“今”有爱心银行、二维码胸章、人生阅览室、“三风”文化墙、百姓家书等，图册编码，留白数页，方便读者在观看之余，留下自己的家风家训，并通过街道微信公众号进行推送。活动免费发放1000余本“三风”漂流册，在两个月之内，留下家风家训的人员逾3000人次。

【推进社区文化建设】 2017年，街道以丰富和活跃群众文化生活、满足群众日益增长的精神文化需求为目的，充分重视社区文化建设事业。一是加强廉政文化建设，全年组织街道、社区干部参加远程会议12次，党员远程教育学习时长260课时；街道及社区支部组织党员观看《永远在路上》《巡视利剑》等廉政教育片，加强社区党员干部的廉政建设和先进性教育。二是街道各社区根据辖区特点，打造符合辖区实际的“党建+三风”项目：火神庙社区连续12年举办“敬老节”，为辖区80岁以上的老人集体过生日；刘将军庙社区设置“心愿树”，200多个微心愿全被认领，为困难群众排忧解难；状元桥社区的“郁金香工作室”发挥志愿者的作用，搭建与群众沟通的桥梁。同时，街道以百花洲小游园传承廉政文化，以百花洲人生阅览室彰显廉洁文明家风精髓，以书香苑涵养精神家园，以爱心茶亭培育慈善意识与情怀，以爱心小屋存储爱心、放飞梦想，形成和而不同、丰富多彩的和谐社区文化。

【持续推动环境整治工作】 2017年，街道借“美丽南昌．幸福家园”综合环境整治之东风，以“马路本色”行动为抓手，开展管线、庭院、垃圾广告等各类整治活动，同时开展社区“微庭院”改造。截至年底，街道投入300多万元，累计清扫11个社区的庭院共计2250处，清理棚顶垃圾3905处，清理各类堆积物5932车，新增便民信息栏330余处。街道综合执法队提高工作效能，加大市容管控力度，整治出店经营4100余处，处理流动摊点3580余处，处理占道广告牌、地面广告3680余处，整治乱堆乱放4350余处，规范非机动车乱停乱放3863辆，暂扣广告牌562块。通过整治行动，街道总体环境得到明显提升。在日常管理工作中，街道建立日常督查巡查责任体系，实行一线质检员、保洁员考核奖惩绩效责任制，对工作中存在的问题及时反馈、及时小结，城管办形成周工作例会制，在每月工作总结会上通报绩效考核情况，对一线环卫作业先进班组进行表彰奖励，做到奖勤罚懒，公平公正。

【提升为民服务质量】 2017年，街道坚持便民惠民，社区建设稳步提升。为切实提高服务效率，提升为民服务的质量，街道打造出南湖路、刘将军庙、小金台、状元桥4个慢病综合防控示范区健康社区和慢病综合防控示范区健康街道；完善“一门受理、协同办理”机制，对辖区412余户享受最低生活保障对象开展全面排查，真正做到让困难群众“求助有门、受助及时”；为辖区126名残疾人免费办理第二代残疾证，同时为583名残疾人申请两项补贴；开展“军歌唱响英雄城”暨“我为身边好人点赞”等一系列有内涵、有意义的文体活动；组织500余名居民进行免费体检，共采集5885位居民的健康信息。2017年，街道正式启用新的便民惠民中心，6个社区居家养老服务中心的标准化建设全面完成。硬件设施的改善极大地提升街道和社区为民服务的质量，满足群众日益增长的多层次、多形式的需求。

【举行第十二届社区敬老节】 10月27日下午，东湖区百花洲街道火神庙社区第十二届敬老节在社区举行，南昌市委常委、副市长华清出席并为老年朋友送上祝福,江西省编办副巡视员胡庆华,市政府副秘书长黄琰,区领导王玮、杨峻出席活动。活动中,胡庆华、王玮一同上台为两位百岁老人熊千娣和唐长娣送上节日慰问金和百寿图,并为她们戴上写有“寿”字的红围巾。在活动现场,俏大妈街舞、诗歌朗诵、旗袍秀、越剧、快板说唱,一个个深受老年人喜爱的节目逐个登场,而节目的表演者就是社区的普通居民和社区干部,她们自编、自导、自演,用歌舞的形式,演绎邻里情深、真情孝道,营造出浓浓的敬老爱老氛围,让老年人朋友真正感受到节日的欢乐。

【推选社区代言人】 6月20日,街道在文化广场举办“军歌唱响英雄城”群众歌咏比赛暨“我为社区代言”颁奖仪式。经过7735位社区居民在微信上投票推选,20位居民成为“社区代言人”,票数前十的居民成为“十佳代言人”。这些代言人中,有的坚持帮空巢老人买菜做饭,有的日复一日照顾困难邻里。社区代言人用平凡简单的行动,弘扬中华民族的传统美德,用真诚和奉献引领着社会。

表25 **2017年百花洲街道社区居委会一览表**

居委会名称	主任姓名	户数(户)	总人口(人)	居民小组(个)	办公地址	办公电话
包家巷社区	郑伟才	1156	3468	10	杨家厂93号	86781244
白马庙社区	陶秀春	1902	7973	21	繁荣巷25号	86795717
火神庙社区	陈金香	1586	5683	12	火井巷9号	86782154
杨家厂社区	黄莉春	1850	8049	7个	杨家厂路26号	86782794
渊明北路社区	王丽珍	2275	6754	24	上水路26号	86735194
状元桥社区	黄小燕	1881	5086	80	毛家园26号	86783724
桂旺巷社区	涂 琛	1026	3078	10	桂旺巷14号	86781174
刘将军庙社区	胡华丽	1396	3727	5	东湖书院8号	86736533
邮政路社区	傅 玲	1375	4753	15	后墙路10号	86774549
小金台社区	唐慧萍	1205	4205	7	小金台70号	86781944
南湖路社区	张 泉	1486	5196	12	南湖路6号	86776423

(杨 羽)

公园街道办事处

【简况】 2017年,公园街道办事处辖区面积0.62平方千米,共有居民10076户,户籍人口33607人。下辖上营坊、环湖路、戴家巷、经堂巷、民德路和永宁6个社区居委会及省妇保1个家属委员会。街道党工委下辖26个基层党组织,其中6个社区党委、20个党支部,共有直管党员886人。驻区内有省外办、省建行、江西宾馆、江西饭店、省二附院、省妇保、市警备区、佑民寺(市佛协)、朱德军官教导团、市博物馆、百货大楼、华润万家、南师附小、南昌二中、南昌卫校等单位35家。

2017年,在区委、区政府的正确领导下,公园街道深入学习贯彻中共十九大会议精神,坚持以打造“品质示范公园”为总目标,以服务居民群众为宗旨,以求真务实工作作风为保障,开拓创新,真抓实干,奋发进取,街道经济、社会民生、城市管理等各项事业蓬勃发展。2017年,街道及所辖社区先后荣获“全市五四红旗团委”“江西省五好司法所”“全市人力资源和社会保障服务所先进单位”“市征兵工作先进单位”等荣誉称号。

2017年，公园街道财税工作地方一般预算收入完成4617.5万元，与2016年同期比较，差进度11%，基本完成全年任务。街道税务服务站组织房屋租赁税收收入426.31万元，区外房屋租赁完成区级所得102.89万元。2017年，利用外资完成435万美元，占年计划86.31%，完成现汇进资115万美元，占年计划87.79%，利用内资9200万元，占年计划85.19%；利用省外资金项目进资5560万元，占年计划85.8%，完成千万元以上项目5家，亿元项目1家。限额以上社会消费品零售额、固投、服务业营业收入等均按照年初目标数完成。

2017年，街道围绕民生任务认真开展各项工作，努力完成各项民生任务指标。实行对低保对象季度审核、认定，杜绝和纠正错保、漏保、"人情保"、"关系保"及弄虚作假等违纪违规现象，符合条件的继续享受低保待遇。凡不符合条件的及时退出，切实做到应保尽保、应退尽退，确保低保工作公平、公正、公开。2017年，街道低保对象188户、297人，发放低保金1482024元；发放高龄老人补贴12266人次，发放金额1095940元；居家养老服务券发放17人次，发放金额30600元；全民遗体免费火化9人，发放金额3020元；两项补贴发放238人，发放金额28450元；办理经济适用房上市43户；全年新增就业安置688人，发放小额贷款430万元。先后开展志愿服务活动24次，累计参与活动志愿者300余人，总服务时长900余小时；2017年，街道辖区流入人口总人数2108人，公卫服务建立纸质档案1591人，电子档案282人，流动老年人管理11人。全年组织2次辖区育龄妇女开展生殖健康检查工作，服务人群300余人。以及开展免费孕前优生检查完成任务200例。

【深入推进基层党建工作】 2017年，街道党工委坚持打造一流基层党建示范社区的总体目标，全面贯彻落实基层党组织标准化建设要求，对街道及下辖戴家巷社区、民德路、上营坊社区的办公场所，重新规划设计，全要素打造，社区面貌焕然一新。戴家巷社区党建活动中心为南昌市党性教育重点基地，上营坊、民德路社区的党建活动中心为南昌市党性教育基层基地。深入开展党建+"十个一"，即创建党建微信公众号、发放一套学习资料、开展一次警示教育、组织一次集中培训、上一堂微党课、开展一次亮身份义工活动、举办一期党建知识竞赛、召开一次党性分析会、组织一次走访慰问、进行一次民主测评活动，通过活动开展，使党建工作常态化。围绕"服务中心、建设队伍"两大任务，着力加强党组织书记、党务工作者、党员"三支队伍"建设，强化担当，真抓实干。在街道所辖党的基层组织推进以"六个基本"和"六项规范"为主要内容的"强基固本六大工程"活动，进一步增强党组织的凝聚力和战斗力。与此同时，顺利完成党务信息采集工作。通过整理档案，电话确认等方式完成全辖区内7百多名党员及相应单位信息的录入工作，使党员基本信息数字化、透明化。

【有效开展城市综合治理工作】 2017年，街道投入各社区专项资金共约80多万元。对辖区100个庭院440个单元楼道的墙面、楼梯、扶手进行粉刷、油漆，面积约20万平方米；捆扎凌乱的楼道管线15000余处，清理老化无用线头6000余处，投入专项资金约18.3万元。按照"美化、亮化、净化、亮化"和"两建三改四清五化"的改造标准和工作思路，街道先后投入专项资金约120万余元。对一楼防盗网、庭院护栏、庭院大门、木质门窗、木质电表箱盒、邮政报箱、水表箱盒等共296处进行油漆；拆除乱搭乱建53处；统一规范制作防腐木店招18处；设置非机动车停车点16处和路障12处；张贴53块电动车停放充电安全提示牌；清理"僵尸车"约320多辆；重新搭建小花坛和绿地26处；清理原有花坛杂草灌木，重新栽种米兰、月季花等花木共计153株；整理并用绿篱美化装饰空中管线约63690米。在楼道单元门口和庭院设置卡片式便民信息栏79块、便民信息栏55块；拆除破损木质窗户65个；重新安装铝合金窗户和防护栏89个；统一规划设置晾衣架15处；居民健身器材9处；开挖疏通化粪池5处；拆除楼道内违章阁楼26个；平整、修补路面约2600平方米。在庭院、楼道单元门口设置"讲文明树新风"和"遵德守礼牌"296块和"庭院环境责任牌"62块。街道综合执法队积极开展各项执法工作，完成各类保障任务和大型执法任务300余件；彻底清理违法占道摊点70余处；查处其他各类违法行为900余起；发现并及时拆除违法建设20余处；做到辖区违法建设“零增长”。查处“三乱”案卷545期;处罚商家油烟污染10余起;行政处罚总金额突破20万元。清理垃圾广告约169800条,清理面积约35000平方;新设便民信息栏50块;安装楼道内卡片插槽式便民信息栏68块;清理便民信息栏130块。受理市级“数字城管”下派案卷5365件,整改率均达到100%;东湖区智慧城管网案卷13760起,整改率达到99.6%。

【扎实推进房屋征收工作】 2017年,街道党工委一班人坚决服从区委、区政府拆迁工作安排,敢于直面困难、勇挑重担、奋发图为、真抓实干,坚决完成上级交给的各项拆迁工作任务。一年来,街道坚持“依法拆迁、阳光拆迁、和谐拆迁”原则,做到早谋划、早部署、早摸底、早进场,调集街办精兵强将、创新工作机制、发扬“5+2”白加黑超常工作作风,贴心为民服务,较好地完成了戴民、花园角、佑民寺、裕丰四个地块共155户的房屋征收工作,实现无上访、无抵触、无事故三无目标,成就东湖区拆迁工作典范。

【全面落实社会综合治理工作】 2017年,街道在重大节假日、全国省市区“两会”、中国人民解放军建军90周年,以及中共十九大期间做好信访重点人员和涉军访人员的信访稳控工作,认真做到一人一案一策,随时掌握相关动态,确保重点人员稳控在当地。2017年,街道组织各社区与辖区单位开展形式多样的“综治宣传月”活动。居民群众通过活动解街道综合治理工作的有关情况,最大限度地调动居民参与综治工作的积极性、主动性和创造性,为构建稳定和谐社会创造良好的社会环境。为全面推进“和谐平安东湖”的建设,抓好辖区住宅小区治安防范管理工作,对辖区内住宅小区物业管理工作进行一次摸底调查活动。深入开展平安街道、平安单位、平安社区等基层“平安十项创建”及重点地区和突出问题排查整治活动。每季度组织召开提升公众安全感工作推进会,举办“群防群治队伍相关业务知识培训”。通过对居民群众的走访调查,掌握居民群众对社会治安状况的真实看法,使居民群众对平安创建活动及当前稳定形势有了一定的了解,有效地调动居民群众参与平安建设,自觉维护辖区稳定的积极性。平日里街道干部、社区干部及社区平安志愿者定期佩戴红袖章在辖区进行社会治安巡逻,包点巡逻,有效地防范和遏制违法犯罪活动,震慑违法犯罪分子,为构建和谐平安公园创造良好环境。

【创建“党建+社会义工服务”品牌】 2017年,公园街道戴家巷社区工作人员用他们的行动,传承“学雷锋、做志愿者、义务为民服务”的精神,成立以党员为龙头的“社区义工服务站”。制定《义工服务站管理办法》,充分发挥党员在义工服务中的先锋模范作用,涌现出罗时蓬、柏忠义、熊冬妹等一批优秀共产党员带动广大义工为社区义务巡逻、义务劝导、义务打扫和帮扶特殊群体。他们为民服务的先进事迹得到广大居民群众的点赞,也得到了省、市、区各级领导的赞评,中央电视台、省、市电视台多次来社区采访、跟拍义工的活动,街道和社区的“党建+义工”特色工作推动了街道社区党建工作向前发展。

【开展“书香社区”香飘千家万户活动】 2017年,为弘扬民族传统文化,实现社会主义核心价值观,街办把环湖路社区打造成有特色亮点的书香社区,并创办环湖书画院。宗旨是为群众打造一个居民文化场所,提供一个给广大书画爱好者的活动平台。书院里设立书画、篆刻、剪纸、瓷刻等非物质文化遗产项目,举办各种笔友会20次,吸收书法老师、志愿者17名。被省电台、南昌电视台等多家媒体采访、播出书画院的老师也被新闻说报、南昌晚报、信息日报报道采访,像赵国安、王立新、雷国金等老师已成为书画院建设的骨干力量。定期安排老师义务指导慕名而来的学习者展开书画练习,把高雅文化送到普通居民身边,提高全民文化素质,凝聚更多的居民向心力,鼓励社区居民积极参加社区活动,通过社区这个平台,让更多的市民朋友参与、带动地区的文化发展和精神文明创建。

【打造上营坊社区党建中心服务基地】 2017年,为全面提升社区党建管理组织水平和软硬件条件设施,街道对上营坊社区原有总面积240平方米的办公用房、居民活动中心用房、办公服务场所配置、功能重新规划分区,力求从精细服务到精准服务,建强社区党建服务中心,提升服务品质。注重发挥党组织引领作用,组织党员参加“青山绿水助发展·幸福美丽看江西”“江西新农村典范”“生态友好示范工程——江西斐然生态园”“江西农业产业化建设示范企业阳光奶业集团”等户外活动，增强党员为社区服务的积极性、自觉性，大力开展党员帮扶活动。社区党委联合辖区单位党组织，走访慰问困难群众，想群众之想，解群众之所急，排民忧，解民意，赢得广大群众的认可，让居民感受到社区大家庭的温暖。

表 26　**2017 年公园街道社区居委会一览表**

居委会名称	主任姓名	户数（户）	总人口（人）	居民小组（个）	办公地址	办公电话
上营坊社区	胡建英	2576	8070	6	上营坊 67 号	86289426
环湖路社区	曹永会	1802	6307	19	环湖路 59 号	86392910
经堂巷社区	李　靓	2040	7140	3	经堂巷 36 号	86395091
戴家巷社区	涂永红	1483	5190	7	叠山路 136 号	86297442
民德路社区	邓必军	1428	4501	5	花园角 45 号	86289204
永宁社区	顾　筠	747	2399	7	环湖路 71 号	86661823

（龚欢欢）

大院街道办事处

【简况】　东湖区大院街道办事处位于省政府大院内，面积 1.8 平方公里。辖区共有居民 1.2 万余户，户籍人口 7.2 万余人，其中省人才市场集体户 3.2 万余人，共有 7 个社区居委会。辖区内有省住建厅、省司法厅、省农业厅、省体育局、省民政厅、省粮食局等厅局级机关及其二级单位 30 余个。辖区内历史文化底蕴深厚，省文联、省艺术剧院、省革命烈士纪念堂均坐落在辖区内；商贸经济繁荣，财富广场、沃尔玛八一店、万达广场形成核心经济辐射圈，经济发展活跃。辖区内还有南昌市名校育新学校。

2017 年，街道一般公共财政预算收入完成总数为 7982.09 万元，占总任务数 7912 万的 100.89%；1—11 月份，两大经济指标方面，社会商品销售总额数为 1644842 万元，其中零售总额数为 131274.7 万元，增幅为 23.12%，固定资产投资额为 176880 万元，完成既定任务；项目考核方面，亿元以上项目完成数 3 个，1000 万元以上项目完成数 11 个；开放型经济指标方面，完成实际利用外资 270 万美元，占年计划的 53.57%，现汇进资 75 万美元，实际利用内资 0.99 亿元，占年计划的 91.67%，利用省外资金项目进资 0.59 亿元，占年计划 91%。

2017 年，街道通过“走出去、请进来”，采取上门请商、拜访晤商、邀请客商等多种形式，积极开展领导带头外出招商活动，赴香港、杭州、南京、上海等地招商，全力做好省政府一号、二号地块推介，积极与苏宁云商洽谈磋商，南昌苏宁置业有限公司成功在辖区注册，注册资金 2 亿元。南昌苏宁红孩子母婴用品采购中心有限公司总部落户辖区，注册资金 5000 万元的江西麦田映像信息技术有限公司、江西隆源马铃薯产业有限公司和江西贵安贸易有限公司落户辖区。南昌苏宁置业有限公司拟在省政府大院一号、二号地块（广场北路周边）投资 85 亿元，打造一个国内一流旗舰型第四代苏宁广场，建成南昌市首家一站式 O2O 顶级购物中心及苏宁云商、置业、金控、投资和文创等江西区域总部基地。

【探索城市基层党建新路径】　2017 年，街道积极引领各方力量，开展共驻共建、互联互动，努力实现党的基层堡垒从“一元管理”向“多元共理”的模式转变，走出一条符合自身特色的基层党建工作新路径，得到市区组织部门肯定，在全市城市基层党建工作推进现场会上做经验介绍。街道突破条块分割,通过走访每家省市级单位,沟通汇报城市基层党建工作推进情况,收集意见建议,建立连接线等让不同隶属的党组织为了同一个目标有机融合,最终形成以街道、社区为主轴,以分布在辖区的省级单位党组织、"两新"党组织为点和面的城市基层党建工作构架,成为多层级多维度互联互通的共同体。以公约为形式,让社区与驻区单位、商贸企业党组织实现结对共建,并明确党建工作侧重点,营造双赢局面。截至年底,街道共签订共驻共建协议 31 份,城市基层党建共建公约 44 份,区域化城市党建工作覆盖率达 100%,真正把共建共享从"友情支持"上升为"分内之责"。建立《大院街道城市基层党建联席会议轮岗值班制度》等,每个月每个社区确定一个轮值当班单位具体开展工作,并在每一个成员单位的党员活动室和室外运动场地悬挂"共享场地"锦旗,进一步拆除不同领域、不同隶属党组织之间的"围墙",形成大院辖区党建工作是一家的局面。

【引导社会组织参与社区服务】 2017 年,街道采取专业服务与志愿服务相结合的方式。与江西省知识产权局机关党委联合邀请邹德凤志愿服务团队,进驻社区开展以职业道德、社会公德、家庭美德为主题的道德讲堂活动;推进对百岁老人、空巢老人的临终关怀项目;联合崛美"老还童"关爱空巢老人公益项目等,让辖区内近 100 多名空巢老人、孤寡老人、失独老人受益。

【开展迎中共十九大社区集邮展览活动】 10 月,在十九大胜利召开的日子里,街道党工委在院一社区举办"喜庆十九大,社区邮花香"集邮展览,向中共十九大献礼。此次邮展展出集邮爱好者珍藏的千余张邮品,通过喜庆十九大先锋颂、光辉的榜样、八一军旗的故事、我爱北京天安门等 14 个专题,向大家展示中国人民在中国共产党领导下,为了民族独立和人民解放、国家富强和人民幸福前赴后继、奋勇前进的光辉历程。80 余名老党员、集邮爱好者、居民群众参观邮展,大家纷纷表达对中国共产党的深切热爱,对五年来伟大祖国砥砺奋进,所取得的历史性成就由衷赞美和作为中国人的骄傲与自豪。纷纷表示要不忘初心,永远跟党走,以更加饱满的热情和昂扬的斗志,立足岗位,真抓实干,迎接新的征程,共圆中国梦。

【开展智慧平安小区创建工作】 2017 年,街道本着"积极投入,认真落实,齐心协力,努力达标"的原则,紧紧围绕构建繁荣、和谐、美好的平安小区,以提升居民安全需要为目标,以防范为重点,以综合治理为手段,扎实有效地推进智慧平安小区创建工作。2017 年,街道接待省内外参观团参观育新路平安小区 30 余次,参观人数 400 余人。育新路平安小区位于育新路东侧,内有 18 栋居民楼,574 户住户,常住人口 1435 人,是一个集人防、物防、技防三位一体打造的开放式纯居民小区。街道注重发挥社区民情理事会的协调作用,在平安小区创建工作中,召开社区民情理事会 16 余次,化解各类矛盾 60 余项。实现由"政府说了算"转变到由"大家说了算"。此外,进一步规范小区日常管理,建立门禁制定,在楼栋单元门口装配防盗门,安装声控灯,安装智能人脸识别系统、智能分析监控、高效指挥中心 + 快速反应人防,小区综合服务管理系统、重点人群(空巢老人)家庭技防系统,小区 57 个单元全方面监控覆盖无死角,实现以人工智能技术 + 人防辅助构建主动式动态的"小区治安智慧防空网",将社区公众安全感提升到一个新的水平。

【江晓斌到院一社区调研党建工作】 12 月 28 日上午,南昌市委组织部组织召开全市城市基层党建工作现场推进会,南昌市委常委、组织部部长江晓斌带领各县区组织部门相关负责人到大院街道院一社区调研东湖区城市基层党建工作。东湖区委书记刘闯,区委常委、组织部部长唐铭市参加调研。大院街道党工委书记喻菡从互联互动共融、开放合作共建、党建引领多元共治、精准施策服务共享四个方面介绍了院一社区城市基层党建工作具体开展情况。江晓斌部长对大院街道城市基层党建工作给予充分肯定,并指出要切实增强城市基层党建工作责任感,进一步明确党建工作思路,充分发挥各共驻共建单位积极性,加快实践步伐,汇集多方力量,实现资源共享、信息共享、文化共享、服务共享,探索城市基层党建工作新方法,创造城市基层党建工作新格局。

【建立二七北路社区老年学校】 9 月 1 日,被喻为开在家门口的学校——二七北路社区老年学校正式开学了。学校原计划开设三个专业 3 个班,最后扩增到三个专业9个班，达300多人，创下东湖区社区老年学校招生时间最短，招生人数最多纪录。二七北路社区600平方米的办公面积给予了老年学校得天独厚的条件，学校与社区融为一体，即相通又互不干扰；老年学校实施学员自我管理，社区办事大厅一站式服务工作井然有序。

【召开基层党建工作第一次联席会议】 12月26日上午，大院街道城市基层党建工作联席会议在京西宾馆召开。区委常委、组织部长唐铭市出席会议并做重要讲话，会议成员包含省市直单位、非公有制企业、人民团体等45家单位。会上，大院街道党工委书记喻函汇报前期大院街道城市基层党建工作进展情况及2018年工作思路，街道党工委副书记陶鹏宣读《做志愿表率，为党旗增辉》倡议书；江西省机关事务管理局办公区服务中心主任、支部书记孙科，江西省农业厅直属机关纪委专职副书记、宣传处副处长刘志辉，江西省咨询投资集团有限公司党委办公室副主任，二支部书记曾晓明作为代表单位发言。唐铭市对大院街道城市基层党建前期工作表示肯定，并强调要借助辖区单位力量形成合力，齐心协力，共同把区域城市基层党建工作抓牢抓实。一是要牢筑机制，构建共抓共管新平台。二是要优势互补，注入共享共赢新活力。三是要注重实效，实现共驻共建新局面。

【组织辖区居民观看反对邪教宣传片】 8月11日上午，为进一步营造良好社会风气，增强社区居民“识邪、辨邪、防邪”的能力，营造浓厚的防邪、反邪社会氛围，积极构建和谐幸福社区。大院街道院二社区组织辖区居民齐聚一堂，观看反对邪教宣传片。加大居民群众对邪教的危害性的了解，坚定居民群众的反对邪教的立场。

表27 **2017年大院街道社区居委会一览表**

居委会名称	主任姓名	户数（户）	总人口（人）	居民小组（个）	办公地址	办公电话
院一社区	孙慧	1893	6797	10	北京西路69号45栋	86274814
院二社区	张秋莲	1326	6039	3	大院17栋西	86263304
公园社区	周亮	2330	9112	5	育新路20号	86268473
二七北路社区	王月英	1423	5300	3	二七北路185号东辉育才苑六号楼1楼	86371715
广场北路社区	史雪琴	1235	4528	7	广场北路249号5栋和6栋之间	86227554
体苑社区	朱建兰	1068	4165	16	福州路28号7栋	86222680
林苑社区	崔兆涛	510	1796	13	福州路90号	86663532

（陆丽娜）

董家窑街道办事处

【简况】 2017年，董家窑街道办事处辖区总面积5.3平方千米，户籍人口8.6万人。驻区省、市企事业单位80余个，有江西省旅游发展委员会、江西省信访局、南大一附院、南昌市实验中学、国美电器、七星商务酒店等机关、医院、学校、大型企业、酒店等；有22个社区居民委员会，其中单位社区3个。

截至2017年年底，董家窑街道共有基层党支部80个，党员人数2013名。街道创新党建工作模式，力推服务群众出实效，在全街开展进千家户、入万家门的活动。要求挂点干部和社区干部家家户户都走到,人人意见都听到,推动一批社区党建品牌的树立,如南京西路南社区的党建+“三风”建设、党建+庭院微改造,紫金城社区的党建+群众文化活动,杏苑社区的党建+健康医疗服务等,提升了居民的获得感和幸福感。在活动阵地建设方面,完成了杏苑社区的提升改造,殷家巷社区和朱家湖社区的达标建设。在推进城市基层党建工作方面,紫金城社区作为街道的先行试点,成绩显著,作为全市城市基层党建工作现场会观摩点,并作为全市“党建”三看现场点位接受检查。

2017年,街道地方公共预算收入5753.15万元;实际利用外资504万美元;现汇131万美元;重点服务业完成24642万元,增速10.62%。固投完成263097万元。限上零售完成11.6591亿元,增速45.73%;招商引资新增项目、一企一策新增税收完成区级所得355.25万元;街办税收服务站完成国地税委托代征房产税款280余万元。

2017年,街道城市管理工作效果明显。“美丽南昌·幸福家园”环境综合整治行动以来,街道全力推进12轮庭院环境微整治行动,提出10项“微整治”内容的40项细化标准。先后投入资金440余万元,完成全部284个居民庭院的整治,其中成效明显的庭院191个,占比67.2%;单元1516个,占比64.1%。一是清理楼道堆积物2365个单元,清理垃圾卫生死角1368处,清运垃圾1935车;二是刷除庭院及楼道广告垃圾约10万条;三是修补庭院路面241处,面积7500平方米;四是拆除违章建筑206处,面积1624平方米,清运余土和杂物997车;五是美化庭院墙面及楼道295处,面积5万平方米;六是重新投放庭院垃圾桶1434个;七是安装单元楼照明灯628个;八是疏通和维护庭院化粪池112个;九是喷制庭院和楼道“便民服务信息栏”640个,制作遵德守礼牌2064块;十是整理庭院各类线缆356处,1.5万米,制作晾衣架27处;十一是各社区购置冲洗车,每周对辖区庭院至少冲洗两次。在“马路本色”行动中,街道城管办新购置8辆电动车,改装为小型洒水车,新购置大型洒水车1辆,每天对主次干道人行道冲洗,形成常态长效化的管理。铁路沿线专项整治工作,清理垃圾250余吨,菜地900多平方米,绿化空地900平方米,拆除违建4处共240平方米,整治占道经营9处,装饰建筑立面21000平方米。“五车”专项整治工作,街办联合东湖交警大队共查缴非法营运车辆及无牌车辆、超标车辆共43辆。

2017年,街道民政计生工作有条不紊。社会救助工作:顺利完成416户低保家庭的调标工作。累计发放城市居民最低生活保障金2663218元。累计医疗救助68人次,救助金额222695元。累计临时救助困难群众15人次,发放临时救助金81869元。全国第二次地名普查工作,历时一年对全街各社区居家委会、辖区单位、居民小区院落、道路街巷、大楼大厦、酒店、公园广场、影院等地名的来历、含义、历史沿革、建成时间、基本概况、所属范围、面积等的普查登记。计生工作:办理一胎生育服务卡709余人,二胎生育服务卡887人,再生育服务证18人。开展《江西省城镇居民独生子女父母奖励》的登记工作,共审核登记能享受江西省城镇居民独生子女父母奖励人数4699人,奖励金额10217400元。

【做好消防安全生产隐患排查工作】 2017年,街道与各社区、单位、店面签订安全生产责任书1700余份;共排查居民楼道884处,高层建筑99处,老楼危楼排查230处;排查70余家涉及用气的店面和灌装点,收缴报废、过期液化气瓶20余只;对16处拆迁工地及施工工地进行巡查,并张贴安全警示牌35处,并对有隐患的工地下发整改单2处。

【打造街道综治中心】 2017年,街道综治专网、视联网、天网视屏全部安装到位并投入使用,各项制度、组织机构、办事流程等均制作上墙公示,125个网格地图划分、网格员配置均按要求落实,综治专网数据录入户籍家庭信息39987条。

【举行第五届“幸福百家宴”活动】 1月18日上午,新华社区在社区活动室举行第五届“幸福百家宴”活动。社区邀请困难低保独居老人徐淑珍、92岁老党员劳模欧阳春发、外来务工人员万奇丑、残疾人家庭蒋兴德等60余位居民参加。现场还安排抽奖互动游戏,大家边吃边互动,其乐融融,每个人都洋溢着幸福的笑容。每年的“幸福百家宴”活动拉近了邻里间的距离,增强了社区的凝集力。

【开展关爱农民工志愿服务活动】 3月24日下午，贤士二路社区联合章金媛爱心奉献团队的志愿者对辖区生活困难的农民工进行走访慰问，现场为他们进行体检，并送上大米、食用油、牛奶、木耳等慰问品。叮嘱他们要保重身体，保持乐观向上的心态，积极地面对生活。农民工对志愿者的慰问表示感谢，表示一定会努力克服暂时的困难，过上更美好的生活。

【开展"文明祭扫　绿色清明"活动】 4月1日下午，锦苑春天社区党支部组织辖区党员干部、居民群众、流动人口等20余人在社区清风亭开展"见贤思廉　弘扬家风　文明祭扫　绿色清明"活动。在烈士遗像前，居民代表祭烈士献辞，大家郑重地为烈士献上菊花，深切表达对先烈们的追思之情。

【开展廉洁教育活动】 5月21日，董家窑街道锦苑春天社区党支部组织社区党员群众50余人走进中国传统家风典范—新建区汪山土库。开展以"传承优秀家规家训　培育锦苑文明家风"为主题的廉洁教育活动。通过此次活动，大家对传统文化有了新的认识，都表示要努力汲取程氏家族家风家训精华，更好地发挥优秀家风家训在传承社会文明、弘扬家庭美德、引领社会风尚、促进家庭和谐中的作用。

【开展禁毒专题讲座活动】 6月9日下午，锦苑春天社区党支部联合江西省公安厅离退休干部处、豫章小学二部在社区开展禁毒教育专题讲座活动。江西省公安厅的党员志愿者以图片的形式，对什么是毒品，以及毒品的种类做了详细介绍。帮助同学们准确识别毒品，并结合历年毒品犯罪的典型案例讲解吸食毒品对人体、家庭和社会造成的严重危害。讲座中，志愿者还着重教授孩子们预防、抵制毒品侵害的方法。最后，工作人员发放禁毒宣传资料，呼吁同学们树立禁毒意识，养成健康阳光的生活方式，珍惜生命，远离毒品。

【开展应急救援志愿服务活动】 9月9日上午，豆芽巷社区市民学校联合东湖区红十字会、雄鹰救援队在青山南路百货大楼门口，组织开展"急救与家庭意外伤害"为主题的"世界急救日"应急救援志愿服务活动。活动通过讲课学习、模拟演练、发放应急救护宣传册等方式，帮助居民学习掌握家庭急救知识和方法，提高居民应急救护知识水平及有效的自救技能，居民纷纷表示受益匪浅。

【开展庆国庆中秋联欢会活动】 9月27日下午，贤士花园第一社区在贤士湖公园大门口举办"喜迎十九大　庆国庆中秋"文艺联欢会。演出在独唱《今天是你的生日，我的中国》中拉开序幕，紧接着，社区居民还表演了京剧《沙家浜》选段、舞蹈《阳光路上》、独唱《我的祖国》《父亲的草原母亲的河》、口琴独奏《草原格桑拉》等各具特色的精彩节目。此次联欢增加了社区居民之间的感情，增强了社区的凝聚力。

【开展"九九重阳　关爱久久"活动】 10月25日，新华社区组织辖区老党员、空巢老人等50余名居民开展"九九重阳·关爱久久"重阳节一日游活动。活动组织参观曾服役34年，累计航程17万余海里的中国国产第一代导弹驱逐舰"南昌舰"和南昌军事主题公园。军事主题公园展示的军事装备主要由12架飞机，36辆坦克及火炮，100多件轻型武器组成。参观游览中，居民既放松了心情，又了解到军事知识。

【周关到社区调研"三风"建设】 10月25日上午，南昌市政协主席周关到董家窑街道南京西路南社区考察"三风"文化建设工作。周关等一行参观南福路"三风"建设示范街，认真观摩"优秀家训展示栏"、"三风"好人墙。南京西路南社区开展"兴家风、淳民风、正社风"主题活动以来，不断发掘身边的好人、好事，宣传、传递正能量，形成全民崇德的社会氛围。

【开展义诊送健康活动】 10月28日上午，豆芽巷社区联合南昌大学一附院党员志愿服务队在朱湖路50号开展重阳节"树敬老之风　促社会文明"义诊送健康志愿服务活动。活动现场，医务人员为居民们免费进行身体检查，包括测血糖、心肺听诊、血压测量等，向前来咨询的群众发放内容翔实、具有指导意义的健康教育宣传册，引导他们养成健康的生活方式。此次活动，不仅为市民们提供了便利的检查和健康咨询服务，也提高了群众健康生活意识，受到了居民们的一致称赞。

表 28　**2017 年董家窑街道社区居委会一览表**

居委会名称	主任姓名	户　数（户）	总人口（人）	居民小组（个）	办公地址	办公电话
贤士一路社区	朱振波	1455	4656	9	贤士一路 7 号	88624544
贤士二路社区	朱月娥	2218	7248	4	贤士二路 133 号	88612514
贤士花园第一社区	卢向阳	1652	5550	16	贤士湖住宅区 133 栋旁	88675632
贤士花园第二社区	殷　红	2147	6870	4	贤士湖住宅区 G 栋	88611520
南京西路南社区	邱昌莲	2096	7374	6	福州路 307 号	86292475
南京西路北社区	徐　平	2971	9769	17	永外正街 266 号	88624744
殷家巷社区	殷中民	1254	3260	6	二七北路 618 号	88596770
杏苑社区	陈明香	943	3540	5	永外正街 158 号	88699239
南永和路社区	陈　冬	1310	4581	5	青山南路 85 号	88634424
青阳社区	刘文勇	1406	4318	3	南永和路 21 号	88621851
青桥社区	徐小丽	1210	4057	3	青山南路 249 号	88634455
青山南路社区	张晓茜	1861	5587	5	佘山路 98 号	88624914
金家山社区	熊旭华	1961	5962	5	青山南路 400 号	88624944
朱家湖社区	何园珍	3065	10289	12	赣桥南路 138 号	88651758
豆芽巷社区	王小文	2615	7800	12	朱湖路 108 号	88625044
五纬路社区	余康凤	2162	6486	10	沿江北大道 1377 号	88624844
新华社区	江韶琴	802	1925	6	佘山路 59 号	88636125
锦苑春天社区	方丽娟	1276	3820	7	起凤路 317 号	86716457
紫金城社区	熊兰勇	3830	13405	3	证券街 179 号 20 栋裙楼	86287902

（刘文勇）

彭家桥街道办事处

【简况】　2017 年，彭家桥街道办事处辖区总面积约 5.42 平方千米，辖区户籍数 17510 户，户籍人口 5.3971 万人，常住人口约 7.8 万人。驻区中央、省、市事企事业单位 28 个，有 13 个社区居民委员会，1 个师大家委会。截至 2017 年底，街道所辖基层党组织 138 个，其中党委 12 个，总支部 3 个，党支部 79 个，非公有制经济党组织 22 个，社会组织党组织 22 个，街道直管党员共 1081 名。

2017 年，街道经济发展科围绕区目标任务，结合自身实际，积极部署，强化措施，分解目标，全面完成区委、区政府下达的各项经济指标任务。其中，财税指标完成情况：地方公共财政预算收入任务数完成 5830 万元，同比增量 323.02 万元。开放型经济及统计指标完成情况：截至 12 月，完成实际利用外资 517 万美元，现汇进资 134 万美元，实际利用内资 11105 万元，利用省外资金项目进资 6667 万元，完成千万元以上项目 5 个，亿元项目 1 个。统计口指标完成情况：社会消费品社消总额累计完成 491660 万元，增速 9.4%。限额以上零售额累计完成 284262 万元，增速 9.23%。固定资产投资完成 292001 万元，完成 100.37%。其中 5000 万以上固投项目完成 8500 万元，5000 万以下固投项目完成 196521 万元，房地产项目完成 86980 万元。楼宇经济完成税收 18491.92 万元，注册率 55.98%，贡献率 1733.76 元/平方米。完成千万元以上项目 5 个，亿元项目 1 个，街道组排名第三。重大重点项目完成情况：总投资额达到 8 亿元的东湖区总部经济大厦项目主体工程已完成90%，与深圳宝能集团、平安人寿江西总部洽谈入驻；总投资额达到35亿元的中海寰宇天下和总投资达到19亿元的融创青山湖壹号项目处在主体施工阶段。

2017年，街道坚持“以民为本，为民解困，为民服务”的民政工作宗旨，使民政工作为推动建设全面小康社会充分发挥作用，为构建和谐社会作出积极的贡献。截至年底，街道新增低保对象7户10人，停发低保对象6户7人，累计发放城市低保164户244人，累计发放城市低保资金571044元，医疗救助14人次，发放医疗救助金52943元。高龄老人生活补贴新增人数为191人，死亡人数为164人，街道总发放人数为1113人，累计发放金额1029980元，发放城市困难群众25床棉被、流浪乞讨人员发放10床军用大衣，2017年重阳节百岁老人3名、发放慰问金3000元，春节走访3人百岁老人慰问金3000元，发放居家养老券5人9000元；开展办证宣传，全年共有13名残疾人新办理残疾证，其中0—6岁残疾儿童2名；向10名精神残疾人发放精神康复代金券，每人850元；开展70岁以上老人免费办理意外伤害险工作，共计办理2170人；居家养老工作取得长足发展，新打造社区的居家养老服务达标点3个，示范点1个。

2017年，彭家桥街道党工委在区委的正确领导下，坚持以党建工作为统领，大力弘扬“崇尚荣誉·创先争优”东湖精神，围绕“基础工作抓规范、重点工作抓创新、整体工作抓推进”的工作思路，整合区域资源，以典型示范促全面发展，党建各项工作得到有效落实，为全街经济社会持续健康发展提供了坚强的组织保证。时任中央纪委副书记吴玉良、全国关工委主任顾秀莲、江西省纪委书记孙新阳、南昌市委书记殷美根、省关工委主任傅克诚和市领导谢一平、吴伟柱、刘瑄等先后莅临指导，街道及社区荣获全国民主法治示范社区、全国防震减灾示范社区、全省离退休干部正能量活动示范点等荣誉。

【扎实推进党建工作】 2017年，街道以“两学一做”学习教育为抓手，正风肃纪，筑牢党建根基。突出意识形态领域建设，利用微信公众号、大型显示屏、党员学习群等平台多种形式学习宣传中共十九大精神，原创歌曲《廉洁文明倡家风》MV被推荐报送中纪委网站，“廉洁文明家风，党员干部示范”活动做法多次获得省市纪委好评，中宣部、国家卫计委、江西省委先后组织中央、省市媒体深入光明社区宣传采访，《焦点访谈》《新闻联播》《光明日报》多次进行报道，街道新闻上稿获得全区街道组第一名。光明社区幸福大妈合唱团自编歌曲《我们跟党新长征》多次选送参加全区十九大宣讲演出。突出党建责任落实，召开社区党组织书记抓党建工作述职评议会，召集副科级以上领导、科室负责人，社区党组织负责人，党员和群众代表、驻区单位代表进行打分评比，对综合考评前四名的给予经费奖励，进一步压实党建责任。突出“两学一做”学习教育常态化制度化，突出“做”的要求，以为民服务为目的，开展“先锋创绩”、“三亮一帮四公开”、党员模范月、爱国主义教育观影、党员志愿者巡逻等系列活动。以社区“两委”换届工作为契机，调整提拔社区干部“两委”成员12人，优选35岁以下社区书记、副书记5人，基层干部队伍进一步优化，社区党组织战斗力明显加强。2017年，街道积极拓展新阵地，新打造示范社区1个，达标社区3个，通过协商民主、共驻共建新增社区办公服务用房1000余平方米。积极探索新模式，深入推进东湖区“231”党建先导工程，突破地域限制，以文教路北社区为试点，联系市地铁公安分局、区地税局等辖区内外相关单位建立党建理事分会，特别是与挂点“美丽南昌·幸福家园”环境综合整治的市民政局签订党建帮扶协议，以社区党群服务中心为平台，以智慧党建APP为纽带，以为民服务项目化常态化为牵引，大力开展“六联四议两提升”活动，打造惠民大讲堂、秋枫合唱团、许鸿照中医工作室等服务群众平台，积极探索城市基层党建有效模式。积极打造新亮点，扎实推进光明社区典型升级，持续深化“三环三风三服务，三大工程暖人心”主题服务活动，以党群活动中心、一小时课堂、五星学社为“三大平台”，以支部巡逻团、流动大舞台、LED大型显示屏、社区微信公众号为“四大载体”，提升“一小时课堂”“玩具接力坊”“李恒敏书法工作室”“张则林爱心帮忙团”“道德讲堂”等品牌亮点，为民服务更加务实有效，全年接待全国各地100余家单位考察学习，市委主要领导为此点赞，指出“光明社区已经成为南昌市的亮点、景点”。

【有序推进计生工作】 2017年,街道坚决贯彻执行国家现行生育政策,牢固树立以人为本和改革创新观念,深化依法治育和优质服务,创新利益导向和社会保障机制。截至年底,共办理一孩生育登记163例,二孩生育登记261例,办理再生育审批7例;给全街范围内的特殊家庭发放一次性抚慰金20例,审核发放独子生女父母奖励2130余人;2017年,为流入人口建立健康电子档案93份,流动人口健康教育宣传活动3场,关怀关爱流动人口健康义诊活动数4场;给辖区居民免费体检、测量血压300余人次;年前给全街范围内的特扶家庭送去春节慰问品25份,走访困难独生子女家庭3户,在“6·1”儿童节、“5·29”计生协会日、“7·11”世界人口日、药具宣传月,联合社区开展相应的宣传活动20余场次,共计发放计生政策宣传单3000余份,发放避孕药具2500多盒,组织辖区内的无业下岗育龄妇女参加“两癌”筛查及生殖保健检查,共完成120例;开展咨询宣传和免费孕前优生优育检查,共119人参加,全面完成区委区政府下达的人口与计划生育的目标管理。

【创新社会服务工作】 2017年,街道围绕民生任务整体推进各项工作,全面完成各项民生任务指标。截至年底,新增就业1090人,完成全年任务的112%;就业困难人员实现就业人数150人,完成任务的103%;家庭服务业从业人员168人,完成全年任务100%,失业人员再就业人数705人,完成全年任务108%,失业人员签到506人,为辖区失业人员办理就业失业登记证100余人,灵活就业27人;居民医保参保人数1万余人,居民社保参保人数60人;前台养老认证6600余人;录入江西省就业信息系统“一网五点”高校毕业生实名监测模块,共对全年毕业70位未就业大学生进行调查摸底工作;新发放小额贷款620万元,均提前2个月超额完成全年任务,街道人社所被表彰为2016年全市人社所绩效考核先进单位。

【做好城市管理工作】 2017年,街道坚持以“美丽南昌·幸福家园”环境综合整治活动为抓手,大力实施“两建三改五新六清”庭院微改造工程,投资300余万元,新增保洁车辆10台,粉刷楼道13560平方米,新增大型“便民信息张贴栏”64块;处理各类违章违规案件362起;每周街道综合执法队对辖区“三乱”集中整治2次;规范出店占道经营约1450起;取缔流动摊点约660起;规范非机动车乱停乱放约2640辆;收缴占道广告牌约130块;整治乱挂乱掉110起;发送限期拆除违法建筑通知书130份,拆除违建1900平方米;清理管线680处;废弃垂挂管线4680米;整治社区庭院72个,共发动7686人次参加劳动,清理暴露垃圾629处,屋檐顶棚垃圾838处,卫生死角220处,庭院杂物1248处;整治社区庭院72个,清理楼栋单元1135个,打造精品社区庭院10处,文教路546号、文教路481号被评为“最美庭院”,街办6月、7月、8月份连续在区级评比获得前三名,街道综合执法队在全市半年评比排名第一。

【加强平安创建工作】 2017年,街道与社区、各相关部门及辖区单位签订综治责任书51份,落实责任制;加大矛盾纠纷排查调处力度,推行“三建一通一长效”(建一条综治宣传长廊、一处高标准非机动车停放点、一个视频监控技防示范点;找准小区内部薄弱环节,打通关键点,营造安全、宜居生活环境;建立一套长效管理机制)平安创建工作模式,成功打造阳明东路791号和文教路481号两个平安小区。2017年,街道共排查出各类矛盾纠纷81起,共调处81起,调处成功81起,调处率100%,调处成功率100%;落实“两提升活动”工作部署会议要求,上门发放并张贴致辖区居民的一封信20000余份;开展各类综治宣传18次,发放各类宣传品2000余份,更新60期综治宣传栏;狠抓重点人员稳控,落实信访维稳工作,在全国“两会”、“一带一路”国际合作高峰论坛和“十九大”期间,没有发生一起赴京非访,实现“三个不发生”的工作目标。

【完成房屋征迁工作】 2017年,青山湖西岸硅酸盐厂地块项目征收面积约4.16万平方米,566户的征收工作,其中住宅540户,非住宅26户。6月29日张贴预征收公告;9月4日张贴正式征收公告;9月21日正式公布房屋征收评估价。截至年底,签订正式征收协议376户,完成比例66.43%。东湖区2017年第一轮国有土地上房屋征收工作,彭家桥街道担任分指挥部,街道总任务数326户,截至年底,正式兑付244户,完成比例为74.85%。

【吴玉良到光明社区调研廉政文化建设】 8月2日，中央纪委副书记吴玉良一行到光明社区考察廉政文化建设工作。江西省委常委、省纪委书记孙新阳，江西省委常委、南昌市委书记殷美根，江西省纪委常务副书记刘卫平，江西省南昌市委常委、纪委书记吴伟柱，区领导刘闯等一行参加考察。社区党委书记、社区主任刘云娟负责全程讲解。吴玉良一行实地参观社区《三环三风三服务，三大工程暖人心》宣传长廊、廉政宣传走廊、"廉洁文明家风"文化长廊、社区办公大厅、廉政活动场所、廉花园、小游园、先锋园等特色服务阵地，认真听取了刘云娟关于社区廉政文化建设工作的情况介绍。在社区廉政活动场所，吴玉良一行先后看到了正在李恒敏书法工作室授课的师生，在党员活动室参加"廉洁文明家风·党员干部示范"家规家训大家写活动的党员志愿者，在多功能文化活动室（纪律讲堂）排练原创歌曲《廉洁文明倡家风》的幸福大妈合唱团，感受到了光明社区浓厚的廉政文化氛围。对此，吴玉良给予高度赞扬，并与党员群众亲切互动。现场有群众表示："生活在光明社区，在清正廉洁的文化熏陶下，我们感觉到很光荣、很快乐、很幸福。"

【国家卫计委调研光明社区计生工作】 11月16日上午，国家卫生计生委指导司基层处组织的央视网、中国网、《精神文明报》、《健康报》、《人口报》、《中国人口报》、《中国妇女报》、《中国县域卫生杂志》、《健康咨询报》、中国妇女网、《第一健康报道》等二十余家中央媒体组团到光明社区，开展计划生育服务管理改革调研。此次采访团由国家卫生计生委指导司基层处处长徐拥军带队，江西省计划生育协会专职副会长刘慧玲、区领导雷强参加调研。

表29　**2017年彭家桥街道社区居委会一览表**

居委会名称	主任姓名	户数（户）	总人口（人）	居民小组（个）	办公地址	办公电话
北京西路社区	张天华	1160	7280	3	北京西路485号	88503503
文教路社区	罗　雁	1582	4746	3	文教路356号	88504910
建新社区	邱红莲	1269	3769	6	福州路456号黄埔豪庭	88567565
福州路北社区	熊淑青	2368	6978	6	洪都北大道258号	88502294
文教路北社区	刘小芳	1102	3300	3	文教路719号隆兴民居	88537809
湖滨南路社区	赵华兰	1080	2720	3	洪都北大道488号	88556507
李家庄社区	施兰英	1228	3192	13	洪都北大道1211号	88622894
光明社区	刘云娟	1677	5018	59	青山支路26号	88607629
七里街社区	邓永华	1680	3816	10	中大南路28号	88682381
青山北路社区	袁世辉	502	1625	4	青山北路100号南硅宿舍内	88626915
江中花园社区	谢清华	766	1746	7	洪都北大道919号	88611662
观欣社区	张　昕	1420	4118	10	李庄路59号康馨苑小区	86827023
新祺周社区	司军莲	821	2463	16	北郊新祺周	83068207
江西师大家委会	于　英	855	3200	1	北京西路437号	88506964

（徐艳江）

滕王阁街道办事处

【简况】 东湖区滕王阁街道辖区面积为0.98平方公里。辖区内分为9个社区居委会,居民小组113个,居民住户12717户,总人口为40105人,流动人口数2023人。

2017年,街道经济健康平稳发展。全年完成外资企业1个,省外亿元项目2个,1000万元以上项目7个,出口企业1个。利用外资实际到位资金、现汇进资、利用省外资金项目进资数、实际利用内资数4项指标均完成任务指标。社消全年增速达17.6%,新增社消企业1家、个体10家,服务业企业3家,服务业重大重点项目2个。地方公共财政预算收入全年完成3602.34万元,一企一策全年完成区级所得241.93万元。税收服务站房产税代征全年共征得635.76万元,递增45.11%。全年街道在全区经济工作综合排名第二。

2017年,街道不断增进民生福祉,推进民生保障。抓好精准扶贫,扎实开展社会救助工作。全年共发放低保金额267万余元。申报审批医疗救助42人次,发放医疗救助金38万余元。落实好居家养老工作。全年发放高龄老人补贴员11766人次,发放金额106万余元。开展多种形式的健康教育工作。开展健康知识讲座5次,义诊活动3次,健康公益性活动2次,参与群众达4000多人次,发放各类资料5000份。通过这些活动,满足了居民健康需求,提高了居民的健康素养知识。落实计生各项工作指标。2017年出生379人,计划内出生375人,计划外出生4人,计生率为98.96%。办理生育服务卡289张,社会抚养费全额征收1人,征收总金额6.65万元;办理独生子女办证204人,享受计划生育家庭特别扶助52人,申报城镇独生子女父母奖励2450人。发放各类宣传单8000份,宣传品2000份。积极推进社会保障体系建设,新增就业905人,“4050”就业困难人就业225人,下岗再就业478人,完成就失业登记59人,市退休人员退休签到4563人,东湖区区属退休人员退休签到615人,发放小额贷款金额290万元。

2017年,街道优化环境初见成效。以“美丽南昌、幸福家园”环境综合整治活动为抓手,大力开展环境整治。一年来,自购大型冲洗车一台、小型冲洗车五台,清理卫生死角514处,垃圾杂物转运1214车。粉刷外墙立面4572平方米,对辖区内九个社区楼道及楼道墙面进行粉刷和重新油漆。自行出资4万余元购置20个新型果壳箱、200个普通式果壳铺放到大街小巷内。划分非机动车停车泊位33处,机动车停车泊位13处。对辖区内章江路、民德路、抚河北路、叠山路、后墙路等多条主次干道管线进行了统一归整。对九个社区楼道庭院凌乱管线进行统一捆扎。共对28条主次干道进行了整治,清理乱摆乱放摊点共158处,拆除违章建筑3处,完成民巷示范社区建设,辖区卫生环境提质升级初见成效。

【推进基层党建工作】 2017年,街道积极组织开展街道科级领导班子民主生活会和机关支部学习活动,先后开展“廉洁文明家风,党员干部示范”专项行动大讨论、“廉洁文明家风,作风大转变”专题组织生活会、南昌舰“弘扬八一精神,争做合格党员”主题党员活动日等学习活动6次,大大地增强机关党组织的凝聚力。为提高街道整体党务工作能力,开展党务干部专题业务培训,召开“滕王阁街道社区党建工作交流观摩会”。

【提升社会治理能力】 2017年,街道不断夯实支点工程,保平安、利长远,促进社会大局和谐。街道党工委、办事处始终把平安创建工作作为一项大事来抓,将其列入党工委和办事处工作的重要议事日程。确实强化工作职责,落实好“三个”制度。一年来,共排查化解各类矛盾纠纷229起,调解成功率达100%。大力加强综治宣传,提升群众安全感满意度。上门入户40000余人/次,发放《致居民群众的一封信》40000余份,入户宣传单60000余份,悬挂宣传标语横幅83条,更新宣传展板60块,开展综治宣传活动9次,开展警民恳谈会25次。加强群防群治队伍建设,组织30余人的专职巡防队伍定人定点定岗开展巡逻,实现巡防全覆盖。积极开展“6·26”社区戒毒(康复)工作站工作。

【引进重大项目】 2017年,街道成功引进南昌新大泽城市酒店管理有限公司项目,进资约8094万元;引进江西汇百实业有限公司项目,进资 9090 万元;引进好利价值(香港)有限公司投资 1.4 亿美元,在辖区建设国际知名品牌希尔顿酒店。

【开展计生优质服务工作】 2017 年,街道组织辖区 190 位育龄群众参加“两癌”普查,160 人参加国家免费孕前优生优育检查。开展“药具十进”服务,共发放避孕药具 30000 份,其中服务单位 36 个,发放避孕套 8000 只,外用避孕药 1000 份。在上凤凰坡社区打造集宣传教育、药具发放、生殖保健、计生服务等综合功能于一体“计生温馨服务室”。

【开展健康教育活动】 2017 年,街道开展多种多样的健康教育活动。1 月,开展流动人员保健知识讲座活动;3 月,在滕王阁社区开展庆三八国际妇女节健步走赣江行活动;4 月,迎检省爱卫会的卫生城省检;5 月,在上凤凰坡社区开展第 30 届世界无烟日控烟知识讲座活动,并结合控烟活动在 6 月份评选出了南昌市第二中西结合医院和南昌市出新幼儿园两家“无吸烟单位”和 45 户“无吸烟家庭”;6 月,在上凤凰坡社区结合粽子邻里节活动开展一次家庭医生义诊活动,通过“相约健康社区行”巡回讲座和义诊活动,满足了居民健康需求,进一步提高了居民的健康素养知识,倡导了健康的生活方式,参与群众面广,深受广大居民的好评;9 月,开展全国爱牙日讲座;10 月,在民巷开展,中医保健知识讲座。

【开展安全生产治理工作】 2017 年,街道组织所辖社区普遍开展安全消防知识讲座,进行消防应急实战演练。与辖区内的 702 家临街店面以及单位签订安全生产消防责任状,发放 2000 余份安全生产倡议书,并在日常安全隐患排查的同时,展开对电动车,违章搭建,小酒吧,幼儿园,燃气站点,变压器及三合一,老楼危楼等重点场的专项排查,并建立安全生产排查台账。

【落实基层党组织标准化建设工作】 2017 年,在街道申报的 6 个打造党组织标准化建设社区中,章江路、滕王阁、榕门路社区完成办公用房硬件建设,并已入驻办公,射步亭社区处在装修阶段。街道开展软弱涣散党组织整顿工作,制定《滕王阁街道整顿方案》和《滕王阁社区整顿方案》,滕王阁社区按照要求整改到位。抓责任落实,建立党建工作联动机制。先后出台《党工委中心组学习制度》《党课制度》《党员谈心制度》《党支部大会制度》《民主生活会制度》《党工委议事规则》等 15 项党内政治生活制度,制定学习规划,严格党员考核,实现党建工作规范化。逐级落实党风廉政建设主体责任,2017 年,街道在党工委会议上专题研究党风廉政建设工作 9 次。开展围绕作风大转变的专项整治行动,以廉洁文明家风,党员干部示范为标杆,盯牢盯紧违反中央“八项规定”、“四风”反弹等容易滋生腐败的领域。增配纪工委副书记和专职纪检干部,提升纪工委办案能力,突出执纪问责,彻底纠正“懒政”之风,累计约谈各类人员 11 人。

【开展特色品牌系列文化活动】 2017 年,街道与南昌市兰花协会联合举办第二届滕王阁迎春兰花展,得到省市媒体和市民的广泛关注,参观人数达 4000 多人次。与滕王阁管理处共同承办第二届金婚盛典活动,重阳节 99 对金婚老人在滕王阁漫步红毯,吸引社会极大关注,中央、省、市电视台等媒体进行全程报道。结合纪念中国人民解放军建军 90 周年大庆,开展以“三社”联动庆八一、善心如虹感军魂等大型公益活动为核心,走访老战士、街头巡演等多项纪念活动,打造子固路红色军旅文化纪念墙,以浓厚的“红”味、“军”味,唱响“滕阁红”,中央及省市相关媒体进行跟踪报道。与南昌市游泳志愿者、专业水救人员、医护人员等相关专业人士共建东湖区滕王阁水上救援协会,队伍成员曾多次参加国内省内大型水灾救援及赣江水上救援行动和保护赣江“母亲河”生态环境活动,成为南昌市民间公益救援组织的标杆。

表30 **2017年滕王阁街道社区居委会一览表**

居委会名称	主任姓名	户数(户)	总人口(人)	居民小组(个)	办公地址	办公电话
子固路社区	曾丽娟	1417	4001	12	射步亭4号	86700261
李家巷社区	李 洁	1564	4136	11	东龙须巷5号	86706044
民巷社区	章 华	2001	6003	18	后墙路108号	86792314
滕王阁社区	蔡晶晶	1174	3984	7	子固路135号	86700704
榕门路社区	魏 瑛	1197	4389	21	棕帽巷34号1楼	86700264
章江路社区	汪纪文	1440	4500	16	民德路511号	86700694
上凤凰坡社区	周梅兰	1174	3969	12	上凤凰坡12号附1号	86633454
射步亭社区	胡 梅	1646	5761	6	李家路24号	86706174
铁街社区	涂冬妹	1104	3362	10	铁街36号	86632874

(唐文清)

贤士湖管理处

【简况】 2017年,贤士湖管理处围绕“三个文明”融合发展和“三个东湖”决策部署,坚持以经济工作为中心,科学调度,合理安排,所辖6个村社会安定团结,较好地完成区委、区政府布置的各项工作。

以经济发展为中心,促进村级收入提升。一是确保按时完成目标任务。管理处地方公共财政预算收入、固定资产投资、社会消费总额等各项经济指标都按既定计划进度进行,新引进项目31家,其中亿元项目1个——江西省供销发展冷链物流产业基金(有限合伙)。二是重大项目推进顺利。市重大重点项目——中国黄金交易中心建设工程按进度施工建设。洪茂大厦完成封顶,贤士湖大厦按期建设。三是村集体收入稳中有升,2017年村民人均收入同比增长8%。

以物业管理提升为重点,提高村民生活质量。一是提升城市管理水平。按照“美丽南昌·幸福家园”综合环境整治的要求,全力抓好市政环卫设施的管护工作,修复破损道路50平方、损坏路灯60盏,更换一批新垃圾桶300个,添置小型冲洗车6台。二是不断提高封闭式小区物业管理。确保人员到位,资金投入到位,杜绝小区“乱堆、乱放、乱停、乱摆、乱贴、乱拉、乱牵”现象。三是全力整治开放式居民区。在四个开放式小区的中心路进行道路面白改黑5条2700米,立面进行粉刷美化的同时完成家风家训等宣传画5万余平方,清理居民楼道杂物垃圾2800处,卫生死角360余处,共240余车,整治占道经营、乱摆摊设点、乱堆乱倒等问题700余起,切实地改善居民区市容环境。四是强化宣传。开展我爱我家2小时义务劳动活动,并形成长效机制,为群众做好示范、树立榜样,营造城市管理人人参与、齐抓共管的良好氛围。

以平安小区打造为主线,促进辖区社会稳定。一是强化责任意识,加强工作目标的落实。强化“一岗双责”的责任意识,增强“发展是第一要务、稳定是第一责任”的意识。二是强力夯实综合防控基础。依托物业化管理,平安小区打造全面推进。各项制度、温馨提示牌、非机动车停放点、消防自救点、综合监控室因地制宜建设到位,公众安全感切实提升。加强综治“三项”建设,综治防控平台全面建成,实现天网、地网、专网、人网的“四网合一”。三是信访工作局面良好。针对历年的征迁遗留问题,积极与有关部门沟通联系,争取早日解决问题;另一方面对群众上访反映问题,坚持疏导,宣传政策,积极做好村民思想工作。特别是十九大会议期间,管理处无任何信访问题,有力地维护了辖区稳定。四是巩固安全生产,杜绝火灾隐患。全年在安全生产、消防等工作方面做到无事故、零伤亡的优异成绩，为创造良好安全的社会环境奠定基础。

以民为本，全面发展各项社会事业。一是计生工作围绕二胞政策，开展优质服务。二是认真做好民政工作，保障困难群众生活。为43户75人城市低保发放低保金及各项补贴352050元，发放城乡医疗救助金49650元。三是配合区人劳局做好管理处6个村5795人“被征地农民养老保险”的保费收缴工作，积极开展新一年7130人城镇居民基本医疗保险续保工作。四是开展丰富多彩的文体活动。管理处各村充分利用党群服务中心的活动阵地，开展围棋讲座、书法培训、瑜伽培训、红色影院等多种文化活动，真正把党群服务中心打造为“群众之家”。组织开展“军歌唱响英雄城”军歌传唱、“迎中秋、庆国庆”同心家园联欢晚会、“迎三八”趣味运动会等多种文体活动，深受村民的喜爱和欢迎。

【增强基层党组织战斗力】 2017年，管理处党工委致力于加强干部队伍素质建设，在全处上下形成“忠诚担当、善谋实干、敬业奉献”的贤士湖人精神，并作为集体的文化内涵和推动一切工作的动力，深入人心，人人皆知，内化于心，外化于形，自觉转化到实践行动中来，转到争先创优中来，转到为民服务中来，村级党组织的凝聚力、向心力和战斗力进一步增强。一是强化基层组织建设，构建基层党组织网格全覆盖体系。新成立非公综合党委1个、村民小组党支部7个、非公企业党支部4个、个体工商户党支部6个、群体团体、离退休党员、物业公司等非公社团组织党支部10个，新成立党组织28个。二是促进干部素质提升。成立业余党校，定期进行授课。同时，印发学习资料供党务干部进行自主学习，并通过以考促学，来检验学习效果，多次组织党建知识“应知应会”考试。每年向处班子成员、中层干部和各村主官荐读2本好图书。联合华图教育举办四期“办文办会”培训，为党务干部“充电供能”。在全区率先设立纪律讲堂，定期开展学习活动，以多元化的形式丰富党员学习的载体和内容，强化干部的纪律意识和党性观念，加强干部的作风建设。三是促进组织能力提升。安排班子成员中6名干部分别到各村担任“第一书记”，指导党建工作，进一步增强基层党组织战斗力。

【推进基层党组织标准化建设】 2017年，在2016年度高标准建设长巷村、贤湖村、永溪村3个示范级党群服务中心的基础上，街道完成剩下3个村七里村、公园村、永和村党群服务中心建设。在硬件建设方面，以赶超“光明社区”的勇气和“五年不落后”的标准打造，既有“六室三站一平台”的标配，又有先锋广场、家训长廊、青年空间等增配内容；在软件建设方面，坚持“开放、共享、惠民”的理念，以“为群众服务、带给群众切身实惠”为目标，通过搭建“四个平台”、开展“三大品牌活动”和“党员五项行动”，突出党群服务中心服务党员、服务群众的功能，让居民群众“进得来、留得住、还想来”，让村党群服务中心真正成为“群众之家”。管理处同时主动借力、发力、给力，大力推进文化“软实力”建设，开展一系列喜闻乐见的群众文体活动。如年度优秀共产党员评选、男子篮球赛、“身边十美”评选等。在此影响下，各村群众活动蓬勃开展。长巷村被授予江西省农民书法示范村，贤湖村的国学讲堂和青巢中心广受好评等等。

【打造青年空间】 2017年，为了拓展青少年暑期活动空间，提高团组织的凝聚力和吸引力，加强对青少年的联系，打造品牌化活动平台，更好地服务和引导青少年，贤士湖管理处在各村的党群服务中心打造青年空间，贤湖村青巢空间则是代表，内设有文体活动室、图书阅览室、青少年学习室、绿色网吧、青春驿站和志愿者活动室。一是打造“玩聚成长基地”，丰富青少年娱乐生活。玩聚成长基地包含传统的“三棋”区域，集阅读、玩乐、休闲于一体，充分发挥玩聚成长基地的最大功能。与南京路小学、江西科技师范大学、南昌国际象棋协会形成共建，象棋协会的吴江文老师于每周六上午在青年空间开设“三棋”培训班（国际象棋、围棋、跳棋），给孩子们以智慧启蒙。南京路小学的吴莉老师于每周日开展国学讲堂，教授孩子们传统诗歌。另外孩子们还可以在青年空间里借阅书籍、玩耍桌上冰球、桌上足球等娱乐活动，让青少年玩聚成长。二是设有“心愿池”，让困难小朋友书写自己的微心愿，定期认领小朋友的微心愿，力所能及地帮助他们解决生活和学习中遇到的困难和问题,实实在在地帮助他们实现“微心愿”。三是打造青春驿站心理咨询室。利用心理沙盘,进行一对一的心理咨询活动,每个月定期开展不同主题活动。四是开办暑期夏令营绘画班。由村团支部书记和村里的两名志愿者担任老师,教授小朋友们绘画,培养青少年的艺术细胞。五是用空间开展形式多样的青少年儿童活动。开展“庆祝六一儿童趣味游戏活动”。每一个孩子都从参与游戏中体验到了童年的快乐。

【开展铁路沿线整治工作】 2017年,贤士湖管理处铁路沿线总长1700米,涉及长巷、贤湖、永溪、公园、七里5个行政村。成立由主任黄际财为组长的整治小组,全面开展排查,针对发现问题建立台账,强化沿线环境管控,集中人员、精力耐心细致地上门宣传劝说,对问题未解决的难点区域,加大力度,研究对策,集中人力、财力和物力进行集中整治,收到较好效果,通过省、市的验收。一是清理铁路工区路香江家具城拆迁工地建筑垃圾15000平方米、约500吨,铺设防尘网和撒草籽,地块内残余墙体清理拆除到位,三栋未拆除房屋已经遮挡。二是铁路沿线整治清理垃圾杂物1000平方米、40吨,清理吊挂棚顶垃圾卫生死角1200平方米、3吨,清理整治菜地1500平方米,拆除违章搭建3栋,拆除违章广告牌20块,清理广告垃圾12000条,共投入人力150人次。三是对京九线公园村留盔自然村沿线、永溪殷家墩自然村沿线共56栋楼房约14000平方米进行美化、亮化。

【推行志愿者服务“一村一品”活动】 2017年,贤士湖管理处积极发挥党团组织和社团组织作用,成立“小六娃”志愿者协会,通过党建带团建,组织志愿者,因地制宜、因村而异开展“一村一品”志愿者服务活动。如:长巷村的“幸福小手”,贤湖村的“三风行”和永溪村的“红色驿站”等。在五四青年节来临之际,管理处联合六村开展“六娃携手、共享阳光”微心愿认领活动,六个村志愿者为贫困儿童贡献自己的一份爱心,认领微心愿,并与一名受助困难学龄儿童相伴,共享美好,带领小朋友进行一次趣味科技之行。

【促进村民文化生活提升】 2017年,管理处各村针对“妇女儿童多、家庭主妇多、流动人口多”的特点,依托村党群服务中心的活动阵地,以丰富村民业余文化生活为目标,打造特色品牌,鼓励党员和群众充分发挥自身特长积极参与。长巷村的瑜伽培训班有20余名固定学员,每周定期开展活动。其他村也根据本村实际,组织插花、烘焙等活动,吸引众多女性村民参与。管理处于“三八”国际妇女节组织的家庭趣味运动会,也受到了村民群众的喜爱。

表31 **2017年贤士湖管理处村民委员会一览表**

村委会名称	主任姓名	户　数(户)	总人口(人)	村民小组(个)	办公地址	办公电话
长巷村	谌天伟	622	1683	7	长巷新村266号香樟住宅小区内	88623771
永溪村	殷润强	325	1312	4	洪都北大道697号	88502682
七里村	陶国强	948	2695	10	青山北路水岸观邸旁	88623255
公园村	殷国平	264	503	0	殷家巷95号	86217365
贤湖村	魏黎明	156	548	0	东湖区二七北路636号	88635673
永和村	王　强	263	642	0	永外正街352号	88636058

(熊　瑛)

扬农管理处

【简况】 2017 年，扬农管理处辖区总面积 2.67 平方公里，其中种养殖面积 1600 亩，户籍人口 1340 余人，其中流动人口 248 人。下辖 2 个社区，即德成社区和绿苑社区。截至年底，管理处共有 3 个基层党组织，有党员 134 人。完成德成社区和绿苑社区的基层党组织示范社区打造。2017 年，实际利用外资 307 万美元；现汇进资 80 万美元；实际利用内资 5760 万元；利用省外资金 3456 万元；500 万元以上固定资产投资全年完成 2360 万元；2017 年管理处民政计策工作有条不紊。民政工作：春节慰问走访贫困职工群众 79 人，发放慰问金 35000 元；全年新增低保 1 户，停发 2 户，调整 4 户，截至年底，管理处共有低保户 11 户，19 人。老龄委方面：审核登记 80 岁以上老人高龄补人数为 38 人，其中 90 岁以上 3 人，发放高龄补贴 39950 元。优抚方面：为 1 名两参人员发放生活补助金 9600 元。计生工作：管理处已婚育龄妇女 284 人，共办理独子奖励 76 人，一孩生育服务卡 5 人，二孩生育服务卡 8 人。公租房政策：为 4 户居民办理公租房申请手续。落实改制企业职工后续保障。为 17 名改制企业职工办理正式退休手续。2017 年管理处主要围绕"控储备、抓项目、促民生、保生态、谋发展"的目标定位，着力抓好民生实事、控违拆违、经济发展、和谐稳定、党风廉政等重点工作，较好地完成全年的各项目标任务，全处经济社会各项事业取得显著进步。

民生工程进展顺利。扎实推进 2011 垦区危房改造项目在建工程，主体工程全部完工；精心筹划 2013 垦区危房改造前期工作，完成了立项、设计审批图审、控制价评审、招投标等程序，有序地推进项目施工前期相关手续办理。建管并重，城市管理统筹推进。严格执行扬子洲地区土地控制储备政策，建立防控机构，健全考核机制，控违形势有效稳控；大力实施新农村建设项目，全面打好治脏治乱攻坚战，极大地改善辖区居住环境；加强农业水利建设，提高农业灌溉及抗旱排涝能力，为居民生产创造良好条件。

社会事业全面进步。进一步落实社会保险、社会救助、社会优抚等政策，落实城乡低保、临时救助等各类配套资金，完成征收社会抚养费、申请审批发放二孩证件等，加强二孩政策宣传工作，进一步完善社区公交站台、化粪池疏通、绿化美化亮化提升改造等建设，为居民生活提供舒适环境。组织制定防汛抗旱应急预案、备齐防汛物资、加强巡堤查险，防汛抗旱工作落到实处。

提升机关效能。坚持每周一工作例会及学习制度，加强机关效能建设，完善政务公开制度，全面优化政务环境；落实党风廉政建设责任制，落实"三重一大"制度，认真履行"一岗双责"，严格遵守"八项规定"及关于廉洁从政的各项规定，完善上班值班考勤制度、公车使用制度、公务接待制度等，廉政建设积极推进。

【推进垦区危房改造工作】 2017 年，管理处继续推进 2011 年垦区危房改造项目。该项目建筑面积约 2.8 万平方米，总投资 5980.38 万元，共建 3 栋 11 层小高层 256 套及配套一所 6 班幼儿园。其中项目主体施工于年底竣工验收；另室外附属工程于 9 月份开工，完成场地平整、道路硬化。加快推进 2013 年垦区危房改造项目建设。该项目完成项目选址意见书、用地规划许可、项目用地批准书、项目设计单位公开招投标、建筑方案的审批、管线方案设计、初步设计的编制、管线方案、初步设计的批复、施工图审查备案、工程公开招投标、质监等前期手续，下一步办理安监手续及建筑施工许可证。

【加强新农村建设】 2017 年，管理处以植树节为契机，在 2016 年年底建成的 2360 平方米的扬农广场上，进行春节义务种树绿化广场活动，区四套领导班子成员和区直部门主要负责人到现场进行指导并参加义务种植，共种植红叶石楠、紫薇、八月桂（低分枝）、茶梅等灌乔木 690 株，基本成活，不仅美化了扬农广场，更改善了周边环境。同时完成扬农广场东侧 U 型槽沟渠工程改造施工和验收工作，获得群众的一片好评。

【促进环境改善】 2017 年，扬农管理处多措并举，促进环境得到改善。一是强化市容保洁工作。加大环境保护及长效管理的人力、物力及财力投入，投入 10 万余元，完善垃圾中转站等相关基础设施，购买三轮高压冲洗车和垃圾箱；确定路长制,确保环境有人管理、有人负责;配足环卫工人,普遍建立环境卫生“门前三包、分区包干、定责考核”的长效保洁机制,建立和完善环境管理考核机制,集中开展整治环境脏、建房乱、设施差、僵尸车乱专项整治行动,辖区生态环境得到极大改善,得到了广大职工、居民的支持和赞誉。二是加强社区环境治理。投入近20万元,对德成、绿苑两个社区整体环境进行改造提升。通过为小区安装庭院灯、在休闲广场安装安全地垫、对凉亭进行维修、对绿化带进行修整、在围墙周边种植植物、划定停车位、对电动车棚进行改造、打造封闭式和敞开式两种免费爱心车棚等举措,实现社区路平、水通、灯亮、树绿。按照“美丽南昌·幸福家园”环境综合整治要求,制定《扬农管理处“美丽南昌·幸福家园”环境综合整治推进工作实施方案》及工作推进表,根据工作推进表组织机关、社区干部职工、党员志愿者等义务劳动10多次,对扬农路主干道、小区垃圾进行清理,同时加强对倾倒各类废弃物、违章搭建等行为的督查工作;出台《扬农管理处2017年“清河行动”实施方案》,开展清理母亲河行动,对赣江圩堤扬农段沿线垃圾进行清理,确保环境整治有成效,生态文明建设上台阶。

【做好基础设施改造升级工作】 2017年,管理处坚持早动员、早部署原则,未雨绸缪做好水利建设工作。投入45万元完成200米长的防汛内堤护坡工程,投入3.8万元对7个水土流失点进行除险加固,及时消除安全隐患;投入45万元完成堤顶路拓宽硬化改造工程,确保辖区2.35公里防汛道路畅通,极大地方便周边群众出行;投入12万元对农业水渠进行清理疏通,着重治理淤塞问题,提高农业灌溉及抗旱排涝能力,为居民顺利开展生产创造良好条件;投入近16000余元完成农业用电线路改造,有效消除安全隐患。投入近23万元,对扬农路路面进行修复、人行道进行整修、外墙进行装饰,改变扬农路排水堵塞、道路坑洼的现状,为方便居民出行、改善辖区环境创造条件;投入3万余元对扬农路道路两侧墙面进行美化,提升辖区文明形象。

【做好国有土地使用权确权登记等工作】 8月,管理处开始开展国有土地使用权确权登记发证工作。该项工作成立专项领导小组,明确分工、落实责任。同时区政府出台相应的工作方案,该项工作在年底基本完成。

【推进基层党组织标准化建设】 2017年,管理处一手抓理论学习,一手抓活动实施。推动“两学一做”学习教育常态化制度化,持续深入学习党章党规、学习系列讲话,开展“四讲四有”合格党员标准专题学习讨论,切实增强党组织和党员的政治意识、大局意识、核心意识、看齐意识。开展具有扬农特色的心愿交换、保护母亲河、三心服务活动,充分利用基层党组织标准化建设平台,完善“心愿交换所”职能,发放爱心存折300余本,帮助辖区空巢老人、困难群众、留守儿童实现微心愿;引入社会组织—广爱义工协会,开展党员志愿活动,多次走访慰问辖区困难党员;实施“走出去”战略,到东湖仁爱之家、新建区石岗镇开展敬老助残活动;开设“三点半”课堂、社区党群服务中心,为居民提供学习、休闲、娱乐场所,让老人舒心、小孩开心、年轻人放心。落实党内激励关怀帮扶机制,全年共发放党员帮扶和救助资金10余万元,帮扶老党员、困难党员30多人次。

【开展平安创建工作】 2017年,管理处积极做好综治维稳工作。开展综治宣传月活动,开展各类矛盾纠纷排查和消防安全专项整治行动,全处共排查出各类矛盾纠纷及不稳定因素5起,妥善调处5起,特别是通过多次查找文件,帮助多次到市、区上访的黄礽祥解决改制信访事件;购置并安装133只灭火器;每月社区召开一次警民恳谈会,拉近警民距离;扎实开展提升公众安全感走访工作,共走访辖区常住户402户,走访率达100%,收集并解决居民意见建议13条;申报为民小区、绿苑小区为“平安小区”创建点,按照要求安装高清电子监控探头30个,为民小区已通过区“平安小区”考核组考核。做好安全生产工作。与社区及辖区企业签订安全生产责任状和安全生产承诺书,发放安全生产倡议书近500份,发放宣传册500余份,安全知识读本50本。组织开展安全生产、消防知识培训会,制定安全生产隐患排查责任表,成立4个安全生产及消防安全隐患排查队,按照安全生产工作责任表,加强对工业企业、建筑业、服务业及农业等14家行业排查,生活用电、用气家庭230户,发现问题及时上报解决,有效地防止安全事故的发生。

【做实做细民生实事】 2017年,管理处把加强社会救助作为重要工作来抓。推进落实社会保险、社会救助、社会优抚等政策,落实城乡低保、临时救助等各类配套资金,为符合条件的群众提供帮助。截至年底,管理处共有低保户11户19人,共计发放城市低保金100870元,为低保户申办慈善超市购物卡。开展春节走访慰问工作,春节前走访慰问困难群众62户,发放慰问款27000元。做好慈善一日捐活动,共募得善款3800元。做好特殊群体的慰问工作,做好弱势群体的志愿服务工作。在德成社区打造一个近200平方米的社区居家养老服务中心,设置休息区、娱乐区、就餐区,同时添置生活用品,供辖区老人休息、娱乐。强化卫计服务。完成征收社会抚养费、申请审批发放二胎证件、申请上报落实失独家庭享受国家补贴、新生儿录入等工作,进一步加强二孩政策宣传工作。组织2次体检,为200余名计生妇女进行生殖健康检查;为13个新生儿录入信息,为育龄家庭办卡17张;免费为922位居民、干部职工及其家属办理了居民健康卡;认真做好江西省城镇居民独生子女父母奖励办法申报工作,为80余户符合条件的居民进行登记。落实改制企业职工后续保障。按照当年退休、当年办理、当年补缴社保、逐步消化的原则,全年共为17名改制企业职工办理正式退休手续。帮助下属企业职工黄礽祥协调改制及经济补偿安置费事宜,同时,积极帮助1020名困难职工解决医保定性问题。

【加强档案管理建设】 2017年,管理处向区档案局申报升级为省二级档案室,为进一步做好档案管理工作,确保档案有专人管理、管理规范,达到省二级要求。8月,管理处专门聘请有档案整理经验的老师到现场整理档案,并安排专人学习和管理;同时投入25920元购买手动密集架,将档案统一入库,确保档案管理工作按照要求进行保存和管理。

【推进党风廉政建设】 2017年,管理处扎实开展廉政建设工作。按照区委、区纪委要求,结合管理处实际,处党工委、纪委签订党风廉政主体责任、党员廉政监督责任状;设立纪律讲堂,以每周二学习为契机,收看党员干部廉洁文明家风宣传片,开展廉洁文明家风公开倡议活动、大讨论活动。开展节假日廉情监督,要求严格遵守节日期间公务接待、公车管理、廉情自律等方面规定。开展党员干部带头移风易俗简办婚丧喜庆、带头落实“两报告两告知两承诺”学习。根据区纪委巡查意见,制定关于落实区委第二巡察组反馈意见的整改方案,针对存在的“两个责任”、落实中央“八项规定”、执行财务管理制度、机关作风等方面问题,有针对性地提出需要加强和改进的意见建议,进一步推动廉政工作扎实有效开展。

表32 **2017年扬农管理处社区居委会一览表**

居委会名称	主任姓名	户 数(户)	总人口(人)	居民小组(个)	办公地址	办公电话
德成社区	陶爱节	187	567	7	扬农路871号	88677052
绿苑社区	陶勇杰	152	457	6	扬农路1029号	88670500

(王 珍)

人　物

区级领导机构成员名单

（副县级及以上，截至2017年12月31日）

中国共产党东湖区委员会

书　记：刘　闯
副书记：高辉红　陈　曙（任至11月）
　　　　贾彧超（11月任）
常　委：焦玉庄　胡洪水　唐铭市　刘光荣
　　　　夏小兰（女）　　陈　俊　胡志强
　　　　张　恩　雷　强（9月任）

南昌市东湖区人民代表大会常务委员会

主　任：喻国泰
副主任：彭雅琳（女）　余　瑾（女）
　　　　谢　蓉（女）　郑洪健
　　　　谭阿莉（女）　万里涛

南昌市东湖区人民政府

区　长：高辉红
副区长：夏小兰（女）　雷　强（9月任）
　　　　童萍如（女）　陈国梁　万　勇
　　　　万　明　杨　峻

中国人民政治协商会议南昌市东湖区委员会

主　席：王　玮（女）
副主席：欧阳桃花（女）　谢保成　冯于水
　　　　谢　华　　　　余　坚　胡涛湘（女）
　　　　胡　薇（女）

南昌市东湖区人民武装部

部　长：张　恩
政　委：邱建新（12月任）
副部长：朱苏辉（12月任）

（余逸凡）

区直机关各单位（含垂管单位）负责人名单

（正科级及以上，截至2017年12月31日）

区委工作机构

区委办公室
　主　任：杨　斌
区委台湾工作办公室
　主　任：胡　政（任至4月）
区委组织部
　部　长：唐铭市
　常务副部长：张庆川
区直机关工委
　书　记：张庆川
区委老干部局
　局　长：龚武红（女）
区委宣传部
　部　长：胡洪水
　常务副部长：冯玉成（任至9月）
　　　　　　　邱　波（9月任）
区委统战部
　部　长：焦玉庄

区侨联
主　席:朱莉群(女)
区委政法委
书　记:胡志强
常务副书记:谈　浔
区综治办
主　任:饶接华(任至4月)　陶新政(9月任)
区委、区政府信访局
局　长:唐　浩
区纪委
书　记:刘光荣
副书记:谌卫东　肖迎春(女)
区编委办公室
主　任:魏桂文(女)
区委党校
校　长:赵兴中
区防范办
主　任:罗长水
区史志办公室
主　任:陈耀武
区机关事务管理局(区委、区政府接待办)
局　长(主任):赵英姿(女)

区人大机关

常委会办公室
主　任:李明儿
财政经济工作委员会
主任委员:胡雪洪(9月任)
选任联工作委员会
主任委员:吴　蕾(女)(任至9月)
万　雯(女)(9月任)
法制专门委员会
主　任:肖黎超(女)
内务司法工作委员会
主　任:万云初
代表履职服务中心
主　任:朱晓磊

区政府工作机构

区政府办公室
主　任:查秋滚
区发改委
主　任:易年忠
区教科体局
局　长、书　记:舒小红(女)
区司法局
局　长、书　记:罗咏琴(女)
区民政局
局　长、书　记:许前佐
区财政局
局　长、书　记:廖　军(女)(4月任)
区人力资源和社会保障局
局　长、书　记:毛　青(女)
区审计局
局　长:陈　峰(女)
区环境保护局
局　长、书　记:李青峰
区城市建设局
局　长、书　记:万晓荣
区城管委
主　任、书　记:周春雷
市城市管理行政执法局东湖区分局
局　长、书　记:熊林梁
区住房保障和房产管理局
局　长、书　记:钟　华
区商务局
局　长、书　记:焦旭晖
区市监局
局　长、书　记:黄　超(4月任)
区文化广电旅游新闻出版局
局　长:胡　薇(女)(任至4月)
陈贞珍(女)(4月任)
书　记:胡　薇(女)
区卫计委
主　任、书　记:钟　华(任至4月)
涂　勇(4月任)
区统计局
局　长:廖　军(女)(任至4月)
区安全生产监督管理局
局　长:胡雪洪(任至9月)
蔡　舸(女)(9月任)
书　记:徐文平(9月任)
区监察局

局　长:肖迎春(女)
区人民防空办公室(区民防局)
主　任(局长):卢国华
扬子洲镇
书　记:唐榕星(女)
镇　长:邹　斌
八一桥街办
书　记:宋　晓(任至9月)
主　任:杨　峰
豫章街办
书　记:许　强(4月任)
主　任:黄　灿
墩子塘街办
书　记:黄芝义
主　任:王丽萍(女)(任至4月)
饶接华(4月任)
百花洲街办
书　记:付振海
主　任:黄　征
公园街办
书　记:陈海龙
主　任:傅　军
大院街办
书　记:涂　勇(任至4月)
喻　菡(女)(4月任)
主　任:喻　菡(女)(任至4月)
程小浪(4月任)
董家窑街办
书　记:万　华(女)
主　任:张　群(任至4月)　刘志坚(4月任)
彭家桥街办
书　记:张　勇
主　任:李良清
滕王阁街办
书　记:邱　波(任至9月)　冯玉成(9月任)
主　任:姚　涛
贤士湖管理处
书　记:杨征宇
主　任:黄际财
扬农管理处
书　记:谌　洁(女)(4月任)
主　任:谌　洁(女)(任至4月)

区档案局
局　长:林　波(任至9月)　熊　伟(9月任)
区行政服务中心
主　任:张　焰(女)
区企业资产管理服务中心
书　记:周　璐
区金融工作办公室
主　任:张　璇(女)
区防震减灾局
局　长:邓小燕(女)
区农业水务局
局　长:张志忠(4月任)

区政协机关

办公室
主　任:谢建平
专门委员会办公室
主　任:王树珊(女)
研究室
主　任:吴　蕾(女)(9月任)
提案委员会办公室
主　任:陈贞珍(女)(任至4月)
刘　婷(女)(9月任)

区群团组织

区总工会
主　席:欧阳桃花(女)
常务副主席:李永兴
团区委
书　记:车丽娟(女)
区妇联
主　席:熊丽芳(女)
区科协
主　席:廖德厚
区工商联
主　席:胡涛湘(女)
区残联
理事长:熊春萍(女)
区红十字会
会　长:童萍如(女)
常务副会长:胡海燕(女)

区人民法院

院　长：梁　洪

区人民检察院

检察长：杜迎春（女）

区垂管单位

东湖公安分局

局　长：陈国梁

东湖区国税局

局　长：帅盛武

东湖区地税局

局　长：吴彬文

市地税直属分局

局　长：马云南

东湖交警大队

大队长：彭亚东

教导员：彭筱敏

市国土资源局东湖分局

局　长：吴有根

东湖消防大队

大队长：付剑文

教导员：邵建金

市城乡规划局东湖分局

局　长：江　丹

（余逸凡）

先进个人

【概况】 2017年，东湖区紧紧围绕“创新引领、绿色崛起、担当实干、兴赣富民”工作方针，认真学习宣传贯彻中共十九大精神，坚持用习近平新时代中国特色社会主义思想武装头脑，以“创优”凝心聚力，用“争先”巩固提高，持续开展“创优争先”活动，全区广大干部群众爱岗敬业、艰苦奋斗、勇于创新，在各自岗位上建功立业，为全区经济发展和社会进步做出贡献，涌现出一批先进人物和典型。

（区史志办公室）

【劳动模范】 2017年，东湖区大力弘扬劳模精神、劳动精神和工匠精神，全区涌现出众多先进人物和典型。

全国“五一劳动奖章”获得者：陶晓弟（扬子洲镇前洲村）；

南昌市“五一劳动奖章”获得者：杨舸（南昌市南京路小学）、陈杰（南昌市第二中西医结合医院）、叶俊峰（东湖区扬子洲镇人民政府）、徐亚琴（南昌凯莱大饭店）、周春雷（东湖区城市管理委员会）、吴向伟（南昌天奥物业管理有限公司）、张耀华（江西淘鑫电子商务有限公司）；

南昌市“五一劳动奖状”获得者：江西淘鑫电子商务有限公司；

南昌市“工人先锋号”获得者：南昌市东湖区社区矫正管理中心、江西省新通城餐饮管理有限责任公司东湖食堂。

（林如霞）

【“三八红旗手”】 2017年，东湖区倡导广大妇女学习先进精神，弘扬刻苦学习、岗位建功的创先争优精神和自尊、自信、自立、自强的时代女性精神，区妇联积极做好“三八红旗手”评选推荐上报工作。东湖区彭家桥街道光明社区刘云娟被全国妇女联评为2017年度全国“三八红旗手”，区妇联熊丽芳、豫章街道新星社区肖长凤、扬子洲镇南洲村徐凤娇被南昌市妇联评为2017年度“三八红旗手”。

（刘　达）

表33　**2017年东湖区获省部级及以上单位表彰的先进个人**

姓　名	工作单位	奖项名称	颁奖部门	颁奖时间
陶晓弟	扬子洲镇前洲村	“五一劳动奖章”	全国总工会	2017-04
汪　健	东湖公安分局	全国优秀人民警察	公安部	2017-05

续表 33

姓　名	工作单位	奖项名称	颁奖部门	颁奖时间
舒小红	东湖区教科体局	2013－2016 年度全国群众体育先进个人	国家体育总局	2017－08
蔡　方	东湖区房屋维修养护公司	全国住房城乡建设系统劳动模范	人力资源社会保障部、住房城乡建设部	2017－12
刘云娟	东湖区光明社区	全国"三八红旗手"	中华全国妇女联合会	2018－03
郑小惠	区文广局退休党支部	全国"最美志愿者"	中央文明办	2018－04

表 34　**2017 年东湖区获市厅级单位表彰的先进个人**

姓　名	工作单位	奖项名称	颁奖部门	颁奖时间
车丽娟	共青团东湖区委	全国优秀共青团干部	共青团中央	2018－05
王　多	东湖区人民检察院	专案嘉奖	江西省检察院	2017－02
杜迎春	东湖区人民检察院	全省巾帼建功标兵	江西省妇联	2017－03
李　渊	东湖区国税局	全省国税系统金税三期推行工作记功嘉奖个人(三等功)	江西省国家税务局	2017－03
傅将晓	东湖区国税局	全省国税系统金税三期推行工作记功嘉奖个人(嘉奖)	江西省国家税务局	2017－03
胡　昊	东湖区人民法院	全省实施妇女儿童发展纲要先进个人	江西省妇女儿童工作委员会	2017－04
邹亮亮	中共东湖区委党校	全省党校行政学院系统学习贯彻省第十四次党代会精神暨纪念"三个 90 周年"理论研讨会优秀论文评比三等奖	中共江西省委党校	2017－05
李　梅	东湖区疾病预防控制中心	全省卫生应急技术标兵	江西省卫生和计划生育委员会	2017－06
罗耀辉	东湖公安分局	个人三等功	江西省公安厅	2017－06
王　磊	东湖区人民法院	全省法院信息化工作先进个人	江西省高级人民法院	2017－07
吴卫兵	东湖区人民法院	全省优秀法官(2012－2017 年度)	江西省高级人民法院	2017－08
夏瑞莘	南昌市育新学校	"我心中的红都瑞金"第四届红色书画作品创作大赛一等奖	共青团江西省委	2017－08
彭子涵	南昌市豫章小学	"我心中的红都瑞金"第四届红色书画作品创作大赛二等奖	共青团江西省委	2017－08
魏辰伊	南昌市城北学校	"我心中的红都瑞金"第四届红色书画作品创作大赛二等奖	共青团江西省委	2017－08
陈思哲	南昌市豫章小学	"我心中的红都瑞金"第四届红色书画作品创作大赛三等奖	共青团江西省委	2017－08
熊　玫	南昌市豫章小学	江西省师德先进个人	江西省教育厅	2017－09

续表 34

姓 名	工作单位	奖项名称	颁奖部门	颁奖时间
余美秀	东湖区人民法院	人民法院工作三十年“荣誉天平奖章”	江西省高级人民法院	2017－09
许 群	东湖区人民法院	人民法院工作三十年“荣誉天平奖章”	江西省高级人民法院	2017－09
邹 斌	东湖区人民法院	人民法院工作三十年“荣誉天平奖章”	江西省高级人民法院	2017－09
曾 辉	东湖区人民法院	人民法院工作三十年“荣誉天平奖章”	江西省高级人民法院	2017－09
夏冬兰	东湖区人民法院	人民法院工作三十年“荣誉天平奖章”	江西省高级人民法院	2017－09
李益庆	东湖区人民法院	人民法院工作三十年“荣誉天平奖章”	江西省高级人民法院	2017－09
夏战龙	东湖区人民法院	人民法院工作三十年“荣誉天平奖章”	江西省高级人民法院	2017－09
胡振艺	东湖区人民法院	人民法院工作三十年“荣誉天平奖章”	江西省高级人民法院	2017－09
徐志强	东湖区人民法院	人民法院工作三十年“荣誉天平奖章”	江西省高级人民法院	2017－09
程伟明	东湖区人民法院	人民法院工作三十年“荣誉天平奖章”	江西省高级人民法院	2017－09
周庆华	东湖区人民法院	人民法院工作三十年“荣誉天平奖章”	江西省高级人民法院	2017－09
齐进斌	东湖区人民法院	人民法院工作三十年“荣誉天平奖章”	江西省高级人民法院	2017－09
曾 群	东湖区人民法院	人民法院工作三十年“荣誉天平奖章”	江西省高级人民法院	2017－09
罗咏琴	东湖区司法局	全省司法行政系统“十佳先锋”	江西省司法厅	2017－10
邓 莹	南昌市育新学校	江西省首届“红领巾讲解员风采大赛”三等奖	共青团江西省委	2017－10
熊林梁	东湖区城市管理行政执法局	八一南昌起义暨建军九十周年纪念活动先进个人	中共南昌市委、南昌市人民政府	2017－10
韩晓明	贤士湖管理处	南昌市“美丽南昌、幸福家园”环境综合整治先进个人	南昌市人民政府	2017－10
章宸鸣	南昌市滨江学校	全省“优秀少先队员”	共青团江西省委	2017－11
邹暐熙	南昌市育新学校	全省“优秀少先队员”	共青团江西省委	2017－11
罗雪兵	东湖公安分局	个人二等功	江西省公安厅	2017－12

续表 34

姓　名	工作单位	奖项名称	颁奖部门	颁奖时间
徐文辉	滕王阁社区卫生服务中心	江西省卫生计生系统先进个人	江西省人力资源和社会保障厅 江西省卫生和计划生育委员会	2017－12
朱跃军	东湖交警大队	全省公安交警系统优秀中队长（指导员）	江西省交管局	2018－02
罗　鹏	东湖交警大队	全省公安交通管理工作先进个人	江西省交管局	2018－02
王海谦	东湖交警大队	全省公安交警十九大安保先进个人	江西省交管局	2018－02
朱跃军	东湖交警大队	全省春运公安交管工作成绩突出个人	江西省交管局	2018－02
陈海明	东湖公证处	全省公证质量先进个人	江西省公证协会	2018－03
聂　珞	东湖公安消防大队	三等功	江西省公安厅	2018－03
万　琳	贤士湖管理处	全省优秀共青团员	共青团江西省委	2018－05
谢俊杰	东湖区人武部	南昌市征兵工作先进个人	南昌市人民政府	2018－08
李学武	贤士湖管理处	南昌市征兵工作先进个人	南昌市人民政府	2018－08

（区史志办公室）

专业技术人员

【概况】 2017年，东湖区围绕打造“实力、活力、魅力”东湖总目标，加强人力资源和专业技术人才队伍建设。针对各专业技术职务系列的专业特点，坚持以业绩为主要依据，以品德、知识、能力为重要条件，认真开展专业技术人才职称评定工作。有1名专业技术人员晋升为高级职称，2名专业技术人员晋升为副高级职称。

（区史志办公室）

表 35　**2017年东湖区晋升为高级职称人员**

姓　名	学　历	毕业学校	工作单位	晋升职称	评定时间
左文玲	本科	中央广播电视大学	滕王阁保育院	中小学正高级教师	2017－12

表 36　**2017年东湖区晋升为副高级职称人员**

姓　名	学　历	毕业学校	工作单位	晋升职称	评定时间
黄德铭	本科	西南科技大学	东湖区市政所	高级工程师	2017－12
郁　陈	本科	华东交通大学	东湖区杨家厂房管所	高级工程师	2017－12

（区人社局）

重要文献

南昌市东湖区人大常委会工作报告

（2018年1月4日在东湖区第十六届人民代表大会第三次会议上）

东湖区人大常委会主任　喻国泰

各位代表：

我受区人大常委会委托，向大会报告工作，请予审议。

过去一年的主要工作

2017年是实施"十三五"规划的重要一年，全区人民以崭新的风貌喜迎党的十九大胜利召开。一年来，区人大及其常委会用习近平总书记系列重要讲话精神和治国理政新理念、新思想、新战略作为思想武器，坚定自觉地用党的理论创新成果凝聚意志、引领前行，全区人大工作在推进民主法治建设的具体实践中焕发出了蓬勃生机与活力。全年共召开常委会会议8次，主任会议10次，听取和审议专项工作报告20个，组织视察、执法检查5项，依法任免国家机关工作人员57人次，组织宪法宣誓3次，为推进"实力、活力、魅力"东湖贡献了新的力量。

一、监督工作持续加强

常委会着眼于促，立足于帮，积极回应群众对更加美好生活的需求，努力使人大依法履职与全区中心工作合拍同步，为东湖发展凝心聚力。

致力于经济发展稳中有进。常委会深刻把握打造"南昌样板"的战略目标，着力加强对东湖经济转型升级的监督。依法听取和审议审计、预算执行情况报告，批准2016年度区级财政决算。继续强化对涉及民生公共资金和重点项目建设资金的审计力度，确保财政资金的安全和使用效率。常委会听取和审议区政府上半年经济运行情况、区国民经济和社会发展计划执行情况报告等，加大对全区经济运行情况的把脉问诊力度。听取并审议区开放型经济、旧城改造、国地税工作情况报告，对榕门路文玩产业特色街等重大重点项目开展视察，推动区人民政府进一步强产业、促发展，深化项目建设，推进城区改造复兴，全力打好转型升级的"组合拳"。

致力于民生改善提质增效。关注食用农产品安全，配合市人大对扬子洲蔬菜种植基地、农贸市场及农产品检测工作开展视察，督促相关责任部门严格落实监管责任，不断提升我区农产品质量安全保障水平。关注破解交通"堵局"，积极参与"美丽南昌·幸福家园"环境综合整治及"畅通省城回头看"工作，对《南昌市电动自行车管理条例》实施情况开展调研，推动停车场建设和交通管理水平的提升。听取和审议区卫计委流动人口服务创新工作情况报告，要求继续加大推进基本公共卫生服务均等化力度，更好地满足广大人民群众多层次、多元化的服务需求。听取和审议区教科体局特殊教育工作情况报告，对培智、育新学校的校园安全工作开展调研，保障校园及校园周边环境的安全稳定。听取区环保局工作情况报告,督促完成环境保护目标,牢固树立生态优先的发展观念,保护群众的“碧水蓝天”。听取区人民政府民生工程情况报告,推进各项民生工程干好、干快、干出成效,不断丰富“民生服务圈”的品牌内涵。群众获得感和幸福感逐年提升,人大监督取得了良好的工作效果和社会效应。

致力于维护司法公平正义。常委会切实加强对行政机关和司法机关的监督,确保权力在阳光下运行。听取和审议区法院执行工作情况报告,要求强化联动机制,加强规范化、信息化建设,多措并举破解“执行难”问题,不断提高司法公信力。听取和审议区检察院检务公开工作情况报告,促进完善检务公开平台,提升检务公开质量,努力构建开放、动态、便民、高效的阳光检察。充分发挥代表在人大司法监督工作中的积极作用,组织代表审议区“一府两院”半年工作情况报告,视察青少宫法制宣教基地,参加“检察开放日”活动,旁听法院庭审等,健全常态化的司法监督机制,取得了良好的法律监督效果。推进“七五”普法工作。做好人大信访工作,全年共受理群众来信来访5件10人次。依法开展规范性文件备案审查,制定《东湖区人大常委会规范性文件备案审查工作制度》,向市人大常委会呈报规范性文件13件,受理审查10件,切实维护了法制统一。

二、代表工作扎实推进

常委会着眼于新,立足于行,通过搭建平台、创造条件、提供服务、给予保障,鼓励和引导代表依法履职。

深化建议办理。区十六届人大一次、二次会议期间,代表们围绕改革发展稳定大局、人民群众普遍关心的问题,提出了148件建议,为东湖各项事业发展提供了强大动力。常委会听取和审议区政府关于代表建议办理工作情况报告,修订完善了《东湖区人大常委会代表建议、批评和意见督办办法》,对重点建议办理情况进行满意度测评,开展B、C类建议“回头”办理工作,努力做到件件有着落、事事有回音,推动了加快教育网点布局、提高突发公共卫生事件应急处理能力、打造旅游文化休闲街区等一批工作取得新的成效。

强化履职保障。推进人大代表联络工作站(室)建设及运行,在我区逐步形成了由区人大常委会领导的主体平台,各镇、街道、管理处人大代表工作站组成的综合活动平台,以及各村、社区人大代表工作室组成的服务选民平台的三级代表履职服务保障网络。坚持常委会、专门委员会、工作委员会重要工作定期向代表通报机制,保障代表知情知政。重新修订代表履职管理办法、代表列席区人大常委会规定等一系列工作制度。首次组织43名区人大代表赴深圳全国人大培训中心开展集中培训。全年共邀请代表列席常委会、参加执法检查、视察、调研等活动76人次。继续推进代表向选民述职和选民评议工作,完善代表履职档案,实行代表未出席人代会通报制度。代表们的综合素质和专业化水平、履职的责任感和使命感不断增强。

牢筑“桥梁纽带”。常委会充分发挥代表密切联系群众优势,以主题实践活动为抓手,引导代表带头树立“崇尚荣誉　创先争优”的东湖精神,做到干事在前、奉献在先。代表们积极拓宽联系群众渠道,发挥自身专业特长,涌现出了一批如:杜红民代表在大院街道设立“杜红民法律工作室”,每月开展一次人大代表“普法宣传日”活动;董斌代表在阳明学校设立的“董斌校园说法工作站”,每个学期为师生开展一次校园普法宣讲活动;万江田代表经常性地在社区开展免费义诊活动等生动典型,展示了新时代下的代表风采。同时,常委会广泛吸收法制、财经、教科文卫等专业领域的代表开展调研、视察和执法检查,共同倾听群众声音,反映群众意愿,解决群众困难,使人大工作更接地气、更得民心。

三、自身建设常抓不懈

常委会着眼于实,立足于严,以“不忘初心、牢记使命”为不竭动力。转作风、提效能,抓好制度规范,强化责任担当。

从严治党不断推进。深入学习贯彻党的十九大精神,强化习近平新时代中国特色社会主义思想为我们行动指南意识,深刻认识中国特色社会主义进入新时代的重大判断。切实增强党的观念和党员意识,自觉遵守政治纪律和政治规矩,深入开展“两学一做”学习教育,强化“四个意识”,保持风清气正的政治本色,党组的核心领导作用有效发挥。坚持党管干部和人大依法任免相统一,认真落实任前法律知识考试和向宪法宣誓等制度,强化国家工作人员的宪法意识。

履职运行不断规范。以贯彻落实中共中央转发中共全国人大常委会党组关于加强县乡人大工作和建设的若干意见为契机，充实常委会组成人员中的专业性人才，健全了法制、财经专门委员会等工作机构，部分街道人大配备了专职人大工委主任。对现有规章制度进行全面梳理和修改完善，推进常委会履职行权的科学化、法制化，以及人大机关日常管理的规范化和高效化。加强与“一府两院”的沟通协调、对口联系，形成工作合力。去年4—10月，区人大组成7个调研小组，就我区重点项目对固定资产投资情况、城乡农业生态环境保护、养老服务体系建设等7个课题开展了工作调研，形成高质量的调研报告，为区委、区政府决策提供参考。

各位代表，过去一年取得的成绩，是在区委正确领导下，“一府两院”密切配合、全体代表积极履职、常委会全体组成人员共同努力、人民群众大力支持的结果。在此，我代表区人大常委会表示衷心的感谢！

回顾一年的工作，对照宪法和法律的规定、人民群众的期许、人大代表的要求，常委会工作还存在进一步加大监督问效力度，及时回应人民群众对增进福祉新期待等不足，必须加以改进。

2018年的主要任务

2018年是深入贯彻党的十九大精神的开局之年，新思想引领新时代，新目标开启新征程。面对新形势新任务，区人大党组及其常委会将深入学习贯彻党的十九大精神，坚持党的领导、人民当家做主和依法治国的有机统一，按照区委十二届四次全会总体部署，以更加强烈的责任意识和政治担当，永葆为民情怀，认真行使法定职权，为推动东湖在矢志复兴的征程上阔步前行不懈奋斗！

一、坚定不移服务中心工作

坚持发展为要。开展“十三五”规划中期评估，全面推进规划实施。紧紧围绕全区经济发展重点，听取和审议开放型经济工作、上半年经济运行情况、区企资中心工作等情况报告，加大对重大重点项目建设情况的监督，推动全区经济行稳致远。听取和审议区生态文明建设工作情况报告，推动绿色发展理念和实践在我区落地生根。扎实推进全口径预决算审查监督，深化重点审查，开展预算审查前听取代表意见的相关工作，依法管好政府的“钱袋子”。加强审计查出问题及整改、处理情况的跟踪监督，关注专项资金特别是民生资金的使用，增强审计监督实效。

巩固民生为本。不断满足人民群众日益增长的美好生活需求，着重就居家养老、环境保护、疾病防控、教育发展、文化服务、食品安全等重大民生问题开展监督。听取和审议区政府民生工程情况、区市场监管局工作情况报告，推行“民生实事工程”代表票决制度，深化人大及其常委会的各项执法、视察活动。听取2017年度环境状况和环保目标完成、“河长制”实施等情况报告，开展专题询问。继续开展人大各专门委员会、工作委员会的领题调研，积极回应群众关切。开展专项工作评议，促进政府部门担当尽责。

三、持之以恒推进依法治区

坚持厉行法治。听取和审议区法院金融审判工作情况报告、区检察院民事行政检察工作情况报告，组织代表旁听法院案件审理，为我区金融秩序及社会稳定提供有力的司法保障。深入推进法制宣传教育，听取“七五”普法中期情况报告，不断提高国家机关工作人员依法决策和依法办事的能力。加强规范性文件备案审查力度，推动建立备案审查衔接联动机制。有效发挥全省人大内务司法联系点作用，为省、市法规的制定奠定群众基础。充分运用执法检查、代表视察等方式，提高法律法规实施成效。依法妥善处理群众诉求，坚决维护群众的合法权益。

加强重大事项决定。认真贯彻《江西省各级人民代表大会常务委员会讨论、决定重大事项规定》，对全区带有根本性、长远性、全局性的重大事项，在深入调查研究、依法论证的基础上，及时作出决议决定，确保党的主张通过法定程序成为全区人民的共同意志。坚持党管干部和人大依法选举任免相统一，严格工作程序，提高任免选举质量。认真实施宪法宣誓制度，积极探索加强和改进对常委会任命人员的任后监督，促使其更好地为人民服务。

三、多措并举完善代表工作

健全履职保障。完善代表学习培训规划，保障代表一届内参加一次以上的履职学习或专题学习，帮助代表拓宽专业领域，优化知识结构。扎实做好代表建议办理工作,开展"代表建议督办月"活动,探索人大代表建议办理第三方评估机制,将代表意见建议中较为突出的问题,列为常委会的监督重点。坚持邀请代表列席常委会会议和相关履职活动,加强代表活动与常委会工作有序对接。强化代表思想作风建设,督促代表模范遵守宪法法律,严格遵守中央八项规定,推广代表述职评议等行之有效的做法,使代表自觉接受选民和原选举单位的监督。

笃行利民之举。完善代表联系人民群众制度,全力推进人大代表常态履职。开展"我为东湖添光彩"主题实践活动,引导代表争当干事创业、为民服务、依法履职的表率。完善代表联络工作站(室)运行机制,加强对站、室工作的指导。扎实开展调研、视察、走访等代表小组活动,协助代表梳理群众反映的意见和要求,推动问题解决,努力做到民有所呼、我有所应,使人大及其常委会真正成为同人民群众保持密切联系的代表机关。

四、从严从实强化自身建设

坚持党的领导。深入学习贯彻党的十九大精神,用习近平新时代中国特色社会主义思想武装头脑。牢固树立党的观念、法治观念、大局观念和群众观念,严守政治纪律和政治规矩。切实加强人大党的工作和党的建设,推进"两学一做"学习教育常态化,开展"不忘初心、牢记使命"主题教育,营造风清气正的政治生态,始终保持昂扬向上、务真求实的精神状态,着力实现好、维护好、发展好人民的根本利益。

崇尚担当实干。健全集体学习制度,分期分批组织常委会组成人员和干部参加业务培训,不断提升法治思维和履职能力。完善常委会议事程序,有效发挥专门委员会和常委会工作机构的职能作用,为常委会审议决策提供参考依据和民意基础。加强与上级人大的联系沟通和接受指导,支持基层人大开展工作,不断提高人大工作整体水平。

各位代表,党的十九大绘就了新时代国家发展的美好图景,号角催人奋进!让我们更加紧密地团结在以习近平总书记为核心的党中央周围,高举中国特色社会主义伟大旗帜,不忘初心,牢记使命,继续前行,共同谱写新时代东湖的壮丽篇章!

(区人大常委会办公室)

中国人民政治协商会议
南昌市东湖区第九届委员会常务委员会工作报告

(2018年1月2日在政协东湖区第九届委员会第三次会议上)

欧阳桃花

各位委员、同志们:

我受政协东湖区第九届委员会常务委员会的委托,向大会作工作报告,请各位委员审议,并请列席会议的同志提出意见。

九届二次会议以来工作回顾

九届二次会议以来,区政协九届委员会在中共东湖区委的正确领导下,认真学习贯彻中共十九大精神,坚持以习近平新时代中国特色社会主义思想为引领,始终高举中国特色社会主义伟大旗帜,牢牢把握团结和民主两大主题,扎实履行政治协商、民主监督、参政议政职能,为东湖发展作出了积极贡献。

一、加强学习教育,确保正确政治方向

学习是工作之本、能力之源,也是人民政协的优良传统。常委会始终把学习摆在重要位置,将学习贯穿于政协工作始终,通过"政协微课堂"和印发学习专刊等多种形式,加强委员理论学习,牢固树立和增强政治意识、大局意识、核心意识、看齐意识等"四个意识",始终做到坚持中国共产党的领导,切实增强同习近平总书记为核心的中共中央保持高度一致的政治自觉，在思想上增进认同，政治上拥护核心，行动上自觉落实，与党同心同向同行。特别是中共十九大胜利召开后，常委会在政协机关和全体委员中迅速掀起了学习宣传贯彻十九大精神的热潮。常委会和主席会集中学习了十九大精神，区政协机关召开了专题学习会，给每位委员印发了《党的十九大报告学习专刊》，区政协各参加单位和各镇、街道委员联络小组也都采取不同形式，组织委员广泛深入地开展学习十九大精神活动，引导委员以习近平新时代中国特色社会主义思想为指引，真学、真悟、真用，切实把十九大精神贯穿于履职中、落实到行动上，为东湖的发展献计出力。

二、坚持协商民主，增强议政建言实效

常委会坚持有事好商量，众人的事情由众人商量，充分发挥委员联系群众、团结各界的重要作用，有效推进协商民主建设，使民主协商更好地反映各界群众意见，使区委、区政府的决策更科学民主。区委书记刘闯对区政协工作予以充分肯定，在区政协报送调研报告中批示：一年来，区政协始终紧紧围绕区委、区政府工作大局和重心，扎实履行协商民主、民主监督和参政议政职能，为东湖发展发挥了积极作用。

聚焦产业项目议政，服务经济发展。常委会坚持以推动打造实力东湖为核心，紧紧围绕东湖经济发展中的综合性、全局性、前瞻性的重大问题，认真民主协商，积极议政建言。九届二次大会上，委员们紧紧围绕区委提出的聚焦历史文化名区建设和青山湖西岸开发建设“两大引爆点”畅所欲言，提出了锁定历史文化名区建设，挖掘萃取传统文化资源，提升商业价值高度等许多有价值的意见和建议，这些议政建言转化为《东湖政协信息专刊》，报区党政领导决策参考。始终聚焦重大重点项目。2017 年初召开的九届三次常委会听取了我区当年重大重点项目建设工作的计划安排。年中的九届四次常委会上，常委们再次听取了全区重大重点项目建设工作进展情况的通报并积极建言献策，为区委、区政府科学决策提供了有益参考，与会的区委常委、区政府常务副区长夏小兰对建议意见予以肯定。10 月，区政协又对部分重大重点工程建设进行了主席会议视察，实地查看项目施工进展情况，全方位了解项目建设遇到的困难和问题，全过程督导项目建设实施方案的落实情况，推动项目建设有序推进。持续建言产业集聚集约。按照区委确定的强攻产业升级部署，常委会聚焦健康养生服务业，专题听取了我区发展健康养生服务业的工作通报，主席会议对健康养生服务业的重点项目进行了视察，将相关提案作为重点提案进行主席督办，委员们也通过各种形式建言区商务局和区卫计委等职能单位要用好用足国家政策、优化健康产业布局、激发创新创业动力、打造高端服务品牌，为我区进一步丰富健康养生服务产业业态，打造优势特色产业集群献计献策。此外，区政协还协助省、市政协做好了推进医养融合发展和降成本优环境专项调研等调研工作，经科委开展了新形势下提升为企业提供差异化精准服务水平的调研，倾力服务产业升级，服务经济发展。

聚力城区环境建言，助推建管升级。区政协始终以推动“美丽南昌·幸福家园”环境综合整治工作为重点，深入开展调研视察，积极为提升我区城市建设和管理水平协商建言。区政协领导分别挂点镇、街道和管理处，参加全区“美丽南昌·幸福家园”环境综合整治工作督查调度，全力推动建管升级。在区委办公室、区政府办公室和区政协办公室联合印发的《2017 年度区政协协商工作计划》中，7 个年度协商议题就有 2 个专题民主协商“美丽南昌·幸福家园”环境综合整治工作，凸显常委会对提升城区品质的关注。为让辖区水更清，河湖更美，区政协主席会议对河湖长制工作进行了视察，主席会议成员提出了加强宣传教育，引导群众积极参与等建议意见，得到了区政府领导的采纳，要求相关职能部门大力落实。城建委组织委员开展关于加强物业管理公司监管的调研，积极建言如何对症下药化解小区物业管理难题，推动城市精细化管理上水平。委员们也发挥自身优势撰写了很多提案和社情民意，对如何实现建管升级有针对性地献良策。社情民意《关于在旧城改造中更加关注城市“微更新”的建议》得到省委常委、市委书记殷美根的重要批示。在全市社情民意办理落实通报会上，建议内容得到相关市职能部门的积极回应和采纳，为提升城区品质发挥了积极作用。

聚议民生实事献策，增进百姓福祉。常委会

坚持把实现好、维护好、发展好最广大人民群众的根本利益作为全部工作的出发点和落脚点,围绕百姓民生认真履职,建利民之言,献惠民之策,着力提升百姓幸福感。真实反映群众意愿。鼓励委员发挥来自群众、代表各界的优势,通过视察调研多倾听来自社区百姓的呼声,多提交涉及居民群众切身利益的提案,多撰写群众反映强烈的社情民意信息,帮助区委区政府更好地察民情、知民意,架起沟通联系的桥梁。如委员们通过提案和信息反映的组建育新教育集团推动教育均衡发展、完善证券街道路交通标志和标线施划、解决预付卡商家“跑路”问题、加强扬子洲码头综合整治、加强共享单车管理等建议,均受到有关领导和部门的重视和积极落实。切实维护群众利益。各专委会选择教育、医疗、就业、养老、交通、食品安全、社会保障等热点问题组织视察调研,探求良策,促进了一些改善民生决策部署、目标任务的落实。如停车难问题是社会关注度高、群众呼声强烈的热点问题,区政协对相关提案进行主席督办,对我区公共停车场建设项目进行了专委会视察,推动区政府加快停车场建设。我区投入6000万元启动了14个停车场项目建设,新增停车泊位1860个,建成了全市智能立体化停车场铁街停车场和滕王阁旅游区南门生态停车场,有效缓解了居民停车难题,实实在在为民办实事,增强了居民群众获得感。

三、注重问题导向,强化民主监督职能

常委会适应新常态,大力加强和改进民主监督工作,以问题为导向,找准问题谏良言,为区委、区政府决策发挥参谋助手作用,为东湖发展贡献智慧和力量。

提高提案工作实效。提案是政协履行民主监督职能的重要载体。常委会加强对提案工作的领导,密切与提案承办单位、提案委员的联系,通过重点提案区政协领导督办等形式,认真做好提案办理情况的跟踪,促使提案办理由答复型向落实型转变。其中,关于加快扬子洲建设的建议、关于打造历史文化街区的建议、加强道路施工监管、合理利用拆迁工地停放车辆等一批提案内容,有关部门加大办理力度,强化整改措施,推动了相关工作的落实。九届五次常委会上,常委们、提案委员和委员代表畅所欲言,对区城建局、区民政局、区商务局和区市场监管局等4个单位的提案承办工作进行了无记名打分评议,做到不造声势真评议,不走过场求实效,力助被评议部门提高效率、改进工作。九届二次会议以来,共收到提案61件,均已办结,提案答复率和委员满意率达100%。

加大视察监督力度。视察是加强民主监督的重要渠道。常委会寓监督于服务之中,重点围绕区委、区政府重要决策部署的贯彻落实情况开展监督性强的视察活动。主席会议和各专委会组织委员对重大重点项目工程尤其是民生工程进展情况、依法治区工作、青山湖西岸开发、公共文化服务设施建设、河湖长制、社区环境改造、智慧城管等进行了专项视察。一年来,共组织委员180余人次参加了视察活动。委员在视察听取情况通报和实地考察的基础上对相关部门工作中存在的问题谏真言,提出改进意见,一些建议已经纳入相关部门的工作内容,促进了相关问题解决。

拓展民主监督渠道。常委会把握住政协“协商式监督”的性质定位,既敢于监督,又善于监督,不断拓宽监督渠道,展现新作为。坚持情况通报制度。常委会邀请区政府领导就全区上半年经济运行情况向常委会通报工作,听取了区政府办公室、区发改委、区财政局、区商务局、区卫计委、区人社局等单位的相关工作通报。加大调研和社情民意反映力度。力争提出更多更好的意见建议,为区委、区政府科学决策部署履职尽力,为建设实力活力魅力东湖献计出力。区委副书记、区长高辉红对区政协调研工作予以充分肯定,在《区政协2017年调研视察报告汇编》上批示:汇编中的系列调研报告有广度、有深度,也很有温度,很有针对性。请各相关单位认真研读,指导实践。加强沟通联系。各专委会年初与对口联系单位进行了座谈,年中进行了走访交流、视察调研,听取工作通报,就如何改进工作出谋划策,谏诤言,实现了委员与各单位的双向沟通,有力推动了相关工作的开展。

四、发挥职能优势,深化团结民主和谐

常委会坚持把增进团结、发扬民主、协调关系、化解矛盾作为履行职能的重要着力点,紧紧围绕团结和民主两大主题,充分发挥政协联系广泛的优势,积极协助区委、区政府做好协调关系、化解矛盾、维护稳定的工作,积极营造团结民主、齐心干事的良好氛围。

扎实做好团结联谊工作。重视发挥各民主党派、工商联、无党派人士的作用，积极为党派团体和各族各界人士搭建参政议政平台，保障其在政协的各种会议上发表意见、观点和主张的权利，为他们协商议政、建言献策创造条件。邀请他们联合开展调研、视察、座谈等活动，就工作中的重大问题、重要事项充分协商讨论，增进共识。积极支持党派、团体运用提案、反映社情民意等方式建言献策，认真听取、反映并积极推动落实他们的意见建议。加强与各党派团体和社会各界人士的合作共事，营造更加浓厚的团结民主氛围，促进共同基础上的大团结、大联合。

切实开展“三风”主题活动。常委会坚持把“兴家风、淳民风、正社风”活动作为培育和践行社会主义核心价值观的重要抓手来重视，去推动，持续为东湖发展提供正能量。区政协在人口密集的八一公园民德路段，以社会主义核心价值观、东湖荣誉榜为主题，建设了“三风”文化宣传长廊。区委宣传部推出了“我人生的第一粒扣子”主题活动，征集到500余篇人生故事，举办了10余场故事会，活动影响面广。各镇、街道、管理处结合社区环境整治，深挖地方历史文化资源，利用楼道、墙面等空间，将“三风”文化融入居民生活环境，精心布局打造了17条“三风”主题特色文化街。百花洲街道推出了“晒家风、传家书、正社风”和家风漂流册活动，接地气的活动吸引了群众热情参与。区政协对在“三风”活动中工作突出的刘将军庙社区等11个单位进行了表彰。市政协主席周关3次对我区活动予以重要批示：东湖区从区委书记到各级领导抓“三风”站位高，认识深，工作实。东湖的经验成效有力证明“三风”活动不仅是精神文明建设的具体抓手，也是凝心聚力、推动发展的重要举措。

五、突出委员主体，推进政协自身建设

常委会适应新形势下政协事业发展的要求，坚持把发挥委员主体作用作为政协履职的支撑点，不断提高区政协工作科学化、制度化、规范化水平，推进自身建设。

进一步完善联系委员机制。成立了委员联络办公室，完善委员联络制度，开展了委员走访活动，走访了部分法律界别、教育界别和经济界别委员，通过会议、调研、座谈和邮寄资料等方式，向委员通报区情和相关工作，帮助委员知情明政。同时健全委员履职档案，完善委员激励、约束机制，加强委员服务和管理，畅通委员履职渠道，不断激发政协委员参政议政的积极性，充分发挥委员主体作用。进一步加强专委会建设。着力提高专委会组成人员的政治素质和业务能力，促进专委会与区对口联系部门的相互沟通、良性互动，深化专委会之间的合作交流，形成履职合力。加强专委会活动的计划性和组织性，发挥专委会在重点课题调研、重点提案督办、联系界别和委员中的基础作用，区政协领导牵头专委会活动，推动专委会工作规范有序开展，履职活动不断创新，实现专委会工作常态化。进一步改进机关自身建设。以加强政协机关党的建设为龙头，以委员满意为目标，切实推进区政协机关思想建设、组织建设、制度建设和作风建设，不断增强机关干部爱岗敬业、忠诚服务的使命感和责任感，提高工作效率和服务水平，促使政协工作务实、有序、高效，为履行职能奠定坚实基础。

各位委员、同志们，九届二次会议以来，区政协的工作取得了一定的成绩。这些成绩的取得是区委坚强领导、区政府全力支持、社会各界积极参与的结果，是区政协各参加单位紧密协作、广大政协委员主动作为的结果。在此，我代表区政协常委会表示衷心的感谢。同时我们也清醒地看到，区政协的工作还存在差距和不足。如组织委员参加活动的面不够宽，民主监督的形式不够广，反映社情民意工作的广度和深度还有待推进等。对于这些问题，常委会将高度重视，采取有效措施，切实加以解决。

2018年主要工作

2018年，是贯彻落实中共十九大精神的开局之年，是改革开放40周年，也是建设“实力、活力、魅力”东湖的关键之年。区政协常委会工作的指导思想是：深入学习贯彻中共十九大精神，以习近平新时代中国特色社会主义思想为指导，在中共东湖区委的坚强领导下，始终高举中国特色社会主义伟大旗帜，聚焦区委的重大决策部署，紧紧围绕团结和民主两大主题，认真履行政治协商、民主监督、参政议政职能，坚持服务大局、注重民生、促进和谐、推动发展,为东湖新一轮大建设、大发展、大跨越发挥积极作用,做出积极贡献。

一、把握方向,深入学习宣传贯彻中共十九大精神

学习好、宣传好、贯彻好十九大精神是区政协当前和今后一个时期的首要政治任务。区政协要始终坚持学习引领方向,开展主题鲜明、形式多样、务实有效的学习活动,组织各参加单位和全体委员在学懂弄通做实上下功夫,学深悟透十九大会议精神,深化对十九大报告的理解力和执行力,在学习引导中凝聚共识,增强对十九大精神的政治认同、理论认同和情感认同,确保政协履职的正确方向。要增强学习贯彻的针对性和实效性,重点学习习近平新时代中国特色社会主义思想,用最新的理论成果武装头脑、指导实践、推动工作,切实把思想和行动统一到中央和省委、市委、区委的重大决策部署上来,紧紧围绕区委全会确定的各项工作任务,为建设"实力、活力、魅力"东湖贡献力量。

二、服务发展,全力助推东湖新一轮大建设、大发展、大跨越

坚持把促进发展作为政协履行职能的第一要务,找准政协工作着力点,积极民主协商、民主监督、参政议政,为促进东湖发展建有益之言、献务实之策。切实提高政治协商水平。按照区委全会确定的部署要求,聚焦强产业、兴城市、促改革、优生态、惠民生、重党建等中心工作,深入进行专题协商、对口协商、界别协商、提案办理协商,积极建言献策,提高协商民主成效。切实发挥民主监督职能。深化协商式监督,加强和改进民主监督工作,重点监督区委、区政府重要决策部署的贯彻落实情况,做到"监"之有方、"督"之有力,推动民主监督见实效。继续抓好提案和社情民意信息工作,充分发挥提案、社情民意的民主监督功能。强化提案的办理落实和跟踪问效,广开社情民意信息渠道,使提案工作再上新台阶,社情民意工作有新进步。切实提高参政议政质量。围绕推动产业项目升级、城乡统筹发展、城市建管提质、民生持续改善、生态保护提升等内容,深入调研视察,重点议政建言,不断提高建言立论的质量和水平,努力推动履职成果转化为区委、区政府的决策部署,为提升东湖经济发展品质、城区环境品质和居民生活品质献计出力。

三、坚持团结民主主题,凝聚东湖发展合力

发挥人民政协的桥梁纽带作用,把团结和民主两大主题始终贯穿于政协的全部工作中,加强与各民主党派、工商联、无党派人士的交流、沟通和联系,努力营造民主协商、平等议事、求同存异、体谅包容的良好氛围。持续深入开展"兴家风、淳民风、正社风"主题活动,培育践行社会主义核心价值观,传承中华民族优秀道德文化,以良好家风、民风、社风带动全社会公共精神培育。开展多种形式的团结联谊活动,着力巩固和发展最广泛的爱国统一战线,最大限度地团结一切可以团结的力量,调动一切积极因素,为东湖改革发展凝聚人心、汇聚力量。

四、紧抓自身建设,提高履职服务水平

充分发挥委员主体作用。加强委员履职服务与管理,激发委员参政议政热情,引导委员既懂政协、会协商、善议政,又守纪律、讲规矩、重品行,提高参政议政质量。充分发挥专委会基础作用,积极开展调研、视察、考察、联谊等活动,进一步将专委会工作做细做实。不断强化机关党的政治、思想、组织、作风、制度建设,扎实开展"不忘初心、牢记使命"主题教育,继续推进"两学一做"常态化制度化,认真落实中央"八项规定"精神,持之以恒纠正"四风"。大力推进政协机关工作的制度化、规范化、程序化建设,进一步提高办会、办事、办文质量,提高政协机关工作人员的服务素质和能力,切实发挥政协机关参谋助手和服务保障作用。

各位委员,同志们:中共十九大发出了决胜全面建成小康社会、开启全面建设社会主义现代化国家新征程的动员令,为新时代开启新征程吹响了冲锋号。全面深入学习贯彻落实十九大精神,加快推动东湖发展,人民政协责任重大,使命光荣。让我们更加紧密地团结在以习近平总书记为核心的党中央周围,高举中国特色社会主义伟大旗帜,在中共东湖区委的坚强领导下,同心同向同行,勇于担当,苦干实干,为奋力谱写新时代东湖发展崭新篇章做出新的更大贡献!

(区政协办公室)

南昌市东湖区人民法院工作报告

（2018 年 1 月 4 日在东湖区十六届人民代表大会第三次会议上）

东湖区人民法院院长　梁　洪

各位代表：

现在，我代表区法院向大会报告工作，请予审议，并请列席会议的同志提出意见。

2017 年工作回顾

过去一年，区法院在区委坚强领导、区人大及其常委会有力监督、区政府区政协和社会各界的关心支持下，全面贯彻党的十八大和十九大精神，紧紧围绕“努力让人民群众在每一个司法案件中都感受到公平正义”的目标，深入开展“弘扬井冈山精神、争创一流业绩”和“争全省首位、创南昌经验”活动，忠诚履职，奋勇争先，各项工作取得新的发展进步。

全年共受理各类案件 11380 件，审、执结 12533 件（含旧存），清理长期未结积案 643 件，结案率和结收比分别为 79.02% 和 110.13%，同比分别上升 7.14% 和 17.59%。其中，审结刑事案件 1017 件 1289 人，判处五年以上刑期 62 人，五年以下刑期 914 人，非监禁刑 313 人；审结民商事案件 6096 件，标的额 31.56 亿元；审结行政案件 131 件，审查行政非诉案件 98 件；执结案件 5191 件，执结到位标的总额 7.04 亿元，被省法院评为“基本解决执行难示范法院”。

一、坚持主动担当，积极服务经济发展大局

一是自觉对接中心工作。试运转全市首个城市管理巡回法庭，组织法官到辖区城管部门进行执法授课、座谈，加快推进城市管理法治化，为“美丽南昌·幸福家园”建设提供司法支撑。认真审理涉军队全面停止有偿服务相关案件，切实保障停偿工作平稳有序开展。

二是保障重点项目进行。依法化解辖区重大工程和重点项目运行过程中引发的矛盾纠纷，对南昌市第二粮仓库与江西朗科实业有限公司关于上沙窝 65 号 22.53 亩土地上的房屋租赁纠纷进行妥善处理，避免因被告拒绝搬离涉诉房产而影响该区域整体拆迁，保障项目顺利推进。

三是全力优化发展环境。依法审结集资诈骗、非法吸收公众存款、侵犯公民个人信息等涉众犯罪案件 75 件，营造健康有序的市场环境，其中被告人吴俊杰非法买卖 18 万条中小学生信息一案被央视新闻频道《共同关注》栏目报道；严厉打击毒品犯罪，审结涉毒案件 81 件，对利用人体藏毒 72 小袋“麻古”的被告人魏正有依法判处有期徒刑十五年，并处没收财产二万元，对吸毒致幻后火烧银行未遂的被告人罗伟华依法判处有期徒刑一年二个月；妥善审结涉及银行、小贷公司、典当行等主体的金融纠纷案件 1446 件，其中涉及省内知名企业江铃汽车集团财务有限公司案件 66 件，为该公司清收涉案款项 1344 万元。

四是积极参与综合治理。适当提前介入，为党委政府依法化解信访、依法征迁提供法律参谋。认真研判审判中发现的新情况新问题，助力决策前瞻调研，在省市区委参政刊物上发表相关信息 19 篇。落实“谁执法、谁普法”责任，向行政机关和社区、居委会等发送司法建议 104 条，到阳光学校、紫金城小区等地开展法制讲座、法制宣传 5 次。

二、坚持公正司法，倾力提升执法办案质效

一是认真做好大要案审理工作。依法审结在全国范围内产生重大影响的“e 租宝”“毒疫苗”等重要案件，对通过网络金融平台“e 租宝”向 4000 余名不特定公众非法吸资 6 亿多元的被告人祝应丰等 5 人，判处有期徒刑四年六个月至二年不等刑期，并各处罚金人民币三十万元至十万元不等；对非法出售水痘、狂犬等二类疫苗总计金额 46 万余元的被告人刘刚，以非法经营罪判处有期徒刑四年并处罚金人民币五万元；审结“毒粽子”“假伟哥”等其他涉及食品药品安全案件 12 件 18 人；审结职务犯罪案件 8 件 12 人，其中东方资产焦建军等人受贿、私分国有资产系列案取得

良好办案效果。

二是全力化解“执行难”。争取党委政府支持,由区政法委牵头出台了《关于进一步加强执行协调配合工作的实施办法》,确立了法院委托公安协助查控被执行人、公检法联合打击拒执违法犯罪两大具体机制。建成全省首个政法系统信息共享平台,协查被执行人的信息、司法拘留文书、拒执罪线索等材料可在公检法之间快速流转。扎实开展“春雷行动”“夏日风暴”等专项执行活动,发布失信被执行人1282人次,拘传115人次,司法拘留34人次,强制清场48次,移送侦查24件24人。巧借外力协助执行,发出律师调查令43份,发布执行悬赏公告13份,促进执结案件9起。全面推行网络司法拍卖,成功拍卖涉诉财物125件,其中位于红谷滩万达金街的一间商铺评估价仅330万元,司法拍卖后成交价达664万元,实现翻倍溢价。充分运用银行网站、微信朋友圈等当事人自有推广平台,共同“吆喝”宣传拍品,金融案件执行标的到位率由3.54%提升至8.86%。

三是致力提升审判质效。坚持用一流业绩和一流标准来衡量、对照法院工作,积极打造轻微刑案庭审改革、医疗、物业和金融纠纷案件审判品牌,取得了轻微刑案平均庭审时间仅8分钟、医疗案件重复鉴定率大幅下降、物业案件调撤率达90.4%等良好效果。探索简易刑案速裁,加强法检合作,将认罪认罚告知书前置到审查起诉阶段,简化庭审程序、裁判文书,同时配合适用远程视频方式开展庭审182次,节约提押时间和人力投入,加速简易刑事案件流转办理。探索类案专人办理,对金融借款、物业纠纷、交通事故等占比较大的同类型案件,成立审判小组或者指定专人办理,类案承办法官的人年均结案数都近300件。探索简案快速执行,建立分段集约、集中查控的简易案件执行流水线模式,由书记员负责在5个工作日内办理完网络查询、送达、财产查控等全部程序事项。

三、坚持司法为民,努力满足群众司法需求

一是优化诉讼服务,为群众打官司“添便利”。升级硬件设施,打造信访接待室、法官接待室,方便群众诉讼。推进软件革新,构建起院领导轮流接访、专人全天接访、承办人带案接访的多维度信访接待制度,院领导值班接访199人次,化解棘手涉诉信访件58件。开展跨域立案诉讼服务试点工作,协助办理跨域立案64件。

二是完善司法救助,为困难当事人“解难题”。为24名困难群众依法减、免、缓交诉讼费11.286万元;为6名生活困难刑事被害人和申请执行人落实执行救助金19万元;为被告人指定辩护13人次,为少数民族被告人指定翻译5人次。

三是建设智慧法院,提升信息便利“获得感”。外包送达服务,成立司法送达中心,上线“送达流程管理系统”,缓解送达难。目前,电子送达成功率达40%。建成可视化数据管理平台,将传统的对审限的粗放式管理转为对个案的精准化管理,动态、实时、精准地评价每位员额法官的审判绩效与工作负荷。平台还可抓取数据与其他法院进行横向对比,有效减少监管和决策盲区。引入庭审智能语音识别系统,以语音即时记录同步转换文字方式代替书记员手动输入记录,目前该系统识别率达90%,节约庭审时间30%。全面实现裁判文书电子签章,2017年8月份以来,裁判文书电子签章率达90%以上。在全省率先部署收转发E中心,智能云柜、OCR案码识别等信息系统已相继投入使用。

四、坚持深化改革,构建全新审判管理机制

一是产生首批45名员额法官。45名员额法官中,85%来自办案一线,其中院领导6人,全部编入审判团队办案。目前,院、庭长分案2306件,审结1715件。2017年5月份员额法官办案以来,案件平均审结周期为98天,同比缩短38天。

二是落实新型审判权运行机制。由“指定分案”转为“随机分案为主,指定分案为辅”;由“部分放权”转为“全面放权”,除经审委会讨论的案件外,法律文书全部由员额法官自行签发。

三是构建新型审判团队。按照“大团队—小组别—微专家”模式打造层级式审判单元,组建了11个审判团队,在审判团队内部成立数个审判小组,同时部分类案实行专人专办。

四是制定新的配套制度。先后出台了《员额法官办案任务暂行规定》《审判委员会议事规则》《重点案件报告制度》《专业法官会议制度》《立案分案实施细则》等规范性文件。

五、坚持从严治院,锻造忠诚干净担当队伍

一是着力思想引领。将“两学一做”学习教育作为党员教育的基本内容常态化，安排全体党员观看《榜样》等专题教育片；召开“五四”青年干警座谈会，对青年法官在工作岗位上“争全省首位、创南昌经验”进行思想动员；通过组织全体干警收看十九大开幕式直播等多种形式，学习贯彻党的十九大精神。

二是注重技能提升。加强履职能力培训，安排15名法官参加上级法院业务培训，组织全体法官分4批到兄弟法院学习网上办案等信息化技能，利用下班后时间对书记员进行打字、文书上网等“延时培训”；充实审判力量，增补人民陪审员9名，联合区人社部门公开招录聘用书记员50名；强化基础建设，扩大装修红谷滩法庭，在现址上将法庭由600平方米扩大为1340平方米，2017年11月，该法庭被最高人民法院授牌为全省唯一“人民法庭研究基地”。

三是持续正风肃纪。落实廉政建设责任制，将党建+组织活动会、党风廉政责任落实会与审判执行周例会“三会”合一；对3名班子成员开展廉政家访，引导干部家属当好“贤内助”“廉内助”；组织员额法官参观梅汝璈故居并集体宣誓，进行岗前廉政谈话提高拒腐防变意识；安排干警分批参观汪山土库，教育干警树立良好家风；开展纪律作风集中教育整顿活动，约谈了6个业务庭的法官、诫勉谈话4人次、函询8人次，集中解决办案过程中程序不严、久拖不决等问题。

四是自觉接受监督。依法接受人大监督和政协民主监督，向常委会作半年工作报告及基本解决“执行难”专题报告。认真落实人大及其常委会决议，妥善办复代表建议、提案和督办案件。完善日常联络机制，不定期邀请代表视察、见证执行、旁听庭审。依法接受检察机关法律监督，认真办理检察建议，邀请检察长列席重大复杂案件审判委员会会议。自觉接受媒体和社会监督，上网公布生效裁判文书8774份，开展庭审直播53次，改版法院官方网站，在各类媒体发表工作动态、案件报道700余篇，协助制作广播电视新闻28条。

各位代表，过去的一年，区法院圆满完成了各项工作任务，大要案审判、执行工作、信息宣传等多项工作都走在全市法院前列，先后有16个集体和26名个人受到省、市、区级表彰奖励。这些成绩的背后，是区委给予的大量政策支持，是区政府给予的财政保障，是区人大的有力监督和政协及社会各界的关心帮助，是活跃在我们大要案庭审现场和各类专项执行活动中积极提供执法监督的代表、委员们的身影，在此，我代表区法院和全体干警，表示衷心的感谢和崇高的敬意！

在肯定成绩的同时，我们也清楚地看到一些问题和不足：一是入额法官办案压力巨大，改革后我院法官数量从85人减为45人，法官助理严重不足，人案矛盾尤为突出。二是当事人利用管辖异议、申请鉴定等合法理由拖延诉讼导致部分案件质效不高。三是信息化建设与一流标准相比还有较大差距，当事人对信息便利的获得感有待进一步加强。四是积案清理任务较重，少数案件久拖不决现象仍然存在。

2018年工作打算

新的一年，我们将以习近平新时代中国特色社会主义思想为指导，深入学习贯彻党的十九大精神，牢牢把握司法为民、公正司法工作主线，坚持创新引领，强化实干担当，进一步提升区法院各项工作水平。

一、要以执法办案为中心，通过精细化管理“强审判”

一是紧紧围绕东湖经济社会发展大局，加强司法对接，提供全方位司法保障，主动服务供给侧结构性改革，促进经济发展方式的转变和内涵式发展的提升。二是继续深入开展争创活动，巩固金融案件审判、医疗纠纷审判、道交案件审判等民事审判既有品牌建设成果。三是通过签约顺风解决“送达难”，并尝试逐步将送达业务全部外包，配套引入身份证件人脸识别技术解决当事人拒收文书恶意避诉难题。四是拓展案件繁简分流制度的适用面，加大推广要素式审判、模版化文书等举措，实现简易案件提速快办。

二、要以智慧法院为驱动，通过信息化建设“优服务”

一是围绕群众诉求，开发掌上诉讼服务平台，当事人通过手机扫描案件“唯一码”，即可在该平台办理网上立案、网上案件查询、诉讼费缴纳、监督举报、案件诉后评价等多项功能，该平台将在我院微信公众号上进行部署，力求做到关注公众号的当事人均可“手机扫码,服务到家”。二是围绕法官诉求,同时引入“华宇”“财大”双版本软件开展量刑规范化工作,实现刑事审判在量刑幅度、文书生成、法条适用排版校对等方面的自动套嵌。三是围绕管理诉求,搭建“法官员额制绩效考核平台”,通过抓取和记录各类数据并进行分析评价后,对审判和行政事务均实行量化考核。

三、要以司法改革为抓手,通过规范化对标“提质效”

一是逐步推进内设机构改革,裁撤既有业务庭,按照业务需要重新进行人力资源分配,实行扁平化管理。二是扎实推进刑事审判庭审实质化“三项规程”,进一步明确和细化庭前会议、非法证据排除、法庭调查等关键环节操作准则,认真推进认罪认罚从宽、简易刑案速裁等制度改革,提高刑事审判公信力。三是探索审判辅助事务的制度化分离,成立司法事务中心,负责电话邮寄送达、庭审排期、案件报结归档、裁判文书上网等各类司法事务,将法官从繁杂事务性工作中解放出来,专注于提高庭审和文书质效,变“一包到底”办案模式为“分类集中”办案。

四、要以队伍建设为根本,通过精英化培养“树公信”

一是加强理想信念教育。深入学习贯彻十九大精神,把握新时代党的建设总要求,继续推进“两学一做”学习教育常态化制度化,坚决做到维护核心、绝对忠诚、听党指挥、勇于担当。二是加强职业道德教育。深化培训和评估,为干警成长提供支持。三是加强廉洁自律教育。进一步推进司法公开,扩大司法民主,主动接受人大、政协、检察机关和社会各界监督,提升公众对司法工作的理解和信任。

各位代表,2018年是十九大开局之年,新形势赋予了司法工作新要求,新征程上是公众对司法工作给予的新期待,我们将在区委的正确领导下,坚决贯彻本次大会决议,以公正司法的优良作风、昂扬向上的精神状态,努力为“打造实力东湖、创造活力东湖、塑造魅力东湖”做出新的更大的贡献!

部分用语说明(仅供参考):

1、非监禁刑:主要是指人民法院对涉及犯罪的人判处的一种刑罚处罚措施,由于被判犯罪的人犯罪情节轻微,不实施由国家的强制监管场所实施的行为,其思想上没有对社会、对他人的再次犯罪意图,因此判决由相应的国家机关对其事实社会化改造的一种刑罚。被判社会化改造的人往往其刑期都比较短暂,在具体的工作中基本上就是被判管制、缓刑或者单处罚金等附加刑。

2、城市管理巡回法庭:2017年4月20日,经南昌市中级人民法院批准,我院在红谷滩新区设立了南昌市首个城市管理巡回法庭,专门负责对城管部门申请法院强制执行的市容环境卫生管理、占道经营、占绿毁绿、违法违章建筑、渣余土管理、非法开挖、过度装修等各类城市管理类非诉案件进行合法性审查,促进城管部门规范执法,引导行政行为相对人依法表达诉求、理性维权,解决城市管理乱象反复发生、城管案件行政处罚执行难等问题。

3、刑事案件速裁程序:2014年6月,全国人大常委会授权最高人民法院、最高人民检察院在北京等18个试点地区开展刑事案件速裁程序试点工作,对部分刑事案件简化诉讼程序。人民法院适用速裁程序审理案件,由审判员独任审判,一般在受理后7个工作日内审结并当庭宣判。

4、跨域立案:是指法院运用现代信息技术,跨区域异地办理立案诉讼服务事项。比如,住在东湖区的某人要打官司,但案件的受理法院应是在西湖区,此人只需要到东湖区法院或任一离他近的跨域立案试点法院递交诉讼申请,由该法院通过立案系统将信息传给西湖区的法院。西湖区法院审查后,该法院在系统内接收审查结果并向当事人作反馈。

5、网络司法拍卖:指单由法院和纯粹技术平台合作处置诉讼资产的模式或者将标的放在第三方的拍卖公告平台以网络竞价方式进行拍卖。东湖法院涉诉资产拍卖平台链接:https://sf.taobao.com/?spm=a213w.7398504.0.0.A1FiHK

6、电子送达:是指经受送达人同意,采用传真、微信、电子邮件等能够确认其收悉的方式送达诉讼文书,但判决书、裁定书、调解书除外。以电子方式送达的,以传真、微信、电子邮件等到达受送达人特定系统的日期为送达日期。

7、收转发E中心:主要功能包括对诉讼材料进行统一登记管理，集中扫描、智能识别、智能利用，为法官立案、庭审质证、庭审笔录、文书撰写、结案、归档等提供支持服务；对各类材料、庭审、合议等审判活动笔录进行智能分析，自动生成案件流程节点信息，将审判流程系统由“登记信息”模式转变为“自动服务”模式；通过网络平台、微信公众号、手机短信、电子邮箱等电子送达方式，对诉讼材料进行集约化送达，做到送达事务全流程管理、送达方式全覆盖、送达过程全留痕，送达完成后形成完整的报告，可同步公开给当事人。

8、三项规程：包括庭前会议规程、非法证据排除规程和法庭调查规程，是人民法院落实中央以审判为中心的刑事诉讼制度改革和严格实行非法证据排除改革的关键抓手，有助于解决证人出庭难、非法证据排除难、疑罪从无难等问题。

（区人民法院）

南昌市东湖区人民检察院工作报告

（2018年1月4日在东湖区十六届人民代表大会第三次会议上）

东湖区人民检察院代检察长　杜迎春

各位代表：

现在，我代表东湖区人民检察院向大会报告工作，请予审议，并请列席会议的同志提出意见。

2017年主要工作

过去的一年，我院在区委和市检察院的坚强领导下，在区人大及其常委会的有力监督下，全面贯彻习近平总书记治国理政新理念新思想新战略，深入学习党的十九大精神和习近平新时代中国特色社会主义思想，紧紧围绕经济社会发展大局，全面履行检察职能，各项工作取得新进展。

一、立足检察职能，积极服务经济社会发展大局

积极适应经济发展新常态，紧紧围绕党委中心工作，强化在决战产业发展、民生改善、生态提升等方面的司法保障。

着力优化发展环境。积极参与整顿和规范市场秩序，批准逮捕非法经营、合同诈骗等犯罪17件29人，提起公诉18件37人。坚决惩治危害金融安全犯罪，有力维护健康有序的金融市场秩序，批准逮捕27件34人，提起公诉38件47人。加大对涉众型犯罪打击力度，依法批捕、起诉了涉案金额累计7.78亿元、受害群众达5700余人的祝应丰等4人“e租宝”系列非法吸收公众存款案。

切实保障民生民利。持续开展“食安风暴”专项行动，建议行政机关移送涉嫌危害食品药品安全犯罪案件6件6人，有效保障人民群众“舌尖上”的安全。紧盯社会高度关注的9月4日南昌市三所幼儿园儿童集体中毒事件，与公安机关密切配合，积极介入引导取证，对食品供应商吉利蛋糕店业主以生产、销售不符合安全标准的食品罪批准逮捕。深入推进“检察蓝”守护“赣江绿”生态检察专项监督活动，助力绿色崛起。加强饮用水水源保护，督促有关部门将违规建在红角洲水厂饮用水水源一级保护区范围内的李记和造船厂码头拆除完毕；积极介入“赣江非法电鱼”事件调查，全力保护渔业资源和水域生态。

积极服务非公经济。依法打击侵犯非公有制企业权益的刑事犯罪，准确把握法律政策界限，慎用强制措施，积极营造保护改革、保护创新、保护企业权益的法治化营商环境。坚持依法办案与服务发展相结合，与区工商联建立起常态化联络机制，邀请辖区内21位非公企业家召开专题座谈会，认真听取意见建议，及时提供法律服务。

二、推进平安创建，全力保障社会和谐稳定

认真履行审查逮捕、审查起诉等职能，依法打击犯罪，推动源头治理。共批准逮捕855件1066人，同比分别上升2.89%和3.79%；提起公诉1016件1335人，同比分别上升6.05%和2.38%。

依法打击各类刑事犯罪。坚决打击影响人民

群众安全感的严重刑事犯罪,批准逮捕故意杀人、抢劫、强奸等严重刑事犯罪97件118人,提起公诉87件109人;严惩盗抢骗等侵财性犯罪,批准逮捕462件523人,提起公诉479件575人;深入推进毒品犯罪专项打击,批准逮捕150件176人,提起公诉131件152人。2017年2月25日,红谷滩海航白金汇酒店发生火灾,造成10人死亡的严重后果。我院提前介入引导侦查,并于事故发生次日即对其中7名涉案人员以涉嫌重大责任事故批准逮捕,及时回应社会关切。

全面贯彻宽严相济刑事政策。正确把握和处理从宽与从严的关系,在严厉打击严重刑事犯罪的同时,对涉嫌犯罪但无社会危险性的,决定不批捕76人;对犯罪情节轻微、依法不需要判处刑罚的,决定不起诉55人,有效节约司法资源,促进社会和谐。加强人权司法保障,对无继续羁押必要的3人提出变更强制措施建议并被采纳。加强未成年人刑事检察工作,重视涉罪未成年人教育挽救,深化观护体系建设,探索开展临界帮教预防,推行"五位一体"帮教模式,依法不起诉10人,附条件不起诉8人。

促进完善社会治理体系。坚持将化解涉检信访矛盾贯穿司法办案始终,妥善办理各类来信来访25件。组建由律师、特约检察员等人员组成的第三方信访咨询专家库,为信访群众提供专业法律指导。依托社区检察工作室积极开展走访、宣传活动,有效提升群众满意度指数。结合办案,发出涉农涉渔、食药安全等领域检察建议书16份,促进相关部门提高社会管理水平。全方位开展"校园周边环境整治"和"法治进校园"活动,组织防治校园欺凌、女童保护等专题法治巡讲40场次,向辖区中学赠送我院自编的普法读本《未成年人法律知识一点通》,选聘"少年检察官",着力培养青少年法制思维。

三、坚持惩防并举,推动反腐败工作深入开展

认真贯彻党中央关于党风廉政建设和反腐败工作的总体部署,坚持有案必查、有腐必惩,共立案查办拆迁、供电、医疗等领域职务犯罪案件15件17人。

坚决查处大案要案。保持工作力度,突出办案重点,立案查办大要案11件,占比73.3%。其中,查处县级干部1人,科级干部4人。重点查办了基层征收拆迁领域窝串案5件6人,供电领域3件3人,医疗领域3件3人;依法查办了前湖高校管委会主任兼红谷滩新区文化局负责人曾必伟受贿923万元案;对南昌市发改委原党组成员、总经济师柳华受贿1095万元案依法提起公诉。

着力提升查办案件质效。牢固树立以证据为核心的侦查理念,严格遵循法定程序和证据规则,全面收集、固定和运用证据,努力使办理的每一起案件都经得起法律和历史的检验。切实增强办案安全防范观念,严格贯彻执行办案安全防范各项规定,确保了办案安全零事故。

扎实开展职务犯罪预防工作。与邮政部门共同开展"预防职务犯罪邮路"工作,发挥邮路联系群众、服务群众的优势,编织起覆盖城乡的预防职务犯罪志愿服务网络,将廉政文化送进千家万户。结合办案,深入街镇、社区(村)、企事业单位开展警示教育、法治讲座17次,夯实基层廉政基础。认真落实惩治和预防职务犯罪年度报告制度,巩固、延伸预防效果。围绕省级医院新院区建设等重大工程项目实施同步预防,开展专项预防调查6项。推行行贿犯罪档案网上预约查询和批量查询,提供查询7062件(次),促进诚信社会建设。

四、强化诉讼监督,有力维护社会公平正义

坚持惩治犯罪和保障人权并重、实体公正和程序公正统一,完善法律监督机制,提高监督能力,维护公平正义。

强化刑事诉讼监督。加强刑事立案和侦查活动监督,监督立案18件19人,监督撤案3件,追捕3人,追诉31人;对侦查活动提出书面纠正意见2份;在红谷滩公安分局所辖派出所实现驻所检察官办公室全覆盖,紧贴办案一线,促进基层规范执法。加强刑事审判监督,对认为确有错误的刑事裁判提出抗诉6件,已审结并改判3件。

强化民事行政诉讼监督。综合运用抗诉、再审检察建议、检察建议等方式,办理各类民事行政监督案件14件。在区委领导和区人大的支持下,配齐配强队伍,健全工作机制,稳步推进检察机关提起公益诉讼工作,紧盯食药安全、生态保护等与人民群众利益密切相关领域开展监督,已立案公益诉讼案件2件。

强化刑罚执行监督。以预防脱、漏管为重点,依托社区矫正信息共享平台,紧盯交付执行、日常监管、变更执行和帮教等主要环节，通过专项检察、检察建议等方式开展监督，社区矫正工作整体水平稳步提升。

五、坚持以改革为引领，创新驱动司法办案新发展

严格按照上级统一部署，稳步推进各项改革措施，改革取得阶段性成效。

扎实做好国家监察体制改革试点工作。提高政治站位，强化大局意识，坚决把贯彻落实中央对国家监察体制改革试点工作的部署作为首要政治任务，严格按照区委确定的时间表、路线图，凝聚共识，紧跟步伐，积极作为，全力配合做好职能划转、人员转隶和案件办理衔接等工作。截至目前，改革试点检察环节各项工作已圆满完成。

深入推进司法责任制改革。积极开展人员分类管理改革，遴选出首批26名员额检察官，占政法专项编制数的34.2%，确定检察辅助人员37名、司法行政人员11名，分别占政法专项编制数的48.7%、14.5%，基本实现各归其位、各司其职的目标。改革后，直接在办案一线的检察人员共55名，占政法专项编制数的72.4%，占比较改革前提高了14.5个百分点，检察官办案主体地位已然确立。按照“谁办案谁负责、谁决定谁负责”的要求，完善办案组织形式，严格执行检察官权力清单和随机分案制度，审批层级减少，司法效率提升。

积极适应“以审判为中心”的诉讼制度改革。主动适应庭审改革要求，转变司法理念和办案方式，积极构建以证据为核心的刑事指控体系。完善非法证据排除机制，强化对侦查活动的引导和监督，提前介入重大敏感案件，从源头提高案件质量，防止案件“带病”进入审判程序。对不构成犯罪和证据不足的，决定不捕130人、不诉12人。推行繁简分流，发挥简易程序功能，积极探索轻案快办、速裁程序，完善认罪认罚案件从宽处理制度，审查起诉案件办理时间平均缩短7天。

六、高度重视队伍建设，不断提升干警综合素能

按照习近平总书记“五个过硬”的总要求，努力打造一支信念坚定、司法为民、敢于担当、清正廉洁的检察队伍。

坚持把思想政治建设摆在首要位置。通过召开党组（扩大）会、专题学习会、举办诵读分享会等形式，全面理解、准确把握十九大精神，融会贯通抓好落实。紧密结合检察工作实际，精心部署，扎实推进“两学一做”学习教育常态化制度化建设。进一步增强抓好党建工作的责任感，推行“党建+检察”工作模式，健全工作机制，加强党支部建设，推进党建工作与检察工作深度融合。高度关注改革进程中干警的思想动态，深入开展谈心谈话，促进沟通交流，凝聚改革合力。

坚持把业务能力建设作为重要任务。分层分类分岗开展领导素能、任职资格、专项业务、岗位技能培训34期365人次，不断提高履职能力。切实加强对青年骨干的培养，积极组织“学、训、赛、考”活动，帮助他们尽快成长成才。更加注重提升干警的群众工作能力、科技应用能力、社会沟通能力，着力培养多面手、复合型人才。今年以来，我院共有16名干警获得市级以上荣誉18次。

坚持把推进从严治检作为基本要求。保持韧劲，增强定力，把全面从严治党、从严治检贯穿到检察工作各环节和全过程。认真组织学习《准则》和《条例》，坚决筑牢思想防线。强化廉洁从检教育，开展“四必谈”廉政谈话138人次，引导广大检察干警特别是领导干部公正用权、依法用权、为民用权、廉洁用权。

七、主动接受监督，加强和改进检察工作

牢固树立监督者更要自觉接受监督的意识，注重在监督下加强和改进检察工作。

始终坚持党的绝对领导。不断增强“四个意识”，自觉在思想上政治上行动上与以习近平总书记为核心的党中央保持高度一致。始终坚持党对检察工作的绝对领导，及时向区委请示报告重大工作安排、重大改革事项和重大敏感案件。坚决贯彻落实区委各项决策部署，确保检察工作正确的政治方向。

自觉接受人大监督和政协民主监督。向区人大常委会专题报告检务公开工作、半年工作，认真落实审议意见。坚决执行人大各项决议，对“两会”期间代表、委员提出的意见建议逐条梳理、逐项落实、逐件反馈。编发代表委员联络专刊《东检之声》4期1900份。完善院领导联系走访代表、委员制度。邀请代表、委员、特约检察员视察检察工作、参与案件评查、开展逮捕案件公开审查,不断改进检察工作。

主动接受社会各界监督。坚持以公开促公正,加大案件信息公开力度,发布重要案件信息158条,发布案件程序性信息1394条,公开法律文书963份,公开率100%。坚持检察开放日制度,组织9批次社会各界群众“零距离”了解检察工作。加强“两微一端”建设和应用,发布微信、微博251条,“南昌东湖检察”微信公众号已成为我院联系群众的一张检察名片,经验做法在全省检察机关推广。

各位代表,2017年,我院在服务社会经济发展大局、推动检察工作发展方面取得了一定成绩,先后荣获“全国维护妇女儿童权益先进集体”、“全省检察机关先进集体”,被省检察院荣记集体二等功,连续四届被最高人民检察院评为“全国检察机关文明接待示范窗口”。这些成绩的取得,离不开区委和市检察院的正确领导,离不开区人大及其常委会的有力监督,离不开区政府、区政协和各位代表、社会各界的关心与支持。在此,我代表东湖区人民检察院全体干警,向关心、支持东湖检察工作的各位代表以及社会各界人士表示衷心的感谢和崇高的敬意!

在去年的报告中,我们向代表们报告了我院在服务区域发展、检察工作科技化建设等方面存在的不足。一年来,我们积极构建服务非公经济常态化机制,认真开展金融检察工作,进一步提升了服务区域经济社会发展的履职能力;我们持续落实科技强检战略,参与构建东湖政法系统信息共享平台,并在远程提讯、案件公开审查等实际工作中广泛应用,促进现代科技与检察工作深度融合。与此同时,我们也清醒地认识到,新形势下制约检察工作发展的困难仍然存在:一是履行法律监督职责与全面推进依法治国的新要求和人民群众的新期待相比还存在一些差距,在法律监督职能发挥方面还需进一步加强;二是司法改革后,对于如何在突出检察官办案主体地位的同时确保办案质量和公正廉洁司法,还需不断探索完善机制建设。针对这些问题,我们将以改革排头兵的勇气和担当,攻坚克难,阔步前行。

2018年工作安排

2018年,我院将深入学习贯彻党的十九大精神,全面贯彻落实习近平新时代中国特色社会主义思想,坚持以司法办案为中心,强化法律监督,深化改革创新,加强队伍建设,推动检察工作再上新台阶,全力服务和保障社会经济发展。

*一是更加注重坚持党的领导,确保检察工作的正确政治方向。*坚持党对检察工作的绝对领导不动摇,进一步树牢“四个意识”,进一步坚定“四个自信”,确保党委的决策部署在检察机关得到不折不扣的落实。正确认识党的领导与检察机关依法独立行使职权的关系,严格执行检察机关党组向党委报告重大事项规定,进一步完善重大事项请示报告制度,确保检察事业始终沿着正确的政治方向坚定前行。

*二是更加注重发挥法律监督职能,扎实推进法治东湖建设。*坚决惩治严重暴力犯罪、多发性侵财犯罪,保障人民安居乐业。依法打击新常态下经济领域犯罪,突出打击涉众型经济犯罪,坚决惩治破坏金融秩序犯罪,保障大众创业、万众创新。围绕执法司法中的突出问题,全面加强对刑事诉讼、民事诉讼、行政诉讼和刑罚执行活动的法律监督。加快推进公益诉讼工作,加强对生态环境、食药安全等社会公益的司法保护。

*三是更加注重坚定改革正确方向,推动相关决策部署落地生根。*继续保持改革政治定力,坚持改革既定步伐。深化司法责任制改革,进一步完善三类人员绩效考核机制、司法办案监督管理等机制,强化对司法办案的监督制约。积极应对监察体制改革后职务犯罪案件的办理工作,加强沟通协调,建立健全运行机制,推动工作顺畅衔接,有效对接。切实做好以审判为中心的诉讼制度改革工作,强化证据审查标准、非法证据排除规则适用,在保证办案质量的情况下,推行刑事速裁、认罪认罚从宽制度,构建与多层次诉讼体系相适应的办案模式。

*四是更加注重信息技术与检察工作的融合,全面推进智慧检务建设。*学习贯彻全国检察机关智慧检务工作会议精神,主动适应互联网时代人工智能对检察工作带来的机遇和挑战,加快推进信息化建设进程,借此增强检察工作的客观性、预见性和规范性。高标准筹建刑事检察办案区。探索建立检察工作网云平台、数字检委会等信息化应用系统,提高工作效率。

五是更加注重过硬检察队伍建设，努力锻造正规化、专业化、职业化检察队伍。落实全面从严治党各项要求，严肃党内政治生活，严明政治纪律和政治规矩，持之以恒改进思想作风、工作作风、生活作风，进一步树立良好检察形象。持续加强教育培训、岗位练兵、案件质量评查工作力度，进一步提高干警执法办案能力。不断加强职业保障，关爱干警身心健康，着力提升检察职业尊荣感。

各位代表，新的一年里，我院将在区委和市检察院的领导下，认真贯彻本次大会各项决议，不忘初心，牢记使命，锐意进取，攻坚克难，在新起点上奋力开创东湖检察工作新局面，为谱写新时代中国特色社会主义发展东湖篇章做出更大贡献！

（区人民检察院）

关于东湖区2017年国民经济和社会发展计划执行情况及2018年国民经济和社会发展计划草案的报告

（2018年1月3日在东湖区第十六届人民代表大会第三次会议上）

东湖区发改委主任　易年忠

各位代表：

受区人民政府委托，我向大会报告东湖区2017年国民经济和社会发展计划执行情况及2018年国民经济和社会发展计划草案（书面），请予审议，并请各位政协委员和列席人员提出意见。

一、2017年国民经济和社会发展计划执行情况

2017年是党的十九大胜利召开之年，也是我区建设“实力、活力、魅力”东湖的提升之年。一年来，面对错综复杂的内外经济形势，在区委的坚强领导下，在区人大、区政协的监督支持下，全区各级各部门紧紧围绕区十六届人大二次会议确定的目标任务，在“强产业、兴城市、促改革、优生态、惠民生”等方面重点发力，各项工作取得扎实成效，计划执行情况总体良好，全区经济社会继续保持平稳健康发展态势。

（一）抓转型促升级，强攻产业更有势头

一是经济运行稳中有进。2017年，预计全年实现地区生产总值467.55亿元，按可比价计算同比增长8.2%；500万元以上固定资产投资完成205.6亿元，同比增长13%；社会消费品零售总额完成230亿元，同比增长12%；规模以上服务业营业收入30.9亿元，同比增长20%。完成财政总收入市口径70.63亿元，同比增长12.3%；地方一般公共预算收入13.05亿元，同口径增长6.5%。完成实际利用内资49亿元，同比增长20.16%；城镇居民人均可支配收入达39355元，同比增长8%；实际利用内资49亿元，同比增长20.16%；实际利用外资2.23亿美元，同比增长20.33%；出口创汇实现3.37亿美元；各项指标全部达到年初计划目标，顺利完成区十六届人大二次会议确定的目标任务。

二是产业升级步伐加快。深入实施《服务业四年发展行动计划》，产业集聚阵势拉开、程度不断上升。预计全区服务业增加值占地区生产总值比重91.75%，较去年同期增长0.64个百分点；新增六大主导产业企业1800家，同比增长2.4%。AAAAA级楼宇商务面积较去年同期增加1.8万平方米，新增税收千万元商务楼宇2栋，全区楼宇总建筑面积、商务面积分别达到59.3、44.6万平方米，入驻目标楼宇企业2094家，产生税收10.63亿元，目标楼宇贡献率同比提高7.68个百分点。

三是扩大开放成效显著。积极参加首届世界赣商大会、第16届赣港经贸合作等商贸活动。成功引进苏宁置业在我区投资85亿元兴建南昌苏宁广场项目，采购额超百亿元的苏宁红孩子和年结算额超10亿元的国美供应链管理江西总部一并成功落户。投资15亿元的江旅都市方舟项目正式落户启动,打造福州路又一高端商业综合体;成功引入投资5亿元全市首家网络小贷公司随行付,民生证券南昌分公司成功落户;成功落户总投资3亿元的熹庐健康养生产业园项目,成为全省健康产业的龙头引领。

四是项目建设底气十足。总投资353.67亿元的51个重大重点项目,共计完成年度投资37.86亿元。11个市级重大重点项目完成年度投资24亿元;6个市级重点推进项目实现开工率、投资率、达标率三个100%,在全市位列前三。全年共有17个超5000万元重大项目正在施工,总投资超150亿元的苏宁广场、中金中心、中海商业、融创地产等重大项目建设进程不断加快,总部经济大厦、八一馆商业综合体、熹庐健康养生园一期等一批项目顺利竣工。

(二)抓整治提形象,城市建管更有成效

一是空间不断拓展。全年共启动环湖路民德路地块、青山南路铁路西货场北地块和硅酸盐厂工矿棚户区改造3个旧改项目,共完成旧改征迁任务8.3万平方米。顺利完成滕王阁景区周边地块和环湖路民德路地块的房屋征收任务;完成青山北路综合管廊、沿江北大道快速路、九洲高架二期、“一馆五址”等市级重大重点项目所涉征迁任务,共拆除房屋30余万平方米;全面完成原省政府大院一、二号地块征迁和土地出让工作,成功实施裕丰大厦、青山湖宾馆等“五连爆”。

二是功能更加完善。城市建设投入力度空前。结合海绵城市建设,全区人行道实现强透水性路面结构层全覆盖;投入3500余万元,启动福州东路、省图南路等43条道路综合改造工程;投资6000万元启动紫金广场地下停车场、蓑衣荚停车场等14个停车场建设任务,新增泊位数1860个,全市首个智能立体化停车场铁街停车场、滕王阁旅游区南门生态停车场投入使用。

三是品质持续提升。举全区之力投入3.58亿元推进“美丽南昌·幸福家园”环境综合整治工作,城区品质得到新提升。投入9000万元的滕王阁景区周边整治工程、投资6000万元的八一广场周边立面改造工程顺利完工;八一起义纪念馆等“一馆五址”周边立面改造工程全面完工;投入1.5亿元打造江柴、光明等5个精品社区;投入2000万元实施“两建三改五新六清”工程,完成洪城社区等11个老旧小区微改造;投入3000万元对辖区6.6公里京九铁路沿线环境实施综合整治。

四是管理成为示范。投资1200多万元新置100余辆作业车,建立了“立面、地面、道路、社区”全覆盖、立体化清扫保洁新模式;在全市率先试点开展机动车规范停放,共设置非机动车停放点290余处,规划5290个非机动车泊位;完成辖区90多条道路1100余个配电箱的“增色添彩”工程并在全市推广;率先启动城中村准物业环境整治工作;强力开展城市建成区违法建设专项治理工作,共拆除违章搭建320余处,面积约1.5万平方米。荣获全市城市综合考评2个第一、1个第二,“马路本色”月考评8个第一、3个第二的好成绩,荣获2017年度“美丽南昌·幸福家园”整治工作第一名。

(三)抓潜能增活力,改革创新更有突破

一是重点改革集中破题。在全省率先搭建“一站式”综合治税平台;成功组建“文化旅游投资公司”。圆满完成农村土地承包经营权确权登记颁证工作;基本完成农村集体资产股份权能改革试点工作。率先在全省开展“互联网+殡葬服务”进社区工作;全面推进居家和社区养老服务改革试点工作;顺利完成驻区市属42家国有企业社区移交工作;被中国残疾人联合会确定为4个残疾预防综合试验区试点工作典型县市之一。

二是创新创业热潮涌动。设立文化产业发展扶持资金1000万元,设立新媒体旅游形象宣传资金100万元;全年共发放“财园信贷通”贷款111笔,共计5.39亿元;完成个人贷款发放和审批待发放5330万元,直接帮扶创业人员516人。豫章1号文化科技园成功申报市级小企业创业基地,并被授予“省级广告产业园”称号;新增2家市级中小企业公共服务示范平台和3家“洪城众创”空间;高新技术企业新认定15家,超历年总和。全区新增注册企业1774户、注册(认缴)资本84.88亿元,同比分别增长124%和117%。

三是环境建设务实高效。“放管服”改革步伐加快,共涉及行政权力事项109项,取消44项,调整65项。探索推进网格化监管模式,加大行政执法力度,营造安全规范的市场环境。推进网上审批系统升级，建立行政审批绿色通道，实现公共服务事项在线办理。深入开展“降成本、优环境”专项行动，深入企业开展帮扶，帮助企业解决发展难题，实现“企业走访率、问题对接率、答复满意率”三个100%。落实省、市优惠政策，全年合计减免中小微企业各类税费共计5942万元。政务公开全面实行，12345政务服务平台启动运行，公开政务信息2.8万余条；受理网络用户430余件来信，受理率100%。

（四）抓治理重长效，生态建设更有成果

一是生态意识有提高。结合“法律六进”宣传工作，在“六·五”世界环境日、“地球日”等活动期间，开展生态环保宣传活动，不断提高市民的生态意识。继续牢固把握企业投资项目准入门槛，严禁高污染、高耗能、高排放的“三高”企业落户，积极对接低碳节能的绿色项目，建成全市党政机关首个“绿色出行共享新能源汽车分时租赁项目”。不断强化行政机关节能减排工作，获得省、市公共机构节能达标先进县区。

二是生态建设有加强。开展环保专项整治行动，重点提升环保执法队伍应急反应能力，环评执行率、环保“三同时”执行率和规划环评执行率均达到100%。狠抓落实问题清单整改，中央环保督导组交办的12件群众信访投诉件全部办结，5个反馈问题全部销号。强化企业环保监管执法，集中采购了一批环境监察移动执法设备，环境执法力量得到加强。

三是生态治理有成效。城区新增绿地面积5000平方米，绿化覆盖率达到29.67%；“河湖长制”有效执行，推进20%水质不达标河湖治理，推动落实“一河一档”“一河一策”，玉带河北支黑臭水体整治工作正在推进；投入2100万元启动赣江右岸八一桥至二七路排污口截污工程；对扬子洲镇11个自然村生态环境开展连片综合整治；集中对辖区243个大气污染源进行整治，落实拆迁工地降尘“五到位”。

（五）抓共享增福祉，社会民生更有进步

一是社会保障更加牢固。2017年，全区预计用于保障和改善民生投入资金15.1亿元，同比增长21.09%，约占全区一般公共预算支出的65.68%。独创“派工”工作模式，全年新增就业9981人；城镇基本医疗保险参保人数达到18.7万人，征缴基金总额达1.35亿元；参加基本养老保险人数达5.78万人，累计发放养老金5.13亿元；提高低保标准至560元/每人每月，累计发放5050名困难群众低保金2870余万元；累计发放医疗救助金280万元，惠及4697名困难群众；发放独生子女父母奖励金5800余万元；拨付基本公共卫生服务项目补助经费2281.88万元；办理从业人员免费体检3.1万人，免费公共卫生检测986户。保障公共租赁住房4091户，累计为6384户无房户困难户发放租赁补贴1860万元。扬农垦区危房改造二期工程主体竣工。

二是民生实事全面落实。2017年初确定的“十大民生实事”稳步推进：安置房建设全面铺开，七里嘉和小区安置房加速建设，起凤路安置房项目顺利开工。安排幼儿园奖补资金1533万元，青山湖西岸安置小区配套幼儿园装修工程2018年3月竣工，2018年秋季投入使用；育新学校紫金分校、天骥小学启动建设。在率先实现背街小巷路灯亮化全覆盖基础上，更换LED灯1300余盏；整改疏通各类沟管1100余处；完成广场北路严重点位积水点整治；完成三经路、子固路两个小游园建设；叠山路农贸市场升级改造工程整体完工。全面推行“洁厨亮灶”工作，完成94家大中型餐饮服务单位和学校食堂“洁厨亮灶”改造工程。

三是公共服务优化供给。各项事业全面进步，“民生五圈”覆盖全区。投入1000余万元实施“校安工程”，对东湖小学等14所学校进行维修改造；以全市最高分通过义务教育发展基本均衡省级复查。创刊《东湖教育》、开设“东湖教育大讲堂”，搭建东湖教育交流互动平台。荣获全省百县运动会足球三连冠、蝉联女子篮球冠军，获全市首届“滕王阁杯”青少年体育联赛篮球、乒乓球、网球三项总冠军。围绕“纪念八一南昌起义暨建军90周年”、“喜迎十九大、文化惠万家”主题，组织开展了系列文艺晚会、歌咏比赛、图片展等系列爱国主义教育活动；完成八一桥等4个街道综合文化活动中心标准化建设；贵林社获评江西省少儿曲艺传承基地；新建文教路北社区等30个社区居家养老服务中心，开展各具特色养老服务；为43.5万辖区居民建立健康档案，其中包括3.2万流动人口；建立家庭医生服务团队68个，累计签约11.4万人;免费救治严重精神障碍等患者138例;为近10万人办理了居民健康卡信息采集。

总的来看,2017年我区经济社会继续保持平稳健康较快发展,这是全区上下共同努力的结果。肯定成绩的同时,我们也清醒地认识到,一些工作还存在差距和不足,面临的困难和挑战也不容低估,主要是:主导产业规模偏小、项目支撑引领作用偏弱,稳增长、促升级依然任重道远;城市建设品质和管理水平仍需进一步提高,环境面貌有待进一步改善;随着进入新时代社会主要矛盾发生转变,推动"保障型"民生向"发展型"民生进阶已是必然要求,在社会保障、社会事业、社会治理等方面的统筹力度还需进一步加强。

二、2018年经济社会发展计划和主要任务

2018年,是贯彻党的十九大精神的开局之年,是改革开放40周年,也是建设"实力、活力、魅力"东湖的关键之年。2018年,面对加快发展的紧迫任务、进位赶超的现实要求、复兴崛起的艰巨使命,东湖区全体干部将紧紧围绕党的十九大、中央经济工作会和省委十四届五次全会、市委十一届四次全会精神,以区委十二届四次全体(扩大)会议精神为指导方向,咬定目标、坚定信心,继续在强产业、兴城市、促改革、优生态、惠民生等重点工作上聚焦发力,不断推动全区经济社会发展再上新台阶。

制定2018年全区国民经济和社会发展主要目标,既要坚持积极进取,经过努力得以实现,又要坚持稳妥可行,充分考虑支撑条件。对此,需做好三方面衔接:一是衔接省市2018年预期目标;二是衔接"十三五"规划目标;三是在全市县区排名力争突破。

2018年全区经济社会发展的主要预期目标是:

地区生产总值增长8%,力争8.5%;

500万元以上固定资产投资增长11%,力争12%;

社会消费品零售总额增长10%,力争12%;

规上服务业营业收入增长16%,力争20%;

财政总收入增长6%,力争7.5%;

地方一般公共预算收入同比增长4.5%,力争6%;

利用外资实际到位资金增长15%,力争20%;

实际利用内资增长15%,力争20%;

出口总额增长3%,力争4%;

城镇居民人均可支配收入年均增长6%,力争7%。

根据以上要求和目标,综合考虑当前发展形势,2018年全区经济社会有五个方面的重点任务:

(一)"强产业"上再使一股劲,经济发展迈上新台阶

坚持把强攻产业作为首要任务,以六大产业为主攻方向,以项目建设工作为"牛鼻子",全力打造现代服务业东湖新高地。

一是着力优布局强集群。重点发展健康养生服务业,在熹庐健康产业园的基础上,规划打造一批以健康疗养为主的园区产业,打造可持续发展的大健康产业园。大力发展文化创意旅游业,着力建设江西新媒体广告产业园,打造创意引导、产业带动、广告门户、品牌塑造"四位一体"的文创产业集聚地;依托佑民寺深厚的历史文化内涵,按照"文旅+产业"的可持续发展模式,倾力打造集文化旅游与产业发展于一体的文创产业新基地。高端打造现代商贸业,以苏宁广场项目为契机,整合苏宁云店、苏宁影院、超市等自营资源,积极引入国际精品、一线奢侈品牌等业态,打造八一广场商圈最高端的一站式购物体验中心。借力轨道交通,打造"地铁+社区"、"地铁+城市综合体"等新型商业模式,激活提升中山路、胜利路商业业态。错位发展现代金融业,大力培育文化金融、科技金融等类金融机构,打造一批集中度高、集群效应好的"金融楼宇",积极搭建金融创新孵化中心和金融服务中心。持续壮大楼宇总部经济,按照"平米税收"理念,将旧城改造腾出的黄金区域,重点向发展楼宇总部经济倾斜,逐步将青山湖西岸打造成"企业总部集中、高端要素集聚、服务体系发达、产业效应突出、创新氛围活跃"的总部经济集聚区。二是着力强招商提品质。更加注重招商选资,着力引进一批兼具体量与质量、构成产业骨架和支撑的重大项目以及延伸产业链条、引发产业集聚的关键项目。聚焦重点产业、重点区域,瞄准龙头项目、领袖企业,对接引进一批国字头、

引爆性项目。不断提高合同履约率、资金到位率、项目开工率和投产见效率。三是着力推项目扩投资。坚定不移实施项目带动战略,加快形成“谋划一批、签约一批、开工一批、竣工一批、投产一批、储备一批”的滚动发展态势。计划实施总投资475.5亿元的60个重大重点项目,涉及产业发展、旧城改造、城市建管、社会民生、基层党建五大类,申报市级重大重点项目27个,同比增加16个,创历年最高。重点推进投资近400亿元的苏宁、中金、中海、江旅都市方舟等具有引领型、引爆型的产业项目,全面推进投资超40亿元的青山湖西岸片区21条路网、3条综合管廊等工程建设项目。

(二)“兴城市”上再下一份功,城市品质争创新样板

紧扣打造“美丽南昌·幸福家园”“东湖样板”为目标,强力推进城市建管各项工作,以必胜的信念打赢这场“攻坚战”。

一是攻坚旧改拓空间。制定我区城市更新三年旧城改造实施计划,拟启动10个征收地块,占地面积296亩,征收面积37.8万平方米。对2013—2016年16个地块存在的100多个遗留问题进行清理,加快土地出让进程。尽快启动扬子洲地区土地利用及控制性详细规划,为扬子洲未来科学合理开发做好准备。二是攻坚短板提品质。重点实施象山北路、民德路、胜利路等主干道建筑立面综合改造项目和城市家具综合整治项目;对河东会馆路等24条市政道路实施“白改黑”工程;实施断头路“阻改通”工程、老旧社区“旧改新”工程、主要道路“绿改彩”工程。建设二中西侧、东万宜巷等10个停车场;新建民德路、上营坊、射步亭3个小游园。对东湖特有文化符号、文化遗迹等古老建筑,在保留其特色风貌基础上进行提升改造,延续历史文脉,继续推进百花洲景区及佑民寺文化街区改造。三是攻坚管理促长效。充分运用新设备、大数据、物联网等现代技术手段,在“智慧城管”基础上提质升级。以治脏、治乱、治堵、治污、治暗“五大整治”为抓手,突出抓好重点区域、重点内容专项整治;继续深化“马路本色”行动,在争取一流的基础上实现新突破;深入探索生活垃圾“三分类”工作,建成第一批生活垃圾分类示范项目。全面落实“两级政府、三级管理、四级网络”的城市管理架构,推动城市管理走向城市治理。

(三)“促改革”上再使一把力,持续发展增添新动力

始终把改革推动、开放带动、创新驱动作为东湖发展的重要引擎,进一步激活和释放东湖发展“源动力”。

一是深化重点领域改革。进一步精简审批事项,强化事中事后监管,构建“宽进严管”的市场监管体系;减少行政审批前置条件,推动市场主体快速健康发展;探索联合快审、绿色通道等服务方式,不断完善网上审批系统,全面提高工作效能。有序推进事业单位公务用车改革;积极推进机关事业单位养老保险制度改革;稳步推进事业单位分类改革。二是扩大开放合作领域。主动融入“一带一路”、长江经济带等重大发展战略,推进更高层次、更宽领域的经贸合作交流。推进与南昌综合保税区外贸综合服务平台的深度合作,加快走出去步伐。积极对接央企入赣和赣商回归等省市商贸交流,做好引资引智引技工作。充分利用赣港会、赣台会、赣商大会等交流平台,加强与重点企业沟通洽谈,增强东湖的辐射力和吸引力。三是助力企业创新创业。继续抓好小企业创业基地建设和中小企业公共服务平台建设,支持有产业支撑的创客基地建设;鼓励社会资本建设一批众创空间,发展要素全、开放式的“双创”基地;加快区级融资平台公司的运作,拓宽企业重大项目的融资渠道。支持引进专业化的运营机构和高水平的团队,培育壮大创客群体,营造“双创”浓厚氛围。

(四)“优生态”上再用一份心,生态文明实现新发展

着力解决空气、水、土壤等方面群众反映强烈的突出环境污染问题,进一步提高环境质量,打造美丽东湖、生态东湖。

一是发展生态经济。通过标准引导、准入把关、监管倒逼、减排推动、整治促进、服务助推,促进产业结构调整和发展方式转变。大力发展清洁生产和循环经济。全面实施清洁生产审核、生态化改造、循环经济试点等工作。二是优化生态环境。抓污染减排,落实好“十三五”减排工作。策应河湖长机制,做好水环境保护工作,尤其是对饮

用水源地纳入重点保护目标。抓污染防治,及时总结环境保护行动的成功经验。积极构建环境监测监控保障、环保基础设施工程、环境执法与应急保障、环境信息保障、生态修复工程、环境科技支撑等六大体系,保障生态环境安全。三是建设生态文化。大力培育生态道德意识,积极弘扬生态文化,提高全民生态文明意识。建立完善的生态宣传机制,将生态文明的理念渗透到各个层面和千家万户,形成生态文明的生产、生活方式和消费习惯。

(五)"惠民生"上再尽一份责,社会事业结出新硕果

紧扣"一切发展是为了人民"这一主旨,加大民生投入、提升社会保障、繁荣社会事业,增加民众的获得感、幸福感,决胜率先全面建成小康社会。

一是加大投入干实事。持续加大投入,确保全年保障和改善民生投入占地方一般公共预算支出达到66%以上。继续实施安置房建设、"背街小巷亮化"、"菜篮子进社区"、停车场建设、"厕所革命"、堵点治理、"蓝天、清流、净土"行动等民生工程。二是精准发力做成事。强力推进育新学校紫金分校和天骥小学建设工作;对育新、南京路等5所学校实施校园提升工程;启动青山湖西岸安置小区二期配套幼儿园装修工程。推动区文化馆、区图书馆总分馆制建设;围绕"改革开放40周年"主题,广泛开展各类公共文化活动。进一步推进基本公共卫生服务均等化,提高家庭医生签约服务覆盖率。着力践行"健康南昌"战略,推进居民健康卡发行应用;健康扶贫精准施策,为罹患食道癌等15种重大疾病的城乡贫困人口进行专项救治。三是全面统筹办好事。全面统筹好就业保障、社会保障、社会救助、社会稳定等各方面民生事业。按照"同城同标"原则,全力做好扬子洲地区控储工作,切实保障当地群众正常生产生活和社会事业发展需要。持续深化平安小区创建,以基层平安、小区平安带动和维护全区平安。加快建设和完善以信息化、高科技为支撑的立体化治安防控体系。在食品、药品及医疗器械、特种设备"三大安全"领域开展大宣传、大培训、大执法行动。

各位代表,2018年的经济社会发展任务艰巨,困难重重,但是沧海横流,方显英雄本色;艰难险阻,更需勇毅笃行。东湖的干部和人民,从来不会畏惧,越是面临困难和挑战,我们越是信心百倍;越是面对压力和风险,我们越是干劲百倍。相信在市委、市政府的正确领导下,在区人大、区政协的监督、指导、支持和帮助下,只要我们不忘初心、牢记使命,担当实干、奋勇拼搏,我们就一定能担起更大责任、展现更大作为、实现更大突破,东湖的复兴之路就一定能越走越宽广。

(区发改委)

关于东湖区2017年财政总预算执行情况和2018年财政总预算草案的报告

(2018年1月3日在东湖区第十六届人民代表大会第三次会议上)

东湖区财政局局长 廖 军

各位代表:

我受东湖区人民政府委托,向大会报告2017年区级财政总预算执行情况和2018年区级财政总预算草案,请予审议,并请各位政协委员和列席会议的同志提出宝贵意见。

一、2017年区级财政总预算执行情况

(一)财政预算收入执行情况

2017年,全区实现财政总收入按省口径统计预计为646000万元,同比增长19.5%;按市口径统计预计为706300万元,同比增长12.3%。

2017年,全区实现一般公共预算收入预计为130500万元,同口径增长6.5%,同比增长5.9%,其中:由国税部门组织的收入为51828万元,同比增长39.4%,由地税部门组织的收入为56364万元,同比下降18.1%,由财政部门组织的收入为22308万元,同比增长29.0%。

各主要收入项目完成情况是:

税收收入105489万元,同比增长4.1%;

非税收入25011万元,同比增长14.0%。

(二)财政预算支出执行情况

2017年,全区预计完成一般公共预算支出229930万元(含扬子洲镇),同比增长14.9%。

其中,区本级预计完成财政支出227437万元,占年初区人大确定支出预算131000万元的173.62%,同比增长15.17%,按支出来源划分:区本级当年预算安排支出131000万元,上级财政各项专项补助支出50718万元,上年结转支出2306万元,区本级专项追加拨款支出43413万元。

区本级各主要支出项目预计支出情况是:

一般公共服务支出39630万元,同比增长6.38%;

国防支出276万元,同比增长18.45%,主要是区本级追加拨付了征兵工作经费;

公共安全支出27911万元,同比增长3.57%;

教育支出33971万元,同比增长0.65%;

科学技术支出2415万元,同比增长21.97%,主要是区本级追加拨付了2016年全区科技投入经费;

文化体育与传媒支出1975万元,同比增长23.05%,主要是区本级追加拨付了2017年度东湖区春节、国庆氛围布置工作经费;

社会保障和就业支出49861万元,同比增长58.37%,主要是拨付了上级2016年企业职工基本养老保险结算补助资金以及区本级财政对机关事业单位基本养老保险基金收支缺口的补助;

医疗卫生与计划生育支出23733万元,同比增长25.72%,主要是上级专项转移支付资金增加以及拨付了全区城镇居民独生子女奖励经费;

节能环保支出977万元,同比下降0.51%;

城乡社区支出36727万元,同比增长9.05%,主要是区本级预拨了滕王阁5A景区周边整治工程、八一广场周边环境提升改造和江柴社区综合改造工程等三个项目的工程款;

农林水支出1641万元,同比下降33.59%,主要是上级专项转移支付资金减少;

资源勘探信息等支出1211万元,同比增长70.32%,主要是上级专项转移支付资金增加;

商业服务业等支出878万元,同比下降41.97%,主要是上级专项转移支付资金减少;

国土海洋气象等支出271万元,同比增长13.87%,主要是区本级追加拨付了土地利用总体规划调整工作启动经费;

住房保障支出1837万元,同比增长6.99%;

其他支出3531万元,同比下降4.75%;

基金支出592万元,同比增长77.25%,主要是上级专项转移支付资金增加。

(三)社保基金预算执行情况

2017年,全区各项社保基金预算收入预计完成67909万元,同比增长16.35%;各项社保基金预算支出预计完成71134万元,同比增长4.41%,当年收支结余-3225万元,上年结余38750万元,预计年末滚存结余35525万元。

根据目前报表预测,2017年我区实现了财政收支平衡,略有结余。具体平衡情况待市财政局审核批复我区2017年财政收支结算后,再向区人大常委会作专题报告。

二、2017年财政预算执行的主要工作

回顾2017年我区公共财政预算执行情况,主要呈现以下三个特点:

(一)深耕涉税信息,挖掘增长潜力,收入总量再登高峰

2017年,在全区财税战线广大干部职工的奋力拼搏、真抓苦干下,我区财政总收入(市口径)首次站上70亿元的崭新高点,始终稳居全省第一方阵,一般公共预算收入全力摆脱年初政策性减收导致大幅负增长的困难局面,一路逆势上扬圆满完成任务,各项组织收入措施扎实有力、成效明显。一是研判形势主动作为。提前做好财政经济形势预判,深度剖析“营改增”及省以下分成体制调整对我区的影响,重新制定对各经济责任单位的考核办法,重新梳理主体税种和重点税源调整增税路径,多举措多形式有效施策狠抓增收。

2017年,我区作为全省组织实施营改增试点工作成效显著的七个县(市、区)和工业园区之一,受到省人民政府的通报表扬。二是综合治税征管聚力。继续完善涉税信息管理平台构建,依托协税护税联席会议开展密切合作,积极实行联合办税和委托代征,实现税收服务站在11个镇、街办(管理处)的全面覆盖,综合治税水平进一步提升,我区被国家税务总局评为全国百佳国税地税合作县级示范区。三是台账管理紧跟税源。对辖区内企业新增税收、在建项目、房地产情况进行"扫描",及时跟踪税源项目发展变化,做到对辖区税情的高效反映,把握组织收入的主动权。四是培育财源夯实基础。进一步加大对中小微企业的扶持力度,积极运用"大众创业、万众创新"、"降成本、优环境"政策,为实体经济发展和财源建设提供有力支撑。2017年,我区发放"财园信贷通"贷款111笔,共计5.39亿元。五是强化非税收入管理。狠抓重点领域监管,对历年旧改拆迁产生的国有资产处置收入进行专项清理,集中上缴财政专户,严格执行"收支两条线"。结合执收单位工作实际,推广非税收入POS机收取,有效优化业务流程,降低现金风险。六是精诚服务护企留商。紧密联系涉企服务部门,创建以税收工作为主导的涉企服务联动工作机制,积极改善营商环境,持续开展联系走访税源企业活动,倾听并及时反馈企业诉求,努力为企业提供精准、有效的服务,不断增强税源企业认同感与满意度,保障我区税收的长效增长。

(二)优化支出结构,聚焦百姓福祉,民生事业落地有声

2017年,东湖区着力统筹好经济发展和改善民生工作,提高民生支出比重,更加注重民生扶持的切入点和覆盖面,切实提升了老百姓的获得感和满意度。全年全区预计用于保障和改善民生投入资金15.10亿元,占全区一般公共预算支出的65.68%,较2016年新增民生投入2.63亿元。一是支持教育优先发展。不断优化义务教育资源配置,做好校舍维修、学校食堂标准化建设、优质幼儿园办学补助安排等工作。2017年,财政对教育事业经费预计投入3.40亿元。二是加强社会保障体系建设。积极落实社会保障体系建设的各项资金需求,完善最低社会保障、社会福利、慈善事业和优抚安置制度,设立残疾人事业和养老服务业补助。2017年,区本级财政预计投入社会保障和就业支出4.99亿元。三是切实维护居民健康权益。坚持基本医疗卫生事业的公益性和普惠性,加强公共卫生管理服务体系建设。落实好城乡居民医疗保险基金补助,统筹城乡大病医疗救助及食品药品安全专项资金。2017年,预计投入医疗卫生与计划生育支出2.37亿元。

(三)完善监督机制,践行科学理财,深化改革蹄疾步稳

2017年,我区牢固树立现代财政管理理念,坚持和推进财政科学化精细化管理,充分发挥财政监督职能,保障和提升财政资金的使用效率,财政管理水平不断提高。一是持续开展监督。依托干部作风大转变教育整治工作,对社保资金、涉农资金、"三公"经费的管理使用情况开展检查,重点关注资金政策落实情况、部门监管履职情况、资金运行情况、审批拨付情况等方面。二是强化业务指导。编制《东湖区行政事业单位财务工作手册》,为预算单位核算提供政策指导和业务依据,为规范我区财务工作打下坚实基础。三是规范政府采购。完善政府采购流程及办法,建立健全政府采购内部管理机制,做好事前预防、事中控制和事后监督,加强了政府采购信息公开。2017年,我区货物及服务类政府采购实际金额预计为3787.26万元,节约资金442.81万元,节约率达10.46%。四是推进预算评审。不断提升问题查证能力,综合梳理建设项目中的普遍性、倾向性问题。进一步完善评审整改反馈和通报、评审督查、评审回访等制度,建立健全评审整改长效机制。2017年,我区预计共受理基本建设工程预算评审业务107件,评审定案金额11340.39万元,核减率为8.25%。五是健全监督机制。2017年1月,东湖区公务消费网络监管平台上线运行,实现了全区各预算单位(非涉密单位)"三公"经费支出的动态监管。目前,我区公务消费网络监管平台注册单位95个,上线率达100%,预计全年在平台录入"三公"经费支出共计543.28万元。

2017年财政预算任务的圆满完成,是区委、区政府正确领导,区人大及其常委会监督指导,全区上下齐心协力的结果。但我们也清醒地认识到财政运行中存在一些不容忽视的困难和问题:

“营改增”全面运行、省以下分成体制调整等因素将持续对我区一般公共预算收入增长造成压力，工资、社保、民生、基本建设等刚性支出投入力度不断加大，收支矛盾极其突出。对此，我们将高度重视，努力加以解决。

三、2018年区级财政总预算草案

根据国家和省市对财政工作提出的新要求，结合我区财政工作实际，2018年全区财政工作总体思路是：深入贯彻落实党的十九大会议精神，紧紧围绕区委、区政府确定的工作重点和上级财政部门制定的工作目标，适应我国社会主要矛盾新变化，积极发挥财政政策在深化供给侧结构性改革中的重要作用；继续强化收入征管措施，不断提升财政收入质量，确保财政收入稳步增长；持续推进预算管理制度改革，进一步细化预算编制，提升财政资源配置效率；注重优化支出结构，严格控制一般性支出，集中财力保障和改善民生，强化基本公共服务保障能力，稳步提升公共服务供给质量。

遵循以上指导思想，综合考虑全区经济形势和各项收支增减因素，按照收入预算实事求是、积极稳妥、留有余地，支出预算统筹兼顾、突出重点、有保有压的原则，2018年区级财政预算拟作如下安排：

（一）区本级收支预算安排情况

2018年，全区财政总收入计划完成748700万元，同比增长6%，力争增长7.5%。其中，地方一般公共预算收入计划完成136400万元，同比增长4.5%，力争增长6%。

按我市现行财政体制测算，2018年地方一般公共预算收入为136400万元，加上中央、省市财政提前下达项目补助资金10030万元，以及上级各项补助、转移支付补助（不含上级一次性专项追加补助）31514万元，剔除上解上级支出24780万元，2018年区级可用财力合计为153164万元。本着“量入为出，收支平衡，略有节余”的原则，2018年地方一般公共预算支出计划安排153030万元。

需要说明的是，根据上级要求，今年将上级提前下达给我区2018年项目补助资金10030万元列入区级收支预算，若剔除该新增因素，今年区本级支出预算安排为143000万元。

区本级预算安排的各主要支出项目是：

一般公共服务支出24996万元；

国防支出204万元；

公共安全支出20156万元；

教育支出26664万元；

科学技术支出1736万元，其中科技三项经费1660万元；

文化体育与传媒支出1031万元；

社会保障和就业支出22112万元；

医疗卫生与计划生育支出10315万元；

节能环保支出811万元；

城乡社区支出19948万元；

农林水支出663万元；

资源勘探信息等支出882万元；

国土海洋气象等支出73万元；

住房保障支出2819万元；

预备费4290万元；

其他支出6300万元。

（二）全区社保基金收支预算安排情况

2018年，全区各项社保基金预算收入计划安排70566万元，其中：保险费收入26722万元，财政补助收入43844万元；各项社保基金预算支出计划安排78805万元，本年收支结余-8239万元，上年结余41399万元，年末滚存结余33160万元。

四、实干担当，攻坚克难，确保完成2018年财政工作任务

2018年，全区财政工作将继续紧密围绕区委、区政府的工作部署，科学认识和把握社会主要矛盾转化，全力支持供给侧改革、产业升级、城市建管等重点工作，优化财政资源配置，为全区各项工作提供保障。

（一）以实聚财，筑牢治税基础

一是培育税源精准施策。紧密围绕全区现代金融业、现代商贸业、文化创意旅游业等“六大产业”发展战略，充分发挥财政投入“四两拨千斤”的作用，激发社会投资活力，积极扶持、引导、培育重点产业和新兴产业，大力推动产业经济转型升级，有力促进税源经济提质增效。二是完善综合治税体系。不断扩展涉税部门联动合作领域，强化与工商、税务等部门的联系对接。完善信息共享、税源管控、工作调度、考核奖惩等各项工作机制，积极实施重点企业税收预报、重大税源项目跟

踪、企业分块分级管理等工作措施,充分发挥街镇、相关职能部门协税护税和税收保障职能,落实治税责任,凝聚征管合力。三是加强收入数据监控。创建财政收入数据分析平台,创新共享共用数据监测模式,提升数据处理效率,提高数据应用能力。全面梳理各行业、各领域税收结构特点,及时准确分析量化影响因素,预测预警预判税收变化趋势,实现对全区税源建设的科学指导,增强组织收入的预见性和针对性。四是强力推进"两业"精细化管理。深入研究相关税收政策变化情况,细化房地产业、建筑安装业台账管理,突出税务登记、工程立项、合同签订、项目预缴、支付结算等节点控制,密切关注工程进度,及时为企业提供纳税业务辅导和全程服务,确保应收尽收。

(二)以规理财,推进财政改革

一是深入实施中期财政规划管理。启动2019—2021年三年财政规划的编制,提高预算编制前瞻性、有效性和可持续性,增强对年度预算编制的指导作用,完善部门重点支出项目规划,加大对结余结转资金与年度预算的统筹力度。二是推进预算编制全面规范透明化。全面实施《支出经济类科目改革方案》,通过继续细化预算编制,进一步提高预算透明度,为严格机关运行支出管理创造有利条件,努力实现规范预算执行、保障预算监督、提升政府效能的目的。三是完善财政涉农事项服务。做好财政惠农一卡通发放工作,确保各项惠农补贴的及时发放,落实"一村一品"、"双带"、"一事一议"等资金的事前、事中、事后监督,确保涉农资金安全运行和规范管理,切实维护广大农民的合法利益。四是先行启动财政电子化支付改革。市财政部门拟将我区作为财政电子化支付改革的试点县区之一,我区将结合地方国库集中支付电子化管理工作的总体要求,重新设计财政专项资金国库直接支付管理办法和支付流程,以此为契机积极完善国库集中支付运行机制,增强财政资金安全防范能力。

(三)以严管财,织密监管网络

一是继续开展监督检查工作。继续开展预决算公开检查、会计监督检查等各项财政监督工作,进一步加强民生资金监督管理,持续跟踪财政政策落实和执行情况,建立健全覆盖所有政府性资金和财政运行全过程的监督机制。二是推进内部控制工作。进一步推进内部控制项目完善,着力加强内部控制体系建设,加快财政内部控制信息化进程,逐步将内部控制制度、控制措施融入工作流程,不断健全高效有序的内部控制运行机制,防控业务风险和廉政风险。三是完善评审工作制度建设。修订我区基本建设项目和中介机构库管理办法,强化评审指标对比分析与查验,不断优化评审质量管控,提升评审监管水平。完善建设资金直接支付管理制度,对资金支付严格把关,及时堵截工程结算中的不规范行为,规范建设资金拨付和使用。四是全面落实预算绩效管理改革要求。将绩效理念和方法深度融入预算编制、执行和监督的全过程,完善预算绩效管理结构和绩效评价指标体系,改进财政预算审核方式,提升财政资金的使用效益。2018年预算绩效目标管理将达到全年财政项目预算安排总量(含追加资金)的60%以上,重点对预算金额100万元以上项目的绩效目标实行全程跟踪管理。

各位代表,2018年是党的十九大开局之年,现代财政制度的建设进程也在加快推进中,正是蓝图绘就、号角劲吹之际,财政事业大有可为。我们将在区委、区政府的正确领导下,在区人大及其常委会的监督指导下,认真贯彻本次人代会的各项决议,奋发进取,迎难而上,全力以赴完成今年财政各项工作任务,为谱写"美丽南昌·幸福家园""东湖篇章"做出积极贡献!

(区财政局)

2017年东湖区国民经济和社会发展统计公报

东湖区统计局

2017年是党的十九大召开之年，也是打造“实力、活力、魅力”东湖的提升之年。在区委区政府的坚强领导下，全区上下紧紧围绕打造“实力、活力、魅力”东湖这一目标，撸起袖子加油干，善于攻坚、勇于争先，积极把握和适应新时代下经济发展新形势，全区经济保持稳中有进的态势。

一、综合

经济总量：初步核算，全年地区生产总值474.99亿元，按可比价计算，同比增长8.7%。其中第一产业增加值0.64亿元，同比下降5.9%；第二产业增加值41.33亿元，同比增长4.5%；第三产业增加值433.01亿元，同比增长9.2%。第一产业增加值占地区生产总值的比重为0.14%，第二产业增加值比重为8.70%，第三产业增加值比重为91.16%。全年人均地区生产总值9.17万元。

非公经济：全年地区生产总值中，非公有制经济增加值202.55亿元，按可比价计算，同比增长9.1%，占地区生产总值的比重为42.6%。

财政收入：全年财政总收入64.63亿元，同比增长19.6%，其中地方一般公共预算收入13.05亿元，同比增长5.9%。税收收入10.55亿元，同比增长4.1%；非税收入2.50亿元，同比增长14.0%。

全年地方一般公共预算支出23.65亿元，同比增长18.2%。其中公共安全支出2.76亿元，同比增长2.2%；教育支出3.58亿元，增长5.8%；城乡社区事务支出3.77亿元，同比增长10.4%；医疗卫生与计划生育支出2.82亿元，同比增长49.1%。

物价水平：全年居民消费价格总指数（CPI）比上年上涨2.1%。其中食品烟酒上涨0.8%，衣着上涨4.1%，居住上涨2.5%。商品零售价格总指数上涨1.0%。

二、固定资产投资

投资总量：全年固定资产投资206.07亿元，同比增长13.3%，其中房地产投资15.56亿元，同比增长109.2%。全年城镇投资施工项目530个，其中新开工项目485个；计划投资5000万元以上项目31个，其中新开工项目25个。

投资结构：在固定资产投资中，第一产业投资0.45亿元，占固定资产投资的比重为0.22%；第二产业投资24.38亿元，占固定资产投资的比重为11.83%；第三产业投资181.24亿元，占固定资产投资的比重为87.95%。

三、国内贸易

消费品市场：全年社会消费品零售总额291.1亿元，同比增长12%，其中限额以上零售额117.23亿元，同比增长14.1%。按行业统计，批发业实现零售额33.76亿元，同比增长9.6%；零售业实现零售额222.71亿元，同比增长12.8%；住宿业实现零售额4.23亿元，同比增长4.6%；餐饮业实现零售额30.44亿元，同比增长9.6%。

商品交易市场：截至年底，区内亿元市场有4个，实现成交额54.7亿元，较上年同期增长1.8%。

四、建筑业

建筑业：全年区内资质以上建筑业企业74家，其中有工作量企业70家。建筑业总产值150.5亿元，同比增长14.3%，其中建筑工程产值127.48亿元，安装工程产值18.15亿元。建筑业从业人员平均人数为2.48万人，建筑业企业签订合同额367.87亿元，房屋建筑施工面积为172.72万平方米。

五、对外经济

对外贸易：全年区内外贸企业进出口总额39229万美元。

招商引资：全年实际利用外资26394万美元，同比增长42.4%，现汇进资14310万美元，现汇比例54.2%；实际利用内资49.81亿元，同比增长22.1%。

六、教育和卫生

教育:区内登记注册幼儿园52所,幼儿数11566人,专任教师915名。小学13所,九年一贯制学校7所,其中小学招生3388人,在校小学生22172人,毕业生3945人,专任教师1233名;中学招生1204人,在校中学生3526人,毕业生1302人,专任教师310名。特殊教育学校1所,在校学生159人,专任教师23名。

卫生:截至年底,区内各类医疗机构有267家,其中区管各类医疗机构242家。卫生机构从业人员2528人,其中卫生技术人员2196人。执业(助理)医师1058人,注册护士1031人,药剂人员42人,检验人员65人。每千人口医院病床数为0.61张,每千人口卫生人员数为4.83人,每千人口医生数为2.02人,每千人口护士数为1.97人。

七、人口和人民生活

人口:年末全区总人口508461人,其中城镇常住人口506325人,占总人口比重(常住人口城镇化率)为99.58%,比上年末提高0.07个百分点。户籍人口城镇化率为94.04%。出生人口6111人,其中男性3149人,女性2962人,出生率为11.27‰。死亡人口2948人,死亡率5.44‰。自然增长率为5.84‰。

人民生活:全年城镇居民人均可支配收入39438元,同比增长8.2%。区属单位在岗职工年平均工资为83190元,同比增长27.1%。

八、城市建设和环境保护

城市建设:全年共清掏窨井13501座(次),维修窨井213座,更换井构件1134套(件),新建窨井152座,维修各类路面76979平方米,维修补栽路沿石3045米,机械疏通下水道170050米,清运余土淤泥1307立方米。辖区小街巷安装路灯1179套。

园林绿化:截至年底,区内园林绿地面积479.93公顷,绿化覆盖面积472.06公顷,城区绿化覆盖率为29.67%,人均公共绿地面积7.18平方米。

环境保护:全年环境空气质量优良天数为296天,优良率为81.1%;空气综合质量指数为4.62,集中式饮用水源水质达标率为100%;区域环境噪声监测面积36.2平方公里,全年等效声级53.5分贝。实施道路交通噪声监测的交通干线为20条,测点为63个,交通噪声均值68.9分贝。

说　明:

1、本公报中数据为初步统计数,部分数据因四舍五入的原因,存在着分项与合计不等的情况;正式统计数据以《东湖统计年鉴—2017》为准。

2、地区生产总值、各产业增加值和人均生产总值绝对数按当年价格计算,增长速度按可比价格计算。

3、物价水平、人口和人民生活数据为全市反馈数。

(刘石鹏)

2017年中共东湖区委颁发的文件目录

表37　**2017年中共东湖区委颁发的文件目录**

文件标题	文件号
关于给予彭军留党察看一年处分的批复	东字〔2017〕1号
关于成立东湖区第十六届人民代表大会第二次会议临时党委和各代表团成立临时党支部的决定	东字〔2017〕2号
关于同意召开中国共产党东湖区扬子洲镇第一届代表大会第二次会议的批复	东字〔2017〕3号
关于同意对蔡春辉、曾纪勇等同志违纪问题立案审查的批复	东字〔2017〕4号
关于同意对王君健、邓雪玲等同志违纪问题立案审查的批复	东字〔2017〕5号
关于同意给予蔡春辉同志党内警告处分的批复	东字〔2017〕6号

续表 37

文件标题	文件号
关于同意给予曾纪勇同志党内警告处分的批复	东字〔2017〕7 号
关于同意给予罗明同志党内警告处分的批复	东字〔2017〕8 号
关于同意给予王君健同志党内警告处分的批复	东字〔2017〕9 号
关于同意给予邓雪玲同志党内警告处分的批复	东字〔2017〕10 号
关于同意召开东湖区老科协第三次会员代表大会的批复	东字〔2017〕11 号
关于印发《南昌市东湖区深化国家监察体制改革十点小组工作实施方案》的通知	东字〔2017〕12 号
关于同意召开东湖区工会第三次代表大会的批复	东字〔2017〕13 号
关于同意召开共青团东湖区第十次代表大会的批复	东字〔2017〕14 号
关于同意召开东湖区第十三次妇女代表大会的批复	东字〔2017〕15 号
关于同意召开东湖区科学技术协会第五次代表大会的批复	东字〔2017〕16 号
关于同意召开东湖区残疾人联合会第四次代表大会的批复	东字〔2017〕17 号
关于同意召开东湖区红十字会第六次会员代表大会的批复	东字〔2017〕18 号
关于调整区委书记、副书记和常委分工的通知	东字〔2017〕19 号
关于成立东湖区第十六届人民代表大会第三次会议临时党委和各代表团成立临时党支部的决定	东字〔2017〕20 号
中共东湖区委印发《关于深化落实全面从严治党主体责任实施意见》的通知	东发〔2017〕1 号
关于授予东湖区三八红旗集体、三八红旗手和平安家庭示范户荣誉称号的决定	东发〔2017〕2 号
关于印发《中共东湖区委常委会 2017 年工作要点》的通知	东发〔2017〕3 号
中共东湖区委、东湖区人民政府关于表彰 2016 年度全区社会治安综合治理目标管理先进单位、先进集体及先进工作者的决定	东发〔2017〕4 号
中共东湖区委、东湖区人民政府关于嘉奖 2016 年度全区社会治安综合治理目标管理先进单位综治责任人及综治办主任的决定	东发〔2017〕5 号
中共南昌市东湖区委关于转发《中共南昌市委关于做好江西省出席党的十九大代表候选人初步人选党内公示工作的通知》的通知	东发〔2017〕6 号
关于表彰东湖区"优秀共青团员"、"优秀共青团干部"、"五四红旗团委(团支部)"和区校共建"优秀志愿者"的决定	东发〔2017〕7 号
关于印发《东湖区贯彻落实〈江西省法治政府建设实施纲要(2016—2020 年)〉实施意见》的通知	东发〔2017〕8 号
区委办公室　区政府办公室关于印发《东湖区产业发展调度机制》的通知	东发〔2017〕9 号
区委办公室　区政府办公室关于印发《东湖区产业发展决策机制》的通知	东发〔2017〕10 号
中共按南昌市东湖区委关于认真学习宣传贯彻党的十九大精神的通知	东发〔2017〕11 号

（李怡璇）

2017 年东湖区人民政府颁发的文件目录

表 38　**2017 年东湖区人民政府颁发的文件目录**

文件标题	文件号
关于印发《东湖区全民健身实施计划(2017—2020 年)》的通知	东府发〔2017〕1 号

续表 38

文件标题	文件号
关于表彰2015年征兵工作先进单位先进个人的通报	东府发〔2017〕2号
关于授予王国平同志"见义勇为先进分子"和滕王阁水上救援协会"见义勇为先进集体"荣誉称号的决定	东府发〔2017〕3号
关于取消和调整一批行政权力项目的决定	东府发〔2017〕4号
关于批转区民政局南昌市第十二医院社会托管实施方案的通知	东府发〔2017〕5号
关于印发东湖区居家和社区养老服务改革试点工作实施方案的通知	东府发〔2017〕6号
关于印发《2017年东湖区民生工程安排意见》的通知	东府发〔2017〕7号
关于取消和调整一批行政权力项目的决定	东府发〔2017〕8号
关于做好2017年度退役士兵安置工作的意见	东府发〔2017〕9号
关于印发东湖区土壤污染防治行动计划(2017—2030年)的通知	东府发〔2017〕10号
关于陈光辉等同志免职的通知	东府字〔2017〕1号
关于黄理平等同志职务任免的通知	东府字〔2017〕2号
关于同意给予钟雄行政开除处分的批复	东府字〔2017〕3号
关于同意给予章斌行政撤职处分的批复	东府字〔2017〕4号
关于同意给予彭军行政撤职处分的批复	东府字〔2017〕5号
关于调整东湖区征兵工作领导小组成员的通知	东府字〔2017〕6号
关于王力等同志任职的通知	东府字〔2017〕7号
关于同意对邓震国同志违纪问题立案的批复	东府字〔2017〕8号
关于同意给予邓震国同志行政警告处分的批复	东府字〔2017〕9号
关于调整区政府部分领导同志分工的通知	东府字〔2017〕10号
关于邓联实等同志职务任免的通知	东府字〔2017〕11号
关于饶接华等同志职务任免的通知	东府字〔2017〕12号
关于万诚璐等同志正式任职的通知	东府字〔2017〕13号
关于同意对雷荣华同志违纪问题立案的批复	东府字〔2017〕14号
关于2016年度全区计划生育工作考核结果的通报	东府字〔2017〕15号
关于同意解除陈光辉行政降级处分的批复	东府字〔2017〕16号
关于同意给予雷荣华行政警告处分的批复	东府字〔2017〕17号
关于调整区政府部分领导同志分工的通知	东府字〔2017〕18号
关于谢彤等同志职务任免的通知	东府字〔2017〕19号
关于王尔雄等同志正式任职的通知	东府字〔2017〕20号
关于解除邓震国行政警告处分的批复	东府字〔2017〕21号
关于做好第二次全国污染源普查的通知	东府字〔2017〕22号

(丁　一)